中国
社会治安综合治理
年鉴

2014

中国长安出版社

图书在版编目（CIP）数据

中国社会治安综合治理年鉴．2014 / 中央综治办编．-- 北京 ：中国长安出版社，2016.9

ISBN 978-7-5107-0991-3

Ⅰ．①中… Ⅱ．①中… Ⅲ．①治安管理－中国－2014－年鉴 Ⅳ．①D631.4-54

中国版本图书馆CIP数据核字(2016)第214172号

中国社会治安综合治理年鉴（2014）

中央综治办 编

出版：中国长安出版社
社址：北京市东城区北池子大街14号（100006）
网址：http://www.ccapress.com
邮箱：capress@163.com
发行：中国长安出版社
电话：(010)85099937 85099938 85099939
印刷：河北新华第一印刷有限责任公司
开本：787mm×1092mm 16开
印张：33.5 插页：48页
字数：950千字
版本：2017年6月第1版 2017年6月第1次印刷

书号：ISBN 978-7-5107-0991-3
定价：180.00元

2014年10月20日至23日，中国共产党第十八届中央委员第四次全体会议召开。会议审议通过《中共中央关于全面推进依法治国若干重大问题的决定》，提出“深入推进社会治安综合治理，健全落实领导责任制。完善立体化社会治安防控体系，有效化解管控影响社会安定的问题，保障人民生命财产安全。”

2014年10月17日，中央社会治安综合治理委员会全体会议召开，孟建柱同志主持，会议要求深入贯彻落实党的十八大、十八届三中全会精神和中央领导同志关于创新社会治理、深化平安建设的重要指示，总结交流中央综治委各专项组十八大以来在平安建设中的经验，研究部署新形势下加强和创新社会治安综合治理、全面推进平安中国建设工作。

2014年11月3日，深化平安中国建设会议在湖北省武汉市召开，深入贯彻落实党的十八大和十八届三中全会关于创新社会治理、深化平安建设的重要指示精神，以解决影响社会稳定的突出问题为重点，以群众满意为导向，以改革创新为动力，坚持系统治理、依法治理、综合治理、源头治理，全面推进平安中国建设。孟建柱、杨晶、王晨、郭声琨、周强、曹建明同志和中央政法委委员、中央综治委委员以及相关单位和地方的代表出席会议。

2014 年 11 月 4 日，深化平安中国建设会议在湖北省武汉市召开。郭声琨同志主持会议并讲话。

2014 年 7 月 28 日至 29 日，第二届中新社会治安高层论坛在北京举办，中央政法委秘书长、国务院副秘书长、中央综治委副主任汪永清作主旨发言。

2014年1月8日，中央综治办召开全国综治办主任会议，总结2013年综治和平安建设工作情况，研究部署2014年重点工作。中央综治委副主任、中央政法委副秘书长、中央综治办主任陈训秋出席并讲话。

2014 年 1 月 20 日，中央综治办、共青团中央、中国法学会联合举办“未成年人健康成长法治保障”系列活动研讨会。中央综治办专职副主任徐显明出席并讲话。

（摄影：万云　郝帆）

《中国社会治安综合治理年鉴》
编辑部编辑人员

《中国社会治安综合治理年鉴》编辑部特约编辑

目　　录

六、预防青少年违法犯罪工作

七、校园及周边治安综合治理工作

八、护路护线联防工作

九、中央综治委成员单位参与综治工作情况

中华全国妇女联合会

最高人民法院

最高人民检察院

工业和信息化部

公安部

民政部

十、2014 年全国综治工作大事记

十一、地方篇

北京市

天津市

河北省

山西省

内蒙古自治区

辽宁省

吉林省

黑龙江省

上海市

江西省

山东省

河南省

湖北省

湖南省

甘肃省

青海省

宁夏回族自治区

新疆维吾尔自治区

新疆生产建设兵团

一、中央决策部署

《中共中央关于全面推进依法治国若干重大问题的决定》有关重要论述摘编

加快保障和改善民生、推进社会治理体制创新法律制度建设。依法加强和规范公共服务,完善教育、就业、收入分配、社会保障、医疗卫生、食品安全、扶贫、慈善、社会救助和妇女儿童、老年人、残疾人合法权益保护等方面的法律法规。加强社会组织立法,规范和引导各类社会组织健康发展。制定社区矫正法。

贯彻落实总体国家安全观,加快国家安全法治建设,抓紧出台反恐怖等一批急需法律,推进公共安全法治化,构建国家安全法律制度体系。

推进多层次多领域依法治理。坚持系统治理、依法治理、综合治理、源头治理,提高社会治理法治化水平。深入开展多层次多形式法治创建活动,深化基层组织和部门、行业依法治理,支持各类社会主体自我约束、自我管理。发挥市民公约、乡规民约、行业规章、团体章程等社会规范在社会治理中的积极作用。

发挥人民团体和社会组织在法治社会建设中的积极作用。建立健全社会组织参与社会事务、维护公共利益、救助困难群众、帮教特殊人群、预防违法犯罪的机制和制度化渠道。支持行业协会商会类社会组织发挥行业自律和专业服务功能。发挥社会组织对其成员的行为导引、规则约束、权益维护作用。加强在华境外非政府组织管理,引导和监督其依法开展活动。

健全社会矛盾纠纷预防化解机制,完善调解、仲裁、行政裁决、行政复议、诉讼等有机衔接、相互协调的多元化纠纷解决机制。加强行业性、专业性人民调解组织建设,完善人民调解、行政调解、司法调解联动工作体系。

深入推进社会治安综合治理,健全落实领导责任制。完善立体化社会治安防控体系,有效防范化解管控影响社会安定的问题,保障人民生命财产安全。依法严厉打击暴力恐怖、涉黑犯罪、邪教和黄赌毒等违法犯罪活动,绝不允许其形成气候。依法强化危害食品药品安全、影响安全生产、损害生态环境、破坏网络安全等重点问题治理。

中共中央办公厅　国务院办公厅印发《关于加强社会治安防控体系建设的意见》

新华社北京 4 月 13 日电　近日，中共中央办公厅，国务院办公厅印发了《关于加强社会治安防控体系建设的意见》，并发出通知，要求各地区各部门结合实际认真贯彻执行。

《关于加强社会治安防控体系建设的意见》全文如下。

为有效应对影响社会安全稳定的突出问题，创新立体化社会治安防控体系，依法严密防范和惩治各类违法犯罪活动，全面推进平安中国建设，现提出如下意见。

一、加强社会治安防控体系建设的指导思想和目标任务

（一）指导思想。以邓小平理论、"三个代表"重要思想、科学发展观为指导，全面贯彻落实党的十八大和十八届二中、三中、四中全会精神，深入贯彻落实习近平总书记系列重要讲话精神，紧紧围绕完善和发展中国特色社会主义制度、推进国家治理体系和治理能力现代化的总目标，牢牢把握全面推进依法治国的总要求，着力提高动态化、信息化条件下驾驭社会治安局势能力，以确保公共安全、提升人民群众安全感和满意度为目标，以突出治安问题为导向，以体制机制创新为动力，以信息化为引领，以基础建设为支撑，坚持系统治理、依法治理、综合治理、源头治理，健全点线面结合、网上网下结合、人防物防技防结合、打防管控结合的立体化社会治安防控体系，确保人民安居乐业、社会安定有序，国家长治久安。

（二）目标任务。形成党委领导、政府主导、综治协调、各部门齐抓共管、社会力量积极参与的社会治安防控体系建设工作格局，健全社会治安防控运行机制，编织社会治安防控网，提升社会治安防控体系建设法治化、社会化、信息化水平，增强社会治安整体防控能力，努力使影响公共安全的暴力恐怖犯罪、个人极端暴力犯罪等得到有效遏制，使影响群众安全感的多发性案件和公共安全事故得到有效防范，人民群众安全感和满意度明显提升，社会更加和谐有序。

二、加强社会治安防控网建设

（三）加强社会面治安防控网建设。根据人口密度、治安状况和地理位置等因素，科学划分巡逻区域，优化防控力量布局，加强公安与武警联勤武装巡逻，建立健全指挥和保障机制，完善早晚高峰等节点人员密集场所重点勤务工作机制，减少死角和盲区，提升社会面动态控制能力。加强公共交通安保工作，强化人防、物防、技防建设和日常管理，完善和落实安检制度，加强对公交车站、地铁站、机场、火车站、码头、口岸、高铁沿线等重点部位的安全保卫，严防针对公共交通工具的暴力恐怖袭击和个人极端案（事）件。完善幼儿园、学校、金融机构、商业场所、医院等重点场所安全防范机制，强化重点场所及周边治安综合治理，确保秩序良好。加强对偏远农村、城乡接合部、城中村等社会治安重点地区、重点部位以及各类社会治安突出问题的排查整治。总结推广零命案县（市、区、旗）和刑事案件零发案社区的经验，加强规律性研究，及时发现和处置引发命案和极端事件的苗头性问题，预防和减少重特大案（事）件特别是命案的发生。

（四）加强重点行业治安防控网建设。切实加强旅馆业、旧货业、公章刻制业、机动车改装业、废品收购业、娱乐服务业等重点行业的治安管理工作，落实法人责任，推动实名制登记，推进治安管理信息系统建设。加强邮件、快件寄递和物流运输安全管理工作，完善禁寄物品名录，建立健全安全管理制度，有效预防利用寄递、物流渠道实施违法犯罪。持续开展治爆缉枪、管制刀具治理等整治行动，对危爆物品采取源头控制、定点销售、流向管控、实名登记等全过程管理措施，严防危爆物品非法流散社会。加强社区服刑人员、扬言报复社会人员、易肇事肇祸等严重精神障碍患者、刑满释放人员、吸毒人员、易感染艾滋病病毒危险行为人群等特殊人群的服务管理工作，健全政府、社会、家庭三位一体的关怀帮扶体系，加大政府经费支持力度，加强相关专业社会组织、社会工作人才队伍等建设，落实教育、矫治、管理以及综合干预措施。

（五）加强乡镇（街道）和村（社区）治安防控网建设。以网格化管理、社会化服务为方向，健全基层综合服务管理平台，推动社会治安防控力量下沉。把网格化管理列入城乡规划，将人、地、物、事、组织等基本治安要素纳入网格管理范畴，做到信息掌握到位、矛盾化解到位、治安防控到位、便民服务到位。因地制宜确定网格管理职责，纳入社区服务工作或群防群治管理，通过政府购买服务等方式，加强社会治安防控网建设。到2020年，实现全国各县（市、区、旗）的中心城区网格化管理全覆盖。整合各种资源力量，加强基层综合服务管理平台建设，逐步在乡镇（街道）推进建设综治中心，村（社区）以基层综合服务管理平台为依托建立实体化运行机制，强化实战功能，做到矛盾纠纷联调、社会治安联防、重点工作联动、治安突出问题联治、服务管理联抓、基层平安联创。到2020年实现县（市、区、旗）、乡镇（街道）、村（社区）三级综合服务管理平台全覆盖，鼓励有条件的地方提前完成。深化社区警务战略，加强社区（驻村）警务室建设。将治安联防矛盾化解和纠纷调解纳入农村社区建设试点任务。

（六）加强机关、企事业单位内部安全防控网建设。按照预防为主、突出重点、单位负责、政府监管的原则，进一步加强机关、企事业单位内部治安保卫工作，严格落实单位主要负责人治安保卫责任制，完善巡逻检查、守卫防护、要害保卫、治安隐患和问题排查处理等各项治安保卫制度。加强单位内部技防设施建设，普及视频监控系统应用，实行重要部位、易发案部位全覆盖。加强供水、供电、供气、供热、供油、交通、信息通信网络等关系国计民生基础设施的安全防范工作，全面完善和落实各项安全保卫措施，确保安全稳定。

（七）加强信息网络防控网建设。建设法律规范、行政监管、行业自律、技术保障、公众监督、社会教育相结合的信息网络管理体系。加强网络安全保护，落实相关主体的法律责任。落实手机和网络用户实名制。健全信息安全等级保护制度，加强公民个人信息安全保护。深入开展专项整治行动，坚决整治利用互联网和手机媒体传播暴力色情等违法信息及低俗信息。

三、提高社会治安防控体系建设科技水平

（八）加强信息资源互通共享和深度应用。按照科技引领、信息支撑的思路，加快构建纵向贯通、横向集成、共享共用、安全可靠的平安建设信息化综合平台。在确保信息安全、保护公民合法权益前提下，提高系统互联、信息互通和资源共享程度。强化信息资源深度整合应用，充分运用现代信息技术，增强主动预防和打击犯罪的能力。将社会治安防控信息化纳入智慧城市建设总体规划，充分运用新一代互联网、物联网、大数据、云计算和智能传感、遥感、卫星定位、地理信息系统等技术，创新社会治安防控手段，提升公共安全管理数字化、网络化、智能化水平，打造一批有机融合的示范工程。建立健全相关的信息安全保障体系，实现对基础设施、信息和应用等资源的立体化、自动化安全监测，对终端用户和应用系统的全方位、智能化安全防护。

（九）加快公共安全视频监控系统建设。高起点规划、有重点有步骤地推进公共安全视频监控建设、联网和应用工作，提高公共区域视频监控系统覆盖密度和建设质量。加大城乡接合部、农村地区公共区域视频监控系统建设力度，逐步实现城乡视频监控一体化。完善技术标准，强化系统联网，分级有效整合各类视频图像资源，逐步拓宽应用领域。加强企事业单位安防技术系统建设，实施“技防入户”工程和物联网安防小区试点，推进技防新装备向农村地区延伸。

四、完善社会治安防控运行机制

(十)健全社会治安形势分析研判机制。政法综治机构要加强组织协调,会同政法机关和其他有关部门开展对社会治安形势的整体研判、动态监测,并提出督办建议。公安机关要坚持情报主导警务的理念,建立健全社会治安情报信息分析研判机制,定期对社会治安形势进行分析研判。加强对社会舆情、治安动态和热点、敏感问题的分析预测,加强对社会治安重点领域的研判分析,及时发现苗头性、倾向性问题,提升有效应对能力。建立健全治安形势播报预警机制,增强群众自我防范意识。

(十一)健全实战指挥机制。公安机关要按照人员权威、信息权威、职责权威的要求,加强实战型指挥中心建设,集 110 接处警、社会治安突发事件应急指挥处置、紧急警务活动统筹协调等功能于一体,及时有效地调整用警方向和强度。推行扁平化勤务指挥模式,减少指挥层级,畅通指挥关系,紧急状态下实行"点对点"指挥,确保就近调度、快速反应、及时妥善处置。

(十二)健全部门联动机制。建立完善社会治安形势分析研判联席会议制度、社会治安重点地区排查整治工作协调会议和月报制度等,进一步整合各部门资源力量,强化工作联动,增强打击违法犯罪、加强社会治安防控工作合力。对群众反映强烈的黑拐枪、黄赌毒以及电信诈骗、非法获取公民个人信息、非法传销、非法集资、危害食品药品安全、环境污染、涉邪教活动等突出治安问题,要加强部门执法合作,开展专项打击整治,形成整体合力。对打防管控工作中发现的薄弱环节和突出问题,政法综治机构要牵头组织、督促有关部门及时整改,堵塞防范漏洞。针对可能发生的突发案(事)件,制定完善应急预案和行动方案,明确各有关部门、单位的职责任务和措施要求,定期开展应急处突实战演练,确保一旦发生社会治安突发案(事)件能够快速有效处置。创新报警服务运行模式,提高紧急警情快速处置能力,提高非紧急求助社会联动服务效率。

(十三)健全区域协作机制。按照常态、共享、联动、共赢原则,积极搭建治安防控跨区域协作平台,共同应对跨区域治安突出问题,在预警预防、维稳处突、矛盾化解、打击犯罪等方面互援互助、协调联动,以区域平安保全国平安。总结推广区域警务协作机制建设经验,推动建立多地区多部门共同参与的治安防控区域协作机制,增强防控整体实效。

五、运用法治思维和法治方式推进社会治安防控体系建设

(十四)运用法律手段解决突出问题。充分发挥法治的引导、规范、保障、惩戒作用,做到依法化解社会矛盾、依法预防打击犯罪、依法规范社会秩序、依法维护社会稳定。紧紧围绕加强社会治安防控体系建设的总体需要,推动相关法律法规的立、改、废、释和相关政策的制定完善工作。各地要以重大问题为导向,针对社会治安治理领域的重点难点问题,适时出台相关地方性法规、地方政府规章,促进从法治层面予以解决。完善维护公民、法人等合法权益的途径,从源头上预防侵权案件发生。坚持依法行政,加强食品药品、安全生产、环境保护、文化市场和网络安全等重点领域基层执法,强化行政执法与刑事司法的衔接,着力解决好人民群众反映强烈的突出问题。深化司法体制改革,加快建设公正高效权威的社会主义司法制度,提高办案质量。贯彻宽严相济刑事政策,在依法严厉打击极少数严重刑事犯罪分子的同时,最大限度地减少社会对抗,努力化消极因素为积极因素。加强和改进法治宣传教育工作,着力增强法治宣传教育的针对性和实效性,推动全社会树立法治意识,增强全民法治观念,促进全民尊法、守法,引导干部群众把法律作为指导和规范自身行为的基本准则,在全社会形成办事依法、遇事找法、解决问题用法、化解矛盾靠法的良好法治环境。

(十五)加强基础性制度建设。建立以公民身份号码为唯一代码、统一共享的国家人口基础信息库,建立健全相关方面的实名登记制度。建立公民统一社会信用代码制度、法人和其他组织统一社会信用代码制度,加强社会信用管理,促进信息共享,强化对守信者的鼓励和对失信者的惩戒,探索建立公民所有信息的一卡通制度。落实重大决策社会稳定风险评估制度,切实做到应评尽评,着力完善决策前风险评估、实施中风险管控和实施后效果评价、反馈纠偏、决策过错责任追究等操作性程序规范。落实矛盾纠纷排查调处工作协调会议纪要月报制度,完善人民调解、行政调解、司法调解联动工作体系,建立调处化解矛盾纠纷综合机制,着力防止因决策不当、矛盾纠纷排查化解不及时等引发重大群体性事件。推进体现社会主义核心价值观要求的行业规范、社会组织章程、村规民约、社区公约建设,充分发挥社会规范在调整成员关系、约束成员行为、保障成员利益等方面的作用,通过自律、他律、互律使公民、法人和其他组织的行为符合社会共同行为准则。

(十六)严格落实综治领导责任制。把社会治安防控体系建设纳入综治工作(平安建设)考核评价指标体系,将考核评价结果作为对领导班子和领导干部考核评价的重要内容。坚持采用评估、督导、考核、激励、惩戒等措施,形成正确的激励导向,推进社会治安防控体系建设工作落到实处。对社会治安问题突出的地区和单位通过定期通报、约谈、挂牌督办等方式,引导其分析发生重特大案(事)件的主要原因,找准症结,研究提出解决问题的措施,限期进行整改。对因重视不够、社会治安防范措施不落实而导致违法犯罪现象严重、治安秩序严重混乱或者发生重特大案(事)件的地区,依法实行一票否决权制,并追究有关领导干部的责任。

六、建立健全社会治安防控体系建设工作格局

(十七)加强党委和政府对社会治安防控体系建设的领导。各级党委和政府要进一步提高对社会治安防控体系建设重要性的认识,列入重要议事日程,认真研究解决警力配置、经费投入、警察等职业保障、基础设施和技防设施建设、考核奖惩等重要问题。要把社会治安防控体系建设列入国民经济和社会发展总体规划,重点做好基础设施、技防设备、装备建设的立项规划,做到与城乡规划、旧城改造、社区建设、基层综合服务管理平台建设等工作统筹推进。加大投入力度,将社会治安防控体系建设经费列入年度财政预算,从人力、物力、财力上保证社会治安防控体系建设顺利实施。各地党政主要负责同志是平安建设的第一责任人,也是社会治安防控体系建设的第一责任人,要亲自研究部署,一级抓一级,层层抓落实,真正担负起维护一方稳定、确保一方平安的重大政治责任。要充分发挥基层党组织作用,特别是在农村和城市社区,党组织要发挥领导核心作用,切实保障推进社会治安防控体系建设的各项任务走完"最后一公里"。

(十八)充分发挥综治组织的组织协调作用。各级综治组织要在党委和政府领导下,认真组织各有关单位参与社会治安防控工作,加强调查研究和督促检查,及时通报、分析社会治安形势,协调解决工作中遇到的突出问题,总结推广典型经验,统筹推进社会治安防控体系建设。加强各级综治组织自身建设,细化工作职责,健全组织机构,配齐配强力量。乡镇(街道)综治委主任可由乡镇(街道)党(工)委书记担任,综治办主任应由党(工)委副书记担任;村(社区)综治机构主要负责人由党组织书记担任,并明确1名负责人主管综治工作,确保这项工作有人抓、有人管。

(十九)充分发挥政法各机关和其他各有关部门的职能作用。进一步明确各有关部门在社会治安防控体系建设中的职责任务,做到各负其责、各司其职,通力协作、齐抓共管,增强整体合力。各级政法机关要发挥好主力军作用。公安机关要充分发挥骨干作用,根据社会治安防控体系建设需要调整工作重点、警力部署、警务保障和勤务制度,改进工作方法,投入更多人力和精力加强基层治安基础工作,及时掌握影响社会治安的情况,依法查处危害社会治安行为。法院、检察院要结合批捕、起诉和审判工作,善于发现社会治安防控体系建设中的漏洞,及时提出司法建议和检察建议,督促有关单位健全规章制度,完善工作机制。司法行政机关要加强监狱和强制隔离戒毒场所的管理工作,做好社区矫正、刑满释放人员安置帮教、人民调解、法治宣传、法律服务、法律援助等工作。其他各有关部门要按照"谁主管谁负责"的原则,结合自身职能,主动承担好预防违法犯罪、维护社会治安的责任,认真抓好本部门、本系统参与社会治安防控体系建设的任务,与部门工作同规划、同部署、同检查、同落实。

（二十）充分发挥社会协同作用。坚持党委和政府领导下的多方参与、共同治理，发挥市场、社会等多方主体在社会治安防控体系建设中的协同协作、互动互补、相辅相成作用。大力支持工会、共青团、妇联等人民团体和群众组织参与社会治安防控体系建设，积极为他们发挥作用创造有利环境和条件。要加大对行业协会商会类、科技类、公益慈善类、城乡社区服务类社会组织的培育扶持力度，将适合由社会组织承担的矛盾纠纷调解、特殊人群服务管理、预防青少年违法犯罪等社会治安防控体系建设任务纳入政府购买服务目录，通过竞争性选择等方式，交给相关社会组织承担，发挥好他们在社会治安防控体系建设中的重要作用。规范警务辅助人员管理，明确其聘用条件和程序、职责任务、保障待遇等，发挥好协助维护社会治安的作用。规范发展保安服务市场，积极引导保安行业参与社会治安防控工作。加强城乡基层群众自治组织建设，搭建群众参加社会治安防控体系建设的新平台，通过各种方式就社会治安防控体系建设问题进行广泛协商，广纳群言，增进共识。充分发挥行业协会商会自管自律作用，引导企业在经营活动中履行治安防控责任。转变职能、创新机制，采取政府搭台、市场运作、社会参与等方式，积极提供公益岗位，鼓励发展责任保险以及治安保险、社区综合保险等新兴业务，支持保险机构运用股权投资、战略合作等方式参与保安服务产业链整合，激发社会各方面力量参与社会治安防控体系建设的积极性、主动性、创造性。

（二十一）积极扩大公众参与。坚持人民主体地位，进一步拓宽群众参与社会治安防控的渠道，依法保障人民群众的知情权、参与权、建议权、监督权。继承和发扬专群结合的优良传统，充分发挥共产党员、共青团员模范带头作用，发挥民兵预备役人员等的重要作用，发展壮大平安志愿者、社区工作者、群防群治队伍等专业化、职业化、社会化力量，积极探索新形势下群防群治工作新机制、新模式，力争到2020年社区志愿者注册人数占居民人口的比例大幅增加。落实举报奖励制度，对于提供重大线索、帮助破获重大案件或者有效制止违法犯罪活动、协助抓获犯罪分子的，给予重奖。完善见义勇为人员认定机制、补偿救济机制，加强见义勇为人员权益保障工作，扩大见义勇为基金规模，加大对见义勇为人员的表彰力度，按照有关规定严格落实抚恤待遇。充分发挥传统媒体与新媒体的作用，采取群众喜闻乐见的宣传教育方式，提高群众安全防范意识，组织动员群众关心、支持和参与社会治安防控体系建设，努力提升新媒体时代社会沟通能力。

各地区要根据本意见要求，结合本地区社会治安状况和经济社会发展实际，分级分类研究制定加强社会治安防控体系建设的指导意见和具体实施方案，把任务和责任落实到相关部门和单位。

二、中央综治委重要会议

（一）中央社会治安综合治理委员会全体会议

孟建柱在中央综治委全体会议上强调：坚持深化改革 创新社会治理 用法治思维法治方式推进平安建设

2014年10月17日，中共中央政治局委员、中央政法委书记、中央综治委主任孟建柱在中央社会治安综合治理委员会全体会议上强调，深入贯彻落实党的十八大、十八届三中全会和习近平总书记系列重要讲话精神，充分发挥综合治理优势，坚持深化改革、创新社会治理，用法治思维和法治方式推进平安建设，着力解决好人民群众反映强烈、影响社会和谐稳定的突出问题。

在认真听取了中央综治委8个专项组工作进展情况的汇报后，孟建柱指出，党中央、国务院高度重视平安中国建设工作，作出了一系列重要决策部署。中央综治委以及各专项组、各成员单位认真贯彻落实中央决策部署，切实履行职责，加强协同配合，落实社会治安综合治理各项措施，全面推进平安中国建设，维护了社会治安大局持续稳定，取得了明显成效。

孟建柱强调，平安中国建设任务繁重艰巨。许多问题需要各部门共同治理、全社会共同应对，需要长期不懈的艰苦努力。中央综治委各专项组、各成员单位一定要站在全局和战略的高度，充分认识创新社会治理、深化平安中国建设的重大意义，切实增强责任感使命感，更好地发挥职能作用，加强统筹协调，全面做好推进平安中国建设各项工作。

孟建柱指出，要进一步完善党委领导、政府主导、综治协调、部门负责、社会协同、公众参与的工作格局，进一步加强和创新群众工作、预防和化解社会矛盾，进一步加强流动人口、特殊人群服务管理，进一步激发社会组织活力、发挥社会组织作用，进一步健全公共安全体系、预防重特大案事件特别是命案发生，进一步创新立体化社会治安防控体系、加强对新兴行业和领域治安管理，进一步整合服务管理资源、提高基层综合服务管理水平等。

孟建柱要求，要更加注重运用法治思维和法治方式解决平安建设中的问题，越是复杂疑难问题，越要用法治思维和法治方式去探寻解决之道。要更加注重党委领导、政府主导、社会各方面参与社会治理，在全面推进平安建设的过程中把握好活力和秩序的关系，实现政府治理与社会自我调节、居民自治良性互动，确保社会既充满活力又和谐有序。要更加突出源头治理、综合施策，坚持和发展“枫桥经验”，建立调处化解矛盾纠纷综合机制，积极推进网格化管理和基层综合服务管理平台建设，及时反映和协调人民群众各方面各层次利益诉求；对社会治安防控体系建设、公共安全管理等领域的问题，要落实好属地责任、部门管理责任、企业和运营单位主体责任，增强工作系统性、整体性、协同性。

孟建柱强调，创新社会治理、深化平安建设，必须充分发挥社会治安综合治理委员会作用，发挥综合治理优势，组织协调各有关部门各司其职、相互协作，形成齐抓共管的合力。各级党政主要领导是平安建设第一责任人，要加强组织领导和统筹协调，切实履行好这一重大政治责任。中央综治委各专项组、各成员单位要按照“谁主管、谁负责”的原则，围绕创新社会治理、深化平安建设的目标要求，进一步明确本单位职责任务，细化工作措施，做到各司其职、各负其责。要进一步完善齐抓共管、协作配合的长效机制，探索运用大数据、云计算技术，整合综治各成员单位信息资源，实现信息互通、资源共享，做到问题联治、工作联动、平安联创、实绩联考。要加强督查考核，加强对治安问题突出地区的挂牌督办、重点整治。中央综治办要充分发挥职能作用，善于协调沟通，更好地统筹兼顾、整合各方面力量。

国务委员、中央政法委副书记、中央综治委副主任郭声琨在会上讲话。中央综治委副主任、中央政法委秘书长汪永清，中央综治委副主任、中央政法委副秘书长、中央综治办主任陈训秋，中央综治委 8 个专项组组长及办公室主任，中央综治委委员及联络员出席会议，并就全面推进平安中国建设、创新立体化社会治安防控体系作了发言。

（二）深化平安中国建设会议

以法治为引领　深入推进平安中国建设
——孟建柱同志在深化平安中国建设会议上的讲话（摘要）

这次会议是中央批准召开的一次重要会议，主要任务是深入学习贯彻党的十八大和十八届三中、四中全会精神，深入学习贯彻习近平总书记系列重要讲话精神，交流平安建设经验，研究部署深入推进平安中国建设。2014 年 10 月 29 日，习近平总书记作出重要批示：“近年来，政法综治战线紧紧围绕影响群众安全感的突出问题，加强社会治安综合治理，深入推进平安建设，为保障人民安居乐业、维护社会大局稳定、服务经济社会发展作出了重要贡献。法治是平安建设的重要保障。希望同志们认真学习贯彻党的十八届四中全会精神，把政法综治工作放在全面推进依法治国大局中来谋划，深入推进平安中国建设，发挥法治的引领和保障作用，坚持运用法治思维和法治方式解决矛盾和问题，加强基础建设，加快创新立体化社会治安防控体系，提高平安建设现代化水平，努力为建设中国特色社会主义法治体系、社会主义法治国家作出更大贡献。”习近平总书记的重要批示，揭示了法治建设与平安建设的关系，明确要求提高平安建设现代化水平，为我们以法治为引领，深入推进平安中国建设指明了方向。我们要认真学习领会、坚决贯彻落实。

党的十八届四中全会通过的《中共中央关于全面推进依法治国若干重大问题的决定》，是我们党历史上第一个关于加强法治建设的专门决定。《决定》明确提出了全面推进依法治国的指导思想、总目标、基本原则和主要任务，科学回答了在当今中国建设什么样社会主义法治国家、怎样建设社会主义法治国家等一系列重大理论和实践问题，是我们党坚定不移走中国特色社会主义法治道路的庄严宣示。《决定》既充分肯定我国法治建设的成就和经验，又针对现实问题提出新观点、新举措；既抓住法治建设领域的关键，又体现党和国家事业发展全局要求；既高屋建瓴、搞好顶层设计，又脚踏实地、做到切实管用；既讲近功，又求长效，是指导新形势下全面推进依法治国的纲领性文件。政法综治部门在全面推进依法治国中肩负重要责任，要进一步掀起学习贯彻全会精神的热潮，切实把思想和行动统一到全会精神上来，为建设法治中国、平安中国作出新贡献。

党的十八大以来，习近平总书记对平安建设高度重视，提出了建设平安中国的战略目标，明确了坚持系统治理、依法治理、综合治理、源头治理的总体思路，对深入推进平安建设提出了新要求。中央政法委、中央综治委先后召开苏州会议、杭州会议，深入学习贯彻习近平总书记重要指示精神，对深化平安中国建设作了全面部署。各地各有关部门把平安建设放到中国特色社会主义事业总体布局中来谋划，树立大平安理念，不断拓展内容、健全机制，推动了平安建设深入开展。坚持把维护政治安全放在首位，深入开展严打暴恐活动、打击邪教组织等专项斗争，维护了社会政治稳定。坚持以人民群众对平安的需求为导向，开展打黑除恶、治爆缉枪、打击电信诈骗等专项行动，加强对公共交通工具的安全防范，加强对枪支弹药、危爆物品的动态管控，维护了群众生命财产安全。坚持源头治理，健全社会稳定风险评估机制，推进信访工作制度改革，深入排查化解社会矛盾，促进了社会和谐稳定。坚持固本强基，健全重心下移、力量下沉、保障下倾工作机制，加强基层政法综治组织建设，推进社区网格化服务管理，提高了基础工作水平。坚持信息化引领，构建纵向贯通、横向集成、共享同用的平安建设信息化综合平台，推动了信息化成果转化为平安建设能力。坚持运用法治思维和法治方式，解决平安建设中的难题，深化司法体制改革，提高了平安建设法治化水平。坚持党政主导、社会参与，完善组织领导、部门协作、区域联动机制，动员社会各方面参与平安建设，形成了齐抓共管的合力。这“七个坚持”是我们在平安建设实践中积累的宝贵精神财富，应当倍加珍惜，并在实践中丰富和发展。

在以习近平同志为总书记的党中央坚强领导下，当前，我国改革开放深入进行，经济社会发展不断推进，社会大局保持稳定。同时，影响社会安定的问题依然不少。我们要始终保持清醒头脑，善于判断、把握各种风险的演变趋势，切实增强平安建设的主动性、实效性。

当前和今后一个时期，各地各有关部门要深入学习贯彻党的十八大和十八届三中、四中全会精神，深入学习贯彻习近平总书记系列重要讲话精神，紧紧围绕推进国家治理体系和治理能力现代化的总目标，牢牢把握全面推进依法治国的总要求，充分发挥社会主义制度优势，坚持系统治理、依法治理、综合治理、源头治理，坚持问题导向、法治思维、改革创新，进一步加强基础建设，完善立体化社会治安防控体系，提升平安中国建设能力和水平，有效防范化解管控影响社会安定的问题，努力使群众安全感和满意度进一步提升，确保人民安居乐业、社会安定有序、国家长治久安。

一、坚持以法治思维和法治方式推进平安建设，提升平安建设法治化水平

习近平总书记在党的十八届四中全会上指出，“法律是治国之重器，法治是国家治理体系和治理能力的重要依托”，要求各级党组织和党员领导干部带头厉行法治，不断提高运用法治思维和法治方式深化改革、推动发展、化解矛盾、维护稳定能力。在我们这样一个拥有13亿多人口又处在快速发展变化中的发展中大国，要确保社会在深刻变革中既生机勃勃又井然有序，最根本的是要靠法治。法治是平安建设的重要保障。我们要自觉把平安建设放到全面推进依法治国大局中来谋划，不断提高平安建设法治化水平。

（一）把法治作为核心价值追求，发挥好法治对平安建设的引领和保障作用。治理一个国家、一个社会，关键要立规矩、讲规矩、守规矩。法治既有协调社会关系、规范社会行为的“显功效”，也有引领社会预期、凝聚社会共识的“潜功效”。法治“潜功效”发挥得越好，平安建设的基础就越稳固、效果就越持久。当前，我们面对的改革发展稳定任务之重前所未有、矛盾风险挑战之多前所未有，法治在平安建设中的地位更加突出、作用更加重大。我们要从为子孙万代计、为长远发展谋的高度，深刻认识法治稳预期、固根本、利长远优势，自觉用法治思维处理好改革发展稳定之间关系，把法治方式贯穿于平安建设全过程，提升平安建设水平。

（二）把依法办事作为基本要求，努力实现保障人民权益与维护社会秩序相统一。保障人民权益、维护社会秩序，是法治的基本价值，也是平安建设的基本目标。法律作为衡量是非的标准和规范行为的准则，只有依法办事，才能实现保障人民权益与维护社会秩序相统一。我们要坚持教育引导、典型引领、实践养成相结合，努力使政法综治干部把法治内植于心、外践于行。要建立重大决策合法性审查机制和责任倒查机制，防止因超越法定权限、违反法定程序引发矛盾和问题。对群众反映强烈的问题，要敢于担当，妥善协调各种关系，依法维护群众合法权益，维护正常社会秩序。要处理好严格管理与服务群众的关系，促进严格公正文明规范执法。同时，要引导群众认识到法律既是保障自身权利的有力武器，也是必须遵守的行为规范，自觉通过法律渠道表达诉求，运用法律武器维护权益。

（三）用法治思维和法治方式破解难题，把平安建设更好地纳入法治轨道。习近平总书记指出，解决制约持续健康发展的种种问题，都需要密织法律之网、强化法治之力。法治思维作为权利与义务相一致的思维，越是复杂疑难问题，越要用法律事实分清是非，用权利义务思维分清对错，让当事人在法律框架内主张权利、确定义务。如果以牺牲法律权威为代价，求得问题一时解决，不但难以持久，还可能引发新矛盾。我们不仅要做守法的模范，而且要做用法的“行家”，不断增强平安建设实效。

“小智治事，中智治人，大智立法。”近年来，在治理危害食品药品安全和环境污染等问题中，中央政法单位通过推动完善相关法律或制定司法解释、指导意见，取得了良好效果。要积极协助有关单位，推进事关平安建设基础和全局的法律制度建设，为深化平安建设提供法制保障。针对影响社会稳定的突出问题，要按照依法治理的思路，善于从法律层面思考问题，在法律框架内研究解决办法，提高维护社会稳定工作法治化水平。

能否在法治轨道上解决矛盾和问题，是善不善于运用法治思维和法治方式的试金石。要健全社会矛盾预警、协商沟通、救济救助机制，完善调解、行政裁决、行政复议、诉讼等有机衔接的多元化纠纷解决机制，强化法律在维护群众权益、化解社会矛盾中的权威地位。对已经进入法律渠道的社会矛盾，要严格依据事实、法律公正处理，让当事人感受到依法律按程序就能公正有效解决问题。

（四）把增强全民法治观念作为平安建设的基础工程，努力营造良好法治环境。人民权益要靠法律保障，法律权威要靠人民维护。我们要把全民普法和守法作为依法治国的长期基础性工作，抓住在全社会培育法治信仰、倡导契约精神、树立规则意识这个目标，持续努力，推动形成办事依法、遇事找法、解决问题用法、化解矛盾靠法的良好法治环境。

习近平总书记明确指出，在全面推进依法治国方面，必须抓住领导干部这个“关键少数”。政法综治干部要带头学法尊法守法用法护法，带头崇尚法治、坚守法治，做依法办事的表率。要健全普法宣传教育机制，推动落实“谁执法谁普法”的普法责任制，建立政法干警、律师等以案释法制度，加强对以国家工作人员和青少年为重点的法治宣传教育，广泛开展群众性法治文化建设，增强法治宣传教育实效。要完善守法诚信褒奖机制和违法失信行为惩戒机制，使守法者依法办事畅通无阻、违法者违法行为处处受限，确保崇法向善、循法而行成为全体人民自觉行动。

二、坚持维权与维稳统一，努力掌握预防化解社会矛盾主动权

社会矛盾往往有一个从萌芽到成势、从量变到质变的过程。检验平安建设成效，很重要的一个方面就是看能否有效预防化解社会矛盾。各地要对本地影响社会和谐稳定的矛盾进行滚动排查，做到心中有数，并逐一落实责任，采取有效措施加以防范化解。

（一）完善维护群众合法权益的政策制度，筑牢社会和谐稳定的民心基础。目前，社会矛盾大多属于利益诉求，预防化解这些矛盾，关键是要维护好群众合法权益。只有这样，才能赢得广大群众发自内心的认同和拥护，为社会和谐稳定奠定坚实基础。我们要坚持以百姓之心为心，始终把维护群众合法权益放在第一位，从源头上预防减少社会矛盾。

开展重大决策社会稳定风险评估，是科学民主决策的推进器、社会稳定的减压阀。要抓好决策前风险评估、实施中风险管控和决策过错责任追究等操作程序的落实。要建立重大决策终身责任追究制度及责任倒查机制，对未经评估或无视风险作出决策，造成重大损失、恶劣影响的，要严格追究责任。

（二）充分发挥社会主义协商民主优势，提高防范化解社会矛盾的实效。习近平总书记在庆祝中国人民政治协商会议成立65周年大会上明确指出，社会主义协商民主，是中国社会主义民主政治的特有形式和独特优势，要求坚持有事多商量，遇事多商量，做事多商量，商量得越多越深入越好。近年来，有的地方对公共政策实行公开听证、专家咨询论证等制度；有的定期举行民主恳谈会、民主议事会，广泛听取群众意见建议，减少了因决策不当引发的社会矛盾。我们要围绕涉及群众切身利益的事项，按照协商于民、协商为民原则，推动有关部门、单位遇事多同群众商量，确保各项工作更好地顺乎民意，预防减少社会矛盾。

矛盾纠纷化解过程实质也是社会协商过程。要把社会主义协商民主创造性地运用于社会矛盾化解中，完善人民调解、行政调解、司法调解联动工作体系，重点推动在征地拆迁、环境保护、劳动保障、医疗卫生、交通事故、物业管理等领域建立专业性、行业性调解组织，建立人大代表、政协委员、法学专家、公益律师和人民团体、社会组织等第三方参与的矛盾调处机制，提高化解社会矛盾的效果。要完善劳动争议调解制度，健全协调劳动关系三方机制，构建和谐劳动关系。对医患纠纷，要借鉴一些地方建立医疗纠纷人民调解委员会、引入医疗责任保险等做法，建立包括医患双方、主管部门、医疗专家、专业志愿者在内的多方协商、依法调解机制，构建和谐医患关系。

三、加快创新立体化社会治安防控体系，确保公共安全

公共安全，一头连着千家万户，一头连着经济社会发展，是平安建设的晴雨表。能否有效防范、坚决遏制严重危害公共安全案事件，是衡量和检验平安建设成效的重要标准。实践证明，创新立体化社会治安防控体系，是提升动态化、信息化条件下驾驭社会治安局势能力的重要载体，是平安中国建设的基础工程。我们要坚持传统做法与科技手段、专项整治与基础工作、严厉打击与严密防范、网上治理与网下管理相结合，加快建立高度协同的立体化社会治安防控体系，进一步增强群众安全感和满意度。

（一）善于抓好基础建设，夯实社会治安防控体系的根基。基础性制度在社会治安防控体系建设中起关键作用。要解决好户口登记管理中错、重、假问题，实现全国户口和公民身份号码准确、唯一目标。要建立以公民身份号码为唯一代码、统一共享的国家人口基础信息库，建立相关实名登记制度。要加快建立公民、法人和其他组织统一社会信用代码制度，加强社会信用管理，强化对守信者的鼓励和对失信者的惩戒。

基础性设施是动态化、信息化条件下社会治安防控体系建设的重要支撑。近年来，各地高度重视城市监控系统建设，在防范打击违法犯罪中发挥了重要作用。要坚持高起点规划，大力推进公共安全视频监控系统建设、联网和应用，提升视频图像信息综合应用水平。

基础性平台是社会治安防控体系有效运转的重要载体。近年来，不少地方积极推进社区网格化建设，为基层服务管理打造综合平台，效果是好的。要把社区网格化建设纳入城乡建设和发展总体规划，以网格化管理、社会化服务为方向，通过为群众提供一站式、动态化服务，及时掌握社情民意、化解矛盾纠纷，以每个网格小平安汇聚起全社会大平安。

基础性机制是打防管控一体化的基本保障。要健全社会治安形势分析研判机制，及时发现苗头性倾向性问题，提高防控工作预见性。健全实战指挥机制，加强实战型指挥中心建设，完善扁平化指挥处置体系，确保指挥决策、力量调动、现场处置快速高效。健全部门联动机制，整合政法综治部门资源和力量，形成防控工作合力。健全区域协作机制，提高防控工作水平。

（二）善于加强源头性服务管理工作，努力使流动人口、困难群体与当地社会和谐相处。社会治理的核心是对人的服务管理。我们要推动由以案事件为中心的安全观向以人为中心的安全观转变，从源头上预防减少公共安全问题的发生。

促进流动人口更好地融入当地社会，是事关改革发展稳定大局的战略任务。对流动人口，要坚持服务在先，积极推动解决他们面临的实际问题，努力使他们逐步融入城市、真正安定下来。要适应新型城镇化需要，落实好户籍制度改革部署，有序推进农业转移人口市民化。要全面实施居住证制度，稳步推进城镇基本公共服务覆盖全部常住人口。要建立政府、社会、家庭三位一体的困难群体关怀帮扶体系，帮助解决就医、就学、就业等实际困难，努力使他们各得其所。

（三）善于运用系统治理思路，从整体上提升防范效果。近年来，各地各有关部门积极推进社会治安防控“五张网”建设，预防减少了可防性案件的发生。下一步，要更好地运用系统治理理念，加强科学规划，坚持全面防范与重点防范相结合、传统领域与新兴领域相衔接，实现对各类治安区域全覆盖、各类治安要素全掌握，提高整体防范水平。

提高对社会面的掌控能力，是社会治安防控体系建设重中之重的任务。对广场、车站、机场等重点场所，要完善屯警街面、动中备勤、武装执勤机制，全面落实网格化巡逻力量，提高打击震慑和应急处突能力。对学校、幼儿园、医院等重点部位，要完善内部安全防范机制，强化周边治安综合治理，确保秩序良好。

公共安全中，最让人揪心的是公共交通安全。对公交、地铁、轻轨、高铁等公共交通工具，要坚持属地管理和行业主管部门、公安机关各尽其职的原则，落实好各地各有关部门的管理责任。要督促生产运营企业树立生命至上、安全第一的理念，把治安防范与生产运营管理结合起来，健全安防责任体系。要增强群众安防意识，提高逃生自救及应对突发情况的能力。

寄递、物流业是经济社会发展新的增长点，也是影响公共安全新的风险点。要督促企业树立安全与发展并重理念，建立收寄验视等安全检查制度，加强对从业人员的安全教育和培训，履行好企业安全主体责任。

（四）善于综合施策，切实解决突出治安问题。治安问题往往是多因互动的结果。解决治安问题，必须综合施策、多措并举。

专项打击与重点整治相结合，是遏制刑事犯罪高发的有效办法。对黑拐枪、盗抢骗、黄赌毒等顽症，要建立常态化打击整治机制，打早打小、露头就打。对黑恶势力，既要重拳出击、依法严惩，又要摧毁其经济基础，打掉其“保护伞”。对毒品问题，要坚持预防为主，综合治理，禁种、禁制、禁贩、禁吸并举的工作方针，深入开展禁毒人民战争，遏制其蔓延势头。对涉枪涉爆犯罪，要深化缉枪治爆专项行动，建立长效机制。同时，要按照什么治安问题突出就重点整治什么、哪里治安混乱就重点整治哪里的原则，建立滚动排查和常态整治机制，坚决消除治安盲点。

专项打击与前端管理相衔接，是降低违法犯罪发生几率的重要举措。针对危害食品药品安全、环境污染等犯罪，要加强执法监察，加强行政执法与刑事司法衔接。针对因黑车非法运营引发的恶性案件，要加大源头执法力度，坚决查处无证照非法运营行为。针对重特大交通事故，要完善重点单位、车辆、道路常态监管机制，坚决整治突出交通违法行为。针对火灾事故，要落实政府部门消防安全责任，提高社会单位消防安全管理能力，夯实城镇社区火灾防控等基础工作，筑牢“防火墙”。

（五）善于运用现代信息技术，提升社会治安防控体系建设智能化水平。当前，以大数据、云计算、物联网、智慧工程为代表的现代信息技术快速发展，标志着一个高度信息化的世界扑面而来。运用信息化对社会治安防控体系进行改造升级，是提高动态化、信息化条件下驾驭社会治安局势能力的关键。我们要按照科技引领、信息支撑思路，打好信息战、合成战。

四、积极推动体制创新，提升平安建设科学化、现代化水平

现代社会，善不善于发挥社会各方面积极性，推动形成政府治理和社会自我调节、居民自治良性互动局面，是衡量党委和政府社会治理能力高低的重要标志。近年来，有的地方通过制定行政事务“禁入清单”和社区拒绝行政事务“负面清单”，划清行政权力和自治权力的边界，提高了社区自治能力；有的通过政策引导、资金扶持，形成政府、社会共同参与的社会治理格局，提高了服务群众、解决诉求、化解矛盾的水平。这些创造性探索,顺应了社会治理发展大势,对深化平安建设具有启示意义。我们要进一步更新观念,通过政府购买服务、提供公益岗位等多种办法,引导社会各方面参与平安建设,推动社会管理体制向党政主导、社会共治的社会治理体制转变,不断提升平安建设水平。

(一)发挥好社会组织协同作用,最大限度激发平安建设内生动力。一个治理有效的社会,必然是责任共担、风险共治的社会。社会组织既能把政府的社会治理政策传递到群众中去,又能有效沟通、反映群众诉求,为群众提供便捷、高效的公共服务,是现代社会治理不可或缺的重要载体。近年来,有的地方建立社会组织培育发展中心,对社会组织进行机构、项目、能力孵化;有的建立社会组织服务中心,引导社会组织参与风险评估、矛盾调解、社会救助、志愿服务等平安建设工作;有的依托工会、共青团、妇联等人民团体,引领同类其他社会组织参与平安建设。我们要总结推广这些经验做法,推动社会组织明确权责、依法自治,确保其成为党委和政府的有力助手。要支持行业协会商会类社会组织履行好行业自律和专业服务职能,发挥好社会组织对其成员行为导引、规则约束、权益维护作用,为社会组织参与社会事务、维护公共利益、救助困难群众等构建制度化渠道。要把适合由社会组织承担的矛盾纠纷调解、特殊人群服务管理、社会治安防控等平安建设任务纳入政府购买服务目录,交给社会组织去办,让他们在平安建设中更有作为。

(二)发挥好基层自治作用,夯实平安建设的根基。习近平总书记在庆祝全国人民代表大会成立60周年大会上指出,要坚持和完善基层群众自治制度,发展基层民主,保障人民依法直接行使民主权利。基层自治是社会主义民主的重要形式,是基层群众实现自己的事情自己办的重要方式。近年来,有的地方建立健全基层自治机制,发挥好党组织领导和村民自治章程的作用;有的推行"四议两公开"工作法,凡是涉及群众切身利益的重大事项,都按照党支部提议、"两委"会商议、党员大会审议、村民会议决议的程序进行决策,并对过程和结果实行公开,解决了不少棘手问题。我们要总结推广这些做法,进一步增强基层党组织在群众中的感召力、影响力,使其成为服务群众、化解矛盾的坚强战斗堡垒。要加强城乡社区群众自治组织建设,健全以群众自治组织为主体、社会各方面广泛参与的新型城乡社区治理体系,努力把城乡社区建设成为政府社会治理的平台、居民日常生活的依托、社会和谐稳定的基础。要贯彻村(居)委会组织法,完善基层群众自治机制,深入开展以居民会议、议事协商、民主听证为主要形式的民主决策实践,以自我管理、自我教育、自我服务为主要目的的民主治理实践,切实做到民事民议、民事民办、民事民管,为深化平安建设奠定基础。

(三)发挥好人民群众主体作用,努力为平安建设提供力量源泉。毛泽东同志在建国之初就指出,老百姓百分之八十的事都由他们自己来办,我们只包百分之二十就好了。坚持人民主体地位,是中国特色社会主义的根本要求。平安建设是亿万人民自己的事业,更要发挥人民主人翁精神。我们要认真学习贯彻习近平总书记在党的群众路线教育实践活动总结大会上的重要讲话精神,深入学习、推广枫桥经验,搭建多样化的群众参与机制,努力形成平安建设人人参与、平安成果人人共享的生动局面。

这些年来,一些地方结合平安奥运、平安世博和上海亚信峰会、南京青奥会等重大活动安保工作,大力加强平安志愿者、社会工作者、义工、群防群治队伍建设;有的在社区建立"对对碰"平台,依靠社区居民自己协商解决有关矛盾和问题;有的创造"网上枫桥经验",推动社情民意在网上了解、矛盾纠纷在网上解决。我们要把群众工作与依法治理有机结合起来,引导群众依法通过经济组织、社会组织、群众自治组织,实行自我管理、自我服务,积极预防、妥善解决影响社会和谐稳定的矛盾和问题。要积极推进群众工作群众做,动员群众自己组织起来,解决好发生在自己身边的矛盾和问题。要把"脚板走访"与"网络对话"结合起来,提高新形势下动员组织群众参与平安建设的能力和水平。

发挥好新媒体作用,凝聚起平安建设正能量。新媒体时代,良好的舆论环境对舒缓公众情绪、凝聚社会共识具有重要促进作用。近年来,一些地方高度重视网络平台和微博微信等新兴传播工具建设,利用其加大对平安建设的宣传力度。我们要总结推广这些经验，坚持一手抓法定职责履行、一手抓新媒体时代社会沟通能力提升，努力营造平安共建、和谐共享的良好氛围。要抓住传统媒体与新媒体融合发展机遇，树立主动宣传、深入宣传的理念，运用群众喜闻乐见方式，讲好平安故事，提高公众对平安建设的知晓率、参与率。

历史和现实都告诉我们，不明确责任，不落实责任，再好的思路、部署也会落空。各级党委和政府要完善主要领导负总责、分管领导具体负责、其他领导"一岗双责"的领导体制，切实担负起保一方平安的政治责任。各级党委政法委、综治委要履行好综合协调、组织推动、督导落实的责任，推动形成问题联治、工作联动、平安联创的局面。各有关部门、单位要按照谁主管、谁负责的原则，分领域、分系统、分行业抓好平安建设各项任务的落实。从中央到地方，都要健全落实领导、部门责任制和目标管理责任制、督查督办机制，把深化平安建设各项任务落实到各部门、各单位和责任人，切实提高执行力。

深入推进平安中国建设，事关人民幸福安康、社会安定有序、国家长治久安。让我们紧密团结在以习近平同志为总书记的党中央周围，锐意进取、扎实工作，以平安中国建设新成效，为实现"两个一百年"奋斗目标和中华民族伟大复兴的中国梦作出新贡献。

（本文是孟建柱同志 2014 年 11 月 3 日在深化平安中国建设会议上的讲话摘要，转载自长安杂志 2015 年第 2 期）

三、中央综治办文件

陈训秋同志在全国综治办主任会议上的讲话

（2014年1月8日）

这次全国综治办主任会议的主要任务是，认真学习贯彻习近平总书记和孟建柱等中央领导同志在中央政法工作会议上的重要讲话精神，研究部署今年的工作。

党的十八大以来，中央综治委各专项组、各成员单位和地方各级综治组织认真贯彻落实习近平总书记一系列重要指示精神，贯彻2013年全国政法工作会议的总体部署和孟建柱等中央领导同志在深化平安中国建设工作会议、纪念毛泽东同志批示“枫桥经验”50周年大会等会议上的讲话精神，深入开展党的群众路线教育实践活动，全面做好综治工作，努力推进平安中国建设，为促进经济持续健康发展、社会和谐稳定作出了重要贡献。在此，我代表中央综治办向各级综治组织和为综治工作付出辛勤劳动的同志们致以亲切的慰问和崇高的敬意！

下面，我讲三点意见。

一、认真学习贯彻习近平总书记等中央领导同志重要讲话精神，切实增强做好综治工作的责任感、使命感

党的十八大以来，习近平总书记就做好新形势下政法综治工作、深化平安中国建设、坚持和发展“枫桥经验”等多次作出重要指示，这次又在中央政法工作会议上发表重要讲话，充分体现了党中央、国务院对政法综治工作的高度重视。中共中央政治局委员、中央政法委书记孟建柱同志指出，习近平总书记的重要讲话从战略高度深刻阐述了事关政法工作全局和长远的重大问题，提出了一系列新思想、新观点、新要求，是指导我们政法工作的纲领性文献。孟建柱同志就深入学习贯彻习近平总书记重要讲话精神、做好2014年政法综治工作，作出了全面部署，提出了七个方面要求。中央领导同志的重要指示精神，为各级综治组织做好2014年工作指明了前进方向，我们一定要认真学习领会、坚决贯彻落实。

要认真学习贯彻中央领导同志重要指示精神，进一步认清形势。当前，我国总的形势是好的。但也要看到，我国将长期面对西方发达国家在经济科技等方面占优势的压力，将长期面对西方敌对势力对我国实施西化分化战略的严峻斗争，将长期面对改革发展稳定中系列突出矛盾的挑战。国际社会两种意识形态和制度的斗争与较量从未停止过，西方敌对势力不断加大对我国西化、分化力度，并从思想渗透转向行动煽动，境内外敌对势力和一些别有用心的人遥相呼应，策划实施捣乱破坏活动，维护社会政治稳定的任务更加艰巨。我国改革已进入攻坚期和深水区，发展已进入关键期，社会利益格局调整的广度深度都在加大，社会矛盾多发易发、错综复杂，呈现多样性、关联性、组织性、易变性特点，特别是一些重大矛盾纠纷和信访突出问题化解难度大，成为影响社会和谐稳定的重要隐患。一些地方社会治安状况不佳，群众不满意，特别是个别地区发生造成重大人员伤亡的重特大案事件，严重影响群众安全感。以互联网为代表的信息技术深刻改变着人们思想和行为，也使综治工作面临着新的机遇和挑战。各级综治组织要认清形势，提高政治敏感性，做到超前谋划、积极应对。坚持问题导向，围绕解决影响社会和谐稳定的突出问题，深入研究思考，采取有效措施；坚持底线思维，增强忧患意识，未雨绸缪，从最坏处准备，向最好处努力，下好先手棋，打好主动仗；坚持换位思维，多从群众立场、社会视角分析问题，加强和创新群众工作，切实把人民群众合法权益维护好；坚持创新思维，以改革的精神、创新的办法攻坚克难，推动综治工作不断取得新的进展和成效。

要认真学习贯彻中央领导同志重要指示精神，进一步明确任务。各级综治组织要按照“五个深化”的要求和2014年政法综治工作的总体思路，切实统一思想和行动。深化对坚持党对政法综治工作领导的认识，在思想上政治上行动上同以习近平同志为总书记的党中央保持高度一致，确保综治工作正确政治方向；深化对新形势下政法综治工作主要任务的认识，积极推进社会治理方式的创新，努力建设平安中国，切实维护社会大局稳定，促进社会公平正义，保障人民安居乐业；深化对严格执法、公正司法的认识，教育引导广大综治干部信仰法治、坚守法治，促进执法司法公信力不断提高；深化对建设过硬队伍的认识，确保综治干部队伍信念坚定、执法为民、敢于担当、清正廉洁；深化对司法体制改革重大意义的认识，正确把握改革的方向、目标、重点，发挥好各级综治组织的职能作用，促进中国特色社会主义司法制度的完善。要组织广大综治干部认真学习贯彻习近平总书记的重要讲话精神，贯彻孟建柱等中央领导同志在中央政法工作会议上作出的重大部署，围绕完善和发展中国特色社会主义制度、推进国家治理体系和治理能力现代化的总目标，把握促进社会公平正义、增进人民福祉的总要求，以全面推进平安中国建设为重点，创新社会治理方式，坚持系统治理、依法治理、综合治理、源头治理，着力解决影响社会和谐稳定的突出问题，严防发生严重刑事案件、重大群体性事件、重大公共安全事故，不断提升人民群众安全感，提高社会治理现代化水平，为全面建成小康社会作出新的贡献。

要认真学习贯彻中央领导同志重要指示精神，进一步振奋精神。党的十八届三中全会《决定》明确提出，要“创新社会治理体制”、“全面推进平安中国建设”。中央领导同志从“六个坚持”的角度对这项工作作出了全面部署，特别指出要“完善、落实综合治理领导责任制”。这些决策部署充分体现了党中央、国务院对综治组织的高度信任，综治工作使命重大。我们要进一步坚定信心、振奋精神、开拓进取，准确把握从管理到治理内涵发生的深刻变化，不断改进工作方法、创新工作机制、提升工作水平，推动社会治理体制创新，努力建设平安中国。更加突出党委和政府主导下的社会各方面参与，充分发挥综合治理工作优势，形成社会治理整体合力；更加突出法治思维和法治方式，善于用法治精神引领社会治理、用法治思维谋划社会治理、用法治方式破解社会治理难题，把社会治理纳入法治轨道；更加突出源头治理、综合施策，推动社会治理向前端、向基层延伸，从源头上解决影响社会和谐稳定的深层次问题，建设主动性更强、基础更牢的平安中国。

二、切实履行职能，在创新社会治理方式、全面推进平安中国建设中充分发挥综治组织的重要作用

创新社会治理方式、全面推进平安中国建设，是中央从全局和战略高度作出的重大决策，是综治组织必须全力抓好的重要工作。各级综治组织要按照中央政法工作会议的部署，不断深化对社会治理规律性的认识，充分发挥职能作用，努力建设平安中国。

（一）紧紧抓住平安建设的核心，切实维护社会政治稳定。维护政治安全，事关党的执政地位、国家核心利益，是平安建设的核心和保证。各级综治组织要始终把维护社会政治稳定放在首位，以防范和应对“颜色革命”为重点，全力维护我国政权安全；始终绷紧反分裂反恐怖斗争这根弦，全力维护国家核心利益；大力加强互联网管理，全力维护网络社会安全。

首都北京具有特殊重要的政治地位。创新社会治理、建设平安中国，首先必须确保北京平安；维护国家安全和社会政治稳定，首先必须维护首都的稳定。这是全国各级综治组织必须共同完成好的重大政治任务。目前部分在京长期滞留的上访人员以各种方式滋事闹事,严重扰乱了北京的正常社会秩序,成为威胁首都安全和国家政治稳定的重大隐患。中央领导同志对此高度重视,多次作出重要批示指示,明确要求中央综治办要加大工作力度,协调解决这一问题。各级综治组织一定要会同有关部门,坚决贯彻中央领导同志指示精神,要在解决合理诉求上下功夫。各地必须紧紧依靠省(区、市)党委、政府,争取主要领导同志重视,请他们亲自抓,同时综合用好综治领导责任制等各项政策措施,加大对相关市、县党委、政府主要负责同志的督办力度,确保取得实效。

(二)坚持和发展"枫桥经验",有效预防和化解社会矛盾。各级综治组织要把解决具体问题与完善政策制度有机结合起来,把常态治理与应急处置结合起来,最大限度地预防和化解社会矛盾。

要促进政策制度完善,加强对社会矛盾的源头预防。对群众反映突出的征地拆迁、环境保护、劳资关系等领域的问题和特殊利益群体的历史遗留问题等,各级综治组织要加强调查研究,积极向党委、政府提出政策建议,促进相关政策机制的完善,保障社会公平正义。积极促进各地各部门科学、民主决策,协调、推动重大决策社会稳定风险评估机制的落实,防止因决策不当引发社会矛盾。

要建立调处化解矛盾纠纷综合机制。发挥政治优势,依托基层组织,整合资源力量,完善人民调解、行政调解、司法调解联动工作体系,形成党政动手、依靠群众、源头预防、依法治理、综合施策的化解矛盾新格局。目前,婚姻家庭、邻里关系等民间矛盾纠纷总量较大,这些矛盾纠纷看似小事,但如果调处不及时,很容易引发重大案事件。近期,有几个省(区)接连发生重大案件,大多是由婚姻家庭和邻里纠纷引发,教训十分深刻。要依托乡镇(街道)服务管理中心和社区综合服务管理平台,深化网格化服务管理,发挥基层干部和群防群治力量优势,广泛发展信息员、调解员,第一时间发现并就地化解矛盾纠纷。总结推广各地建立交通事故、医疗纠纷等调解中心的经验,加强专业性、行业性调解组织建设,提高调解工作专业化水平。建立人大代表、政协委员、社会组织等第三方参与的矛盾调处化解机制,通过建立专家咨询委员会、设立"两代表一委员"调解接待室、组织社会力量开展调处以及政府购买服务等办法,充分发挥各方面的作用。对于因重大社会矛盾诱发的群体性事件,要在党委、政府领导下,做到统一指挥、快速反应、妥善处置。

要严格落实矛盾纠纷排查调处工作协调会议纪要月报制度。各省(区、市)综治办要积极争取综治委负责同志主持召开协调会议,督促市、县、乡等层层建立矛盾纠纷定期分析研判机制,加强排查、预警、调处。要务求实效,在促进重大矛盾纠纷的排查预警和有效化解、维护社会和谐稳定方面狠下功夫,督促、指导有关方面及时化解矛盾纠纷;对于群众反映强烈、久拖不决、涉及面广的重大复杂疑难社会矛盾,要积极推动将其列入党委、政府督查范围,加强跟踪问效,促进问题解决。对执行月报制度不认真、矛盾纠纷排查调处不力的,中央综治办将约谈相关省(区、市)综治组织负责人。

(三)创新立体化社会治安防控体系,提高动态化条件下驾驭社会治安局势的能力。各级综治组织要以人民群众对平安的需求为导向,以提升人民群众安全感和满意度为目标,加强社会治安综合治理,创新立体化社会治安防控体系。坚持打击和防范并举、治标和治本兼顾、重在治本的方针,坚持"打防结合、预防为主,专群结合、依靠群众",对黑恶势力、严重暴力、涉枪涉爆涉恐、"两抢一盗"、拐卖妇女儿童、危害食品药品安全、非法集资、电信诈骗、环境污染等严重危害人民群众生命财产安全的犯罪活动,要适时开展打击整治行动。针对统筹区域发展、推进城镇化、调整生产力布局等使治安工作重点及薄弱环节发生的变化,及时调整力量摆布,完善治安措施。加强对城乡接合部、城中村等社会治安重点地区以及非法出租房屋、"黑旅馆"、黄赌毒现象等影响治安秩序突出问题的排查整治,加强偏远农村治安管理,及时发现并坚决消除各类安全隐患。加强整体规划,构建长效机制,完善幼儿园、学校等重点场所安全防范机制,完善铁路、公路、水路和"三电"设施及输油气管道等重点部位安全保护机制,完善重点物品管控机制,完善安全生产监管机制等,推动打防管控一体化运行。

要牵住社会治安防控体系建设的"牛鼻子",严防发生重特大案事件。中央领导同志指出,"发展决不能以牺牲人的生命为代价。这必须作为一条不可逾越的红线";在深化平安中国建设中要"严防发生重大恶性案件和个人极端暴力事件","坚决防止发生重特大案事件和群死群伤治安灾害事故"。因此,创新立体化社会治安防控体系,就必须下大力气防止重特大案事件特别是命案发生。公安机关命案立案数已连续多年下降,有一批社区实现刑事案件零发案,这些都为我们有效防止命案发生,奠定了良好工作基础。严防重特大案事件特别是命案,就是从问题导向入手,把创新立体化社会治安防控体系的各项工作都牵起来,坚持抓早、抓小、抓苗头,努力消除可能引发命案的各种不安定因素和不安全隐患,牢牢把握工作主动权,这实际上也是预防和减少刑事案件、治安案件,改善治安环境的过程。比如很多地区反映,当地 70% 以上的杀人案件是由民间纠纷引发的"民转刑"命案,这就要求我们着眼于预防和减少"民转刑"案件,始终把矛盾纠纷排查调处作为一项重要工作进行部署,并全面做好法制宣传教育、群众心理疏导等工作。要牢固树立人命关天、安全第一的理念,促进安全生产工作,认真开展危爆物品安全大检查大整治工作,防止发生重大公共安全事故。要总结推广命案"零发案"县(市、区)和刑事案件"零发案"社区的经验,深入开展平安县市、平安乡镇、平安社区、平安家庭等多种形式的基层平安创建活动,深入开展平安医院、平安校园等行业平安创建活动,进一步完善人防、物防、技防措施,真正织严织密社会治安防控体系的"天罗地网"。

(四)做好流动人口和特殊人群等服务管理工作,最大限度增加社会和谐因素。现在全国已经有 2 亿多农民工和其他人员在城镇常住,但他们处于"半市民化"状态、"两栖状态",容易引发社会矛盾和风险。各级综治组织要从走中国特色、科学发展的新型城镇化建设道路的高度,协调推动流动人口服务管理的各项工作。积极促进户籍制度改革,促进农业转移人口市民化和基本公共服务均等化,依法保障农民工合法权益。加强精细化管理,完善"以房管人、以证管人、以业管人"等措施。促进农村留守老人、妇女、儿童关爱帮扶体系的健全完善,预防和减少严重侵害"三留守"人员合法权益的案事件发生。

要加强特殊人群服务管理。对刑满释放人员、社区矫正对象、吸毒人员、艾滋病人等各类特殊人群服务管理工作,各级综治组织要加大协调、推动力度,努力建立健全政府、社会、家庭三位一体的关怀帮扶体系,帮助他们解决就业、就医、就学等实际困难。加大对严重精神障碍患者救治救助工作的组织协调力度,督促各有关方面按照有关文件精神,细化措施、落实责任,坚决防止严重精神障碍患者肇事肇祸重大恶性案事件发生。

要做好预防青少年违法犯罪工作。目前,我国还有闲散青少年、有不良行为青少年、流浪乞讨未成年人等重点青少年群体。调查显示,进城务工青年、高校毕业生中的"蚁族"等城市边缘群体规模较大,管理难度大,很容易因一些问题处置不当而触发群体性事件。各级综治组织要协调、推动各有关方面,落实关爱帮扶和救助保护措施,推广重点青少年群体服务管理和预防犯罪试点工作的经验,加强专门学校等建设,切实做好预防青少年违法犯罪工作。

(五)加强基层综合服务管理平台建设,夯实综治基层基础。各级综治组织要认真借鉴 2013 年苏州会议、浙江会议上推广的有关经验,坚持党委领导、政府主导,以深化平安中国建设为重点,以网格化管理为基础,以信息化为支撑,以督导检查、综治考评为杠杆,继续加大对基层平台建设的推进力度。在市、县两级,要积极推进建立统一的综合服务管理平台。乡镇(街道)要按照有关文件精神,在党委、政府和综治委领导下,由综治办牵头组织协调,整合公安、司法行政、民政、社会保障、信访、人民法院等基层维护社会治安和社会稳定的资源和力量,通过各有关部门集中办公,建立协作配合、精干高效、便民利民的工作平台。城乡社区要延伸乡镇(街道)平台有关职能,做好矛盾纠纷排查化解、治安防范等工作,提供便民服务,充分发挥基层平台在平安建设中的职能作用。

基层综合服务管理平台不能仅仅是一个等着群众上门的办事大厅,必须紧紧依靠网格化管理和群防群治力量,主动发现矛盾、化解矛盾、提供服务、解决问题,真正使服务覆盖到每家每户。各级综治组织要在基层综合服务管理平台建设中,将人、地、物、事、组织全部纳入网格管理范畴,努力促进网格化管理全覆盖。在社区(村)科学划分网格,每个网格至少配备一名管理员,暂未实行网格化管理的农村地区,每个自然村至少配备一名治保员,因地制宜确定网格管理员、自然村治保员的责权利,统筹做好服务居民群众的各项工作。

三、切实加强自身建设,提升各级综治组织创新社会治理的能力水平

中央领导同志对各级综治组织和综治干部队伍建设高度重视。2009 年,孟建柱同志在全国地方新任综治办主任培训班座谈会上作了重要讲话,对加强综治委、办组织建设提出了全面要求,明确指出"综治部门是锻炼干部的好地方,怎么调动'块'的积极性,怎么调动'条'的积极性,怎么调动其他部门的积极性,怎么依靠群众,这套工作全懂了,考虑问题也就全面了,办事也可以统筹兼顾了";2013 年以来,孟建柱同志就这方面工作又多次作出重要指示。各级综治组织要认真学习贯彻指示精神,不断加强自身建设,提升工作能力和水平,切实承担好创新社会治理方式、全面推进平安中国建设的重要使命。

( )始终坚持党对综治工作的领导。创新社会治理,必须充分发挥党委领导核心作用和政府主导作用。综治组织作为党委、政府的协调机构,必须毫不动摇地坚持党的领导,紧紧依靠各级党委、政府开展工作。各省(区、市)综治组织要把需要解决的重大问题、中央综治委交办的工作及时向当地党政主要领导同志汇报,纳入到经济社会发展大局中考量、部署、落实,牢牢把握综治工作"条块结合、以块为主"的属地管理原则。

(二)善于统筹协调,增强整体工作合力。做好综治工作,要充分依靠各专项组、各部门。多年来,中央和地方各部门坚持"谁主管、谁负责"的原则,主动参与综合治理工作,尤其是对一些热点难点问题,各有关部门密切配合、大力协作,集中力量加以解决,效果很好。实践告诉我们,如何发挥各专项组、各部门的职能作用,直接关系到综合治理各项措施的落实。各级综治组织特别是综治办的同志要善于协调沟通,在党委、政府的领导下,更好地组织协调各有关方面,进一步完善齐抓共管、协作配合的长效工作机制,特别要健全和落实五部委联席会议、综治委例会、综治委成员单位联系点以及述职、工作报告、情况通报等制度,促进各专项组及其办公室完善工作制度,强化平安中国建设责任主体和行政主管部门的职能作用,整合各方面的力量,形成工作合力。

(三)坚持人民主体地位,践行党的群众路线。综治工作是新形势下一项十分重要的群众工作,必须坚持以群众满意为标准,以群众参与为动力,以群众受益为目标。各级综治组织要坚持专门工作与群众路线相结合,紧紧依靠人民群众,积极探索社会治理新机制新途径,按照"加强党委领导,发挥政府主导作用,鼓励和支持社会各方面参与"的要求,进一步增强社会发展活力,努力实现政府治理和社会自我调节、居民自治良性互动。要发挥好居民在基层社会治理中的主体作用,把平安建设的任务落实到村居和社区。在自然村设治保员、推行"治安中心户长",在城市社区设立"楼栋长",实行邻里守望等,都是行之有效的群防群治方式。要总结推广这些好经验,进一步发展壮大平安志愿者、社区工作者、义工、群防群治队伍等专业化、职业化、社会化力量。更加注重发挥人民团体、群众组织、企事业单位的积极作用,激发社会组织活力,引导人民群众通过社会组织实行自我管理、自我服务,积极参与平安建设。深入开展各类爱民实践活动,组织广大综治干部深入基层、联系群众,切实了解群众所思所盼,帮助解决实际问题,确保党的群众路线在综治战线深深扎根。

(四)强化问题导向,按照缩小政策单元的要求进一步加强综治工作制度建设。各级综治组织一定要防止单靠"游击战"、"运动式"、"一阵风"的方式推进工作,坚持常、长二字,经常、长期抓下去,在加强制度建设、完善长效机制上下功夫。1991 年、2001 年,中共中央、国务院就社会治安综合治理先后出台两个政策性文件,1991 年全国人大常委会出台《关于加强社会治安综合治理的决定》,加强社会治安综合治理已经写入党章,这些年来中央还就平安建设以及治安管理、人民调解等工作出台了一系列法律政策。有的同志认为其中一些法律政策颁布时间较早,希望中央能再多出几个新文件。2012 年开始，中央部署了党内法规和规范性文件集中清理工作，而综治工作相关政策文件均继续有效。我们知道，我国东中西部等地区之间、城市和农村之间差别较大。中央关于综治工作的法律政策依据是比较充分的，相关要求也是比较全面、系统的，关键是如何按照中央提出的"以重大问题为导向"、"缩小政策单元"等要求，结合本地实际，加强对具体问题的研究，让中央有关精神在各地贯彻落实。对已经明确方向又切实可行的工作，各级综治组织要不等不靠，在地方的权力范围内尽快把工作开展起来。要有强烈的问题意识，针对解决影响本地区社会稳定、群众反映强烈的突出问题，加强立法调研，积极推动地方人大、政府按照《立法法》出台相关地方性法规、地方政府规章，促进从法律制度层面解决这些问题。比如现在不少省（区、市）都出台了专门的综治工作条例。再如，针对近期一些地区涉医违法犯罪多发的问题，部分省（市）依照《侵权责任法》等关于解决医疗损害侵权的规定以及中央有关政策性文件，就医疗纠纷预防与处理、医疗机构管理等专门出台地方性法规或地方政府规章，对有关工作作出了操作性较强的法律规定，为"平安医院"建设提供了法律依据。要推动全国 38 个综合试点地区大胆探索实践，及时总结推广试点地区的经验，并推动其上升为地方法规。

（五）用好综治政策，提升依法治理能力。中央关于综治工作的政策性文件是我们党重要的党内法规和规范性文件。贯彻执行好这些政策，是依法治理的重要内容。中央有关文件规定了健全和落实综治工作目标管理责任制、领导责任制和一票否决权制等制度，赋予综治组织表彰奖励、诫勉谈话、黄牌警告、挂牌督办、综治考评、处分建议、一票否决等重要政策。各级综治组织提升依法治理能力，最关键的就是要用好这些政策。现在，不少地方把抓平安建设的实绩作为对领导班子和领导干部综合考核评价的重要内容，与业绩评定、职务晋升、奖励惩处等挂钩；有的省对群众安全感低于 80% 的县（市、区）由省综治组织挂牌整治；有的省对发生较严重社会治安问题的县（市、区）纳入重点管理，其间不得评先评优，已命名的平安县（市、区）取消荣誉称号，重点管理期满后仍不合格的，依法实行一票否决，这些做法对推动综治工作开展发挥了重要作用。但也有个别省在落实综治领导责任制方面失之于软，省综治委近几年没有实行一票否决，在一定程度上导致群众安全感连续几年偏低，命案等重特大案事件多发。从实践情况看，中央综治委对发生特大案事件的地级市实行过一票否决；一些省（区、市）综治组织对县（市、区），一些地（市、州）综治组织对乡镇（街道）等依法依规实行一票否决等政策措施，已经收到了很好效果，下一步还要继续研究深化。各级综治组织要严格落实中央有关文件要求，在用好综治领导责任制相关政策上下功夫，尤其对发生重特大案事件的地区，对平安建设中出现突出问题、经反复整治仍得不到解决的地区，依法分别实施诫勉谈话、黄牌警告、挂牌督办、综治考评、处分建议、一票否决等政策。

（六）勇于攻坚克难，坚决完成好中央领导同志交办的解决进京非正常上访突出问题等重要任务。2013 年以来，中央领导同志交办的解决进京非正常上访突出问题、严重精神障碍患者救治救助、危爆物品安全管理等工作，事关平安中国建设大局。这些工作都是跨部门事项，工作链条较长，单纯依靠某一个职能部门很难做好，需要发挥综合治理的职能。但有的地方还在纠结于这些工作综治办该不该管，认为这不属于综治办的职责范围，是"种了他人田，荒了自家地"，以致存在畏难情绪，工作进展不明显，这种状况必须尽快改变。解决进京非正常上访问题等重要工作，事关国家安全和社会政治稳定，事关党的执政地位巩固，各级综治组织一定要增强政治敏感性，全力以赴、坚决完成好中央领导同志交办的重大任务。要积极主动地分析研判社会治安形势，凡是严重影响群众安全感、集中多发的案事件和突出治安问题，综治组织都要及时搞好协调，研究对策措施，推动问题解决。

（七）推进综治信息化建设，提高社会治理协同效能。社会信息化的深入发展，拓展了社会治理的途径，也对我们的工作提出了新的更高要求。没有平安建设的信息化，就没有平安建设的现代化。各级综治组织要按照科技引领、信息支撑的思路，积极推进综治信息化建设，构建纵向贯通、横向集成、共享共用、安全可靠的平安建设信息化综合平台，不断提升社会治理现代化水平。要紧密结合基层综合服务管理平台建设，强化信息综合。积极争取党委、政府的领导及有关部门的支持，通过建立综治信息系统，努力消除各部门、单位之间的信息“壁垒”，实现信息互通和资源共享。强化深度应用，根据网格化管理、社会化服务的实际需要，依托综治信息系统，把网格管理员等了解到的群众诉求、发现的矛盾问题，即时上传各级基层综合服务管理平台，统一进行台帐管理、分流交办、跟踪督办、结果反馈等，为群众提供便捷服务。确保网络信息安全。综治信息系统基于国家电子政务外网，与互联网之间仅实行逻辑隔离，不是物理隔离，主要运行面向社会的服务业务和不需要在内网上运行的业务。各级综治组织要严格贯彻《保密法》等法律和相关文件规定，规范信息采集、录入、查询等工作流程，严格防止涉密信息泄露。

目前全国共有综治干部14.9万多人，把这支队伍建好、带好，把综治组织的作用真正发挥好，是我们在座各位同志的重要职责。要抓好思想政治建设，加强综治组织党建工作，教育引导广大综治干部有信仰、有担当、有作为。要加强业务培训，按照全面深化改革的新要求和履行职能的实际需要，健全综治干部的学习培训体系，教给他们从事具体工作的方法，让大家的所学、所获真正进入思想、进入决策、进入工作，真正转化为思维方法、领导理念和工作思路，不断提升职业素养和专业水平。现在全国各省（区、市）综治办基本都增加到4个以上处（室）。各级综治组织要根据中央有关文件精神，尽快完善机构，充实人员力量，落实专项经费保障，履行好法定职能。要加强纪律作风建设，加大正风肃纪力度，确保清正廉洁。要关心爱护综治干部，落实从优待警有关政策，帮助他们解决工作、生活中的实际困难。要加大综治宣传工作力度，加强平安文化建设，善于利用新兴媒体，更加及时有效地宣传创新社会治理、建设平安中国的决策思路和取得的成绩，用真实、权威的声音传递正能量，有效引导社会舆论，为平安中国建设营造良好的社会环境。

同志们，创新社会治理方式、全面推进平安中国建设，使命神圣、责任重大。让我们紧密团结在以习近平同志为总书记的党中央周围，高举中国特色社会主义伟大旗帜，以邓小平理论、“三个代表”重要思想、科学发展观为指导，进一步开拓创新、锐意进取、扎实工作，为全面建成小康社会和实现中华民族伟大复兴的中国梦作出新贡献！

陈训秋同志在全国医疗纠纷人民调解工作现场会上的讲话

（2014年5月5日）

我就各级综治组织如何发挥职能作用，推动医疗纠纷人民调解工作，深化“平安医院”创建，讲三点意见。

一、进一步提高思想认识，切实增强做好医疗纠纷人民调解工作的责任感、紧迫感

加强医药卫生事业建设，是实现人民群众病有所医，提高全民健康水平的重要社会建设工程。经过多年努力，我国医药卫生事业发展取得显著成就。各地、各有关部门按照中央的部署，深入开展“平安医院”创建，加强医疗纠纷化解等工作，取得了明显成效。天津市高度重视医疗纠纷预防和化解工作，专门颁布有关政府令，积极推行医疗纠纷人民调解和医疗责任保险两项制度，建立健全组织领导、财政保障、应急联动、依法调解、调诉衔接等工作机制，在调处、化解医疗纠纷方面收到了良好效果。各地结合实际，探索形成了许多好经验好做法，值得研究借鉴。当前我国改革进入攻坚阶段、发展进入关键时期，经济社会深刻变化,社会矛盾仍然多发,刑事犯罪仍处于高发期,加之我国医疗服务能力、医疗保障水平等与人民群众不断增长的医疗服务需求之间仍存在一定差距,加强医疗纠纷化解、创建"平安医院"等工作仍是一项长期艰巨的任务。充分发挥人民调解基础性作用,落实综合治理各项措施,有效预防和化解医疗纠纷,维护医院等医疗机构的正常秩序,是构建和谐医患关系、维护社会稳定的必然要求,是促进医疗卫生事业加快发展、更好保障和改善民生的必然要求。各级综治组织一定要从维护最广大人民根本利益、深化平安中国建设的高度,充分认识做好这项工作的重要意义,增强政治意识、大局意识、责任意识,切实把这项工作抓紧抓好、抓出实效。

二、进一步抓好各项措施的落实,推动医疗纠纷人民调解工作深入开展

各级综治组织要把加强医疗纠纷人民调解工作,作为创新社会治理、深化平安中国建设的重要内容,按照源头治理、系统治理、综合治理、依法治理的要求,切实抓好各项工作措施的落实。

要运用法治思维和法治方式推进医疗纠纷的化解。在全面推进依法治国新形势下,越是复杂疑难问题,越要用法治思维和法治方式去探寻解决之道。法律明确规定,要加强医师队伍的建设,提高医师的职业道德和业务素质,保障医师的合法权益,保护人民健康。目前,天津、上海、浙江、江西、湖北、湖南、广东等省(市)都出台了《医疗纠纷预防和处理条例》、《医疗纠纷预防和处理办法》等法规、规章。这些法规、规章分别规定,请求赔偿金额达到一定标准的医疗纠纷不得由医患双方当事人自行协商解决,必须通过人民调解等法定途径解决;规定了医疗纠纷人民调解的相关程序、医患双方的权利义务、医疗责任保险等内容;规定了患者在医疗纠纷调处过程中不得有聚众占据医疗机构、在医疗机构设灵堂拉条幅、拒不将遗体移放太平间等扰乱医疗秩序的行为,并规定了公安机关等相关部门依法处理有关治安警情的程序和措施等。这些法规、规章不仅为医患双方依法预防和处理医疗纠纷提供了有效的法律途径,把复杂的医疗纠纷纳入到了规范、有序、依法处理的良性轨道;而且强调了对违法行为的依法处理,维护了法律权威,有利于在全社会推动形成办事依法、遇事找法、解决问题和化解矛盾用法的法治环境。各级综治组织要认真总结借鉴这些经验,按照"以重大问题为导向"、"缩小政策单元"等要求,结合本地实际,积极开展立法调研、提出政策建议,推动相关地方性法规、地方政府规章的制定工作。各地要积极促进严格执法、公正司法,充分发挥法治的引导、规范、保障、惩戒作用,为依法化解医疗纠纷、建设"平安医院"提供更有力的法治保障。

要完善人民调解、行政调解、司法调解联动工作体系,建立调处化解医疗纠纷的综合机制。各级综治组织要总结推广各地建立医疗纠纷调解中心的经验,积极推进医疗纠纷专业性调解组织和调解工作队伍建设,进一步落实工作场所、加强经费保障、拓展覆盖范围。各地要坚持吸收专家咨询委员会等第三方参与医疗纠纷调解、设立"两代表一委员"调解接待室、组织社会力量开展调处以及政府购买服务等办法,提高医疗纠纷调解的权威性和公信力。要动员组织广大法学、法律工作者积极参与医疗纠纷的预防化解工作。要认真贯彻执行矛盾纠纷排查调处工作协调会议纪要月报制度,督促市、县、乡等层层建立矛盾纠纷定期分析研判机制,加强对医疗纠纷的排查、预警、调处。要依托各级综治工作中心、基层综合服务管理平台,全面推行网格化管理,发挥基层干部和群防群治力量优势,加强与当地医疗机构衔接配合,及时发现和化解医疗纠纷。要探索建立调解工作与医疗质量管理、纠纷诉讼理赔、治安警务相对接等工作机制,研究借鉴构建医院内部沟通调解、医疗纠纷第三方调解、医疗责任保险、社会救助和医疗纠纷应急处置联动的医疗纠纷多元化解"五位一体"工作机制等做法,总结推广设立医疗纠纷法庭等经验,注重通过调解等方式实现案结事了,努力让人民群众在办理的每一个医疗纠纷案件中都感受到公平正义。

要依法惩治"医闹"、暴力袭医等涉医违法犯罪,维护正常医疗秩序。法律明确规定,阻碍医师依法执业,侮辱、诽谤、威胁、殴打医师或者侵犯医师人身自由、干扰医师正常工作、生活的,依照治安管理处罚法的规定处罚;构成犯罪的,依法追究刑事责任。各级综治组织要协调、推进立体化社会治安防控体系创新,加强医警联动,坚决防范和惩治“医闹”、暴力袭医等各类涉医违法犯罪。各级综治组织要协调有关政法机关，运用法律武器，落实相关综合治理措施，对在医疗机构内殴打医务人员或故意伤害医务人员身体、故意损毁公私财物的，在医疗机构私设灵堂、摆放花圈、焚烧纸钱、悬挂横幅、堵塞大门或者以其他方式扰乱医疗秩序的，以不准离开工作场所等方式非法限制医务人员人身自由的，公然侮辱、恐吓医务人员的，非法携带枪支、弹药、管制器具或者爆炸性、放射性、毒害性、腐蚀性物品进入医疗机构的，故意扩大事态、教唆他人实施针对医疗机构或医务人员的违法犯罪行为、或者以受他人委托处理医疗纠纷为名实施敲诈勒索、寻衅滋事等行为的，严格依法惩处，对典型案例要公开曝光。

三、进一步加强组织领导，确保取得实效

做好医疗纠纷人民调解、构建和谐医患关系，涉及的部门多、领域广、综合性强，必须在各级党委、政府领导下，加强统筹谋划，实施综合治理。各级综治组织要充分发挥职能作用，推动这项工作取得更大成效。

要坚持党的领导。做好医疗纠纷人民调解工作、建立和谐医患关系，是综合治理和平安中国建设的重要任务。天津等地的一个重要经验就是，党委、政府把化解医疗纠纷、维护正常医疗秩序作为保障广大人民群众健康权益的大事来抓，认真落实责任、健全机制、加强保障。各级综治组织一定要始终坚持党的领导，认真贯彻落实中央关于“各级党政主要领导是平安建设第一责任人”的精神，贯彻中央综治委关于“党政一把手是大调解工作第一责任人”的要求，及时向党委、政府主要负责同志汇报，形成一级抓一级、层层抓落实的工作局面。法律明确规定，县级以上地方人民政府对人民调解工作所需经费应当给予必要的支持和保障；村民委员会、居民委员会和企事业单位应当为人民调解委员会开展工作提供办公条件和必要的工作经费；人民调解员从事调解工作，应给予适当的误工补贴。中央综治委及中央有关部门出台的政策性文件对加强医疗纠纷人民调解组织建设、落实保障措施等都提出了明确要求。各级综治组织要深入贯彻落实这些法律、政策，积极促进各级党委、政府和有关部门加强人力、财力及物质保障，定期研究解决有关问题，确保医疗纠纷调处工作正常进行。

要抓好组织协调，增强整体合力。各级综治组织要认真贯彻中央有关政策文件精神，在党委、政府的统一领导下，按照“属地管理”和“谁主管、谁负责”原则，组织协调各有关方面，进一步完善医疗纠纷人民调解工作各司其职、齐抓共管的长效工作机制，确保各项任务落实到部门、单位和责任人，增强工作合力。要按照中央综治委等16部委《关于深入推进矛盾纠纷大调解工作的指导意见》的精神，协调、督促各有关部门切实抓好落实，推进医疗纠纷专业性调解组织建设。要依托大调解工作平台，注意做好信息综合，及时通报医疗纠纷及调解工作情况，交流调解经验，实现信息共享，提高工作效率和质量。

要加强督导检查，确保责任落实。各级综治组织要把医疗机构治安管理作为社会治安重点地区和突出治安问题排查整治的重要内容，及时发现和消除隐患。要把“平安医院”创建等工作列入综合治理考评的重要内容，把医疗纠纷人民调解工作情况作为重要考评指标，进一步完善考评工作，加大考评力度。对医疗纠纷人民调解工作成绩突出的部门、单位和个人，要按照国家有关规定予以表彰奖励；对医疗纠纷调处不力的地方和单位，用好“沟通警示”、“挂牌整治”等政策措施，限期抓好整改；对领导不重视、医疗秩序严重混乱、导致发生重特大案事件的，严格责任追究，必要时依法实行一票否决权制。

要强化源头治理，掌握工作主动权。各级综治组织要坚持标本兼治、重在治本，按照创新社会治理的要求，研究从源头上预防和减少医疗纠纷的措施。现在有的地区对医疗纠纷坚持“三个不赔”（不查明原因、分清责任的不赔，“以闹取利”的不赔，未经合法机构和组织调解、裁决的不赔），同时对医疗纠纷等引发的信访问题坚持“三个到位”（诉求合理的解决问题到位、诉求无理的思想教育到位、生活困难的帮扶救助到位），对于预防和化解医疗纠纷收到了很好的效果。国家法律、法规明确规定，医师应当具备良好的职业道德和医疗执业水平，发扬人道主义精神，履行防病治病、救死扶伤、保护人民健康的神圣职责；在医疗活动中，医疗机构及其医务人员应当将患者的病情、医疗措施、医疗风险等如实告知患者，及时解答其咨询。各级综治组织要协调有关部门,加强医疗机构管理和医德医风教育,坚持“以病人为中心”,注重人文关怀,保障医疗安全;促进医药卫生体制改革的深化,提高医疗服务能力和质量;加强对相关保险工作的监督管理,进一步健全和完善医疗责任保险制度,形成医疗纠纷人民调解和保险理赔互为补充、互相促进的良好局面;完善并落实严重精神障碍患者等特殊人群救治救助、服务管理政策和优抚对象、困难群体等医疗救助政策,让他们感受到党和政府的温暖;加强舆论引导,指导新闻媒体增强社会责任感,引导群众理性对待可能发生的医疗风险和医疗损害纠纷,优化医疗执业环境,增强社会各界对医学和医疗卫生工作的尊重、理解和支持。

同志们,让我们紧密团结在以习近平同志为总书记的党中央周围,认真学习贯彻党的十八大、十八届三中全会和中央领导同志重要指示精神,努力做好医疗纠纷人民调解工作,构建和谐医患关系,深化平安中国建设,为全面建成小康社会、夺取中国特色社会主义新胜利作出新贡献!

陈训秋同志在全国重点青少年群体服务管理和预防犯罪工作推进会上的讲话

(2014 年 8 月 19 日)

这次会议是经中央领导同志批准召开的一次重要会议。秦宜智同志的讲话,我完全赞成,请各地认真贯彻。下面,我就各级综治组织学习贯彻习近平总书记系列重要讲话精神,创新社会治理、深化平安建设,深入推进重点青少年群体服务管理和预防犯罪工作,讲几点意见。

一、充分认识加强重点青少年群体服务管理和预防犯罪工作的重要意义,切实增强责任感使命感

青少年是祖国的未来、民族的希望。加强重点青少年群体服务管理和预防犯罪工作,保障青少年健康成长,事关千家万户幸福安宁,事关法治中国、平安中国建设的大局。2014 年 5 月 4 日,习近平总书记在北京大学师生座谈会上讲话强调,各级党委和政府“要始终关心和爱护学生成长,为他们放飞青春梦想、实现人生出彩搭建舞台”,“要全面深化改革,营造公平公正的社会环境,促进社会流动,不断激发广大青年的活力和创造力。”中共中央政治局委员、中央政法委书记、中央综治委主任孟建柱同志明确要求,对不良行为青少年,“要建立健全政府、社会、家庭三位一体的关怀帮扶体系,积极帮助解决就业、就学、就医等实际困难,最大限度地化消极因素为积极因素”。中央领导同志的重要指示精神,为我们进一步做好重点青少年群体服务管理和预防犯罪工作、全面推进平安中国建设,指明了方向,提出了新的更高要求。

近年来,各地各有关部门深入开展预防青少年违法犯罪工作,特别是 2013 年遂宁会议以来,在第一批 1085 个县(市、区)开展重点青少年群体服务管理和预防犯罪工作,取得了明显成效。

当前,世界范围内各种思潮交流交融交锋,国内各种矛盾和热点问题叠加出现,都对青少年的世界观、人生观、价值观产生影响。随着我国经济社会快速发展,人口流动加快,传统“养儿防老”观念有所淡化,一些地方离婚率上升、甚至出现“闪婚闪离”等,导致一些家庭父母对子女的监护责任履行不到位,再加之一些社会不良信息、不良现象冲击,使预防青少年违法犯罪工作面临新的挑战。调查显示,进城务工青年、闲散青少年等城市边缘青年群体规模较大,他们就业质量不高,生活环境不佳,缺乏社会认同感和归属感,往往游离于管理之外。

各级综治组织要认真贯彻中央领导同志重

要指示精神，从推进法治中国、平安中国建设的高度，充分认识加强重点青少年群体服务管理和预防犯罪工作的重要意义，切实增强责任感使命感，认真履行好调查研究、组织协调、督导检查、考评、推动等职能，努力促进重点青少年群体服务管理和预防犯罪工作深入开展。

二、采取有力措施，切实做好重点青少年群体服务管理和预防犯罪工作

当前，重点青少年群体服务管理和预防犯罪工作任务艰巨繁重。各级综治组织要按照中央的部署，坚持以重大问题为导向，扎实做好各项工作，有效预防青少年违法犯罪特别是防止命案发生。

一要大力加强对青少年的社会主义核心价值观教育。习近平总书记指出，“对一个民族、一个国家来说，最持久、最深层的力量是全社会共同认可的核心价值观。核心价值观，承载着一个民族、一个国家的精神追求，体现着一个社会评判是非曲直的价值标准”，“青年的价值取向决定了未来整个社会的价值取向，而青年又处在价值观形成和确立的时期。抓好这一时期的价值观养成十分重要。这就像穿衣服扣扣子一样，如果第一粒扣子扣错了，剩余的扣子都会扣错。人生的扣子从一开始就要扣好。”因此，各级综治组织要认真贯彻中央领导同志指示精神，组织协调有关部门，推动青少年社会主义核心价值观宣传教育工作深入开展，让社会主义核心价值观的基本内容和要求渗透到学校教育之中，体现在学校日常管理之中，真正从娃娃抓起、从小抓起，做到进教材、进课堂、进头脑，使社会主义核心价值观的种子在少年儿童心中生根发芽、真正培育起来，使广大青年勤学、修德、明辨、笃实，身体力行社会主义核心价值观。要始终牢记“国无德不兴，人无德不立”的道理，突出道德价值的作用，教育引导广大青少年继承和弘扬我国人民在长期实践中培育和形成的传统美德，自觉加强社会公德、职业道德、家庭美德、个人品德建设。要会同共青团、司法行政、教育、关工委等有关部门，继续加强对广大青少年的法制宣传教育，落实“六五”普法规划以及中央综治办等五部门联合印发的《关于进一步加强青少年学生法制教育的若干意见》，开展“关爱明天、普法先行”—青少年普法教育活动，推进中小学校法制教育课时、教材、师资、经费“四落实”，引导青少年增强法治意识，养成遵纪守法的行为习惯。

二要依法依政策加强重点青少年群体服务管理工作。各级综治组织要会同有关部门，认真总结重点青少年群体服务管理工作试点和第一轮县级地区推开的经验，分析和解决存在的问题，按照《重点青少年群体服务管理和预防犯罪工作实施方案》，全面做好第二轮县(市、区)推开工作，确保取得更大成效。要坚持党政主导、各方(特别是家庭、学校、社区)尽责、依法治理、综合施策，会同有关部门认真执行各项法律政策，切实解决可能引发重点青少年群体违法犯罪的苗头性、倾向性问题，推动重点青少年群体关爱帮扶各项措施的落实。对闲散青少年，依法督促完成义务教育，千方百计帮助就业；对农村留守儿童，落实好家庭、学校、社会保护；对流浪乞讨未成年人，通过开展“流浪孩子回校园”等专项行动，帮助他们重返学校，加强救助保护；对服刑人员未成年子女，加强困难救助和心理抚慰，并为其探视和联系父母创造便利条件；对有不良行为和严重不良行为青少年，协调、推动专门学校建设，加强专门教育和矫治、帮扶。这里特别强调，目前仍有一些省份至今没有一所专门学校，各级综治组织要加大协调力度，尽快做到每个省会城市和有条件、有需要的大中城市改建或新建一所满足当地需求的专门学校，绝不能让有严重不良行为青少年脱管失教。

俗话说，“人命关天”。加强重点青少年群体服务管理和预防犯罪工作，特别要严防因青少年违法犯罪而引发重特大案事件尤其是命案。各级综治组织要组织协调各有关方面，严格落实管理、教育、矫治、帮扶和救助保护等各项措施，创新立体化社会治安防控体系，加强基层基础工作，牵住治理命案这个“牛鼻子”，真正“牵一发而动全身”，进而使青少年违法犯罪案件逐步减少，使工作取得更明显的成效。

三要依法严厉打击侵害青少年合法权益的违法犯罪。各级综治组织特别是公检法司等综治成员单位要加大工作力度，对猥亵儿童、奸淫幼女等违法犯罪，依法严厉惩处；认真贯彻执行《禁毒法》，贯彻党中央、国务院《关于加强禁毒工作的意见》等精神，严厉打击引诱、教唆、欺骗、容留或强迫未成年人吸食、注射毒品等违法犯罪行为；对于雇用童工，拐卖儿童，拐骗儿童，组织儿童乞讨，组织、胁迫、诱骗不满十六周岁的人进行恐怖、残忍表演，以及组织未成年人进行盗窃、诈骗、抢夺、敲诈勒索等违法犯罪的，依照《刑法》、《治安管理处罚法》等法律法规予以惩处，切实保障青少年合法权益。

三、加强组织领导，确保重点青少年群体服务管理和预防犯罪工作取得实效

重点青少年群体服务管理和预防犯罪工作是一项涉及多个部门的重要综合性工作，必须按照创新社会治理、推进平安建设的要求，在各级党委、政府领导下，加强统筹谋划，实施综合治理。各级综治组织要充分发挥职能作用，推动这项工作取得更大成效。

一要坚持系统治理，形成齐抓共管的合力。重点青少年群体服务管理和预防犯罪工作是创新社会治理、推进平安中国建设的重要内容。各级综治组织要认真贯彻落实中央关于"各级党政主要领导是平安建设第一责任人"的指示精神，及时向党委、政府主要负责同志汇报，始终坚持党的领导，把这项工作纳入本地区经济社会发展总体规划和年度计划，促进有关问题的解决。要充分发挥综合治理工作优势，加强与各有关部门的协调配合，明确职责分工，形成齐抓共管的工作机制，增强整体合力。在加强党委领导、发挥政府主导作用的同时，鼓励和支持社会各方面参与重点青少年群体服务管理和预防犯罪工作。认真贯彻实施中央综治办等6部委印发的《关于加强青少年事务社会工作专业人才队伍建设的意见》，总结推广有的直辖市设立阳光社区青少年事务中心等社会组织的经验，通过政府购买服务等办法鼓励相关社会组织、企事业单位和社会公众支持青少年事务社会工作专业人才队伍建设，共同做好预防青少年违法犯罪工作。

二要坚持依法治理，运用法治思维和法治方式处理问题。目前全国各省（区、市）均制定了未成年人保护条例或实施办法；有6个省（区）就预防未成年人犯罪出台了相关地方性法规；有的省市将重点青少年群体分成10类，制定专门的政策，实行精细化服务管理；有的省接连印发两个文件，在全省实施"育新工程"、"雨露工程"，整体推进专门教育和重点青少年群体救助保护工作。各级综治组织要认真研究借鉴这些做法，按照缩小政策单元的要求，进一步加强地方立法调研，及时总结完善成功经验，积极推动地方人大、政府按照《立法法》等规定，结合本地实际制定相关地方性法规、地方政府规章，从法律层面解决好有关问题，更好地为未成年人健康成长提供法制保障。要协调、推动各有关方面严格执法、公正司法，认真贯彻实施《未成年人保护法》、《义务教育法》、《预防未成年人犯罪法》等法律，依法保障未成年人生存权、发展权、参与权、受保护权、受教育权等各项合法权益，并督促未成年人的监护人切实履行监护责任；严格执行《刑事诉讼法》中的未成年人刑事案件诉讼程序，坚持教育为主、惩罚为辅，落实法律关于未成年人相关犯罪记录封存、附条件不起诉等规定，对犯罪的未成年人实行教育、感化、挽救。

三要坚持源头治理，努力减少青少年违法犯罪案事件发生。要以网格化管理、社会化服务为方向，总结推广2013年全国700多个命案"零发案"县（市、区）和一大批刑事案件"零发案"社区的经验，研究借鉴有的省在乡镇（街道）全部建立政法综治工作中心、在村（社区）全部建立实体化运行的综治办等做法，从实际出发、办实事、求实效，运用信息化等手段，健全基层综合服务管理平台，把青少年特别是重点青少年群体服务管理和预防犯罪工作作为社区建设的重要内容，加强矛盾纠纷排查化解，帮助青少年解决就学就业、健康成长等方面问题。总结推广有的地区在社区设立假日托管学校、四点半学校、心理咨询室、快乐儿童俱乐部等经验，为青少年提供更加高效便捷的服务。协调、推动有关部门建立绿色上网场所，落实网络运营、服务企业的法律、社会责任，实施未成年人网络游戏成瘾综合防治工程，开展"扫黄打非"专项整治工作，有效遏制网络色情、暴力等信息蔓延，净化青少年健康成长的社会环境，引导青少年提高鉴别力、抵御社会不良思想的渗透。

四要坚持综合治理，确保各项工作落到实处。各级综治组织要在运用好综治领导责任制相关政策上下功夫，确保工作取得实效。要会同有关部门完善综治考评指标体系，把重点青少年群体服务管理等预防青少年违法犯罪工作作为考评的重要内容。对领导不重视、工作不力导致发生青少年违法犯罪或严重侵害未成年人合法权益重特大案事件的,以及相关问题突出、经整治仍得不到解决的地区,依法分别实施诫勉谈话、黄牌警告、挂牌督办、处分建议、一票否决等政策。

同志们,让我们紧密团结在以习近平同志为总书记的党中央周围,认真学习贯彻党的十八大、十八届三中全会以及中央政法工作会议精神,认真做好重点青少年群体服务管理和预防犯罪工作,创新社会治理、推进平安建设,为全面建成小康社会和实现中华民族伟大复兴的中国梦作出新贡献!

中央综治办　公安部　交通运输部　国家邮政局　国家安全部　海关总署　国家工商行政管理总局　国家铁路局　中国民用航空局　关于加强邮件、快件寄递安全管理工作的若干意见

(2014 年 9 月 26 日)

各省(区、市)综治办、公安厅(局)、交通运输厅(局、委)、邮政管理局、国家安全厅(局)、工商行政管理局,各直属海关,各地区铁路监督管理局,民航各地区管理局,新疆生产建设兵团综治办、公安局、交通局、国家安全局:

为加强对邮件、快件寄递的安全管理工作,认真履行监管职责,切实保障邮件、快件寄递安全,根据《中华人民共和国邮政法》等法律法规,提出以下工作意见。

一、完善邮件、快件寄递安全管理制度

(一)完善禁寄物品清单制度。修订《禁寄物品指导目录及处理办法(试行)》,根据不同运输方式,出台全面详细的禁寄物品名录,并向社会公布,增强用户安全用邮意识。

(二)建立特殊物品寄递安全管理制度。对禁寄物品以外的液态化学品、酒类、工艺刀具、锂电池等特殊物品的寄递,国家邮政管理部门要会同有关部门设置高于快递业务经营许可标准的安全准入条件,在包装、物理隔离、运输等方面提出更高标准要求,实行分类处理、严格监管。

(三)逐步实行寄递实名制。加快推进全行业的实名收寄。邮政管理部门应加强对实名寄递制度的研究,制订规范的操作流程,为全面实行实名寄递制度奠定基础。

(四)完善收寄验视制度。明确不同种类物品的验视方法、验视标准,要求寄递企业对收寄的邮件、快件 100% 实行先"验视"后"封箱"制度,在邮件、快件上加盖收寄验视戳记或在《快递运单》上设置收寄验视签字栏并签名。

(五)完善寄递服务信息登记制度。实行邮件、快件统一码号资源管理。制定寄递服务信息登记标准,修改、完善《邮政市场监管信息系统数据管理办法》,规范寄递渠道信息登记,保障用户个人信息安全。

(六)出台各项行业安全标准。制订收寄、分拣、储存、运输、投递等各环节安全操作标准,以及安全检查设备、信息管理系统等人防物防技防建设标准,并纳入快递企业业务经营许可准入机制。

(七)建立违规寄递处罚警示制度。寄递企业在收寄验视之前,应提醒寄件人核实寄递物品是否属于禁寄物品,并在营业场所、邮件详情单、《快递运单》上明示寄件人违法寄递的法律责任。

二、加强邮件、快件安全检查

（八）落实安检制度和措施。寄递企业应严格执行各项安全检查制度，配备符合国家标准或行业标准的收寄验视手持设备和 X 光机对邮件、快件进行安检。

三、加强邮件、快件寄递安全防范能力建设

（九）完善安全防范设施。寄递企业应加强安全防范设施建设。在邮件、快件收寄、分拣、运输、投递等营业场所、处理场地安装监控设备。邮件、快件收寄、分拣、运输、投递环节要有专人负责，全程落实封闭上锁、跟踪定位、品牌标识等技术手段，严防邮件、快件被"调包"、夹塞禁寄物品或邮件、快件丢失。

（十）强化科技支撑。邮政管理部门会同有关部门研制集第二代居民身份证识别、寄递物品品名及禁寄物品清单、收寄地址、电话号码录入等功能为一体、方便携带的信息采集终端设备，研发邮件、快件面单信息自动识别、图文转化等先进技术，建立分类管理和拓展应用的综合信息平台。

（十一）实施信息化管理。寄递企业应实行寄递业务流程全程计算机管理，并预留安全监管数据接口，实现对邮件、快件的全程跟踪和实时查询，确保寄递物品来源可追溯、责任能倒查、违法受查究。寄递企业要在信息系统建设和日常管理维护中，严格落实国家有关法律法规和国家信息安全等级防护管理制度要求，确保寄递信息网络安全。

（十二）加强从业人员管理与培训。寄递企业应建立从业人员实名档案。加强对从业人员的安全教育和培训，保证从业人员具备作业所需要的特别是不同运输方式载运危险品所必需的安全知识和技能。

四、治理安全隐患，严厉打击利用邮件、快件寄递实施的各种违法犯罪活动

（十三）严格执法检查。加大对邮件、快件寄递安全管理执法检查力度，建立健全联合执法机制，全面检查寄递企业执行法律法规和落实安全保障制度的情况，坚决查处违法违规行为，堵塞安全管理漏洞。

（十四）深入开展安全隐患排查整治活动。要坚持预防为主，以隐患排查整治为重点，建立健全安全隐患排查整治机制。对各类安全隐患，要逐一通报、跟踪治理，对重大隐患要及时停业整顿。要充分运用警示、诫勉谈话、挂牌督办、黄牌警告、处分建议等政策手段，有效推动治理整改工作。对因安全管理属地责任或部门监管责任不落实、措施不到位而引发严重影响社会治安稳定重特大案（事）件的地区或部门，实行一票否决权制。

（十五）坚持依法打击。各部门要加强协调配合，及时掌握邮件、快件寄递违法犯罪活动情况。建立举报奖励制度和舆情收集机制，及时核查处置媒体曝光和群众举报线索。对各类违法犯罪活动，要逐件溯源查实各环节经手人员和寄件人。完善违法寄递惩处办法，进一步强化寄件人安全保障义务，加大对违法寄递行为查究力度。寄件人在邮件、快件中藏匿、夹带或者故意交寄禁止寄递或者限制寄递物品，构成违反治安管理行为的，由公安机关依法予以治安管理处罚。适时开展打击利用邮件、快件寄递实施违法犯罪专项行动，对重大违法犯罪案件进行联合督办。加强邮件、快件寄递安全应急管理能力建设，强化应急演练，做好事故应急处置。

五、健全邮件、快件寄递安全管理责任体系

（十六）坚持"谁主管、谁负责"，依法落实各部门职责。邮政管理部门负责邮政行业安全生产监管，负责邮政行业运行安全的监测、预警和应急管理，保障邮政通信与信息安全。公安、国家安全、海关等部门按照在维护国家安全和社会稳定中的职责分工，主动加强监督管理、依法打击各种违法犯罪活动。交通运输部门依法对道路运输企业的安检工作进行监督检查。工商行政管理部门按照部门职责依法对寄递企业进行监督管理。铁路监管部门依法对铁路运输企业的安检工作进行监督检查。民航行政监管部门依法对民航企业开展的安检工作进行监督检查。综治部门发挥调查研究、组织协调、督导检查、考评、推动等职能作用，积极推动邮件、快件寄递安全管理工作齐抓共管。

（十七）坚持"单位负责"，落实寄递企业安全主体责任。寄递企业是邮件、快件寄递安全主体责任单位，其法定代表人是本单位第一责任人。寄递企业要树立安全与发展并重理念，强化内部管理和自查自纠，建立健全各项安全检查制度，层层落实收寄、分拣、运输、投递等各环节安全检查责任和措施，建立隐患排查、登记、报告、整改、销号闭环管理制度，实施全员、全过程、全方位的安全防范和隐患排查治理。

（十八）坚持"属地管理"，落实邮件、快件寄递安全管理属地责任。推动各地按照《安全生产法》等法律法规规定和社会治安综合治理等相关要求，认真履行安全监管职责，将邮件、快件寄递安全管理作为平安建设的重要内容，纳入综治工作（平安建设）考评体系，将存在的突出安全问题纳入社会治安重点地区和治安突出问题排查整治范围，加强组织领导，注重统筹规划，完善协调机制，确保安全管理工作的属地责任有效落实。

（十九）坚持"责任追究"，严格落实责任追究制度。要在明确各方面安全管理责任的基础上，加大安全责任事故查处力度，通过责任倒查，有效落实各方面安全管理责任。各有关部门对违法违规企业要严格查处，依法督促整改、给予行政处罚；企业负责人、直接负责人或其他从业人员有构成违反治安管理行为的，应当依法予以治安管理处罚；构成犯罪的，依法追究刑事责任。各有关部门工作人员在监督管理工作中失职渎职、滥用职权、玩忽职守、徇私舞弊，构成犯罪的，依法追究刑事责任；尚不构成犯罪的，依法给予处分。

六、加强组织协调与监督保障

（二十）加强统筹协调。建立由综治、公安、交通运输、邮政管理、海关、工商、民航、铁路等部门参加的部际安全管理领导小组，统筹协调指导邮件、快件寄递安全管理工作。有关部门要按照职能分工，各负其责、密切配合，形成工作合力。各地要逐级建立相应的工作协调机制。已经建立的部门间协作配合机制要进一步强化并切实发挥作用。

（二十一）健全机构队伍。加强主管部门及其他相关部门安全监管执法力量建设。各级邮政管理部门应建立健全安全监管与执法机构，配置专职人员，完善执法装备与设备。探索以政府购买服务为主的多方筹资渠道，进一步充实安全检查专兼职力量。督促寄递企业设置安全保障机构，配备专职安全员，规模较大企业配备注册安全工程师，并将安全保障机构设置和安全人员配备情况报邮政管理部门备案。

（二十二）注重宣传培训。积极开展安全管理执法人员培训，提高依法监管的能力和水平。加强从业人员资格证书管理。深入开展邮件、快件寄递安全法律法规和可疑邮件、快件特征及识别方法宣传，加强警示教育，不断强化和提高寄递从业人员和社会用户的安全意识、防范意识、责任意识和法律意识。

四、特殊人群服务管理工作

2014年中央综治委特殊人群专项组工作情况

2014年，特殊人群专项组认真贯彻落实党的十八大和十八届三中、四中全会精神，深入贯彻落实中央社会治安综合治理委员会全体会议和全国深入推进平安中国建设工作会议精神，认真履行职责，加强成员单位间的协调沟通，完善齐抓共管工作机制，扎实推动专项组各项工作，为推进平安中国建设作出了积极贡献。

一、刑满释放人员安置帮教工作取得新成绩

2014年，各级安置帮教机构认真贯彻落实中办发[2010]5号文件精神，切实做好刑满释放人员的衔接管理和教育帮扶工作，有力地维护了社会和谐稳定。

积极推进刑满释放人员救助管理改革。成立改革工作小组，研究制订了改革实施方案，赴部分省份开展专题调研，对各地开展刑满释放人员救助管理工作情况、做法和存在的问题及意见建议进行了专项调查，在此基础上研究起草了《关于加强刑满释放人员救助管理工作的意见》，于9月上旬以特殊人群专项组办公室名义征求了12个拟联合发文的部委和3个参加本项改革但不联合发文的单位的修改意见。

大力加强刑满释放人员衔接工作。2014年，北京、辽宁、吉林、上海、江苏、江西、甘肃、宁夏等8个省(区、市)对重点帮教对象基本实现必接必送，吉林、云南等13个省(区、市)出台了衔接工作经费保障政策。直接协调处理16起跨省(区、市)老弱病残刑满释放人员衔接个案。

大力推进刑满释放人员安置基地建设。指导各地积极争取党委政府重视和有关部门的支持，加大投入力度，科学规划、精心组织，采取新建、改扩建、共建等各种方式大力推动安置帮教基地建设，建立了一批符合条件、管理规范的安置基地。

认真做好刑满释放人员社会救助工作。指导各地按照国务院《社会救助暂行办法》的相关规定，协调相关部门对符合条件的刑满释放人员落实最低生活保障、特困人员供养、医疗救助、教育救助、住房救助、就业救助、临时救助等社会救助措施，帮助解决生活、就学、就医等实际困难和问题。

大力加强信息化建设。升级刑满释放人员信息管理系统，完善系统相关功能模块，将就业安置、教育帮扶、社会救助等内容纳入信息化管理平台，使系统涵盖从人员服刑到解除帮教全流程，安置帮教工作信息化水平进一步提高。

二、社区矫正工作全面推进

2014年，社区矫正工作认真贯彻习近平总书记系列重要讲话和关于社区矫正工作的重要指示以及全国社区矫正工作会议精神，实现了新发展、新突破。截至2014年底，社区服刑人员在矫期间重新违法犯罪率一直保持在0.2%左右的较低水平，为维护社会和谐稳定，推进平安中国建设做出了积极贡献。

全面推进社区矫正工作。2014年5月27日，司法部联合最高人民法院、最高人民检察院、公安部召开全国社区矫正工作会议，总结了社区矫正全面试行以来的工作，对在全国全面推进社区矫正工作作出部署。中央政治局委员、中央政法委书记、中央综治委主任孟建柱同志出席会议并做了重要讲话。司法部部长吴爱英、副部长郝赤勇和政法各家领导分别讲话。会后,“两院两部”联合印发了《关于全面推进社区矫正工作的意见》,指导各地抓住机遇,精心组织,周密部署,全面推进社区矫正工作。各地高度重视全国社区矫正工作会议精神的贯彻落实,以多种形式切实抓好会议精神的贯彻落实。

加强社会力量参与社区矫正工作。司法部会同中央综治办、教育部、民政部、财政部和人社部出台《关于组织社会力量参与社区矫正工作的意见》,对鼓励引导社会力量参与社区矫正工作,解决好社区服刑人员就业就学和社会救助、社会保险等问题提出要求;规定了鼓励引导社会力量参与社区矫正的原则、主要途径和对社区矫正社会工作者的薪酬保障机制、专业技术水平评价和表彰奖励机制;明确了社区服刑人员在就业、就学、社会救助和社会保险等方面的保障措施以及各部门的职责分工。

加强社区矫正培训工作。司法部先后举办3期全国社区矫正工作培训班。社区矫正工作任务重的县(区)司法局长以及各省(区、市)司法厅(局)分管领导、社区矫正局(处)主要负责人,副省级市司法局分管领导,部分地(市)司法局分管副局长,共600人分期参加培训。积极支持民族地区和社区矫正工作开展较晚的省份做好社区矫正培训工作,并有针对性地调研指导当地结合实际开展好社区矫正工作。

社区矫正保障工作取得新进展。机构队伍建设方面。目前全国有14个省(区、市)司法厅(局)经编制部门批准成立社区矫正局,15个省(区、市)设立社区矫正处。全国323个地(市、州)、2607个县(市、区)司法局单独设立社区矫正机构,分别占全国建制数的97%和91%。全国从事社区矫正的社会工作者8.1万人,志愿者68万人。经费保障方面。认真抓好《财政部、司法部关于进一步加强社区矫正经费保障工作的意见》的贯彻落实。截至2014年底,全国已有82%的地(市、州)和70%的县(市、区)将社区矫正经费纳入同级财政预算。场所设施建设方面。全国累计建立县(区)社区矫正中心1108个,社区服务基地24032个,教育基地8875个,就业基地8013个。

三、戒毒工作取得新成效

2014年,戒毒工作深入贯彻实施《禁毒法》和《戒毒条例》,认真贯彻落实《中共中央、国务院关于加强禁毒工作的意见》,切实加强强制隔离戒毒和戒毒康复工作,取得明显成效。

认真做好强制隔离戒毒工作。2014年7月11日,司法部在北京召开全国司法行政戒毒工作会议,吴爱英部长出席会议并作重要讲话。会议对当前和今后一个时期司法行政戒毒工作进行了全面部署。中央政治局委员、中央政法委书记、中央综治委主任孟建柱,国务委员郭声琨对会议高度重视,作出重要批示。会后印发《司法部关于进一步加强司法行政戒毒工作的意见》,对做好新形势下司法行政戒毒工作作出具体安排。加强强制隔离戒毒制度建设。司法部制定出台《强制隔离戒毒人员教育矫治纲要》、《司法行政强制隔离戒毒所所务公开工作的指导意见》、《司法行政强制隔离戒毒所安全警戒工作规定》、《司法行政强制隔离戒毒所强制隔离戒毒人员行为规范》等规范性文件,进一步规范强制隔离戒毒所的执法工作。公安部出台《关于印发〈强制隔离戒毒所执法细则〉(修订版)的通知》,统一强制隔离戒毒所标牌名称及式样,进一步规范执法活动,明确戒治工作流程。配合百城禁毒会战,加强收治和管理工作。

进一步推进戒毒康复工作。国家禁毒办与国家发改委、公安部、司法部联合下发《关于改进戒毒康复场所试点项目建设管理工作的意见》,明确提出试点项目推进提高和转型发展的新措施。

大力推进社区戒毒社区康复工作。2014年3月,国家禁毒办会同中央综治办、公安部、司法部等11部委出台《关于加强戒毒康复人员就业安置和救助服务工作的意见》,明确了对戒毒康复人员的就业安置、救助服务等政策措施。推动各地加快就业安置基地(点)建设,采取集中就业安置、分散就业安置、鼓励自主创业、提供公益岗位等多种方式,努力拓宽戒毒康复人员就业安置渠道。司法行政戒毒场所积极探索向社会延伸,推动戒毒康复所一所多能、一所多用,在乡镇、社区设立社区服务站,对社区戒毒管理人员进行培训,对解除强制隔离戒毒人员进行跟踪帮教。

四、有肇事肇祸倾向严重精神障碍患者和艾滋病危险人群防控工作迈上新台阶

2014 年，国家卫计委等有关部门认真贯彻实施《精神卫生法》和国务院办公厅关于加强肇事肇祸等严重精神障碍患者救治救助有关规定，全面落实《中国遏制与防治艾滋病“十二五”行动计划》，推动制订精神卫生和艾滋病防控政策，狠抓各项综合防治措施落实，各项工作取得积极进展。

严重精神障碍救治管理工作取得明显成效。一是完善精神卫生相关政策。认真贯彻实施《精神卫生法》，会同全国政协教科文卫体委员会等部门开展《精神卫生法》实施情况调研。起草《全国精神卫生工作规划（2015—2020 年）》，并征求相关部门意见。推动综合医院设置精神（心理）科，规范精神科医师从业。二是加强严重精神障碍患者服务管理。中央综治办、国家卫计委等部门强化协作，指导基层建立由基层医务人员、民警、民政干事、综治干部、网格员、助残员、居（村）委会干部及患者家属等组成的患者综合管理小组，健全严重精神障碍患者服务管理工作考评体系，预防和减少严重精神障碍患者肇事肇祸。认真实施国家基本公共卫生服务项目，提高严重精神障碍患者服务管理经费补助标准。中央补助地方严重精神障碍管理治疗项目，用于支持各地精神卫生专业机构指导基层医疗卫生机构对患者进行服务与管理。建设部署全国严重精神障碍信息管理系统（第二期）。三是落实严重精神障碍救治救助政策。推动各地通过基本医保、医疗救助、财政补助等多渠道解决贫困患者医疗费用问题。目前，各地新农合均将严重精神障碍纳入重大疾病保障，住院费用实际报销比例达 70%。越来越多的地区出台了严重精神障碍患者救治专项政策，有效减轻了贫困患者负担。四是开展精神卫生宣传工作。聘请社会知名人士担任精神卫生宣传大使，制作精神卫生公益广告和宣传海报，指导各地在世界精神卫生日前后举办多种形式的宣传活动，引导公众关注精神卫生、关爱精神障碍患者。

艾滋病防控工作有了新进展。一是完善政策措施，规范重点人群管理。国家卫计委会同相关部门制定了《监管场所艾滋病防治管理办法》、《戒毒药物维持治疗工作管理办法》，已经国务院防治艾滋病工作委员会第二次全体会议审议通过，将进一步健全对违法犯罪感染者和病人监管制度，规范戒毒药物维持治疗工作。二是加大检测力度和感染者随访管理。三是加强易感染艾滋病危险行为人群干预和治疗。加强对卖淫妇女、男性同性性行为者等高危人群的干预力度。在男性同性性行为感染者中试点开展早期抗病毒治疗，减少其传播风险。继续扩大抗病毒治疗覆盖面。四是进一步加强宣传教育。组织协调国务院防治艾滋病工作委员会各成员部门结合自身工作优势，将经常性与重点时节艾滋病防治宣传教育相结合，大力宣传艾滋病的危害、传播途径和预防措施等知识，提高群众防治艾滋病意识和能力。

北京市天康戒毒康复所整合社会资源
推动首都戒毒康复社会化发展

一、聘请顾问和监督团队，深入戒毒场所进行专业指导

康复所先后聘请著名表演艺术家等社会知名人士为戒毒形象大使、戒毒健康顾问、德育顾问和文艺顾问或特邀监督员。这些社会人士分别结合自身优势，对戒毒场所、戒毒人员进行了专业的指导和帮扶。社会知名人士以特殊的方式来关心和支持康复人员戒毒，满载着社会各界的深情厚谊，让戒毒康复人员感受到了来自社会大家庭的温暖和关爱，感到了自己并没有被社会所抛弃，使他们不再感到孤单和彷徨，从而更加坚定了戒毒信心和动力。

二、加强与社会专业机构和团体合作，积极开展戒毒人员帮扶工作

一是与北京高新医院就开展戒毒治疗与巩固签订合作协议，建立高新医院辅导站，对有脱毒需求的戒毒人员，由高新医院负责急性脱瘾，对在高新医院脱毒，有巩固后续效果意愿的戒毒人员，由康复所负责康复巩固，实现了社会医疗自愿戒毒与康复戒毒的有效衔接。二是与北京市青年政治学院社工系签订合作协议，将康复所作为学校的合作建设实践基地，吸纳专业社会工作人才对戒毒人员进行帮扶，目前已接收18名学生来所实习交流。双方还将通过互派老师授课，互相交流社会工作、家庭康复等工作经验，进一步深化合作。三是联合共青团北京市委员会、共青团青年汇、北京市禁毒教育基地，共同开展帮扶戒毒人员子女的“阳光小书包”爱心公益活动，为戒毒人员派发爱心小书包和文具，对筛选出的20名戒毒人员子女开展“一对一”帮扶工作，由公益志愿者面向成瘾人员子女开展舞蹈、绘画、社交技巧、社区资源、教育资源等才艺类、情商类、支援类服务活动，有效促进康复人员的自我改变。

三、引进专项戒毒技能培训，有效提升戒毒工作科学性

作为社会治理的一项新举措，戒毒康复工作不仅注重在场所环境上提升社会化氛围，更着力结合当前矫治理论与技术的发展加强戒毒康复治疗的专业性。康复所积极邀请科研院所专家来所培训，将社会上较为主流、前沿的专业技术应用于戒毒康复工作，促进了戒毒康复治疗技能的社会化水平。一是与北京师范大学教授就访谈专项技术开展合作，为民警开展访谈技术培训，并连续多天进行示范访谈。目前，康复所正在整理形成访谈手册，并在民警中推广，切实提高民警访谈水平。二是与北京市社工委戒毒专家、北京师范大学心理学院教授、湖南师范大学教授等合作，在民警中开展音乐治疗、箱庭治疗、共情技术培训，不断提升民警戒毒矫治能力。三是与北京师范大学心理学院、中国科学院心理所教授等专家合作，对民警开展“正念疗法在戒毒康复人员中的使用”、“认知行为治疗对因吸毒导致的脑损伤的恢复治疗”等专题技能培训，并在专家的指导下运用于康复矫治工作，有效促进了康复人员的改变。四是与福建则徐自愿戒毒所心理治疗医生建立合作关系，定期来所开展戒毒知识和心理矫治技能培训，累计开展培训6次，为戒毒人员培训100余人次，民警培训300余人次。与广州德心自愿戒毒所医生建立合作关系，加入康复所阳光之家戒毒QQ交流群，对网络咨询人员进行戒毒业务咨询和督导，目前已开展戒毒督导100余人次。近两年来，康复所累计与社会专家合作开展各类专项戒毒技能培训累计达300多学时，使700余人次民警受益，有效提升了戒毒康复工作的科学化水平。

四、开设社会化的特色课程，全面培养戒毒人员兴趣爱好

一是结合认知需求，开展国学教育，更新戒毒人员价值观念。北京老百姓国学会、紫云东方文化有限责任公司的传统文化讲师承担了康复人员传统文化课堂化教学工作，对近300余名康复人员累计授课100余课时。康复所与该机构正着手合作开发《戒毒人员传统文化教育》专题教材，引导康复人员在学习中接纳传统文化包容、和谐的精神，改变自己的负性价值观念。二是结合健康需求，开展科学健身活动，提升戒毒人员身体素质和机能。邀请陈氏太极拳第12代传人和专业健身教练来所建立专门的健身小组，每周定期为康复人员及家属提供健身指导，增强康复人员的自我效能感，有效提高他们的身体素质和身心修养，得到了康复人员及家属的普遍欢迎。三是结合文化生活需求，开设音乐兴趣班，提升戒毒人员文艺素养水平。协调罗磐乐队在所开设吉他兴趣班，指导戒毒人员开展文艺节目编排，培养康复人员积极的兴趣爱好。四是结合就业需求，建设就业技能实践基地，为戒毒康复人员就业提供帮扶。与兴安聚鑫交通设施、丰谷稻香餐饮管理等6家有限公司建立合作关系，为戒毒人员提供劳动技能实践岗位，并通过努力，为65名康复人员解决了就业问题。

上海市积极研究探索选派一定数量的原劳教警察从事社区矫正执法工作

一、加强组织领导，建立市区两级选派民警工作体系

在市司法局党委领导下，市社区矫正局成立"社区矫正专项改革工作小组"，研究制订本市社区矫正专项改革工作方案。同时，加强对区县司法局的指导和执法监督，将选派民警运作模式和队伍总体情况列入区县司法行政目标考核重要指标，将民警执法情况作为对区县司法局执法督查的重要内容。

各区县司法局主动向区县党委政府报告，相应成立选派民警工作专项小组，由区县司法局政治处、办公室和矫正职能部门共同落实选派民警工作，确保选派民警由区县司法局集中管理、统一使用，确保原有专职干部、社工的力量不被替代、不被削弱。杨浦、长宁、嘉定等区司法局，由区司法局党委主要领导和分管领导直接负责民警的管理，并为选派民警专门建立组织人事档案，保证选派民警参与社区矫正工作期间组织人事政策得到落实。闵行、嘉定、普陀、黄浦、宝山等区司法局积极协调相关部门为民警工作提供基础保障，落实办公场所和设备，配备司法警车，为民警开展工作创造良好条件。

二、加强顶层设计，规范实施稳步推进选派民警工作

一是合理分配稳步推进。市社区矫正局以全市各区县的社区服刑人员数量为基数，综合考虑区县街镇数、地域面积、矫正中心建设情况等因素，确定 218 名民警分配到各区县的数量。同时，根据市司法局党委关于选派民警试点工作稳步推进的要求，全市选派民警分两批分配到岗。

二是明确职责规范实施。市社区矫正局制定《关于选派民警参与社区矫正工作的实施意见》，明确选派民警配合矫正规范化建设，全面承担区县社区矫正执法工作，并配合司法所做好重点对象的监督管理。具体包括，开展调查评估，负责矫正接收、宣告和解除，组织集中教育和社区服务，负责重点对象监管、训诫、电子监控和应急处置等 9 项职责。

三是严格管理严明纪律。在市司法局政治部指导下，市社区矫正局草拟了《选派从事社区矫正民警管理办法(暂行)》，明确市戒毒局、市社区矫正局、区县司法局、戒毒所等单位在民警管理中的职责分工，对于选派民警的日常管理、组织关系、考核奖惩、培训和工资待遇等方面作出规定。同时，出台《社区矫正执法人员职业规范(试行)》，在政治思想、执法行为和组织纪律等方面作出规定，明确违反规定的责任，着力建设一支执法规范、纪律严明、公正廉洁的民警队伍。

四是实务培训突出重点。选派民警上岗前，市社区矫正局分别组织为期 2 周的转岗培训。培训采取集中、封闭、警务化管理的方式，内容以非监禁刑罚执行本质属性和工作职责为重点，涵盖了社区矫正概述、工作流程、监督管理、调查评估、分析研判、证据保全、教育矫正、职业规范等 21 门课程，共 73 个课时。培训取得良好效果，217 名民警考核合格，分配上岗。

三、加强机制创新，积极探索选派民警工作运行新办法

一是抓重点执法环节。各区县根据社区矫正执法的重点环节，明确选派民警具体执法任务。杨浦区司法局，将选派民警分为评估审议组、接收宣告组、教育研究组、督导管控组等 4 个专门小组。浦东新区司法局将民警分为调查评估组、宣告教育组、监督管理组等 3 个专项组。长宁区司法局制作《长宁区社区矫正执法工作职责分工表》，将选派民警的工作职责细分为 20 项 79 条任务，基本涵盖了社区矫正主要工作任务。

二是抓重点执法场所。各区县根据实际，以社区矫正中心为支点，以片区执法站点为延伸，开展选派民警工作。一方面，选派民警配合执法平台建设，全面承担社区矫正中心的具体执法任务。另一方面，区域面积较大或者暂未建立社区矫正中心的区县，将所辖司法所划分成多个责任区，建立执法站点。选派民警以工作小组形式派驻执法站点，负责督导和配合司法所工作，并具体开展调查评估、重点对象监管等执法工作。

三是抓管理培训。长宁区司法局建立选派民警负责人制度、工作总结汇报制度、党风廉政建设制度、责任承诺制度、业务培训制度、绩效考核制度等“六位一体”的管理制度。嘉定区司法局建立选派民警每周工作汇报、每月工作交流、重大事项报告和请销假等制度，将选派民警培训纳入区司法局干部年度培训计划，定期加强思想教育、开展执法培训，形成常态化教育培训方式。普陀区司法局强调定人定岗，以工作方案的形式，确定每名民警的具体岗位职责和 AB 角补位关系，落实民警的带教、培训、管理和考核。

四是抓组织纪律。杨浦、长宁、普陀、宝山等区司法局贯彻区域化党建、属地化管理的党建工作理念，将选派民警的党组织生活纳入区司法局党委工作体系，由区局领导负责民警管理，充分发挥党组织的凝聚力和战斗堡垒作用。嘉定区司法局明确了选派民警严禁粗暴执法、严禁滥用职权、严禁包庇纵容等“十个严禁”要求，严肃执法纪律。

黑龙江省司法厅多措并举
大力加强刑满释放人员安置帮教工作

一、解决瓶颈，在工作保障上求突破

为进一步提升刑满释放人员安置帮教工作质量和社会效果，积极推进创新社会治理，解决安置帮教工作经费保障这一瓶颈，经过积极的沟通协调，2011 年底，黑龙江省司法厅与省财政厅联合下发了《关于印发〈关于落实刑满释放人员安置帮教工作经费的实施意见〉的通知》，对从当地（设区的市或县域）、其他省内和省外监管场所接回刑满释放人员，分别给予 300 元、600 元和 1000 元的补助；“三无”人员从出监所当月起，参照当地城乡最低生活保障标准发放生活补助经费，期限为 6 个月；对符合条件的过渡性安置帮教企业，每安置一名刑满释放人员一次性补助 3000 元。

二、端口前移，在工作方式方法上求创新

为切实加强刑满释放人员安置帮教工作，有效预防和减少刑满释放人员重新违法犯罪，维护社会稳定，省综治委安置帮教领导小组下发了《关于建立联动机制　进一步做好刑满释放人员帮教“双延伸”工作的意见》，规范安置帮教机构与监狱的互动合作和资源力量的整合，把社会帮教工作延伸到监狱，把监管改造工作延伸到社会，共同提高改造和帮教质量。同时，要求各地提前掌握本辖区刑满释放人员的基本情况，把安置帮教的关口前移，确保刑满释放人员在回归后第一时间得到帮教，从根本上解决脱漏管问题。

三、建章立制，在衔接管理上求规范

为进一步规范社区矫正和安置帮教的衔接工作，更好地解决实际工作中存在的法律文书脱节、人员监管难以到位等问题，有的地市对《解除社区矫正通知书》进行完善，将“四联单”修订为“五联单”，增加抄送期满解除社区矫正人员居住地安置帮教工作领导小组办公室一联，并在每联中增加“期满解除社区矫正人员联系方式”，便于安置帮教机构与其进行联系，督促其尽快报到登记。同时，将社区服刑人员基本情况录入刑满释放人员信息管理系统，并指定乡镇（街道）安置帮教工作领导小组办公室（司法所）开展安置帮教工作。

四、抓住节点，在安置帮教工作节点上求稳定

一是抓住刑满释放人员出监的时间节点，全力落实必接必送措施。按照省委办公厅、省政府办公厅有关文件要求，对有明显重新违法犯罪倾向的刑满释放人员和“三无”人员，由乡镇(街道)人民政府(办事处)派人将其接回，使他们第一时间感受到社会的温暖，对预防其重新违法犯罪至关重要。二是抓住刑满释放人员刚刚回归社会的时间节点，全力做好其生活上的帮扶。根据《意见》规定，“三无”人员从出监所当月起，6 个月内未就业或未落实责任田的，参照当地城乡最低生活保障标准，由基层政府负责按月审核发放生活补助费，期限为 6 个月；6 个月后仍未就业或未落实责任田的，符合低保标准的纳入城乡最低生活保障范畴。三是抓住重大节日的时间节点，着力做好特殊时期的安置帮教工作。节日期间，省司法厅结合实际，制定处置突发事件预案，组织开展处置突发事件演练，确保能够及时有效地处置和解决节日期间可能出现的各种情况和问题。同时，督促各地做好对刑满释放人员的走访、回访工作，积极协调各有关部门，切实帮助其解决实际生活困难，对有就业愿望的刑满释放人员做好就业服务工作，并帮助落实“三无”人员生活救助。

五、"两新组织"服务管理工作

2014年中央综治委"两新组织"专项组工作情况

2014年，中央综治委非公有制经济组织和社会组织专项组及下设各工作小组、各成员单位认真贯彻中央指示精神，围绕发挥非公有制经济组织和社会组织在平安中国建设中的积极作用这一目标，相互协调、共同推进，落实服务管理各项措施，取得了新的进展。

一、认真学习贯彻中央领导同志重要指示精神，切实加强社会组织管理立法和规范管理工作

各成员单位协调推动十多项社会体制改革相关法律法规和政策文件的制定、修订工作，取得了积极进展。民政部等部门持续推动研究起草社会组织改革发展综合性指导文件，推动社会组织登记管理制度改革，对部分类型社会组织开展直接登记。截至2014年底，全国已直接登记社会组织3万余家。

二、把非公有制经济组织和社会组织党建工作放在重要位置

按照中央部署，非公有制经济组织和社会组织党组织参加了第二批党的群众路线教育实践活动，重点解决"四风"突出问题、关系群众切身利益问题、联系服务群众"最后一公里"问题。中央组织部等部门持续推进非公有制经济组织和社会组织党建工作，深入抓好《关于加强和改进非公有制企业党的建设工作的意见(试行)》的落实，以外资企业、互联网企业党建工作为重点，开展了专题调研，会同财政部、国家税务总局制定下发了《关于非公有制企业党组织工作经费问题的通知》，研究探索行业协会商会与行政机关脱钩后的党建工作。中央统战部、全国工商联持续推进非公有制经济人士理想信念教育实践活动，引导他们增强对中国特色社会主义的信念、对党和政府的信任、对企业发展的信心、对社会的信誉。全国总工会把非公有制企业和社会组织作为建会工作重点纳入五年规划，着力抓好职工维权和服务工作。共青团中央坚持"建活并重、以活促建"，全年新建非公有制企业团组织48621家；围绕就业创业、成长成才、婚恋交友等方面，竭诚为青年成长发展办实事。全国妇联适应妇女的流动变化，创新基层妇联组织形态，非公有制企业和社会组织已建立妇女组织18万余家。

三、积极引导非公有制经济组织和社会组织参与平安建设

民政部等部门推动下发了《国务院办公厅关于政府向社会力量购买服务的指导意见》，中央财政全年立项448个，总资金1.9亿元，配套资金1.6亿元，全国近20个省(区、市)出台了政府购买服务实施意见。人力资源社会保障部以非公有制企业为重点，推进劳动合同、工资集体协商、劳动争议预防调解等制度实施，努力构建和谐劳动关系，2014年，全国通过调解仲裁方式处理劳动争议155万件，仲裁结案率95.2%。全国工商联等积极开展民营企业劳动关系监测与形势研判，推进商会调解和"平安民企"建设，指导建立各类调解组织170余家。

四、推动非公有制经济组织和社会组织诚信体系建设

国家工商总局等部门争取、推动国务院出台了《企业信息公示暂行条例》，加紧制定完善市场主体信用管理的相关规章；积极推进非公有制企业“两库一平台”（基础数据库、市场监管数据库和信用信息公示平台）建设，开通了全国企业信用信息系统。民政部推进社会组织信用体系建设，社会组织法人信息资源库获得国家发改委立项，中央直接投资 7091 万元；组织开展了行业协会行业自律与诚信创建活动，引导社会组织规范开展活动。

六、预防青少年违法犯罪工作

2014 年预防青少年违法犯罪工作情况

2014 年，在中央综治委的领导下，预防青少年违法犯罪专项组认真贯彻落实 2014 年中央政法工作会议精神和全国综治（平安中国建设）工作要点的部署，紧紧围绕专项组职责任务，深入推进重点青少年群体服务管理和预防犯罪工作，全面净化青少年成长的社会环境，积极推动完善青少年相关政策制度和法治保障，不断健全专项组组织体系和工作机制，整体工作稳步推进，取得积极成效。

1. 扎实推进重点青少年群体服务管理和预防犯罪工作。根据重点青少年群体服务管理和预防犯罪工作实施方案的总体部署，针对有不良或严重不良行为青少年、闲散青少年、流浪乞讨未成年人、服刑人员未成年子女、农村留守儿童等 5 类重点青少年群体工作的目标定位，推动完成全国 1085 个县级地区重点青少年群体服务管理和预防犯罪第一轮推开工作。8 月，团中央、中央综治办联合召开专题推进会，总结第一轮推开经验，部署在 1192 个县级地区开展第二轮推开工作。

2. 加强专门学校建设和专门教育工作。中央综治办、团中央等部委联合开展调研论证，指导各地加强专门学校建设、探索专门教育有效形式。推动福建、贵州、陕西等地出台加强专门学校建设的政策文件并取得实质性进展。总结湖南益阳、广西玉林、海南海口、陕西西安等地建设未成年法治教育中心、未成年人教育矫治中心的实践经验。推广江西、重庆等地在中职、高职院校开展专门班级对有严重不良行为学生进行教育矫治的成功经验。

3. 深入开展青少年思想道德教育和法治宣传教育。在思想道德教育方面，中央文明办、教育部、团中央、全国妇联等部委组织开展清明祭英烈、学习和争做美德少年、童心向党、向国旗敬礼等各类主题活动，引导青少年为实现中国梦而努力学习；教育部印发《关于培育和践行社会主义核心价值观进一步加强中小学德育工作的意见》，将社会主义核心价值观融入中小学教育全过程。在法治宣传教育方面，教育部、司法部、中央综治办、团中央贯彻落实《关于进一步加强青少年学生法制教育的若干意见》，推动青少年法治宣传教育的制度化、规范化和常态化。司法部将预防青少年违法犯罪法治宣传教育列入“六五”普法年度工作重点，依托“法律六进”平台广泛开展青少年法治宣传。公安部选派 26 万名优秀公安民警担任学校法制副校长或法制辅导员。

4. 全面净化青少年成长的社会环境。全国“扫黄打非”办公室、文化部等部门加强文化市场整治，组织开展专项治理行动，严厉收缴和查处一批以青少年为主要销售对象的宣传淫秽色情、暴力恐怖等内容的出版物。全国“扫黄打非”办公室、国家互联网信息办公室、工业和信息化部、公安部、新闻出版广电总局、文化部共同开展“净网 2014”专项行动，大力整治“网络欺凌”现象，强化网络文化市场监管，全面净化青少年成长的网络环境。团中央组建网络宣传员队伍，努力在网络空间弘扬正能量、抵制负能量。

5. 进一步完善涉及未成年人的法治建设及

政策保障。在完善和落实相关法律法规方面，全国人大常委会修改收买被拐卖的儿童犯罪的规定，完善对附条件不起诉的法律解释，研究完善未成年人社区矫正制度，组织开展未成年人保护法的执法检查。最高人民法院、最高人民检察院、公安部、民政部联合出台《关于依法处理监护人侵害未成年人权益行为若干问题的意见》，最高人民检察院制定下发《关于进一步加强未成年人刑事检察工作的通知》，全国妇联组织开展家庭教育立法及其制度建构研究。在未成年人司法保护方面，最高人民法院推动部分中院探索未成年人及家事案件综合审判改革，最高人民检察院指导各地建立未成年人刑事司法联席会议制度，公安部推动各地由专门机构或专职人员按照特殊程序和要求办理未成年人违法犯罪案件，司法部拓展涉及未成年人的法律援助、社会改造、社区矫正、禁毒戒毒等工作。

6. 大力开展理论研究和工作交流。专项组办公室加强对青少年涉罪、犯罪、涉命案数据的研究，科学开展预防青少年违法犯罪工作的综治考评。各成员单位认真开展相关领域理论研究和工作交流，不断提高了做好预防青少年违法犯罪工作的能力水平。新闻出版广电总局组织指导广电机构做好预防青少年违法犯罪宣传工作，积极营造良好的社会氛围。中央文明办、最高人民法院、最高人民检察院、财政部、国家发展改革委、教育部等部门加强基层基础建设，不断夯实了预防青少年违法犯罪工作的基层基础。团中央加强青少年事务社会工作专业人才队伍建设，引入专业社工开展司法保护、社会矫正、专门教育、法律援助、心理辅导等服务，提高了预防青少年违法犯罪工作的专业化、社会化水平。

七、校园及周边治安综合治理工作

2014 年全国校园及周边综治工作情况

2014 年，校园及周边治安综合治理专项组坚决贯彻党的十八届三中、四中全会和习近平总书记系列重要讲话精神，认真落实中央综治委工作部署，统筹解决影响校园安全稳定的突出问题。2014 年发生在校园的侵害师生人身安全的案件同比下降 19.5%，全国校园及周边治安形势持续保持总体平稳。

一、创新方式载体，增强安全法治教育针对性实效性

不断创新安全法治教育形式。教育部、司法部等认真落实《关于进一步加强青少年学生法治教育的若干意见》，全面深化“法律进学校”活动。教育部印发《中小学幼儿园应急疏散演练指南》，加强对学校开展针对火灾、地震、校车等事故应急疏散演练的帮助指导；认真组织开展第十九个中小学生安全教育日等活动，组织观摩北京、云南、辽宁等地同步开展的应急疏散演练。根据各地上报情况统计，2014 年，各地教育部门和各级各类学校印发安全法治教育手册、宣传单 1594.9 万册；开展安全演练、应急疏散演练 26.64 万次，近 1.3 亿人次参与。司法部与共青团中央联合举办“第十一届全国青少年网上普法知识大赛”，与中国关工委、中央综治办等共同举办第二届“关爱明天、普法先行”——青少年普法教育活动，全国普法办与有关部门联合举办“关爱明天法治护航”送法入校园全国大型巡回宣讲活动。

利用行业资源拓展安全法治教育。司法部加强“12348”法律服务热线建设，组织引导法律服务工作者为广大师生提供法律服务和法律援助。国家工商总局推动各地工商部门会同教育部门通过专题讲座、就业前教育等多种方式深入开展“防止传销进校园”活动，大力推进 12315 进校园工作，提高广大青少年的维权意识和能力。教育部、公安部等联合开展为期 110 天的“暑期消防安全宣传教育行动”，参与学校达 38.24 万所；联合举办国家网络安全宣传周青少年日主题活动，覆盖全国 28 个省(市)3000 所普通中小学 750 万名学生。湖北、河北等地专项组积极推动省级政府出台预防青少年溺水工作的意见，利用社会力量共同做好学生防溺水工作。

积极总结安全法制教育新经验、探索新思路。专项组办公室在第二届平安校园建设优秀成果评选中，单列 20 个奖项表彰安全教育“精彩一课”优秀成果，积极推广安全法治教育精品课程建设经验。组织大众传媒开展公益性青少年法治宣传。司法部开展青少年法治教育理论和实践研究，对全国青少年法治宣传教育情况及在校学生法律意识和法律素质现状进行抽样调查并形成分析评估报告。海南省根据青少年法治教育中心学员典型案例编排情景剧，在全省巡回演出 160 余场次，观众 35 万人次，受到《新闻联播》等主流媒体关注，社会反响强烈。

二、狠抓固本强基，开拓平安校园建设新局面

持续提升校园安全防范水平。教育部、公安部共同推进《中小学、幼儿园安全技术防范系统要求》(GB/T29315－2012)达标工作，完成《中小学校安全管理规范》《中小学幼儿园安全防范规范》等文件起草及征求意见工作。工信部印发

《关于进一步规范基础电信运营企业校园电信业务市场经营行为的意见》等文件，确保全国校园电信业务市场平稳有序。公安部发布实施《中小学与幼儿园校园周边道路交通设施设置规范》(GA/T1215－2014)，为青少年学生安全上下学提供保障。各地积极推进校园“三防”建设，全国中小学、幼儿园共配备保安员 68 万名、防护装备 121 万件，安装技防设备 74 万套，重庆等地研发的高校安全服务平台还获得国家专利，有效推动了校园“三防”建设规范化进程。

持续深入开展“护校安园”行动。公安部推动各地公安机关继续加大校园周边警务室建设，落实上下学重点时段“高峰勤务”，强化校园周边巡逻防控，织密校园防控网络。目前，各地共设立校园警务室及治安岗亭 25 万个，设立“护学岗”18 万个，每日巡逻力量达 47 万人次。各地公安机关依法严厉打击涉校涉园违法犯罪。工商部门严格禁止在中小学周围开办营业性歌舞娱乐场所和网吧，严格对学校周边商业网点，特别是电子游戏厅、音像厅、台球厅以及书报杂志、音像制品销售摊点的管理，使其不得从事扰乱学校秩序的经营活动。文化部、工信部、工商总局、公安部联合发布《关于加强执法监督　完善管理政策　促进互联网上网服务行业健康有序发展的通知》，对校园及周边网吧等互联网上网服务营业场所进行规范管理。

加强校车安全管理。公安部、教育部、国家卫计委、国务院妇儿工委、全国少工委等主办“车时代的安全童年”儿童交通安全主题活动，在多家主流媒体开展儿童出行安全专题宣传。指导各地认真贯彻实施《校车安全管理条例》，湖南、广西、吉林、河南等地积极推动校车安全立法或推动省级政府出台校车安全管理实施办法；山东、江苏、安徽、浙江等地不断探索校车安全管理体系，通过购买服务、建立校车管理数据台账等形式，逐步推进校车专业化管理。

加强对校园及周边社区矫正人员、刑满释放人员的帮教管理和教育矫治工作。司法、法院、检察院、公安机关等密切配合，对校园及周边违反社区矫正规定、有危害性的社区服刑人员给予警告、治安管理处罚或提请收监执行。利用刑满释放人员信息管理平台，及时向教育部门通报生活、学习有困难的服刑人员未成年子女情况，帮助落实减免学杂费等措施，确保圆满完成学业。

启动第二届平安校园建设优秀成果评选工作。11 月 3 日，专项组办公室印发《关于评选第二届平安校园建设优秀成果的通知》。湖南、广东等地按照通知要求，将优秀成果评选作为推进平安校园建设的重要抓手，遴选命名一批“省级平安校园”。天津、江西、辽宁等地召开平安校园建设现场会或经验交流会，推广平安校园建设成功经验。目前，专项组办公室收到各地推荐的平安校园建设优秀成果 320 余项，将按照公开、公平、公正原则组织专家评审，并在“中国大学生在线”网站集中展示获奖成果。

三、开展隐患排查，集中整治校园及周边环境

组织开展安全隐患专项整治行动。秋季开学初，专项组办公室下发《关于开展校园及周边安全隐患集中整治行动的通知》。各地按照通知要求和“谁主管、谁负责”的原则，分领域、分系统、分行业抓好工作部署和措施落实，浙江等地编印《校园安全隐患排查手册》，对排查内容、周期、方法等提出具体要求，有效提高了校园安全隐患排查水平。

开展部门联合执法。新闻出版广电总局组织开展为期一个月的校园周边出版物市场专项整治行动，各地文化执法、新闻出版、教育、工商、公安等部门进行联合执法，共收缴侵权盗版出版物和非法少儿出版物 1200 余万件，查办侵权盗版出版物和非法少儿出版物案件 2600 多起。

开展“净网 2014”专项行动。4 月中旬至 11 月，新闻出版广电总局、公安部、工信部等联合开展“净网 2014”专项行动，关闭非法和传播有害信息网站、栏目 1 万余个，删除 300 余万条涉黄信息，查处传播淫秽色情信息的大案要案 1000 多起，有效净化了校园及周边网络环境。

杜玉波同志在中央综治委校园及周边治安综合治理专项组办公室会议上的讲话(摘要)

一、认清形势,把握学校安全稳定新特征新要求

学生安全和学校稳定是社会稳定的重要组成部分,专项组要深刻认识社会稳定大势,密切把握学校稳定特点,牢固树立"大平安"理念,使工作从认识到实践、从方法到态度、从微观到宏观、从过程到结果,适应新时期新形势下学校安全稳定工作的要求。

当前,随着国际局势深刻变化和我国经济发展进入新常态,维护国家安全和社会稳定工作的阶段性特征进一步凸显。当前,不仅"三期"(人民内部矛盾凸显期、刑事犯罪高发期、对敌斗争复杂期)基本态势没有改变,而且社会利益格局调整的广度深度都在加大,境内因素与境外因素相互影响、传统安全威胁与非传统安全威胁相互作用、人民内部矛盾与敌我矛盾相互渗透、政治安全与公共安全相互关联、网上问题与网下问题相互联动等特点更加明显。这些影响社会稳定的特点,必然体现在学校安全稳定形成时空领域不断拓展、矛盾问题交织叠加、风险隐患明显增多、压力挑战持续加大的新特征。涉及师生利益的群体性问题进一步凸显,维护校园和谐稳定面临新压力。校园及周边问题屡经整治,保持巩固整治成果面临新课题。

维护学生安全和学校稳定新形势下,做好校园及周边治安综治工作任务艰巨,专项组的责任重大。做好2015年工作要突出"四个坚持":坚持问题导向,解决好影响学生安全和校园稳定的突出问题;坚持底线思维,增强忧患意识,在校园及周边治理中打好主动仗;坚持换位思考,把师生的安全感和满意度作为衡量工作的根本标准;坚持法治方式,把法治作为工作的基本遵循和保障。同时,要积极适应新变化和新特点,主动拓展专项组的工作范围,在工作思路上,既要解决过去积存的旧顽疾,也要解决现实遇到的新问题,保持坚守已有经验和不断开拓创新的工作新状态。在工作内容上,既要做好治安防范,又要强化政治安全,发挥及时处理事端和持续净化环境的工作新作用。在工作安排上,既要做实点上调控,又要坚持面上巩固,建立集中整治和日常管理有效结合的工作新格局。在工作模式上,既要强化各成员单位工作的单元功能,更要向综合体系防范转变,形成齐抓共管和同向治理的工作新合力。

二、突出重点,着力在落实防控措施上下功夫

学生安全是最让群众牵挂的公共安全,学校稳定是最为基础的社会稳定。专项组要始终把工作基点放在有效管控风险隐患上,所有措施都奔着问题去,下功夫找出解决突出问题和现实困难的办法,切实维护学生安全和校园稳定。

为学生安全提供坚强保证。要充分发挥各级专项组的作用,对学生安全形成常态化监管机制,严格落实校园安全防范措施,加强警校联动、专项组成员单位联防联控,强化校内保卫力量规范化建设,解决影响学生安全的突出治安问题。要梳理分析学校安全事故发生的一般规律,突出重点领域事故防控,尽最大努力严防学生溺水、上下学交通安全、校园食品安全、校园拥挤踩踏、校园火灾等事故。要在校园及周边开展集中整治与综合执法结合的工作试点,对师生反映强烈的热点难点问题加大执法力度,依法严厉打击涉校涉生违法犯罪活动。

为化解涉校矛盾提供有力支持。要把解决具体问题与完善政策制度有机结合起来,把常态治理与应急处置结合起来,最大限度地预防和化解涉校矛盾纠纷。要推动各地和学校建立完善重大决策和重大事项稳定风险评估机制,重大事项和决策多听取师生意见,预防矛盾纠纷,减少稳定风险。要落实矛盾纠纷排查调处工作制度,对可能演化为群体性事件和重大治安问题的矛盾,逐一落实责任单位和责任人,有效加以化解。对重大涉校矛盾纠纷，要加大协调力度，积极推动将其列入地方党委、政府督查范围，加强跟踪问效，促进问题解决。各级专项组要努力为学校解决涉校矛盾纠纷创造条件，指导学校健全法律顾问、风险管理顾问等制度。司法部门要为法治化渠道解决涉校矛盾纠纷提供指导和支持，公安部门要对涉校矛盾纠纷引发社会人员干扰学校教育教学秩序的事端依法处理，维护学校安全稳定。

为安全法治教育发挥职能作用。各级各类学校要落实安全法治教育的主体责任。教育是学校的优势，更是学校的责任。要加强安全法治教育课程体系化建设，推进安全知识“三进”工作，打造和推广“精彩一课”，多形式、多渠道开展学生喜闻乐见的安全日主题教育活动，组织开展“网络安全知识进校园”活动。各级专项组要在安全法治教育中发挥作用，将法治教育与法治实践相结合。各级专项组要组织成员单位结合执法业务到各级各类学校开展相关法律法规和安全知识的宣传教育活动，推动各地落实“谁执法、谁普法”的普法责任制，把学校安全法治教育延伸到相关部门业务领域。要细致安排全国宪法日、防灾减灾日、消防宣传日、交通安全日以及第20个全国中小学生安全教育日等活动，帮助广大学生树立安全意识、掌握安全知识、养成安全习惯。

三、强化基础，推进平安校园和防控体系建设

习近平总书记关于建设平安中国的重要指示，是做好学生安全和学校稳定工作的根本遵循。中央综治委关于加强社会治安防控体系建设的意见，是把握规律、创新机制、做好学生安全和学校稳定工作的重要依据。专项组要紧密结合实际，细化、实化各项部署和措施。

进一步深化平安校园建设。各级专项组、各成员单位要按照中央综治委提出的“五个深化”的要求和2015年全国社会治安综合治理的总体思路，切实统一思想和行动。要把平安校园建设纳入本部门工作重要日程和内容，每年为辖区平安校园建设做几项实事，主动研究解决平安校园建设的突出问题，坚持源头治理、系统治理、综合治理、依法治理校园及周边环境，为平安校园建设提供支持、创造条件。各级教育部门和学校要深入总结经验，坚持实践探索，加深对平安校园建设规律性认识，研究制定“十三五”期间平安校园建设规划，做好平安校园建设的顶层设计，把平安校园建设放到学校工作大局中来谋划和推进；加强基层基础建设，深入开展基层平安创建活动，扩大“平安单位”、“平安院系”、“平安班级”覆盖范围，构建多样化的师生参与机制，拓宽师生参与平安校园建设的渠道。要坚持以人为本、服务为先，把提升师生安全感和满意度作为平安建设的根本出发点和落脚点，推动平安校园建设向纵深发展。

加强校园及周边治安防控体系建设。各级专项组、各成员单位要牢固树立“大平安”理念，围绕学生安全和学校稳定的新形势新任务，把工作从打击违法犯罪、治安防范延伸到维护政治安全、校园稳定的各个方面，把工作着力点从打击、防范、管控拓展到服务、管理、建设等各个环节，把学校纳入属地打防管控一体化、立体化社会治安防控体系，以“三防”建设为主体、以联防联动为保障，组织动员学校教师、周边群众、学生家长、志愿者等群防群治力量，开展校地、园地联防。建立影响校园及周边安全因素的跟踪、管理、评估数据库和安全管理信息系统，努力消除各部门、单位之间的信息“壁垒”，实现信息互通和资源共享，搭建有效的校园及周边治安防控体系。各级教育部门和学校要把维护校园安全，作为办好让人民满意教育最基本的前提条件。要严格学校安全稳定工作制度，强化校园内部保卫力量规范化建设，配足配齐人防力量，要改善薄弱学校办学条件，实现中小学校封闭式管理。强化基础设施、专业技术建设，把技防、物防设施纳入学校标准化建设，完善校园安全技防系统。要加强校警联防、校地联动，继续推进警务进校园和“护校安园”专项行动。要强化重点人、重点物品、重点场所管控，切实把学生安全和学校稳定各项基础工作做扎实，努力以“小平安”累积“大平安”。

加强平安建设和综合防控体系的顶层设计。建设平安校园、构建综合防控体系是“两位一体”的基础建设，是一个动态的工作过程，必须随着形势的发展变化，不断在实践中总结、在创新中提高。专项组要以与时俱进的精神审视、以改革创新的精神推进这两项基础工作。2015年，专项组要出台《加强校园安全管理创新　深化平安校园建设的意见》，组织开展校园安全管理机构创新示范建设，在新的实践和探索中深化平安校园建设。要推进《校园安全法》立法进程，研究制定学校安全系列标准，把规矩立好、完善起来，实现学校安全工作有法可依、有章可循。要指导和推动各地制定出台《校园安全管理条例》、《学校学生人身伤亡事故预防和处理条例》等地方性政策规定，依法依规解决平安校园建设面临的问题。

四、强化责任，保证齐抓共管落实各项工作

维护学生安全和学校稳定，关键是抓落实。专项组要在落实上下功夫，以领导促落实，以责任促执行，以考评促实效，齐抓共管形成强大的工作合力。

加强组织领导。各级专项组要主动及时向地方党委、政府汇报请示工作，取得领导和支持。各级专项组办公室要把抓落实作为领导工作、协调工作的一个极为重要的环节，牢固树立宗旨意识，始终以对党、对人民、对事业高度负责的精神，把各项工作抓得紧而又紧，办得实而又实。

完善责任体系。中央关于综治工作的系列政策性文件规定了健全和落实综治工作目标管理责任制、领导责任制和一票否决权制等制度，要用好这些综治政策，提升依法治理能力。要推动各省专项组建立完善成员单位述职考评制度，落实学校校长与属地校园及周边综治部门签订综治责任书制度，建立覆盖所有环节的校园及周边综治工作责任体系。严格落实综治责任制，对领导不重视、工作不到位导致发生涉校涉生重特大案事件的，以及相关问题突出、经整治仍得不到解决的地区，依法分别采取诫勉谈话、黄牌警告、挂牌督办、处分建议、一票否决等措施。

发挥考评作用。要将考评作为深入推进校园及周边治安综合治理工作的有力抓手，强化以考评促工作的导向功能。2015 年，专项组办公室要继续加强考评工作，对照中央综治办考评实施细则，突出治安防控体系建设、涉校矛盾纠纷化解、集中整治行动效果、防范安全事故和群体性事端等考核重点，细化考核指标，引领基层单位的工作。要加强对省级专项组成员单位工作的考评，去年考评增加了随机抽查考评省级专项组成员单位工作的内容，2015 年考评要作为固定指标纳入考评指标体系，推动各成员单位落实工作职责，形成工作合力。

八、护路护线联防工作

2014年中央综治委护路护线联防专项组工作情况

2014年，全国护路护线联防工作在中央综治委的直接领导下，在铁路沿线地方各级党委、政府的高度重视和大力支持下，各有关部门和广大群众积极参与，各级铁路护路联防组织恪尽职守，完善和创新工作体制机制，进一步健全落实各项责任制度，深化平安铁路创建活动，以确保高速铁路绝对安全、落实各项反恐防暴工作为重点，完成了春运、两会、十八届四中全会、APEC会议等重点时期的护路安保工作，确保了铁路治安稳定有序，运输安全畅通。

一、完善工作机制，强化制度保障，纳入社会治安综合治理大格局

在2014年的铁路护路联防工作中，各省（区、市）注重完善工作机制建设，建立健全了各项规章制度。河北省人民政府第31次常务会议讨论通过了《河北省铁路安全管理规定》，于2014年12月1日起施行，这是全国首个省级地方性铁路安全法规。该《规定》在国务院公布的《铁路安全管理条例》基础上，新增细化了13条针对河北省特点和铁路安全管理实际的内容，进一步明确了政府和有关职能部门的职责，指导性、实用性和可操作性更强，为依法护路提供了重要的法律依据，对推进铁路安全法制化建设具有重要意义。北京市研究决定铁路护路联防经费由市财政统一安排，立即组建600至800人的专职护路联防队伍。天津市编办正式批复在市综治办增设综治五处（铁路护路工作处），增加行政编制5人，与市护路办实行“一套人马，两块牌子”。广东、浙江省分别由省财政每年补充护路联防专项经费840万元和360万元。山东省护路办出台护路联防会议费、培训费、公务接待和公务用车四项管理办法，进一步加强了经费管理使用的规范化、科学化，节约了行政成本，提高了经费使用效率。山西省护路办制定了《铁路护路联防路地协作工作制度》和《综治护路联防路地对应联系工作制度》，将护路联防工作情况通报、联席会议、矛盾调处、问题整治、督办协调、责任查究等方面制度化、常态化，进一步密切了路地联系，强化了协作配合。

二、突出重点工作，把握关键环节，整体工作与重点任务稳步推进

针对春运、两会、十八届四中全会、APEC会议等重点敏感时期，中央护路办及时下发通知，派出工作组实地督导检查。各级铁路护路联防组织特别是西藏、新疆、青海以及环京护城河相关的省（区、市）护路组织，严密部署，狠抓落实，确保了重点、敏感时期铁路沿线治安稳定。

三、落实提前介入，坚持打防结合，高铁护路联防工作扎实有效

截至2014年底，我国高速铁路总营业里程超过1.5万公里，是世界上高速铁路投产运营里程最长、在建规模最大的国家。铁路护路联防组织为净化和维护高铁沿线的治安环境，确保运输安全畅通，做了大量卓有成效的工作。8月28日至9月3日，财政部、总参动员部和中央护路办等有关部门同志组成调研组，专门赴新疆、甘肃、青海三省区，实地调研南疆铁路、兰新二线高速铁路护路联防工作，并就高铁护路经费困难的情况积极向财政部、发改委等部门汇报，积极争取中央专项财政经费支持。贵州省为全力做好省内首条高速铁路的安全保卫工作，召开全省高速铁路护路联防工作会议，下发了《贵州省高速铁路护路联防工作方案》，明确了各级各有关部门做好高铁护路工作的职责任务。省委书记赵克志、省长陈敏尔批示，要求把高速铁路护路联防工作摆在更加突出的位置，加强设施、队伍、制度建设，确保高铁安全畅通、万无一失。广西壮族自治区党委常委、政法委书记温卡华，自治区副主席、公安厅厅长高雄多次带领有关部门负责同志搭乘动车组列车，检查沿线治安联防情况，召开现场工作会议。湖南省在全省部署开展了为期一个月的高铁沿线不安定因素大排查活动，排查出高铁沿线涉及重点人员、重点处所、矛盾纠纷等不安定因素1010个，针对其中的15个重大隐患和问题，专门下发整改通知，限期整改。截至11月底，共消除不安定因素826个，完成率达82%。河南省立足解决保障高铁安全和工作经费的长效机制，省护路办先后12次组织召开相关部门参加的协调会，提出合理化建议和实施方案，最终确定由京广客专公司河南公司出资，全额承担河南省境内京广高铁1343名护路队员每年3400余万元的劳务费用以及勤务装备费用，为高铁护路工作的顺利开展提供了有力支撑。

四、加强分析研判，整治突出问题，铁路沿线治安环境有序可控

2014年，全国各级护路联防组织坚持问题导向、结果导向，对发现的问题和隐患，及时组织有关部门予以整治，保证了铁路沿线治安秩序整体有序、可控。上海市为遏制危及行车安全的突出治安问题，由市综治办、公安局、工商行政管理局、城管执法局和上海铁路局开展了为期三个月的铁路沿线突出问题专项整治活动。期间，共取缔无证无照废品收购站28家，拆除违章搭建5600平方米，清运垃圾87吨，发放《整改通知书》65份。安徽省把火车站地区治安综合治理作为全年重点工作之一，省护路办安排专项经费18万元用于整治工作。各市县护路办联合公安、城管、工商等部门围绕火车站地区招揽拉客、捡拾讨要、非法营运、违章占道等治安顽症，开展区域性、小规模、见效快的集中整治，综合治理成效明显，受到省综治委和省护路领导小组通报表彰。青海省湟源县将青藏铁路周边环境和安全隐患整治工作纳入到全县“微城建”项目总体规划，县委县政府投资704万元，对铁路沿线治安环境进行集中整治，修建农贸市场、停车场、人行通道等便民设施，消除了影响行车的安全隐患，美化了铁路周边环境。江西省针对年内沪昆客专、赣韶、吉衡铁路等多条重要线路开通的实际，组织开展了为期一个月的铁路沿线治安环境专项整治活动。期间，共整治非法私设通道、保护区内挖沙取土、违章搭建、沿线倾倒（堆放）垃圾、无照废品收购站点等各类隐患问题106个。大秦护路办针对春季行人上道、冬季偷盗煤炭等季节性治安问题，先后下发文件通知及通报14个，沿线各级护路组织主动作为，积极协调有关部门，及时跟进、集中整治，有效净化了大秦铁路沿线周边治安环境。福建省护路办去年将福州市、厦门集美区和泉州南安市美林街道纳入省级社会治安重点整治跟踪督导，督促其对铁路沿线治安、安全隐患进行整改，经省综治办和护路办实地验收合格后方能撤销督导。宁夏、江苏、甘肃、河北、黑龙江等省区也针对季节性、突出性的涉路安全隐患和问题，进行了集中专项整治，都取得了良好效果。

五、关注民生诉求，发挥各方作用，涉路矛盾纠纷调处成效明显

各级护路联防组织注重抓好信息研判、源头防范、排查化解、跟踪问效四个环节，立足涉路矛盾纠纷排查化解的“常态化、制度化”，着力解决了一大批关乎沿线群众切身利益的热点难点问题。据统计，2014年全国各级铁路护路联防组织共排查化解涉路矛盾纠纷7500余件。海南省护路办在西环铁路建设期间，多次组织施工单位深入矛盾纠纷突出的区段现场调研，就征地拆迁、施工污染、道路破坏、排水被堵等群众诉求集中的问题进行现场协调，提出解决方案，并指定专人负责，跟踪督办落实整改，确保了西环高铁施工建设顺利进行。湖北、安徽两省护路办发挥协作片区的优势作用，联合11家相关部门，解决了黄梅县境内因拆除平交道口和涵洞积水影响群众出行的两处历史性矛盾纠纷，彻底消除了安全隐患。江苏省新长铁路建湖段沿线118亩农作物由于铁路部门喷洒除草剂等原因严重受损，村民与铁路部门商议未果后多次在互联网发帖并在火车站聚集，扬言拦车断道。经护路组织协调铁路等相关部门，将赔偿款全部落实到位，在南京青奥会前解决了这个问题。黑龙江省护路办对涉路矛盾纠纷实行村、乡、县、市四级排查登记上报机制，严格落实逐件包保、逐件明责、逐件化解、逐件稳控。陕西省在商南县试点成立涉路矛盾纠纷调处中心，建立了涉路矛盾纠纷定期排查、分类登记、归口交办、销号终结、检查督导、责任追究、信息通报、以案定补八项工作制度，公开了矛盾纠纷调处流程图、责任包抓层级图、调解员行为规范、调解员服务承诺四项工作标准，并于 12 月 18 日在商南县召开了全省涉路矛盾纠纷排查调处工作现场会，推广规范化开展涉路矛盾排查调处工作。吉林省护路办在年初将全省 24 处涉路安全隐患列为整治重点，实施挂牌督办。各级党委政府采取矛盾逐个责任到人，限时调处化解的措施，全部矛盾纠纷均得到妥善解决。

六、开拓工作思路，勇于改革创新，提升护路工作科技化信息化水平

河北省将护路联防组织进一步向基层延伸，在石家庄市 319 个村(居)500 余公里的铁路沿线试点建立了“护路工作站”，在最基层建立了专门的护路联防机构，解决了路地双方在基层的衔接问题，提升了全省护路工作整体水平。江苏省苏州市相城区投入 300 余万元，在苏州北站核心区域安装监控探头 168 个，在铁路沿线安装高清探头 35 个，在相关下穿铁路道口安装抓拍系统 6 套，形成了路地双方联防协防、铁路安全共同维护的良好格局。甘肃省兰州市整合护路联防工作的数据、业务、视频、地理信息等四大资源，建立了铁路护路联防信息管理系统，实现护路联防管理层级信息“系统化”、基础信息分类汇总“规范化”、综合浏览查询“区域化”、电子信息档案“清晰化”、综合信息变更调整“动态化”，有效提高了铁路护路联防管理科学化信息化水平。

七、创新宣传形式，注重教育实效，扩大铁路护路联防社会影响力

全国各级护路联防组织以《铁路安全管理条例》为重点，以“爱路护路知识宣传到位、法律法规常识普及到位”为标准，动员社会各方面力量，深入铁路沿线和基层单位，开展了内容鲜活、形式多样、贴近群众的宣传教育活动，提高了广大群众爱路护路意识，营造了良好的舆论氛围，提高了护路联防的社会影响力。团中央权益部联合全国铁道团委开展了“青春自护·平安铁路”等主题自护教育活动，累计发动团员青年和志愿者 6.8 万人次，深入铁路沿线、车站、列车等 751 个岗点，举办法制宣讲、知识竞赛、文艺汇演等 24900 场次，发放宣传资料 396 万份，覆盖青少年 476.8 万人，宣传报道 1036 次。全国各级共青团系统认真落实职责任务，教育引导广大青少年积极参与护路联防工作，极大地提高了青少年爱路护路意识，营造了良好的社会和舆论氛围。《铁道护路联防》编辑部在全国护路系统开展了“贯彻新《条例》、全力保畅通”主题征文活动，共征集文字、书画、摄影等各类作品 6136 件，活动取得了良好效果。广西自治区少工委、自治区护路办和南宁铁路局在桂林市举行了“平安铁路与我同行”广西高铁安全知识宣讲千里行活动启动仪式，部署开展了全区高铁沿线安全知识宣讲活动，努力营造爱护高铁的良好氛围。江西省抚州市乐安县组织铁路沿线 200 余名妇女同志开展“庆三八、护铁路、保两会”系列活动，县护路办就当前铁路治安形势、妇女如何发挥“半边天”作用，做好身边的亲人、朋友的爱路护路宣传教育等内容，组织大家展开了讨论交流，并对铁路沿线安全问题提出了可行性建议。四川省由各级综治护路办牵头，组织公安、铁路、妇联、团委、教育等部门，以“防危行、压路伤”为突破口，以“爱路护路联户代表”活动为载体，突出对沿线流动人口、“五残”人员、放牧户、中小学生等重点对象的宣传教育，全年护路责任区段发生铁路交通事故死亡人数低于控制目标，全省 40 所中小学校和 400 名中小学生被省综治委铁路护路联防工作领导小组评为“爱路护路宣传教育示范学校”和“铁道小卫士”。

八、更新管理理念，加强队伍建设，保持团队的凝聚力和战斗力

各级护路联防组织按照紧跟形势、适应发展、规范管理、学以致用的原则，健全管理制度，优化培训内容，保持了铁路护路联防专兼职队伍稳定、作用明显。总参动员部积极指导全国各级人武部门始终把铁路护路联防作为民兵参与维护社会稳定的一项重要任务，加强统筹谋划，积极主动作为，不断用兵练兵强兵，取得了良好的政治、经济、社会和军事效益。11 月 18 日至 20 日，中央护路办在山西省晋中市举办了全国第四期地市级护路办主任培训班，来自全国各省（区、市）的 180 余名地市级护路办领导参加了培训。湖北、福建、陕西、青海、广东、贵州、安徽、山西等省（区、市）也先后组织了对护路干部、专兼职队员的培训班或会议。新疆维吾尔自治区狠抓专职护路民兵分队的组织建设、思想政治、行政管理、战备训练和执勤巡逻等各项工作落实，自治区各级铁路护路联防组织对 55 个护路民兵分队和护路干部举办培训班 100 余期，培训 1100 余人次；进行安全教育 273 次，培训 3305 人次。重庆市委市政府高度重视铁路护路联防，特别是护路队伍建设，明确规定“铁路护路所需人员经费和公用经费全部纳入各区县财政预算”。全市组建的 28 支、1724 人的专职护路联防队伍所需经费，均由地方财政保障。2014 年，全市护路队员平均工资由去年的 800 元提高到 1500 元，涨幅达 87.5%；28 个涉路区县财政共拨付铁路护路联防专项经费 2400 余万元，同比增加了 69.3%。辽宁省按照要害部位专职防护，低路基路段专职和义务相结合防护，一般路段由沿线乡镇（街道）群防群护的工作布局，通过铁路局抽调员工、省护路办招聘、地方政府委派等形式，组建了 818 人的专职护路队伍，并在高铁沿线建立了 528 个护路中心户，提供治安信息，协助专业护路力量维护铁路沿线治安。内蒙古自治区重新修订了《关于进一步加强和规范铁路护路民兵用工管理的通知》等 10 个有关经费、队伍等方面的管理办法，建立了《自治区护路办专职人员包保责任制度》、《自治区护路系统专兼职人员行为规范》等 6 项管理制度，对 8 项重点工作建立了流程图，细化制定岗位职责和标准 19 项，进一步强化了护路队伍建设。

中央综治委铁路护路联防工作领导小组关于印发《2014 年全国铁路护路联防工作要点》的通知

（2014 年 3 月 20 日）

各省、自治区、直辖市综治委铁路护路联防工作领导小组，大秦铁路护路联防联席会议，全国大中城市火车站地区综合管理研究会：

现将《2014 年全国铁路护路联防工作要点》印发给你们，请认真学习并结合实际抓好贯彻落实。

2014 年全国铁路护路联防工作要点

2014 年全国铁路护路联防工作的主要任务是：以邓小平理论、“三个代表”重要思想、科学发展观为指导，深入贯彻落实党的十八大和十八届二中、三中全会精神，完善和创新铁路护路联防工作体制机制，坚持系统治理、依法治理、综合治理、源头治理，进一步健全落实各项责任制度，深化平安铁路建设，以确保高速铁路安全为龙头，以反恐防暴工作为重点，以加强队伍建设为基础，充分发挥铁路护路联防组织的协调、组织作用，确保铁路治安稳定有序，运输安全畅通。

一、坚持综合治理，抓好重点地区、重点区段、突出治安问题的整治工作

坚持问题导向，密切会同地方、铁路公安机关，做好对管区铁路沿线治安现状、发展趋势的评估、预测工作，及时发现动向性、苗头性、群体性等问题。对发现的问题，组织沿线路地公安机关等有关部门予以整治。继续督导抓好南疆、兰新、青藏、大秦四条线路的安全防范工作。各有关省（区、市）进一步采取措施，加大对铁路沿线的安全防范管理，坚决杜绝爆炸、破坏、拆（割）盗等严重危及行车安全的恶性案件。重点、敏感时期，中央护路办将派工作组到重点地区实地检查督导。继续发挥各地护路联防片区的作用，加强片区协作内容建设，深入研究交流区域护路联防规律特点和工作方式创新，积极探索工作的新思路新手段。各省（区、市）省会所在地车站及“环京护城河”涉及省（区、市）的进京铁路应作为工作重点。研究社会治安新情况、新问题使铁路治安工作重点及薄弱环节发生的变化，及时调整工作力量布置，统筹联动协作规划。

二、坚持源头治理，做好涉路矛盾纠纷排查化解工作

更加积极主动向党委、政府及综治委领导汇报护路工作，将铁路护路联防工作纳入当地基层社会管理综合服务管理平台和网格化管理系统，做到同部署、同建设、同考核、同奖惩。从源头抓起，强化和细化铁路沿线涉路矛盾纠纷的摸排预警工作，切实了解掌握管区沿线存在的涉路矛盾纠纷，特别是有可能引发群体性事件的主要矛盾。在掌握情况的基础上，配合公安机关管控好重点人员，并会同当地党政领导依法依规，做好矛盾纠纷的排查化解工作，力争化解在基层、化解在源头，坚决杜绝拦车断道、冲击车站等涉路群体性事件。

三、突出抓好高速铁路护路联防工作

继续配合铁路、公安、安监等部门做好线路各项治安、安全防范工作。对原由武警看守的重点桥梁、隧道撤守后，所在省（区、市）综治委护路领导组织积极联系铁路部门，协商由保安或护路组织派专人守护，防止发生不良后果。凡有运营或在建高铁的省（区、市）护路组织，要把治安防范作为护路联防重中之重的工作，专题研究、专门部署、专项整治、专人督导。逐步推进高铁护路联防工作的标准化、规范化，继续贯彻中央综治办等六部委《关于进一步加强高速铁路护路联防工作的意见》（综治委铁护组〔2011〕4 号），积极排查化解矛盾纠纷，及时整治突出治安问题和安全隐患，多渠道解决高铁护路经费问题，全力做好庆祝新中国成立 65 周年护路联防特别是高铁的护路联防工作，确保高铁列车运行安全，万无一失。

四、深化爱路护路宣传教育工作

持续深入开展爱路护路宣传教育工作，大力提高沿线群众的安全意识和法治观念。会同有关部门大力宣传贯彻《铁路安全管理条例》，至少开展一次较大规模的专题宣传活动，力争做到铁路沿线家喻户晓、广大群众人人皆知。中央护路办将组织编写《条例》的系列宣传画册、光盘，供各地宣传使用。各地要密切关注网上舆情，注意做好引导工作。除利用传统方式宣传外，应积极推广使用微信、微博等互联网手段进行爱路护路宣传。宣传的重点是中小学生，通过开展“小手拉大手”、“同学手拉手”、“家校联手”、“警校共建”等活动，增强遵守法纪观念，提高爱路护路意识。《铁道护路联防》编辑部将推出一批有说服力、有影响力的宣传成果，对“贯彻新条例、全力保畅通”征文活动的优秀者进行表彰。

五、积极推进护路工作科技化建设，继续开展平安铁路创建活动

按照科技引领、信息支撑的思路，积极推进护路联防工作信息化建设，推动信息技术管理手段建设，尽快将护路基础数据、巡逻巡线、打击整治、宣传教育等工作实行网格化（线格化）管理。大力发展视频监控、电子巡检等科技护路手段，向科技要人力、要安全、要效益。中央护路办将适时召开现场会议，总结推广开展科技护路的工作经验。按照中央综治委关于建设平安中国的总体部署，继续开展平安铁路创建活动。各省（区、市）认真总结开展“平安铁路示范路段”和“平安铁路示范市县”活动的经验，在各地普遍开展学先进、赶先进的竞赛活动。注意发现、培养、树立具有本地特色的先进单位和个人典型，学习、推广他们的经验做法。通过健全完善规章制度，使平安铁路创建活动更加制度化、规范化,成为各级铁路护路联防组织日常工作的主要内容。

六、加强统筹协调,进一步建立健全护路联防工作机制

按照属地管理原则,严格落实护路联防的领导、部门、单位责任制和目标管理责任制,真正把护路联防的各项工作任务落实到路地各部门、各单位,落实到责任人。进一步建立健全将领导干部、护路队员抓护路联防工作的实绩,与考核、奖惩直接挂钩的制度、办法。按照谁主管、谁负责,谁经营、谁负责的原则,进一步明确护路联防工作的责任主体、范围、内容,完善路地各方有责、共同关心、分工明确的护路联防责任制体系。加强统筹协调,强化工作保障,切实完善齐抓共管、协作配合的长效工作机制,严密工作组织、加强队伍管理,提高护路联防队伍的凝聚力、战斗力。中央护路办将适时对各地护路联防履责情况考核的规范化和经常化进行检查督导。

七、切实做好护路联防经费保障工作,严格管好、用好每笔费用。护路经费是做好铁路护路联防工作的重要基础,坚持与时俱进、因地制宜地做好护路经费保障工作

继续完善管人管事管护路经费相协调的护路经费管理体制,随着改革形势的发展,经费来源途径也会有所变化,在经费来源转轨变动期间,密切关注、提早了解当地党委、政府对护路联防工作特别是经费来源的总体部署和变动情况,及时跟进、快速反应、不失时机地做好应变准备工作。对于可能取消收费的省(区、市),应结合本地实际,学习借鉴相关省份在护路收费政策变化后,主动汇报、协调,将护路费列入当地政府财政预算的做法。可根据当地铁路治安形势和工作需要,积极探索选择合适的经费来源途径。按照合法合规原则,鼓励支持由国家财政划拨、列入地方财政预算、收取运输货物群防群治费等“多轨制”并存的来源形式。严格执行《全国铁路护路联防经费管理办法》(综治委铁护办〔2012〕21号),收好、管好、用好护路经费,杜绝各种违规违纪问题。中央护路办将组织工作组对部分省(区、市)的护路经费使用情况进行督导、抽查,并视情处理、通报情况。

八、大力加强护路联防队伍自身建设

认真学习贯彻中央八项规定,严格执行《党政机关厉行节约反对浪费条例》等各项制度和规定,积极参加当地党政机关部署的群众路线教育实践活动。在护路联防队伍自身建设中,重点是领导班子建设,力戒形式主义、官僚主义、享乐主义和奢靡之风,杜绝工作中的各种不正之风。加强学习,提高业务素养,了解和掌握当前改革创新各领域的新情况,熟练掌握护路工作的各项新业务,不断增强开拓工作新局面的能力。适应形势发展的需要,加强和改进培训工作,对现有的专职护路联防队伍进行专门培训,加大护路干部培训力度,注重强化干部自身在理清护路联防工作思路的能力,提高业务管理能力,抓规范化建设的能力。年内,中央护路办将继续举办全国地市级护路办主任和《铁道护路联防》通讯员培训班。

九、中央综治委成员单位参与综治工作情况

中华全国妇女联合会

2014年全国妇联参与综治工作情况

2014年，全国妇联认真贯彻落实中央对加强社会治安综合治理、加快推进平安中国建设做出的一系列决策部署，围绕党和国家工作大局，发挥妇联组织在家庭工作中的独特优势，依托“平安家庭”创建积极参与社会治安综合治理，服务广大妇女和家庭的平安需求，各项工作取得了新成效。

一、大力推进家庭文明建设，以好家风筑牢好的社会风气

深入学习领会习近平总书记重要指示精神，把社会主义核心价值观作为家庭文明建设的主要内容，以好家风筑牢好的社会风气的坚实基础。一是及时下发《关于大力推动在广大妇女和家庭中培育和践行社会主义核心价值观的意见》，向全国亿万家庭发出倡议，号召广大家庭成员以孝敬亲情和睦家庭、以明礼贤德教化子女、以诚信友善融洽邻里、以良好家风沁润社会。二是利用城乡社区70多万个“妇女之家”，组织开展寻找“最美家庭”活动和“好家风好家训”宣传展示活动，引导妇女和家庭成员说自己家风、谈身边“最美”、在参与中受教育，吸引群众踊跃参与，受到媒体广泛关注，在全社会引起强烈反响。据不完全统计，580万家庭积极参与自荐或他荐，8000万网民参与网络互动，28万多个城乡社区“妇女之家”树起了光荣榜，在各地推选基础上，全国妇联在“5·15”国际家庭日揭晓了100户全国“最美家庭”，在“六一”儿童节、重阳节向社会推出全国教子有方“最美家庭”和孝老爱亲“最美家庭”，策划出版《全国“最美家庭”故事汇》。习近平总书记和刘云山等中央领导同志对这项工作作出重要批示。三是坚持把核心价值观融入家庭教育指导服务之中，开展“好妈妈好爸爸好家风”推荐征集、“我演我家”家庭情景剧推选展播等活动，群众网上互动4225万人次，通过“空中课堂”为500多万家长发送科学育儿知识，促进核心价值观的种子在未成年人心里生根发芽。

二、积极主动参与立法，源头推动妇女权益热点、难点问题解决

针对家庭暴力、农村妇女土地权益、妇女就业歧视等社会热点、难点问题，继续加大源头维权力度，各项工作取得新突破。一是积极与国务院法制办沟通协调，推动加快反家庭暴力法立法进程，法律草案已完成向社会公开征求意见。联合中央电视台推出《中国反家暴纪事》纪录片，举办高层倡导会、媒体对话会、国际研讨会等，为反家庭暴力立法营造有利的舆论环境。二是深入开展维护妇女土地权益专题调研，积极与农业部沟通协调，提出在农村土地承包经营权确权登记颁证中维护妇女土地权益的具体建议，并以会谈纪要形式下发各地，为从源头上保障农村妇女合法权益提供了有力依据，目前19个省区市就在土地确权工作中保障妇女土地权益问题下发了相关文件或

进行了专题部署。三是推动9个省市建立了法规政策性别平等评估机制，在涉及妇女儿童法规政策的制定、实施和评估中有效发挥作用。四是大力推进中国妇女、儿童发展纲要的实施，协同有关部门推动解决重点领域存在的突出问题。2014年，全国妇联和省级妇联全年参与制定和修改法律法规近150部，向中央报送调研报告、信息简报200多期，妇联系统向"两会"提交议案、提案、建议5900多件。

三、建立健全工作机制，提高妇联参与平安建设的工作水平

在积极参与综治考评的同时，进一步完善妇联信访制度，推动社会矛盾化解，深化各级妇联组织参与平安建设的工作水平。一是与中央综治办联合制定下发《2014年全国"平安家庭"创建工作考核评价标准》，进一步明确规范考核评价标准，整合和完善考评指标，将适时对影响家庭平安和社会稳定、侵害妇女儿童合法权益的典型案件表明态度等作为重点工作进行考评，合并"五防五无"创建目标和三级示范创建项目，调整留守妇女儿童关爱工作比重，新增参与土地确权登记颁证工作、推动建立法规政策性别平等评估机制等内容。二是修改并正式下发《妇联组织信访工作规定》，推广妇女信访代理协理等妇联信访新机制，提出建立与诉求表达、心理干预、矛盾调处、法律援助相衔接的机制，要求各地主动及时应对网络舆情，明确领导定期接待制度等，做好新形势下的信访工作。妇联系统全年接待办理群众信访、电话、网络投诉26万件次，办理法律援助案件4.6万多个，有力维护了妇女儿童合法权益。三是健全妇女儿童舆情监测、研判和应对工作制度，对就业中的性别歧视、性侵女童等社会热点事件及时做出回应、加强舆论引导，建立妇联信访与咨询服务、心理干预、矛盾调处、法律援助相衔接的工作机制。对广东惠州教学点性侵女童、厦大教授诱奸女学生等舆情热点，全国妇联适时发声，指导地方妇联跟进提供维权服务。

四、加强妇女法治宣传，深入推进"平安家庭"创建

面向广大妇女和家庭，进一步深化妇女法治宣传教育，加大禁毒防艾和防邪教宣传力度，深入推进"平安家庭"创建，维护社会和谐稳定大局。一是继续开展"三八"维权周活动。与中央综治办、司法部联合下发通知，指导地方开展以"法律温暖、家庭幸福"为主题的第十五个"三八"妇女维权周活动，并与中国妇女杂志社、全国妇联法律帮助中心、北京市妇联联合第六年举办"法律咨询进社区"活动，深入基层社区妇女之家，将法律知识和维权服务送到广大妇女群众身边。二是与中国移动合作，发起"家庭和美"——"三八"妇女节短信、彩信征集活动，共收到短信作品1.1万件，彩信作品269条，手机短信上传、下载及转发总量3260万条，全国参与活动的手机用户数超过758万人，转发覆盖用户数1079万人，取得了良好的宣传效果。三是"6·26"国际禁毒日期间，指导各地妇联积极开展禁毒宣传教育和帮教工作。支持全国妇联定点扶贫县甘肃漳县开展"珍爱生命·远离毒品·呵护家庭"主题宣传活动，发动当地巾帼禁毒志愿者和青少年禁毒志愿者服务队1000余人宣传禁毒知识。与中国妇女报合作，开设专版，集中宣传部分省区妇联参与禁毒工作的好经验、好做法。四是与中央防范处理邪教办、教育部、共青团中央联合下发通知，首次联合在全国针对涉邪教人员、农村妇女和中小学生等重点群体，组织开展"防邪知识进家庭"警示性教育活动，农村妇女覆盖率达到96.5%。

五、关注服务妇女民生，大力拓展妇女儿童民生重点工作受益面

全国妇联将解决妇女儿童实际问题、推进妇女儿童民生改善作为参与社会治理的重要工作内容。一是指导各地贯彻落实全国妇联下发的《关于进一步做好关注女童安全、促进儿童保护工作的通知》精神，针对各地性侵女童案件组织召开座谈会，交流各地女童安全保护工作的经验做法，继续深化农村留守妇女儿童关爱行动，发展多种形式的农村留守妇女互助组织，提高参与率，拓展帮扶内容。二是与相关部门共同推出"助推高校女生，促进平等发展"——"2014年助推女大学生就业创业行动"，寻找和展示女大学生就业创业榜样、提升女大学生求职能力、开展女大学生就业创业指导、凝聚和传递有利于女大学生就业创业的正能量。三是坚持不懈办好公益项目。2014年1—9月新增妇女小额担保贷款204.92亿元，累计发放贷款2044.28亿元，中央及地方落实财政贴息 144.41 亿元，获贷妇女近 400 万人次。配合卫计委扎实推进为 1000 万和 120 万农村妇女分别进行宫颈癌和乳腺癌免费检查的年度任务，发放 10362 万元救助金。筹资 3300 万元在留守儿童集中的社区、村建立“儿童快乐家园”330 个。资助春蕾学生近 1.8 万人次，投放“母亲健康快车”190 多辆，发放“母亲邮包”12.3 万个，“消除婴幼儿贫血行动”惠及婴幼儿 15 万人，对改善困难妇女儿童生存发展状况起到了有力促进作用。

六、发挥妇联独特作用，维护新疆社会稳定和长治久安

认真贯彻第二次中央新疆工作座谈会精神，积极发挥妇女“半边天”作用和妇联组织独特作用，深入调查了解新疆党委、政府要求以及各族妇女群众需求，配合党委政府维护新疆社会稳定和实现长治久安。一是召开妇联系统贯彻中央精神做好新疆妇女群众工作座谈会，提出了加强对重点人群思想教育引导、帮助新疆特别是南疆地区加强“妇女之家”建设、编辑出版有关女性和家庭方面的维汉双语图书、促进内地家庭与新疆少数民族家庭手拉手联谊交友等四项举措。二是在新疆举办了“各民族家庭欢乐一家亲”联欢晚会，启动了“百万家庭亲情一线牵”活动，目前已发出毛线 4 万多斤，募集 3500 多万元实施惠及新疆各族妇女儿童的公益项目，“美丽女性 · 幸福家庭”维汉双语系列图书正在抓紧编辑出版。三是指导新疆各级妇联以寻找“最美家庭”、“最美母亲”、“靓丽工程”等活动为载体，大力开展热爱祖国和民族团结教育，引导各族妇女和家庭抵制宗教极端势力侵蚀，自觉维护新疆社会和谐稳定。四是推动 19 个对口支援省市的妇联组织积极争取党委、政府支持，迅速与新疆特别是南疆地区妇联组织对接，有的推动把开展家庭联谊活动纳入本省援疆计划，有的实施姐妹牵手就业、家庭儿童结对、爱心奉献帮扶等项目，以实际行动把中央精神落到实处。

全国妇联　中央综治办　司法部
关于联合开展“三八”妇女维权周活动的通知

（2014 年 2 月 12 日）

各省、自治区、直辖市妇联、综治办、司法厅（局），新疆生产建设兵团妇联、综治办、司法局：

为深入贯彻党的十八大和十八届三中全会精神，落实中央政法工作会议要求，按照中国妇女十一大部署，进一步深化妇女法制宣传教育，强化妇女维权服务，积极推进平安中国、法治中国建设，全国妇联、中央综治办、司法部决定，联合开展第十五个“三八”妇女维权周活动。现将有关事项通知如下。

一、活动时间

2014 年 3 月

二、活动主题

法律温暖，家庭幸福

三、活动内容

围绕“法律温暖，家庭幸福”主题开展维权周活动，大力宣传男女平等基本国策，进一步将法制宣传与维权服务送到基层、送到家庭、送到广大妇女身边。

（一）广泛开展法制宣传教育。各级妇联、综治、司法行政等有关部门要积极协调配合，运用法律进机关、进乡村、进社区、进学校、进企业、进单位的“法律六进”载体平台，充分发挥女法官协会、女检察官协会、女律师协会等妇联团体会员作用，针对妇女群众普遍关心的婚姻家庭、劳动就业和社会保障、土地承包、人身安全等权益问题，深入社区、面向家庭，集中开展法制宣传教育，提高广大妇女学法守法用法的意识和能力。要不断创新宣传手段，注重发挥新媒体作用。今年，全国妇联将与中国移动继续合作开展倡导男女平等、家庭和美的短信征集活动，各地各部门要积极发动广大妇女和家庭参与进来，在全社会掀起贯彻男女平等基本国策、维护妇女儿童合法权益的新高潮。维权周期间，司法部、全国普法办将在中国普法官方微博、中国普法网集中开展维护妇女合法权益的主题宣传。

（二）立足基层开展维权服务。各地各部门要充分发挥社区（村）“妇女之家”、12338妇女维权热线、妇女维权站（点）和基层综治工作站、司法所、人民调解委员会等的作用，为基层妇女群众提供便捷有效的维权服务。要大力推广妇女信访代理协理制，充分发挥妇女信访代理协理员队伍的作用，帮助妇女群众向有关部门提出信访要求，进行疏导调解，化解矛盾纠纷。要认真做好维护妇女权益的法律援助工作，进一步扩大法律援助覆盖面，帮助更多的妇女依法维护自身合法权益。要扎实推进留守妇女互助工作，不断扩大覆盖面，提高参与率，拓展帮扶内容，深入推进农村留守妇女儿童关爱行动，帮助留守妇女儿童解决生产生活、学习成长方面的困难与问题。要努力推进妇女议事制，推动妇女议事会从基层社区向其他行业、领域扩展，采取灵活多样的议事形式，丰富拓展议事内容，围绕城乡社区治理、基层公共事务、妇女儿童权益、家庭邻里关系等，组织妇女骨干进行民主协商议事，帮助反映和推动解决问题，促进和谐稳定。

（三）进一步深化“平安家庭”创建。做好新时期家庭工作，是党中央交给妇联组织的重要任务。各地各部门要紧紧抓住“三八”妇女维权周活动契机，进一步加强对“平安家庭”创建活动的指导，立足基层、面向家庭，丰富创建内涵，做到“五防五无五送”，即防拐卖、防盗窃、防抢劫、防隐患、防艾滋，无毒品、无赌博、无暴力、无犯罪、无邪教，送法律、送知识、送方法、送帮扶、送和谐。要集中力量重点面向农村失地、下岗失业、留守流动、单亲特困等家庭开展关爱服务，还要发动社会力量，对服刑妇女、刑满释放妇女、女性吸毒人员、女性艾滋病感染者、受邪教裹挟妇女等特殊群体，积极开展帮教活动，引领广大妇女和家庭追求平安幸福生活。

（四）切实加大源头维权力度。各地各部门要深入细致地做好调研工作，多渠道了解把握妇女的维权需求，注重研究普遍性、规律性问题，及时向党委政府提出对策建议，从源头上代表和维护妇女权益。要着力推动建立政策法规性别平等评估机制，积极参与法律政策的制定修改，还要切实推动现有法律政策的贯彻落实，推动各级人大、政协进行相关执法检查、视察调研等，努力推动妇女权益突出问题的解决。目前，《反家庭暴力法》立法工作正在加紧进行，希望各地各部门密切关注和积极配合，利用维权周活动契机，广泛宣传家庭暴力的社会危害性，集中展示当地反家庭暴力工作成果，进一步推动出台相关法规政策，完善工作机制措施，为受家庭暴力影响的妇女儿童提供便捷有效的服务。

四、活动要求

各级妇联、综治、司法行政部门要高度重视、精心策划，从维护社会大局稳定、促进社会公平正义出发，关注妇女维权需求，推动解决妇女权益问题，促进家庭平安幸福。要及早制订活动方案，加强工作指导，认真组织实施。

各地各部门要密切配合，加强协调，整合资源，统筹推进。将开展“三八”妇女维权周活动作为服务平安中国、法治中国建设的具体举措，切实为广大妇女儿童办实事、做好事、解难事。

各地各部门要严格遵守党的群众路线教育实践活动和中央八项规定的有关要求，以务实的工作作风为基层服务、为群众服务，坚决防止形式主义，确保维权周活动取得实效。

谭琳同志在全国妇联维权工作研讨班上的讲话(摘要)

(2014 年 6 月 10 日)

一、提高认识,增强做好新时期维权工作的责任感和紧迫感

妇女权益保障不仅是国际人权合作的重要领域,更是衡量一个国家经济社会发展水平和文明程度的重要标志。在中国,党和政府历来高度重视妇女权益保障工作,党的十八大报告明确提出,坚持男女平等基本国策,保障妇女儿童合法权益。党的十八届三中全会以来,中国进入全面深化改革的新阶段,提出了国家治理体系和治理能力现代化的总目标,党和国家对妇联工作寄予了新期望,也提出了新要求。面对新形势,我们要从全面深化改革、国家治理体系和治理能力现代化的战略高度认识做好新时期妇联维权工作的重要性,从而增强责任感和紧迫感。

1. 全面深化改革为妇联组织整体谋划维权工作提供了新机遇,也带来了新挑战。党的十八届三中全会通过的《关于全面深化改革若干重大问题的决定》提出完善和发展中国特色社会主义制度,推进国家治理体系和治理能力现代化的总目标。同时,提出许多与妇女权益密切相关的重大改革部署,例如,要把促进社会公平正义、增进人民福祉作为全面深化改革的出发点和落脚点;依法维护农民土地承包经营权,赋予农民更多财产权利;维护人民权益,让人民群众在每一个司法案件中都感受到公平正义;消除城乡、行业、身份、性别等一切影响平等就业的制度障碍和就业歧视;充分发挥工会、共青团、妇联等人民团体作用,等等。这为促进社会和谐进步、加强妇女权益保障提供了新机遇,同时也提出了新挑战。各级妇联组织需要适应形势发展变化,提高在大局中整体谋划维权工作的能力,拓宽视野,放眼长远,更加注重源头维权;统筹兼顾,协调合作,更加注重社会化维权;关心弱势妇女,切实提供帮助,更加注重个案维权。

2. 党和国家对妇联组织做好维权工作提出了新任务、新要求。中国妇女十一大闭幕后,习近平总书记在同全国妇联新一届领导班子成员集体谈话时强调,联系和服务广大妇女是妇联组织的根本任务,各级妇联组织要帮助广大妇女排忧解难,通过实实在在的服务把党和政府的关怀、妇联"娘家人"的温暖送到广大妇女心中,要依法维护妇女权益,严厉打击侵害妇女权益的违法犯罪行为。在中国妇女十一大的开幕式上,王岐山同志代表党中央的祝词指出,"要坚决贯彻男女平等基本国策,在立法决策中充分体现性别意识,在改善民生中高度关注妇女需求,在社会管理中积极回应妇女关切,使男女平等真正体现到经济社会发展各领域、社会生活各方面。"各级妇联要深刻领会习总书记的重要讲话精神,不断增强做好妇女维权工作的能力,在维权工作中准确把握全面深化改革与促进妇女全面发展的关系,妥善处理实现全体人民根本利益与保护妇女群众特殊利益的关系、依法维护妇女群众整体利益与回应女性不同利益群体多元诉求的关系、着力解决现有体制机制下制约两性平等发展的重点难点问题与预测评估深化改革过程中可能出现侵犯妇女群体利益新问题的关系,提高妇联组织开展维权工作的水平,促进妇女合法权益得到更好保障,使更多妇女平等依法行使民主权利、平等参与经济社会发展、平等享有改革发展成果。

3. 党的群众路线教育实践活动为密切妇联组织与妇女群众的血肉联系提供了新契机,妇女群众也对妇联组织进一步做好维权工作提出了新期待。妇女工作历来是党的群众工作的重要组成部分。习总书记要求妇联组织把联系和服务广大妇女作为工作生命线。当前妇联维权工作面临着一些亟待解决的问题:女性人才发展问题,女大学生就业问题,农村妇女土地权益、留守流动妇女权益、婚姻家庭中妇女权益保护问题,贫困妇女、单亲母亲、老龄妇女所遇困难的协调解决问题,以及性侵女童、拐卖妇女儿童、强迫妇女从事淫秽活动等违法犯罪问题。这些问题不仅关系妇女切身利益、牵动家庭幸福，而且影响社会和谐稳定，有的甚至影响国家形象。妇联组织作为党和政府联系妇女群众的桥梁和纽带，有责任、有义务向妇女群众宣传党和国家的方针政策，有责任、有义务向党和政府以及人大政协反映妇女群众的愿望、心声和利益诉求。在以往工作中，各级妇联积累了丰富的群众工作经验、工作方法，尤其是党的群众路线教育实践活动的深入开展，进一步密切了妇联组织与妇女群众的血肉联系，这是我们继续做好维权工作的优势，也是我们宝贵的精神财富，需要不断发扬光大，在继承的基础上有所创新。同时，我们也要摒弃那些不适应新形势要求的观念和做法，学会运用法治思维和法治方式代表和维护妇女权益，探索源头维权与个案维权有机结合的多元渠道，通过源头维权使更多妇女群体的合法权益得到有效保障，通过个案维权使权益受到侵害的妇女群众感受到公正的力量。

二、集中精力，切实把握好当前维权工作的重点任务

代表和维护妇女权益，促进男女平等是妇联组织的基本职能。不久前，全国妇联下发了《巾帼维权行动指导意见》，明确阐述了今后一个时期维权工作的总体要求、主要任务和工作措施。在这里，我重点强调几项工作任务：

1. 抓好源头维权，推动男女平等基本国策的贯彻落实。男女平等是妇联维权工作的目标归宿，也是妇联维权工作的方向指引。一是要面向社会，特别是党政决策部门，积极宣传倡导性别平等理念，进一步增强领导干部性别平等意识和对法律政策的性别分析能力，推进社会性别意识纳入决策主流。二是积极推动完善体现性别公正的法律政策体系，在法律法规和规划纲要等公共政策的制定和执行层面关注妇女群众需求。要积极参与和推动反家庭暴力法等涉及妇女儿童权益法律法规政策的制定与修改，增强源头参与的主动性与前瞻性，提高源头参与的质量和水平，努力推动体现性别公正的法律政策体系不断完善。三是推动各级人大、政协开展与妇女儿童权益相关的执法检查、视察、调研等，推动现有法律法规政策的贯彻实施。密切联系人大代表和政协委员，为他们提出与妇女儿童权益相关的提案、议案、建议提供参考依据。四是总结推广部分省区市经验，积极推动全国和省一级逐步建立法规政策性别平等评估机制。充分发挥各个部门和各领域专家学者的作用，在法规政策制定、修改、实施、评估等环节，开展行之有效的性别分析，提出既有性别意识又有可操作性的意见建议，力争在法规政策顶层设计和实施的全过程充分体现性别平等。

2. 抓好普法宣传，帮助妇女群众提高依法维权的意识和能力。女性社会地位的提高，有赖于国家法律政策的制度保障，更有赖于女性自身主体意识的觉醒和提升。妇女群众是妇女维权的主体力量，女性权益实现程度离不开女性自身维权意识和能力的提高。今年是“六五”普法的第四年，按照全国妇联“六五”普法规划，我们还要继续抓好工作的贯彻落实。一是以农村和城市社区为重点，以“妇女之家”为依托，坚持普法宣传与弘扬先进性别文化、开展思想道德教育、维护妇女合法权益及激发妇女活力相结合的原则，向广大妇女群众宣传普及法律知识，帮助妇女群众养成依法维权的行为习惯，将遵纪守法内化为自己的行为准则。二是不断创新工作方法，因地制宜地面向妇女儿童和家庭开展普法宣传，与时俱进地赋予“三八”妇女维权周等工作载体新内涵。三是要加强与新闻媒体的联系与沟通，引导新闻媒体加强维权宣传引导，积极向社会传递正能量。

3. 抓好基层维权，深入基层为妇女群众提供便捷的维权服务。基层维权服务是妇联组织维权工作的重要组成部分。一要充分发挥基层工作阵地作用，目前，全国2800多个县区开通了12338妇女维权服务热线，建立了妇女儿童维权站、维权合议庭、维权岗、家庭暴力投诉站等各类维权服务机构25万个。这是一个庞大的基层维权服务体系，也是开展基层维权服务的重要依托。我们必须用好这些工作阵地，发挥资源优势，充分依托“妇女之家”、维权热线、维权站点等，为妇女群众提供近在身边的维权服务。二是进一步做好妇联信访工作，通过来访、来信、来电及网络咨询等，及时了解反映妇女群众需求，为党和政府决策提供有理有据的建议，为妇女群众提供便捷的咨询服务。通过妇联信访窗口、新闻媒体、网络等,及时发现、报告和跟进侵害妇女儿童权益的重大案件和热点事件,探索科学准确研判、适时发出妇联声音的办法和途径。根据事件的社会影响和严重复杂程度,有针对性地制定不同的应对措施和工作流程,完善妇联系统的沟通机制、加强联动反应。针对社会反响大的妇女儿童权益问题,主动调查研究,提出对策建议,为党委政府和有关部门提供决策依据和参考。做好妇联信访与法律服务工作的有效整合,为有法律援助需求的妇女群众提供及时有效的代理服务。三是进一步深化"平安家庭"创建,以"五防五无"(即防拐卖、防盗窃、防抢劫、防隐患、防艾滋,无毒品、无赌博、无暴力、无犯罪、无邪教)为重点,努力为广大妇女儿童和家庭营造平安环境。

4. 抓好社会协同,推进参与创新社会治理的重点工作。一个时期以来,妇联组织围绕加强和创新社会治理,发挥组织优势,大胆探索实践,取得了诸多有益经验,例如,留守妇女互助组、基层妇女议事会、妇女信访代理员等等,为我们参与创新社会治理的重点工作积累了经验,奠定了组织基础。在国家治理体系和治理能力现代化的过程中,我们既要继承以往的好经验、好做法,也要积极探索参与社会治理工作的新途径、新举措。要发展完善信访代理工作,帮助信访妇女依法维护权益、化解矛盾;要大力弘扬互助精神,深化关爱留守妇女儿童工作;要不断创新妇女议事的内容和形式,调动基层妇女群众参与公共事务与民主管理的积极性和主动性;要积极参与大调解,围绕婚姻家庭和妇女权益突出问题,发挥妇联系统人民陪审员、人民调解员作用,参与化解矛盾纠纷。

5. 抓住重点难点,推动解决事关妇女儿童权益的"三最"问题。做好新时期的妇联维权工作,要坚持问题导向、抓住主要矛盾、利用改革机遇、扎实有序推进、注重上下联动、合力推动解决。要着力维护妇女群众的劳动就业权益,特别要关注女大学生、进城务工妇女等女性群体的维权诉求,推进生育保险制度和女职工特殊劳动保护规定的落实。要着力维护农村妇女权益,配合有关部门进一步推动从性别平等视角修改和完善村规民约,在土地承包确权等改革过程中切实维护农村妇女与土地相关的财产权益。要着力维护妇女儿童的人身权利,协调司法机关加大反家庭暴力的工作力度,推广家庭暴力告诫、人身安全保护裁定等经验做法,旗帜鲜明地反对拐卖妇女儿童、性侵女童等违法犯罪行为,重点在留守流动人口中加强预防宣传教育,提供关爱服务。

三、求真务实,提升做好新时期妇联维权工作的能力

代表和维护妇女权益,促进男女平等是一个内涵不断丰富完善的历史实践过程。它需要一代又一代的妇女工作者付出艰辛的努力。在此,我代表全国妇联,向曾经为妇女维权事业做出贡献的同志们表示衷心的感谢,也向依然战斗在维权工作一线和新加入到维权工作队伍中来的同志们表示深深的敬意!做好新时期的妇女维权工作,不仅需要抓铁有痕、踏石留印的工作态度,而且需要坚实的理论基础和科学的工作方法。

一要加强学习。妇联维权工作是一项理论性和实践性都很强的工作,内容涉及政治、经济、文化、社会等各方面、各领域。随着时代发展,公民受教育程度和主体意识的不断提升,广大群众对妇联维权工作的专业性、实效性和科学性提出了更高要求。我们要有本领的恐慌感和紧迫感,强化学习意识,理论武装头脑,理论联系实际,强调学用结合,要增强与党政部门、社会各界打交道的本领,提高源头维权和社会化维权的能力;要增强与妇女群众打交道的本领,提高化解矛盾纠纷、解决实际问题的能力,为全方位做好妇联维权工作打牢基础。

二要深入调研。没有调查就没有发言权。习总书记也特别要求各级妇联干部特别是领导干部,坚持走出机关、走向基层,沉下身子接地气,拓宽工作渠道,创新工作手段。做好妇联维权工作,需要同志们用自己的眼睛看最真实的情况,用自己的耳朵听最真实的声音。各级妇联要立足本地实际,针对当前涉及妇女权益的突出问题,每年确定一至两个重点问题,深入调查研究,全面掌握情况,提出意见建议,通过议案、提案、调研报告、信息报送等形式,及时向党委、人大、政府、政协和有关部门呼吁反映,积极推动问题解决,有理有利有节地实现源头维权。

三要务实创新。推动妇女维权事业发展,既

要脚踏实地，又要勇于创新。希望各级妇联不断创新“巾帼维权行动”的有效工作机制、载体与方式方法，根据不同妇女群众的实际需要，进一步增强“三八”妇女维权周、“平安家庭”创建和中国妇女法律援助行动等维权工作的针对性和有效性，让更多的妇女群众感受到也用得上身边的维权服务。希望各地妇联立足实际、因地制宜，重点突破本地区制约妇女维权事业发展的瓶颈问题，创造性地开展工作，要突出重点难点，优先解决与性别平等相关联、当地妇女群众最关心、最直接、最现实的权益问题，促进社会公平正义。

天津市推进妇联人民调解　创新妇女维权工作

多年来，天津市妇联始终围绕党政工作大局，把综合运用多元手段、努力化解社会矛盾，作为创新社会治理、加强群众工作的基础，积极融入矛盾纠纷大调解工作格局，构建多部门共同关注、多层面预防宣传、多渠道综合调处、多元化解决问题的工作机制，在维护妇女权益、促进家庭和谐、推进社会稳定中发挥了重要作用。

一、高起点构建妇联人民调解工作格局

一是高起点定位，做到三个纳入。将妇联调解工作纳入全市矛盾纠纷“大调解”体系，纳入综治考核范围、纳入平安天津建设内容；将调解范围扩大到妇女儿童权益的各个方面，包括婚姻家庭纠纷、妇女儿童人身损害赔偿纠纷、妇女劳动权益纠纷、其他涉及妇女儿童权益的民事纠纷，实现对妇女儿童权益的全方位保护；以市司法局名义联合市妇联发文推动，强化了司法行政部门的主体责任，确立了妇联人民调解的权威性和重要性。

二是高标准先行，奠定工作基础。市妇联、市司法局等部门深入区县、社区开展多层级、多形式的座谈、讨论，形成了上下齐心左右联动推进妇联人民调解工作的高度共识；2012 年初，在滨海新区妇联率先成立了全市首个妇女儿童权益纠纷人民调解委员会，从组织领导、人员构成、队伍建设、规范运行、保障措施等各方面进行了积极探索与尝试，为全市推行积累了经验，已成功调处各类妇女儿童权益纠纷 473 件。

三是多部门联动，建立工作机制。联手各级综治部门依托综治信访服务中心联合办公、一站式服务的优势，受理调解申请，就地就便组织调解；与各级法院建立诉调对接机制，通过邀请妇联组织调解法院审理的婚姻家庭纠纷案件，拓宽矛盾纠纷解决渠道；与公安机关共同建立家庭暴力警民调处站，推动家庭暴力案件的调处力度，目前全市已建立了 25 家；与市民政局推动在各区县婚姻登记处建立婚姻辅导室及婚姻调解室，开展离婚前的婚姻关系咨询与调解；与天津市医疗、道路交通、劳动争议、物业管理等行业性、专业性人民调解委员会联手探索建立信息共通、人才共享、案件联调的工作机制。

二、高水平推动妇联人民调解专业化规范化

一是加强机构建设，强化业务指导。联合市司法局成立市区两级妇女儿童权益纠纷人民调解工作领导小组，制定了《关于加强妇女儿童权益纠纷人民调解工作的若干意见（试行）》，合力指导推动；依法设立四级（市、区县、街乡镇、社区）妇女儿童权益纠纷人民调解委员会，开展调解工作；成立妇女儿童权益纠纷人民调解委员会咨询委员会和律师顾问团，协调指导律师参与矛盾纠纷调解。

二是加强队伍建设，提高调解能力。确定调解员的推荐聘用程序，把好入口关，将具有政策、法律、医学、心理、婚姻家庭等专业知识和调解经验的女律师协会、女法官协会、女检察官协会会员及退休妇联干部、女性法律工作者吸纳到调解员队伍，以人员的高素质确保调解工作的高水平，提高调解的公信度；强化业务培训，精心安排内容和形式，对全市 800 余名妇女儿童权益纠纷人民调解员开展了包括社会工作、心理咨询、法律等综合业务培训，取得了良好效果。滨海新区妇联组织调委会委员参加心理咨询师国家职业资格培训班,并在 11 个经济功能区利用“半边天家园”心理咨询服务平台为人民调解员搭建心理咨询实践机会,提高心理问题的干预能力。

三是加强制度建设,依法规范运行。司法行政部门积极指导妇女儿童权益纠纷人民调解组织的设立,对工作场所、人员配备、经费保障、机制建设、业务培训等方面提出了明确要求,为 276 个调解委员会定制了统一组织名称和标识的牌匾;建立妇女儿童权益纠纷人民调解工作领导小组联席会议制度,一般每年召开一次会议,遇特殊、紧急情况随时召开;理顺工作流程,实行闭合式管理,从调解申请、受理登记、调查调解记录、制作协议、立卷归档直到统计报送制定了一套文书格式,使妇女儿童权益纠纷人民调解工作步入法治化、规范化轨道。

三、高质量服务提升妇联人民调解水平

一是发挥“一线一网一信四级”信访渠道的优势,就近就便服务。12338 妇女维权热线、妇女维权网上服务平台、妇联四级信访接待窗口、来信四条信访主渠道,方便群众就近就便快捷地反映诉求,寻求和获得帮助,使矛盾纠纷以平和、自愿的方式化解在基层和萌芽状态,做到大事不出街镇,小事不出社区,甚至不出家门。

二是运用社会工作方法和心理咨询技术,贴心温馨服务。在调解过程中,调解员综合运用社会工作方法和心理咨询技术,用真心、细心和耐心,增进与当事人的交流互动,按照“六个务必”工作法展开调解工作,提高调解工作效率和效果。

三是开展普法和男女平等宣传倡导,提前超前服务。组织了市级“六五”普法讲师团,对接基层妇联和妇女群众的需求,开展“法律大讲堂进社区”、“家事法律知识短信征集”等活动;精心设计印发 2 万套六个专题(职场维权、家庭暴力、婚姻家庭、财产保护、防拐卖、防艾滋)的法律宣传品。利用媒体广泛宣传我市开展平安家庭创建、法制宣传等方面的工作,提高妇女群众遵纪守法意识和依法理性处理矛盾纠纷的能力,预防和减少矛盾纠纷的发生。

甘肃省漳县爱洒山乡谱新篇　远离毒品护家庭

为进一步提高广大群众对毒品危害的认知能力和抵御能力,在第 27 个“国际禁毒日”来临之际,在全国妇联权益部的指导支持下,作为全国妇联定点扶贫县的甘肃省漳县妇联大胆创新,开展了丰富多彩的禁毒主题宣传活动。

一、“珍爱生命·远离毒品·呵护家庭”主题宣传活动

2014 年 6 月 26 日,全国妇联权益部、甘肃省妇联权益部、漳县相关领导及周边群众约 800 人参加活动。活动向巾帼禁毒志愿者和青少年禁毒志愿者服务队授旗,与会领导及志愿者代表还现场宣誓,表示以身作则,为减少毒品危害贡献自己的一份力量。活动还以禁毒为主题,进行了群众性文艺演出,开展了“拒绝毒品”签名活动。

二、利用微博平台开展禁毒宣传

县妇联携手县禁毒办,充分利用新浪等微博平台,对全县禁毒主题宣传活动开展网络同步直播,现场跟进整个活动进程,迅速、大量、动态发布有关本次宣传活动的文字和图片等信息,呼吁广大人民群众积极参与禁毒斗争,携手共筑禁毒长城。直播共发布信息 9 条,吸引了很多网民的围观点赞,扩大了宣传活动的影响力,开创了禁毒宣传的新途径。

三、让巾帼志愿者成为禁毒战线生力军

以妇女之家为载体,以妇联组织为媒介,组织巾帼志愿者向广大妇女宣传毒品对家庭的危害、毒品与艾滋病的预防等知识,普及禁毒知识,传播禁毒观念,宣传禁毒法规,告诫广大妇女儿童关爱生命、拒绝毒品,提高广大妇女儿童的禁毒意识,号召广大妇女和家庭积极行动起来,充分发挥在禁毒工作以及平安建设中的作用。

四、让“禁毒”走进学校课堂

县妇联同中小学校利用每周一升国旗师生集会或者班会课，给学生们上一堂禁毒知识课，坚持把禁毒宣传教育与学生日常行为规范相结合，并充分发挥学校对家庭的辐射作用，由学生将禁毒知识引申到家庭中。

本次禁毒主题宣传活动中，漳县妇联共制作宣传展板80平方米，宣传条幅300米，宣传帽子1000顶，绶带150条，发放宣传折页20000余份。

最高人民法院

2014 年全国法院系统参与综治工作情况

2014 年,人民法院深入学习贯彻党的十八大和十八届三中、四中全会、中央政法工作会议精神以及习近平总书记系列重要讲话精神,围绕“努力让人民群众在每一个司法案件中感受到公平正义”的目标,坚持司法为民、公正司法工作主线,忠实履行宪法法律赋予的职责,各项工作取得新进展。

最高人民法院受理案件 11210 件,审结 9882 件,比 2013 年分别上升 1.8% 和 1.7%;地方各级人民法院受理案件 1565.1 万件,审结、执结 1379.7 万件,结案标的额 2.6 万亿元,同比分别上升 10.1%、6.6% 和 15.7%。通过充分发挥审判职能作用,为经济社会健康发展提供了有力司法保障。

在审执结的各类案件中,刑事案件占 8.30%;民商事案件占 63.43%;行政案件占 1.31%;审查申诉和申请再审案件占 0.91%;国家赔偿案件占 0.02%;执行案件占 21.07%;减刑、假释案件占 4.44%。其中,新收各类一审案件 9489787 件,同比上升 6.91%,审结 9164323 件,同比上升 6.75%;新收各类二审案件 902797 件,同比上升 17.57%,审结 877751 件,同比上升 17.04%;新收各类再审案件 33493 件,同比下降 10.69%,审结 33662 件,同比下降 8.97%。

各级人民法院在审判执行工作中,努力实现法律效果和社会效果的有机统一。在审执结的各类一审案件中,当事人服判而直接生效的案件占 90.15%,当事人不服一审裁判向上一级人民法院提出上诉或由检察机关提起抗诉的案件占 9.85%;在全部生效案件中,一、二审裁判生效后当事人服判的案件占 98.61%,申诉和申请再审的案件占 1.39%。

一、依法惩治犯罪,推进平安中国建设

依法严惩各类严重刑事犯罪,积极参与社会治安综合治理,努力维护国家安全和社会稳定。同时坚持宽严相济刑事政策,该严则严,当宽则宽,罚当其罪。

依法严惩腐败犯罪和经济犯罪。坚持铁腕反腐,依法惩处刘铁男、李达球等一批腐败犯罪分子。会同有关部门起草没收违法所得司法解释,启动缺席判决没收外逃腐败分子违法所得程序。积极参与海外追逃追赃工作,决不让国外成为腐败分子的“避罪天堂”。依法惩治商业贿赂犯罪。

依法严惩侵害妇女、未成年人权益犯罪。加大对拐卖妇女儿童犯罪的惩处力度,对组织策划、多次参与、拐卖多人的罪犯,坚决依法严惩。继续落实依法惩治性侵未成年人犯罪的意见,始终保持对此类犯罪高压态势。会同有关部门出台指导意见,依法制裁家庭暴力行为。

依法严惩暴力伤医、危害食品药品安全和污染环境犯罪。会同有关部门出台惩处涉医犯罪维护正常医疗秩序的意见,依法审理王英生故意杀人案等一批暴力伤医犯罪案件。制定司法解释,加大对危害食品药品安全犯罪打击力度。

规范减刑、假释、暂予监外执行工作。强化网上公示、开庭审理等措施,以公开促规范。从严控制职务犯罪、黑社会性质组织犯罪、金融犯罪等罪犯减刑、假释,决不允许任何人享有法外特权,决不允许对任何人法外开恩。

及时出台司法解释和规范性文件。发布《关于办理危害药品安全刑事案件适用法律若干问题的解释》,强化对人民群众用药安全的刑事司法保护。发布《关于办理走私刑事案件适用法律若干问题的解释》,明确走私犯罪的定罪量刑标准。出台《关于依法惩处涉医违法犯罪　维护正常医疗秩序的意见》,严厉打击“医闹”行为,维护和谐医患关系。

二、坚持公正司法，加强人权司法保障

坚持法律面前人人平等，坚持以事实为根据、以法律为准绳，发挥庭审对查明事实、认定证据、保护诉权、公正裁判的决定性作用，以严格司法保障公正司法。

切实保障无罪的人不受刑事追究。落实罪刑法定、疑罪从无等法律原则，各级法院对518名公诉案件被告人和260名自诉案件被告人依法宣告无罪。坚持公开审判、举证质证、法庭辩论等诉讼制度，保障当事人的知情权、陈述权、辩护权、申诉权。福建省高级人民法院依法审理念斌投放危险物质案，以“事实不清、证据不足”宣告念斌无罪。

坚决纠正冤假错案。各级法院按照审判监督程序再审改判刑事案件1317件，其中纠正一批重大冤假错案。内蒙古自治区高级人民法院依法再审呼格吉勒图故意杀人、流氓罪一案，改判呼格吉勒图无罪，目前正在依法依纪追究有关办案人员的责任。坚持实事求是、有错必纠，以对法律负责、对人民负责的态度，对错案发现一起，纠正一起。

切实保障律师依法履职。制定办理死刑复核案件听取律师意见的办法，保障律师查询立案信息、查阅相关材料等权利，律师可直接向最高人民法院法官当面陈述辩护意见，确保死刑复核案件质量。积极探索律师参与化解涉诉信访案件的做法，充分发挥律师在化解矛盾纠纷中的作用。

加强未成年人案件审判工作。未成年人犯罪人数自2008年以来持续下降，表明预防未成年人违法犯罪综合治理工作取得积极成效。举办少年法庭三十年座谈会暨第三届少年审判论坛，总结少年审判成功经验，部署今后一段时期重点工作。与最高人民检察院、公安部、民政部出台《关于依法处理监护人侵害未成年人权益行为若干问题的意见》，进一步加强对未成年人的特殊司法保护，完善监护制度。

加强少年司法理论研究，对少年司法改革和青少年犯罪预防机制进行专题研讨，切实解决少年司法工作中的疑难问题。撰写《人民法院五年来审理未成年人犯罪案件统计分析报告（2009—2013）》、《关于未成年人及家事案件综合审判改革情况的报告》、《关于失足未成年人帮教基地开展情况的报告》等，为中央综治委预防青少年违法犯罪专项组工作提供参考。中小学暑假前夕，全国25个省（区、市）近500家法院同步开展“法在身边——送法进校园”专题宣传活动，通过邀请未成年人参观法院、旁听案件、聆听法官讲授法制课等形式开展法制宣传教育。

加强国家赔偿和司法救助工作。明确国家赔偿案件适用精神损害赔偿的原则和条件，推动建立国家赔偿联动机制，有效保障赔偿请求人合法权益。制定《关于进一步加强刑事冤错案件国家赔偿工作的意见》，从国家赔偿与刑事纠错程序衔接、赔偿请求人诉权保护和法律释明、赔偿案件审理和决定执行、司法救助和善后安抚等方面，提出加强和改进国家赔偿工作的若干要求。出台《关于人民法院赔偿委员会审理国家赔偿案件适用精神损害赔偿若干问题的意见》，统一因行使司法权侵犯公民人身权益致人精神损害的责任构成、责任方式等疑难问题的法律适用标准，规范精神损害抚慰金自由裁量权的行使，充分实现对受害人的精神抚慰。完善刑事被害人救助制度。为当事人减免诉讼费1.8亿元，让生活困难的群众打得起官司。

三、依法审理经济领域各类案件，维护良好市场秩序

平等保护各类市场主体合法权益。各级法院审结一审商事案件278.2万件，同比上升8.5%。出台依法平等保护非公有制经济的意见，促进各类所有制经济健康发展。各级法院审结企业兼并、强制清算、股权转让等案件1.2万件。制定审理融资租赁合同纠纷案件等司法解释，各级法院审结金融纠纷案件82.4万件，维护良好的金融秩序。审结买卖合同案件66.4万件，促进公平交易。

加大知识产权司法保护力度。依法制裁侵犯知识产权和制售假冒伪劣商品行为，维护公平竞争的市场秩序，保护知识产权，促进创新驱动发展。各级法院审结一审知识产权案件11万件，同比上升10%。审结奇虎与腾讯公司涉不正当竞争案和垄断案，促进规范互联网领域竞争秩序。

平等保护中国内地与港澳台及外国当事人合法权益。各级法院审结一审涉外商事案件

5804 件，海事海商案件 1.2 万件。依法妥善审理涉港澳台、涉侨案件，切实维护香港、澳门、台湾同胞和归侨侨眷合法权益。妥善处理首例台湾居民的大陆遗属通过两岸司法互助途径取得补偿金案，拓展两岸司法合作范围。办理涉港澳台送达文书、调查取证等司法协助案件 1.3 万件。

加强商事审判工作指导。最高人民法院组织召开工商业界及非公企业界代表座谈会，就人民法院为非公有制经济健康发展提供司法保障征求意见建议。印发《关于在部分人民法院开展破产案件审理方式改革试点工作的通知》，在全国 21 家法院开展试点工作，建立完善的企业破产法治保障体系。

四、坚持问题导向，践行司法为民，以司法手段保障民生

依法解决事关群众切身利益的问题。各级法院审结一审民事案件 522.8 万件，同比上升 5.7%。其中，婚姻家庭、抚养继承等案件 161.9 万件，人身损害、劳动争议、教育、医疗、住房等案件 149.4 万件，民间借贷案件 102.4 万件，土地承包经营权流转、宅基地纠纷、拖欠农民工工资等案件 21.9 万件。依法制裁拒不支付劳动报酬犯罪，出台审理工伤保险行政案件规定，明确“上下班途中”等情况下工伤认定标准，保障劳动者合法权益。依法审理就业性别歧视案件，切实保护女性平等就业权。一些法院在审理赡养纠纷案件中判决子女定期回家探望父母，督促子女履行法定义务，保障老年人权益。制定司法政策，加强对农村留守老人、妇女、儿童权益的保护。依法制裁利用信息网络侵害他人隐私权行为，上海市第一中级人民法院审结首例在华外国人非法获取公民信息案，维护公民个人信息安全。最高人民法院设立环境资源审判庭，发布环境民事公益诉讼司法解释，各级法院审结资源开发、环境保护民事案件 3331 件。江苏省高级人民法院审结泰州市环保联合会提起的环境民事公益诉讼案，判处 6 家企业赔偿环境修复费用 1.6 亿元。出台维护国防利益和军人军属合法权益的意见，加强涉军维权工作。

努力解决民告官难问题。配合立法机关做好行政诉讼法修改工作，依法受理和审理行政案件，保护行政相对人合法权益，促进、监督行政机关依法行政。依法审理行政不作为案件，公布典型案例，促进行政机关依法履职。完善行政案件交叉管辖、提级管辖等措施，克服非法干扰。

发布《关于审理工伤保险行政案件若干问题的规定》，规范工伤认定的审理和裁判，强化对劳动保障部门依法行政指引，统一工伤认定标准和认定程序。发布“行政不作为十大案例”、“征收拆迁十大案例”、“信息公开十大案例”、“环境保护十大案例”，规范行政行为，统一裁判尺度。扩大裁执分离领域和试点地区，与有关部门联合召开房屋征收工作经验交流会，就裁执分离工作作出部署，推进征收拆迁依法有序进行。完善行政案件集中管辖、交叉管辖、提级管辖等措施，克服地方和部门保护主义干扰。

着力解决立案难和涉诉信访问题。清理一些地方限制立案的“土政策”，坚持依法受理案件。推进诉讼服务大厅、网站、12368 热线“三位一体”诉讼服务中心建设，为当事人提供“一站式”服务。实行预约立案、上门立案，为行动不便的残疾人、老年人提供诉讼便利。推进涉诉信访改革，强化“诉访分离”，开通全国法院远程视频接访系统，最高人民法院直接接谈 4548 人次，建立网上申诉信访平台，开通最高人民法院远程视频接访系统，实现与全国 99% 的地方法院的视频联通。制定《最高人民法院远程视频接访规则》、《人民法院涉诉信访依法终结工作办法》，健全涉诉信访终结机制，畅通信访案件入口和出口。异地交叉评查信访案件，解决信访工作中的突出问题。

切实解决诉讼便民问题。推行诉讼服务大厅、诉讼服务网、12368 诉讼服务热线“三位一体”、综合性的诉讼服务中心建设。出台《关于全面推进人民法院诉讼服务中心建设的指导意见》，不断完善诉讼服务工作机制。最高人民法院升级改造申诉信访大厅为诉讼服务大厅，开通 12368 诉讼服务热线，为当事人及人民群众提供自助和人工查询咨询服务。开通诉讼服务网，方便当事人咨询查询、预约立案、网上阅卷、联系法官、预约退费等，为人民群众提供方便快捷的诉讼服务。全国法院诉讼服务场所面积超过 85 万平方米，1400 多个法院开通诉讼服务网，460 多个法院开通诉讼服务热线。

加强人民法庭工作，在街道乡镇合理设置法

庭，方便群众就近诉讼。深入社区乡村、田间地头，及时就地化解矛盾，让司法走进群众、贴近群众。积极推广远程视频庭审，通过“车载法庭”等方式开展巡回审判，让群众切实感受到司法服务就在身边。

进一步解决执行难问题。建立具备网络查控、远程指挥、快速反应、信息公开等功能的四级法院执行指挥体系，切实加大执行力度。成立最高人民法院执行指挥办公室，建成以网络查控为核心，具备远程指挥、信息公开、信用惩戒、监督管理、决策分析等六大主要功能的覆盖全国法院的执行指挥系统。最高人民法院与20家全国性银行建立“总对总”网络查控体系，各级人民法院可以通过该系统对被执行人在全国20家银行3000多个网点的财产进行查询与控制，实现执行查控方式和效率的变革。各级法院受理执行案件341万件，执结290.7万件，同比分别上升14.1%和7%。

五、深入推进司法公开，着力构建开放、动态、透明、便民的阳光司法机制

大力实施“天平工程”，加强法院信息化建设，深化司法公开，实现审判执行全程留痕，推动审判执行工作机制深刻变革，以司法公开和机制变革倒逼、促进司法公正。

推进审判流程公开。建立中国审判流程信息公开网，通过网站、短信、微信等多种渠道推送案件流程信息，保障当事人知情权。建立数据管理平台，实现对全国法院案件信息的集中管理、实时统计。加强庭审直播网建设，推进庭审全程录音录像，各级法院通过视频直播庭审8万次。推进网上办案，加强对立案、审判、执行、信访各个环节的信息化管控，提高审判质量效率。

推进裁判文书公开。加大在互联网公布裁判文书力度，建成世界最大的裁判文书网，最高人民法院和部分省区市法院实现了能够上网的生效裁判文书全部上网目标，截至2015年2月底共上网公布裁判文书629.4万份，其中最高人民法院公布7993份。通过上网公布裁判文书，在接受监督的同时，发挥司法裁判的教育、示范、引导、评价功能，大力弘扬社会主义核心价值观。

推进执行信息公开。建立执行信息公开网，将执行案件的有关信息通过短信、网站、电子邮件等途径向当事人公开。推行网络司法拍卖，降低买受人成本，接受社会监督。完善失信被执行人名单制度，在最高人民法院网站、微博、微信开设曝光台，公开发布失信被执行人信息110万例，采取限制高消费等信用惩戒措施150万次，督促被执行人履行义务。

加强法治宣传。充分运用传统媒体和新媒体以案释法，引导群众增强法治意识。建立典型案例月度发布制度，公开发布打击拐卖妇女儿童犯罪、毒品犯罪、侵害未成年人权益犯罪等典型案例189件。做好社会关注重点案件新闻宣传报道工作，进一步加大司法公开力度，有效回应人民群众关切。

首次邀请外国驻华使节旁听最高人民法院庭审，展示我国司法形象。在首个国家宪法日组织全国法院集中开展“让法治成为信仰”主题宣传活动。举办“中国—东盟大法官论坛”并通过《南宁声明》，促进对外司法交流。

与百度公司共同开发“百度·中国法院地图”，共收录3496个法院信息，打造移动互联网时代司法便民新平台。编辑出版首部立体画册——《公平正义——人民法院·2013》，以手工折纸加新闻漫画形式展现2013年人民法院各项重大举措。编写《未成年人法律保护》、《婚姻大事无小事》、《医病疗伤解心忧》和《房被强拆法帮你》等四本“法在身边”系列普法漫画书，借助人民群众利于接受、易于传播的方式传递司法信息。

2014年12月31日，最高人民法院政务网站改版上线，具备信息发布、公众参与、在线服务、诉讼指南、数据查询等功能。各级人民法院充分利用新媒体即时互动、实时参与的优势，拓展公众参与的渠道和力度，广泛听取群众意见。截至2014年底，最高人民法院官方微博粉丝总数突破2000万人，全国3250个法院开通官方微博，形成“国家队+地方队”的微博格局。2014年4月21日，最高人民法院官方微信改版上线，截至2014年底，订阅用户已达10.4万人。

六、深化司法改革，推动完善中国特色社会主义司法制度

认真落实党中央关于司法改革决策部署，制定关于全面深化人民法院改革的意见，出台65项具体改革举措，全面推进各项改革，促进审判体系和审判能力现代化。

设立最高人民法院巡回法庭。在深圳、沈阳分别设立最高人民法院第一、第二巡回法庭，审理跨行政区域重大行政和民商事案件，实现最高人民法院工作重心下移，就地解决纠纷，方便群众诉讼。

设立跨行政区划法院。在北京、上海组建跨行政区划中级法院，办理跨地区重大刑事、民事、行政案件，解决一些当事人"争管辖"和诉讼"主客场"问题，促进法律统一正确实施。

设立知识产权法院。落实全国人大常委会的决定，在北京、上海、广州设立知识产权法院，审理知识产权民事和行政案件，落实国家知识产权战略，发挥司法保护知识产权的重要作用。

稳步推进重点项目改革试点。在吉林、上海、湖北、广东、海南、贵州、青海法院进行人财物省级统管、人员分类管理、司法责任制、司法职业保障等改革试点，选取 12 个法院开展审判权运行机制改革试点，为改革提供可复制、可推广的经验。

改革人民陪审员工作机制。提前完成人民陪审员"倍增计划"，全国法院人民陪审员总数已达 20. 95 万人，比实施"倍增计划"前增加约 12. 5 万人，普通群众比例达到 70. 2%。全国人民陪审员共参审案件 219. 6 万件，占一审普通程序案件的 78. 2%。积极拓展人民陪审员参审范围。

最高人民检察院

2014年全国检察机关参与综治工作情况

2014年,在以习近平同志为总书记的党中央坚强领导下,全国检察机关全面贯彻党的十八大和十八届三中、四中全会精神,深入贯彻习近平总书记系列重要讲话精神,忠实履行宪法法律赋予的职责,各项检察工作取得新进展。

一、积极投入平安中国建设,维护社会和谐稳定

依法严惩严重刑事犯罪。坚决打击群众反映强烈的电信诈骗、拐卖儿童妇女、性侵幼女以及侵害残疾人、老年人和农村留守儿童妇女合法权益的犯罪。与有关部门合作,完善劳动保障监察执法与刑事司法衔接制度,加大对拒不支付劳动报酬等犯罪打击力度,维护劳动者特别是农民工合法权益。与有关部门共同开展打击涉医违法犯罪专项行动,严惩"温岭杀医案"等暴力伤医犯罪,维护正常医疗秩序。

最大限度增进社会和谐。坚持宽严相济刑事政策,该严则严,当宽则宽。对涉嫌犯罪但无社会危险性的,决定不批捕;对犯罪情节轻微、依法不需要判处刑罚的,决定不起诉。对不需要继续羁押的犯罪嫌疑人建议释放或变更强制措施。加强未成年人检察工作,落实专人办理、合适成年人到场、犯罪记录封存等制度,对涉嫌轻微犯罪但有悔罪表现的未成年人,决定附条件不起诉,加强帮教考察,创造改过自新的机会。对真诚悔罪,积极赔偿损失、赔礼道歉,获得被害人谅解的轻微刑事犯罪嫌疑人,决定不起诉。

推进涉法涉诉信访工作机制改革。建立涉法涉诉信访导入、纠错、退出机制,引导当事人在法治轨道上表达诉求、维护权益。最高人民检察院与各省级人民检察院全面联通远程视频接访系统,积极推进与基层检察院的全面贯通,方便群众就地反映诉求。全年共接收群众信访112万余件次,同比上升35.3%,其中涉检信访1.4万件次。完善检察环节司法救助制度,为10919名生活确有困难的刑事被害人或其近亲属提供救助。

积极参与校园周边、医院、城乡接合部等重点地区治安突出问题专项整治。加强社区矫正法律监督,防止社区服刑人员脱管漏管。

二、充分发挥检察职能,服务改革保障民生

检察机关抓住事关改革发展稳定、事关人民利益的重大问题,制定实施为全面深化改革服务的28条意见,有针对性地调整工作重心,努力营造良好法治环境。

着力保障经济平稳健康发展。围绕新农村建设、保障性安居工程、重大水利、中西部铁路、社会事业等政府投资重点领域,严肃查办贪污、挪用、私分政府投资资金的职务犯罪。依法维护金融管理秩序,推动健全行政执法机关与司法机关信息共享、案情通报、案件移送制度,深化商业贿赂治理。

平等保护各种所有制经济。保障国有资产安全;坚决打击侵犯非公有制企业特别是小微企业合法权益的犯罪。认真分析涉案单位改革发展中遇到的法律问题,正确把握法律政策界限,慎重使用强制措施,慎重查封扣押冻结涉案财物,及时与涉案单位及主管部门沟通,维护正常生产工作秩序。

保障创新驱动发展战略实施。加大知识产权司法保护力度,与有关部门共建打击侵权假冒信息平台,坚决打击侵权行为。妥善办理科研活动和成果转化中的案件,严格区分罪与非罪界限,支持和保护科技创新。

严惩危害食品药品安全犯罪。最高人民检察院牵头制定办理危害药品安全刑事案件的司法解释，开展危害食品药品安全犯罪专项立案监督。

加强对生态环境的司法保护。开展破坏环境资源犯罪专项立案监督，一些地方检察机关在办理毁林等案件时，探索建立“补植复绿”机制，由犯罪嫌疑人或其亲属补种恢复后，根据案件具体情况，依法不起诉或建议法院酌情从轻处理。针对生态环境遭受破坏后无人提起民事诉讼等情况，探索督促或支持有关行政机关、社会团体起诉。

三、依法查办职务犯罪，保持惩治腐败犯罪高压态势

检察机关坚决贯彻党中央反腐败决策部署，经中央批准，最高人民检察院调整职务犯罪侦查预防机构，整合组建新的“反贪污贿赂总局”，强化侦查、指挥协调等职能。

坚持“老虎”“苍蝇”一起打。以对人民、对法律高度负责的精神，依法办理周永康、徐才厚、蒋洁敏、李东生、李崇禧、金道铭、姚木根等原省部级以上干部涉嫌犯罪案件。针对惠民资金和涉农补贴申报审核、管理发放环节“雁过拔毛”“跑冒滴漏”等问题，深入开展查办发生在群众身边、损害群众利益职务犯罪专项工作，查办社会保障、征地拆迁、扶贫救灾、教育就业、医疗卫生、“三农”等民生领域的职务犯罪，查处了北戴河供水总公司总经理马超群等“小官巨贪”。

依法惩治渎职侵权犯罪。积极回应人民群众反映强烈的“为官不为”“为官乱为”问题，延寿看守所发生在押人员杀警脱逃、讷河监狱发生在押罪犯利用手机进行网络诈骗的恶性案件后，检察机关及时介入，依法对涉嫌玩忽职守、滥用职权犯罪的监管人员立案侦查。同步介入晋济高速特大燃爆事故、昆山特大爆炸事故等重特大安全生产事故调查，查办事故背后渎职犯罪。

开展职务犯罪国际追逃追赃专项行动。与有关部门联合发布敦促在逃境外经济犯罪人员投案自首的通告，加强境外司法合作，在积极追逃的同时，探索对犯罪嫌疑人逃匿案件启动违法所得没收程序，依法追缴其违法所得及其他涉案财产，决不让腐败分子在经济上捞到好处。

紧密结合办案深化职务犯罪预防。向涉案单位及其主管部门提出防控风险、堵塞漏洞的建议。普遍开展惩治和预防职务犯罪年度报告、专题报告工作，深入分析系统性、行业性、区域性职务犯罪的特点和原因，提出防治对策建议。重视发挥职务犯罪警示教育基地作用，广泛开展警示教育和预防宣传。

四、加强对诉讼活动的法律监督，维护社会公平正义

检察机关把维护社会公平正义作为核心价值追求，加强对执法不严、司法不公问题的监督，加强人权司法保障，维护宪法法律尊严和权威。

把严防冤假错案作为必须坚守的底线。顺平县检察院在审查办理王玉雷涉嫌故意杀人案时，针对多处疑点，坚决排除非法证据，作出不批捕决定，提出补充侦查意见，公安机关最终抓获真凶。

开展减刑假释暂予监外执行专项检察。针对群众反映强烈的一些“有权人”“有钱人”犯罪后“以权赎身”“提钱出狱”等问题，以职务犯罪、金融犯罪、涉黑犯罪为重点，对正在监管场所服刑的，逐人审查；正在保外就医的，逐人见面、重新体检。

深入开展久押不决案件专项监督。在中央政法委统一领导和支持下，检察机关牵头，对政法各机关羁押 3 年以上仍未办结的案件持续进行集中清理；最高人民检察院对羁押 8 年以上的案件挂牌督办，逐案提出处理建议。

全面履行对诉讼活动的监督职能。强化刑事诉讼监督，强化民事诉讼监督和行政诉讼监督，对认为确有错误的民事和行政生效裁判、调解书提出抗诉或再审检察建议，对民事执行活动中的违法情形提出检察建议。

工业和信息化部

2014 年工业和信息化部参与综治工作情况

一、全力开展“扫黄打非·净网 2014”专项行动

会同全国“扫黄打非”工作小组办公室、国家互联网信息办公室、公安部在全国范围内开展了“扫黄打非·净网 2014”专项行动,依法配合查处了新浪、快播等传播淫秽色情信息的案件,关闭传播淫秽色情等违法不良信息的网站 2700 余家,通报下架各类违法不良手机应用程序 1.7 万余款,为建设晴朗网络空间、打击网上淫秽色情信息传播贡献了重要力量。

二、深入推进电话用户真实身份信息登记工作

建立了电话用户实名登记监督检查和考核处罚机制,加大违规通报和责任处罚力度,组织对全国实名登记工作进行了两次抽查暗访,对抽查暗访发现存在问题的 4 个省级电信企业、80 多个地市级电信企业进行了行政处罚;联合公安部、工商总局启动电话“黑卡”治理专项行动,严厉打击利用非实名电话卡从事违法犯罪的活动;截至 2014 年底,全国电话用户实名率比全面实施前提高了 11 个百分点,并完成了 1 亿老用户补登记工作。

公 安 部

2014 年全国公安机关参与综治工作情况

2014 年，是全面深化改革的开局之年，也是党和国家各项事业取得新成就的重要一年。面对复杂多变的国际形势和繁重艰巨的国内改革发展稳定任务，公安部党委在党中央、国务院的坚强领导下，团结带领全国公安机关和广大公安民警，认真贯彻党的十八大和十八届三中、四中全会精神，深入贯彻落实习近平总书记系列重要讲话精神特别是在中央政法工作会议和听取公安部工作汇报、接见全国公安机关爱民模范时的重要指示精神，紧紧围绕维护社会大局稳定、促进社会公平正义、保障人民安居乐业的总任务，坚持强化责任担当保稳定，谋划改革思路促发展，严格纪律作风抓队伍，为深入推进平安中国、法治中国建设做出了重要贡献。

一、认真贯彻全面深化改革的部署要求，稳步推进了公安工作改革创新

全国公安机关认真贯彻习近平总书记关于推进公安工作改革的重要指示精神，紧紧抓住影响公安机关职能作用充分发挥、制约公安事业长远发展进步的重大问题，积极推进体制机制创新。一是加强顶层设计。在深入调查研究、广泛征求意见的基础上，公安部研究起草了《关于全面深化公安改革若干重大问题的框架意见》及 3 个改革方案，并已先后经中央全面深化改革领导小组会议、中央政治局常委会审议通过，为进一步加强和改进新形势下的公安工作和队伍建设明确了思路方向、提供了基本遵循。二是积极推进户籍制度改革。会同有关部门研究制定了进一步推进户籍制度改革的意见，并经中央审议后以国务院名义正式印发，各地也相继出台了具体实施意见，朝着建立符合中国国情、具有中国特色的新型户籍制度迈出坚实一步。同时，深入开展为期三年的户口登记管理清理整顿工作，在 2013 年清理注销 79 万个重复户口的基础上，2014 年以来又清理注销重复户口和应销未销户口 250 万个，为实现户口和公民身份号码的准确性、唯一性、权威性奠定了坚实基础。三是扎实推进司法体制改革。根据中央关于推进司法体制改革的总体部署，稳步推进劳教制度和涉法涉诉信访改革，出台公安机关批准所外执行劳动教养人员清理解教和申诉赔偿工作方案，清理劳动教养规范性文件 900 余件、废止 118 件，修改了公安机关处置信访活动中违法犯罪行为适用法律的指导意见。四是深化公安行政审批制度改革。公安部取消 2 项审批事项、下放 1 项，3 项列入国务院取消下放计划。同时，出台了 16 项便民利民措施和 18 项车检改革措施，赢得了社会各界一致好评。

二、积极预防、妥善处置各种突发事件，有效维护了社会和谐稳定

全国公安机关坚持维权与维稳相结合、末端处理与前端治理相统一，更加注重矛盾化解、源头预防，更加注重科学应对、有效控制，有效化解了一大批矛盾纠纷，妥善处置了一大批重大突发事件。一是深入排查化解矛盾纠纷。紧紧围绕征地拆迁、环境污染、劳资纠纷等重点问题，组织广大民警深入开展矛盾纠纷排查化解工作，从源头上预防了一批群体性事件的发生。完善个人极端暴力犯罪排查化解处置工作机制，提前处置了一批预备实施个人极端暴力犯罪案件。二是妥善处置各类突发事件。坚持因情施策、科学应对，妥善处置了广东茂名 PX 项目等一批重大群体性事件。三是深入开展反恐怖斗争。全国公安机关坚持出重拳、下重手，以前所未有的力度加强反恐怖斗争，始终保持对暴力恐怖犯罪活动的高压态势，及时打击了一批预谋实施暴恐活动的犯罪团伙，妥善处置了昆明“3·01”、乌鲁木齐“4·30”等重大暴力恐怖事件，沉重打击了暴力恐怖分子的嚣张气焰。同时，坚持标本兼治、综合施策，组织起草了《反恐怖主义法（草案）》，修订《公民防范恐怖袭击手册》，为反恐怖斗争提供了有力支撑。

三、持续深化专项打击整治行动，有力维护了社会治安大局稳定

全国公安机关认真贯彻落实习近平总书记关于加快推进平安中国建设的重要指示精神，积极适应创新社会治理体制新要求，狠抓打防管控各项措施落实，加快推进立体化社会治安防控体系建设，充分发挥推进平安中国建设主力军作用，确保了社会大局持续稳定，进一步提升了人民群众安全感。2014年，全国刑事案件总量平稳，其中杀人、伤害、抢劫、抢夺案件明显下降。一是快侦快破杀人、爆炸等严重暴力案件。对发生的有广泛社会影响的案件，坚持多警联动、协同作战，综合运用各种侦查手段，全力攻坚、快侦快破，及时侦破了贵州凯里“1·13”地下赌场爆炸案、贵州贵阳“2·27”公交车放火案、广东广州“7·15”公交车放火案等一批严重暴力案件。二是严厉打击“黑拐枪”等突出治安问题。深入推进打黑除恶专项斗争，强化组织协调，加大督办力度。深化“打拐”专项行动，集中开展抓捕解救行动。深入开展缉枪治爆专项行动。三是大力整治“黄赌毒”等社会丑恶现象。紧紧围绕突出毒品问题和重点地区，以打击制毒犯罪、堵截毒品入境内流、查控吸毒人员、清剿毒品集散分销、整治外流贩毒、清理网络涉毒“六大战役”为重点，组织开展“百城禁毒”会战。组织开展“打黄赌铲源头”行动，成功侦办快播公司传播淫秽物品牟利案和湖南、江西、广东等地多起重大网络赌博案。四是严厉打击环境污染等新型犯罪。深入推进“打四黑除四害”专项行动，及时侦破湖南邵阳“10·24”制售病死猪案、浙江“8·16”跨国制售假药案、内蒙古腾格里沙漠环境污染案等重大案件。严厉打击电信诈骗犯罪。组织开展“猎狐2014”专项行动，加强境外追赃追逃工作。五是加强立体化社会治安防控体系建设。坚持以面保点、整体防控，建立健全勤务机制，严格落实地铁公交、物流寄递等安全管理制度，会同有关部门建立汽油购销实名登记制度，着力完善立体化社会治安防控体系，确保了社会治安大局持续稳定。加强金融机构等重点单位安保工作，为49万所中小学、幼儿园配备61万名专职安保力量。会同有关部门制定下发了加强城市公共交通安保工作、加强火车站等人员密集场所安全防范工作等意见，在公交地铁上配置了安检机、安检门、安全锤等安全设施。围绕机场、车站、码头、公园、早市、夜市等人员密集区，调整警务部署，加强巡逻防控，进一步提高了社会面管控能力。六是圆满完成重大安保任务。坚持提前介入，强化隐患排查，加强区域警务合作，圆满完成了上海亚信峰会、南京青奥会、北京APEC会议、国家公祭仪式等重大安保任务。加强春节、暑期、国庆等节假日社会面治安管控，确保了1100余场万人以上群众性大型活动安全顺利举办。

四、加强和改进公安行政管理，更好地服务和保障了民生

全国公安机关紧紧围绕服务国家经济社会发展大局，坚持活力与秩序并重，在依法履行安全管理职责、严格落实安全管理措施的基础上，积极创新社会治理方式，着力激发社会创造活力，既确保了人民群众生命财产安全，又服务了经济社会发展。一是加强消防安全管理。认真贯彻《国务院关于加强和改进消防工作的意见》，首次对31个省级政府年度消防工作开展考核，严格落实政府消防安全责任。深入开展“清剿火患”战役、劳动密集型企业消防安全专项治理等专项行动，落实“网格化”排查、“户籍化”管理、重大隐患挂牌督办等工作机制。全年，共检查社会单位986万余家，督促整改隐患6142万余处；接警出动110.9万起，营救遇险被困人员17.3万人，抢救和保护财产价值560亿余元，有效处置了济南泰山国际大厦火灾、云南鲁甸地震等灾害事故。二是加强道路交通安全管理。深入排查整治客车、校车、货车、危险品运输车、农村面包车等重点车型，深入排查整治车辆驾驶人和事故多发路段，大力实施公路安全生命防护工程，有力保障了春运、十一黄金周、4个小长假期间50多亿人次的出行，确保了云南鲁甸、景谷和四川康定抗震救灾生命通道畅通。全年共接报涉及人员伤亡的道路交通事故19.5万起，造成5.8万人死亡，同比分别下降1.7%、1.1%；一次死亡10人以上重特大事故13

起,重特大事故数量再创历史新低。三是改进边防出入境管理服务。以开展“三访四见”、帮扶弱势群体、化解社会矛盾、民警兼任村官为抓手,深化爱民固边战略,共走访群众 732.8 万户 2391 万人次,为群众做好事办实事 27.3 万件。紧密配合实施“一带一路”和自贸区建设等国家区域发展规划,简化边检查验手续,提高口岸通关效率,推出了邮轮边检简化手续、珠澳口岸延关等措施,为人员流动和经贸往来创造了便利条件。

五、全面加强纪律作风建设,进一步提升了公安队伍的整体素质和战斗力

各级公安机关认真贯彻习近平总书记关于加强公安队伍建设的重要指示精神,牢牢把握“政治过硬、业务过硬、责任过硬、纪律过硬、作风过硬”的总要求,紧密结合开展党的群众路线教育实践活动,坚持不懈地抓好理论武装,大力加强纪律作风和能力素质建设,进一步提升了公安队伍的整体素质和战斗力。一是加强思想政治建设。强化理论武装,公安部举办 8 期局处级干部培训班和 7 期公安现役部队军师职领导培训班,专题学习习近平总书记系列重要讲话精神。深入开展“增强党性、严守纪律、廉洁从政”专题教育活动,切实加强党性党风党纪教育,进一步筑牢了忠诚警魂。首次以部党委名义召开公安现役部队党建会议和政治工作会议,严格落实军委主席负责制,依法从严推进部队建设。二是加强教育训练工作。修订人民警察训练条令,开展依法使用武器警械专项训练,培训武器警械教官 5.6 万多名、基层指挥员和一线民警 150 余万人次。深入推进素质强警交流合作,东部派出 1200 余名业务骨干和专家赴中西部工作,培训骨干 12000 名;西部选派 3000 余名业务骨干到东部跟班锻炼。三是加强纪律作风建设。深入开展第二批群众路线教育实践活动,以整顿警容风纪、内务管理、涉酒涉车、庸懒散、冷横硬等问题为重点,组织开展了“纪律作风建设年”活动,深入推进党风廉政和反腐败斗争,严肃处理一批顶风违纪人员。同时,加强源头预防和教育监督,对存在轻微问题的干部及时约谈。四是加强从优待警工作。修订出台抚恤优待办法,推动各级财政设立民警因公受伤医疗费专项,建立民警意外伤害保险制度,提高了民警的伤亡抚恤待遇。隆重举行全国公安机关爱民模范表彰、第五届“我最喜爱的人民警察”评选活动,推出一大批群众信得过、叫得响的公安英雄模范,进一步弘扬了正气、鼓舞了斗志、凝聚了警心。

中华人民共和国公安部令

第 133 号

《公安机关办理刑事复议复核案件程序规定》已经 2014 年 9 月 4 日公安部部长办公会议通过,现予发布,自 2014 年 11 月 1 日起施行。

部长　郭声琨

2014 年 9 月 13 日

公安机关办理刑事复议复核案件程序规定

目　录

第一章　总　　则

第一条　为了规范公安机关刑事复议、复核案件的办理程序，依法保护公民、法人和其他组织的合法权益，保障和监督公安机关依法行使职责，根据《中华人民共和国刑事诉讼法》及相关规定，制定本规定。

第二条　刑事案件中的相关人员对公安机关作出的驳回申请回避、没收保证金、对保证人罚款、不予立案决定不服，向公安机关提出刑事复议、复核申请，公安机关受理刑事复议、复核申请，作出刑事复议、复核决定，适用本规定。

第三条　公安机关办理刑事复议、复核案件，应当遵循合法公正、有错必纠的原则，确保国家法律正确实施。

第四条　本规定所称刑事复议、复核机构，是指公安机关法制部门。

公安机关各相关部门应当按照职责分工，配合法制部门共同做好刑事复议、复核工作。

第五条　刑事复议、复核机构办理刑事复议、复核案件所需经费应当在本级公安业务费中列支；办理刑事复议、复核事项所需的设备、工作条件，所属公安机关应当予以保障。

第二章　申　　请

第六条　在办理刑事案件过程中，下列相关人员可以依法向作出决定的公安机关提出刑事复议申请：

（一）对驳回申请回避决定不服的，当事人及其法定代理人、诉讼代理人、辩护律师可以提出；

（二）对没收保证金决定不服的，被取保候审人或者其法定代理人可以提出；

（三）保证人对罚款决定不服的，其本人可以提出；

（四）对不予立案决定不服的，控告人可以提出；

（五）移送案件的行政机关对不予立案决定不服的，该行政机关可以提出。

第七条　刑事复议申请人对公安机关就本规定第六条第二至四项决定作出的刑事复议决定不服的，可以向其上一级公安机关提出刑事复核申请。

第八条　申请刑事复议、复核应当在《公安机关办理刑事案件程序规定》规定的期限内提出，因不可抗力或者其他正当理由不能在法定期限内提出的，应当在障碍消除后五个工作日以内提交相应证明材料。经刑事复议、复核机构认定的，耽误的时间不计算在法定申请期限内。

前款规定中的“其他正当理由”包括：

（一）因严重疾病不能在法定申请期限内申请刑事复议、复核的；

（二）无行为能力人或者限制行为能力人的法定代理人在法定申请期限内不能确定的；

（三）法人或者其他组织合并、分立或者终止，承受其权利的法人或者其他组织在法定申请期限内不能确定的；

（四）刑事复议、复核机构认定的其他正当理由。

第九条　申请刑事复议，应当书面申请，但情况紧急或者申请人不便提出书面申请的，可以口头申请。

申请刑事复核，应当书面申请。

第十条　书面申请刑事复议、复核的，应当向刑事复议、复核机构提交刑事复议、复核申请书，载明下列内容：

（一）申请人及其代理人的姓名、性别、出生年月日、工作单位、住所、联系方式；法人或者其他组织的名称、地址、法定代表人或者主要负责人的姓名、职务、住所、联系方式；

（二）作出决定或者复议决定的公安机关名称；

（三）刑事复议、复核请求；

（四）申请刑事复议、复核的事实和理由；

（五）申请刑事复议、复核的日期。

刑事复议、复核申请书应当由申请人签名或者捺指印。

第十一条　申请人口头申请刑事复议的，刑事复议机构工作人员应当按照本规定第十条规定的事项，当场制作刑事复议申请记录，经申请人核对或者向申请人宣读并确认无误后，由申请人签名或者捺指印。

第十二条　申请刑事复议、复核时，申请人应当提交下列材料：

（一）原决定书、通知书的复印件；

（二）申请刑事复核的还应当提交复议决定书复印件；

（三）申请人的身份证明复印件；

（四）诉讼代理人提出申请的，还应当提供当事人的委托书；

（五）辩护律师提出申请的，还应当提供律师执业证书复印件、律师事务所证明和委托书或者法律援助公函等材料；

（六）申请人自行收集的相关事实、证据材料。

第十三条　刑事复议、复核机构开展下列工作时，办案人员不得少于二人：

（一）接受口头刑事复议申请的；

（二）向有关组织和人员调查情况的；

（三）听取申请人和相关人员意见的。

刑事复议机构参与审核原决定的人员，不得担任刑事复议案件的办案人员。

第三章　受理与审查

第十四条　刑事复议、复核机构收到刑事复议、复核申请后，应当对申请是否同时符合下列条件进行初步审查：

（一）属于本机关受理；

（二）申请人具有法定资格；

（三）有明确的刑事复议、复核请求；

（四）属于刑事复议、复核的范围；

（五）在规定期限内提出；

（六）所附材料齐全。

第十五条　刑事复议、复核机构应当自收到刑事复议、复核申请之日起五个工作日以内分别作出下列处理：

（一）符合本规定第十四条规定条件的，予以受理；

（二）不符合本规定第十四条规定条件的，不予受理。不属于本机关受理的，应当告知申请人向有权受理的公安机关提出；

（三）申请材料不齐全的，应当一次性书面通知申请人在五个工作日以内补充相关材料，刑事复议、复核时限自收到申请人的补充材料之日起计算。

公安机关作出刑事复议、复核决定后，相关人员就同一事项再次申请刑事复议、复核的，不予受理。

第十六条　收到控告人对不予立案决定的刑事复议、复核申请后，公安机关应当对控告人是否就同一事项向检察机关提出控告、申诉进行审核。检察机关已经受理控告人对同一事项的控告、申诉的，公安机关应当决定不予受理；公安机关受理后，控告人就同一事项向检察机关提出控告、申诉，检察机关已经受理的，公安机关应当终止刑事复议、复核程序。

第十七条　申请人申请刑事复议、复核时一并提起国家赔偿申请的，刑事复议、复核机构应当告知申请人另行提起国家赔偿申请。

第十八条　公安机关不予受理刑事复议、复核申请或者终止刑事复议、复核程序的，应当在作出决定后三个工作日以内书面告知申请人。

第十九条　对受理的驳回申请回避决定的刑事复议案件，刑事复议机构应当重点审核下列事项：

（一）是否具有应当回避的法定事由；

（二）适用依据是否正确；

（三）是否符合法定程序。

第二十条　对受理的没收保证金决定的刑事复议、复核案件，刑事复议、复核机构应当重点审核下列事项：

（一）被取保候审人是否违反在取保候审期间应当遵守的相关规定；

（二）适用依据是否正确；

（三）是否存在明显不当；

（四）是否符合法定程序；

（五）是否超越或者滥用职权。

第二十一条　对受理的保证人不服罚款决定的刑事复议、复核案件，刑事复议、复核机构应当重点审核下列事项：

（一）被取保候审人是否违反在取保候审期间应当遵守的相关规定；

（二）保证人是否未履行保证义务；

（三）适用依据是否正确；

（四）是否存在明显不当；

（五）是否符合法定程序；

（六）是否超越或者滥用职权。

第二十二条　对受理的不予立案决定的刑事复议、复核案件，刑事复议、复核机构应当重点审核下列事项：

（一）是否符合立案条件；

（二）是否有控告行为涉嫌犯罪的证据；

（三）适用依据是否正确；

（四）是否符合法定程序；

（五）是否属于不履行法定职责。

前款第二项规定的"涉嫌犯罪"，不受控告的具体罪名的限制。

办理过程中发现控告行为之外的其他事实，可能涉嫌犯罪的，应当建议办案部门进行调查，但调查结果不作为作出刑事复议、复核决定的依据。

第二十三条　受理刑事复议、复核申请后，刑事复议、复核机构应当及时通知办案部门或者作出刑事复议决定的机关在规定期限内提供作出决定依据的证据以及其他有关材料。

办案部门或者作出刑事复议决定的机关应当在刑事复议、复核机构规定的期限内全面如实提供相关案件材料。

第二十四条　办理刑事复核案件时，刑事复核机构可以征求同级公安机关有关业务部门的意见，有关业务部门应当及时提出意见。

第二十五条　根据申请人提供的材料无法确定案件事实，需要另行调查取证的，经刑事复议、复核机构负责人报公安机关负责人批准，刑事复议、复核机构应当通知办案部门或者作出刑事复议决定的机关调查取证。办案部门或者作出刑事复议决定的机关应当在通知的期限内将调查取证结果反馈给刑事复议、复核机构。

第二十六条　刑事复议、复核决定作出前，申请人要求撤回申请的，应当书面申请并说明理由。刑事复议、复核机构允许申请人撤回申请的，应当终止刑事复议、复核程序。但具有下列情形之一的，不允许申请人撤回申请，并告知申请人：

（一）撤回申请可能损害国家利益、公共利益或者他人合法权益的；

（二）撤回申请不是出于申请人自愿的；

（三）其他不允许撤回申请的情形。

公安机关允许申请人撤回申请后，申请人以同一事实和理由重新提出申请的，不予受理。

第四章　决　　定

第二十七条　当事人及其法定代理人、诉讼代理人、辩护律师对驳回申请回避决定申请刑事复议的，公安机关应当在收到申请后五个工作日以内作出决定并书面告知申请人。

第二十八条　移送案件的行政执法机关对不予立案决定申请刑事复议的，公安机关应当在收到申请后三个工作日以内作出决定并书面告知移送案件的行政执法机关。

第二十九条　对没收保证金决定和对保证人罚款决定申请刑事复议、复核的，公安机关应当在收到申请后七个工作日以内作出决定并书面告知申请人。

第三十条　控告人对不予立案决定申请刑事复议、复核的，公安机关应当在收到申请后三十日以内作出决定并书面告知申请人。

案情重大、复杂的，经刑事复议、复核机构负责人批准，可以延长，但是延长时限不得超过三十日，并书面告知申请人。

第三十一条　刑事复议、复核期间，有下列情形之一的，经刑事复议、复核机构负责人批准，可以中止刑事复议、复核，并书面告知申请人：

（一）案件涉及专业问题，需要有关机关或者专业机构作出解释或者确认的；

（二）无法找到有关当事人的；

（三）需要等待鉴定意见的；

（四）其他应当中止复议、复核的情形。

中止事由消失后，刑事复议、复核机构应当及时恢复刑事复议、复核，并书面告知申请人。

第三十二条 原决定或者刑事复议决定认定的事实清楚、证据充分、依据准确、程序合法的，公安机关应当作出维持原决定或者刑事复议决定的复议、复核决定。

第三十三条 原决定或者刑事复议决定认定的主要事实不清、证据不足、依据错误、违反法定程序、超越职权或者滥用职权的，公安机关应当作出撤销、变更原决定或者刑事复议决定的复议、复核决定。

经刑事复议，公安机关撤销原驳回申请回避决定、不予立案决定的，应当重新作出决定；撤销原没收保证金决定、对保证人罚款决定的，应当退还保证金或者罚款；认为没收保证金数额、罚款数额明显不当的，应当作出变更原决定的复议决定，但不得提高没收保证金、罚款的数额。

经刑事复核，上级公安机关撤销刑事复议决定的，作出复议决定的公安机关应当执行；需要重新作出决定的，应当责令作出复议决定的公安机关依法重新作出决定，重新作出的决定不得与原决定相同，不得提高没收保证金、罚款的数额。

第五章 附 则

第三十四条 铁路、交通、民航、森林公安机关，海关走私犯罪侦查机构办理刑事复议、复核案件，适用本规定。

第三十五条 本规定自 2014 年 11 月 1 日起施行。本规定发布前公安部制定的有关规定与本规定不一致的，以本规定为准。

民　政　部

2014 年民政部参与综治工作情况

一、社会组织管理工作

2014 年,民政部不断推进社会组织管理制度改革,社会组织在国家治理和社会治理中的地位作用更加凸显。

1. 深入推进依法治理社会组织,加强社会组织顶层设计。

(1)持续推动出台以党中央、国务院的名义下发的社会组织的综合性指导文件。国务院第 54 次常务会议审议后,会同有关部门修改完善,征求意见后已按程序报国务院领导审定。

(2)继续推进社会团体登记管理条例修订。征求了 50 个部门的意见,形成了修订草案征求意见稿,拟按程序报国务院常务会研究。

(3)继续推进制订行业协会商会与行政机关脱钩总体方案。与发展改革委共同修改完善脱钩总体方案及 7 个配套文件,已报国务院,并确定了试点原则、要求和名录。指导各地积极开展脱钩试点。

(4)参与慈善立法工作。研究起草慈善立法,撰写了四个专题报告,起草了有关条文和起草说明,多次参加集体汇报、立法座谈和集中改稿。

(5)推进社会组织协商民主建设制度建设。按照中央统一部署,参与制定中央关于加强社会主义协商民主建设的意见,形成了加强社会组织协商民主建设的意见、调研报告及 4 篇解读文章。

2. 及时研究出台配套政策,健全社会组织管理制度体系。

(1)研究制定社会组织登记改革配套政策。出台了《关于贯彻落实国务院取消全国性社会团体分支机构、代表机构登记行政审批项目的决定有关问题的通知》。形成了四类直接登记社会组织认定指引。配合中央组织部出台《关于规范退(离)休领导干部在社会团体兼职问题的通知》。

(2)研究制定社会组织管理改革配套政策。牵头会同中央编办等 8 部门出台《关于推进行业协会商会诚信自律建设工作的意见》,牵头会同财政部出台《关于取消社会团体会费标准备案规范会费管理的通知》、《关于加强社会组织反腐倡廉工作的意见》,牵头会同财政部、人民银行出台《关于加强社会团体分支(代表)机构财务管理的通知》,联合财政部、教育部出台《关于加强中央部门所属高校教育基金会财务管理的若干意见》。

(3)研究制定社会组织培育改革配套政策。落实三中全会任务分工,联合财政部出台《关于支持和规范社会组织承接政府购买服务的通知》和《政府购买服务管理办法(暂行)》。联合税务总局等 4 部门发布支持和促进重点群体创业就业有关税收政策的公告(国家税务总局公告 2014 年第 34 号),将民办非企业单位纳入享受税收政策的用人单位主体范围。联合司法部等 6 部门出台了《关于社会力量参与社区矫正工作的意见》。联合中国残联出台了《关于促进助残社会组织发展的指导意见》。参与了《国务院关于鼓励社会力量兴办教育促进民办教育健康发展的若干意见》和《关于加强中国特色新型智库建设的意见》制定工作。参与《中华人民共和国环境保护法》修订工作,协助最高法制定了环境民事公益诉讼司法解释,联合最高法等部门印发了《关于贯彻实施环境民事公益诉讼制度的通知》,支持社会组织依法参与生态环境治理。

(4)指导地方开拓创新。指导上海、重庆、湖南、海南、辽宁、内蒙古等地以党委、政府名义出台了综合性文件,全国共出台地级市以上社会组织管理专项文件 252 件。

3. 加大简政放权力度，推进社会组织管理制度改革。

(1)积极开展直接登记，降低准入门槛。2014 年部本级共受理直接登记申请 72 个。截至 11 月底，全国共直接登记社会组织 3 万个，绝大部分省实行或试点了直接登记，把非公募基金会登记权限下放到了县一级，一半以上省份异地商会登记权限下放到了地市一级。

(2)大力推动政府向社会组织购买服务工作。与财政部共同对 136 家中央预算单位以及各地民政部门进行培训，推动地方开展购买服务试点工作。目前，天津、河北等 23 个省(区、市)出台了政府购买服务制度。

(3)稳步推进涉外社会组织管理制度改革。贯彻落实国务院取消行政审批要求，制定了《外国商会申请成立登记所需材料清单》。支持北京在中关村试点登记经济、教育、科技类涉外民办非企业单位。

(4)加强对网络社团的监管。会同中央网信办共同开展网络社团社群的调研，研究起草了《关于规范和引导网络社团社群健康发展的意见》。

4. 加大培育支持力度，激发社会组织活力。

(1)中央财政支持社会组织参与社会服务项目效果明显。2014 年共立项 448 个，立项总资金 1.9 亿元，配套资金 1.6 亿元，支持社会组织服务社会，直接受益群众超过 235 万。在中央财政项目的带动下，一半地方安排了专项资金支持社会组织开展社会服务，资金超过 4 亿元。

(2)完善社会组织税收政策。梳理、分析现有涉及社会组织的税收政策，制订了试点方案。与财政部、国家税务总局联合下发了《关于公布获得 2014 年度第一批公益性捐赠税前扣除资格的公益性社会团体名单的通知》。

(3)深入开展理论研究。围绕业务工作重点，深入地方调研，形成 42 份调研报告。社会组织建设与管理部级课题立项 83 个课题，形成了 210 多万字的研究成果。

(4)引导社会组织充分发挥积极作用。协调全国性行业协会商会与赣州市、聊城市进行对接，投资合作意向资金近 100 亿元。组织基金会开展“爱心洒天山”援疆活动，援助资金约 1.26 亿元。引导社会组织参与罗霄山片区扶贫攻坚计划，援助资金约 5000 万元。2014 年直接举办和支持地方举办培训班 110 期，培训对象超过 1.6 万余人。

5. 夯实工作基础，提升登记管理服务水平。

部本级共办理社会组织登记业务 972 件，2014 年接待电话咨询 5 万余人次，上门咨询 1.2 万余人次，邮件答复 7000 余件。

(1)研究起草社会组织管理职责调整和机构建设报告。调研了国资委、中国科协履行业务主管单位职责情况，向中编办提交了加强机构建设、社会组织直接登记、行政执法职责调整报告。

(2)强化日常管理工作。组织抽审部本级 26 个基金会、20 个行业协会(含 403 个分支机构)、20 个学会进行了审计。共年检社会组织 2114 个，其中合格 1731 个、基本合格 357 个、不合格 26 个，发放《改进建议书》和《整改通知书》638 份。对存在较严重问题、审计署审计的 40 家社团进行现场约谈，督促整改。

(3)加大行政执法力度。推动建立由公安、安全等 10 多个部门组成的社会组织联合执法机制。起草了《民政部关于加强社会组织行政执法监察工作的意见》(送审稿)。2014 年处理举报案件约 130 余件，行政约谈 80 余次，行政告诫 50 余件，作出行政处罚决定 10 件。

(4)加强信息化建设。与发展改革委共同起草了《法人和其他组织统一社会信用代码制度建设总体方案(送审稿)》，已报国务院。社会组织法人库项目获得立项，中央直接投资 7091 万元。截至 11 月底，中国社会组织网 2014 年发布新闻 5007 条，公告 4588 条，访问量首次突破了 200 万人次。网上办公业务平台为社会组织开设账户 6166 个，为登记管理机关开设账户 167 个。

(5)优化宣传工作。开展“社会组织十件大事”评选。配合全国政协召开双周协商座谈会。

二、减灾救灾工作

1. 减灾救灾规范管理。

(1)制定下发了《国家减灾委员会救灾工作组工作规范》和《民政部救灾应急工作组工作规程》，制定出台《特别重大自然灾害损失统计制度》，并在云南鲁甸地震评估工作中首次运用。

(2)修订完善《民政部救灾应急工作规程》、

《受灾人员冬春生活救助工作规程》,会同财政部修订了《中央救灾物资储备管理办法》。

(3)推动各地制定出台与《自然灾害救助条例》和《自然灾害生活救助资金管理暂行办法》相配套的地方性法规政策,25个省份和新疆生产建设兵团已出台自然灾害生活救助资金管理办法。

(4)灾情管理。修订实行《自然灾害情况统计制度》,启用新的国家自然灾害灾情管理系统,12个省份实现了乡镇网络报灾。

2. 应对各类新发自然灾害。

(1)灾害应急救助工作。2014年国家减灾委、民政部启动3次预警响应和28次救灾应急响应(Ⅳ级26次、Ⅲ级1次、Ⅰ级1次),协调派出22个救灾应急工作组和8个督查调研组,下拨中央救灾资金98.7亿元,调拨帐篷11.4万顶、棉衣被16.4万床(件)、折叠床4.7万张和2万条睡袋等物资,帮助地方紧急转移安置群众600万人次,救助受灾群众7500万人次。

(2)灾情监测、上报和公开。坚持24小时应急值守,处理、分析和上报各类突发灾情信息,2014年累计处理1570余起灾害事件、7100余条灾情信息,编发《救灾快报》320余期、《昨日灾情》250余期,发送手机灾情信息20余万条。

(3)指导社会力量参与鲁甸地震抗震救灾。鲁甸地震发生后,及时发布民政部公告,引导社会力量理性参与抗震救灾。指导云南省在鲁甸地震抗震救灾指挥部设立了“社会组织参与救灾协调服务组”、在民政厅建立了“云南社会组织救援服务平台”。

3. 提升救灾应急保障能力。

(1)救灾物资储备体系建设。2014年协调落实中央救灾物资采购资金2.679亿元,新入库15.5万顶帐篷、63万床棉被、34万平方米苫布、2万台帐篷应急灯、500台场地照明灯。在福建、四川进行了“民政救灾物资发放全过程管理系统”项目试点。

(2)灾害信息员队伍建设。举办4期灾害信息员师资培训班,帮助各地培训455名灾害信息员师资人员。与15个省(自治区、直辖市)开展了灾害信息员联合培训。

4. 综合防灾减灾。

(1)社区综合减灾工作。指导各地创建2014年“全国综合减灾示范社区”1315个。举办1期“亚洲社区综合减灾合作项目国际培训班”和2期“社区综合减灾实践经验交流会”。

(2)开展防灾减灾宣传。以“城镇化与减灾”为主题,部署“防灾减灾日”活动,全国共发放各类宣传材料近4500万份,举办主题宣教活动1万多场、培训及讲座近2万场、防灾减灾演练3万多场,参与人数达6300万人次。依托北京市西城区开展了防灾减灾演练。

三、社会救助工作

2014年,在党中央、国务院的高度重视下,各级各有关部门紧紧抓住贯彻落实《社会救助暂行办法》(以下简称《办法》)契机,积极争取党委、政府的支持,从健全制度体系、做好基本生活保障、完善专项救助、创新工作机制、强化规范管理等方面下功夫,推动了社会救助工作法治化、科学化、规范化水平再上台阶。

1. 推动出台并全面实施《社会救助暂行办法》。

(1)推动出台《社会救助暂行办法》。国务院法制办、民政部牵头,联合发展改革委、教育部、财政部、人力资源社会保障部、住房城乡建设部、卫生计生委、审计署、税务总局研究起草,经国务院审定颁布了《办法》,第一次以行政法规形式综合构建了社会救助体系,为政府各部门依法救助和社会力量有序参与提供了法规依据。

(2)全面部署贯彻落实。国务院专门召开全国贯彻落实《办法》电视电话会议,李克强总理作出重要批示,王勇国务委员出席会议并讲话。全国社会救助部际联席会议在北京和吉林召开全国实施《社会救助暂行办法》座谈暨经验交流会议,民政部在湖南长沙召开贯彻落实《办法》视频会议并举办培训班。按照《国务院办公厅关于〈社会救助暂行办法〉重点任务分工方案的通知》部署,全国社会救助部际联席会议各成员单位密切配合,认真做好《办法》实施。

(3)有序推进重点工作。民政部印发《关于开展“救急难”工作试点的通知》,在全国部署开展“救急难”试点工作。2014年,全国已有327个试点单位制订了“救急难”实施方案,组织急难个案救助会商6721次。此外,民政部还重点指导各地建立社会救助“一门受理、协同办理”机制,全国已有24个省份及兵团在所有街道(乡镇)全部建立了一门受理窗口。

(4)指导地方完善相关法规。截至2014年底,以浙江省出台《社会救助条例》为代表的5个省份相继出台了落实《办法》的地方性法规、规章,14个省份出台了政府文件,5个省份出台了省政府办公厅文件,其他省份以部门或部门联合形式出台了贯彻意见或通知。

(5)抓好普法宣传。国务院法制办牵头,联合有关部门撰写并正式出版了《社会救助暂行办法释义》,为各地贯彻落实《办法》提供了规范的政策解释依据。围绕《办法》宣传和落实工作,在中央宣传部的大力支持下,民政部联合国务院新闻办、国务院法制办组织了《办法》情况介绍专场新闻发布会。

2. 着力完善社会救助运行机制。

(1)建立健全社会救助协调机制。截至2014年底,全国所有省份都建立了社会救助部门协调机制或领导小组,256个市(地、州)、1869个县(市、区、旗)建立了本级社会救助工作协调机制。

(2)加快推进居民家庭经济状况核对机制建设。截至2014年底,全国30个省份在省级层面建立了核对工作机构,70.1%的县(市、区)已经开展了核对工作;民政部与公安部签署《关于信息共享快速查询的合作协议》,并分别将协议转发地方民政系统和公安系统;民政部印发《关于居民家庭经济状况核对信息系统建设的指导意见》,编制《居民家庭经济状况核对标准》;民政部会同银监会研究制定了《银行业金融机构协助开展社会救助家庭存款等金融资产信息查询工作的通知》;证监会协调中国证券登记结算有限责任公司继续在试点地区开展社会救助申请家庭成员证券信息查询,协助民政部门完成了约52.4万人次的信息查询工作。

(3)建立最低生活保障绩效评价机制。民政部联合财政部印发《最低生活保障工作绩效评价办法》,并公布了2014年度绩效评价指标和评价标准,组织各地开展绩效评价工作。

(4)完善社会救助和保障标准与物价上涨挂钩联动机制。发展改革委联合民政部、财政部、统计局等部门印发《关于完善社会救助和保障标准与物价上涨挂钩联动机制的通知》,指导各地进一步明确了联动机制启动条件、联动方式及补贴标准。

3. 加快健全各项社会救助制度。

(1)基本生活救助水平稳步提高。全国城乡低保平均标准分别为月人均411元和231元,同比增长10.1%和14.1%;城乡低保月人均补助水平分别达到275元和125元,同比增长9.3%、12.5%。民政部指导各地着力从基本生活、照料服务、疾病治疗以及办理丧葬事宜等方面,为特困人员提供供养服务。发展改革委在加快社会养老服务体系建设中,大力支持农村敬老院、社会福利院等特困人员供养机构建设,安排中央投资25亿元,优先改善床位条件,重点保障城市“三无人员”、农村五保供养对象的服务需求。

(2)医疗救助制度创新发展。重点救助对象在年度救助限额内住院自负费用救助比例普遍达到60%,重特大疾病医疗救助试点进一步拓展,全国超过80%的县(市、区)实现医疗救助费用“一站式”即时结算服务。此外,卫生计生委指导各地加快建立疾病应急救助制度,积极做好新农合与医疗救助制度的衔接,提高参合对象医疗费用和门诊医药费用报销比例。民政部会同财政部合并城乡医疗救助基金专账,统筹使用医疗救助资金,整合城乡医疗救助制度。14个省(区、市)已全面部署实施重特大疾病医疗救助,取得了积极成效。保监会指导各地医疗保险经办机构积极探索商业保险与医疗救助政策衔接,5省16个县市开办了针对城乡低保人群的补充医疗保险业务,覆盖65.4万困难群众。

(3)大力推进临时救助制度建设。民政部会同财政部召开全国全面建立临时救助制度视频会议,部署在全国范围内全面实施临时救助制度,对因遭遇突发事件、意外伤害、重大疾病等导致基本生活出现临时严重困难的人员,给予应急、过渡性救助。民政部部署开展“寒冬送温暖”、“夏季送清凉”专项救助活动,依托救助机构开展主动救助、巡回救助,确保临时遇困流动人员及时得到救助服务。开展“流浪孩子回校园”专项行动督查,加大街面、社区救助保护力度,深化教育矫治、回归安置、源头防治等工作。推进“鹏程计划”职业技能培训项目,向遭遇困境的未成年人开展免费职业技能培训。

4. 引导社会力量参与社会救助。

（1）民政部、财政部、工商总局等部门积极研究出台推动社会力量参与的优惠政策。税务总局出台了一些面向社会救助申请家庭的税收优惠政策，重点减免符合条件的零就业家庭、城镇低保家庭在从事个体经营时的税负，同时以扣减、优惠部分税种的形式支持企业雇佣就业困难人员，指导各地落实和完善支持公共租赁住房发展的税收优惠政策。

（2）积极推动中央企业和民营企业参与社会救助。国资委积极推动中央企业参与社会救助和公益慈善援助，截至2014年9月，共有63家中央企业参与救助性捐款，捐赠总额达到6.6亿元。10家中央企业成立了公益基金会，基金管理规模达到20.5亿元。民政部、全国工商联联合印发《关于鼓励民营企业积极投身公益慈善事业的通知》，民营企业捐赠额已占全社会捐赠总额的40%。资助开展社会救助志愿服务示范项目，引导志愿服务组织广泛开展帮扶活动。

5. 不断加强规范管理。

（1）加强社会救助监督检查。民政部在全国民政系统部署开展“人情保”“错保”专项整治活动，共复核城乡低保对象6429万人。25个省份建立长效监督检查机制，县级层面普遍实施了低保经办人员和村（居）委会干部近亲属享受低保备案制度。审计署开展了两次稳增长、促改革、调结构、惠民生、防风险政策措施落实情况跟踪审计，重点就贯彻落实《办法》情况进行了跟踪问效并提出工作建议，还指导部分地方开展了社会救助类专项资金审计，提出了审计建议。信访局进一步畅通社会救助信访事项受理渠道，及时回应群众社会救助类信访诉求，协调有关部门集中梳理交办了一批社会救助方面的信访积案，同时加强对社会救助类信访舆情的汇总分析，为有关部门决策提供参考意见。

（2）着力提高信息化建设水平。在发展改革委支持下，民政部牵头完成低保信息系统一期建设项目验收，实现与26个省（区、市）的低保数据交换。发展改革委联合12个部门印发《关于加快实施信息惠民工程有关工作的通知》，将社会救助和社会保障工作纳入信息惠民行动计划。

（3）加大业务培训力度。民政部联合有关部门编写发布《中国社会救助事业发展报告2013》，举办贯彻《办法》系列培训班；各地民政部门开展多层级、多形式的培训活动，进一步提高基层社会救助工作者的业务素质和管理服务水平。此外，民政部、中央编办、财政部还联合开展政府购买社会救助服务实地调研，形成了相关政策建议。

四、基层政权和社区建设工作

1. 两次参加社会治安综合治理暗访督查，为地方整改提供意见参考。2014年7月和12月，民政部基层政权和社区建设司两次参加社会治安综合治理暗访督查，分赴浙江、安徽、湖南、广东，对四省部分地区的社会治安综合治理工作进行暗访督查。在暗访中，督察组发现各省普遍存在消防安全隐患、村（社区）服务与管理水平有待进一步完善等问题，并在一些省份的部分场所发现存在交通安全管理、娱乐场所治安管理等个别问题。督察组如实记录暗访督查过程，并将发现问题汇总报送中央综治办，为地方整改提供意见参考。

2. 加强社区服务平台建设，落实综治工作责任。

（1）认真贯彻落实《社区服务体系建设规划（2011—2015年）》，2014年民政部会同发展改革委争取中央财政投入2亿元，地方配套2.9亿元，支持23个省（自治区、直辖市）和新疆生产建设兵团建成社区综合服务设施26.08万平方米。截至2014年底，全国共有城市社区综合服务设施75995个。各地依托社区服务设施，为刑释人员等特殊人群提供生活救助、就业安置等服务。

（2）贯彻落实《关于推进社区公共服务综合信息平台建设的指导意见》，大力推进社区公共服务综合信息平台建设，着力提升社区服务的属地化、专业化和信息化水平，充分发挥社区公共服务综合信息平台的资源优势，排查掌握刑释人员等特殊人群的具体信息，在为他们提供安置帮教服务的同时，帮助其解决个人就业和家庭生活等问题。

3. 加强基层队伍建设，提高基层治理工作水平。

（1）加强社区工作者队伍建设。指导各地深入贯彻《中共中央办公厅　国务院办公厅关于加强和改进社区居民委员会建设工作的意见》精神，将刑释人员安置帮教等综治工作列入社区居民委员会协助城市基层人民政府及其派出机关开展工作的重要内容，完善走访制度，了解掌握特殊人群的思想动态和现实需要，协助解决其在入托入学、劳动就业、社会保障和住房安置等方面的实际困难。在开展社区居民委员会工作人员教育培训的过程中，将相关政策、法规、工作技巧等内容纳入其中，增强社区工作者运用社会工作专业理念、知识和方法开展社区综治工作的能力。

（2）举办全国乡镇服务型政府建设示范培训班和街道社区基层党组织书记专题培训示范班。为帮助乡镇干部准确理解乡镇服务型政府建设的科学内涵和方法步骤，拓展开展乡镇服务型政府建设的能力和视野，交流乡镇服务型政府建设的成功经验和有效做法，民政部会同中央组织部于10月18日至20日在浙江省嘉兴市联合举办了全国乡镇服务型政府建设示范培训班。来自全国22个省（区、市）的150余名乡镇党政负责人和民政系统的干部参加了培训班。此外，会同中央组织部于2014年5月在北京举办了街道社区基层党组织书记专题培训示范班，180多名街道社区党组织书记参加了培训，取得良好社会效果。

4. 积极开展调查研究，创新基层治理工作形式和内容。

（1）通过政府购买服务等方式，引入专业服务机构，对刑释人员等特殊人群加强心理疏导和技能培训，开展针对他们的特色活动，引导他们逐步融入社会。积极培育社区社会组织，鼓励社区志愿者对刑释人员等特殊人群及其家庭开展有针对性的志愿服务，在社区营造关爱刑释人员等特殊群体的良好氛围，帮助他们更好地融入社区。

（2）下发《民政部办公厅关于开展城乡基层政权建设情况调查研究活动的通知》，部署调研工作，并多次组织调研组，赴十多个省份开展专题调研。邀请国内多个领域的权威专家召开了农村基层政权建设工作座谈会。

（3）对新中国成立以来党和国家有关农村基层政权的重要方针政策和法律法规进行系统梳理，编印《农村基层政权建设重要资料选编》。组织社会力量开展相关理论研究，汇编出版《农村基层政权建设理论研究》。总结江苏省太仓市的“政社互动”经验，促进基层政府行政管理与基层群众自治的有机结合。

5. 开展“2013年度中国社区治理十大创新成果”遴选活动。

2014年初，民政部基层政权和社区建设司会同政策研究中心、人民网、新华网、中国社区发展协会和中国社会报社等6家单位联合开展“2013年度中国社区治理十大创新成果”遴选活动，吸引3000多万网友积极参与，有效调动了各地开展社区建设制度创新和实践创新的积极性。经过各地推荐、网络投票、专家评审、综合审核等程序，组委会共确定了“‘四位一体’社区减负增效治理改革”等10项成果为“2013年度中国社区治理十大创新成果”，“‘2 + N’社区治理服务新机制”等5项成果为“2013年度中国社区治理十大创新成果”提名成果。

五、区划地名工作

2014年，民政部门会同有关部门继续大力推进平安边界建设，有力维护了边界地区的和谐稳定。

1. 高度重视平安边界建设工作。开展多种形式平安边界创建活动，搞好平安边界创建示范和平安边界创建考评，坚持不懈地推动平安边界建设深入开展。

2. 依法管界工作扎实推进。

（1）组织完成了2014年京津线等14条省界的联检任务，检查界线长度7874公里、界桩566根。指导各地完成了2013年度县界联检工作总结和2014年度的县界联检任务。通过联检，及时解决了发现的纠纷问题，排除了纠纷隐患。

（3）开展了赣鄂、陕宁、青新等3条省界的界桩更换工作，同时指导有条件的省份自行开展省界和县界界桩更换工作。通过开展界桩更换，切实增强了界桩的权威性、严肃性和法定性，突出了界桩的标志性和指向性作用，维护了边界地区的平安稳定。

（3）部署开展了界线纠纷隐患问题排查调研工作，下发通知，提出明确的工作要求，并赴辽宁、吉林、黑龙江、江西、湖北、广西等地进行了实地调研。

（4）及时妥善处理了有关边界争议纠纷

问题。

3. 平安边界创建成果显著。

(1)为进一步完善行政区域界线管理工作机制,会同科技部等十一个部门请示国务院批准,将国务院勘界工作联席会议制度更名为全国行政区域界线管理部际联席会议制度。

(2)组织完成了2013年度全国平安边界创建考评工作,召开全国平安边界建设工作联席会议成员和联络员会议,进行专题讨论研究,确保了考评结果全面、客观和准确。

(3)指导各地深入开展平安边界创建机制及活动方式的创新。积极推广山东莒县平安边界建设"五位一体"联动机制,浙江建立涉界乡镇平安边界建设"六联"机制,福建制定《行政区域界线管理规范》地方标准,湖南、贵州、重庆三省市联合创办民族联谊和谐边界活动,青海、甘肃两省连续4年召开平安和谐边界创建经验交流会,重庆市民政局积极探索边界文化建设等经验做法,推动了平安边界创建工作的深入开展。

六、社会福利和慈善工作

1. 老年福利机构方面。民政部会同公安部在2014年9月12日下发了《关于开展九九消防平安行动的通知》,部署2014年9月20日至11月1日,以独居老人为重点的家庭和各类养老机构为对象,在全国开展"传播消防知识,关爱老人平安"为主题的九九消防平安行动。民政部下发了《关于开展社会福利机构消防安全大检查的通知》,决定从2015年春节至2015年全国"两会"结束期间,在全国范围内开展一次社会福利机构消防安全大检查。

2. 残障人福利机构方面。2014年,民政部发布了行业标准《精神卫生社会福利机构基本规范》(民政部公告第329号)。精神卫生社会福利机构,是指集中服务精神障碍患者中的复原退伍军人和特困人员、流浪乞讨人员、城乡"三无"人员等特殊困难群体的专业机构。该《规范》是指导精神卫生社会福利机构管理服务的第一个行业标准,对精神卫生社会福利机构的功能定位、设置、管理、服务、设施设备等方面提出了基本要求,实现了民政精神卫生福利机构专业标准的统一。

七、社会事务工作

1. 救助管理制度不断完善。协助推动出台《社会救助暂行办法》和《国务院关于全面建立临时救助制度的通知》,对其中救助管理工作的功能职责、服务对象、救助条件、参与主体作出了新的定位和规范,救助范围由城市向广大农村地区延伸,救助对象由流浪乞讨人员向临时遇困流动人口覆盖,救助方式由机构内救助向源头预防和综合治理拓展,参与主体由单一机构向多部门协同配合、社会力量共同参与转变。制定《生活无着的流浪乞讨人员救助管理机构工作规程》,细化业务流程,提升救助管理机构标准服务和安全管理水平。印发《民政部关于启用全国流浪乞讨人员救助管理工作标识的通知》,规范全国流浪乞讨人员救助管理工作标识的使用和管理。联合财政部修订《中央财政流浪乞讨人员救助补助资金管理办法》,进一步规范和加强资金分配、使用、管理、考核、监督等规定,细化支出范围和基本支出标准,规范支出科目设置和资金使用方式,增加主动救助、未成年人社会保护支出项目,增加政府购买服务等资金使用方式,提高资金使用管理水平和资金使用效益。联合国家档案局制定《生活无着的流浪乞讨人员救助档案管理办法》,规范救助档案管理,确保救助档案完整、准确、系统、安全和有效利用。

2. 未成年人社会保护试点工作成效明显。民政部在第一批未成年人社会保护工作基础上,印发《民政部关于开展第二批全国未成年人社会保护试点工作的通知》,将试点地区范围扩展至全国98个地区,着力健全未成年人社会保护"监测预防、发现报告、帮扶干预"联动反应机制,积极构建覆盖城乡的未成年人社会保护网络,探索建立"以家庭监护为基础、社会监督为保障、国家监护为补充"的监护制度,推动形成"家庭、社会、政府"三位一体的未成年人社会保护工作格局。各地在98个国家级试点基础上,又确定了105个省级试点地区。江苏等6省在各地市均确立了试点县(市、区),实现试点工作在地市级全覆盖。

3. 未成年人监护权转移政策创制工作取得突破。联合最高人民法院、最高人民检察院、公安部下发《关于依法处理监护人侵害未成年人权益行为若干问题的意见》(以下简称《意见》),通过强化部门协作配合,建立未成年人行政保护与司法保护的衔接机制,细化监护权转移相关规定,使处于监护困境的未成年人可以得到妥善的监护照料。《意见》对公安、民政、法院、检察院依法干预处置监护人侵害未成年人合法权益行为，从报告处置、诉讼主体、审理流程等方面作出详细规定，明确建立发现报告、响应处置、紧急带离、临时安置、监护情况评估、申请人身安全保护等监护侵害情形报告处置机制，对未成年人监护权转移案件审理要求、恢复条件、另行指定监护人等予以细化，明确未成年人在无适合监护人的情况下，由民政部门承担监护责任。《意见》建立了未成年人行政保护和司法裁判衔接机制，是我国探索构建未成年人国家监护制度的重要标志。

4. 流浪未成年人救助保护工作持续推进。民政部指导各地进一步强化部门联动协作，加大街面、社区主动救助保护力度，深化教育矫治、回归安置、源头防治等工作。推进"鹏程计划"职业技能培训项目，安排学校为困境未成年人开展免费职业技能培训，除协助困境未成年人申请1500元/年国家助学金和1500元/年专项补贴资金外，还为学员另行提供1500元/年的生活补助及就业服务，推动"流浪孩子回校园"专项行动深入开展。发布行业标准《流浪未成年人家庭寄养服务》、《流浪未成年人类家庭服务》。重庆市对2013年救助的流浪未成年人进行逐一调查回访工作，按照"一人一策一案"原则形成评估报告，提供分类帮扶，提升流浪未成年人救助保护内涵和工作成效。

5. 临时遇困流动人口急难救助工作成效显著。下发《民政部关于开展"寒冬送温暖"专项救助行动的通知》、《民政部办公厅关于做好炎热天气救助管理工作的通知》，部署开展"寒冬送温暖"、"夏季送清凉"专项主动救助活动，指导各地依托救助管理工作机制，持续开展全天候、拉网式排查，确保临时遇困流动人员能够及时得到急难救助和转介帮扶等服务，为"救急难"工作提供了有力、有效的支撑平台和服务载体。

6. 救助管理机构建设持续提升。确定第二批国家等级救助管理机构109个，继续开展第三批全国救助管理机构等级评定，推动救助管理机构规范化建设。启动全国救助管理信息系统（三期）建设项目。安排部本级彩票公益金6000万元支持各地改善市县救助机构基础设施和设备。开展彩票公益金资助未保中心建设项目督查，赴陕西、湖南、湖北、四川、江苏、安徽、江西、福建、广西、吉林、辽宁等省，通过实地考查、查阅资料、座谈交流等方式，对各地彩票公益金资助未保中心建设项目进行督导，推动各级政府建立稳定的流浪未成年人救助保护工作投入机制，落实配套资金和建设用地，确保基本建设投资和日常工作经费支出，保证流浪未成年人救助保护设施按规划建设完成并持续运行。目前，全国95%以上的地级城市和50%以上的县（市）都设立了功能较为完善的救助管理机构，各地形成了以救助管理机构为核心，以社区为终端，横向到边、纵向到底的救助服务网络，有力保障了救助管理工作的顺利开展。安徽省连续2年将生活无着人员救助工作列入全省民生工程项目，投入1亿多元支持各地新建或改建救助管理机构，实现了区县级救助管理机构全省覆盖，切实编牢织密救助网络。

八、社会工作

1. 政策制度方面。出台了《关于进一步加快推进民办社会工作服务机构发展的意见》、《关于加强青少年事务社会工作专业人才队伍建设的意见》、《关于组织社会力量参与社区矫正工作的意见》；制定了《社会工作服务项目绩效评估指南》和《儿童社会工作服务指南》国家行业标准；协调争取将社会工作和志愿服务纳入国务院禁毒戒毒工作意见和社会救助暂行办法等相关法规政策规范；研究编制《社会工作事业发展"十三五"规划》；组织开展社会工作专业人才服务农村留守人员政策研究；完成《关于推进社会救助领域社会工作发展的意见》稿研究论证与征求意见；研究起草了《关于加快推进社会工作服务的意见》《关于支持和发展志愿服务组织的意见》稿以及《社会工作基本术语》《志愿者队伍建设信息系统技术规范》等标准草案，为下一步政策创制奠定了工作基础。

2. 队伍建设方面。截至2014年底，全国有310所高校招收社会工作专业本科学生、70余所高职高专学校招收社会工作专科学生、104所高校（研究机构）招收社会工作专业硕士学生，每年社会工作专业毕业学生近3万人。全国持证助理社会工作师和社会工作师达15.9万人，各方面社会工作专业人才数量突破40万人，比2010年增长1倍。

3. 机构建设方面。截至2014年底,北京、天津、辽宁、黑龙江、上海、浙江、广东、重庆、宁夏、新疆、大连、深圳10个省市和2个计划单列市相对独立分设了社会工作处(或办公室),19个省份和3个计划单列市在人事处等处室加挂了社会工作处牌子,上海、新疆、贵州、内蒙古等地设立了社会工作事业单位。108个地级市和县(市、区)在民政局内设了社会工作处(科、室、股),社会工作行政管理机构建设进一步加强。各地在相关事业单位、城乡社区、社会组织开发设置了11.39万个社会工作专业岗位,比2013年增长37.5%;扶持发展了3522家民办社会工作服务机构,比2013年增长43.6%,其中广东民办社会工作服务机构达770家,浙江、四川民办社工服务机构数量突破400家;全国已成立24个省级、97个地市级和168个县级社会工作行业协会。社会工作专业人才就业平台日益广阔。

4. 项目实施方面。民政部联合财政部、司法部、共青团中央等部门和群团组织在社区建设、防灾减灾、社会救助、社区矫正、青少年事务等领域探索使用社会工作专业人才、开展专业社会工作服务。开展企业社会工作服务试点。实施社会工作服务标准化建设示范工程,确定了61个地区、103个社区和180家单位开展社会工作服务标准化建设示范活动。实施社会工作专业人才服务边远贫困地区、边疆民族地区和革命老区计划,向中西部艰苦贫困地区选派1000名社会工作专业人才开展专业服务。组织实施了特殊困难老年人社会工作服务示范项目和民政部李嘉诚基金会"大爱之行"社会工作服务示范创新项目。在国家工程计划与项目引导下,不少地方积极开展各具特色、形式多样的专业社会工作服务,主动回应基层社会治理创新的现实需要,探索建立社区、社会组织和社会工作者"三社联动"和社会工作者、志愿者(又称义工)"两工互动"机制,取得了良好效果。目前,在不少地区,专业社会工作服务逐步成为深受百姓欢迎的新型社会服务业态;发展专业社会工作逐步成为党委政府完善社会服务体系、创新基层社会治理、促进社会和谐稳定的自觉行动与制度安排。

民政部关于贯彻落实国务院取消全国性社会团体分支机构、代表机构登记行政审批项目的决定有关问题的通知

(2014年2月26日)

各全国性社会团体:

2013年11月8日,《国务院关于取消和下放一批行政审批项目的决定》(以下简称《决定》)取消了民政部对全国性社会团体分支机构、代表机构设立登记、变更登记和注销登记的行政审批项目。为贯彻落实《决定》的要求,深入推进社会团体登记管理制度改革,切实转变政府职能,进一步激发社会团体活力,更好地发挥其在经济社会发展中的积极作用,现就有关事项通知如下:

1. 自《决定》发布之日起,我部不再受理全国性社会团体分支机构(包括专项基金管理机构)、代表机构的设立、变更、注销登记的申请,不再换发上述机构的登记证书,不再出具分支机构、代表机构刻制印章的证明。

2. 全国性社会团体根据本团体章程规定的宗旨和业务范围,可以自行决定分支机构、代表机构的设立、变更和终止。前述决定应当经理事会或者常务理事会讨论通过,制作会议纪要,妥善保

存原始资料。

3. 社会团体的分支机构、代表机构是社会团体的组成部分，不具有法人资格，不得另行制订章程，在社会团体授权的范围内开展活动、发展会员，法律责任由设立该分支机构、代表机构的社会团体承担。

4. 社会团体不得设立地域性分支机构，不得在分支机构、代表机构下再设立分支机构、代表机构。

5. 社会团体的分支机构、代表机构名称不得以各类法人组织的名称命名，不得在名称中使用“中国”、“中华”、“全国”、“国家”等字样，开展活动应当使用冠有所属社会团体名称的规范全称。

6. 社会团体应当建立健全管理制度，切实加强对其分支机构、代表机构的监督管理。社会团体应当将分支机构、代表机构的财务、账户纳入社会团体统一管理，不得以设立分支机构、代表机构的名义收取或变相收取管理费、赞助费等，不得将上述机构委托其他组织运营，确保分支机构、代表机构依法办事，按章程开展活动。

7. 社会团体应当在年度工作报告中将其分支机构、代表机构的名称、负责人、住所、设立程序、开展活动等有关情况报送业务主管单位和登记管理机关（直接登记的社会团体报送登记管理机关），接受年度检查，不得弄虚作假。同时，应当将上述信息及时向社会公开，自觉接受社会监督。

取消行政审批后出现的新情况、新问题，请及时向我部反映。我部将根据工作需要，协调有关部门另行制定有关后续服务管理措施。

民政部　财政部关于取消社会团体会费标准备案规范会费管理的通知

（2014 年 7 月 25 日）

各省、自治区、直辖市民政厅（局）、财政厅（局），各计划单列市民政局、财政局，新疆生产建设兵团民政局、财务局：

为切实转变政府职能，简政放权，推进社会团体依法自治，激发社会团体活力，现就社会团体会费有关事项通知如下：

1. 自《通知》发布之日起，社会团体通过的会费标准，不再报送业务主管单位、社会团体登记管理机关和财政部门备案。

2. 经社会团体登记管理机关批准成立的社会团体，可以向个人会员和单位会员收取会费。

3. 社会团体可以依据章程规定的业务范围、工作成本等因素，合理制定会费标准。

会费标准的额度应当明确，不得具有浮动性。

4. 社会团体制定或者修改会费标准，应当召开会员大会或者会员代表大会，应当有 2/3 以上会员或者会员代表出席，并经出席会员或者会员代表 1/2 以上表决通过，表决采取无记名投票方式进行。

除会员大会或者会员代表大会以外，不得采取任何其他形式制定或者修改会费标准。

5. 社会团体应当自通过会费标准决议之日起 30 日内，将决议向全体会员公开。

6. 社会团体会费应当主要用于为会员提供服务以及按照该社会团体宗旨开展的各项业务活动等支出。

社会团体应当每年向会员公布会费收支情况，定期接受会员大会或者会员代表大会的审查，并在社会团体年检时填报会费收支情况。

7. 社会团体收取会费，应当按照规定使用财政部和省（自治区、直辖市）财政部门印（监）制的社会团体会费收据。除会费以外，其他收入不得使用社会团体会费收据。

8. 社会团体会费标准的制定、修改，以及会费收取、使用和管理不符合本通知规定的，社会团体登记管理机关可以依据《社会团体登记管理条例》的有关规定，给予相应处罚。

社会团体登记管理机关和财政部门应当对社会团体会费的收支情况进行监督检查，发现问题，及时处理。

9. 社会团体收取会费不符合本通知第三条、第四条、第六条规定的，社会团体会员有权拒绝缴纳，并可以向有关部门举报。

《民政部　财政部关于调整社会团体会费政策等有关问题的通知》（民发〔2003〕95 号）、《民政部　财政部关于进一步明确社会团体会费政策的通知》（民发〔2006〕123 号）自本通知印发之日起同时废止。

民政部　中央编办　发展改革委　工业和信息化部　商务部　人民银行　工商总局　全国工商联　关于推进行业协会商会诚信自律建设工作的意见

（2014 年 10 月 31 日）

各省、自治区、直辖市及新疆生产建设兵团民政厅（局）、编办、发展改革委、工业和信息化主管部门、商务厅（局）、工商局、工商联，中国人民银行上海总部，各分行、营业管理部，各省会（首府）城市中心支行，各副省级城市中心支行，各全国性行业协会商会：

行业协会商会诚信自律建设，对于加强和改进行业协会商会管理，提高行业协会商会公信力，推进行业自律体系和社会信用体系建设，促进社会主义市场经济健康发展具有重要意义。为贯彻落实国务院《关于促进市场公平竞争维护市场正常秩序的若干意见》和《社会信用体系建设规划纲要（2014—2020 年）》精神，现就推进行业协会商会诚信自律建设工作提出以下意见。

一、支持行业协会商会参与行业信用建设

（一）建立健全会员企业信用档案。行业协会商会可以根据自身实际情况，研究制定会员企业信用信息收集标准，建立行业内部信用信息收集渠道，建立健全会员企业信用档案，依法收集、记录和整理会员企业在生产、经营中产生的有关信用信息。有条件的行业协会商会可以收集会员企业交易伙伴的信用信息，建立会员企业交易伙伴信用信息数据库，帮助会员企业减少生产和经营风险。

（二）积极开展会员企业信用评价。支持行业协会商会根据各自行业特点，加强与有资质的第三方信用服务机构合作，依法开展行业信用评价工作。信用评价工作要以服务会员企业、促进行业自律、提高行业信用水平为宗旨，遵循会员企业自愿参加的原则。行业协会商会要优化评价指标体系，完善评价操作流程，提升行业信用评价效率，评价方法、标准、结果等应当公开发布并提供查询服务。要依托新闻媒体、内部刊物和协会网站，积极宣传推广信用评价结果，提高诚信会员企业在政府、市场与社会中的接受度和知名度。

（三）加强会员企业信用信息共享和应用。行业协会商会要主动与行业主管部门、国家统一信用信息平台、征信机构以及有上下游产业关系的行业组织进行对接，建立信用信息交换共享机制，为会员企业提供多层次、全方位的信用信息服务。行业协会商会提供的会员企业信用信息，征信机构可予以记载。行业协会商会要加强会员企业信用信息的应用，将会员企业信用信息作为评先评优、市场拓展、行业扶持和奖励等工作的重要参考，加强与商业银行、保险机构等金融机构的合作，帮助信用良好的会员企业获取更多的业务优惠、便利和市场机会。

（四）帮助会员企业提高信用管理能力。行

业协会商会可以通过举办培训班、研讨会等方式,加强会员企业信用管理专业知识培训,使会员企业了解、掌握企业信用管理知识,增强信用风险防范能力。可以协助会员企业建立客户档案、开展客户诚信评价,建立科学的信用管理流程和信用风险管理制度,提升会员企业综合竞争力,形成有效的信用风险防范机制。

二、推动行业协会商会建立健全行业自律机制

(五)健全行业自律规约。行业协会商会要根据行业发展要求,研究制定自律规约,积极规范会员企业生产和经营行为,引导本行业的经营者依法竞争,自觉维护市场竞争秩序,充分发挥市场监管中的自律作用。制定自律规约要体现公平公正、诚实信用和正当竞争的原则,不得含有排除、限制竞争的内容,要广泛征求行业企业和有关部门的意见建议,经过专家研究论证,并召开会员(代表)大会审议通过后颁布实施。对于没有制定自律规约的行业协会商会,要抓紧研究制定符合本行业特点的自律规约;已经制定或实施自律规约的行业协会商会,要认真总结经验,不断改进完善,使之更符合实际,针对性更强。行业协会商会要加强自律规约的执行与监督,对违反自律规约的,按照情节轻重,实行警告、行业内通报批评、公开谴责、取消会员资格、向有关部门通报等惩戒措施。推动行业协会商会建立的行业性约束和惩戒机制与政府、市场、社会形成的约束和惩戒机制相衔接,形成联动效应。

(六)制定行业职业道德准则。行业协会商会要按照社会主义核心价值观要求,研究制定行业职业道德准则,规范从业人员职业行为,全面提高从业人员的思想道德素质、科学文化素质和技术业务素质,培育从业人员的职业道德和职业精神,营造诚信执业良好氛围。加大行业职业道德准则宣传力度,推动行业从业人员严格遵守行业职业道德准则。对于违背行业职业道德准则的从业人员,探索建立行业惩戒机制。推动会员企业履行社会责任,探索建立与国际标准相一致、符合行业特点的社会责任指标和评价体系,发布行业社会责任报告,提升行业社会责任绩效。

(七)规范行业发展秩序。支持行业协会商会开展标准化工作。鼓励行业协会商会制定发布本行业的产品和服务标准,积极参与制定国家标准、行业规划和政策法规,不断提高行业产品和服务的质量。行业协会商会要发挥专业调解作用,积极协调会员企业之间、会员企业与其他经济组织之间关系,维护会员和行业整体利益。支持行业协会商会代表会员企业开展反倾销、反补贴、保障措施的调查、申诉、应诉工作,参与协调贸易争议。

三、加强行业协会商会自身建设

(八)完善法人治理。行业协会商会要以章程为核心,建立健全现代法人治理结构和运行机制。要把诚信自律建设内容纳入行业协会商会章程,提高行业协会商会依法自治水平。落实民主选举、差额选举制度,扩大直选范围。建立健全会员(代表)大会、理事会和监事会(监事)制度。完善人事、财务、档案、资产、活动管理、机构管理等各项内部管理制度。行业协会商会负责人和理事会成员要严格按照民主程序选举产生。鼓励选举企业家担任理事长(会长)。探索实行行业协会商会理事长(会长)轮值制。秘书长可以通过选举、聘任或向社会公开招聘等方式产生。

(九)实行信息公开。行业协会商会要主动向会员公开年度工作报告、财务工作报告、会费收支情况以及经理事会研究认为有必要向会员公开的其他信息;向社会公开登记事项、章程、组织机构、接受捐赠、承接政府转移职能以及政府购买服务事项等信息,增加透明度和公信力。行业协会商会要依托统一的信息平台或者自身官方网站进行信息公开,自觉接受会员、新闻媒体和社会公众监督。鼓励广大行业协会商会不断丰富信息公开内容,扩大信息公开范围,创新信息公开方式。

(十)推行诚信承诺。行业协会商会成立登记后,应签署诚信承诺书,并向社会公开诚信承诺书内容。要重点围绕服务内容、服务方式、服务对象和收费标准等进行公开承诺,做到不强制入会,不强行服务,不搞乱评比、乱培训、乱表彰,不超出章程规定的业务范围开展活动。鼓励行业协会商会积极培育诚信服务品牌,增强诚信服务意识,拓展诚信服务内容,创新诚信服务方式,不断提升诚信服务能力。

四、完善保障措施

(十一)加强组织领导。各地要将行业协会

商会诚信自律建设与社会组织管理制度改革结合起来，作为一项重要工作纳入议事日程。各级民政、机构编制、发展改革、工业和信息化、商务、金融、工商、工商联等部门和单位要按照本意见的要求，切实加强组织领导，明确职责分工，落实工作责任，形成工作合力。鼓励行业协会商会设立专门的诚信自律工作机构。全国性行业协会商会要发挥带头作用，探索建立健全与国民经济行业发展相适应、覆盖全面、运行有效、作用明显的诚信自律建设体系。

（十二）建立奖惩机制。各级民政部门要会同有关部门依托全国社会组织法人单位信息资源库建设，收集、整合行业协会商会各类信用信息，建立行业协会商会信用档案。对诚信自律良好的行业协会商会，在年度检查、等级评估、税收优惠、职能转移、购买服务等事项中，实行优先办理、简化程序和重点支持等激励政策。对存在多次失信或者严重失信并造成严重后果的，纳入"黑名单"进行管理，采取取消税收减免资格、降低评估等级、限制参与承接政府转移职能和购买服务项目等措施，加大惩戒力度。通过信用奖惩机制，使守信者处处受益、失信者寸步难行。

（十三）做好宣传引导。组织行业协会商会深入开展以诚信自律创建为主题的教育活动，引导行业协会商会将诚信自律建设作为自觉追求和普遍行动。充分发挥电视、广播、报纸、网络等媒体的宣传引导作用，树立行业协会商会诚信自律典型，使广大行业协会商会学有榜样、赶有目标。建立行业协会商会失信行为的舆情监测机制，及时回应社会关切。

中华人民共和国国务院令

第649号

现公布《社会救助暂行办法》，自2014年5月1日起施行。

总理　李克强

2014年2月21日

社会救助暂行办法

第一章　总　则

第一条　为了加强社会救助，保障公民的基本生活，促进社会公平，维护社会和谐稳定，根据宪法，制定本办法。

第二条　社会救助制度坚持托底线、救急难、可持续，与其他社会保障制度相衔接，社会救助水平与经济社会发展水平相适应。

社会救助工作应当遵循公开、公平、公正、及时的原则。

第三条　国务院民政部门统筹全国社会救助体系建设。国务院民政、卫生计生、教育、住房城乡建设、人力资源社会保障等部门，按照各自职责负责相应的社会救助管理工作。

县级以上地方人民政府民政、卫生计生、教育、住房城乡建设、人力资源社会保障等部门，按照各自职责负责本行政区域内相应的社会救助管理工作。

前两款所列行政部门统称社会救助管理部门。

第四条　乡镇人民政府、街道办事处负责有关社会救助的申请受理、调查审核，具体工作由社会救助经办机构或者经办人员承担。

村民委员会、居民委员会协助做好有关社会救助工作。

第五条　县级以上人民政府应当将社会救助纳入国民经济和社会发展规划，建立健全政府领导、民政部门牵头、有关部门配合、社会力量参与的社会救助工作协调机制，完善社会救助资金、物资保障机制，将政府安排的社会救助资金和社会救助工作经费纳入财政预算。

社会救助资金实行专项管理，分账核算，专款专用，任何单位或者个人不得挤占挪用。社会救助资金的支付，按照财政国库管理的有关规定执行。

第六条　县级以上人民政府应当按照国家统一规划建立社会救助管理信息系统，实现社会救助信息互联互通、资源共享。

第七条　国家鼓励、支持社会力量参与社会救助。

第八条　对在社会救助工作中作出显著成绩的单位、个人，按照国家有关规定给予表彰、奖励。

第二章　最低生活保障

第九条　国家对共同生活的家庭成员人均收入低于当地最低生活保障标准，且符合当地最低生活保障家庭财产状况规定的家庭，给予最低生活保障。

第十条　最低生活保障标准，由省、自治区、直辖市或者设区的市级人民政府按照当地居民生活必需的费用确定、公布，并根据当地经济社会发展水平和物价变动情况适时调整。

最低生活保障家庭收入状况、财产状况的认定办法，由省、自治区、直辖市或者设区的市级人民政府按照国家有关规定制定。

第十一条　申请最低生活保障，按照下列程序办理：

（一）由共同生活的家庭成员向户籍所在地的乡镇人民政府、街道办事处提出书面申请；家庭成员申请有困难的，可以委托村民委员会、居民委员会代为提出申请。

（二）乡镇人民政府、街道办事处应当通过入户调查、邻里访问、信函索证、群众评议、信息核查等方式，对申请人的家庭收入状况、财产状况进行调查核实，提出初审意见，在申请人所在村、社区公示后报县级人民政府民政部门审批。

（三）县级人民政府民政部门经审查，对符合条件的申请予以批准，并在申请人所在村、社区公布；对不符合条件的申请不予批准，并书面向申请人说明理由。

第十二条　对批准获得最低生活保障的家庭，县级人民政府民政部门按照共同生活的家庭成员人均收入低于当地最低生活保障标准的差额，按月发给最低生活保障金。

对获得最低生活保障后生活仍有困难的老年人、未成年人、重度残疾人和重病患者，县级以上地方人民政府应当采取必要措施给予生活保障。

第十三条　最低生活保障家庭的人口状况、收入状况、财产状况发生变化的，应当及时告知乡镇人民政府、街道办事处。

县级人民政府民政部门以及乡镇人民政府、街道办事处应当对获得最低生活保障家庭的人口状况、收入状况、财产状况定期核查。

最低生活保障家庭的人口状况、收入状况、财产状况发生变化的，县级人民政府民政部门应当及时决定增发、减发或者停发最低生活保障金；决定停发最低生活保障金的，应当书面说明理由。

第三章　特困人员供养

第十四条　国家对无劳动能力、无生活来源且无法定赡养、抚养、扶养义务人，或者其法定赡养、抚养、扶养义务人无赡养、抚养、扶养能力的老年人、残疾人以及未满 16 周岁的未成年人，给予特困人员供养。

第十五条　特困人员供养的内容包括：

（一）提供基本生活条件；

（二）对生活不能自理的给予照料；

（三）提供疾病治疗；

（四）办理丧葬事宜。

特困人员供养标准，由省、自治区、直辖市或者设区的市级人民政府确定、公布。

特困人员供养应当与城乡居民基本养老保险、基本医疗保障、最低生活保障、孤儿基本生活保障等制度相衔接。

第十六条　申请特困人员供养，由本人向户籍所在地的乡镇人民政府、街道办事处提出书面申请；本人申请有困难的，可以委托村民委员会、居民委员会代为提出申请。

特困人员供养的审批程序适用本办法第十一条规定。

第十七条　乡镇人民政府、街道办事处应当及时了解掌握居民的生活情况，发现符合特困供养条件的人员，应当主动为其依法办理供养。

第十八条　特困供养人员不再符合供养条件的，村民委员会、居民委员会或者供养服务机构应当告知乡镇人民政府、街道办事处，由乡镇人民政府、街道办事处审核并报县级人民政府民政部门核准后，终止供养并予以公示。

第十九条　特困供养人员可以在当地的供养服务机构集中供养，也可以在家分散供养。特困供养人员可以自行选择供养形式。

第四章　受灾人员救助

第二十条　国家建立健全自然灾害救助制度，对基本生活受到自然灾害严重影响的人员，提供生活救助。

自然灾害救助实行属地管理，分级负责。

第二十一条　设区的市级以上人民政府和自然灾害多发、易发地区的县级人民政府应当根据自然灾害特点、居民人口数量和分布等情况，设立自然灾害救助物资储备库，保障自然灾害发生后救助物资的紧急供应。

第二十二条　自然灾害发生后，县级以上人民政府或者人民政府的自然灾害救助应急综合协调机构应当根据情况紧急疏散、转移、安置受灾人员，及时为受灾人员提供必要的食品、饮用水、衣被、取暖、临时住所、医疗防疫等应急救助。

第二十三条　灾情稳定后，受灾地区县级以上人民政府应当评估、核定并发布自然灾害损失情况。

第二十四条　受灾地区人民政府应当在确保安全的前提下，对住房损毁严重的受灾人员进行过渡性安置。

第二十五条　自然灾害危险消除后，受灾地区人民政府民政等部门应当及时核实本行政区域内居民住房恢复重建补助对象，并给予资金、物资等救助。

第二十六条　自然灾害发生后，受灾地区人民政府应当为因当年冬寒或者次年春荒遇到生活困难的受灾人员提供基本生活救助。

第五章　医疗救助

第二十七条　国家建立健全医疗救助制度，保障医疗救助对象获得基本医疗卫生服务。

第二十八条　下列人员可以申请相关医疗救助：

（一）最低生活保障家庭成员；

（二）特困供养人员；

（三）县级以上人民政府规定的其他特殊困难人员。

第二十九条　医疗救助采取下列方式：

（一）对救助对象参加城镇居民基本医疗保险或者新型农村合作医疗的个人缴费部分，给予补贴。

（二）对救助对象经基本医疗保险、大病保险和其他补充医疗保险支付后，个人及其家庭难以承担的符合规定的基本医疗自负费用，给予补助。

医疗救助标准，由县级以上人民政府按照经济社会发展水平和医疗救助资金情况确定、公布。

第三十条　申请医疗救助的，应当向乡镇人民政府、街道办事处提出，经审核、公示后，由县级人民政府民政部门审批。最低生活保障家庭成员和特困供养人员的医疗救助，由县级人民政府民政部门直接办理。

第三十一条　县级以上人民政府应当建立健全医疗救助与基本医疗保险、大病保险相衔接的医疗费用结算机制，为医疗救助对象提供便捷服务。

第三十二条　国家建立疾病应急救助制度，对需要急救但身份不明或者无力支付急救费用的急重危伤病患者给予救助。符合规定的急救费用由疾病应急救助基金支付。

疾病应急救助制度应当与其他医疗保障制度相衔接。

第六章　教育救助

第三十三条　国家对在义务教育阶段就学的最低生活保障家庭成员、特困供养人员，给予教育救助。

对在高中教育（含中等职业教育）、普通高等教育阶段就学的最低生活保障家庭成员、特困供养人员，以及不能入学接受义务教育的残疾儿童，根据实际情况给予适当教育救助。

第三十四条　教育救助根据不同教育阶段需求，采取减免相关费用、发放助学金、给予生活补助、安排勤工助学等方式实施，保障教育救助对象基本学习、生活需求。

第三十五条　教育救助标准，由省、自治区、直辖市人民政府根据经济社会发展水平和教育救助对象的基本学习、生活需求确定、公布。

第三十六条　申请教育救助，应当按照国家有关规定向就读学校提出，按规定程序审核、确认后，由学校按照国家有关规定实施。

第七章　住房救助

第三十七条　国家对符合规定标准的住房困难的最低生活保障家庭、分散供养的特困人员，给予住房救助。

第三十八条　住房救助通过配租公共租赁住房、发放住房租赁补贴、农村危房改造等方式实施。

第三十九条　住房困难标准和救助标准，由县级以上地方人民政府根据本行政区域经济社会发展水平、住房价格水平等因素确定、公布。

第四十条　城镇家庭申请住房救助的，应当经由乡镇人民政府、街道办事处或者直接向县级人民政府住房保障部门提出，经县级人民政府民政部门审核家庭收入、财产状况和县级人民政府住房保障部门审核家庭住房状况并公示后，对符合申请条件的申请人，由县级人民政府住房保障部门优先给予保障。

农村家庭申请住房救助的，按照县级以上人民政府有关规定执行。

第四十一条　各级人民政府按照国家规定通过财政投入、用地供应等措施为实施住房救助提供保障。

第八章　就业救助

第四十二条　国家对最低生活保障家庭中有劳动能力并处于失业状态的成员，通过贷款贴息、社会保险补贴、岗位补贴、培训补贴、费用减免、公益性岗位安置等办法，给予就业救助。

第四十三条　最低生活保障家庭有劳动能力的成员均处于失业状态的，县级以上地方人民政府应当采取有针对性的措施，确保该家庭至少有一人就业。

第四十四条　申请就业救助的，应当向住所地街道、社区公共就业服务机构提出，公共就业服务机构核实后予以登记，并免费提供就业岗位信息、职业介绍、职业指导等就业服务。

第四十五条　最低生活保障家庭中有劳动能力但未就业的成员，应当接受人力资源社会保障等有关部门介绍的工作；无正当理由，连续3次拒绝接受介绍的与其健康状况、劳动能力等相适应的工作的，县级人民政府民政部门应当决定减发或者停发其本人的最低生活保障金。

第四十六条　吸纳就业救助对象的用人单位，按照国家有关规定享受社会保险补贴、税收优惠、小额担保贷款等就业扶持政策。

第九章　临时救助

第四十七条　国家对因火灾、交通事故等意外事件，家庭成员突发重大疾病等原因，导致基本生活暂时出现严重困难的家庭，或者因生活必需支出突然增加超出家庭承受能力，导致基本生活暂时出现严重困难的最低生活保障家庭，以及遭遇其他特殊困难的家庭，给予临时救助。

第四十八条　申请临时救助的，应当向乡镇人民政府、街道办事处提出，经审核、公示后，由县级人民政府民政部门审批；救助金额较小的，县级人民政府民政部门可以委托乡镇人民政府、街道办事处审批。情况紧急的，可以按照规定简化审批手续。

第四十九条　临时救助的具体事项、标准，由县级以上地方人民政府确定、公布。

第五十条　国家对生活无着的流浪、乞讨人员提供临时食宿、急病救治、协助返回等救助。

第五十一条　公安机关和其他有关行政机关的工作人员在执行公务时发现流浪、乞讨人员的，应当告知其向救助管理机构求助。对其中的残疾人、未成年人、老年人和行动不便的其他人员，应当引导、护送到救助管理机构；对突发急病人员，应当立即通知急救机构进行救治。

第十章　社会力量参与

第五十二条　国家鼓励单位和个人等社会力量通过捐赠、设立帮扶项目、创办服务机构、提供志愿服务等方式，参与社会救助。

第五十三条　社会力量参与社会救助，按照国家有关规定享受财政补贴、税收优惠、费用减免等政策。

第五十四条　县级以上地方人民政府可以将社会救助中的具体服务事项通过委托、承包、采购等方式，向社会力量购买服务。

第五十五条　县级以上地方人民政府应当发挥社会工作服务机构和社会工作者作用，为社会救助对象提供社会融入、能力提升、心理疏导等专业服务。

第五十六条　社会救助管理部门及相关机构应当建立社会力量参与社会救助的机制和渠道，提供社会救助项目、需求信息，为社会力量参与社会救助创造条件、提供便利。

第十一章　监督管理

第五十七条　县级以上人民政府及其社会救助管理部门应当加强对社会救助工作的监督检查，完善相关监督管理制度。

第五十八条　申请或者已获得社会救助的家庭，应当按照规定如实申报家庭收入状况、财产状况。

县级以上人民政府民政部门根据申请或者已获得社会救助家庭的请求、委托，可以通过户籍管理、税务、社会保险、不动产登记、工商登记、住房公积金管理、车船管理等单位和银行、保险、证券等金融机构，代为查询、核对其家庭收入状况、财产状况；有关单位和金融机构应当予以配合。

县级以上人民政府民政部门应当建立申请和已获得社会救助家庭经济状况信息核对平台，为审核认定社会救助对象提供依据。

第五十九条　县级以上人民政府社会救助管理部门和乡镇人民政府、街道办事处在履行社会救助职责过程中，可以查阅、记录、复制与社会救助事项有关的资料，询问与社会救助事项有关的单位、个人，要求其对相关情况作出说明，提供相关证明材料。有关单位、个人应当如实提供。

第六十条　申请社会救助，应当按照本办法的规定提出；申请人难以确定社会救助管理部门的，可以先向社会救助经办机构或者县级人民政府民政部门求助。社会救助经办机构或者县级人民政府民政部门接到求助后，应当及时办理或者转交其他社会救助管理部门办理。

乡镇人民政府、街道办事处应当建立统一受理社会救助申请的窗口，及时受理、转办申请事项。

第六十一条　履行社会救助职责的工作人员对在社会救助工作中知悉的公民个人信息，除按照规定应当公示的信息外，应当予以保密。

第六十二条　县级以上人民政府及其社会救助管理部门应当通过报刊、广播、电视、互联网等媒体，宣传社会救助法律、法规和政策。

县级人民政府及其社会救助管理部门应当通过公共查阅室、资料索取点、信息公告栏等便于公众知晓的途径，及时公开社会救助资金、物资的管理和使用等情况，接受社会监督。

第六十三条　履行社会救助职责的工作人员行使职权，应当接受社会监督。

任何单位、个人有权对履行社会救助职责的工作人员在社会救助工作中的违法行为进行举报、投诉。受理举报、投诉的机关应当及时核实、处理。

第六十四条　县级以上人民政府财政部门、审计机关依法对社会救助资金、物资的筹集、分配、管理和使用实施监督。

第六十五条　申请或者已获得社会救助的家庭或者人员，对社会救助管理部门作出的具体行政行为不服的，可以依法申请行政复议或者提起行政诉讼。

第十二章　法律责任

第六十六条　违反本办法规定，有下列情形之一的，由上级行政机关或者监察机关责令改正；

对直接负责的主管人员和其他直接责任人员依法给予处分：

（一）对符合申请条件的救助申请不予受理的；

（二）对符合救助条件的救助申请不予批准的；

（三）对不符合救助条件的救助申请予以批准的；

（四）泄露在工作中知悉的公民个人信息，造成后果的；

（五）丢失、篡改接受社会救助款物、服务记录等数据的；

（六）不按照规定发放社会救助资金、物资或者提供相关服务的；

（七）在履行社会救助职责过程中有其他滥用职权、玩忽职守、徇私舞弊行为的。

第六十七条　违反本办法规定，截留、挤占、挪用、私分社会救助资金、物资的，由有关部门责令追回；有违法所得的，没收违法所得；对直接负责的主管人员和其他直接责任人员依法给予处分。

第六十八条　采取虚报、隐瞒、伪造等手段，骗取社会救助资金、物资或者服务的，由有关部门决定停止社会救助，责令退回非法获取的救助资金、物资，可以处非法获取的救助款额或者物资价值1倍以上3倍以下的罚款；构成违反治安管理行为的，依法给予治安管理处罚。

第六十九条　违反本办法规定，构成犯罪的，依法追究刑事责任。

第十三章　附　则

第七十条　本办法自2014年5月1日起施行。

国务院关于全面建立临时救助制度的通知

（2014年10月3日）

各省、自治区、直辖市人民政府，国务院各部委、各直属机构：

为贯彻落实党的十八大和十八届二中、三中全会精神，进一步发挥社会救助托底线、救急难作用，解决城乡困难群众突发性、紧迫性、临时性生活困难，根据《社会救助暂行办法》有关规定，国务院决定全面建立临时救助制度。现就有关问题通知如下。

一、充分认识全面建立临时救助制度的重要意义

党和政府高度重视社会救助工作。多年来，以最低生活保障、特困人员供养、受灾人员救助等基本生活救助和医疗、教育、住房、就业等专项救助制度为支撑的社会救助体系基本建立，绝大多数困难群众得到了及时、有效的救助。同时，社会救助体系仍存在“短板”，解决一些遭遇突发性、紧迫性、临时性生活困难的群众救助问题仍缺乏相应的制度安排，迫切需要全面建立临时救助制度，发挥救急难功能，使城乡困难群众基本生活都能得到有效保障，兜住底线。

建立临时救助制度是填补社会救助体系空白，提升社会救助综合效益，确保社会救助安全网网底不破的必然要求，对于全面深化改革、促进社会公平正义、全面建成小康社会具有重要意义。各地区、各部门要充分认识建立临时救助制度的重要性和紧迫性，增强使命感和责任感，将其作为加强和改善民生的一项重要任务，全面落实，扎实推进。

二、明确建立临时救助制度的目标任务和总体要求

临时救助制度要以解决城乡群众突发性、紧迫性、临时性基本生活困难问题为目标，通过完善政策措施，健全工作机制，强化责任落实，鼓励社会参与，增强救助时效，补“短板”、扫“盲区”，编实织密困难群众基本生活安全网，切实保障困难群众基本生活权益。

临时救助制度实行地方各级人民政府负责制。县级以上地方人民政府民政部门要统筹做好本行政区域内的临时救助工作，卫生计生、教育、住房城乡建设、人力资源社会保障、财政等部门要主动配合，密切协作。

国务院民政部门统筹全国临时救助制度建设。国务院民政、卫生计生、教育、住房城乡建设、人力资源社会保障、财政等部门，按照各自职责做好相关工作。

临时救助工作要坚持应救尽救，确保有困难的群众都能求助有门，并按规定得到及时救助；坚持适度救助，着眼于解决基本生活困难、摆脱临时困境，既要尽力而为，又要量力而行；坚持公开公正，做到政策公开、过程透明、结果公正；坚持制度衔接，加强各项救助、保障制度的衔接配合，形成整体合力；坚持资源统筹，政府救助、社会帮扶、家庭自救有机结合。

三、临时救助制度的主要内容

临时救助是国家对遭遇突发事件、意外伤害、重大疾病或其他特殊原因导致基本生活陷入困境，其他社会救助制度暂时无法覆盖或救助之后基本生活暂时仍有严重困难的家庭或个人给予的应急性、过渡性的救助。

(一)对象范围。

家庭对象。因火灾、交通事故等意外事件，家庭成员突发重大疾病等原因，导致基本生活暂时出现严重困难的家庭；因生活必需支出突然增加超出家庭承受能力，导致基本生活暂时出现严重困难的最低生活保障家庭；遭遇其他特殊困难的家庭。

个人对象。因遭遇火灾、交通事故、突发重大疾病或其他特殊困难，暂时无法得到家庭支持，导致基本生活陷入困境的个人。其中，符合生活无着的流浪、乞讨人员救助条件的，由县级人民政府按有关规定提供临时食宿、急病救治、协助返回等救助。

因自然灾害、事故灾难、公共卫生、社会安全等突发公共事件，需要开展紧急转移安置和基本生活救助，以及属于疾病应急救助范围的，按照有关规定执行。

县级以上地方人民政府应当根据当地实际，制定具体的临时救助对象认定办法，规定意外事件、突发重大疾病、生活必需支出突然增加以及其他特殊困难的类型和范围。

(二)申请受理。

依申请受理。凡认为符合救助条件的城乡居民家庭或个人均可以向所在地乡镇人民政府(街道办事处)提出临时救助申请；受申请人委托，村(居)民委员会或其他单位、个人可以代为提出临时救助申请。对于具有本地户籍、持有当地居住证的，由当地乡镇人民政府(街道办事处)受理；对于上述情形以外的，当地乡镇人民政府(街道办事处)应当协助其向县级人民政府设立的救助管理机构(即救助管理站、未成年人救助保护中心等)申请救助；当地县级人民政府没有设立救助管理机构的，乡镇人民政府(街道办事处)应当协助其向县级人民政府民政部门申请救助。申请临时救助，应按规定提交相关证明材料，无正当理由，乡镇人民政府(街道办事处)不得拒绝受理；因情况紧急无法在申请时提供相关证明材料的，乡镇人民政府(街道办事处)可先行受理。

主动发现受理。乡镇人民政府(街道办事处)、村(居)民委员会要及时核实辖区居民遭遇突发事件、意外事故、罹患重病等特殊情况，帮助有困难的家庭或个人提出救助申请。公安、城管等部门在执法中发现身处困境的未成年人、精神病人等无民事行为能力人或限制民事行为能力人，以及失去主动求助能力的危重病人等，应主动采取必要措施，帮助其脱离困境。乡镇人民政府(街道办事处)或县级人民政府民政部门、救助管理机构在发现或接到有关部门、社会组织、公民个人报告救助线索后，应主动核查情况，对于其中符合临时救助条件的，应协助其申请救助并受理。

(三)审核审批。

一般程序。乡镇人民政府(街道办事处)应当在村(居)民委员会协助下，对临时救助申请人的家庭经济状况、人口状况、遭遇困难类型等逐一调查，视情组织民主评议，提出审核意见，并在申请人所居住的村(居)民委员会张榜公示后，报县级人民政府民政部门审批。对申请临时救助的非本地户籍居民，户籍所在地县级人民政府民政部门应配合做好有关审核工作。县级人民政府民政部门根据乡镇人民政府(街道办事处)提交的审核意见作出审批决定。救助金额较小的，县级人民政府民政部门可以委托乡镇人民政府（街道办事处）审批，但应报县级人民政府民政部门备案。对符合条件的，应及时予以批准；不符合条件不予批准，并书面向申请人说明理由。申请人以同一事由重复申请临时救助，无正当理由的，不予救助。对于不持有当地居住证的非本地户籍人员，县级人民政府民政部门、救助管理机构可以按生活无着人员救助管理有关规定审核审批，提供救助。

紧急程序。对于情况紧急、需立即采取措施以防止造成无法挽回的损失或无法改变的严重后果的，乡镇人民政府（街道办事处）、县级人民政府民政部门应先行救助。紧急情况解除之后，应按规定补齐审核审批手续。

（四）救助方式。

对符合条件的救助对象，可采取以下救助方式：

发放临时救助金。各地要全面推行临时救助金社会化发放，按照财政国库管理制度将临时救助金直接支付到救助对象个人账户，确保救助金足额、及时发放到位。必要时，可直接发放现金。

发放实物。根据临时救助标准和救助对象基本生活需要，可采取发放衣物、食品、饮用水，提供临时住所等方式予以救助。对于采取实物发放形式的，除紧急情况外，要严格按照政府采购制度的有关规定执行。

提供转介服务。对给予临时救助金、实物救助后，仍不能解决临时救助对象困难的，可分情况提供转介服务。对符合最低生活保障或医疗、教育、住房、就业等专项救助条件的，要协助其申请；对需要公益慈善组织、社会工作服务机构等通过慈善项目、发动社会募捐、提供专业服务、志愿服务等形式给予帮扶的，要及时转介。

（五）救助标准。

临时救助标准要与当地经济社会发展水平相适应。县级以上地方人民政府要根据救助对象困难类型、困难程度，统筹考虑其他社会救助制度保障水平，合理确定临时救助标准，并适时调整。临时救助标准应向社会公布。省级人民政府要加强对本行政区域内临时救助标准制定的统筹，推动形成相对统一的区域临时救助标准。

四、建立健全临时救助工作机制

（一）建立“一门受理、协同办理”机制。

各地要建立“一门受理、协同办理”机制，依托乡镇人民政府（街道办事处）政务大厅、办事大厅等，设立统一的社会救助申请受理窗口，方便群众求助。要根据部门职责建立受理、分办、转办、结果反馈流程，明确办理时限和要求，跟踪办理结果，将有关情况及时告知求助对象。要建立社会救助热线，畅通求助、报告渠道。

（二）加快建立社会救助信息共享机制。

各级政府要建立社会救助管理部门之间的信息共享机制，充分利用已有资源，加快建设社会救助管理信息系统，实现民政与卫生计生、教育、住房城乡建设、人力资源社会保障等部门的信息共享。要依法完善跨部门、多层次、信息共享的救助申请家庭经济状况核对机制，提高审核甄别能力。要建立救助对象需求与公益慈善组织、社会工作服务机构的救助资源对接机制，实现政府救助与社会帮扶的有机结合，做到因情施救、各有侧重、相互补充。

（三）建立健全社会力量参与机制。

要充分发挥群众团体、社会组织尤其是公益慈善组织、社会工作服务机构和企事业单位、志愿者队伍等社会力量资源丰富、方法灵活、形式多样的特点，通过委托、承包、采购等方式向社会力量购买服务，鼓励、支持其参与临时救助。要动员、引导具有影响力的公益慈善组织、大中型企业等设立专项公益基金，在民政部门的统筹协调下有序开展临时救助。

公益慈善组织、社会工作服务机构、企事业单位、志愿者队伍等社会力量可以利用自身优势，在对象发现、专业服务、发动社会募捐等方面发挥积极作用。社会力量参与社会救助的，按照国家有关规定享受财政补贴、税收优惠、费用减免等政策。

（四）不断完善临时救助资金筹集机制。

地方各级人民政府要将临时救助资金列入财政预算；省级人民政府要优化财政支出结构，切实加大临时救助资金投入；城乡居民最低生活保障资金有结余的地方，可安排部分资金用于最低生活保障对象的临时救助支出。中央财政对地方实施临时救助制度给予适当补助，重点向救助任务重、财政困难、工作成效突出的地区倾斜。

五、强化临时救助制度实施的保障措施

（一）加强组织领导。地方各级人民政府要按照属地原则，将建立完善临时救助制度列入重要议事日程，抓紧完善配套政策措施，确保2014年底前全面实施临时救助制度。要进一步建立健全政府领导、民政部门牵头、有关部门配合、社会力量参与的社会救助工作协调机制，及时研究解决工作中遇到的问题。要将临时救助等社会救助工作列入地方领导班子和领导干部政绩考核评价指标体系，并合理确定权重；考核结果纳入政府领导班子和相关领导干部综合考核评价的重要内容，作为干部选拔任用、管理监督的重要依据。民政部门要切实履行主管部门职责，发挥好统筹协调作用；财政部门要加强资金保障，提高资金使用效益；其他有关部门要各司其职，积极配合，形成齐抓共管、整体推进的工作格局。

（二）加强能力建设。省级人民政府要切实加强临时救助能力建设，统筹考虑常住人口、最低生活保障对象和特困供养人员数量等因素，制定落实基层社会救助职责的具体办法和措施。地方各级人民政府要结合本地实际全面落实临时救助制度要求，科学整合县（市、区）、乡镇人民政府（街道办事处）管理机构及人力资源，充实加强基层临时救助工作力量，确保事有人管、责有人负。要积极研究制定政府购买服务的具体办法，充分利用市场机制，加强基层临时救助能力建设。要充分发挥社区居民委员会和村民委员会的作用，协助做好困难排查、信息报送、宣传引导、公示监督等工作。要加强人员培训，不断提高临时救助管理服务水平。要加强经费保障，将临时救助所需工作经费纳入社会救助工作经费统筹考虑，列入地方各级财政预算。

（三）加强监督管理。县级以上地方人民政府要切实担负起临时救助政策制定、资金投入、工作保障和监督管理责任，乡镇人民政府（街道办事处）要切实履行临时救助受理、审核等职责，民政部门要会同卫生计生、教育、住房城乡建设、人力资源社会保障等部门，按照“一门受理、协同办理”的工作要求，明确各业务环节的经办主体责任，强化责任落实，确保困难群众求助有门、受助及时。民政、财政部门要会同有关部门将临时救助制度落实情况作为督查督办的重点内容，定期组织开展专项检查。财政、审计、监察部门要加强对临时救助资金管理使用情况的监督检查，防止挤占、挪用、套取等违纪违法现象发生。对于出具虚假证明材料骗取救助的单位和个人，要在社会信用体系中予以记录。临时救助实施情况要定期向社会公开，充分发挥社会监督作用，对于公众和媒体发现揭露的问题，应及时查处并公布处理结果。要完善临时救助责任追究制度，明确细化责任追究对象、方式和程序，加大行政问责力度，对因责任不落实、相互推诿、处置不及时等造成严重后果的单位和个人，要依纪依法追究责任。

（四）加强政策宣传。各地要组织好临时救助政策宣传，充分利用报刊、广播、电视等媒体和互联网，以及公共查阅室、资料索取点、信息宣传栏、宣传册、明白纸等群众喜闻乐见的途径和形式，不断加大政策宣传普及力度，使临时救助政策家喻户晓、人人皆知。要加强舆论引导，从政府作用、个人权利、家庭责任、社会参与等方面，多角度宣传临时救助的功能定位和制度特点，引导社会公众理解、支持临时救助工作，营造良好社会舆论氛围，弘扬中华民族团结友爱、互助共济的传统美德。

国家选择有特点、有代表性的区域进行“救急难”工作综合试点，在体制机制、服务方式、信息共享、财政税费等方面进行探索创新，先行先试，为不断完善临时救助制度，全面开展“救急难”工作提供经验。省级人民政府要根据本通知要求，结合实际，抓紧制定配套落实政策，国务院相关部门要根据本部门职责，抓紧制定具体政策措施。民政部、财政部要加强对本通知执行情况的监督检查，及时向国务院报告。国务院将适时组织专项督查。

共青团中央　中央综治委预防青少年违法犯罪专项组　中央综治办　民政部　财政部　人力资源社会保障部关于印发《关于加强青少年事务社会工作专业人才队伍建设的意见》的通知

（2014 年 1 月 10 日）

各省、自治区、直辖市、新疆生产建设兵团团委，综治委预防青少年违法犯罪专项组（领导小组），综治办，民政厅（局），财政厅（局），人力资源社会保障厅（局）：

为深入贯彻党的十八大、十八届三中全会精神，切实加强青少年事务社会工作专业人才队伍建设，服务青少年健康成长，发展青少年社会事业，为构建社会主义和谐社会提供有力的人才支撑，经中央人才工作协调小组办公室同意，共青团中央、中央综治委预防青少年违法犯罪专项组、中央综治办、民政部、财政部、人力资源社会保障部共同制定了《关于加强青少年事务社会工作专业人才队伍建设的意见》。现将文件印发给你们，请结合工作实际，认真贯彻落实。

关于加强青少年事务社会工作专业人才队伍建设的意见

为深入贯彻党的十八大、十八届三中全会精神，全面落实《关于加强社会工作专业人才队伍建设的意见》和《社会工作专业人才队伍建设中长期规划（2011—2020 年）》的要求，努力造就一支高素质的青少年事务社会工作专业人才队伍，服务青少年健康成长，发展青少年社会事业，为构建社会主义和谐社会提供有力的人才支撑，现就加强青少年事务社会工作专业人才队伍建设提出如下意见。

一、加强青少年事务社会工作专业人才队伍建设的意义

随着我国经济社会快速发展，当代青少年在学习工作生活条件总体改善的同时，在成长成才、身心健康、就业创业、社会融入、婚恋交友等方面也面临着新的困难和问题。特别是我国每年有 600 万左右的高校毕业生，有大量城乡贫困家庭青少年、残疾青少年、在城市和乡间流动的农村青年，有几千万的农村留守儿童，他们面对着很多难题，迫切需要帮助。解决青少年成长发展的困难和问题，必须大力加强青少年事务社会工作专业人才队伍建设，建立健全青少年事务社会工作服务体系和网络，广泛在青少年工作中引入专业社会工作，有效满足青少年的个性化社会服务需求。

2007 年，团中央联合中央综治办、民政部、人事部、中央综治委预防青少年违法犯罪工作领导小组下发了《关于开展青少年事务社会工作者试点工作的意见》，确定了 13 个城市（城区）作为全国首批青少年事务社会工作者试点城市（城区）。各试点城市（城区）紧密结合自身实际，围绕成立机构、投入经费、购买服务、建设队伍、构建机制等环节开展了大量实践探索，青少年事务社会工作专业人才队伍在组织青少年、引导青少年、服务青少年和维护青少年合法权益方面的作用日益突显。但从全国层面看,青少年事务社会工作专业人才队伍建设还存在政策制度不健全、岗位职责不明确、人才数量不充足、人才队伍不稳定、专业化水平不强、职业化程度不高等问题,与青少年社会服务需求不相适应,一定程度上制约了青少年社会事业的发展。

各地要从促进青少年健康成长、深化平安中国建设的高度,深刻认识加强青少年事务社会工作专业人才队伍建设的重要性和紧迫性,在创新社会治理的整体格局中,进一步加强调查研究,采取有力措施,切实加强青少年事务社会工作专业人才队伍建设。

二、加强青少年事务社会工作专业人才队伍建设的指导思想、工作原则和主要目标

1. 指导思想。以邓小平理论、"三个代表"重要思想和科学发展观为指导,建设一支数量足、结构优、能力强、素质高的青少年事务社会工作专业人才队伍,发挥社会工作专业优势,积极开展青少年事务领域服务工作,有效满足青少年发展需要、有效维护青少年合法权益、有效解决青少年问题,最大限度增加和谐因素,增强社会发展活力,提高社会治理水平,团结和带领广大青少年为实现中华民族伟大复兴的中国梦而努力奋斗。

2. 工作原则。坚持党委领导、政府负责,相关部门本着青少年利益优先的原则,切实履行依法规范、政策引导、资金投入等方面的职责,确保青少年事务社会工作专业人才队伍建设的正确政治方向;坚持社会参与、多方协作,鼓励相关社会组织、企事业单位和社会公众支持青少年事务社会工作专业人才队伍建设,合理配置人才,促进人岗相适、人尽其才;坚持突出重点、立足基层,加强基层社会治理领域与青少年事务相关的专业服务平台建设,引导青少年事务社会工作服务资源向基层倾斜,推动青少年事务社会工作专业人才向基层合理流动。

3. 主要目标。梳理青少年事务领域的社会服务工作,以政府购买服务等方式交由社会力量承担,逐步实现政府从对社会事务的直接管理向间接管理转变。承揽和办理好青少年事务,服务青少年成长发展,维护青少年合法权益,做好青少年特别是重点青少年群体的服务管理和预防犯罪工作。探索完善青少年事务社会工作专业人才队伍建设机制、管理机制、运行机制、政策措施,总结提炼符合我国国情和发展需要的青少年事务社会工作专业人才队伍建设经验和模式。到2020年,全国重点扶持发展10家培养青少年事务社会工作专业人才的高等教育机构,建立30家具有青少年事务社会工作继续教育资质的培训机构,建立50家青少年事务社会工作重点实训基地,建立100个青少年事务社会工作服务标准化示范单位,初步建立20万人的青少年事务社会工作专业人才队伍,并形成运行管理机制和配套政策制度框架。

三、青少年事务社会工作专业人才的主要服务领域

1. 服务青少年成长发展领域。思想引导:为青少年提供思想道德教育辅导,引导青少年积极践行社会主义核心价值体系,形成正确的世界观、人生观、价值观。习惯养成:为青少年提供正确的行为指导和良好的习惯训练,帮助青少年形成正确的生活、学习和行为习惯。职业指导:帮助青年培养正确的就业意识,提供就业信息服务,组织开展就业技能培训。婚恋服务:引导青年树立正确的婚恋观,帮助解决思想上、情绪上的困扰,为有需要的青年组织开展婚恋交友活动。社交指导:培养青少年良好的交往动机和交往品质,提高青少年的合作意识和能力、沟通交往技巧和能力,对社会交往有障碍的青少年进行社会关系调适,帮助其融入社会。

2. 维护青少年合法权益领域。困难帮扶:对贫困家庭青少年、残疾青少年,帮助他们获得政府救济和保障以及社会资助和帮扶,同时培养自强自助的生活态度。权益保护:为青少年提供个案维权服务,耐心解答青少年的求助咨询,及时跟进并协调解决家庭虐待、人身伤害、吸食毒品、沉迷网络等侵害未成年人合法权益的案(事)件。法律服务:为青少年提供法制宣传教育和法律咨询服务,帮助青少年增强学法尊法守法用法意识,提高自我保护意识和能力,必要时帮助联系法律援助部门给予援助。心理疏导:缓解或消除青少年的心理问题,帮助青少年提高情绪自我管控能力,促进健康人格的形成,特别关注农村留守儿童、服刑人员未成年子女、流浪乞讨未成年人等特殊群体的心理关爱问题。

3. 预防青少年违法犯罪领域。正面联系:通过个案、小组和社区工作等社会工作方法,加强对闲散青少年的接触联系,提供有针对性的引导和帮扶;加强对流动青少年群体的服务管理,进驻大型商企、市场、城中村等流动人员高度密集区域开展工作。临界预防:关注普通青少年向有不良行为青少年转化的边界,重视偷拿财物、逃学、抽烟喝酒、夜不归宿等早期典型行为,及时采取有针对性预防工作;防止青少年与家庭和学校关系紧张、联系断裂,避免青少年受外界不良行为影响产生不正常的社会化倾向。行为矫治:对有不良行为或有严重不良行为青少年,通过进驻社区、学校、戒毒所、拘留所、看守所等工作项目,加强制度规则意识教育和法制底线教育,纠正和改变不良行为习惯。社会观护:协助公安、法院、检察院等单位开展取保候审观护帮教、附条件不起诉监督考察、合适成年人参与未成年人刑事诉讼、社会调查等工作,帮助掌握未成年犯罪嫌疑人的基本情况,减少涉罪未成年人再犯罪。

四、加强青少年事务社会工作专业人才队伍建设的主要任务

1. 研究制定青少年事务社会工作专业岗位设置标准。各地要按照科学合理、精简效能、按需设置、循序渐进的原则,研究青少年事务社会工作专业岗位设置。重点在各级团组织特别是基层团组织以及 12355 青少年服务台、青少年宫、青年志愿者协会、少年司法机构、青少年维权岗、维权类组织、青年中心、社区青年汇、青年家园等青少年服务组织和机构开发设置社会工作岗位,纳入专业技术岗位管理范围。综合衡量不同社会工作岗位要求、服务对象、工作难易程度等因素,研究设定相应岗位等级、岗位数量以及与之相适应的青少年事务社会工作专业人才配置比例。建立健全青少年事务社会工作岗位岗前培训制度。

2. 发展青少年事务社会工作服务机构。各地要根据国家有关政策,积极培育、扶持青少年事务社会工作服务机构发展,为政府和社会购买社会工作服务提供承接平台,为社会工作专业人才提供就业渠道和专业提升的载体。通过改进登记服务方式等措施,鼓励社会工作专业人才创办民办青少年事务社会工作服务机构。通过落实税收优惠政策、拓展政府购买服务项目等方式,鼓励民办社会工作服务机构介入青少年事务领域工作。要加强对青少年事务社会工作服务机构的指导,帮助其提升专业化服务、规范化管理和社会化运作水平。

3. 构建青少年事务社会工作专业人才培养体系。要研究制定青少年事务社会工作专业人才教育培养规划,加快培养社会工作专业人才。推动大专院校设置青少年事务社会工作专业课程,完善相关理论研究、学科体系、教学规范,依托大专院校就业服务指导机构做好社会工作专业学生的就业服务工作。建立在职培训机制,通过进修、实习、短训、函授等方式,有计划、分层次地对实际从事青少年事务社会工作的在职人员进行培训。落实继续教育政策,定期对取得职业资格的青少年事务社会工作者开展政策法规、职业伦理、专业理论和实务技能等方面培训。依托国家专业技术人员继续教育基地、社会工作专业人才培训基地、大专院校特别是各级团校推动建立一批具有青少年事务社会工作继续教育资质的培训机构,逐步形成高等教育、继续教育互为补充、相互促进的青少年事务社会工作综合教育培训网络。鼓励支持现有青少年工作从业人员参加全国社会工作者职业水平考试。

4. 建立青少年事务社会工作专业人才考核评估制度。各地要研究制定青少年事务社会工作岗位职责规范和考核评估标准。以所属单位为主体,以岗位职责为依据,以思想品德、能力业绩、职业操守为核心,定期对青少年事务社会工作专业人才履行职责、学习进修、职业发展等情况进行动态考核评估,激励其爱岗敬业、开拓进取。通过职业水平考试和岗位考核评价,逐步健全青少年社会工作专业人才考核评估体系。

5. 建立青少年事务社会工作专业人才薪酬保障机制。事业单位聘用的青少年事务社会工作专业人才,根据所聘岗位,执行相应的工资待遇;在基层群众自治组织、社会组织工作的青少年事务社会工作专业人才,其薪酬以学历、资历、资格、业绩、岗位等多种指标为依据,按照以岗定薪、以绩定奖、按劳取酬的原则,由用人单位合理确定。用人单位应按照国家有关规定,为青少年事务社会工作专业人员按时足额交纳相应的社会保险费用。

6. 建立青少年事务社会工作专业人才与志愿者队伍联动服务体系。各地要建立健全青少年事务社会工作专业人才和青年志愿者相互协作、共同开展服务的机制,充分发挥青少年事务社会工作专业人才在组建团队、规范服务、拓展项目、培训策划等方面的专业优势,引导青年志愿者组织设置一定数量的社会工作岗位,将青年志愿者、少先队志愿辅导员等的培训纳入社会工作教育培训规划。广泛普及志愿服务理念,倡导广大青年参加志愿服务,鼓励符合条件的青年志愿者通过学习、培训、考证等方式进入社会工作岗位。

7. 建立青少年事务社会工作专业人才合理流动机制。各地、各相关部门在制订专业技术人员招聘和遴选计划中,要注意选拔基层青少年事务社会工作专业人才和社会工作、少年儿童组织与思想意识教育专业毕业生,在同等条件下可优先录(聘)用具有丰富基层实践经验、善于做群众工作的青少年事务社会工作专业人才。社会工作专业人才服务边远贫困地区、边疆民族地区和革命老区计划要重点向农村青少年事务社会工作服务倾斜。

五、加强青少年事务社会工作专业人才队伍建设的工作要求

1. 形成工作合力。各地要将青少年事务社会工作专业人才队伍建设纳入本地区经济社会发展规划和社会工作专业人才队伍建设规划,为青少年事务社会工作提供更有力的政策和机制保障。按照组织部门牵头抓总、民政部门具体负责、有关部门密切配合、社会力量广泛参与的社会工作专业人才队伍建设工作格局的总体要求,合力推进青少年事务社会工作专业人才队伍建设。组织部门要做好青少年事务社会工作专业人才队伍建设的宏观指导、综合协调。共青团组织要统筹规划青少年事务社会工作服务范围和规模,科学设置工作岗位,合理编制录(聘)用计划,强化日常管理和激励机制建设,努力推动形成社会力量广泛参与青少年事务的工作格局,推动中国社会工作协会设立青少年事务社会工作委员会。民政部门要切实履行好推进社会工作专业人才队伍建设的有关职能,统筹推进青少年事务社会工作实务发展及队伍建设。财政部门要贯彻落实《关于进一步支持和推动共青团基层组织建设和基层工作的意见》(中青联发〔2012〕20号)的精神,切实加强对团的基层组织建设和工作的财力保障,将由政府负担的青少年事务社会工作专业人才队伍建设经费纳入财政预算。人力资源社会保障部门要做好岗位设置及配套措施的实施与保障,明确相关事业单位社会工作专业岗位。综治组织要将青少年事务社会工作专业人才队伍建设纳入综治工作考评,推动各项工作任务落到实处。

2. 加大资金投入。要建立健全财政资金、社会资金等共同参与的多元化投入机制,引导社会资金投向青少年事务社会工作服务领域。要按照《关于政府向社会力量购买服务的指导意见》、《关于政府购买社会工作服务的指导意见》的要求,将青少年事务社会工作服务纳入政府购买支持范围,逐步加大财政投入力度。筹集社会资金设立“中国青少年事务社会工作专业人才基金”,支持各地青少年事务社会工作服务机构发展和专业人才队伍建设。利用好各地青少年发展基金,鼓励和支持有条件的企业和个人设立非公募基金会。符合条件的青少年事务社会工作服务机构,按照国家税收法律法规的统一规定享受相关税收优惠政策。

3. 广泛宣传引导。积极宣传加强青少年事务社会工作及其专业人才队伍建设的方针政策,提高各地、各相关部门对发展青少年事务社会工作、加强青少年事务社会工作专业人才队伍建设必要性和重要性的认识。及时宣传、交流和总结、推广各地、各相关部门青少年事务社会工作专业人才队伍建设的新思路、新举措、新经验,积极营造关心支持、理解尊重青少年事务社会工作专业人才的良好社会氛围。对工作成绩突出、群众满意、社会反响良好的先进典型和先进人物,加大宣传报道力度,按照国家有关规定予以表彰奖励。

民政部关于进一步加快推进民办社会工作服务机构发展的意见

（2014 年 4 月 9 日）

各省、自治区、直辖市民政厅（局），各计划单列市民政局，新疆生产建设兵团民政局：

为发挥民办社会工作服务机构在吸纳使用社会工作专业人才，提供专业化、个性化社会工作服务，创新社会治理方面的重要作用，根据《民办非企业单位登记管理暂行条例》和《关于加强社会工作专业人才队伍建设的意见》，现就进一步加快推进民办社会工作服务机构发展提出如下意见。

一、充分认识加快推进民办社会工作服务机构发展的重要性和紧迫性

民办社会工作服务机构是以社会工作专业人才为主体，坚持“助人自助”宗旨，遵循社会工作专业伦理规范，综合运用社会工作专业知识、方法和技能，开展困难救助、矛盾调处、权益维护、人文关怀、心理疏导、行为矫治、关系调适、资源链接等服务的民办非企业单位。民办社会工作服务机构是社会工作专业人才发挥作用的重要平台，是整合社会工作资源、提供社会工作服务的重要载体，是承接政府社会服务职能的重要依托。发展民办社会工作服务机构，对于加强现代社会组织建设、促进转变政府职能、引导社会力量有序参与社会治理、建立健全社会服务体系，具有十分重要意义。

《民政部关于促进民办社会工作服务机构发展的通知》发布以来，各级民政部门立足实际、积极探索、创新实践，扶持发展了一批管理规范、服务专业、作用明显、公信力强的民办社会工作服务机构，有力推动了社会工作事业发展，较好回应了人民群众服务需求，促进了社会主义和谐社会建设。但从总体看，民办社会工作服务机构发展依然存在规模较小、服务能力不足、扶持力度不大、规范管理不够等问题，与人民群众需求和社会发展要求相比还有很大差距。各级民政部门要进一步增强责任感和紧迫感，解放思想、更新观念、大胆探索，采取更加有力措施，加快推进民办社会工作服务机构发展。

二、加快推进民办社会工作服务机构发展的指导思想、基本原则和主要目标

（一）指导思想。以邓小平理论、“三个代表”重要思想、科学发展观为指导，深入贯彻党的十八大和十八届三中全会精神，适应转变政府职能、创新社会治理、推进社会参与要求，以满足人民群众社会工作服务需求为根本，以加强民办社会工作服务机构能力建设为重点，以建立健全政策制度、完善体制机制为保障，加快推进民办社会工作服务机构发展，为繁荣发展社会工作事业、提升社会治理与服务水平提供有力支撑。

（二）基本原则。坚持积极扶持、规范发展，将民办社会工作服务机构纳入社会组织建设管理之中，加快完善体制机制和政策措施，依法加强监督管理和业务指导，引导民办社会工作服务机构健康有序发展。坚持突出重点、统筹兼顾，优先扶持发展满足重点人群和重点领域服务需求的民办社会工作服务机构，以点带面逐步壮大民办社会工作服务机构发展规模、优化发展布局。坚持改革创新、整合资源，按照社会组织体制改革方向，着力破解制约民办社会工作服务机构发展的瓶颈问题，有效整合各方资源，鼓励和支持社会力量参与民办社会工作服务机构发展。

（三）主要目标。建立健全加快推进民办社会工作服务机构发展的政策制度，逐步形成协调有力的管理体制和规范高效的工作机制；进一步完善登记服务和监督管理措施，为民办社会工作服务机构登记成立和健康发展创造有利条件；加强民办社会工作服务机构能力建设，促进社会工作行业组织发展；加快推进政府购买社会工作服务，建立健全民办社会工作服务机构支持保障体系。到2020年，在全国发展8万家管理规范、服务专业、作用明显、公信力强的民办社会工作服务机构，有效承接政府社会服务职能，满足人民群众专业化、个性化的社会工作服务需求。

三、完善民办社会工作服务机构管理制度

（一）改进登记方式。成立民办社会工作服务机构，应当符合《民办非企业单位登记管理暂行条例》规定的条件，专职工作人员中应有三分之一以上取得社会工作者职业水平证书或社会工作专业本科及以上学历，章程中应明确社会工作服务宗旨、范围和方式。民办社会工作服务机构可直接向民政部门依法申请登记。鼓励有条件的民办社会工作服务机构规模化、综合化发展，面向城乡基层设立社会工作服务站点。

（二）强化监督管理。各级民政部门要坚持积极引导发展、严格依法管理的原则，进一步加强对民办社会工作服务机构履行章程、开展活动、使用资金的监督管理，综合运用年度检查、社会评估、绩效评价、信用建设等监督管理手段。对违反章程开展活动、骗取或违规使用政府购买服务与社会捐赠资金、公布虚假失实信息、侵害服务对象权益等行为要严肃依法惩处，建立健全责任追究和行业退出机制。深入做好民办社会工作服务机构评估工作，将评估结果作为政府购买服务和资源支持的重要依据，充分发挥评估工作的导向、激励和约束作用。

（三）推动信息公开。建立健全民办社会工作服务机构信息公开制度，督促民办社会工作服务机构真实、准确、完整、及时地向社会公开组织机构、年报公告、财务收支、捐资使用、服务内容、奖惩情况等重要信息，主动接受社会监督，努力树立良好社会公信力。依托各级社会组织管理服务信息平台，实现民办社会工作服务机构信息公开与注册登记、申请项目、吸引捐赠的有机衔接，广泛争取社会各界对民办社会工作服务机构的认可与支持。

四、加强民办社会工作服务机构能力建设

（一）进一步增强民办社会工作服务机构内部治理能力。督促民办社会工作服务机构建立健全以章程为核心的各项规章制度，健全理事会、监事会制度，完善法人治理结构，恪守民间性、公益性、非营利性原则。以政府购买社会工作服务为杠杆，发挥市场配置资源的决定性作用，促进民办社会工作服务机构提升战略谋划、项目运作、资源整合、创新发展和组织管理能力。指导民办社会工作服务机构建立健全财务管理制度，主动拓宽资金来源，积极争取企业、基金会和社会各界资助，增强自身造血功能，增强资金计划、分配与使用的规范性和透明度。加快培养一批具有社会使命感、掌握现代组织管理知识、拥有丰富管理经验的民办社会工作服务机构管理人才以及具有扎实理论知识和丰富实务经验、能够指导解决复杂专业问题、引导推动社会工作服务人才成长发展的专业督导人才。

（二）着力提升民办社会工作服务机构服务水平。加强对民办社会工作服务机构提供服务情况的指导、监督与反馈，逐步优化民办社会工作服务机构的区域布局、业务结构和服务功能。建立健全民办社会工作服务机构服务成效评估指标体系，为评价民办社会工作服务机构服务情况、提升服务水平提供科学依据。加强民办社会工作服务机构一线服务人员的教育培训，鼓励其参加社会工作者职业水平考试，不断提升综合素质和专业水平。指导民办社会工作服务机构结合群众需求和自身优势特点加强服务品牌建设，形成一批社会认可、特色鲜明、具有示范指导作用的优秀社会工作服务项目。支持符合条件的民办社会工作服务机构承接社会工作专业人才实习实训任务，积极引导高校社会工作专业毕业生到民办社会工作服务机构就业创业、建功立业。

（三）建立健全民办社会工作服务机构联系志愿者制度。以民办社会工作服务机构为平台，深入做好志愿者的招募注册、组织管理、培训指导和服务记录工作，鼓励志愿者长期参加民办社会工作服务机构有关活动，通过自学、考试等方式转化提升为社会工作专业人才。通过社会工作专业人才和志愿者（义工）的互动，引领提升志愿服务的专业化、组织化水平，丰富社会工作专业人才资源，拓展社会工作专业服务范围，增强社会工作专业服务效果。

（四）加强民办社会工作服务机构党群组织建设。按照现代社会组织党建工作要求，指导民办社会工作服务机构建立基层党组织，逐步实现民办社会工作服务机构党组织全覆盖，支持有条件的民办社会工作服务机构建立共青团、工会、妇女组织等群团组织，充分发挥党组织的领导核心作用、团组织的先锋模范作用以及工会、妇女组织的服务维权作用，确保民办社会工作服务机构的正确发展方向。

五、切实发挥社会工作行业组织促进民办社会工作服务机构发展的功能作用

（一）支持社会工作行业组织发展。各级民政部门要按照《国务院办公厅关于加快推进行业协会商会改革和发展的若干意见》（国办发〔2007〕36 号）要求，加大社会工作行业组织扶持发展力度，将社会工作行业组织纳入政府购买社会工作服务对象范围。加强对社会工作行业组织的监督管理，促进行业管理与服务人才队伍建设，引导在行业中起骨干作用的民办社会工作服务机构参与组建、发展行业组织。积极探索在社会工作行业组织中引入竞争机制，不断提升民办社会工作服务机构的服务水平。

（二）推进民办社会工作服务机构行业自律。指导社会工作行业组织建立健全各项行业自律制度，制定并实施行业职业道德准则，推动行业诚信体系建设，依法依规开展行业评比奖励和质量认证等活动，规范民办社会工作服务机构行为、增强民办社会工作服务机构公信力。有条件的地区要逐步将民办社会工作服务机构及其有关人员的资质核查、信息统计、教育培训等日常管理事务委托社会工作行业组织承担，充分发挥行业组织在民办社会工作服务机构管理中的前置和基础作用，推动政府监管与行业自律的有机结合。

（三）积极做好民办社会工作服务机构行业服务。社会工作行业组织要主动加强行业调查研究，积极参与相关法律法规、行业规划、行业标准的研究制定工作，及时向政府部门反映民办社会工作服务机构诉求，提出行业发展意见和建议。要积极为民办社会工作服务机构提供政策咨询、规划指导、项目推介、信息发布、权益维护、能力建设、合作交流等服务，增进民办社会工作服务机构之间以及民办社会工作服务机构与有关方面的沟通联系，为民办社会工作服务机构发展争取有力支持。

六、建立健全民办社会工作服务机构支持保障体系

（一）加快推进政府购买社会工作服务。积极推动政府职能转变，贯彻落实《国务院办公厅关于政府向社会力量购买服务的指导意见》（国办发〔2013〕96 号）和《民政部、财政部关于政府购买社会工作服务的指导意见》（民发〔2012〕196 号），将社会工作专业人才配备、社会工作岗位设置、机构管理服务能力与成效等情况作为政府购买民办社会工作服务机构服务的重要依据。规范政府购买社会工作服务程序，除技术复杂、性质特殊的社会工作服务项目和岗位，原则上均应通过公开招标方式竞争性购买，公平对待民办社会工作服务机构承接政府购买社会工作服务。严格民办社会工作服务机构承接政府购买社会工作服务的资质条件，加强对政府购买社会工作服务的监督管理和绩效评价，建立健全评价结果反馈应用与奖惩机制，确保民办社会工作服务机构依法依约提供服务。积极发展社会工作专业评估与咨询服务机构，为开展政府购买社会工作服务提供技术支持。

（二）加大对民办社会工作服务机构扶持力度。实施民办社会工作服务机构孵化基地建设工程，通过整合现有资源或新建等方式，到 2020 年建立 50 个国家级民办社会工作服务机构孵化基地。各地要积极推动本地区民办社会工作服务机构孵化基地建设，优先孵化以老年人、残疾人、青少年、城市流动人口、农村留守人员、特殊困难人群、受灾群众等为重点服务对象和以婚姻家庭、教育辅导、就业援助、职工帮扶、犯罪预防、矫治帮教、卫生医疗、人口服务、应急处置等为重点服务领域的民办社会工作服务机构。鼓励有条件的地方设立扶持民办社会工作服务机构发展专项资金，通过公益创投、补贴奖励、提供场所、减免费用等多种方式，支持民办社会工作服务机构的启动成立和初期运作。采取公办民营、民办公助等方式，面向民办社会工作服务机构开放公共和社会资源，支持其以社区为平台开展社会工作服务。积极协调有关部门落实促进民办社会工作服务机构发展的各项财税优惠政策，降低其运行管理和提供服务成本。各地民政部门要会同有关部门研究制定民办社会工作服务机构有关人员引进落户、薪酬保障、职业发展、表彰奖励等方面的激励措施,充分调动民办社会工作服务机构开展专业服务的积极性、主动性和创造性。

(三)鼓励社会力量支持和参与民办社会工作服务机构发展。鼓励社会工作院校与民办社会工作服务机构开展产学研合作,鼓励社会工作专业教师创办民办社会工作服务机构。积极引导志愿者机构、公益慈善类社会组织和企事业单位按照注册登记条件成立民办社会工作服务机构。鼓励国(境)内外组织和个人依法通过捐资方式创办民办社会工作服务机构,通过设立基金、提供场所、项目合作、专业扶持等多种方式支持民办社会工作服务机构发展。

七、加强对民办社会工作服务机构发展的组织领导

(一)建立健全领导体制和工作机制。各级民政部门要将促进民办社会工作服务机构发展作为推动政府职能转变、完善社会服务体系的重要任务,纳入社会组织建设管理和社会工作专业人才队伍建设规划,积极争取党委政府和有关部门的重视与支持。要进一步加强调查研究、政策创制和统筹协调,制定本地区实施意见,出台落实措施,建立健全支持民办社会工作服务机构发展的长效机制。

(二)加大对民办社会工作服务机构发展的经费投入。要积极协调有关部门逐步扩大财政资金对民办社会工作服务机构发展的支持规模和范围。加大民政部门留用的福利彩票公益金对民办社会工作服务机构发展支持力度,扶持壮大群众急需、具有发展潜力的民办社会工作服务机构。支持、引导社会资金参与支持民办社会工作服务机构发展,逐步形成多元化、稳定化、制度化的经费保障机制。

(三)营造民办社会工作服务机构发展的社会环境。要加强各类社会工作宣传载体建设,围绕民办社会工作服务机构发展的政策制度、优秀典型、先进事迹,开展深入持续的社会宣传,着力突出民办社会工作服务机构在保障改善民生、创新社会治理中的重要作用、专业功能和服务成效。积极开展民办社会工作服务机构发展的研究、交流与合作,及时总结推广经验做法,研究解决困难问题,促进理论与实践发展。严格按照国家规定,对优秀民办社会工作服务机构及有关专业人才进行多种形式的表彰奖励,大力营造关心、理解、支持民办社会工作服务机构发展的良好社会氛围。

山东省加强平安边界建设
推广莒县“五位一体”边界联动经验

2014 年 7 月 18 日,山东省民政厅在日照市莒县召开全省平安边界建设现场推进会。17 市民政局分管局长和区划地名科(处)长参加,民政部区划地名司曾凡副司长、山东省民政厅秦守政副厅长出席会议。

会议介绍了莒县建立边界“五位一体”联动机制经验,组织观看了专题片,实地考察了果庄镇“五位一体”边界服务管理中心、来家官庄村“五位一体”工作现场、浮来山镇界桩及宣传碑维护管理现场、莒县社会治理边界矛盾纠纷调处中心、莒县民政局“五位一体”边界服务管理工作规程等。2012 年以来,莒县着眼促进边界地区和谐稳定共同发展,不断深化平安边界建设,本着优势互补、资源共享、互惠互利的原则,与毗邻县(市、区)探索建立了平安联创、经济联发、文化联谊、公益联做、生态联建的边界“五位一体”联动机制,构建了县管面、乡镇管线、村管段三级管理体系,实施了建立政府主导、部门支持、多方参与、高效联动的县、乡镇、村边界三级信息网格化服务管理平台,开通综合服务热线的“三网一线”管理模式，积极开展联创活动，取得较好成效。活动开展以来，共组织送戏进村 73 场，义诊服务 15 次，治理环境污染项目 12 个，调处因山林、土地、矿产资源开发等引起的边界矛盾纠纷 10 多起，修建边界"富裕路"26 条、460 余公里，架"连心桥"7 座，治理"同心河"8 条，修筑"友谊坝"11 座，建边贸市场 8 处，开发大型旅游合作项目 5 个，成立农业专业合作社和农产品加工企业 98 家，发展特色农副产品种植 25 万余亩，受益群众数万人，有力促进了边界地区社会稳定和经济发展。

莒县"五位一体"边界联动机制不满足于平安边界建设的一般做法，敢于创新理念，变单纯地维护边界线稳定为推动区域全方位合作、携手发展、协调发展；不满足于一般的活动形式，敢于创新方法，充分调动政府部门和社会各方面力量开展形式多样的创建活动；不满足于现有活动平台，敢于创新载体，上下联动、内外互动，形成共抓共管的合力。

莒县"五位一体"边界联动经验要求新形势下平安边界创建要具有围绕中心、服务大局、与时俱进的创新意识，积极向上、勇于实践、敢为人先的进取精神，真抓实干、为民谋利、讲求实效的务实态度。

中国铁路总公司

2014 年全国铁路系统参与综治工作情况

在党中央、国务院的领导下，铁路各单位认真贯彻落实中央综治委指示精神，以党的十八大和十八届三中、四中全会精神为指引，以确保铁路运输安全为核心，深入开展铁路治安综合治理工作，大力推进铁路治安防范基础建设，强力整治铁路治安秩序，铁路治安防范体系进一步完善，铁路治安防范能力进一步增强，铁路治安环境进一步优化，全路治安形势总体平稳有序。

一、强化防范基础建设，铁路安防水平得到新提升

全路全年投入 3.7 亿元，对 1267 个车站实行全封闭硬质隔离、补强了视频监控系统，新增车站辅警 6579 名、列车安全员 2317 名、线路巡防力量 5380 名、安检人员 2903 名，增强了铁路治安防范能力。铁路公安机关全面推行“集约用警、拳头处置、公开震慑”警务模式，全路 1443 个客运站派出所全部与地方公安机关建立了常态化的联勤联动工作机制，在 169 个大站和高铁站配备驻站特警 1662 人、应急处置力量 1.2 万人，一线民警按照规定配备单警装备和枪支，全面开展武装巡逻和治安防范工作，以“一分钟处置”为要求，健全完善应急预案，加强事件处置，为筑牢铁路治安防线打下了坚实基础。

二、强化治安秩序严打严整，平安铁路建设取得新战果

铁路公安机关作为铁路综治工作主力军，以“常态常效”为方针原则，严密防范、严厉打击危害旅客生命财产安全和危及铁路运输安全的各类违法犯罪活动。紧密围绕治安重点地区和重点列车，以招揽扛包、强讨恶要等滋扰站车秩序问题为重点，积极整治站车惯性治安问题，站车治安环境进一步改观。针对群众反映强烈的倒卖车票问题，重点时期组织开展了“秋风战役、猎鹰战役”，维护了广大群众合法权益。狠抓安检查危措施落实，确保了旅客乘车安全，确保了 15 项大型活动期间铁路治安稳定。

三、强化高铁安防体系建设，高铁防范能力得到新加强

铁路各单位不断强化对高铁安全的认识和研究，以降低高铁治安安全风险为目标，逐步构建人防、物防、技防相结合的高铁治安防控体系。各铁路局和客专公司按照高铁重点区段“每公里 3 人”标准增配巡防人员，2.1 万巡防人员日夜巡守高铁线路，及时发现处置影响高铁安全的事件。高铁路基区段全部安装了 2.2 米高水泥防护栅栏，上面加装 0.5 米高刺丝滚笼，有效防止了闲杂人员进入线路实施破坏活动。特别是为提升高铁技防能力，总公司计划所有高铁路基区段安装电子围栏防入侵报警和阻挡设备，桥梁区段安装光纤振动报警设备，车站站台两端采用红外报警设备，并同步跟上视频监控。现以兰新二线为试点，正在施工建设，技术成熟后全路推广，最终全路高铁建成“栅栏阻挡—侵入报警—视频确认—快速处置”线路防控模式，实现不法人员不敢进、不能进，进即报警、及时抓获。

四、强化基层组织机构建设，内部治安保卫取得新突破

为提升铁路内部治安防范水平，总公司重新修订了《铁路内部治安保卫工作规定》《铁路要害安全管理工作规定》，对铁路单位内保工作的组织领导、主要职责、制度建立、保卫组织建立、保卫人员配备、要害的设定范围、检查奖惩等进行了规范，指导全路有序开展内部治安保卫工作。铁路各单位按照要求大力推进内保基础建设，不断加强专业人员配备，健全完善内保制度，强化防范措施落实，严打严防职工违法犯罪活动，内保工作取得新突破。目前，全路 1043 个站段成立专兼职保卫机构 960 个，配备专兼职保卫干部 3461 人，成立护厂队 2113 个，配备内部治安防范力量 2.9 万人，有效增强了铁路内部安全防范能力。保卫机构充分发挥职能作用，全年实现对 4952 处铁路要害的安全管理，排查化解内部不稳定因素 842 起涉及 9343 人，强化职工内部 547 名重点人员有效管控，协助铁路公安机关查处职工违法犯罪案件 176 起，维护了铁路内部治安稳定。

五、强化路地部门协作配合，治安综合治理再上新台阶

铁路各单位与地方护路等部门密切协作，强化线路巡防无缝衔接，加大巡防清理力度，联手整改各种线路隐患。铁路安监、宣传等部门会同铁路公安机关，与地方护路、综治等部门加强协作，利用各种舆论宣传工具，深入开展爱路护路宣传教育活动，铁路沿线广大群众爱路护路意识明显增强。在路地共同努力下，全年路外伤亡事故同比下降 9.9%，危行案件也呈下降趋势，确保了铁路运输安全。

文 化 部

2014 年文化部参与综治工作情况

2014 年，文化部按照中央综治委的统一部署和要求，紧紧围绕社会高度关注、与人民群众切身利益直接相关的问题，开展文化市场整治工作，促进了文化市场规范有序发展。

一、以内容监管为重点，以暗访抽查、重大案件督办工作为主要抓手，进一步加强文化市场监管

2014 年，全国各级文化行政部门和文化市场综合行政执法机构按照文化部的统一部署，以日常检查、执法办案、专项行动为抓手，开展对含有宣扬淫秽、色情等禁止内容活动的专项治理行动，进一步净化社会文化环境。据统计，2014 年，全国各级文化行政部门和文化市场综合执法机构共出动执法人员 1033.4 万余人次，检查经营单位 503.54 万余家次，受理各类举报投诉 2.17 万件，立案调查 3.79 万件，办结案件 3.46 万件，警告 5.86 万余家次，罚款 14454.48 万余元，没收违法所得 233.45 万余元，责令停业整顿 3676 家次，吊销许可证 126 家，确保文化市场平稳有序运行。

（一）加大暗访抽查力度。根据 12318 举报网站提供的线索，以互联网上网服务营业场所、游艺娱乐场所等为重点，先后组织 20 个暗访组，对 16 个省（区、市）的 65 个县区的 1715 家经营单位进行了暗访抽查。先后下发《文化部办公厅关于对北京、天津、上海、浙江、重庆等省市部分地区文化市场暗访抽查情况的通报》和《文化部办公厅关于对北京市、天津市、河北省等地区文化市场暗访抽查情况的通报》，要求相关地区重点加强 2014 年亚太经合组织第 22 次领导人非正式会议期间文化市场监管工作，重点加强对互联网上网服务营业场所、游艺娱乐场所、出版物等市场的监管，确保文化市场健康有序发展。

（二）加强和改进文化市场重大案件督办工作。督办广州“3·24”非法出版案件，为跨领域跨行业跨部门查办案件积累经验；督办支付宝为《暗黑 3》提供支付服务案、以加藤鹰为噱头的违规宣传手游案；督办江西上饶“3·05”淫秽演出案等重大案件，探索建立营业性演出市场的执法协作及黑名单管理机制。部署第二十批、第二十一批、第二十二批违法违规互联网文化活动查处工作，对在手机游戏平台上运营含有宣扬色情、宣扬赌博或违背社会公德内容的网络游戏，利用含有宣扬淫秽、色情的内容推广和宣传网络游戏，提供载有暴力、危害社会公德内容的文化产品等违法违规行为进行重点打击。

（三）强化网络文化市场执法协作机制。建立部分地区网络文化市场执法联席会议机制。针对网络文化企业相对集中的特点，召集网络文化市场执法任务较重的北京、上海、广东、江苏、浙江、福建、四川等地区 18 个部门，建立部分地区网络文化市场执法联席会议机制，专题研究讨论网络文化市场执法的重点难点问题。

（四）持续加强打击侵犯知识产权和制售假冒伪劣商品工作。印发《文化市场领域制售假冒伪劣商品和侵犯知识产权行政处罚案件信息公开实施办法（试行）》，推进文化市场领域侵权假冒行政处罚案件信息公开工作；参与中欧知识产权合作项目的商谈等工作，初步确定了网络音乐知识产权保护圆桌会议及执法培训的有关具体内容。

（五）密切关注舆情，妥善处理突发事件。认真分析涉及文化市场综合执法的舆情，并及时交由地方文化市场综合执法机构研办。跟踪处理河南省长垣县皇冠“KTV”失火案，紧急下发《文化部办公厅关于对文化市场各类场所开展安全生产隐患排查整改工作的通知》，对文化市场安全生产工作进行部署。

二、进一步深化改革、转变职能，为各类市场主体和产业发展营造良好的市场环境

（一）深入推动上网服务行业转型升级。出台了文化部等四部门《关于加强执法监督，完善管理政策，促进互联网上网服务行业健康有序发展的通知》和《文化部关于推动互联网上网服务行业转型升级的意见》，放宽行业准入政策，加强和规范市场管理，推动行业形象转变和健康发展。一是改善上网服务场所经营环境，实现场所的敞亮、开放、整洁。二是拓展业态，丰富场所的服务供给，包括竞技比赛、社交休闲、影视和赛事观摩、网络培训、网络代购、远程服务等，扩大参与人群，促进上网服务场所在公众参与中加强自律。三是鼓励上网服务场所发挥遍布城乡、靠近社区、贴近居民、电脑配置水平高的优势，参与基层公共服务，既丰富企业服务内容，又扩大基层公共服务范围，也有利于将上网服务场所纳入社会公众和基层组织的监管视线。四是发挥行业协会作用，开展业主培训，制定行业规范，从根本上提高上网服务行业的规范化管理水平。

（二）下放行政审批事项，试点放开市场准入，研究完善文化市场管理政策。2014 年文化部按照国务院统一部署，分两批取消下放 9 项行政审批项目，同时，为进一步激发市场活力，将文化市场领域总共 11 项文化市场主体准入的前置审批项目，一次性全部改为后置审批。积极做好行政审批项目取消和下放后的衔接和指导工作。及时协调海关总署，解决美术品进出口审批权下放后，省级文化行政部门与海关相关手续衔接事宜。联合人社部、外交部、公安部共同印发《关于外国人入境完成短期工作任务办理相关入出境及短期工作手续有关问题的通知》，加强对外国人来华完成短期工作的管理，简化有关手续。对上海自贸区文化市场开放政策实施进行及时跟踪、评估和总结，积极推广可复制政策。推动在全国推广允许内外资企业从事游戏游艺设备生产和销售政策，在特定地区推广允许设立外商独资演出经纪机构和娱乐场所政策。同意在福建省扩大台湾地区投资者文化市场准入领域，在国家对外文化贸易基地（北京）内试点调整部分文化市场准入事项。支持中新天津生态城建设，允许在天津生态城设立外商独资的演出经纪机构（为天津市提供服务）、演出场所经营单位和娱乐场所。

（三）发挥行业协会作用，增强行业自律。一是行业协会等行业自律组织进一步建立。经多方努力推动，中国文化娱乐行业协会正式成立，中国艺术品经营行业协会筹建工作取得实质性进展。二是行业规范进一步健全。支持指导中国拍卖行业协会、北京画廊协会、浙江艺术品行业协会等制定了《艺术品拍卖从业人员职业守则》、《画廊行业经营规范》、《艺术品鉴定机构行为规范》等一批行业经营和从业人员规范。三是行业交流深入开展。指导并参与中国游艺机游乐园协会、中国拍卖协会等举办的行业年会、发展峰会、交流论坛等活动，鼓励和推动行业交流，共同提高经营管理水平。四是企业自我约束机制得到强化。《网络文化经营单位内容自审管理办法》对文化市场管理机制进行创新，将原来主要由政府部门承担的网络文化产品内容审核和管理责任更多地交由企业承担，把自审制度落实情况作为产品报审报备的基本材料，做实企业自我约束机制，提升企业自我管理能力。

三、积极推进全国文化市场技术监管与服务平台建设，发挥信息系统在文化市场监管中的作用

（一）推广应用全国文化市场技术监管与服务平台。自 2014 年 3 月起在全国范围内推进全国文化市场技术监管与服务平台的应用。截至目前，已采集文化市场经营单位基础数据 54 万家，初步建成文化市场基础数据库，由这些主体数据构成的“一户一档”信息将全面支持市场准入、动态监管、综合执法的各项业务。

（二）推进业务应用系统的开发和上线工作。截至 2014 年底，该业务应用系统在 24 个省（区、市）207 个地（市）正式部署上线运行，实现全国 56% 地市文化市场管理与执法业务的互联互通、数据共享。网络文化市场率先实现了全国覆盖，网络文化经营单位主体设立、变更、延续、注销，网络文化产品内容审查、备案，网络文化经营单位自审管理等网络文化经营活动纳入平台运行管理，实现业务办理全流程无纸化。

（三）加强互联网上网服务营业场所监管平

台日常管理工作，利用技术手段延伸执法手臂，监管文化市场。加快互联网上网服务营业场所监管平台的建设与应用，实现技术监管手段对乡镇一级的全面覆盖。加强网络内容技术监管，营造干净的公共上网空间。

文化部关于印发《文化市场领域制售假冒伪劣商品和侵犯知识产权行政处罚案件信息公开实施办法（试行）》的通知

（2014年4月25日）

各省、自治区、直辖市文化厅（局），新疆生产建设兵团文化广播电视局，西藏自治区、北京市、天津市、上海市、重庆市文化市场（综合）行政执法总队：

为深入贯彻落实《国务院批转全国打击侵犯知识产权和制售假冒伪劣商品领导小组〈关于依法公开制售假冒伪劣商品和侵犯知识产权行政处罚案件信息的意见（试行）〉的通知》，我部制定了《文化市场领域制售假冒伪劣商品和侵犯知识产权行政处罚案件信息公开实施办法（试行）》，请各级文化行政部门和文化市场综合执法机构结合当地实际，制定落实方案，细化具体措施，切实遵照执行。

特此通知。

文化市场领域制售假冒伪劣商品和侵犯知识产权行政处罚案件信息公开实施办法（试行）

第一条　为规范文化市场领域制售假冒伪劣商品和侵犯知识产权行政处罚案件信息公开工作，加强综合执法指导监督，根据《国务院批转全国打击侵犯知识产权和制售假冒伪劣商品领导小组〈关于依法公开制售假冒伪劣商品和侵犯知识产权行政处罚案件信息的意见（试行）〉的通知》以下简称《意见》），制定本实施办法。

第二条　自2014年6月1日起，各级文化行政部门和文化市场综合执法机构（以下简称文化执法部门）办理文化市场案件，应当通过全国文化市场技术监管与服务平台或与其对接的综合执法办公系统、电子政务系统办理。

第三条　自2014年6月1日起，各级文化执法部门适用一般程序查办的文化市场领域制售假冒伪劣商品和侵犯知识产权行政处罚案件（以下简称侵权假冒行政处罚案件）信息，原则上应当依法全部、主动、及时对社会公众公开。

第四条　下列文化市场领域侵权假冒行政处罚案件，应当依法公开案件信息：

（一）依据《营业性演出管理条例》及其实施细则查处的以假唱、假演奏等手段欺骗观众或者为假唱提供条件的行政处罚案件；

（二）依据《互联网文化管理暂行规定》、《网络游戏管理暂行办法》、《互联网视听节目服务管理规定》、《互联网出版管理暂行规定》等规章查处的未经许可擅自从事互联网文化、互联网视听、互联网出版及网络游戏经营活动，且经营的文化产品或者服务内容涉及侵犯著作权的案件；

（三）根据《出版管理条例》、《音像制品管理条例》、《印刷业管理条例》等法规查处的非法出版、印刷、复制、发行图书、报刊、音像制品或者电子出版物等产品，且产品内容涉及侵犯著作权的案件；

（四）依据《中华人民共和国著作权法》、《中华人民共和国著作权法实施条例》、《信息网络传播权保护条例》和《计算机软件保护条例》等法律法规查处的行政处罚案件；

（五）其他文化市场领域侵权假冒行政处罚案件。

第五条　依法应当主动公开的文化市场领域行政处罚案件的信息包括：

（一）行政处罚决定书文号；

（二）被处罚的自然人姓名，被处罚的企业或者其他组织的名称、法定代表人或者主要负责人姓名；

（三）违反法律、法规或者规章的主要事实；

（四）行政处罚的种类和依据；

（五）行政处罚的履行方式和期限；

（六）作出行政处罚决定的机关名称和日期；

（七）依照法律、法规应当公开的其他信息。

有条件的地区，应当逐步公开行政处罚决定书全文，主动接受社会监督。

行政处罚决定因行政复议或者行政诉讼发生变更或者撤销的，案件信息应当依法公开。

依法公开文化市场领域侵权假冒行政处罚案件信息，不得涉及商业秘密以及自然人住所、肖像、电话号码、财产状况等个人隐私。但是，经权利人同意公开或者认为不公开可能对公共利益造成重大影响的，可以予以公开，并将公开的内容和理由书面通知权利人。

第六条　各级文化执法部门公开文化市场领域侵权假冒行政处罚案件信息，不得泄露国家秘密，损害国家政治、经济、文化安全，影响社会稳定。因上述理由决定不予公开相关信息的，应当写明理由，报请上一级文化执法部门批准。

第七条　对属于主动公开范围的文化市场领域侵权假冒行政处罚案件信息，各级文化执法部门应当在行政处罚决定作出或者变更之日起20个工作日内予以公开。

第八条　文化市场领域侵权假冒行政处罚案件信息，由作出该行政处罚决定的文化执法部门负责公开。

各级文化执法部门应当指定专门机构或者人员具体负责文化市场领域侵权假冒行政处罚案件信息公开工作，具体负责人、联络员及其联系方式应当报送上一级文化执法部门备案。

第九条　各级文化执法部门公开文化市场领域侵权假冒行政处罚案件信息，首先应当通过本级政府或者本部门政务网站予以公开；未建立政务网站的，可以在上级文化执法部门政务网站予以公开；除上述方式外，也可以通过公告栏、新闻发布会、政务微博以及报刊、广播、电视等便于公众知晓的方式予以公开。

第十条　文化执法部门应当建立文化市场领域侵权假冒行政处罚案件信息公开内部审核机制、公开协调机制及档案管理制度。

文化市场领域侵权假冒行政处罚案件信息涉及其他行政机关的，应当在公开前沟通、确认，保证所公开的信息准确一致。

第十一条　自 2014 年 7 月 1 日起，省级以下（不含）文化执法部门应当于每月 5 日之前，填制《文化市场领域侵权假冒行政处罚案件信息公开情况汇总表》，将本部门上月文化市场领域侵权假冒行政处罚案件信息汇总整理后，报送同级打击侵权假冒工作领导小组办公室及上一级文化执法部门备案。

省级文化执法部门应当于每月 7 日前，将本省（区、市）上月文化市场领域侵权假冒行政处罚案件信息汇总情况报送至文化部。

第十二条　文化部在中国文化市场网（www. ccm. gov. cn）办事大厅栏目“信息公开”中开设专栏，公开各地文化市场领域侵权假冒行政处罚案件信息，接受公众查询监督。

第十三条　上级文化执法部门负责监督指导本辖区内文化市场领域侵权假冒行政处罚案件信息公开工作。

上级文化执法部门应当将文化市场领域侵权假冒行政处罚案件信息公开工作纳入年度文化市场综合执法考评范围，定期组织专项督查，督促指导下级文化执法部门建立健全信息公开工作内部管理制度;必要时,可以调阅、抽查综合执法案卷,核查案件信息的真实性和执法工作的规范性。

第十四条　对不履行信息公开义务、不及时公开或者更新信息内容、违规收取费用等行为,应当责令改正;对逾期不改正或者拒不改正的,应当依法追究责任。

第十五条　对未按照规定依法公开信息并报送至文化部备案的文化市场侵权假冒行政处罚案件,文化部将一律不再列入年度文化市场重大案件及十大案件认定范围。

附件:1. 文化市场侵权假冒行政处罚案件信息公开情况汇总表

2. 文化市场领域侵权假冒行政处罚案件信息公开联络人员名单

3. 关于依法公开制售假冒伪劣商品和侵犯知识产权行政处罚案件信息的意见(试行)

附件:(略)

文化部　工商总局　公安部　工业和信息化部 关于加强执法监督　完善管理政策 促进互联网上网服务行业健康有序发展的通知

(2014 年 11 月 18 日)

各省、自治区、直辖市文化厅(局)、工商行政管理局、公安厅(局)、通信管理局,新疆生产建设兵团文化广播电视局、公安局,西藏自治区、北京市、天津市、上海市、重庆市文化市场(综合)行政执法总队:

多年来,各地各部门依法加强管理和执法,积极促进互联网上网服务行业(以下称上网服务行业)规范有序发展,大中城市互联网上网服务营业场所(以下称上网服务场所)经营秩序普遍好转,接纳未成年人现象得到有效遏制。但也存在行政干预过多、市场机制扭曲、行业缺乏竞争和活力、部分地区无证照经营场所屡禁屡现等问题。为营造公平竞争、优胜劣汰的市场环境,规范市场秩序,改善行业形象,促进上网服务行业转型升级,现就有关事项通知如下。

一、加强执法监督,规范市场秩序

(一)依法查处无证照经营行为

各地各部门要加强分工协作,以城乡结合部、城中村、农村乡镇为重点,加大对无证照经营上网服务场所的查处力度。

文化行政部门和文化市场综合执法机构要树立全领域监管的理念,实行对上网服务场所的全覆盖走访巡查。要会同相关部门积极发动社会力量全面排查、及时发现无证照经营场所分布情况。文化、公安、电信主管等部门对在排查中发现的无证照经营场所,要以书面形式通报工商部门,由工商部门依法予以取缔。各地文化、工商、公安等部门要建立信息沟通反馈机制,文化行政部门对取得营业执照后未通过审批即擅自开展上网服务经营活动的场所,要及时向工商部门通报,工商部门要按照《互联网上网服务营业场所管理条例》(以下称《条例》)的相关规定依法处理。对以暴力、胁迫、恐吓等手段阻碍文化、工商、电信主管等部门执法的,由公安部门依法予以查处;构成犯罪的,依法追究刑事责任。

电信主管部门要规范互联网接入服务行为,督促互联网接入服务企业积极履行社会责任,与用户签订服务合同时,明确约定用户从事上网服务场所经营活动必须取得相应法定许可,并在安装服务中进行核实。对工商、文化、公安等部门提供的无证照经营场所及其互联网接入服务提供者名单,通知并监督相关互联网接入服务企业停止为其提供接入服务。对于知道或应当知道是无证照经营场所而为其提供互联网接入服务的,由工商部门按照《无照经营查处取缔办法》第 15 条的规定予以查处。

各地各部门在查处无证照经营场所过程中,要做到严格执法与人性化服务相结合、依法取缔与政策疏导相结合,对具备设立条件的无证照经营场所,应当责令其立即停止经营活动,并指导其限期依法办理各项手续,完善经营资质;对缺乏基本设立条件,尤其是安全状况恶劣的,要坚决取缔,并跟踪停止接入互联网服务等措施的落实情况。

(二)依法查处接纳未成年人行为

各地文化行政部门和文化市场综合执法机构要进一步加强对上网服务场所的巡查,重点查处锁闭门窗接纳未成年人、多次接纳未成年人、为未成年人提供公卡公号或他人身份证件以及接纳未成年人长时间连续上网等行为。要公布 12318 等举报电话,广泛发动群众、行业协会、上网服务企业及义务监督员,加强对接纳未成年人行为的监督举报。

(三)改善上网服务场所环境

目前,各地不同程度存在的上网服务场所环境昏暗、脏乱差、违规吸烟等问题,既是严重安全隐患,也损害消费者身心健康和行业形象。各级文化行政部门和文化市场综合执法机构要提高认识,积极会同有关部门,建立营业环境脏乱差的上网服务场所台账,督导环境整治,确保上网服务场所敞亮、开放、整洁。要商请有关部门,主动将上网服务场所环境卫生情况纳入地方文明创建考核评价体系。公安部门要加强对上网服务场所违规用火用电、消防通道堆放杂物等安全问题的巡查,依法查处消防安全违法行为;对未悬挂禁烟标志或者发现吸烟不予制止的,依照《条例》的规定予以查处。

(四)健全重点地区督查制度

文化部将根据举报平台提供的数据,不定期公布重点督办地区名单。各地文化行政部门和文化市场综合执法机构也要根据市场状况,层层公布重点督办地区名单,直到乡镇一级。对市场秩序混乱、监管不力的地区,文化部将通报批评;对市场秩序严重混乱的地区要限期整改,必要时约谈有关部门主要负责人。

二、完善准入政策,促进公平竞争

(一)取消总量限制,降低准入门槛

自本文件印发之日起,取消各级文化行政部门对上网服务场所的总量和布局要求;取消对上网服务场所计算机数量的限制;场所最低营业面积调整为不低于 20 平方米,计算机单机面积不低于 2 平方米。

凡是符合设立条件的申请,县级以上文化行政部门应当依法受理、审批。

(二)实行先照后证管理

国家对上网服务场所的经营活动实行许可制度。上网服务场所从事互联网上网服务经营活动的,应当向县级以上地方人民政府文化行政部门提出申请,提交营业执照、法定代表人或者主要负责人身份证明材料、资金信用证明、营业场所产权证明或者租赁意向书、公安部门信息网络安全和消防安全批准文件等材料。文化行政部门应当自收到申请之日起 15 个工作日内作出决定;经实地检查并审核合格的,发给《网络文化经营许可证》;经审核不合格的,应当向申请人书面说明理由。申请人依法取得《网络文化经营许可证》后,方可营业。

(三)鼓励多元化和连锁经营

鼓励上网服务场所丰富经营业态。上网服务场所兼营其他服务项目,应依法依规办理相关手续。

鼓励上网服务场所发展连锁经营,以连锁推动规范化经营管理,以连锁促进行业的转型升级。取消各级文化行政部门对连锁企业设立的认定,连锁规模、连锁方式由上网服务场所自主决定。

(四)扩大长效机制试点范围

2005 年 8 月,全国上网服务场所管理工作协调小组确定北京、上海、长沙、成都等城市为上网服务场所管理长效机制试点。现决定扩大试点范围,新增试点地区由省级文化行政部门确定,报文化部备案。试点地区可不对上网服务场所营业时间做统一规定;上网服务场所距中学、小学校园出入口最低交通行走距离不低于200米。允许试点地区上网服务场所经营非网络游戏。允许试点地区将上网服务场所不得在居民住宅楼（院）内设立，调整为不得在居民住宅楼内设立。农村地区依法取得消防安全手续的合法用房可以设立。

三、推动上网服务行业转型升级

推动上网服务行业转型升级，既是提高行业经营效益、提升行业整体水平、改善行业形象的迫切需要，也是降低政府监管成本、提高监管效率、促进社会与行业良性互动、从根本上解决上网服务行业深层次问题的重要举措。各地各部门要切实提高认识，积极转变思路，把推动上网服务行业转型升级作为文化市场管理的重点工作，充分发挥市场在资源配置中的作用，尊重、保护市场主体的自尊和自主创造性，为转型升级做好政策服务。

推动上网服务场所创新经营业态，提高管理水平。鼓励上网服务场所发挥遍布城乡、靠近社区的优势，参与城市社区和农村地区公共文化服务体系建设，为居民提供多方面的网络文化服务，拓展公共文化服务范围，提升上网服务行业形象，将上网服务场所纳入社会公众和基层组织的监管视线，努力把上网服务场所改造成为适合不同人群，兼具上网服务、社交休闲、竞技娱乐、电子课堂、远程服务、电子商务等功能，在文化消费中起积极引领作用的社区信息服务平台和多功能文化活动场所。

特此通知。

国家工商行政管理总局

2014 年全国工商系统参与综治工作情况

2014 年,国家工商总局以党的十八大及十八届三中、四中全会有关精神为指导,围绕中央综治委 2014 年工作要点,立足市场监管和行政执法职能,对包括校园周边环境整治、查处取缔黑网吧、打击传销、净化广告环境、推进企业信用信息公示、查处取缔无照经营、构建和谐劳动关系等在内的各项工作作了具体部署,积极推动全国工商系统加强和创新综治工作,取得了较好效果。

一、严把准入关,认真做好校园周边环境整治工作

全国工商、市场监管部门高度重视校园周边环境整治工作,充分发挥职能作用,大力开展专项治理活动。一是严格按照国家相关法律法规的规定,禁止在中小学校园周围开办营业性歌舞娱乐场所和网吧,禁止在学校周围摆摊设点、新开设集贸市场,并在学校中公布举报电话。二是与有关部门密切配合,加强对学校及周边环境的整治,严格对学校周边商业网点,特别是电子游戏厅、音像厅、台球厅以及书报杂志、音像制品销售摊点的管理,使其不得从事扰乱学校教学、生活、治安秩序的经营活动。三是充分发挥 12315 消费者投诉举报网络作用,及时受理和依法处理学生消费者的有关投诉举报,严厉打击在校园周边销售假冒伪劣商品的违法行为;许多地方还积极创新社会治理方式,大力推进 12315 进校园工作,加强消费教育和引导,提高广大青少年的维权意识和能力。四是认真完成"扫黄打非"各项工作任务,切实配合有关部门加强对出版物市场的管理。

二、继续做好查处取缔黑网吧工作及相关调研工作

2014 年,全国工商、市场监管部门按照《互联网上网服务营业场所管理条例》及有关规定,进一步规范网吧管理,与文化、公安、通信管理等部门密切配合,做好查处取缔黑网吧工作。6 月,总局派员参加了由文化部牵头,公安部、工信部派员组成的联合调研组,对贵州的黑网吧进行了调研,并听取了相关部门对网吧管理工作的政策意见。11 月,总局会同文化部、公安部、工业和信息化部等联合印发了《关于加强执法监督　完善管理政策　促进互联网上网服务行业健康有序发展的通知》,要求依法查处无证照经营行为。各地工商、市场监管部门根据通知要求,积极履职,按照《互联网上网服务营业场所管理条例》的相关规定,依法查处取缔黑网吧,取得阶段性成效。

三、坚决遏制传销进校园

2014 年,全国工商、市场监管部门认真履行职责,始终高压严打,坚决遏制传销违法活动的扩散蔓延,特别是严防死守,坚决防止传销进校园。总局多次召开会议,对防止传销进校园工作进行部署。同时,广泛宣传,发布警示提示,曝光典型案例,不断加大宣传教育力度。深入开展"防止传销进校园"活动,通过专题讲座、就业前教育等多种方式,提高学生识别、防范传销的意识和能力。严格规范直销企业经营行为,严禁招募学生从事直销,对违规行为依法予以查处。

四、着力净化网络广告市场环境

2014 年,全国工商、市场监管系统组织开展了为期五个月的整治互联网重点领域广告专项行动,加大广告监测与案件查处力度,严惩发布虚假违法互联网广告的行为。经过专项整治行动,互联网广告整治工作取得阶段性成效,广告违法率大幅下降,整治后与整治前相比违法率下降 9.2 个百分点,降幅 50%。积极发挥职能,推动培育和践行以社会主义核心价值观为核心的公益广告工作,与中宣部等部门联合下发《关于进一步做好“讲文明树新风”公益广告的意见》，在中央文明办的领导和协调下，会同有关部门制定公益广告规章，在《广告法》修订中增加促进和规范公益广告的内容，积极支持各地开展公益广告作品创作、征集、展播、评比活动，发挥公益广告在传递“正能量”方面的积极作用。

五、建立全国企业信用信息公示系统，开展非公有制经济组织诚信体系建设

2014 年，全国工商系统在各级综治办的指导下，认真贯彻党的十八大、十八届三中、四中全会精神，按照国务院《注册资本登记制度改革方案》和《国务院关于促进市场公平竞争维护市场正常秩序的若干意见》的要求，通过改革公司注册资本及其他登记事项，进一步放松对市场准入的管制，降低准入门槛，优化营商环境，促进市场主体加快发展；通过改革监管制度，进一步转变监管方式，强化信用监管，促进协同监管，提高监管效能；通过加强市场主体信息公示，进一步扩大社会监督，促进社会共治，增强经济发展内生动力。近几年来，总局积极推进的非公有制经济组织“两库一平台”建设，以及强化非公有制经济组织信用监管体系建设，与国务院部署的商事制度改革完全相符。

2014 年，全国工商系统按照国务院的总体部署，加强基础数据库建设，不断提高数据质量，推进市场监管数据库建设，充实企业信用监管指标体系，推动各地开展非公有制经济组织信用信息公示平台建设。全国 31 个省、自治区、直辖市全部建成了“企业信用信息公示系统”并于 3 月 1 日上线运行，公示了我国各类市场主体的工商登记备案信息。同时，总局加强制度建设，积极参与推动国务院制定《企业信息公示暂行条例》工作，加紧制定完善市场主体信用管理的相关规章，颁布了《企业公示信息抽查暂行办法》《企业经营异常名录管理暂行办法》《个体工商户年度报告暂行办法》《农民专业合作社年度报告公示暂行办法》和《工商行政管理行政处罚信息公示暂行办法》5 部规章，积极构建以信息公示、信用监管为核心的新型监管体系。10 月 1 日，国务院《企业信息公示暂行条例》开始实施，全国工商系统在“全国企业信用信息公示系统”上全部开通了企业、个体工商户、农民专业合作社年度报告窗口，实现了市场主体通过全国企业信用信息公示系统向工商部门报送并公示年度报告和即时信息。以上工作极大地推动了非公有制经济组织诚信体系建设工作，使该项工作上了一个新台阶。

截至 2014 年底，全国实有私营企业 1546.37 万户，比上年底增长 23.33%，注册资本（金）59.21 万亿元，增长 50.6%。个体工商户实有 4984.06 万户，比上年底增长 12.35%，资金数额 2.93 万亿元，增长 20.57%。全国个体私营实有从业人员 2.5 亿人，比上年底增加 3117.66 万人，增长 14.26%。农民专业合作社实有 128.88 万户，比上年底增长 31.18%，出资总额 2.73 万亿元，增长 44.82%。

六、积极做好无证无照经营综合治理及考评工作

2014 年是将查处取缔无证无照经营纳入社会治安综合治理目标考评工作的第五年。在前几年狠抓组织领导、制度建设的基础上，2014 年，总局将强化制度落实作为工作重点，特别是要求各地要认真贯彻落实国务院《注册资本登记制度改革方案》（国发［2014］7 号）和《关于促进市场公平竞争　维护市场正常秩序的若干意见》（国发［2014］20 号），完善市场监管体系，强化事中事后监管，明确各部门查处无证无照行为的监管职责，推动部门联动机制作用的发挥。总局先后在海南海口和北京两次召开综治工作座谈会，对 2013 年综治考评工作进行了总结，就 2014 年综治考评标准征求了意见。在地方党委、政府的领导、支持下，各地查处取缔无证无照经营领导机构和联席会议发挥了积极作用，各部门分工协作，密切配合，实行综合治理，有力地促进了查处取缔无证无照工作的深入开展。据统计，2014 年全国查处无照经营案件 26.89 万件，比 2013 年的 40.07 万件减少了 13.18 万件，下降 32.9%；案件总值 44.43 亿元，同比减少 13.03 亿元，下降 22.68%。

七、开展清理整顿人力资源市场秩序专项行动，做好为农民工服务工作，构建和谐劳动关系

为进一步贯彻实施就业促进法，为广大劳动者特别是农民工营造公平、竞争有序的就业环境，帮助劳动者通过市场实现就业，推动社会就业更加充分目标的实现，2014 年初，总局与人力资源和社会保障部、公安部再次联合下发了《关于开展清理整顿人力资源市场秩序专项行动的通知》,在全国范围内组织开展专项行动。专项行动中,各地工商机关严把职业介绍机构准入关,严厉打击职业介绍机构发布虚假劳务信息骗取钱财等违法行为,依法查处取缔“黑职介”。专项行动进一步增强了广大求职者的法律意识和维权意识,严厉打击了“黑劳工”、“黑中介”以及其他以职业中介为幌子的其他违法犯罪行为,规范了职业中介机构的中介活动和用人单位的招工行为,有效维护了求职者合法权益,人力资源市场秩序得到进一步改善。9 月,《国务院关于解决农民工问题的若干意见》颁布后,作为农民工工作的职能部门,全国工商、市场监管系统认真学习贯彻文件精神,强化法治意识和服务意识,结合商事制度改革,积极促进农民工就业、创业,切实维护农民工的合法权益,推动构建和谐劳动关系。

国家质量监督检验检疫总局

2014 年质检总局参与综治工作情况

2014 年,质检总局认真贯彻落实党的十八届三中、四中全会和中央经济工作会议、中国质量(北京)大会精神,按照“抓质量、保安全、促发展、强质检”十二字方针要求,发挥质检部门行政监管和技术执法的职能优势,加强社会治理创新,积极参与综治工作,严把国门安全、特种设备安全和消费品安全,严守质量安全底线,努力维护我国社会和谐稳定。

一、质检总局高度重视并积极参与综治工作

质检总局认真贯彻落实中央综治委有关部署,党组多次要求质检系统要结合工作实际,加强和创新社会治理工作,维护社会和谐稳定。2014 年 3 月印发了《质检总局关于 2014 年维护稳定工作的实施方案》,从做好内部矛盾排查、提升应急处置能力、维护群众合法权益、畅通投诉信访渠道等方面提出了具体措施,要求质检系统着力解决可能影响社会和谐稳定的涉质检突出问题,严防发生重大群体性事件、重大产品质量安全事故。

二、夯实质量安全社会治理基础

质检系统积极推动质量发展,进一步夯实社会治理基础,着力保障我国质量安全。

(一)推动质量社会共治。一是质量考核工作有了新突破。协调将质量工作考核纳入中央全面深化改革 2014 年工作要点和中长期改革实施规划,牵头实施首次全国各省(区、市)政府质量工作考核,争取国务院、办公厅发文部署,组成 12 个考核组对 31 个省(区、市)、62 个市县、177 个企业进行实地核查,制订考核方案,创新引入第三方评价,有力推动地方政府落实对质量负总责。二是质量合力有了新提升。印发质量发展纲要 2014 年行动计划,协调发展改革委等相关部门将检验检测认证、品牌建设、售后服务作为重点生产性服务行业予以政策支持。105 个城市积极创建“全国质量强市示范城市”,263 个园区积极创建“全国知名品牌示范区”,积极推进国家电子商务示范城市创建工作。联合主办“质量月”活动的部门和单位从 2014 年的 26 个增加到 37 个,参与“质量月”活动的企业达到 50 万家,一线员工 3000 万人,群众 8000 万人以上。广泛开展群众性质量活动,组织世界计量日、标准日、认可日、消费品质量安全宣传周、“进口食品安全口岸行”主题日等活动,国门生物安全进校园活动 220 场次。全国共建成国家、省、市三级质量教育基地 600 多家,有近 110 万名中小学生深入基地参加质量教育活动。三是质量合作有了新成效。质检总局与总装备部签署计量战略合作协议,联合发展改革委等部门举办电子商务产品质量提升行动启动会议,联合工业和信息化部制订《电石、铁合金行业能耗限额标准贯彻实施方案》,联合保监会印发《关于推进产品质量安全责任保险的通知》,与清华大学共建质量与可靠性研究院,与国家林业局、中科院动物研究所签署合作备忘录,联合国管局加强公共机构能源资源计量工作,协调地方政府和相关部门共同应对香港《食物内除害剂残余规例》。

(二)改善质量宏观管理。一是企业质量责任进一步落实。探索实施企业质量首负责任、质量问题先行赔偿、质量责任保险等制度,督促企业健全质量管理体系。组织 1000 余家企业主动向社会发布《质量信用报告》,组织 10 家骨干电商企业签署电子商务企业质量诚信共同宣言。启动质量自主声明和社会监督平台建设。对进口乳制品、食用植物油等大宗敏感产品,实施进口商自主提交检测报告制度,企业提交自检报告 8.34 万份。二是质量统计分析水平进一步提高。运用技术监测数据提高质量统计分析水平，突破性地将产品质量合格率统计调查制度纳入国家统计序列，启动全国检验检测服务业统计工作。定期发布产品质量状况分析报告和全国制造业质量竞争力指数测评报告，首次发布我国重点服务行业质量监测年度报告。三是品牌发展战略进一步落实。完善质量奖励制度，健全品牌价值评价国家标准体系，我国成为品牌评价国际标准技术委员会秘书国。支持建设并考核确定出口农产品示范区 9 个，建立国家级出口食品农产品质量安全示范区 188 个，建成出口工业品质量安全各级各类示范区 132 个，批准建立全国农业综合标准化示范市（县）43 个。新批准国家有机产品认证示范创建区 5 个，全国有机生产面积 260 万余公顷。开展 2014 年品牌价值评价工作，成功举办博鳌亚洲论坛“品牌亚洲”分论坛。四是质量基础建设进一步夯实。贯彻落实国务院《计量发展规划》，优化国家计量基标准体系、量值传递体系，构建国家产业计量测试体系和计量科技创新体系，组织审核并批复了急需的 68 种国家一级标准物质和 330 种国家二级标准物质，新增 2345 项社会公用计量标准，获得国际承认的校准测量能力项目达到 1317 项。推动用标准化助推国家治理现代化，批准发布国家标准 1530 项，下达 2792 项国家标准制修订计划，提出国际标准 48 项。联合科技部、财政部出台检验检测认证高技术服务业创新发展政策措施，升级中国食品农产品认证信息系统，改革完善强制性产品认证规则与程序。

（三）促进质量发展水平提升。开展电子商务产品、儿童用品、车用汽柴油用品、建筑防水卷材质量提升等重点产品质量提升行动，对 1.7 万余家企业生产的 1.7 万批次产品开展国家监督抽查，合格率为 90.2%，同比提高 1.3 个百分点。排查梳理出 375 个区域性质量问题集中整治重点区域，基本解决了河北栾城久整不治的化肥区域性质量问题。开展重点服务行业质量监测，协调有关部门将质量管理职能延伸到物流、养老、公共文化等领域，启动华东地区城市公共服务质量监测，联合国家旅游局等部门推动旅游行业和汽车售后服务开展服务质量对比提升活动，76 家旅游企业参加服务质量升级试点，遴选旅游服务质量标杆单位 8 家，从 1.7 万余家汽车经销商中遴选服务质量标杆 19 家，启动售后服务质量对比提升活动。累计颁发认证证书 129.6 万张，新增 39.7 万张，颁发检验检测机构资质认定证书 3.66 亿张，新增 2300 余张，累计授权国家产品质检中心 593 家，新增 37 家，批准发布检验检疫行业标准 501 项。

三、加大质量安全社会治理力度

按照中央关于创新社会治理体制，提高社会治理能力的要求，质检总局围绕保障质量安全，进一步强化监督管理和检验检疫，保持了质量安全的平稳态势。2014 年，没有发生区域性、行业性、系统性质量安全事件。

（一）“三大安全”监管取得明显成效。一是消费品安全监管进一步强化。成立中国消费品质量安全促进会，发布加强消费品质量安全监管工作的指导意见，开展消费品安全标准“筑篱”专项行动。将消费品国家监督抽查比重提高至 52.7%，抽查 1 万余家生产企业的 90 多种产品，查处 1100 余批次不合格产品，不合格率为 11%。消费品执法打假行动共查处儿童用品、食品相关产品、家电等质量违法案件 6300 多起，移动电源等消费品质量安全风险警示引起社会强烈反响。开展儿童用品、家电、电线电缆等实施认证产品监督抽查，强化消费品安全市场准入管理，将儿童安全座椅产品纳入强制性产品认证目录。构建适应电子商务执法打假的全国执法协查工作机制，首次将电商产品质量纳入监管范围，开展网上抽查和源头追溯，查出不合格 131 批次，涉及 8 家电商平台、359 家生产企业，不合格产品检出率 26.1%，公布一批典型案件，产生了很好的社会反响，“神秘买家”做法得到社会好评。二是特种设备安全监管进一步强化。深入贯彻实施《特种设备安全法》，修订《特种设备目录》，大幅调整特种设备监管内容和范围，突出分类监管、重点监管，在电梯、气瓶等领域推进物联网试点应用，建立安全检查长效工作机制，开展油气管道专项整治，部署“六打六治”专项行动。三是国门安全监管进一步强化。259 个国家对外开放口岸顺利通过国际卫生条例口岸公共卫生核心能力达标验收，查验出入境人员 4.98 亿人次，发现有传染病症状者 4.42 万人次，同比增长 57.90%，确诊传染病 25 种共计 1.04 万例，同比增长 183.46%。严防埃博拉疫情，排查来自疫区人员3万人，发现有症状者93例，转运留观病例78例。实施出入境传染病监测体检114.48万人，检出各类传染病1.93万例，其中艾滋病病毒(HIV)感染者700例、开放性肺结核2363例、病毒性肝炎8951例、性病3957例、其他传染病3376例。加强口岸医学媒介监测，捕获各类媒介生物186种、37.58万只，检出乙型脑炎和汉坦病毒阳性150例，实施预防接种各类疫苗111.29万次。截获有害生物5300余种80.3万批次，同比增长9.2%和33%，从旅客携带物、邮寄物中截获禁止进境物44.26万批次，同比增长7.98%。检出核与辐射有害因子超标情况2291起、化学有害因子7起，检出进出口不合格危险化学品7700余批次，同比增长100.9%，检出环保不合格进口废物原料205批、3万吨。检出进口不合格商品11.6万批，同比增长166.4%，退运和销毁2644批。检出短重率超过5‰的进口货物1.3万批次，短重量264.6万吨，金额超过6亿美元。抽查法定检验目录外的进出口商品3385批，不合格1180批，不合格率为34.86%。处置缺陷进口机电产品案例94例，涉及约96.8万辆机动车，408万件电子电器。对64个国家或地区的36种食品开展检验检疫准入评估，检出进口不合格食品化妆品2.7万批，同比增长136.2%，依法退运或销毁3702批、2.41万吨、3282.5万美元，暂停24家境外企业进口，公布31家进口食品生产经营企业不良记录，对10.4万家境内外食品进出口商实施备案，对12个国家或地区的肉类、乳制品等4大类高风险食品进行回顾性检查。妥善处置进口转基因玉米和玉米酒糟粕不合格事件，对142.57万吨进口转基因产品依法退运销毁，妥善应对台湾地沟油、台湾毒豆干、挪威三文鱼等事件，有效地维护了人民群众健康安全。加强对港澳合作，培训监管机构和企业人员1.6万人次，对65种供港蔬菜中224种农残状况进行普查，确定7大类47种供港食品中高风险农残项目，保持内地供港食品质量安全稳定。

（二）风险管理能力得到有效提升。加强重点产品风险监测，努力做到质量安全风险早发现、早研判、早处置、早预警。从全国16地48家试点医院采集产品伤害监测案例7.8万条。开发电子商务产品质量信息监测系统，搭建总局电子商务产品质量信息公共服务平台，基本建立起“网上抽查、源头追溯、属地查处”的产品质量监督机制。开展产品质量安全风险评测，向国务院专报质量安全风险监测情况，向社会发布13种产品质量安全风险警示，向生产企业发放风险告知书，探索开展风险会商等风险处置工作。在全国口岸开展可传播鼠疫、疟疾、登革热等虫媒传染病医学媒介生物本底调查和监测，及时掌握媒介生物的种类、种群结构等信息及其变化。部署全国水生动物疫病、杂草、检疫性实蝇、马铃薯甲虫、舞毒蛾等7项有害生物监测调查工作。做好进出口食用农产品和饲料安全风险监控工作，共完成监控样品4.27万个，获得监控结果24万个，总体合格率为96.73%。构建包括重点监控、入境验证、临时管控和后市场监管目录的多层级进口商品质量安全监控目录体系，开展128种进出口食品监控，共完成监控样品1.8万个，获得监控结果9.9万个，总体合格率为97.72%，发现并向卫计委通报潜在风险32项，编发《风险预警日报》253期、《进出口食品安全信息》12期，发布信息7200余条，下发风险警示通报81份。

（三）监管制度不断创新完善。推进工业企业产品质量分类监管，完善产品质量检验机构分类监管，改革产品质量监督检查制度，提高监督抽查工作的科学性和有效性。将设备监理注册管理改为登记服务，联合发展改革委、工业和信息化部等部门首次制定9大行业、89类重大设备监理目录。制订全面深化电梯安全监管改革创新方案，提出6项改革创新措施，制订改进压力管道监管方式专项方案，研究调整公用管道、油气管道监管方式。协调工信部通过3大电信运营商向出境旅客发送国门生物安全提示短信，联系4大航空公司在进出境航班发放国门生物安全须知卡。初步建立以问题为导向，以风险防控为目标，以全过程质量安全监测、追溯调查、责任追究为主要内容的进出口商品风险管理制度，探索建立中国进出口产品质量安全风险预警和快速反应监管体系，创新旧机电产品、进口服装等监管模式，开展质量安全区域整治集中约谈。完善以汽车为代表的进口机电产品检验监管模式，构建全监管闭环监管体系。开展食品质量安全控制体系回顾性审查，严格实施进口食品境外生产企业注册管理制度，在进口食品企业备案工作中推广采信 HACCP 认证，首次批准 1802 家进口乳品企业，59 家婴幼儿配方乳粉企业注册，试点进口婴幼儿配方乳粉标签境外印制制度。

（四）打击各类违法行为力度加大。开展以农资、建材汽车及其配件、汽柴油、日用消费品为重点的“质检利剑”行动，全国质监系统出动执法人员 131.5 万人次，查处质量违法案件 5.6 万起、货值 41.1 亿元，查办大案要案 1797 起，移送公安机关 449 起，向社会公布 39 起典型案件，开展净水器执法打假，通过执法打假推动生产企业公开声明采用产品标准活动。加强进出口商品执法打假，查处输非商品假冒伪劣出口商品 7300 余批，发现并捣毁 8 个制售检验检疫假证窝点，缴获各类假冒证书 150 多份。推动各地健全汽车三包工作体系，全年受理投诉 4000 余件，处理 3900 余件。实施缺陷汽车产品召回 173 次，召回缺陷汽车 504 万辆。实施儿童玩具召回 44 次，涉及产品 2.7 万件，实施电子电器等消费品召回 7 次，涉及产品 421.4 万件。

四、推进法治质检建设

质检系统把群众路线教育实践活动整改任务与法治质检建设结合起来，积极推进中国特色质检工作体系和治理能力现代化。

（一）法规体系得到完善。开展消费品安全法和电子商务法立法研究，抓好食品安全法及其实施条例的修订工作，推动计量法、标准化法、组织机构代码条例、检验检测机构资质认定管理办法等制修订工作，完成《工业产品生产许可证管理条例实施办法》《设备监理单位资格管理办法》等 4 件部门规章的制修订工作。将“境外体系回顾性审查”等关键制度写入《食品安全法》修订草案，批准发布 87 项国家计量技术法规。完成第四轮规范性文件清理工作，废止 69 件。

（二）执法行为得到规范。起草《检验检疫举报投诉处理办法》《质检总局行政应诉工作规则》《质检总局司法接待管理办法》《规章执行监督检查实施办法》，印发《质检系统收费工作留言监督管理办法（试行）》，对目前执行的 16 部规章的合法性、合理性、协同性及可操作性开展了检查。组织开展“检出率”、检疫处理和国外通报调查等专项督察，促进规范管理，有效防范业务风险。推动行政处罚案件信息公开，对质检系统行政处罚案件信息公开实施意见进行合法性审查。

（三）依法行政得到加强。开展依法行政示范单位创建工作，质检系统首批示范单位 111 个，业务督察发现工作风险 31 项。探索建立科学的法治质检建设指标和考核标准，指导地方局制定法治建设指标考核标准，加大法治建设考核力度。以纠正当前执法工作中存在的执法粗暴、滥用职权、执法不规范、地方保护等问题为重点，在全国质监系统组织开展行政执法工作情况集中检查活动。

五、做好涉质检信访工作

信访工作是群众路线教育实践活动的重要组成部分，在维护社会稳定方面具有重要意义。特别是质检工作与群众的衣食住行密切相关，做好涉质检信访工作尤为重要。

（一）加大日常信访工作力度。质检总局印发了《质检总局关于印发落实〈国家信访局关于进一步规范信访事项受理办理程序引导来访人依法逐级走访的办法〉实施细则的通知》，引导来访人依法逐级走访，推动信访事项及时就地解决。2014 年，质检总局认真贯彻落实《信访条例》以及中央关于加强和创新社会管理的一系列决策部署，畅通渠道，建章立制，充分发挥质检系统信访工作在保障产品质量等方面的作用，妥善解决群众的合理诉求，全年共处理信访事项 3325 件。

（二）加强重大活动期间的信访工作。为扎实做好“两会”及重大活动期间的信访工作质检总局印发了《质检总局办公厅关于做好“两会”期间质检系统信访工作的通知》等相关文件，部署落实各项工作措施。各级质检部门按照部署要求，认真制定应急工作预案，健全快速反应机制，排查矛盾纠纷，实行领导包案制，严格执行信访信息日报送（零报告）制度。“两会”及重大活动期间，质检系统未发生重大矛盾纠纷事件和群体性上访事件，质检系统信访工作平稳有序。

（三）组织开展局长接待日活动。质检总局印发了《质检总局办公厅关于组织开展总局局长接待日活动的通知》，面向质检系统组织开展局长接待日活动，每月 15 日（遇重大活动或节假日顺延）由我局一位局领导主持接待日。对局长接待事项建立了工作台账，加大跟踪督办力度，确保件件有落实。

（四）部署矛盾纠纷排查化解，开展带案下访。质检总局在质检系统部署开展矛盾纠纷排查活动，要求对排查出的矛盾纠纷实行领导包案制度，制定化解措施，明确化解时限，并针对典型矛盾纠纷开展带案下访，督导基层部门妥善解决群众诉求，维护群众合法权益。通过开展矛盾纠纷排查化解和带案下访，部分信访积案、难案已得到有效化解。

（五）依法依规处置突发大规模群访事件。2014 年，质检总局较好地处理了 260 余名群众大规模群访，反映以融资租赁形式从庞大汽贸集团股份有限公司购买的多种品牌的自卸车存在拼装改装现象，地方法院判决不公等问题。质检总局一方面积极做好来访群众的情绪疏导和稳控工作，第一时间将有关情况通报国家信访局，启动应急预案，协调公安机关对过激行为的主要组织者和参与者采取有力措施，防止事态进一步扩大；另一方面积极和其他有关单位联系沟通，开展调查，并将有关情况上报国务院双打办。通过耐心细致地与群众进行沟通，得到了大部分群众的理解，事态已基本趋于平稳。

国家新闻出版广播电影电视总局
2014 年全国“扫黄打非”综治工作情况

2014 年，在党中央和国务院的坚强领导下，各地各部门以四大专项行动和五大联防协作工程为载体，持续加强出版物市场监管，不断加大案件查办力度，有效遏制了各种非法出版物及有害信息的传播，为进一步优化青少年成长文化环境、规范文化市场秩序，为“两个巩固”、服务党和国家工作大局，作出积极贡献。

一、严厉打击各类非法出版活动，有效遏制非法出版物及有害信息传播

3 月至 10 月，组织开展打击非法出版物相关专项行动，深入整治各类非法、有害出版物。全国共收缴各类非法出版物 1600 余万件，查处各类案件 8300 余起，关闭非法和传播有害信息网站、栏目 1 万余个。狠抓查堵工作，扎实推进各项工作措施落实，进一步挤压了非法、违禁出版物市场空间。全国“扫黄打非”办公室直接指挥、挂牌督办查处了一大批重点案件。通过查办案件，震慑了违法犯罪分子，警示了相关行业从业人员，维护了出版物市场的健康有序发展。

二、持续净化网络文化环境，进一步清朗网络空间

4 月中旬至 11 月，组织开展“净网 2014”专项行动，坚持治标治本一起抓、网上网下一起查、“老虎”“苍蝇”一起打，网站面貌、社会舆论为之一变。及时将专项行动推向微博、微信、微视、微电影等“微领域”。全国共查办各类案件 1000 多起，全国“扫黄打非”办公室直接指挥、挂牌督办查处重点案件 36 起。着力从源头上进行治理，完善互联网站、域名、IP 地址实名管理制度，加大对未注册、未备案网站的清理力度；健全移动智能终端应用软件管理措施；推动电信和网络企业完善信息安全管理制度和信息安全技术手段。网下与网上相结合，全国共收缴淫秽色情出版物 55 万件，查办淫秽色情出版物案件 800 余起，其中广东广州“8·11”特大淫秽及非法光盘案查获淫秽光盘 17 万张。

三、坚持整治假媒体、假记者站、假记者，维护良好新闻出版传播秩序

在 1 月至 3 月开展打击假媒体假记者站假记者专项行动基础上，自 3 月下旬至 12 月，组织开展“秋风 2014”专项行动，着力查办案件，着力打击内外勾结，有效遏制“三假”活动。专项行动赢得基层干部的称赞。

四、创新“扫黄打非”工作方法，有效提升“扫黄打非”工作水平

创新是推进“扫黄打非”工作持续深入开展的动力。在开展“扫黄打非”工作当中，全国“扫黄打非”办公室不断创新工作方法，有效提升“扫黄打非”工作能力和水平。一是坚持问题导向。认真分析形势，坚持将事关党和国家大局、人民群众最关心的问题作为导向，确定行动目标，在深入持续上下功夫，务求取得实实在在的效果。每开展一个专项行动，从安排部署到通报线索和目录，从市场清查到查办案件，从督办案件到舆论曝光，从暗访督查到反馈通报，环环相扣，不达目标不罢休。全国“扫黄打非”办公室组织暗访 6 次，会同中央有关部门先后对各地专项行动开展情况进行 3 次督查，对发现的 700 余个问题全部督促整改到位。二是抓住重点突破。每个专项行动都确定突破口，如在“净网”行动中，抓住问题严重的个别大型商业网站依法惩处，产生了强烈的震动和震慑作用。三是加强联防协作。“扫黄打非”的有关重点工作形成众志成城的局面，各成员部门各负其责、齐抓共管。在处置重要事件中，各级“扫黄打非”办公室及公安、安全、网信、工信、审判、邮政等部门紧密协作，确保了处置工作依法依规、稳妥有效。全国"扫黄打非"办公室全年召开协调会议达64次，分析形势，研究措施，解决问题。四是广泛宣传造势。在专项行动开展的不同阶段，全国"扫黄打非"办公室围绕专项行动部署、重点工作推进、案件查办和曝光，边做边说，多次召开媒体通报会，发布新闻通稿53篇。据不完全统计，人民日报、新华社、光明日报、中央电视台等中央和地方主要新闻单位发表"扫黄打非"新闻稿件1600余篇，网络媒体转发新闻报道近170万条，真正起到了动员社会、营造氛围、发动群众、群防群治的作用。

国家安全生产监督管理总局

2014 年全国安全监管监察系统参与综治工作情况

一、2014 年安全生产总体情况

2014 年,全国安全监管监察系统以最坚决的态度贯彻落实习近平总书记和李克强总理关于安全生产一系列重要指示批示精神,坚守红线,大力贯彻新《安全生产法》,按照“明责、建制、修法、架红线,改革、创新、担当、转作风”的工作思路,狠抓各项工作措施落实,安全生产工作取得明显成效。

(一)深化安全生产领域改革,创新安全监管方式方法。积极推动党委政府落实“党政同责”、“一岗双责”、“三个必须”安全生产责任体系。继续开展“四不两直”暗查暗访、深入企业谈心对话、通报约谈事故多发地区和企业负责人等工作,同时探索实施重点地区和行业领域的重点监管,全国安全生产形势进一步好转。

(二)加强安全生产法治建设,严厉打击非法违法行为。配合全国人大常委会修改出台了新《安全生产法》、以国务院安委会名义印发了《关于加强企业安全生产诚信体系建设的指导意见》等9个规范性文件,公布实施了《非煤矿山企业安全生产十条规定》等5个部门规章。加大安全生产执法力度,严肃事故查处和责任追究,有效防范和遏制了重特大事故的发生。

(三)加大隐患排查治理力度,深化重点行业领域整治。加大煤矿、非煤矿山、建筑施工、交通运输、油气输送管道等重点行业领域的隐患排查力度和专项整治,全国共组织安全生产检查9.3万次,查出各类隐患1513万项,为全国安全生产形势持续稳定好转奠定了基础。

经过努力,2014 年全国安全生产实现了“三个继续下降、两个进一步好转”。一是事故总量继续下降。事故起数和死亡人数同比分别下降1.2%和2.0%。二是重特大事故继续下降。发生起数、死亡人数同比分别下降 17.6% 和13.5%。三是主要相对指标继续下降。亿元 GDP事故死亡率同比下降 13.7%,工矿商贸 10 万从业人员事故死亡率同比下降 12.9%;煤矿百万吨死亡率同比下降 11.5%;道路交通万车死亡率同比下降 5.4%。四是煤矿等重点行业领域安全生产状况进一步好转。煤矿事故起数、死亡人数同比分别下降 16.3%、14.3%,重特大事故同比分别下降 12.5%、10.5%,自 2013 年 4 月 1 日以来一直未发生特别重大事故。五是各地区安全生产状况进一步好转。32 个省级统计单位中,有 30个单位事故量在控制指标范围以内,16 个单位实现事故起数和死亡人数双下降,10 个单位没有发生重特大事故。

二、综治工作的主要做法

国家安全监管总局党组高度重视社会治理创新工作,把这项工作列入安全生产工作的总体部署中,周密部署,狠抓落实,取得了较好效果。

(一)统一思想,周密部署,全面开展社会治理创新工作。国家安全生产监管总局党组先后多次召开党组会议,研究部署加强创新社会治理和安全生产工作。安全监管监察系统认真学习、深刻领会中央领导同志关于加强创新社会治理和安全生产工作的一系列重要指示精神,进一步增强提高安全监管科学化水平以及服务社会建设和社会管理大局的自觉性与坚定性,按照中央的部署和要求,紧密结合安全生产领域实际,推进安全监管机制、手段和方法等创新,推动社会治理和安全生产工作迈上新台阶。

(二)抓好平安创建活动,促进社会和谐稳定。国家安全监管总局高度重视安全社区建设,安全社区建设工作取得明显进展和较好成绩。一是加强领导,健全和完善安全社区责任体系建设

有新进展；二是强化红线意识，拓展基层安全社区管理工作，促进“两个主体责任”的落实有新成效；三是建立长效机制，加强证后管理的常态化建设，促进安全社区建设良性发展有新突破；四是加强安全社区培训，加强安全社区骨干队伍建设，提高安全社区建设系统化、标准化水平有新提升。2014年已经启动和建设全国安全社区的单位达2606个，同期增加271个，分布在北京、上海、天津、山东、重庆、辽宁、四川、宁夏、河北、山西、江苏、广东、江西、黑龙江、福建、广西、浙江、吉林、安徽等26个省、市、自治区，占省级行政区（未含港、澳、台）的81.25%，覆盖人口超过了1.5亿。2014年，全国安全社区共有552个，新命名安全社区94个单位，已满5年再命名的有40个单位。在2014年命名的安全社区中，有57个属于城区街道社区，占60.64%；28个属于涉农社区，占29.79%；有9个属于企业主导型社区，占9.57%。

（三）加强调研督导，切实做好总局联系点贵州省安顺市综治工作。国家安全监管总局党组把综治联系点工作摆上日常议事日程，对联系点工作给予高度重视和充分支持。贵州省安顺市委、市政府坚持“以打开路、打防结合”，不断健全和完善社会治安防控体系和公共安全体系，全市治安大局总体平稳，安全生产形势总体平稳向好。

（四）周密部署，认真做好综治工作（平安建设）考核评价工作。按照《2014年综治工作（平安建设）考核评价实施细则》要求，制定了相关考核工作办法和评分细则，在32个省级统计单位自查自评的基础上，总局认真复查复评，形成了《2014年各地区综治考评安全生产考核评分情况表》（见附件1）。基本情况是：32个省级统计单位中，有3个单位为100分，分别是上海、湖北、青海；有7个单位在90～99分，分别是北京、四川各95分，内蒙古、新疆各94分，河北、安徽各92分，重庆90分；18个单位90分以下；4个单位一票否决得0分，分别是山西、江苏、湖南、西藏。与2013年相比，得满分的单位由25个减少到3个。考核力度进一步加大，考核效果差异化明显，有利于推动安全生产工作。

同时，按照中央综治委要求，为了进一步做好社会治安重点地区排查整治工作，国家安全监管总局先后派员赴河南、陕西、广东、上海、江苏、新疆、湖南等地，参加暗访、督查活动，积极发挥安全监管专业优势，圆满地完成了工作任务。

附件：（略）

中国银行业监督管理委员会

2014 年银监会参与综治工作情况

2014 年,中国银监会在中央综治委的统一领导下,充分发挥成员单位作用,围绕防范打击非法集资、打击金融诈骗等重点事项,积极参与开展各项综治、平安建设工作。

一、参与做好防范打击非法集资综治考评等工作

(一)认真做好 2013 年度综治(平安建设)考评相关工作。银监会认真组织开展对各省(区、市)防范打击非法集资工作进行考评;依据各地上报自评材料和银监会日常工作中所掌握情况进行打分,形成初评结果,在此基础上书面征求并充分吸纳处置非法集资部际联席会议各成员单位意见,与各地充分沟通,形成了最终考评结果报中央综治办;此外,积极配合公安部开展打击金融诈骗考评工作。

(二)制定下发 2014 年防范打击非法集资考核评价细则。银监会围绕 2014 年防范打击非法集资工作重点,制定下发了《2014 年省、自治区、直辖市打击和处置非法集资工作综合治理考核评价细则》。《细则》在保持 2013 年考评基本框架不变基础上,设置了 32 个细项和 7 个扣分项目,围绕工作重点,突出工作难点,科学合理安排分值,充分发挥综治考评"风向标"作用,推动处置非法集资工作的有效开展。

(三)以综治考评为抓手推动地方工作。银监会将推动地方工作、解决重点难点问题,作为考评根本目的,体现在考评全流程中。很多省份主动汇报情况、迅速组织整改,在机制建设、案件处置、宣传教育等方面作了改进和完善。同时,银监会组成专门工作组赴河北、河南、安徽和江苏等省进行暗访督查,深入了解真实情况,掌握第一手资料,有针对性地督促指导地方加大工作力度,推动重点难点问题的解决。

二、参与社会治安防控体系建设相关工作

(一)深入调研非法集资标本兼治问题。非法集资是当前引发严重的群体性事件的重要诱因之一,也是社会治安防控体系建设关注的重点问题。为认真贯彻落实孟建柱书记在 2014 年中央综治委工作会议上的重要指示精神,银监会联合中央综治办,组织有关省份和部门深入调研,充分征求各方意见,全面梳理分析当前工作中存在的"标、本"等深层次问题,研究起草了《关于当前非法集资形势、问题及建议的调研报告》和《关于深入推进防范、打击和处置非法集资工作的若干意见》,呈报中央领导同志审阅。

(二)积极参加社会治安重点地区和突出治安问题排查整治的暗访督查。按照中央综治办统一安排部署,2014 年银监会共抽调 4 名同志分两批参加暗访督查工作,分别赴 8 省 16 地市社会治安重点地区,就社会治安"大排查、大整治"活动效果、社会治安重点部位和场所治安管理情况、暴力刑事犯罪防控、防范打击非法集资等工作进行暗访检查,了解掌握了大量第一手资料,汇总整理后将有关情况客观如实向中央综治办作了反映。

处置非法集资部际联席会议关于印发2014年省、自治区、直辖市打击和处置非法集资工作综合治理考核评价细则的通知

各省、自治区、直辖市打击和处置非法集资工作领导小组，大连、宁波、厦门、青岛、深圳市打击和处置非法集资工作领导小组：

为做好2014年打击和处置非法集资综治考评工作，根据《省、自治区、直辖市打击和处置非法集资工作综合治理考核评比办法》有关规定，处置非法集资部际联席会议围绕今年工作重点，研究制定了《2014年省、自治区、直辖市打击和处置非法集资工作综合治理考核评价细则》。现印发给你们，请认真组织落实。

附件：2014年省、自治区、直辖市打击和处置非法集资工作综合治理考核评价细则

附件：

2014 年省、自治区、直辖市打击和处置非法集资工作综合治理考核评价细则

		考核内容	考核依据、检查方式	分值	得分
机制建设(30 分)	工作机制	1. 建立健全市(地)级处非领导小组工作机制，各市(地)成立处非领导小组，办公室设在党委或政府部门。	市(地)成立处非领导小组相关文件，各市(地)工作进度不一致的，以完成工作市(地)数占全省市(地)数比例计分	4	
		2. 建立健全县(区)级处非领导小组工作机制，各县(区)成立处非领导小组及办公室。	各省统计上报县(区)级成立领导小组情况以及占全省县(区)比例	4	
	经费保障	3. 设立专项经费并纳入省级财政预算，专款专用，对处非工作给予充分保障。	预算表、省财政厅通知、批复或资金到账凭条	4	
		4. 对重大非法集资案件侦办、查处优先给予经费保障。	部际联席会议办公室、公安部掌握的相关情况	3	
	监测预警	5. 建立本辖区和行业监测预警机制，加强对非法集资活动的早期监测，做到早发现、早预警、早处置	相关文件以及部际联席会议办公室掌握的相关情况	7	
		6. 完善规章制度，建立完善非法集资风险防控长效机制。	相关文件以及部际联席会议办公室掌握的情况	3	
	信息报送	7. 按照《处置非法集资工作信息统计和报送办法》，及时报送案件情况和工作报告，报告信息客观、真实、全面。	迟报、漏报 1 次扣 0.2 分，发现瞒报案件情况的扣除全部分值	3	
	调研创新	8. 认真配合部际联席会议做好相关调研、督导、研讨，结合本地实际，创新开展打击和处置非法集资工作。	相关文件以及部际联席会议办公室掌握的相关情况	2	

续表

		考核内容	考核依据、检查方式	分值	得分
案件处置（30分）	跨省份案件牵头省份工作情况	1. 及时做好案件处置工作：主动立案，各相关部门共同采取有效措施，高效开展侦查及诉讼工作；按照统一的处置方案，及时采取有效持施追缴、处置涉案资产。	部际联席会议办公室掌握的情况，相关部门通报的情况，各地报送的情况	2	
		2. 主动协调涉案省份开展案件处置工作：及时制订完善统一的处置方案和宣传口径，并适时更新完善通报涉案省份（2分）；主动协调其他涉案省份立案查处（1分）；主动协调其他涉案省份开展资产追缴、处置（3分）；主动协调其他涉案省份做好集资人登记、清理清退（2分）；未出现不稳定因素 或基于牵头处置案件因素，对外省份集资人大规模跨省、进京上访而主动协调上访人员属地省份开展维稳工作（2分）。	部际联席会议办公室掌握的情况，相关部门通报的情况，各地报送的情况	10	
		跨省份案件的牵头省份如出现拒不履职，经部际联席会议办公室或相关部门协调后仍不牵头开展案件处置工作，或擅自处置涉案资产、清退本地群众集资款的，“跨省份案件牵头省份工作情况”项目得0分。	部际联席会议办公室掌握的情况，相关部门通报的情况，各地报送的情况		
	跨省份案件涉案省份协作情况	3. 及时查处本辖区案件，各相关部门共同采取有效措施，高效开展侦查及诉讼工作。	部际联席会议办公室掌握的情况，相关部门通报的情况，各地报送的情况	2	
		4. 积极配合牵头省份做好涉案资产追缴、处置工作。	部际联席会议办公室掌握的情况，相关部门通报的情况，各地报送的情况	2	
		5. 积极配合牵头省份做好集资人登记、清理清退工作。	部际联席会议办公室掌握的情况，相关部门通报的情况，各地报送的情况	2	
		6. 按属地管理原则做好本辖区集资人稳控工作，未出现不稳定因素。	部际联席会议办公室掌握的情况，相关部门通报的情况，各地报送的情况	2	
		经部际联席会议办公室或相关部门协调后，跨省分案件的涉案省份仍拒绝配合牵头省份开展案件处置工作，或擅自处置涉案资产、清退本地群众集资款的，“跨省份案件涉案省份协作情况”项目得0分；在处理其他涉案省份的合理协作需求时推诿责任或失职，造成较大不良影响的，“跨省份案件涉案省份协作情况”项目在已得分基础上减半计分。	部际联席会议办公室掌握的情况，相关部门通报的情况，各地报送的情况		

续表

		考核内容	考核依据、检查方式	分值	得分
案件处置（30分）	本省份案件处置情况	7. 主动立案，各相关部门共同采取有效措施，高效开展侦查及诉讼工作。	部际联席会议办公室掌握的情况，相关部门通报的情况，各地报送的情况	1	
		8. 措施积极有效，资产追缴、处置、集资款清退工作进展快。	部际联席会议办公室掌握的情况，相关部门通报的情况，各地报送的情况	1	
	风险排查情况	9. 部署开展非法集资风险专项排查活动，积极组织协调有关部门形成工作合力。	会议通知、工作方案等相关文件	1	
		10. 排查工作全面深入，结合地方实际重点突出，准确摸清本辖区风险底数，客观分析研判形势，对年内本辖区集中突发案件情况已提前预警并采取必要的应对措施。	部际联席会议办公室掌握的情况，相关部门通报的情况，各地报送的情况	2	
		11. 对排查出的风险线索依法分类处置，有效化解风险隐患，对涉嫌非法集资犯罪的，及时采取措施依法查处。	部际联席会议办公室掌握的情况，相关部门通报的情况，各地报送的情况	2	
	落实工作情况	12. 按照部际联席会议办公室或相关部门要求，及时报送案件处置进展情况，并按要求参加案件协调会议等。	部际联席会议办公室掌握的情况；未按要求参加协调会的，每次扣0.5分；未报送案件处置进展情况的，每次扣0.3分	2	
		13. 认真执行公安部关于跨区域非法集资刑事案件报备规定。	公安部通报的情况	1	
宣传教育（40分）	宣传月	1. 组织部署开展本辖区宣传月活动，积极组织协调本辖区各市（地）和有关部门形成工作合力，加大督导检查力度。	会议通知、会议纪要、工作方案等相关文件	3	
		2. 各市（地）、各行业主管监管部门积极组织开展宣传月活动。	各市（地）、各行业主管监管部门开展宣传月活动相关材料	3	
		3. 活动进社区、进企业、进商（协）会、到农村，面向公众、面向基层特点突出，社会公众和企业经营者防范意识增强。	现场照片、媒体报道和教育培训活动等	4	
		4. 充分利用电视、广播、报刊、网络等各类载体，广泛组织开展宣传，形成良好舆论氛围。	省级媒体报道不少于2次，市（地）以下媒体报道不少于6次，少1次扣0.5分，要求报送不同市（地）媒体报道	4	
		5. 活动结合地方实际、贴近群众、形式多样、内容丰富，其做法和经验得到中央有关部门的肯定，或得到国家级媒体报道，取得良好社会效果。	国家级媒体报道以及部际联席会议办公室掌握情况	4	

续表

		考核内容	考核依据、检查方式	分值	得分
宣传教育（40分）	日常宣传	6. 采取专题、专栏、系列报道、专家座谈、以案说法等多种形式，在各类媒体开展日常宣传教育活动。	除宣传月活动报道外，省级媒体不少于2次，市（地）以下媒体不少于8次，少1次扣0.5分，多家媒体报道同一事件的按1次计算	4	
		7. 创新宣传教育方式，加强对处非工作人员的教育培训。	部际联席会议办公室掌握的相关情况	3	
	广告资讯信息排查清理	8. 部署开展本辖区广告资讯信息排查清理活动，积极组织协调有关部门形成工作合力。	会议通知、工作方案等相关文件	3	
		9. 加强督导检查，加大对商业信息类报刊和基层媒体的排查力度。	相关文件	4	
		10. 强化广告经营者、发布者的广告审查责任落实，建立健全涉嫌非法集资广告审查长效机制。	相关文件	4	
		11. 排查清理工作取得实效，确保主流媒体无涉嫌非法集资不良信息，商业信息类报刊和基层媒体没有发现或很少发现涉嫌非法集资广告资讯信息。	部际联席会议办公室督导检查和暗访情况，分3档评分，1档4分、2档3分、3档1分	4	
扣减项目（-100分）		1. 省级处非领导小组办公室没有设在党委或政府部门。	相关文件	-30	
		2. 省（区、市）没有设立打击和处置非法集资工作专项经费。	相关文件	-5	
		3. 对重大案件查处工作，未给予经费、人力、设备、政策等充分保障、支持。	部际联席会议办公室及公安部掌握的相关情况	-5	
		4. 未按时、按要求报送省（区、市）综治考评自评报告及附件材料。	部际联席会议办公室掌握的相关情况	-5	
		5. 因非法集资引发较大及以上群体性事件或者20人以上重复非正常上访。	国家信访局提供的相关数据以及部际联席会议办公室掌握的相关情况	-10	
		6. 在跨省份非法集资案件办案、处置中，不落实“统一指挥协调、统一办案要求、统一资产处置，分别侦查诉讼，分别落实维稳”的工作机制，影响全案处置进程的。	部际联席会议办公室及公安部、最高人民法院、最高人民检察院掌握的相关情况	-25	
		7. 不执行部际联席会议办公室或相关部门已经协调议定的查处、处置事项，或者擅自行动影响案件整体处置和社会稳定的。	部际联席会议办公室及公安部、最高人民法院、最高人民检察院掌握的相关情况	-20	

说明：

1. 所得分值与扣减项目所扣分值加总合计，最低得分为0分。

2. 没有由其牵头处置的跨省份案件的省份，“跨省份案件牵头省份工作情况”项目得12分；没有需其配合处置跨省份非法集资案件的省份，“跨省份案件涉案省份协作情况”项目得8分；本省份（不跨省份）没有非法集资案件的省份，“本省份案件处置情况”得2分。

中国人民解放军总参谋部

2014 年民兵预备役人员参与综治工作情况

2014 年，各军区、省军区（卫戍区、警备区）坚决贯彻党中央、中央军委和习主席决策指示，紧紧围绕改革、发展和稳定大局，组织发动广大民兵预备役人员参与护路联防、护厂、护桥和重要目标守护，协助地方公安机关打击违法犯罪、整治治安混乱地区和场所，参与重大活动和重要敏感时期安保执勤，处置群体性突发事件等行动，为维护社会治安大局稳定、促进经济社会发展作出了积极贡献，受到各级党委、政府和人民群众的广泛赞誉。

一、各级高度重视，科学筹划部署

各级从贯彻落实习主席关于国防后备力量建设一系列重要指示和维护国家改革发展稳定大局的战略高度，深刻认清民兵参与社会治安综合治理的重大意义，把组织民兵参与社会治安综合治理作为一项政治任务，列入党委议事日程常抓常议。积极争取地方党委、政府支持，协商解决工作中遇到的矛盾和问题，建立群防群治经费保障机制，按照“谁受益谁出资”、“取之于民、用之于民”的原则，落实执勤民兵的生活补贴和其他相关经费。省军区系统均落实了一名副职领导或部门领导分管维稳参治工作，结合年初工作筹划，把该项工作作为重要内容，纳入年度军事工作安排，纳入演训活动计划，同步安排、同步部署、同步展开。各地结合实际，明确民兵参加综治工作主要担负五项任务，即：一是守护重要目标，开展护路联防、护厂、护村、护水、护电活动；二是协助公安部门打击各类刑事犯罪，维护社会治安秩序；三是重大活动和敏感时期的情报搜集、安保警戒和巡逻执勤；四是协助处置重大群体性突发事件；五是配合相关部门加强边境地区管理，维护边海防安全。

二、紧贴社情实际，建好参治队伍

各级深入分析研判辖区社民情动态形势，着眼维护社会治安需要，结合民兵组织整顿，统筹安排民兵参加社会治安综合治理队伍的编组布局、数量规模和专业种类；采取军事部门配发与地方政府保障相结合的办法，配备治安执勤所需的装备器材；结合年度军事训练，突出抓好执勤、巡逻、擒拿格斗等基础课目训练和相关专业训练，并适时开展实案化演练。按照任务常态、队伍专业、建设规范的要求，调整组建一专多能、一队多用的综合性应急队伍，形成省建队、地建营、县建连、乡建排、村建班组的五级应急力量体系。多数省（区）还普遍组建了常驻民兵应急分队，平时集中居住、集中管理、集中训练，确保能迅即出动遂行任务。

三、密切联系协调，完善制度机制

各级不断加强与地方综治、维稳、应急、公安、司法等部门的联系协调，建立情况通报、联席会议和联络员制度，搞好行动预案对接完善。有效发挥民兵情报信息员作用，及时掌握辖区社会治安形势和行动性、预警性、内幕性情报信息。民兵参加社会治安综合治理，统一在地方党委、政府和上级军事机关的领导下，由同级军事机关负责组织指挥；县级人武部和乡镇（街道）武装部协调将民兵参加社会治安综合治理纳入整体工作计划，纳入领导工作职责，统一部署、统一行动、统一检查、统一表彰，民兵参治工作逐步走上制度化、规范化轨道。内蒙古、黑龙江、吉林、云南等沿边省（区）大力构建军警民“三位一体”联防联控体系，有效维护了边防的安全稳定。湖南省针对森林火灾多发期和汛期特点，依托作战值班室建立军地联合值班制度，实施组织指挥。广东省组织军警民联防试点，初步构建了军警民联防指挥体制。海南省与地方政府探索建立联动机制，把民兵预备役纳入地方维稳处突力量管理使用。广西壮族自治区在重大活动或敏感时期，军事机关向地方各级应急指挥机构派出分管领导和联络员，负责对接军地联合行动方案。

四、积极主动作为，依法科学行动

民兵参加社会治安综合治理政策性敏感性很强，各级坚持把地方所需、群众所盼、民兵所能有机结合起来，严格依据国家法律和政策法规组织实施各项行动，严格执行兵力和武器弹药动用审批权限规定，积极参与，尽力所为，做到“到位不越位、主动不盲动”，充分发挥了应有作用。有关省（区）在组织民兵预备役人员参加重大活动安保执勤期间，预先组织政策宣讲，进行风险评估，制定对策措施，确保民兵预备役力量发挥最大作用。据统计，2014 年，全国共有 9 万余名民兵守护 3.5 万公里铁路，25 万人次参加云南鲁甸、景谷和四川康定抗震救灾，上海亚信峰会、南京青奥会、APEC 会议安保，以及新疆、藏区反恐维稳行动，在用兵中达到了练兵强兵的目的。

十、2014 年全国综治工作大事记

2014 年全国综治工作大事记

▲1 月 8 日，全国综治办主任会议召开，总结 2013 年综治和平安建设工作情况，研究部署 2014 年综治和平安建设重点工作，陈训秋同志出席并讲话，徐显明同志主持。

▲1 月 20 日，中央综治办、共青团中央、中国法学会联合举办“未成年人健康成长法治保障”系列活动研讨会，陈训秋、徐显明同志出席并讲话。

▲2 月 14 日、4 月 29 日、8 月 26 日、11 月 25 日，全国打击侵权假冒工作领导小组全体会议召开，研究部署打击侵权假冒有关工作。

▲2 月 26 日、5 月 15 日，国家科技体制改革和创新体系建设领导小组会议召开，对综治信息化建设提出要求。

▲4 月 3 日，中央综治委预防青少年违法犯罪专项组工作会议召开。

▲5 月 4 日至 5 日，全国医疗纠纷人民调解工作现场会在天津市召开，陈训秋同志出席会议并讲话。

▲5 月 8 日，第十二届全国见义勇为英雄模范评选表彰委员会全体会议召开。

▲5 月 27 日，全国社区矫正工作会议召开，孟建柱同志出席会议并讲话，深入贯彻落实习近平总书记系列重要讲话精神，研究部署社区矫正工作，提高教育矫正工作水平，促进社区服刑人员更好地融入社会，维护社会和谐稳定。

▲6 月 16 日至 17 日，创新社会治理、推进平安建设座谈会召开，陈训秋同志主持。

▲6 月 18 日，全国打黑除恶专项斗争协调小组全体会议召开，陈训秋同志主持。

▲7 月 28 日至 29 日，第二届中新社会治理高层论坛在北京举办，来自中国和新加坡有关部门、研究机构的百余名代表围绕“社会治理进程中的依法治理”主题展开交流，探讨当前社会治理面临的挑战，分享各自社会治理经验。

▲8 月 4 日，第二届“关爱明天、普法先行”——青少年普法教育活动总结大会召开。

▲8 月 19 日，全国重点青少年群体服务管理和预防犯罪工作推进会召开，陈训秋同志出席会议并讲话。

▲9 月 12 日，全国继续推进打黑除恶专项斗争电视电话会议召开。

▲9 月 29 日，全国禁毒工作会议召开，研究落实中共中央、国务院《关于加强禁毒工作的意见》，部署进一步加强和改进禁毒工作，不断创新禁毒工作体制机制，完善毒品问题治理体系，坚决遏制毒品问题蔓延势头，开创禁毒工作新局面。

▲10 月 17 日，中央社会治安综合治理委员会全体会议召开，孟建柱同志主持，深入贯彻落实党的十八大、十八届三中全会精神和中央领导同志关于创新社会治理、深化平安建设的重要指示，总结交流中央综治委各专项组十八大以来在平安建设中的经验，研究部署新形势下加强和创新社会治安综合治理、全面推进平安中国建设工作。

▲10 月 26 日至 27 日，中新双边合作联委会第十一次会议在江苏省苏州市召开，就进一步深化社会治理、金融合作、人文交流、包容和可持续发展等领域合作深入交换意见。

▲11 月 3 日至 4 日，深化平安中国建设会议在湖北省武汉市召开，深入贯彻落实党的十八大和十八届三中全会关于创新社会治理、深化平安建设的重要指示精神，以解决影响社会稳定的突出问题为重点，以群众满意为导向，以改革创新为动力，坚持系统治理、依法治理、综合治理、源头治理，全面推进平安中国建设。孟建柱、杨晶、王晨、郭声琨、周强、曹建明同志和中央政法委委员、中央综治委委员以及相关单位和地方的代表出席会议。

▲11 月 26 日，贯彻落实深化平安中国建设会议精神视频座谈会召开，徐显明同志主持，陈训秋同志出席。

▲12 月 19 日，寄递渠道安全管理领导小组第一次会议召开，研究建立寄递物流"三个 100%"制度。

北京市

首都综治委召开 2014 年第一次全体（扩大）会议

举办“珍爱我家园——拒绝黑中介、远离群租房”大型公益活动

第二届中新社会治理高层论坛代表在朝阳区麦子店街道枣营北里社区服务中心参观考察

第二届中新社会治理高层论坛代表在西城区社会服务中心参观考察

召开国庆和亚太经合组织领导人非正式会议期间社会面防控专项行动动员部署会

召开 APEC 会议安保维稳工作誓师动员大会

天津市

市综治委深入市公安局调研指导综治（平安天津建设）工作

市综治委深入市戒毒局调研指导工作

市综治办深入平安志愿者发祥地——和平区新兴街，就平安志愿者队伍建设情况进行调研并慰问平安志愿者

市综治委在综治宣传月期间组织各区县开展多种形式的综治（平安天津建设）宣传活动

市综治委组织各区县开展预防电信诈骗专项宣传活动

河西区天塔街以骑巡队联巡联防方式启动“保平安、促稳定”社会治安综合治理专项行动

河北省

11月26日，省委、省政府召开全省社区矫正工作电视电话会议

6月18日至20日，举办全省基层平安建设推进会暨综治办主任培训班

省委宣传部、省司法厅、省法宣办在首个国家宪法日围绕“弘扬宪法精神，建设法治中国”举办主题活动，图为石家庄法制广场集中宣传活动

在首个国家宪法日主题活动中公安干警向群众讲解户籍管理知识

4月15日，省公安厅、省国土资源厅联合举办严厉打击盗采矿产资源违法犯罪专项行动新闻发布会

10月28日，省综治委铁路护路联防领导小组在石家庄市召开了全省推广铁路沿线村（居）护路工作站建设经验现场会

山西省

省综治委指导调解工作

8月6日，全省矛盾纠纷大调解工作推进会在左权县召开

左权县公安局为人民群众化解矛盾纠纷

左权县公安局矛盾调解室

河津市社会服务管理指导中心工作人员进行业务培训

阳村乡社会服务管理中心服务大厅

内蒙古自治区

自治区召开深化平安内蒙古建设现场推进会

“利剑—2014”中国内蒙古、俄罗斯后贝加尔边疆区警方反恐防暴联合演练现场

开展平安建设宣传月活动

加强草原110报警点建设

巡回法庭深入牧区倾听民声、体察民情、化解民怨

辽宁省

平安辽宁建设暨维稳工作电视电话会议在沈阳召开

依法处理信访中违法犯罪问题暨推广鞍山经验会议在沈阳召开

省综治办对平安文化建设进行调研

政法新闻 A06

驻守平安梦想　共创平安辽宁

让平安伴百姓入眠

安全感是衡量平安建设的重要指标

我的平安梦

平安辽宁

省综治办对基层平安建设进行暗访

省综治办组织检查幼儿园安全卫生情况

《辽宁日报》设平安梦专版

吉林省

省综治办组织省卫计委、法院、检察院、公安等有关部门召开联席会议，研究部署平安医院建设有关工作

省综治办到通榆县调研督导基层平安建设各项工作

8 月 23 日，公安特警在组织反恐维稳演练

安图县成立群众诉求中心，组织居民召开“龙山高铁补偿案”说事大会

4 月 26 日，长春市社区综治志愿者在社区内巡逻

黑龙江省

1月16日，省综治委2014年第一次全体委员（扩大）会议召开

6月21日，全省见义勇为英雄在表彰大会上接受表彰奖励

大庆让胡路社区开展综治大讲堂宣讲活动

牡丹江市关爱留守儿童公益活动启动仪式

齐齐哈尔市2014年“平安文化年”文艺汇演

伊春市美溪区百姓百事咨询中心工作人员对发生矛盾纠纷的居民进行调解

上海市

1月27日，市政法工作会议召开，部署全市政法综治工作

3月2日，市委政法委、综治委在“亚信峰会”前，检查机场、车站安保工作

市综治委慰问守护城市平安的基层平安志愿者

49位市民被授予市见义勇为先进分子称号

开展基层综治干部培训，提高发现和解决治安问题的能力

慰问严寒下为城市安全与平安坚守的平安志愿者

江苏省

省委、省政府在南京召开深入推进平安江苏建设会议

南京青奥会期间，南京市组织50万名平安志愿者，构筑了维护社会治安的铜墙铁壁

淮安市委政法委、市委宣传部与市电视台共同举办大型时政民生类谈话节目——《平安家园你我共建》

徐州市泉山区开元四季社区召开“楼长议事会”

浙江省

3月31日，全省建设平安浙江会议暨建设平安浙江10周年纪念大会在杭州召开

省委政法委、省综治委在温州市召开全省基层社会治理信息化建设现场会

象山县探索建立集“监管、教育、培训、帮扶”于一体的新型县级社区矫正综合性基地

嘉兴市创新基层社会治理机制，推进德治、法治、自治“三治”建设，图为崇福镇御驾桥村全体道德评判团成员对不文明、不道德行为开展评议

岱山县边防大队结合隐患排摸、打击整治、便民服务等工作，积极组织海上平安宣传，扎实推进“平安海区”建设

云和县老李帮忙团积极开展矛盾调解、法律服务、便民服务等活动

安徽省

省综治委深入调研基层社会服务管理平台建设

省见义勇为第十一届"安徽移动弘扬正气奖"表彰大会召开

全省铁路护路联防工作会议召开

全省社会服务管理信息化建设现场会在芜湖市召开

芜湖市社会服务管理信息化工作窗口

淮北市农村广泛开展和谐邻里创建活动

福建省

厦门市开展反恐演练

漳州市开展“平安茶园”创建活动

莆田市开展综治平安月宣传活动

龙岩市上杭县组建女子治安巡逻队

山东省

2月11日，省政法工作会议在济南召开，部署政法综治工作

12月8日，深化平安山东建设会议在威海召开

省综治委观摩威海市环翠区孙家疃边防派出所海陆一体平安建设

济南市举办星级平安单位创建表彰活动

派驻检察室检察官走基层到田间地头开展工作

河南省

省视频监控建设管理工作会议召开

省综治委在基层调研

省综治基层基础建设现场会召开

开封市综治信息化平台演示

濮阳市视频监控中心

巡防队员护送小学生上学

郑州市巡防电动车发放仪式

湖北省

农村网格员演示网格化信息系统

农村网格员服务农民群众

城市网格员走访帮扶空巢老人

城市网格员入户走访采集信息

湖南省

11 月 14 日，深化平安湖南建设会议召开

长沙市牛婆塘社区召开综治干部述职暨治安形势通报会

长沙县第一批社区巡逻防控专用车辆在泉塘街道投入使用

张家界市永定区崇文街道向台湾基层民意代表社区交流考察团介绍社区服务管理经验

11 月 19 日，永州市委、市政府召开全市城乡社区网格化建设现场推进会

4 月 3 日，冷水滩区护路护线联防专项组在铁路周边学校举办铁路沿线“志愿服务”宣传教育活动启动仪式

广东省

省基层社会治理工作平台建设现场会粤东西北片会召开

平安文化进校园活动在广州大学城举办，向广州大学生平安志愿服务队授旗

人民调解的"福田模式"项目成果鉴定会召开

驻派出所调解室开展调解工作

茂名市茂南区在乡镇通过技防实现智能监控和自动报警联网，初步形成全区全视频管控的"天网"

广西壮族自治区

全区政法工作会议在南宁召开，部署政法综治工作

自治区政法委、综治办在南宁召开深化平安广西建设暨加强政法队伍建设工作会议

自治区综治委深入崇左市扶绥县渠黎镇碧髻村了解社会治安情况

自治区政法委、综治办和广西新闻工作者协会共同组织开展2013年度全区政法综治优秀新闻作品评审会

自治区综治委深入八步区城东街道办太白社区了解网格化管理试点情况

海南省

3月12日，省综治委召开第一次全体会议

9月23日，省网格化管理（海口）现场会召开

陵水县县级社会治理综合信息系统指挥管理平台

海口市开展基层社区立体化智能治控系统建设

基层综治宣传月开展普法进黎寨苗村活动

基层旅游巡回法庭深入街头开展工作

重庆市

11 月 28 日，深化平安重庆建设推进会议召开

合川区举办治安巡逻车发放启动仪式

綦江区法律诊所专家开展广场义诊

石柱县开展人民调解与诉调对接培训

黔江区发铭调解室开展医患纠纷调解

璧山区东关社区网格长进行日常巡查

四川省

省社会治理现场会在眉山市召开

深化平安四川建设电视电话会议在成都召开

成都市金牛区成立物业纠纷调解委员会，律师现场调处物业纠纷

武胜县以赛代训举办网格员技能比武大赛

广元市朝天区开展网格化服务管理信息系统培训

峨眉山市检察官送法进校园

贵州省

深化平安贵州建设会议召开

“育新工程”“雨露工程”现场推进会召开

省综治委到见义勇为基金会调研

全省医疗纠纷人民调解工作现场会议召开

剑河县双语流动法庭唱响农村和谐曲

云南省

省网格化服务管理现场推进会召开

见义勇为工作有效开展

基层法官深入群众开展工作

保山市举行综治信息员培训

楚雄州开展法制宣传

西双版纳边防支队官兵深入边境村寨开展禁毒防艾宣传

西藏自治区

12 月 31 日，全区综治工作表彰大会召开，对综治工作成绩突出的地区予以表彰奖励

12 月 14 日，全区深化平安西藏建设推进会召开

开展“9·10 平安西藏宣传日”宣传活动

消防战士为群众宣讲消防知识

拉萨市综治干部面对面指导“双联户”户长通过“幸福家园微信平台”上传综治信息

山南地区桑日县组建全区第一支女子巡逻队

陕西省

省综治委暗访基层社区

省综治办召开动员组织社会各界和人民群众参与社会治理专题调研座谈会

举办全省三级综治办主任培训班

榆阳区鱼河镇护路办组织护路联防队对辖区铁路进行联防巡查

渭南市合阳县举办“红袖章”巡防活动启动仪式

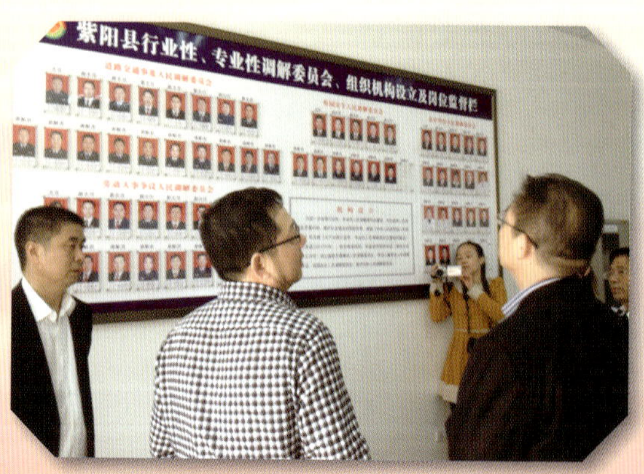

安康市紫阳县积极发挥行业性、专业性调解组织化解矛盾纠纷作用

甘肃省

兰州市组织巡防队员进行体能训练

庆阳市华池县组织开展交通安全进校园活动

庆城县玄马镇组织开展校园“七个一”活动

天水市甘谷县开展反恐防暴应急处突演练

天水市秦州区中城街道开展社区青少年远离毒品集中宣传活动

张掖市高台县开展“四级七天”调解法入户宣讲活动

青海省

省综治委在民和县总堡乡总垣村便民服务大厅调研

省综治委检查海东市乐都区寿乐镇女子森林防火队工作

省综治委在海北州门源县检查铁路护路联防工作

西宁市城西区举办大学生就业孵化基地启动仪式

全省基层典型探亲访友会议代表现场观摩社区工作

7月11日，省护路办在海北州门源县组织举办“打造平安铁路、构建和谐社会”铁路护路联防宣传教育文艺演出

宁夏回族自治区

自治区举办政法综治领导干部学习贯彻习近平总书记重要讲话精神专题培训班

穆斯林说和室开展矛盾纠纷调解

自治区综治办检查暗访“土炼油”整治问题

各应急分队进行应急处突演练

城区巡防队整装待发

铁路联防队进行安全宣传

新疆维吾尔自治区

中央第十一巡回督导组在乌鲁木齐市黑甲山综治工作中心调研

喀什地区叶城县乌吉热克乡举办就业技能培训班

喀什地区叶城县乌吉热克乡驻村工作组走访群众

乌鲁木齐市天山区黑甲山综治工作中心为居民办理业务

新疆生产建设兵团

1 团民族连队民族同志在“反暴力、倡和谐”活动中签名

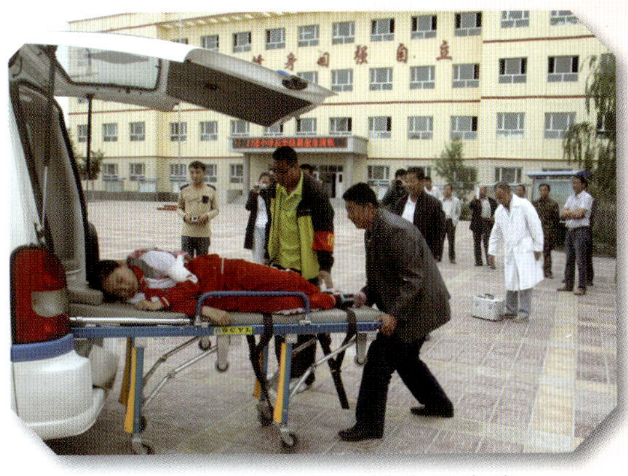

27 团在学校组织开展防暴演练

22 团民兵参与第二师民兵反恐演练

22 团中小学生在“远离毒品，拒绝邪教”横幅上签字

第二师焉耆垦区公安民警协助 22 团在“巴扎日”市场开展巡逻防控

通边山口值勤点公安、民兵联合巡边

十一、地　方　篇

北　京　市

2014 年综治工作概况

2014 年，首都综治系统在中央综治办和市委、市政府的坚强领导下，认真学习领会党的十八届四中全会精神和习近平总书记系列重要讲话精神，紧紧围绕北京市委、市政府中心工作，充分发挥综合治理统筹协调的优势作用，在调控流动人口规模、治理违法出租问题、整治社会治安秩序、解决非正常上访突出问题、提升群众安全感等方面做了大量工作，各项重点工作取得了明显成效，实现了首都综治工作在重点突破基础上的整体提升，为以国庆 65 周年、APEC 会议为代表的一系列重大活动安全顺利进行提供了有力保障。

一、首都社会治安综合治理工作的基本情况

（一）社会治安状况持续向好，群众安全感明显提高

一是全力加强重点时期首都社会面防控。全面建立了社会面反恐工作机制，及时启动区域防控、等级布控、网格巡控，在国庆 65 周年庆祝活动及 APEC 会议期间，适时召开了环京“护城河工程”工作会议，在京、津、冀、晋、蒙、辽、鲁七省区市建立高效顺畅的防控协作机制，共同做好矛盾纠纷化解、进京道路防控等安保维稳工作。同时，充分动员北京市民兵和各类群防群治力量，配合公安机关在重点部位开展值守防控工作。

二是大力实施科技创安工程。研究制定了《首都科技创安工作三年规划（2014—2016）》，从统一标准、整合资源、强化新技术应用等方面明确了当前和今后一个时期首都科技创安工作的整体规划，重点推动北京市重点地区和要害部位智能监控全覆盖、重要场所周边基础设施 24 小时监控，北京市治安防控工作的科技化、信息化、智能化水平进一步提高。

三是集中开展提升群众安全感专项行动。从严厉打击重大刑事犯罪、遏制侵财案件高发态势、社区压发案等方面，着力解决发生在群众身边的突出治安问题，以首都综治委名义印发《关于实行社会治安情况报告、通报和讲评制度的若干规定》等工作制度，通过对治安情况比较复杂的区县进行对口联系指导、定期通报各区县社会治安状况等多种形式督促落实。通过北京市上下共同努力，北京市群众安全感实现了自 2008 年以来的首次回升。

（二）综合整治力度不断加大，城市治安秩序明显好转

一是着力加强治安整治系统化、规范化建设。以 51 个市级挂账重点地区为抓手，带动 94 个区县级、197 个街乡镇级挂账重点地区整治工作，建立综合排查挂账模式，全面铺开社会治安重点整治工作，实现了挂账地区治安警情数的稳步下降。51 个市级挂账重点地区中，绝大部分挂账地区达到整治达标标准，涉及突出问题的发案和警情降幅远大于北京市平均水平，有效带动北京市治安

秩序的整体好转。其中,黑车、社区可防性案件降幅比例分别是全市的 5 倍和 3 倍,社区可防性案件发案减少量占北京市总体发案减少量的三分之一。

二是着力解决涉医违法犯罪突出问题。组织开展涉医突出问题专项治理,与市卫计委等有关部门研究制定了《加强北京市维护医疗秩序创建平安医院工作意见》,确立"先急后缓、区别对待、分类实施、逐步解决"的工作思路,发挥综治协调优势,细化工作任务、明确各方责任。同时,坚持标本兼治、重在治本,把涉医突出问题治理作为"平安医院"创建工作的一项重要考核内容,全面纳入综治考评体系中,确保了工作实效。

(三)流动人口服务管理全面加强,群租房治理成效显著

一是全力推进流动人口基础信息采集。通过调查,进一步摸清了底数、核准了信息,为市委、市政府严格控制人口规模提供了重要的基础数据和决策依据。

二是全力推进违法出租问题专项治理。在年初完成 35 个试点小区专项治理的基础上,又确定了 50 个"群租"问题突出的市级挂账治理社区,并以此为重点开展专项治理,北京市共排查登记违法群租房 2.5 万户、10.2 万间、居住流动人口 20.3 万人。通过一年的治理,北京市共开展联合执法 3905 次、累计出动 27548 人次,查处涉及违法案件 1595 起、4971 人次,全部完成北京市登记 2.5 万户违法群租房的治理工作,共劝离租户 20.1 万人,为租户挽回经济损失近 500 万元,依法规范了北京市房屋租赁管理,为群众创造了良好的居住环境,得到市委市政府领导和社会各界的一致好评。

三是全力推进北京市居住证制度立法工作。进一步完善《北京市居住证管理办法(草案)》,加强与国务院上位法、户籍管理制度改革的政策衔接,完成积分指标体系、积分入户细则、积分管理细则等一系列重点配套政策的研究制定工作和制证的相关筹备工作,为保障居住证制度的全面实施奠定坚实基础。

四是全力加大城乡结合部人口倒挂地区综合整治力度。围绕昌平区"北四村"流动人口聚居区问题,开展了城乡结合部人口倒挂地区专项整治,印发《关于在北京市城乡结合重点地区开展专项整治的工作方案》,在深入摸排的基础上,确定了 60 个重点社区(村)作为重点开展专项整治,切实净化北京市城乡结合部地区社会治安环境。经整治,重点整治社区(村)刑事警情同比下降 11.9%,刑事立案同比下降 8.5%,社区可防性案件立案数同比下降 30.8%,整治工作取得明显成效。

(四)矛盾化解和特殊人群服务管理工作取得新的突破,源头治理水平进一步提升

一是社会矛盾三调联动工作体系更加顺畅。专业性、行业性人民调解组织建设力度不断加大,"北京民商事调解中心"进入试运行阶段,市医调委成为化解北京市医疗纠纷的主渠道,第三调解室成为人民调解工作品牌,新浪网人民调解委员会、北京电视台生活广角栏目人民调解平台初步建立,区县人民调解员协会正在积极试点,人民调解工作的领域不断拓宽、力量不断壮大;全面启动本市行政调解立法程序,会同市法制办制订了《北京市行政调解工作办法》,计划年内提交政府常务会审议,进一步加强对北京市行政机关履行行政调解职能的法律指导;强化诉前委托调解,与市总工会建立劳动争议调解联动机制,朝阳区总工会与区法院建立北京市首个劳动争议调解工作室,通过立案前委托调解组织先行调解,减轻当事人诉累,节省司法审判资源。截至 11 月,北京市各级人民调解组织共受理 13.9 万件,调解成功 13.4 万件,成功率 97%,各级人民法院在诉前成功调解案件 4 万件。二是特殊人群服务管理体系进一步完善,研究制定了《关于本市严重精神障碍患者救治救助的实施意见》,并以北京市政府名义印发。对在档管理的 7.2 万余名患者开展摸底排查、风险评估、分类干预,严重精神障碍患者肇事肇祸事件明显减少。严格落实重症精神病患者免费服药制度,北京市 42% 的重性精神障碍患者享受到免费服药和免费体检服务;研究制定了《关于进一步加强社区矫正工作的意见》,以市委市政府"两办"文件形式印发,积极开展集中教育、电子监管等社区矫正工作试点,组织社区矫正人员到社区报到服务、由社区评议,有效防止社区服刑人员的脱管失控、重新犯罪;研究制订了北京市贯彻落实《中共中央、国务院关于加强禁毒工

作的意见》的意见，并经北京市委常委会审议通过，即将以北京市委、市政府最高文件规格出台，进一步规范健全吸毒人员规范化管理体系；构建重点青少年群体服务管理体系，加强对10类重点青少年群体的分类帮扶，会同北京市高级法院和北京市公安局深入调研，制定完成了办理未成年人刑事案件前科记录封存和逮捕必要性审查两个文件，在全国率先建成了办理未成年人刑事案件配套体系。

（五）基层基础建设扎实推进，综治工作根基进一步夯实

一是着力推进领导责任制建设。制定出台《关于进一步抓好综治领导责任制落实的意见》及相关配套文件，围绕推进平安北京建设重点工作任务，开展领导责任制专项督查、五部门联合督查、社会面安保专项督查等系列督导检查，促进综治工作落实。特别是在国庆65周年、APEC会议安保工作期间，专门制订了《新中国成立65周年庆祝活动和APEC会议安保工作督查方案》，由北京市委政法委、北京市信访办、首都综治办、北京市维稳办牵头组成八个督察组，采用了随机检查和暗访的方式，事先不通知区县，重在发现问题、及时反馈、迅速整改，有力确保各项安保责任的落实。

二是着力推进综治信息化建设。加强首都综治系统信息平台的建设工作，推进综治维稳指挥中心、信息化办公平台和视频会议系统建设，认真实施《关于加强基层综合服务管理平台建设的意见》，推进“三网融合”，加快基层平台建设步伐。已完成北京市综治信息系统基础环境搭建，日常办公、综合业务、考核评价、视频通信、数据交换、地理信息、宏观决策、综治培训8个主要支撑平台和10个业务模块的设计工作，北京市政法综治维稳信息中心已投入试运行，综治信息化工作正在有序推进。

三是着力推进群防群治队伍建设。北京市实名注册治安志愿者达到85万人，健全实名登记、等级管理、公益反哺等日常管理机制，制定《安全稳定信息员工作规范》，完善举报奖励机制，切实加大群防群治保障，在市财政划拨专款为北京市实名注册志愿者购买保险的基础上，积极争取中国人寿保险支持首都安全稳定工作，赠送参与社会面防控工作的85万名治安志愿者为期一年的团体意外伤害保险，解决了治安志愿者的后顾之忧。

（六）新一轮平安建设全面展开，平安北京建设进入全面深化的新阶段

一是研究制定《关于全面深化平安北京建设的意见》。中共北京市委、北京市人民政府《关于全面深化平安北京建设的意见》印发，成为当前和今后一个时期指导北京市平安建设的纲领性文件。

二是开展平安北京建设系列宣传工作。充分利用互联网、广播电视、报刊杂志等各类媒体资源，在北京市范围内集中开展“平安北京基层行”和“平安北京建设”系列宣传活动，通过拍摄公益宣传片、张贴“平安北京建设”海报、开展“百日安全社区”创建活动评选、“我为平安北京建设支一招”意见征集等多种宣传方式，充分调动广大人民群众支持参与平安北京建设的巨大热情，在北京市迅速掀起平安北京建设的新热潮，努力营造“人人参与、共建共享”的良好氛围。

三是着力推进基层平安创建。全面开展平安家庭、平安单位、平安校园、平安医院、平安景区、平安商市场等基层平安创建活动，不断拓展工作领域、完善创建机制，扩大创建效果。深入开展平安社区创建，修订完善《北京市安全社区指导标准实施细则》，大力推广“首都平安创建示范社区”、“首都平安创建标兵社区”等典型经验，在社区（村）一级全力推进“零发案”社区创建工作，形成以基层小平安构筑北京市大平安的建设格局。截至11月，北京市平安社区达到2106个，占社区总数的75%，平安社区可防性案件立案16001起，下降2.1%。

二、各专项组工作情况

（一）实有人口专项组

以“平安北京”建设为主线，强化基础信息管理，围绕流动人口和出租房屋基本信息采集、录入、核销等环节，深入开展调查登记，强化日常动态监测，最大限度摸清人房底数；推进重点地区整治，围绕国庆65周年、APEC会议等重大安保活动，在城乡结合部等重点地区，推进警务模式创新，设立直属派出所和中心警务站，统筹做好重点地区接出警、人口管理、治安整治等工作；解决重

点难点问题，以违法群租房治理、城市环境秩序治理、治安重点区域整治为抓手，加大摸排建账、巡防检查、宣传教育、打击处罚工作力度，不断提升群众安全感和满意度；提升均等化服务水平，推出系列服务措施，重点从流动人口法制宣传、出租房屋税收征管、房屋租赁行业监管、弱势群体帮扶救助、农民工工资资金保障、随迁子女职业教育等方面予以落实；加快法规政策研究，从关系流动人口切身利益问题着手，稳步推进居住证制度立法和实施筹备工作，深入调研房屋租赁市场深层次问题，加强人口规模调控战略研究，做好相关法规政策出台的准备。

（二）特殊人群专项组

完善相关政策措施，加强制度建设，注重整体规划，分类解决源头性问题，提升服务管理水平。制定《北京市人民政府办公厅转发首都综治办等部门〈关于进一步加强肇事肇祸等严重精神障碍患者救治救助工作的意见〉的通知》，推动落实重性精神病人免费服药政策，2 万余名患者申领免费基本药品。出台《关于进一步加强社区矫正工作的意见》，加强社区矫正体制机制建设，规范社区矫正工作方式，在北京市推行电子化监管、指纹报到、社区服务、集中教育、社区评议和矫正宣告等矫正模式。健全完善安置帮教体系，为“两类人员”提供创业帮扶、最低生活保障、医疗、住房、社会救济等保障，帮助其顺利融入社会。健全吸毒人员规范化管理体系，提升社区戒毒、社区康复工作水平。完善艾滋病防治工作体系，加强检测、干预力度，扩大艾滋病检测干预覆盖面，提高 HIV 抗体检测率。

（三）“两新组织”专项组

新认定 9 家市级“枢纽型”社会组织，截至 2014 年底共有市级“枢纽型”社会组织 36 家、区县级 211 家、街道（乡镇）级 403 家，联系各级各类社会组织超过 3 万家；在市级“枢纽型”社会组织开展社会组织党委试点工作，新建社会组织党组织 38 个，累计达到 2463 个；建立第二批党的群众路线教育实践活动党组织建设试点 110 个、调研联系点 130 个。推动行业协会商会类、科技类、城乡社区服务类、公益慈善类“四类”社会组织直接登记，截至 2014 年底市区两级累计直接登记 483 个。投入市级社会建设资金 9418 万元，购买社会组织服务项目 708 个。加强社会组织人才队伍建设，2014 年共培训 8000 人次以上。完善“一中心、多基地”的社会组织孵化网络，北京市有 14 个区县 54 个街道建立了社会组织综合服务平台。开展“社会组织公益行”系列活动，全年举办公益活动 1600 余项、3000 余场次，评选表彰了 100 个优秀社会组织公益服务品牌。扎实推进非公有制经济组织党建工作，研究制定了《北京市离退休党员干部担任非公有制经济组织党建工作指导员的管理办法（试行）》，聘请了 1200 名离退休党员干部担任党建指导员，举办了新聘党建指导员和商务楼宇“五站合一”工作站负责人党建业务能力培训，总结出版了《引领—北京新经济组织党建巡礼》一书。

（四）社会治安专项组

1. 全面开展社会治安重点整治工作。围绕两抢、扒窃等“十类治安突出问题”，共挂账整治重点地区 342 处。通过整治，APEC 会议期间全市警情同比下降 71%，群众反映强烈的卖淫嫖娼、赌博、黑车扰序、拎包扒窃等突出问题警情同比分别下降了 40%、59.3%、52% 和 13.5%。同时，持续开展打击黑旅店、赌博机、站街招嫖等 22 个阶段性、区域性专项行动，有力维护了社会治安稳定。

2. 全力维护城市环境秩序。重拳治理非法小广告，查处非法小广告 16 万起，同比上升 16.5 倍，非法小广告蔓延态势得到有效遏制，群众举报量退出前十类突出违法行态；开展无照经营专项整治，立案处罚 5.4 万起，罚款 1363.8 万元，同比上升 78.5%，北京市 100 处无照经营点位举报量同比下降 16.2%；开展非法运营专项整治，全力整治燃油两轮摩托车电动（燃油）三轮车净化行动，立案处罚 5028 起；开展停车管理专项治理，取缔非法停车场 324 个，拆除地桩地锁 8088 个，推动静态交通秩序持续改善。

（五）法规规章专项组

着力发挥立法的引领、推动和保障作用，运用法治思维和法治方式，加强社会综治方面立法工作。在地方性法规制定方面，北京市十四届人大二次会议于 2014 年 1 月通过了《北京市大气污染防治条例》，为改善北京市大气环境质量，保障人体健康，推进生态文明建设，促进经济、社会可持续发展，提供法制保障。2014 年 2 月，北京市十二届人大常委会第五次会议对《北京市人口与计划生育条例》进行了修改，为政府尽快落实“单独二孩”政策，促进社会和谐，奠定法制基础。在规章制定方面，北京市政府于 2014 年 5 月制定了《北京市政府信息公开规定》，对政府信息公开范围和程序作出具体规定，为规范政府信息公开行为，促进依法行政，奠定法制基础。于 2014 年 6 月对《〈北京市见义勇为人员奖励和保护条例〉实施办法》进行了修改，删除了有关申请见义勇为行为认定的时限性规定，为弘扬社会正气，对见义勇为人员提供更有效的奖励和保护。2014 年 7 月，制定《北京市实施国家重大活动保障措施的若干规定》，对在北京市举行具有重大国际影响的国事活动、国际交往活动和国家庆典期间采取保障措施进行规范，有力地保障了 APEC 会议顺利进行。2014 年 9 月制定《北京市民用运输机场管理办法》，为维护民用运输机场安全和有序运营，提供法制保障。

（六）预防青少年违法犯罪专项组

构建重点青少年群体服务管理体系，制订《北京市重点青少年群体服务管理和预防犯罪工作实施方案》，将北京市重点青少年群体划分为十类，分别由团市委、市公安局、市司法局、市教委、市人力社保局、市民政局等部门牵头，分门别类制订专项帮扶方案，提出工作目标和进度安排，对已经摸清的十类重点青少年进行分类帮扶。在全国率先建成未成年人刑事案件配套体系，出台的未成年人社会调查、合适成年人到场、法律援助、附条件不起诉等配套工作文件，有效地保护了涉诉未成年人合法权益。

（七）校园及周边治安综合治理工作专项组

扎实推进“平安校园”创建工作。分四批组织 33 所高校召开创建工作座谈会，逐校走访调研指导创建工作。协调教育、综治、公安、消防等部门组成工作组，完成 19 所高校的入校检查验收工作。切实加强校园及周边治安综合治理。统筹协调各成员单位组织开展校园周边各类清理整治行动近千次，督促整改安全隐患 3700 余处，破获涉校治安刑事案件 72 起，化解突出涉校矛盾纠纷 19 起，校园周边群众举报较 2013 年下降 19.4%，有力维护了首都教育系统的和谐稳定。

（八）护路护线联防专项组

1. 有力确保了各项重大活动期间路线基础设施安全。在国庆 65 周年庆祝活动、APEC 会议、“春节”、“两会”等重大活动和重要节假日期间，各级护路护线组织严密措施、严防死守，全面加强安全防范工作，圆满完成了重点时期护路护线任务。

2. 铁路沿线突出安全隐患整治取得显著成效。针对铁路沿线突出安全隐患，持续开展了清理整治活动。京广高铁沿线危树整治，京津城际通州董村地区高架桥下乱点区域绿化带建设，京哈通道护路岗亭设置和专门人员巡护，大秦线涵洞积水引排工程实施等一系列重点整治工作，有效消除了安全隐患，解决了影响群众安全便利出行的问题，在确保铁路运输安全的同时获得了周边群众的高度评价。

3. 护路联防基础工作取得实质性突破。首都综治办、北京市财政局、北京市人力社保局和北京市公安局联合印发了《关于组建首都铁路专职护路联防队伍的意见》，在北京市部署开展专职护路队伍组建工作，推动首都铁路护路联防基层基础建设取得突破。

4.“三电”和输油气管道安全保护工作进一步强化。组织开展了严厉打击盗窃“三电”设施、打孔盗油等犯罪活动专项行动，强化了对盗窃破坏案件高发地区的治安整治，取缔了一批非法废旧金属收购站点。在中石油大唐煤制气管道途经的怀柔区、密云县建立输油气管道安全保护联席会议，进一步加强了输油气管道安全保护基础工作。

（九）科技创安专项组

全力推动北京市高清图像平台建设联网工作，重点地区视频监控覆盖能力显著提升，对大型活动、治安乱点、案件高发区域、维稳工作重点区域、重要警卫路线沿线等地区的摄像头前端进行了大范围的优化调整，提升北京市视频监控覆盖率。推进北京市中小幼及医院视频监控系统建设整合，实施了重点单位二期联网工程建设，完成 17 个三级医院及分区和 10 所高等院校的视频监控图像资源与公安部门联网整合。推动公共交通技防系统建设工作，完成了对途经政治中心区 2771 辆公交车的视频监控系统建设，对北京市其余 7798 辆公交车安装定位系统。推动北京市外围环京“护城河”技防系统建设,全市 196 条进出京道路的视频监控系统前端摄像头布点建设任务已基本完成。推进社会视频资源联网整合,按照“直接联网控制、间接视频推送,远程视频留存”三类调用方式,稳步推进社会图像资源进行整合,目前北京市公安局视频平台已整合社会视频监控图像 7.2 万路。同时,依据 185 号令加强对北京市社会公共安全图像信息系统备案工作,截至 2014 年底共完成全市监控探头备案 304042 个。

(十)社会矛盾多元调解专项组

加强人民调解、行政调解、司法调解“三调联动”,拓展调解领域,推进行业性专业性调解组织建设。北京市 7700 个人民调解委员会共调解矛盾纠纷 19.4 万件,调解成功 18.8 万件,调解成功率 96%;各级行政部门调解行政争议案件 26 万余件,调解成功率保持在 84% 以上;各级人民法院将调解贯穿于诉前、诉中、诉后诉讼全过程,年均调解案件 5 万余件。推进行业性专业性调解组织建设,先后在医患关系、劳动争议、道路交通损害赔偿、互联网等 14 个矛盾多发领域建立行业性、专业性调解组织 321 家,今年共受理各类案件近 7 万件,为当事人争取赔偿或挽回损失数亿元。

首都综治委关于进一步抓好综治领导责任制落实的意见

(2014 年 8 月 6 日)

为充分发挥综治领导责任制的重要作用,进一步强化齐抓共管格局,更好地推动和加强首都平安建设和综治工作,就进一步抓好综治领导责任制落实工作提出以下意见:

一、进一步提高对综治领导责任制重要性的认识

实行综治领导责任制,把抓好社会治安综合治理工作、确保一方平安作为各级党委政府和各部门党政领导干部的任期目标之一,并同党政领导干部的政绩考核、晋职晋级和奖惩直接挂钩,是中央和市委市政府为保障综治各项措施有效落实、切实维护社会政治稳定一项极为重要的举措,是实现综合治理的核心。中央和市委市政府对综治领导责任制高度重视,中央综治委先后出台了《关于实行社会治安综合治理领导责任制的若干规定》、《关于实行社会治安综合治理一票否决权制的规定》、《关于对发生严重危害社会稳定重大问题的地方实施领导责任查究的通知》等一系列重要文件,首都综治委联合相关部门也先后制定了领导责任制、一票否决制、责任查究制等多项制度,初步建立了一套较为完善的综治领导责任制度体系,并对一批综治工作措施不落实、治安秩序长期混乱、群众反映强烈的地区和发生重大案事件的地区进行了责任查究,查找并弥补了不少工作漏洞,树立了综治领导责任制的权威,使维护首都社会稳定、建设“平安北京”的责任真正落实到了各级各部门,各级领导抓平安建设、抓综合治理的积极性、主动性不断增强,北京市齐抓共管格局不断得到强化,同时也为综治领导责任制落实积累了宝贵经验,为进一步加强和完善综治领导责任制建设奠定了良好的基础。

与当前形势任务对综治领导责任制的要求相比,与综治领导责任制自身的重要性相比,各级各部门在综治领导责任制落实上还存在一些问题:一些区县和部门领导对综治领导责任制的了解不够深入,认识上还有待加强;综治领导责任制度体系还不够完善,有的交叉重叠,有的规定不够严谨,操作性不强;在制度落实上还存在不小差距,综治领导责任制各项工作机制在一些地区和部门没有得到很好的执行。各级各部门要充分认识综治领导责任制对于提升综治工作水平、维护首都安全稳定的重大意义，进一步提高对综治领导责任制的重视程度，切实加强组织领导，加大工作落实力度，更好担负起维护社会治安和社会稳定、保一方平安的政治责任。

二、进一步明确各级各部门党政领导在综治工作中的领导责任

各级党委、政府对本地区综合治理工作负全面领导责任。党政主要领导为第一责任人，对本地区综治工作负总责；分管政法综治工作的副职领导为第二责任人，对本地区综治工作负直接领导责任；领导班子的其他成员根据分工，对职责范围内的综合治理工作承担相应的领导责任。各级党委、政府领导班子和领导干部在综合治理中应承担以下领导责任：一是认真贯彻落实上级党委、政府和综治委关于综治工作的部署和要求，把综合治理工作纳入重要议事日程，定期分析研究本地区维护稳定和社会治安形势，结合实际部署工作任务、下达责任目标，认真组织实施。二是动员社会各方面力量齐抓共管，建立完善综合治理工作机制，推进社会治安防控体系建设，巩固和加强群防群治工作网络，确保综合治理打击、防范、教育、管理、建设、改造各项工作措施真正落实到基层。三是及时化解影响社会稳定的各种矛盾和不安定因素，妥善处理突出信访问题和群体性事件，努力把矛盾纠纷解决在基层和萌芽状态；对治安问题突出的重点地区和重点单位认真组织治理整顿，积极研究解决综治重点和难点问题，预防和减少各类违法犯罪，确保一方平安。四是加强综治组织建设，保障基层综治机构人员编制、专项经费等工作条件，充分发挥各级综治部门在维护稳定中的职能作用。

各系统、各部门在党委政府的统一领导下，对各自职能范围内的综合治理工作负责。党政主要领导为综合治理第一责任人，对本系统、本部门综治工作负总责；分管领导为第二责任人，对综治工作负直接领导责任。各系统、各部门领导班子和领导干部在综合治理中应承担以下领导责任：一是认真贯彻落实党委、政府和综治委关于综治工作的部署和要求，把综治工作纳入重要议事日程，对本系统、本部门综合治理工作及时进行具体部署，认真开展检查督促，层层落实工作责任。二是充分发挥本系统、本部门的职能作用，各负其责、齐抓共管，积极参与首都社会治安综合治理工作，主动承担起减少违法犯罪、维护社会治安和社会稳定的责任。三是组织抓好本系统、本部门综治各项措施的落实。切实加强内部人员的思想教育和各项安全防范工作，防止发生重大刑事犯罪、重大治安问题和群体性越级上访事件，做到“管好自己的人，看好自己的门，办好自己的事”，将“谁主管谁负责”的原则落到实处。四是各系统、各部门要按照“属地管理”的原则，督促所属单位服从属地党政组织和综治部门的领导，积极参与并配合做好所在地的综治工作。

三、进一步加强综治目标管理责任制各项措施的落实

一是各级党政领导要认真履职。要把抓好综治工作作为任期目标之一，认真研究解决综治工作中存在的突出问题，亲自动手，一级抓一级，一级包一级，一抓到底，层层落实。要把开展综治工作作为年度工作计划和述职报告的一项重要内容。

二是要组织层层签订综治责任书。各级党政领导之间，党政领导和各部门、各单位之间，都要层层签订责任书。要把综治任务、要求分解为若干具体目标，逐级落实领导责任，逐一明确工作任务，确保综治每一项工作、每一个环节都有人抓、有人管、有人负责。

三是要认真开展综治工作检查考核。各级综治委要根据综治责任书和年度工作部署情况，协调纪检、监察、组织、人事部门，定期检查同级综治委成员单位和下一级党委政府综治工作情况，并及时向党委、政府报告。要建立严格的定量考核制度，每年对下一级党委政府综治工作开展情况进行考核。考核工作要进一步突出群众评价指标和当年综治重点工作重点任务的权重，同时把日常考核与年终考核有机结合起来，使综治考核更客观、更科学、更公正，在推进综治工作落实、促进综治工作水平提高上发挥更大作用。

四是要认真落实干部升降奖惩与综治实绩挂钩机制。根据中央和市委有关规定要求，各级党委政府在研究决定各地区、各部门党政领导干部的任免、奖惩等问题时，要把干部本人抓综治工作的能力和实绩作为一个重要条件；各级党委组织部门在考察党政主要领导和分管领导工作实绩时，须征求综治部门意见。凡是尚未建立这一工作机制的，必须在年底前建立起来，已建立的，要进一步加强与组织人事部门的沟通联系，进一步完善、规范征求意见的范围、环节、回复意见内容和方式等，确保综治部门提供的意见真正成为各级各部门领导干部提拔使用和奖惩的重要依据。

五是要切实落实综治实绩档案制度。各级党政主要领导和综治工作主管领导抓综治工作实绩情况要及时向上一级综治部门报告。各级综治部门要加强实绩档案的日常管理，不断充实丰富实绩档案内容，确保通过档案能够全面、客观掌握各级各部门党政领导干部综治工作实绩。

四、进一步落实好综治责任查究五项制度

一是要加强对综治责任查究五项制度的了解掌握。首都综治委五部委《首都社会治安综合治理领导责任制若干规定》、《关于实施社会治安综合治理重大问题领导责任查究的办法》以及首都综治委《关于对重大刑事案件实行责任倒查的若干规定》、《关于首都社会治安综合治理督查督办的工作规定》、《首都社会治安综合治理警示制度》等五项制度既是综治领导责任制的重要组成部分，也是落实综治领导责任制的重要保障。各级各部门要进一步加强对这五项制度的研究学习，了解掌握每一项制度的查究主体、查究对象、查究流程、查究结果，确保在发生应查究情形后能够及时、准确地开展责任查究工作。

二是要明确必须进行责任查究的底线。发生群体性事件、重大及以上刑事案件、较大及以上治安灾害事故的，必须进行责任查究。一般情况下，发生重大刑事案件、较大治安灾害事故的，由区县综治办和相关部门组织进行责任查究；发生群体性事件、特大刑事案件、重大及以上治安灾害事故的，由首都综治办协调市有关部门直接组织进行责任查究。

三是要加强对五项制度落实情况的督查考核。对各区县、各部门综治责任查究五项制度落实情况，要开展经常性督导检查，不断加大督促指导力度。首都综治办将在综治年度考核工作中设定责任查究和一票否决指标，对于应查究未查究、应否决未否决的，要在年终综治考核中予以扣分。各区县年内没有实施综治责任查究和一票否决的，要在年底向首都综治委做出正式书面说明。

五、进一步加强对综治领导责任制工作的组织领导

一是要提高对综治领导责任制的重视程度。各级综治委、办和各部门要将综治领导责任制工作列入本单位重要议事日程，每年都要有研究、有部署、有落实、有检查。要将综治领导责任制落实工作作为一项重要的基础性工作来抓，明确主管领导，明确专人负责，加强教育培训，不断健全综治领导责任制组织领导体系。

二是要充分发挥综治委五部门的重要作用。要认真坚持定期召开组织、人事、纪委、监察、综治等综治委五部门联席会议，审议、决定综治领导责任制有关重大事项，及时研究解决在落实综治领导责任制中遇到的突出问题，督促指导各级各部门党政领导干部切实承担综治领导责任。

三是要建立有效的重大案事件即时通报机制。各区县综治办要与公安、安监、安全、610 办、维稳办等部门建立沟通协调工作机制，确保在发生重大案事件时能够及时得到有关情况通报，并适时启动责任查究工作。

北京市延庆县以综治工作创新为抓手
助推基层平安建设

2014 年以来，延庆县以全面深化平安延庆建设为重点，各级综治部门以解决群众关注的热点、难点问题为抓手，扎实推动综治工作创新，在矛盾调解、入户走访、综治宣传、群防群治队伍品牌化建设等方面亮点纷呈，以基层的“小稳定”促进社会的“大平安”，全县前三季度群众安全感持续保持北京市前列，为绿色北京示范区和美丽延庆建设营造了和谐稳定的社会环境。

一、化解矛盾，小小接待站融入综治大舞台——永宁镇设立行政复议接待站

为充分发挥行政复议在化解行政争议、推进依法行政和综合治理工作中的职能作用，2014年4月，在上级部门的大力支持下，延庆县永宁镇设立行政复议接待站，明确专人负责，配备电脑、打印机、档案柜等办公硬件，制度流程上墙，定期组织培训，为全镇近3万名群众提供行政复议咨询接待、行政争议调解等服务。行政复议接待站运行以来，取得了初步成效：一是群众“足不出镇”就能申请行政复议工作，节省了时间，也赢得群众的认可；二是促进了矛盾纠纷的及时化解，自成立以来已经接待群众行政复议咨询27件，其中诉前调解了17件，现场答复9件，移交县政府法制办行政复议案件1件并办结；三是提高了全镇干部群众依法行政意识；四是履行了行政调解与人民调解、司法调解相衔接的“中心枢纽”功能，代表镇政府统筹协调驻镇各执法机构、基层人民法庭，全面整合调解资源，切实维护基层社会稳定。

二、唱响好声音，凝聚正能量——康庄镇成立“康大姐志愿者协会”

家庭是社会的细胞，唯有家庭祥和，邻里和睦，村村平安，社会才能真正地实现和谐稳定。延庆县康庄镇把妇女工作与综治工作紧密结合，通过创新服务载体，将广大妇女有效的组织起来，共同参与到“平安康庄、和谐康庄”建设中。2014年，在原有“康大姐志愿服务队”“姐妹调解队”的基础上，组织95名女平安中心户长、31名妇代会主任和24名普通妇女志愿者，成立了基层平安创建最具活力、最有成效的团体——康大姐志愿者协会。该协会紧紧围绕“平安康庄”、“和谐康庄”建设这一主线，通过丰富的服务内容、多彩的形式，拓宽了服务型政府建设途径，推进了基层平安建设进程。一是唱响“学习之音”。举办“读书开启智慧人生”活动和“学法律防邪教保健康筑梦想”家庭知识竞赛，为广大妇女提供有针对性的教育服务，强化学习型妇女组织及家庭创建工作。二是唱响“服务之音”。组织深入各村，通过开展服务生态康庄建设和服务特殊人群，推进平安建设社会化、规范化管理。三是唱响“关爱之音”。为147名贫困妇女和儿童建立信息库。开展“节约一元钱奉献一份爱”活动，共募集善款2.3万元，为26名孩子送去1000元的助学款和慰问信。四是唱响“维权之音”。在义务调解邻里纠纷、夫妻关系、婆媳矛盾等方面发挥着重要作用。以“小调解”维护“大稳定”为宗旨，参与社会管理和社会建设，在促进社会和谐、服务地区发展中取得良好的效果。五是唱响“创新之音”。结合党的群众路线教育实践活动，通过开展“五个一”活动、“践行群众路线，寻找‘最美家庭’”以及对去年培育树立的107名平安家庭进行表彰等一系列创新活动，不断深化平安家庭创建工作。

三、架好干群连心桥，齐心协力保平安——延庆镇创建“五层五单”入户工作法

为解决影响社会和谐稳定突出问题，维护人民群众权益，保持社会良好秩序，延庆县延庆镇创建了“五层五单”入户工作法。五层即：镇领导班子成员、包片总支、包片干部、各街村“两委”干部、普通党员五个层级；五单即：《入户联系单》、《征求意见单》、《工作记录单》、《整改措施单》、《回访验收单》，每年1月、7月共进行2次，积极回应群众诉求，主动地解决好群众的现实困难，不断促进综治工作迈上新台阶。一是带上“五单”动起来，建好本镇“稳压器”。自“五层五单”入户工作开展以来，由班子成员带头入户，党委书记率先垂范，先后对44个街村进行了走访，实际入户178户，其他班子成员累计入户753户，与1233名村民代表和1314名党员进行了面对面沟通座谈。二是整理“五单”亮出来，安好本镇“减压阀”。从收回的《征求意见单》中，按照“五层”的分类将收回的5万余份单子装订成册，8240条次的意见被归纳整理成375项，梳理出立行立改项目170个、短期整改项目109个、协调推进项目96个，对数万份材料进行全面整理、分类、归纳、存档。三是落实“五单”立行立改，架好干群的“连心桥”。在镇村多方协调下，78项立行立改事项迅速完成，群众切切实实地看到了镇党委、各村两委班子整改的决心和力度。与此同时，涉及村级环境整治、道路建设、物业管理等与村民生活息息相关的109个短期整改项目也在大力推进。四是回访“五单”建章立制，构筑延庆“安全网”。针对整改落实情况，逐项制作《回访验收单》，责成包村干部对村级整改完成或解释满意程度向入户村民进行回访，并按20%的比例进行抽查，其中，已完成制定制度11项，计划新制定制度13项，计划修订完善制度16项，保留原有制度36项。村民们普遍感受到了实实在在的效果。

四、文化搭台，综治唱戏，共谱平安曲——儒林街道扎实开展平安建设宣传工作

为扎实推进“平安儒林”建设，延庆县儒林街道坚持以文化搭台综治唱戏的工作思路带动平安建设，以形式多样、各具特色的活动为载体，打造出了具有辖区文化品牌的平安创建宣传模式，深受居民群众的认可，使平安建设理念深入人心。一是生态文化搭台。全力打造“阳台上的风景”、“绿地认养”系列绿化美化工程。动员社区居民行动起来，改善了阳台脏乱差现象，增强了居民植绿、爱绿、护绿意识。二是传统文化搭台。开展了四届元宵灯展灯谜会，悬挂写有法律、安全、综治等宣传标语作为装饰的花灯1300件、灯谜4000条，宣传了法律安全知识。以中秋、重阳等传统节日为重点，开展“邻里节”活动，增强居民之间的了解沟通，在化解矛盾纠纷、维护社区和谐中发挥积极作用。三是广场文化搭台。开展百姓才艺秀、社区大讲堂、书法摄影展等38场精品活动。邀请流动人口参加社区内的趣味运动会、亲子游艺等活动，增强居民之间的友谊，实现为民服务与社区平安建设的双赢局面。四是忠孝文化搭台。举办儒林街道“孝老敬亲”人口文化评奖评选活动，在电视台、社区电子屏上滚动播放获奖者宣传片，以达到倡导“传递身边真情，弘扬人间大爱”的良好风尚。举办“百星耀儒林”宣讲活动，评选出“志愿服务之星”“平安保卫之星”100名，以居民群众的切实感受引导更广泛的党员群众参与到平安建设、民生服务等美德中来。积极寻找“最美家庭”，通过宣传、评选，充分调动妇女参与平安创建的积极性，以家庭平安促进社会平安。

首都综治委、办机构情况和负责人名单

一、综治委

主　任：杨晓超　市委常委、政法委书记（1—8月：赵凤桐）

副主任：傅政华　市委常委、市公安局局长

唐　龙　市人大常委会副主任

张延昆　市政府副市长

赵文芝　市政协副主席

邱水平　市委副秘书长、市委政法委常务副书记

闫满成　市委政法委副书记、首都综治办主任、市流管办主任、市维稳办主任

委　员：李　勇　中央直属机关工委副书记

陈存根　中央国家机关工委副书记

陈建明　国家机关事务管理局副局长

胡增印　中央综治办综治三室主任

朱海文　解放军总政治部保卫部保卫局局长

于长辉　市政府副秘书长、市信访办主任

张利民　市委办公厅副主任

杨小兵　市纪委常委、市监察局副局长

张志伟　市委组织部常务副部长

王海平　市委宣传部常务副部长

王　惠　市外宣办主任

杨晓毅　市委610办主任

刘云广　市编办主任

宋贵伦　市委社工委书记、市社会办主任

陈江华　市委教工委委员

王孝东　市委农工委书记、市农委主任
佟力强　市网信办主任
刘维林　市人大内司办主任
王建华　市政府办公厅党组成员、机关事务管理办公室主任
卢　彦　市发展改革委主任
张伯旭　市经济信息化委主任
李润华　市公安局副局长、市城管执法局局长
李　东　市国家安全局局长
李万钧　市民政局局长
于泓源　市司法局局长
李颖津　市财政局局长
张欣庆　市人力社保局局长
魏成林　市国土局局长
黄　艳　市规划委主任
徐贱云　市住房城乡建设委主任
孙新军　市市政市容委主任
周正宇　市交通委主任
宋　宇　市旅游发展委主任
方来英　市卫生计生委主任
赵会民　市政府外办主任
林抚生　市国资委主任
杨志强　市地税局局长
陈　永　市工商局局长
赵长山　市质监局局长
张树森　市安全监管局局长
王　红　市金融局局长
刘振刚　市政府法制办主任
吴玉华　市政协社法委主任
苗生明　市检察院副检察长
孙　力　市高级法院副院长
潘建新　市总工会副主席
常　宇　团市委书记
马兰霞　市妇联主席
郭左践　北京保监局局长
金　力　北京铁路局副局长
盛南光　北京海关副关长、缉私局局长
王　巍　北京卫戍区政治部副主任
徐　平　武警北京总队副司令员

二、综治办(市流管办)

闫满成　市委政法委副书记、首都综治办主任、市流管办主任
苗　林　首都综治办副主任、市流管办常务副主任(1—7 月)
许继慧　首都综治办副主任

首都综治办(市流管办)下设 8 个处和 1 个中心:秘书处、调研处、流动人口工作处、社会矫正工作处、治安防控工作处、重点整治工作处、基层基础工作处、督导考核处、北京市政法综治维稳信息中心。

北京市各区、县综治委、办主任名单

地　区	综治委主任	综治办主任	地　区	综治委主任	综治办主任
东城区	金　晖	刘宗琦	门头沟区	付兆庚	
西城区	杜灵欣	王　静	房山区	曾赞荣	韩士军
朝阳区	陈宏志	倪东新(1—2 月:战玉贵)	通州区	李玉君	张志军
			顺义区	周颖博	王金广
			昌平区	朱光彤	杨振和
海淀区	刘长利	王际宝	大兴区	王有国	
丰台区	顾晓园	姚建国	平谷区	闫维洪	刘显武
石景山区	吴克瑞	刘道东	怀柔区	萧有茂	糜柏杨

地　区	综治委主任	综治办主任	有关单位:	
密云县	王玉江（至1月） 韩　耕	王作兴	李亚平	首都机场地区综治办主任
			毛　军	西客站地区管委会综治委主任
			曹静波	天安门地区管委会综治处处长
延庆县	胡耀刚	袁和忠	王国良	亦庄经济技术开发区政法工作部部长

（撰稿人:武晓天
审稿人:许继慧　王彦军）

天　津　市

2014 年综治工作概况

2014 年，在中央综治委和市委、市政府的领导下，天津综治战线深入贯彻落实党的十八大、十八届三中四中全会和习近平总书记系列重要讲话精神，紧紧围绕推进国家治理体系和治理能力现代化的总目标，着力创新治理理念、治理方式和体制机制，深化平安天津建设，继续保持了全国最安全稳定地区之一，为推进京津冀协同发展、加快美丽天津建设创造了平安稳定的社会环境。

一、加强社会治安防控体系建设，维护国家安全和社会政治稳定水平进一步提升

（一）强化重点部位安保措施。组织公安、武警、铁路等部门和相关区县对天津站、机场、地铁和人流聚集的商贸区等重点部位进行实地调研，进一步明确了具体措施。分别组织召开了全市重点地区安保和加强公共交通安保工作会议，对全市 1400 多个重点部位安保工作提出明确要求。严密社会面控制，最大限度布警街面，实行特警前置和“屯警街面、动中备勤、武装处突”，提高了对突发案事件“一分钟处置”能力。

（二）强化重大活动、重点时段安保反恐工作。元旦春节、全国两会、中秋国庆、夏季达沃斯论坛期间和重要敏感节点，全市应急处置力量密切配合，构筑安保指挥体系和责任体系，严格落实实名制出入、武器准入、应急处突等措施，完成了马拉松赛、津洽会、矿业大会等 4077 场次大型活动安全保卫工作。夏季达沃斯论坛召开期间，在重点部位设置了 516 个执勤点位，组织发动平安志愿者 5.5 万人参与“平安达沃斯行动”，实现了“大事不出，小事也不出”的目标。

（三）重拳打击违法犯罪。以严打严防百日行动、“解矛盾、破小案、防事故、保民安”专项行动为龙头，严打严重刑事犯罪活动，抢劫、抢夺发案同比分别下降 32.3%、27.6%；开展全国公安机关百城禁毒会战，开展“猎狐 2014”缉捕在逃经济犯罪嫌疑人专项行动，挽回经济损失 29.9 亿元；开展拦截劝阻通信网络诈骗活动，挽回群众经济损失 655 万元。

（四）深入推进社会治安重点地区排查整治，着力解决突出治安问题。确定了 2014 年全市三级重点整治对象共 384 个，其中市级 50 个（包括行业治理对象 7 个由市综治办直接挂牌督办），区县级 50 个，街乡镇级 284 个，年内对全部重点整治对象进行了验收。不间断地开展打击“黄赌毒”、“缉枪治爆”、“扫黄打非”、“护校安园”等行动，共查处治安案件 18.8 万起、违法人员 36491 名。

（五）强化重点领域治安问题专项治理。深化铁路护路联防工作，加强各级综治护路部门与铁路部门协调配合，建立三级对接机制。出台了《市国土房管局等九部门关于加强我市出租房屋综合管理工作的实施意见》，加强对出租房屋的综合管理，全面治理违法违规出租房屋现象。开展治安保卫重要单位及基础设施专项整治、金店和加油站技防设施升级改造、“油气田”和“三电”安全保卫、高校及周边治安秩序专项整治、打击涉医违法犯罪等工作，规范寄递企业管理模式，查找重点单位安全隐患漏洞 1792 处。

二、坚持抓早抓小抓苗头，就地化解各类社会矛盾纠纷水平进一步提升

（一）强化源头预防。切实加大《重大事项社会稳定风险评估办法》、《重点建设项目社会稳定风险分析》和《评估细则》推动落实的力度，全市 16 个区县、27 个系统部门、243 个街乡镇全面实行社会稳定风险评估。2014 年，全市共对 261 个项目进行社会稳定风险评估，其中 258 个决策项目评估后实施、2 个暂缓实施、1 个停止实施。

（二）加强排查研判。认真落实“四级排查”和“日报告、周分析、月例会”制度，完善工作台账，实行动态管理，及时把隐患问题纳入视线。加强对各类矛盾纠纷的分析研判，综治、维稳、公安、信访、司法等部门和各区县每月召开矛盾纠纷排查调处情况专题协调会，进行综合分析、量化分析和系统分析，工作质量明显提高。市委政法委、市综治委领导同志定期听取专题汇报，推动了社会矛盾有效化解。

（三）深化人民调解、司法调解、行政调解“三位一体”大调解机制建设。全市现有人民调解组织 5977 个、调解员 29961 名，行业性、专业性人民调解委员会 360 个，形成了网络健全、层级清晰、分工明确的组织体系。全年调解矛盾纠纷 104961 件，调解成功 99104 件，调解率 94.4%。医疗纠纷人民调解工作走在全国前列，市人大常委会通过了《天津市医疗纠纷处置条例》，全国医疗纠纷人民调解工作现场会在天津召开，中央电视台《朝闻天下》进行报道。

（四）认真做好解决进京非访问题相关工作。认真贯彻落实中央综治办一系列电视电话会议精神，市委、市政府主要领导和分管领导亲自抓，共同研究分析形势，提出工作要求。建立了有关部门定期沟通协调和会议通报情况制度，协调推动解决进京非访突出问题，确保了天津进京非访形势持续向好，全年进京非访同比下降 37.83%。

（五）加强长效机制建设。下发了《关于进一步健全完善矛盾纠纷排查调处工作制度的通知》，健全完善了分析协调会议等八项制度。制定下发了《区（县）、系统矛盾纠纷排查调处工作资料报送规范》，对报送内容、时间和格式等做了严格规定。制定下发了《加强全市矛盾纠纷排查调处工作信息员队伍建设的意见》，明确了情况报告等五项制度。

三、创新服务管理机制，流动人口和特殊人群服务管理水平进一步提高

（一）加强流动人口管理。全面推行居住证制度，为符合条件的外省市户籍群众办理在津落户。组织开展流动人口服务管理专项行动，主动深入企事业单位、居民住户、门脸店铺、建筑工地走访服务，强化登记管理。

（二）认真做好社区矫正和安置帮教工作。进一步加强对社区服刑人员的监督管理和教育帮扶，实行“网格化”、“精细化”管理，制定完善社会适应性帮扶政策，创造性开展区县社区矫正监管矫治安全年活动。

（三）强化对精神障碍患者的管控措施。建立了由分管副市长任组长，市综治办等 19 个部门为成员单位的市精神卫生工作领导小组，下发了《关于加强天津市肇事肇祸等严重精神障碍患者救治救助工作的实施意见》，建立起政府主导、部门配合、全社会参与的精神卫生工作机制。

（四）预防青少年违法犯罪工作扎实开展。组织实施了针对不同重点青少年群体的“挽救行动”、“引导行动”、“回归行动”、“救助行动”等系列行动，建立联席会议制度，为重点青少年解决了生活、学习、工作中实际问题。出台了《天津市预防未成年人犯罪条例》、《天津市关于进一步建立和完善办理未成年人刑事案件配套工作实施细则》。

四、坚持超前预防、超前工作，维护公共安全水平进一步提升

（一）扎实推动安全生产工作。深入开展安全生产大检查和专项整治，督促整改安全隐患。深化石油天然气及危险化学品输送管道专项治理，对短期内不能解决的实施市、区两级挂牌督办。扎实推进安全生产基础管理工作，进一步提高管理水平。

（二）强化食品药品安全监管。建立风险排查例会机制，对日常监管中获取的风险信息，集体分析风险因素、确定风险程度、提出防控措施、跟踪防控结果，把“事后处理”逐步向“事前预防”转变。全力推进食品安全“5210”工程和药品安全“6103”工程。

（三）大力加强交通管理工作。稳妥实施机动车限行和小客车限购措施，集中治理违法停车问题，完成中心城区交通信号区域协调控制系统 400 处路口建设，道路通行能力提高 19.5%，市区交通拥堵警情下降 24.4%。

（四）加强消防安全“网格化”、“户籍化”建设。开展“清剿火患”战役、重大火灾隐患集中整治、今冬明春火灾防控等专项整治和非法建筑、在建工程消防产品质量、人员密集场所等专项治理,督改火灾隐患4.9万处。

五、深入开展综治信息化建设、网格化管理

(一)深入推进综治信息系统建设。制定下发了《关于综治信息化建设的指导意见》,明确综治信息系统建设的指导思想、工作原则、目标任务和建设运行、维护保障。在全面落实3个区、9个街乡镇、27个社区中央综治办信息化建设试点的基础上,建成以市电子政务外网为依托,以市综治信息平台为龙头,以区县、街乡镇、社区村信息平台为主干,以人、地、事、物、情、组织等信息为基本内容,纵向贯通、横向集成、共享共用、安全可靠的系统。

(二)深入推进网格化建设。下发了《天津市网格划分实施细则(试行)》,明确了深化拓展网格化管理的工作要求。各区县按照"多网合一、一网多格、一格多员、一员多能"的标准,共划定区县网格16个,街乡镇网格253个,社区(村)网格5083个,基础网格16198个,各级各类网格之间做到了不留空白,不留缝隙,不交叉重叠,实现了全域覆盖。大力加强网格员队伍建设,区县、街乡镇建立网格管理队伍,基础网格按照"一格一员"的要求,全部建立网格员队伍,全市配备基础网格员26214人,在信息采集、人口协管、矛盾化解、治安巡查、服务民生中发挥着不可替代的重要作用。

六、坚持固本强基,基层基础和基本保障建设水平进一步提高

(一)深入推进基层平安创建。始终坚持以预防化解社会矛盾、创新基层社会治理、完善基层社会治安防控和公共安全体系为重点,以治安刑事案件、公共安全事故、社会矛盾纠纷下降和群众安全感提升"三降一升"为目标,深入组织开展平安单位创建活动,深入组织开展平安社区(村)、平安单位、平安校园、平安医院、平安市场、平安景区、平安工地、平安家庭、平安铁路、平安公路水路"十安联创"活动,促进了基层平安稳定。全市创建平安社区(村)4660个,平安单位3549家;其中,市综治委命名的平安示范社区村143个,平安示范单位188家。23所大学被评为"平安高校"。

(二)深入推进综治宣传工作。注重重大新闻选题的组织策划,以本市全国综治考评取得总分第一的好成绩为契机,精心组织策划《法制日报》采访组来津采访,《法制日报》头版对天津综治和平安建设工作进行了报道。深入开展综治集中宣传活动,采取现场推动会、领导访谈、表彰先进、集中宣传日等形式,组织开展全媒化、立体化的集中宣传,提升了综治和平安天津建设工作的影响力。

(三)加强对全年各项任务落实情况的过程管理。研究确定了全市2014年综治(平安天津建设)103个重点项目,组织各项目牵头单位和责任单位对项目进展情况进行了自评自查,就部分重点项目进行了实地督查检查,在此基础上进行了认真分析研究,对项目进展情况进行了通报,并就深化项目建设提出了工作要求。

(四)加强综治队伍和市综治办机关建设。着力加强综治干部培训,先后举办了区县综治委主任、综治办主任,部分街乡镇综治办主任,市综治委成员单位联络员培训班和各区县综治办主任、副主任信息化建设专题培训班。各区县各系统各部门加大培训力度,培训综治干部和工作人员1.3万人次。着力加强作风建设,研究起草了《完善全市综治干部直接联系群众制度的意见》,明确了六项联系群众的具体任务。着力加强机关干部的能力建设,机关全体干部上下联动、同频共振,形成了团结和谐稳定、风正气顺心齐、想干会干干好的浓厚氛围,为全面开创综治和平安天津建设新局面奠定了坚实基础。

天津市综治委关于加强全市综治信息系统建设的指导意见

（2014年7月23日）

各区县综治委，市综治委成员单位：

为深入贯彻落实党的十八大、十八届三中全会和习近平总书记系列重要讲话精神，落实市委、市政府和中央综治办的部署，主动适应推进国家治理体系和治理能力现代化的新要求，主动服务京津冀协同发展、滨海新区开发开放国家战略和美丽天津建设，必须充分利用现代信息化手段创新社会治理、深化平安天津建设，大力推进理念方式创新、体制机制创新、治理体系创新，推进系统治理、依法治理、综合治理、源头治理，提高社会治理科学化、规范化、精细化水平。为此，就加强全市综治信息系统建设提出以下指导意见。

一、加强综治信息系统建设的重要性和紧迫性

信息数据的互通和信息资源的共享是提高社会治理水平的有效途径，是平安建设迈向现代化的有效手段。党的十八大报告明确指出："提高社会管理科学化水平，必须加强社会管理法律、体制机制、能力、人才队伍和信息化建设。"习近平总书记强调，真正实现社会和谐稳定、国家长治久安，还是要靠制度，靠我们在国家治理上的高超能力。要更加注重治理能力建设，创新社会治理体制，提高社会治理水平。

当前，信息化的迅猛发展，一方面给国家安全和社会稳定带来新的严峻挑战，另一方面也为创新社会治理、深化平安建设提供了新平台和新手段。没有平安建设的信息化，就没有平安建设的现代化，建设更高层次、更高水平的平安天津就无从谈起。今年，中央综治办将我市作为综治信息化建设的试点，滨海新区、和平区、西青区三个试点区工作进展顺利，积累了宝贵经验。近年来，各区县从加强和创新社会治理、深化平安天津建设的实际出发，在加强社会治理信息化基础设施建设、深化信息资源开发利用、优化服务管理功能等方面进行了积极探索，为推动全市综治信息系统建设奠定了坚实基础。但是，由于缺乏顶层设计和整体规划，各区县各部门各自为战，网络不能互通、资源浪费严重、信息不能共享，形成了很多"信息孤岛"。各区县各部门一定要从全局和战略的高度，充分认识加强综治信息系统建设的重要性和紧迫性，把综治信息系统建设摆在更加重要位置，采取切实有力措施，高标准高质量推进综治信息化建设。

二、指导思想和基本原则

全市综治信息系统建设，要深入贯彻落实党的十八大、十八届三中全会精神，按照推进国家治理体系和治理能力现代化的总体要求，以保障和改善民生为宗旨，以平安天津信息化平台为载体，以提高社会治理效能和服务质量为目标，以突破应用高新技术为重点，以创新社会治理、深化平安天津建设需求为导向，以保障信息安全为前提，克服消极防范心态、本领恐慌、管治焦虑，加强对现代信息技术的学习、运用，不断提高驾驭能力，强化顶层设计，制定标准规范，拓展社会服务和管理层面，加强资源整合，实现信息共享，不断提高社会治理的科学化、规范化、精细化水平，全面推进平安天津建设现代化。

1. 坚持统一规划、统一领导。把综治信息系统建设作为平安天津信息化平台的重要组成部分，按照全市综治信息系统建设总体安排，结合本地区实际，研究确定阶段性任务目标、工作步骤和具体措施，确保扎实有序推进。

2. 坚持需求主导、因地制宜。要在全市统一安排部署的总体框架下，充分考虑各区县各部门实际情况和综治工作、平安建设的实际需要，科学规划、协调开展信息系统建设，提高综治信息系统建设的实际效果。

3. 坚持从实际出发、实事求是。既要立足当前、从实际出发，又要着眼长远、面向未来；既要体现信息化手段的优势，又要兼顾综治工作的特点；既要反映综治信息化水平，又要充分考虑广大基层综治工作者的实际应用能力；既要体现建设最大效益，又要防止脱离实际、贪大求全。

4. 坚持服务实战、服务基层。紧紧围绕提高基层社会治理能力和治理水平，充分利用信息化技术和手段，促进规范管理，提高管理效能；充分利用综治信息化建设的现有成果，在满足实际需要的前提下，尽量减少基层投入；充分利用现有资源，整合相关部门信息，最大限度地实现资源共享。

5. 坚持安全保密、稳定运行。安全体系建设要同步规划、同步建设、同步运行，严格落实安全保密措施，确保综治信息系统安全运行。

三、建设目标

全市综治信息系统建设的目标任务是：全力推动综治信息化建设走在全国前列，建设覆盖全市综治系统的网络互联互通、信息资源共享、标准规范统一、应用功能完备的信息化体系。2014年年底前，建成依托天津市电子政务外网，以市综治信息平台为龙头，以区县、街乡镇、社区村信息平台为主干，以人、地、事、物、情、组织等信息为基本内容，纵向贯通、横向集成、共享共用、安全可靠的全市综治信息系统，实现对影响国家安全、社会稳定、治安状况和群众安全感的各类社会矛盾和问题信息的综合集成，消除部门与单位之间的信息“壁垒”，为从宏观和微观两个层面分析研判社会治理形势，研究制定政策、部署推动工作和考核评估工作成效提供科技信息支持。

四、总体框架

以平安天津信息化平台为依托，着力建设“一个网络”、“两级中心”、“三级共享”、“四级平台”、“九大模块”的全市综治信息系统。

一个网络：天津市社会管理综合治理信息系统依托天津市电子政务外网建设。

两级中心：建设市、区县两级综治信息数据中心。

三级共享：市、区县、街乡镇间实现信息共享。

四级平台：搭建市、区县、街乡镇、社区（村）四级平台。各级平台重点应用范围主要是：社区（村）级平台重在信息采集、事件流转、跟踪督办。街乡镇级平台主要是信息汇总、业务协调、工作联动。区县级平台主要是信息整合、分析研判、协调推动。市级平台主要是资源整合、海量数据分析、服务宏观决策。总的结构呈“金字塔”形式，围绕人、地、事、物、情、组织等要素运转，数据自动生成、层层升级，用以更好地服务基层、指导工作。

九大模块：围绕创新社会治理、深化平安天津建设业务需要，设置九大基础业务模块，包括机构队伍、实有人口、特殊人群、重点青少年、两新组织、社会治安、矛盾纠纷排查调处、校园及周边安全、护路护线。九大模块，是规定动作，在此基础上，各区县可根据自身重点工作需要，进行个性化定制和拓展延伸，以满足实际工作应用。

五、PC 访问平台相关设备配置

PC 终端配置：Intel Pentium Ⅳ 3.0GHz 以上级别 CPU，或 AMD 对应性能的以上级别 CPU，内存 2GB 以上，支持 XGA 标准以上显示器。

操作系统：Windows XP、Windows 7、Windows 8。

浏览器：IE 7.0－9.0 版本、Firefox 4.0 以上版本、Chrome 浏览器 12.0 以上版本。

互联网接入路由器配置：通过试点发现，部分单位互联网接入路由器型号较早，不支持系统平台 VPN 设置，建议配置支持 L2TP，PPTP 协议，支持 L2TP＋IPsecESP 穿透的路由器。

六、工作要求

1. 要加强组织领导。各区县综治部门要积极争取党委、政府支持，切实把综治信息系统建设摆上重要位置，切实抓紧抓好抓实。各级党委、政府要及时解决信息系统建设中遇到的重点难点问题，建立专门工作班子，落实专项建设经费，解决专属办公用房，加快建设进度，确保年底前实现信息系统建设全域覆盖。各区县综治部门要主动适应综治信息系统建设的实际需要，加强对系统操作人员和网格管理员基础业务培训，尽快熟悉工作流程。要积极培育树立先进典型，以点带面，推动综治信息系统建设全面推进、协调发展。

2. 要加强信息资源整合。综治信息系统建设是一项综合性工程，关键在于基础数据整合。各区县党委、政府要高度重视，充分发挥“总揽全局、协调各方”的领导核心作用，切实解决好资源分散、数据封闭、信息垄断等问题，确保系统正常运行。各区县综治部门要加强与有关部门的沟通联系，认真做好信息导入、导出和管理工作。各区县综治委成员单位要牢固树立大局意识，主动提供本单位掌握的人、事、物、地、组织等相关信息。公安局主要提供流动人口、出租房屋、吸毒人员、复杂场所、治安重点、消防安全情况；司法局主要提供人民调解、社区矫正对象、刑满释放人员情况；民政局主要提供社会团体、民办非企业单位、基金会、社会救助人员情况；教育局主要提供校园安全情况；卫生局主要负责提供精神障碍患者情况；团区委主要提供重点青少年情况；安全生产监管局主要提供危化企业情况；信访办主要提供重点信访人员情况；护路办主要提供护路护线情况。

3. 要加强考核监督。市综治办与各区县签订的2014年综治目标责任书，已经将综治信息系统建设作为目标考核的重要内容，并细化了评分标准。下一步，将加强专项督导，对工作成效显著的予以表彰，对工作开展不力的予以通报批评。各区县综治办要加强检查指导，对工作进展缓慢的，加大督促推动力度，务求取得实效。

天津市综治委关于印发《关于加强天津市肇事肇祸等严重精神障碍患者救治救助工作的实施意见》的通知

（2014 年 12 月 10 日）

市综治委各成员单位，各区、县综治委，卫生局，计生委，发展改革委，公安局，民政局，财政局，人力社保局，残联：

为贯彻落实《中华人民共和国精神卫生法》和《国务院办公厅转发中央综治办等部门关于加强肇事肇祸等严重精神障碍患者救治救助工作意见的通知》精神，结合我市实际，市卫生计生委、市发展改革委、市公安局、市民政局、市人力社保局、市财政局、市残联等部门制定了《关于加强天津市肇事肇祸等严重精神障碍患者救治救助工作的实施意见》，现印发给你们，请认真抓好贯彻落实。

关于加强天津市肇事肇祸等严重精神障碍患者救治救助工作的实施意见

为深入贯彻《中华人民共和国精神卫生法》和《国务院办公厅转发中央综治办等部门关于加强肇事肇祸等严重精神障碍患者救治救助工作意见的通知》精神，落实中央和市委、市政府的部署要求，提升我市肇事肇祸等严重精神障碍患者救治救助工作法治化水平，加强和创新社会治理，维护社会和谐稳定，深化平安天津、美丽天津建设，结合我市实际，制定本实施意见。

一、深刻认识加强肇事肇祸等严重精神障碍患者救治救助工作的重要意义

肇事肇祸等严重精神障碍患者及其家庭是社会特殊困难群体，需要给予重点关怀救助。市委、市政府历来高度重视严重精神障碍患者救治救助工作，制订实施了一系列政策措施，不断增加经费投入，加大工作力度，我市精神卫生防治体系基本建立，多部门协作机制初步形成，全市严重精神障碍患者救治救助工作取得明显成效，为保障严重精神障碍患者合法权益，维护社会和谐稳定发挥了积极作用。

2011 年，全市精神卫生流行病学调查显示，严重精神障碍患病率为 1.89%，据此推算全市严重精神障碍患者有 20 余万人。近年来，由于多种因素，严重精神障碍患病率呈上升趋势，严重精神障碍患者肇事肇祸的恶性案（事）件屡有发生，对公共安全和社会稳定造成严重威胁。同时，我市肇事肇祸等严重精神障碍患者的救治救助工作还存在一些实际困难和薄弱环节。主要是，精神疾病患者筛查、诊断、评估等工作覆盖面和定期随访率较低；对已发现并登记的患者监测预警、服务管理不到位，监护管理责任难落实；贫困患者医疗负担较重；我市精神卫生体系还不完善，服务资源分布不均，服务能力不足，心理行为问题预防和精神障碍康复服务尚未有效开展。

党的十八大提出全面建成小康社会的奋斗目标，要求在改善民生和创新管理中加强社会建设，完善和创新特殊人群管理服务。党的十八届三中、四中全会，对进一步加强和创新社会治理，推进依法治国提出了明确要求，作出了全面部署。《中共中央国务院关于加强和创新社会管理的意见》要求，加强精神卫生防治体系建设，建立对具有肇事肇祸危险的精神病人的监测、预警、救治、救助、服务、管理机制。加强肇事肇祸等严重精神障碍患者救治救助工作，是贯彻落实党的十八大、十八届三中、四中全会精神和市第十次党代会精神，加强和创新社会治理的重要举措，是服务和保障民生、建设"平安天津、美丽天津"的重要任务。各区县、各部门要充分认识加强肇事肇祸等严重精神障碍患者救治救助工作的重要意义，进一步增强责任感和使命感，按照"应治尽治、应管尽管、应收尽收"要求，把这项工作放在更加重要位置，摆上重要日程，切实抓紧抓好抓出实效。

二、指导思想和工作目标

1. 指导思想。全面贯彻落实《中华人民共和国精神卫生法》和《国务院办公厅转发中央综治办等部门关于加强肇事肇祸等严重精神障碍患者救治救助工作意见的通知》（国办发［2013］68 号），进一步加强肇事肇祸等严重精神障碍患者管理和救治救助工作法治化建设，以提高严重精神障碍患者治疗、康复和社区管理水平为抓手，以降低严重精神障碍患者肇事肇祸率为目标，动员全市各方面力量，形成政府主导、部门协作、全社会参与的良好工作局面，推进全市社会治理现代化，为保障人民安居乐业创造更加平安稳定的社会环境。

2. 目标任务。健全精神卫生工作机制，推动多部门协调配合，齐抓共管，为严重精神障碍患者提供规范化综合管理服务。建立完善我市精神卫生防治体系，以区县为单位设立辖区精神卫生中心，承担精神卫生技术指导等公共卫生任务。均衡发展全市精神卫生服务资源，确保到 2016 年，各区县精神科床位数量达到 1.48 张/万人，满足全市肇事肇祸等严重精神障碍患者急性期住院治疗需要。加强持残疾证的严重精神障碍患者康复服务，积极开展社会化、综合性、开放式精神疾病康复工作，为居家严重精神障碍患者提供治疗康复服务和人文关怀。提高严重精神障碍患者检出率，确保 2014 年，以区县为单位检出率达到 3.5‰，到 2015 年，检出率达到 4‰。提高严重精神障碍患者管理水平，确保管理率达到 80%，做到应治尽治、应管尽管和应收尽收，降低严重精神障碍患者的肇事肇祸率。做好严重精神障碍患者监测预警和管理服务，确保严重精神障碍患者网格化服务覆盖率达到 90% 以上，严重精神障碍患者轻度滋事、肇事肇祸出警率 100%，严重精神障碍患者滋事、肇事肇祸事件上报率 100%。

三、加强严重精神障碍患者监测预警

3. 建立严重精神障碍患者监测预警长效机制。组织开展严重精神障碍患者排查，建立多部门合作的严重精神障碍患者筛查机制，加强村（居）委会、派出所和基层医疗机构对严重精神障碍患者日常发现登记和发病报告，建立精神卫生专业机构出院患者信息报告机制。重点做好高风险患者的信息甄别、登记报告和危险性评估，完善严重精神障碍患者基础信息库和动态监测网络，村（居）委会、派出所与基层医疗卫生机构要密切配合，及时掌握在管居家严重精神障碍患者的动态基础信息。对日常发现的疑似严重精神障碍患者，区县精神卫生中心在其监护人同意的情况下安排精神科执业医师确定诊断。公安、卫生、民政、残联等部门要建立信息共享机制。

四、进一步做好严重精神障碍患者的治疗管理

4. 完善预防、治疗和康复服务体系。卫生计生、发展改革、民政等部门要从实际出发，按照“保基本、强基层、建机制”要求，健全以各级精神卫生中心为核心，以精神专科医院和有精神专科特长的综合医院等精神卫生专业机构为主体，一般综合医院为辅助，基层医疗卫生机构和精神疾病康复机构为依托，疾病预防控制机构为补充的精神卫生防治体系。合理部署精神疾病临床治疗资源，加大精神卫生服务资源薄弱区县的支援力度。加强社区康复机构建设，为居家康复期患者提供生活和职业技能康复训练以及生活照料，帮助患者逐步回归社会。

5. 提高医疗救治水平。推动落实我市严重精神障碍管理治疗项目，对居家严重精神障碍患者提供随访体检、精神专科医生专业指导及复诊等服务，并整合多部门资源，将持残疾证的贫困严重精神障碍患者免费服药工作纳入整体项目，提高患者管理治疗服务水平。规范各级精神卫生医疗机构依法提供诊疗服务，研究建立双向转诊转院制度，加强衔接、简化程序、优化管理。

6. 加强重点群体服务管理。公安部门加强对肇事肇祸严重精神障碍患者的管理，推动建立村(居)委会成员、社区民警、社区医生、街道残联专干等人员组成的管理团队，落实网格化管理机制，做到底数清，情况明。按照《精神卫生法》和相关法律法规的规定，规范我市肇事肇祸精神障碍患者处理流程，对有肇事肇祸行为或危险的疑似严重精神障碍患者，要依法立即处置。民政等有关部门按照职责分工，建立分类处置机制，妥善做好流浪乞讨人群中严重精神障碍患者医疗救助工作。

五、加强严重精神障碍患者的救治救助工作

7. 完善救治救助政策。按照“医保先报，民政救助，残联帮扶，财政兜底”的原则，探索多渠道、多方位、多层次的筹资机制，加强部门间的协作。民政部门要积极协调人力社保、财政、卫生、残联等部门，整合现有救治救助政策，发挥各部门优势资源，形成合力，建立多部门联动的综合救治救助机制，为严重精神障碍患者提供规范的综合管理服务。加大对流动人口中严重精神障碍患者的救治救助工作，消除工作盲点区域。

六、完善严重精神障碍患者救治救助工作保障机制

8. 加大经费投入。市、区两级财政部门要加大对肇事肇祸等严重精神障碍患者救治救助工作投入力度，完善贫困精神障碍患者生活费、医疗费保障机制，支持精神卫生医疗机构建设，促进精神卫生事业持续健康发展。

9. 加强组织领导，建立责任追究制度。各区县、各部门要加强对严重精神障碍患者救治救助工作的组织领导，坚持依法行政、依法管理，切实履行职责。各区县政府要将救治救助工作纳入当地经济社会发展规划，制订年度计划与实施方案，建立辖区精神卫生工作领导小组，充分发挥政府主导、部门合作、全社会参与的精神卫生工作领导机制，发挥综合治理优势，形成工作合力，确保工作落实到位。各级精神卫生工作领导小组要结合各成员单位职责，制定政策措施，细化目标任务，加强衔接配合，严格落实对已登记的严重精神障碍患者规范管理和动态监测等措施，切实防止脱管漏管。各级综治部门要加强调查研究，组织协调、督导检查和考评推动，及时发现问题、堵塞漏洞，改进工作，对救治救助工作不力、安全隐患较多的地区和单位，要严格实行挂牌督办、专项整治，限期解决问题；要按照“属地管理”和“谁主管、谁负责”原则，将救治救助工作纳入社会管理综合治理考评，加大检查考核力度，对因工作不重视、监管不到位、救治不及时，导致发生已登记严重精神障碍患者肇事肇祸重大案(事)件的，依法实行一票否决，严肃追究相关负责人和部门的责任。对在工作中不履行或不正确履行职责、玩忽职守的，各级综治组织要协调有关部门给予党纪、政纪处分，构成犯罪的，要移送司法机关追究刑事责任。

天津市综治委关于印发《天津市重点地区安全保卫责任分工方案及相关机制建设的意见》的通知

（2014 年 4 月 26 日）

各区县综治委，市综治委各成员单位，市有关部门：

《天津市重点地区安全保卫责任分工方案及相关机制建设的意见》已经市委领导同志同意，现印发给你们，请结合实际认真贯彻执行。

天津市重点地区安全保卫责任分工方案及相关机制建设的意见

当前，维稳反恐工作面临的形势严峻复杂。北京“10·28”、云南昆明“3·01”严重暴力恐怖案件和近年来国内发生的个人极端案件充分表明，公共交通、商业金融、文化广场等重点部位和人员密集场所面临的安全风险增高，现实威胁加大。为进一步加强我市火车站、机场、地铁、文化中心、商场等重点地区的安全防范工作，切实维护我市社会安全稳定，结合工作实际，制订责任分工方案及相关机制建设的意见。

一、指导思想

认真贯彻落实市委、市政府关于加强重点地区安全保卫工作的指示精神，充分发挥各部门职能作用，建立健全统一指挥、分工负责、协调配合的工作机制，按照“属地管理”、“谁主管谁负责”的原则，强化落实部门责任、工作措施，提升防范能力和水平，构筑严密的重点地区安全保卫防线，坚决防止发生针对重点部位、人员密集场所的暴力恐怖、个人极端等严重影响社会安全稳定的案(事)件，全力推进平安天津建设，为全面深化改革、加快美丽天津建设创造和谐稳定的社会环境。

二、组织领导及职责分工

全市重点地区安全保卫工作在市委、市政府的统一领导下，市公安局牵头组织实施，负责具体工作的指导、推动、落实。市各有关单位承担各自分工任务。

市委政法委：负责统筹各方面资源，建立健全重点地区安保工作机制；协调推动各区县、各部门落实安全保卫工作职责，督办重大工作事项，通报工作开展情况；总结推广经验做法，研究协调解决问题。

市委规划建设交通工委：负责推动落实地铁、公交等公共交通设施、场站的安保防范措施；指导有关部门和单位统筹规划、加大投入，加强物防设施、技防设备建设。

市委金融工委：负责推动、指导金融系统各单位加强营业网点、要害部位的安全防范措施，落实安全保卫工作责任。

市公安局：负责有关情报信息的搜集研判、重点人员的排摸管控、案件线索的侦办核查等工作；组织指导有关部门、单位落实重点部位的安全保卫工作，健全完善人防、物防、技防等各项安全防范措施及协作配合机制；组织开展重点区域的巡逻防控、应急处突工作。

市文广局：负责协调有关部门加强文化中心地区的安全保卫工作，落实防范责任，强化各项防范措施。

市交通港口局：负责推动指导有关部门和单位加强长途客运、港口、码头的安全保卫工作；强化落实人员、物品安检和重点要害部位的安全防范措施。

武警天津总队：负责配合公安机关完善联勤巡控工作机制，做好重点部位巡逻防控工作；加强应急处突力量建设，完善应急处突工作预案。

北京铁路局：负责组织落实火车站内部及铁路沿线的安全保卫工作；加强进站人员、物品的安检措施；强化铁道线路、要害部位、重要设施的巡查守护措施；落实应急处突工作。

市维稳办：搜集研判各类不稳定苗头隐患和维稳情报信息，组织开展全市重大矛盾纠纷、不稳定因素的排查化解工作；健全应急处置机制，完善处置预案，做好群体性事件应急处置工作。

市综治办：组织推动各区县、各系统综治部门加强重点地区安全保卫；定期开展突出治安问题和治安混乱地区排查整治；组织开展对重点地区安全保卫工作责任落实情况的检查和考核，及时通报情况。

市反恐办：负责推动、指导有关部门和单位加强反恐防范措施；制定并推行实施反恐防范工作规范标准；组织开展涉恐情报信息搜集研判、涉恐重点人员摸排管控、涉恐案件线索侦办核查等工作。

市护路办：排查调处涉及铁路矛盾纠纷，开展沿线治安问题专项整治和涉路安全隐患排查治理；负责铁路护路联防队伍的组织管理，招聘管理使用专职护路联防人员，组织发动社会力量参与铁路护路工作；加强铁路护路联防工作的宣传发动，提高全民铁路护路意识。

市公交集团：负责加强和落实公交运营车辆、车站的安全防范措施；加强公交驾驶员安全防范培训。

市地铁集团：负责加强视频监控、安检设备等技防设施建设；强化地铁运营线路、车站和要害部位的安全防范措施。

天津滨海国际机场：负责落实天津滨海国际机场区域内的安全保卫工作，加强要害部位的各项安全防范措施；强化人员、物品安检措施。

各区县：负责组织各有关部门和单位落实辖区内火车站、机场、地铁、文化中心、商场等重点部位和人员密集场所的安全保卫工作；落实属地管理责任，统筹协调各项安保防范工作的开展；加强与主管部门、职能部门的协调配合，确保各项防范工作、措施落实到位。

三、加强机制建设

（一）情报侦察机制。市公安局、武警天津市总队、市维稳办、市综治办、市反恐办等有关部门要充分发挥各自情报信息平台的作用，加强维稳、反恐等各类情报信息的搜集，做好归口管理、汇总，整合情报资源，强化信息共享，掌握动态情况，组织开展深度分析研判、安全形势评估，为加强重点地区的安全保卫工作提供指挥决策依据。对发现、掌握的行动性、预警性情报线索，要及时跟进开展核查、调查工作，对有关案件、线索，要组织力量加强侦办、核查，最大限度地消除威胁隐患。

（二）联勤联指机制。要加强重点地区安全保卫工作的组织领导，强化各有关部门的协调配合，建立统一指挥、分工负责、密切协作的工作模式。火车站、机场、地铁、文化中心等重点部位所在的区县，要牵头负责，针对每个重点部位，逐一明确各有关部门和单位的职责任务、工作措施，统筹协调、整体联动，确保各项防范措施落实到位。

（三）巡逻防控机制。市公安局、武警天津市总队及有关部门要密切配合，加强火车站、机场、地铁、文化中心等重点部位的巡逻防控工作，研究建立常态化巡逻防控机制，统筹力量投放，科学布局，做好区域间、部门间的工作衔接，严密巡控网络。各区县要协调、配合有关部门落实重点地区的巡逻防控工作。

（四）督导检查机制。各有关部门、各区县要加强对重点地区安全保卫工作的督导检查，建立实行常态化、规范化的督导检查机制，重点围绕各项工作责任、防范措施的落实情况，开展经常性的检查，及时发现隐患问题，督促、指导落实整改，推动、促进做好安全防范工作。

（五）工作会商机制。各有关部门、各区县要建立不同层级的工作会商机制，定期召开例会，通报工作情况，协调研究解决重大难点问题，加强各个环节的工作对接和协作配合，确保重点地区安全保卫的各项工作整体推进、协调开展、有效落实。

（六）责任考核机制。市综治办及各区县、各有关部门要按照重点地区安全保卫工作的职责分工，加强对各项工作责任落实情况的问效考核，对工作责任不落实、防范措施不力、存在重大安全隐患漏洞、发生问题造成重大影响等情况，要实行责任倒查，严肃追责。

天津市深化拓展网格化服务管理构建平安天津建设新机制

天津综治系统认真落实中央综治委和市委、市政府部署要求，坚持把网格化管理、社会化服务作为创新社会治理方式、提升平安建设科学化精细化水平的重要载体，下大力量建设"多网合一、一网多格、一格多元、一员多能"的网格化服务管理体系，着力构建网格化管理、社会化服务、信息化支撑、责任制保障"四位一体"新模式，做到了平安建设空间上全覆盖、工作上无缝衔接，零距离服务群众、零距离解决诉求、零距离化解矛盾。目前，建立区县综合服务平台 42 个，街乡镇综治信访服务中心 293 个，社区村综治信访服务站 5103 个，划分基础网格 16198 个，建立起 26214 人网格员队伍，有力推进了社会治理体系和治理能力现代化。

一、提升基层综合服务管理平台功能

认真总结区县综治信访中心、便民服务中心建设的经验，积极推进建立统一的综合服务管理平台，借助信息化手段，对 42 个区县级综合服务平台进行功能提升，建立起扁平化指挥体系和服务管理体系；在街乡镇总结推广"一站三中心"等经验，对 240 个街乡镇的 293 个平台，推行有关部门集中办公、集成服务；对 5103 个社区平台延伸了职能，健全了协作配合、精干高效、便民利民的新机制。

二、健全网格管理机构建设

在市、区县，以综治办为依托，建立网格化管理办公室；在街乡镇和社区（村），以综治信访服务中心（站）为依托，组建网格化管理办公室和网格化管理站，行使网格管理的职能。市网格化管理办公室负责全市网格规划、队伍建设、建章立制、部署推动、信息分流、督导考核；区县网格管理办公室负责辖区网格规划、队伍建设、指导推动、信息分流、督促检查、责任考评；街乡镇网格化管理办公室负责日常工作运行和管理；社区（村）网格站负责网格员管理、信息动态采集、化解各类不稳定问题、为居民群众提供及时有效服务等。

三、整合建立"四级"网格

以现有行政区划为根据，确立"市、区县、街乡镇、社区（村）级网格"，按照地域面积、人口数量、治安状况等基本要素，城镇以"街巷、楼院、单位"为基础，农村以居住区域、村民小组为基础，把现有每个社区（村）划分为若干个基础网格，将人、房、地、事、物、组织全部纳入网格内，覆盖区域内所有居民住宅、企事业单位、街道里巷、公共场所、商业设施和所有人口，作为实施社会治理的基本单元。"四级"网格统一编码，统一管理，纵向上下联通，横向互不交叉。

四、加强网格管理队伍建设

区县、街乡镇网格以各级政法综治工作人员为基础，组建网格管理队伍。社区（村）以"两委"班子成员为网格管理人员，基础网格按格定员，每个网格至少配备 1 名网格员，以现有社区居委会工作者、社工、村委会成员、村民小组组长、楼栋长、平安志愿者队伍为基础，将街道、社区从事计生、城管、劳动保障、残疾人等基础信息采集工作的其他力量进行整合，统一组建起社区（村）网格员队伍和群防群治队伍。

五、严格落实网格管理责任

网格管理人员承担着在一线了解群众诉求、及时发现矛盾、推动问题解决、为居民群众服务的任务。基础网格员承担信息采集、人口协管、矛盾化解、隐患巡查、服务民生等任务，具体是：动态采集、及时上报网格内的实有人口、法人（机构）、房屋等基础信息、市（区）相关部门的业务信息、矛盾纠纷和隐患问题等事件信息、核实居民、法人（机构）主动申报的信息，协助做好矛盾纠纷化解和各类隐患问题处置工作。在网格事务处理中，实行问题上报、案卷建立、任务指派、调查落实、处理反馈、结案归档“六步闭环”运行机制，做到各类信息随时掌握、矛盾纠纷及时化解、突发性事件及时处置、个性化需求限时办结。

六、提升网格化管理信息化水平

建立起全市统一的市、区县、街乡镇、社区（村）“四级”综合信息采集系统，集成治安管理、矛盾排查化解、特殊人群、流动人口、群防群治、视频监控、重点整治、法律政策宣传、平安创建等板块，建立综治信息平台，实现对全市各级网格的工作指挥协调，基础网格信息的及时上报、交换、传输，实现各类问题的协同处理、进度跟踪和结果反馈。

七、健全网格管理责任机制

建立由综治部门牵头、相关部门参加的网格管理部门联席会议制度。按照定网格划分与调整、定数据流程与标准、定采集内容与周期、定队伍素质与要求、定人员培训与考核、定分工合作与协同的“六定”原则，统筹协调解决网格化管理工作中遇到的重大问题，督促有关职能部门将部门工作与网格化管理工作对接，处理排查发现的矛盾纠纷和隐患问题，依照职责担负起对网格管理机构采集基础信息的指导、检查、督促和责任落实职能。

八、突出网格化管理群众主体地位

按照“加强党委领导，发挥政府主导作用，鼓励和支持社会各方面参与”的要求，进一步增强社会发展活力，努力实现政府治理和社会自我调节、居民自治良性互动。进一步发展壮大了平安志愿者、社区工作者、义工、群防群治队伍等专业化、职业化、社会化力量，更加注重发挥人民团体、群众组织、企事业单位的积极作用。激发社会组织活力，引导人民群众通过社会组织实行自我管理、自我服务，积极参与到平安建设中。

天津市综治委、办机构情况和负责人名单

一、综治委

1. 成员单位。共有 78 个成员单位。包括：市委办公厅、市委组织部、市委宣传部、市委统战部、市委政法委、市国资委党委、市委金融工委、市委城乡规划建设交通工委、市委教育工委、市委科技工委、市委农村工委、市委外宣办、市编办、市文明办、市维稳办、市防范办、市委党校、市人大常委会办公厅、市人大常委会内司委、市人大常委会法工委、市政府办公厅、市政府研究室、市发展改革委、市经济和信息化委、市商务委、市民委、市人口计生委、市法制办、市信访办、市外办、市公安局、市安全局、市民政局、市司法局、市财政局、市人力社保局、市国土房管局、市文化广播影视局、市卫生局、市工商局、市统计局、市质监局、市旅游局、市出版局、市安全监管局、市食品药品监管局、市市容园林委、市规划局、市环保局、市水务局、市交通港口局、市中小企业局、市外国专家局、市粮食局、市政协办公厅、市政协社会法制委、市高级法院、市检察院、市第一中级法院、市第二中级法院、市检察一分院、市检察二分院、天津海事法院、天津警备区政治部、武警天津总队、市总工会、团市委、市妇联、市工商联、市残联、市社科院、市通信局、天津海关、天津保监局、天津警备区司令部、人民银行天津分行、天津银监局、天津证监局。

2. 组成人员。

副主任：成其圣　王宝弟　王宏江　孙文魁　高憬宏　于世平　高　勇

委　员：叶礼敏　梁宝明　赵　玮　房靖彪

祖文光　高从善　刘玉友　苗宏伟
李福明　杜　强　窦华港　于立军
张勇勤　张国庆　沈家聪　刘剑刚
韩　立　雷颖君　何　江　高家明
胡一峰　曲孝丽　张铁英　姚来英
孔长起　刘子利　杜彩霞　王贺胜
王海福　杜西平　杨振林　佘清文
刘玉红　魏青松　林立军　柴中达
张　勉　王悦群　刘金波　姚奎彦
刘宝霞　王　东　马书方　裴仲晓
李　东　田　松　王晓亮　戴　蕴
王　强　张　强　江先学　黄平洋
徐　恒　唐海波　孟庆松　孙苗强
高绍林　朱　军　王春刚　张志强
李朝兴　郑　伟　霍永晟　王树华
严定中　温武瑞　朱芳清　司志强
袁　鹰　李久彦　孟　平　范学义
王　怡　张　健　朱志强　余龙武
张文鑫

二、综治办

主　任：刘玉友

市综治办下设一、二、三、四、五处；人员编制25人。

天津市各区、县综治委、办主任名单

地　区	综治委主任	综治办主任	地　区	综治委主任	综治办主任
滨海新区		谢志强	西青区	杨茂荣	王世民
和平区	李海军	苗　毅	津南区	李学义	贾志杰
河西区	李　清	闵泉利	北辰区	郭连生	白绍云
南开区	冯卫华	戴红心	武清区	郭宝琴	李占峰
河东区	杨文璁	王文阁	宝坻区	李森阳	刘福强
河北区	姚建军	苏正强	宁河县	刘宝迎	刘俊江
红桥区	高树彬	郝国利	静海县	张绵生	赵洪军
东丽区	郑会营	方君章	蓟　县	王庆利	于大海

（撰稿人：于萍
审稿人：边均兴　王彦军）

河 北 省

2014 年综治工作概况

2014 年,河北省各级各部门坚持以贯彻落实党的十八大和十八届三中、四中全会精神为主线,深入贯彻落实中央政法工作会议、全国综治办主任会议、深化平安中国建设会议精神,紧紧围绕影响群众安全感的突出问题,牢固树立大平安理念,坚持系统治理、综合治理、源头治理、依法治理,运用法治思维、法治方式推进平安建设,取得明显成效。一年来,全省刑事案件同比下降12.4%,治安案件同比下降 18.4%,实现了“一提升二增强四下降”(群众安全感提升,人民群众对平安建设、执法司法队伍的满意度增强,重大刑事案件、重大群体性事件、重大公共安全事故、重大邪教活动案件全面下降)的目标,为保障人民安居乐业、维护社会大局稳定、服务经济社会发展作出了重要贡献。

一、坚持以领导责任制落实为抓手,推进“大平安”格局实现新突破

一是充分发挥党委政府统揽作用。各地各部门把平安建设放到经济社会发展总体布局中来谋划,不断拓展内容、健全机制,推动了平安建设深入开展。年初,省、市、县三级党政主要领导和部门主要负责同志层层签订平安建设责任书,切实把平安建设责任落实到各级党政主要领导及部门主要负责同志身上;建立了由“一把手”任组长的平安建设领导小组,主要领导亲自抓、分管领导直接抓,层层抓落实,有力推动了工作开展。深化平安中国建设会议后,省委立即召开了省委常委会,专题研究提出了贯彻落实意见。省委、省政府主要领导及其他省领导多次对平安建设工作作出批示。各设区市和省直管县党委政府主要领导紧紧把平安建设工作抓在手上,亲自对矛盾纠纷排查调处、基层平安创建、社会面防控、网格化管理等项工作作出部署,有力促进了各项工作措施的落实。

二是充分发挥综治机构协调作用。6 月 18 日至 20 日,省综治办举办全省基层平安建设推进会暨综治办主任培训班,在全面部署工作和交流经验的基础上,邀请了江西、浙江、湖北等地领导和专家,就创新社会治理方式、推进平安建设、加强网格化管理等内容进行专题授课。还先后多次召开 8 个专项组、治安保险、精神病人管理、“非访”治理等工作协调推进会,就各项重点和难点工作作出具体部署。组织明查暗访,督导做好全国“两会”、暑期、APEC 会议等重要时期的安保工作,充分发挥了维护首都安全的“护城河”作用。邢台市组织召开了法律进农村(社区)观摩会,推广“一村(居)一法律顾问”制度,提高运用法治思维、法治方式解决问题的能力。省委、省政府出台文件在全省推广。

三是充分发挥各级综治成员单位职能作用。实行包矛盾化解、包重点问题解决、包基层平安创建“三包”制度,省、市、县综治成员单位领导普遍做到每季度深入到基层联系点、社会治安重点地区督导检查,在深化平安河北建设中发挥了重要作用。实有人口专项组全面推进全省户籍制度深化改革,在调研的基础上出台了实施意见,开展了户口登记管理清理整顿,进一步加强和改革了居住证管理,稳步推进城镇流动人口与常住人口平等享受基本公共服务。特殊人群专项组进一步完善了特殊人群管理的衔接、配合、协作等工作机制,推进省、市、县三级建立社区矫正专门工作机构,全省新建过渡性安置帮教基地 27 个,举办社区服刑人员集中教育培训班 42 期,使再犯罪率降为 0.1%(低于全国平均水平)。“两新组织”专项组以党建全覆盖推动“两新组织”建设发展,优化审批程序,规范年检、评估工作,仅 2014 年全省就直接登记社会组织600余家，参检率达到了95%，年检合法率达100%。法规政策专项组加大备案审查和制度建设工作力度，加强和创新社会管理地方性法规的立、改、废工作，制定颁布了10部具有河北省社会管理特色的省本级地方立法，废止法规7部，修改法规11部。预防青少年犯罪专项组牵头下发了《河北省未成年人刑事案件社会调查工作暂行办法》，对第一轮60个重点青少年群体服务管理试点地区进行检查考核，大力推进第二轮试点工作开展。校园周边专项组积极推进校园安全工作制度、工作、支撑、保障"四大体系"建设，组织开展全省性大排查活动5次、专项行动4次，下发通报13期、整改通知书和督办函15份，有效维护了校园及周边治安秩序。

二、坚持以社会矛盾排查化解为抓手，推进源头治理实现新突破

各地各部门健全完善"日排查、周调度、月汇总、季分析"和重大矛盾纠纷督办、预警稳控、月协调会议等工作机制，确保"小事不出村，大事不出镇，矛盾不上交"。强力推进行业性、专业性调解组织建设，在交通事故、医疗卫生等9个重点行业、领域，建立85个市级、1125个县级行业性、专业性调解组织，调解人员达到7265名。同时，围绕"两节"、"两会"、APEC会议等重要时期，有针对性地部署开展了矛盾纠纷集中排查行动，省综治办筛选37起重大矛盾纠纷挂账督办，全部在规定期限内化解完毕。一年来，全省共排查矛盾纠纷127641件，同比上升23%；成功化解矛盾123968件，调处率达到97%。唐山市采取公开招投标的办法，依托保险经纪公司成立了第三方医疗纠纷人民调解委员会，共受理医疗纠纷案件344起，化解率达95%。秦皇岛市积极发挥民间矛盾纠纷排调作用，深入开展矛盾纠纷排查化解工作，共化解各类民间矛盾纠纷9796起，化解率99.2%，真正将矛盾纠纷吸附在基层、化解在基层。

三、坚持以信息化建设为抓手，推进网格化管理实现新突破

（一）深化网格化管理与智慧城市建设调研工作。省综治办先后赴湖北省荆州、宜昌市和北京市东城区调研考察网格化管理工作，学习兄弟省市先进经验。提出了推进全省网格化管理和智慧城市建设相结合的具体思路和方法。

（二）深化顶层设计。在充分调研的基础上，省综治办组织起草了《河北省关于推进智慧网格建设的实施意见》，从推进网格化管理和智慧城市建设的重要意义、指导思想、基本原则、工作目标、主要任务、工作运行体制机制建设等方面，全面进行了规划设计，明确提出通过两年时间，推动全省网格化管理工作全覆盖、打造一批智慧城市，提升平安河北建设现代化水平。

（三）深化示范引领。明确了石家庄、唐山、廊坊、邯郸4个市为全省网格化管理工作示范市，要求4个示范市在2015年底前实现网格化管理工作全覆盖，在此基础上，通过召开现场会推广示范市的经验，力争到2016年底前实现网格化管理工作全覆盖。唐山市路南区整合公安、工商、住建、社保等社会管理职能部门的应用系统和资源，构建了以"社情全掌握、矛盾全化解、服务全方位"为目标，以"网格化定位、责任化分工、精细化管理、亲情化服务、多元化参与、规范化运行、信息化支撑"为基本构架的城市社区网格化管理体系。

四、坚持以基层平安创建为抓手，推进基础工作实现新突破

一是"平安细胞"工程全面提升。各地按照"六无"（无重大刑事发案、无大规模群体上访、无重大安全事故、无邪教组织活动、无个人极端事件、无重点人员漏管失控）创建的要求，广泛开展平安创建达标活动，创建率达到90%以上。衡水市积极开展"六好六无"星级基层平安创建，实行"月百分"动态考核机制，年终依总分评星定级，激发了基层干部群众参与创建的积极性。邢台市"无案村"创建、廊坊和石家庄市"平安社区"和"零发案小区"创建，都取得了明显成效。唐山市丰南区54%的村（居）达到了"六无"创建标准，实现了无命案县（区）。省综治委对工作成效明显的100个先进基层单位、贡献突出的100个先进个人进行了通报表彰，进一步激发了各级各部门和人民群众参与平安创建的热情。

二是基层综合服务管理平台建设全面提升。年初，省委、省政府印发了《关于深化基层综合服务管理平台建设的实施方案》，明确了在整合行政服务大厅、961890服务热线、综治维稳中心的基础上，推进市、县、乡、村四级综合服务管理平台建全覆盖，实现了矛盾纠纷联调、重点领域联管、突出问题联治、为民服务联动、平安建设联创、依法治理联抓，发挥了桥梁、枢纽和“总调度”作用，真正把平安建设的触角延伸到最末梢。邯郸市永年县在全县乡村建立了符合群众新期待、新要求的“创安大院”，群众参与率达到95%以上。

三是“四个覆盖”工作全面提升。省委制定了《关于加强基层服务型党组织建设的实施意见》、《关于加强全省基层基础工作改革的指导意见》等文件，把深化“四个覆盖”工作列入2014年度省委1号文件、社会体制改革项目重要内容，通过集中整顿软弱涣散基层党组织、做实做细村“两委”换届工作、深化打黑除恶灭霸扫痞专项行动以及成立村务监督委员会、规范村监会权利，健全“党组织领导、村代会（村民会议）决议、村委会执行、村监会监督”农村治理新机制，进一步提升了农村自治能力和水平。

四是保险业参与平安建设工作全面提升。省综治办、省保监局联合召开了全省保险业参与平安建设推进会，制订了《保险业参与平安建设推进方案》，大力推进保险业向基层平安创建、重点地区排查整治、社会矛盾纠纷调解、社会治安防控体系、网格化管理等领域延伸，激活了社会力量参与平安建设机制，为人民群众参与基层平安创建注入了“新能源”。2014年共为486.47万户居民提供治安保险，处理赔款9143笔，支付赔款1458.83万元，同比分别增长7.34%、3.99%和11.16%，全省保险业参与平安建设工作走在了全国前列。

五、坚持以治安防控体系建设为抓手，推进社会治安突出问题治理实现新突破

一是健全完善社会治安防控工作体系。加强社会面防控，全省先后出动巡逻警力200余万人次，社会巡逻力量152余万人次，现场破获各类刑事案件1772件，查办治安案件4368件，抓获违法犯罪嫌疑人8千多名，街面“两抢一盗”发案率同比下降22.8%。加强重点地区排查整治，按照落实重点地区认定标准，健全完善重点地区排查整治工作长效机制，形成重点地区排查整治工作常态化、制度化。全省共排查社会治安重点地区299个，整好率达到100%。其中，在三次全省性排查整治行动中，省综治办筛选62个社会治安重点地区、突出治安问题，实行省级挂牌督办，全部限期整改到位。加快城乡视频监控一体化建设，重点推进市、县、乡、村公共安全视频监控系统四级联网建设，进一步提高了社会治安防控“科技含量”。全省技防视频建设投入8.9亿元，新增89万个视频监控设备。市、县（市、区）、乡镇（街道）、村（市区）主要街道、重点部位、案件多发地段和巡控节点的视频巡控达到90%，技防单位创建率达95%，技防小区创建率达90%，技防村创建率达80%以上，重点地区城市社区覆盖率100%，农村覆盖率96%。

二是健全完善维护公共安全工作体系。加强城市公共交通安保工作，进一步提升重点公交车场站、长途客运站和客流高峰时段的防控等级，实行驻站民警定点安检盘查、特警武装巡控、民警携犬进站，加大了公开巡控震慑力度。先后组织省公安厅、省交通运输厅、省城市客运管理局等有关部门对各地公共交通安全工作进行暗访检查，有力促进了各项安全防范措施落实。加强涉疆少数民族群众服务管理工作，明确了各部门职责，提升了服务管理能力和水平。

三是健全完善首都“护城河”工作体系。以“三道防线”建设为抓手，加强与首都社会治理模式的对接，形成整体防控态势。2014年，共检查车辆495.8万余辆、人员1896.6万余人，查获各类违法犯罪嫌疑人517名。积极破解进京“非访”治理工作难题，制定六项工作机制，形成“横向协调、上下联动、资源共享、齐抓共管”的工作模式。2014年，全省进京“非访”总量同比下降29.3%，未发生影响恶劣的案（事）件。石家庄市大力推广“枫桥经验”，深入开展“抓源头、除隐患、重治理、创平安”活动，全市进京“非访”同比下降43%。全力确保铁路运输安全畅通，依托铁路沿线综治基层组织延伸护路工作平台，推广村（居）护路工作站做法，组织召开了全省现场会，推动铁路护路联防从“人海战术”向“依法护路”转型。重要时期全省启动百公里“十百千”巡护工程，共出动干部群众13万余人次，制止行人上路370起，防止危行事故25起。

中共河北省委办公厅　省政府办公厅印发《关于推行“一村(居)一法律顾问”制度的实施意见》的通知

（2014 年 11 月 19 日）

各市委、市人民政府，省直各部门，各人民团体，省直管县（市）委、县（市）人民政府：

《关于推行“一村（居）一法律顾问”制度的实施意见》已经省委、省政府领导同意，现印发给你们，请结合实际认真贯彻落实。

关于推行“一村(居)一法律顾问”制度的实施意见

为深入贯彻落实党的十八大和十八届三中、四中全会精神，深化基层社会治理、推动基层群众自治，促进法治河北、平安河北建设，现就在全省推行“一村（居）一法律顾问”制度，提出如下实施意见。

一、总体要求

以邓小平理论、“三个代表”重要思想、科学发展观为指导，深入贯彻习近平总书记系列重要讲话精神，围绕构建“法治河北、平安河北”有计划、有步骤地在全省全面建立“一村（居）一法律顾问”制度，用法治思维和法治方式把村（居）工作全面纳入法治轨道。2014 年底前全省 70% 的村（居）委会完成法律顾问聘用工作，2015 年 6 月底实现“一村（居）一法律顾问”的工作目标。

二、选聘条件与程序

（一）选聘条件。村（居）法律顾问主要由律师、公证员、基层法律服务工作者以及取得法律职业资格的省直管县（市）、县（市、区）司法局和司法所人员等法律专业人才担任，热心公益事业的退休政法干警也可以申请担任。

（二）选聘程序。省司法厅制定村（居）法律顾问遴选办法，各设区市、省直管县（市）司法局统筹本行政区域的法律服务人才资源。法律服务人员严重不足的地方，由所在设区市、省直管县（市）司法局提出申请，省司法厅协调解决。省直管县（市）、县（市、区）司法局负责向村（居）委会推荐法律服务人员，在一定范围内公布有关法律服务人员的基本信息和业绩等情况，组织担任村（居）法律顾问人员所在的律师事务所、基层法律服务所、公证处或个人，与相应村（居）委会通过双向选择签订法律顾问协议。

（三）就近安排。省直管县（市）、县（市、区）直接管理的法律服务人员可以在本行政区担任 1 个或多个村（居）的法律顾问。省市直接管理的律师，由本人提出申请，根据个人意愿，在市区内或附近省直管县（市）、县（市、区）担任 1 个或多个村（居）的法律顾问。

三、服务内容与职责

（一）开展法制宣传。健全基层普法教育机制，定期举办法制讲座，普及日常生产生活涉及的法律常识，增强村（村）居干部和群众法治观念，做到依法办事、依法维权。

（二）协助村（居）委会订立、修改、完善村规民约和管理规定。为村（居）项目谈判、合同签订和村（居）务管理活动提供法律意见；组织开展村（居）务和村（居）集体经济经营状况“法律体检”；协助村（居）委会办理公证事项；协助村（居）委会处理换届选举中的法律问题；指导村（居）委会依法办理或处置其他涉法事务。

（三）提供法律咨询和法律援助。为村（居）干部和群众解答日常生产生活中遇到的法律问题，提供法律意见，为符合法律援助条件的群众提供法律帮助。

（四）参与人民调解工作。协助村（居）委会做好疑难矛盾纠纷排查调解工作，引导群众依法维护合法权益，理性表达利益诉求；参与对村（居）人民调解员和村（居）干部的法律业务和调解技能培训。

（五）开展延伸性法律服务。律师、公证员或基层法律服务工作者担任村（居）法律顾问的，可以按照规定接受村（居）委会或群众委托，代理参加诉讼、仲裁或办理公证事项，参与重大项目的谈判、签约等活动，为委托方或委托人提供有偿法律服务。

四、建立健全管理制度

（一）信息公开制度。省直管县（市）、县（市、区）司法局要统一制作标牌，把村（居）法律顾问的姓名、执业机构、联系方式、工作职责等基本信息在村（居）内公示，让村（居）干部和群众与村（居）法律顾问实现无障碍沟通。

（二）定期和限时服务制度。村（居）法律顾问每个月至少到村（居）服务 1 次，每季度结合实际为村（居）举办 1 次法制讲座，现场为基层群众解答法律问题。村（居）法律顾问在接到村（居）委会的具体法律服务需求后，一般应在两个工作日内提供服务。对群众当面或电话法律咨询，要随问随答，疑难问题不超过两个工作日予以答复。

（三）重大信息报告制度。村（居）法律顾问在提供法律服务过程中，了解到可能引发群体性事件或大规模上访事件的矛盾纠纷信息时，及时上报所在地司法局或乡镇（街道）党（工）委、政府（办事处）。

（四）工作日志制度。村（居）法律顾问和村（居）委会要详细记载提供法律服务的时间、对象、内容、方法和结果，做到一村（居）一本、一事一记、一次一记。

（五）定期检查评估制度。省司法厅制定检查评估办法。各设区市、省直管县（市）、县（市、区）司法局组织有关部门每年对村（居）法律顾问工作进行两次实地检查，听取村（居）委会和群众意见，发现村（居）法律顾问工作中存在的问题，及时提出改正意见和建议。

五、推进工作落实

（一）落实工作职责。各级综治办把村（居）法律顾问工作纳入平安建设、法治建设的总体部署；组织、宣传、政法、民政、农业等有关部门要各负其责，协调配合，共同解决好影响和制约工作开展的困难和问题；各级财政部门要将聘用村（居）法律顾问纳入政府购买服务范围，结合本级财力情况，逐步建立村（居）法律顾问从事公益性法律服务经费保障机制。乡镇（街道）党（工）委、政府）（办事处）负责协调和落实各项工作任务，村（居）委会密切配合，积极为村（居）法律顾问提供本地相关信息，妥善密切配合，积极为村（居）法律顾问提供本地相关信息，妥善解决其工作中遇到的困难和问题。

（二）严格规范管理。省司法厅要制定村（居）法律顾问工作规则和相关配套制度，规范工作程序，明确工作职责，落实工作责任。乡镇（街道）司法所要建立法律顾问专门档案，抓好日常考评、业绩考核和绩效评价，对不适宜担任法律顾问的人员及时建议调换；对业绩突出的法律顾问人员，要逐级上报其先进事迹，加强宣传。对作出重要贡献的法律顾问人员和法律服务机构，各地可按照有关规定予以表扬。对村（居）法律顾问反馈的涉及社会稳定或基层社会治理中的重要信息和情况，要定期汇总，分析研判，及时上报，不断提高村（居）法律顾问工作的成效。

河北省深化基层综合服务管理平台建设打通服务群众最后“一公里”

河北省高度重视基层综合服务管理平台建设，作为平安建设重要基础性工作来抓。省委办公厅、省政府办公厅印发《深化基层综合服务管理平台建设的实施方案》，提出三个方面、19 项具体任务，以网格化、信息化、规范化为重点，坚持党委领导、政府主导、综治协调、部门负责、社会参与的工作体制，坚持因地制宜、民意导向、集约管理、集成服务的工作模式，健全市、县、乡、村四级综合服务管理平台。全省 171 个县(市、区)、1959 个乡镇、3548 个社区、48641 个村全部建立了基层社会管理综合服务平台，承担起综治维稳、便民服务、社会综合服务管理等工作职能，真正把平安建设的触角延伸到最基层，实现矛盾纠纷联调、重点领域联管、突出问题联治、为民服务联动、平安建设联创、依法治理联抓，为进一步提升基层社会治理能力和水平奠定了基础。

一、以市、县两级综合服务管理平台为重点，提升信息化应用水平

一是用好 961890 群众服务热线。将现有的各类热线电话全面整合为 961890 群众服务热线，坚持 24 小时受理、办理本行政区域内群众诉求。二是建立网上服务管理平台。按照“前台分级受理、后台分工协作”的运行模式，以基本公共服务、基层社会治理为重点，开发单机版和网络版两种专用软件，为平台建设提供技术支撑。三是以市场化方式创新公共服务模式。积极稳妥推进政府向社会力量购买服务工作，重点从教育、就业、公共安全、医疗卫生、社会保障、社会服务等公共服务领域加大政府购买力度。四是加强政务信息共享和业务协同。建立政府主动公开信息、政务办理痕迹信息和公共服务管理状态信息的实时共享机制。五是推进重点部门和窗口单位提质提效。加强综合服务管理平台与重点部门和窗口单位的对接指导，实行一个窗口受理、集中办结、统一送达。在各级各类窗口单位全面推行群众满意度电子评价系统，加快建立全省上下贯通，横向联通的监控网络体系，实现实时监察、投诉处理、预警纠错、风险防控。六是加快信用体系建设。建立综合信用评价档案，纳入综合服务管理平台数据库，实时公开。逐步建设和完善以组织机构代码和身份证号码等为基础的实名制信息共享机制，强化失信行为联合惩戒效应。七是建立社情民意绿色通道。定期组织相关部门对社情民意进行综合分析研判，形成统一的问题清单，提出改进意见，分解到职能部门落实。建立解决问题责任制，对各类问题明确分包领导，由市、县两级平台定期督办，推动问题解决。

二、以乡镇(街道)综合服务管理平台为重点，加大规范化建设力度

一是明确乡镇(街道)综合服务管理平台建设标准。即明确“五有五统一”(有机构负责、有场所设施、有工作人员、有专项经费、有信息系统；统一标识、制度、程序、档案、台账)规范化建设标准。2014 年底，全省乡镇(街道)平台 50% 以上达到规范化建设标准，2015 年底前将 100% 达标。二是规范乡镇(街道)综合服务管理平台运行程序。构建起扁平化指挥体系，做到任务统一安排、人员统一调度、装备统一使用。通过热线电话、网络平台、对外窗口等形式，将群众需求分流至职能部门办理，处理结果记入动态管理台账，实行问题报告、台账登记、任务分流、督办落实、处理反馈、结案归档“链条式”运行机制。三是强化乡镇(街道)服务管理职能。以实现乡镇(街道)职能转变为着力点，将县(市、区)及相关部门的部分行政管理权限逐步下放到乡镇(街道)，将公共服务事项更多地委托给乡镇(街道)，使乡级平台成为社会治理承上启下的重要枢纽。推进乡镇职能转变，允许乡镇依据承担的任务在核定的职能、机构、编制、领导职数范围内，根据需要合理调剂使用人员。四是整合执法力量，强化法治保障。逐步整合乡镇各类执法主体，相对集中执法权，减少行政执法层级，推进综合执法，着力解决执法部门权责交叉、多头执法问题。五是整合社会力量化解矛盾隐患。推行第三方参与矛盾纠纷化解工作机制，采取以奖代补、评选品牌调解室等措施，动员人大代表、政协委员、社会组织等力量积极参与矛盾纠纷的化解。按照市级不少于5个、县级不少于10个和有场所、人员、标牌、印章、制度、经费的标准，在矛盾多发的重点领域和行业，基本健全专业性调解委员会或调解室。

三、以村（社区）综合服务管理平台为重点，提升网格化管理效能

一是全面推行网格化管理。根据人口、面积、党组织设置等因素，把农村、社区划分为若干个单元网格，面向居民群众和辖区单位开展服务管理。在每个网格配备1名政府招聘的专职网格管理员，同时，根据实际情况，配备退休老干部、老党员、社区志愿者等共同开展服务管理工作。二是推行“民情档案”管理制度。以单元网格为依托，加强基础信息动态采集，建立包括村情档案和户情档案的民情信息库。由网格管理员定期梳理出热点难点问题，及时发现矛盾纠纷、治安隐患和信访苗头，提前介入安抚疏导，避免问题激化发展。三是深化“四个覆盖”推广工作。加大对“四个覆盖”试点地区的政策扶持力度，采取以奖代补的形式扶植推广“四个覆盖”的先进典型。适时推动地方立法，为“四个覆盖”的推行提供法律依据和制度支撑。四是建立心理干预机制。建立心理危机预警机制，把心理干预机制纳入网格化管理的重要内容，跟踪开展心理咨询、疏导、调节、治疗等服务。五是健全群众权益保障机制。完善公共决策社会公示、公众听证、专家咨询论证制度，健全民主决策程序，建立和推广民情信箱、民情热线、民情联络员、居民接待会、民情恳谈会等制度，畅通民意诉求渠道。建立“信电网”受理平台，推广承德“星期六接访”等做法，推进信访工作制度改革。

河北省衡水市开展“六好六无”基层创建活动 努力建设百姓满意平安衡水

“平安是老百姓解决温饱后的第一需求，是极重要的民生，也是最基本的发展环境”。为将习总书记对平安建设做出的一系列重要指示精神落到实处，衡水市以民意为导向，紧紧围绕提升群众安全感和满意度，着力筹划在新的起点、从更高层次上扎实开展“六好六无”基层平安创建活动，全力打造百姓满意的“平安和谐衡水”。2014年，在全市开展的平安建设民意调查中，群众对“平安衡水建设”的满意率高达98%。

一、科学谋划，“六好六无”标准更加贴近群众

自2007年起，衡水市开展了以“乡乡‘夺标’、村村‘争星’、户户创安、递进升级”为主要内容的平安建设“星级创建”活动，取得了明显的效果。为适应城镇化快速推进和中央加强社会治理的新形势、新要求，使创建活动更加顺应百姓对深化平安建设越来越高的需求，2014年5月衡水市委、市政府提出了“立足基层、依靠群众，开展新一轮‘星级创建’活动，开创具有衡水特色的平安建设新模式”的工作思路。在创建主体上，以重点抓乡镇（街道）、村（社区）“星级创建”为基础，逐步拓展到企业、学校、医院、行业组织等各个基层细胞单位；在创建标准上，进一步细化基层组织建设好、矛盾排查化解好、信访问题处理好、社会治安防范好、群众安全评价好、人居环境改善好的“六好”工作任务；在创建目标上，提出了无群体性事件、无重大刑事犯罪、无重大治安案件、无重大安全生产事故、无重大矛盾纠纷、无重点人员漏管失控等“六无”工作要求。通过创新通俗易懂、简便易行的创建内容，使广大基层干部群众一听便知，一学就会，拓展了群众参与基层平安创建活动的深度和广度。

二、奖优罚劣，"六好六无"动态考评更加完善

"六好六无"基层创建采用月评分、年汇总、依分评星定级的动态考核体系。把"六好六无"标准细化为多项措施，量化为百分，由公安、信访、安监、农委、司法等基层职能部门在每月的考评联席会上分别对相应创建措施进行公开评分。县（市、区）综治办、乡镇（街道）在显著位置安装了大型 LED 显示屏，制作了平安创建动态考评图和电子考评档案，将所辖乡镇（街道）或村（社区）的创建情况实时显示在屏幕上，凡有一项内容不达标的，就扣掉相应分值，注明扣分原因；凡有特色创新工作得到市以上肯定性批示或被市以上推广的，奖励 10 分；出现一票否决警示或一票否决事项，扣掉所有分值，取消当年评星资格。各县（市、区）综治办每月初汇总上报上个月本地乡镇（街道）、村（社区）创建工作考评表，市综治办汇总后全市排名通报给各级党政"一把手"。年终汇总总分在 840—960 分的评定为一星级，得分在 960—1080 分的评定为二星级，得分在 1080 分以上的评定为三星级。年终被评定为三星级的，记入乡镇（街道）、村（社区）党政领导干部考核实绩档案，按照有关规定作为干部评先晋级的重要依据；得分在 720—840 分的乡镇（街道）、村（社区）不予定星；得分在 720 分以下的将实施一票否决警示或一票否决。这种一月一考评、年终评星定级的争分竞赛模式，不仅解决了基层平安创建"干好干坏一个样"的问题，还营造了争先创优的浓厚氛围，激发了基层改革创新的热情和积极性。

三、网格助力，"六好六无"组织基础更加规范

为夯实基层基础，该市将网格化管理模式引入基层组织建设，在乡镇（街道）整合派出所、司法所、法庭、民政、社保、信访等基层维稳资源和力量，建立了"五有五统一"综合服务管理中心（网格化管理中心），对辖区实行分区划片管理，每个片区再分若干个村（社区），建立综合服务站（网格信息站），实现了群众办理事项、上访诉求、公共服务需求"一站式"受理、"一条龙"办理。村（社区）依照居住方位细分若干个网格单元，吸纳"十户五联"中心户长、基层民调员、信访代理员等为单元网格员，对网格内的人、地、事、物、组织五大要素进行全面的信息采集管理，建立村情和户情档案，负责对网格内的矛盾信访隐患、治安状况、民生信息、人居环境进行统一排查、动态管理、全程服务。

四、务求实效，"六好六无"彰显强大生命力

"六好六无"基层平安创建活动开展以来，有效推进了社会治理各项措施的落实，平安建设基层基础工作得到进一步提高。一是基层综治组织更加有效发挥作用，矛盾纠纷和信访隐患得到有效化解。2014 年，该市各乡镇（街道）综合服务管理中心共办理群众事项 9480 件，解决民生问题 8975 个，群众满意率达 98.8%；各村（社区）综合服务站排查矛盾纠纷 5449 起，调处 5193 起，调处率 95.3%；全市有 11 个乡镇、2356 个村、19 个社区实现了信访"零上访"。二是群众安全评价得到有效提升，实现了刑事治安发案"三零"效果。该市城乡各行各业越来越多的群众参与基层平安创建，全市参与群众近 65 万人，实现了群防群治、齐抓共管，社会治安秩序持续平稳，工业新区、滨湖新区实现命案"零发案"，1815 个村、17 个社区实现刑事案件"零发案"，1521 个村、21 个社区实现治安案件"零发案"。三是人居环境得到有效改善，促进了经济社会快速发展。各级综治委成员单位为 536 个村投入 4200 余万元，修建硬化路面 1380 余公里，铺设防渗管道 175.6 万余米，安装视频监控摄像头 6745 个，解决群众生产生活实际困难 6573 个。同时，组织各县着力实施"个十百"工程（建 1 个法治广场、10 条法治文化街、100 面法治文化墙），发放科普法制宣传资料 4.6 万余份（册），引导人民群众自觉把法律作为指导和规范自身活动的基本行为准则。社会的安定，为该市招商引资创造了良好的投资环境，"六好六无"星级创建已成为乡镇招商引资的金字招牌，越来越多的投资商更倾向于"三星级平安乡镇"，投资规模不断扩大，该市城乡建设项目增幅居全省首位。

河北省石家庄市创新“三四四”工作思路 扎实推进行业性、专业性调解组织建设

石家庄市创新“三四四”工作思路(即:强化三个保障、创新四种模式、健全四项机制),扎实开展行业性、专业性调解组织建设,形成了覆盖重点行业、重点领域的行业性、专业性人民调解组织网络。全市近400个行业性、专业性人民调解组织共调解矛盾纠纷29412起,调解率达98%。

一、高位推动,强化三个保障

一是坚持领导出面,提供组织保障。为切实推进行业性、专业性调解组织建设,市委、市政府坚持顶层设计、精心谋划、统筹推动的方针,多次组织召开专题会议进行研究部署,协调解决工作中遇到的困难问题。2013年7月,召开了全市行业性、专业性调解组织建设新闻发布会,市委、市政府领导为新成立的9个市级调委会授牌,为全市推进行业性、专业性调解组织建设营造声势。二是坚持政府出文,提供政策保障。市委、市政府先后制发了《关于进一步加强“三位一体”大调解工作体系建设的意见》、《关于创新人民调解工作的实施意见》、《关于加强行业性、专业性人民调解委员会建设的意见》、《石家庄市医疗纠纷预防和处置暂行办法》等一系列规范性文件,明确任务目标、职责分工和工作措施。三是财政出资,提供经费保障。市财政根据行业性、专业性人民调解组织建设工作需要,设立专项经费,实行专款专用。投入70万元建立市医疗纠纷人民调解中心,并每年将工作经费和“以案定补”经费65万元列入预算;将100万元交通事故损害赔偿人民调解委员会工作经费和“以案定补”经费纳入财政预算。

二、多措并举,创新四种模式

根据不同行业、不同组织特点,采取政府购买、行业支撑、专业指导、效益互赢等形式,不断创新行业性、专业性调解组织建设模式。一是政府购买服务,成立独立的第三方调解机构。市医疗纠纷调委会和道路交通事故调委会,通过政府购买服务的方式,开展调解工作。两个调委会作为独立的第三方调解机构,充分保证了调委会的中立性,受到了当事人的信赖。二是依托行业协会或行业主管部门,成立各具特色的人民调解组织。市委、市政府明确了各行业协会、主管部门承担组建本行业调解组织的主体责任,做好保障工作,提供办公场所和办公经费,选聘专业人员从事调解工作。先后在劳动争议、土地流转、环境保护、物业管理、征地拆迁、消费者权益保护、保险、食品药品安全、广播电视、煤炭、旅游、装饰、婚庆庆典、工会等16个行业协会和主管部门成立了人民调解委员会,并逐步实现县、乡两级行业性、专业性人民调解组织全覆盖。三是依托社会中介组织,成立专业性调委会。针对旅游、物业等领域纠纷涉及法律问题多、专业性强的特点,发挥中介组织专业人才丰富,对本行业、本领域熟悉的优势,分别依托保险中介公司和法律服务所建立调委会。四是依托新闻媒体,成立市广播电视台调解委员会。成立了广电调委会,开办了电视类纠纷调解栏目《调和》,广泛宣传调解工作和调解知识,打造了一批深受群众喜爱的“调解明星”队伍,取得了良好的社会效果。

三、规范运行,健全四个机制

一是建立培训机制。市司法局每年举办全市优秀人民调解员集中培训。各行业专业调委会也根据本行业、专业特点组织培训。二是实行持证上岗机制。采取统一命题、统一时间,分级组织、相对集中、闭卷考试的方式连续8年组织全市人民调解员持证上岗统一考试,根据考试成绩颁发上岗证书。三是建立激励机制。推行“以案定补”,根据案件调解的数量、复杂程度、档案完整程度给予补贴。定期开展“金牌调解员选拔大赛”和全市优秀调解员、优秀调解室评选等活动,激发调解员的积极性和主动性。四是强化督导机

制。市综治办、市司法局定期组织相关部门组成督导组，对各级调解组织的建设情况进行督导检查。对建设进展缓慢、工作开展不力的予以通报批评，限期整改。

石家庄市行业性、专业性人民调解组织建设的创新发展，延伸了调解触角，丰富了调解内涵，在保稳定、促和谐中发挥了重要作用，全市出现了“民转刑”案件逐年下降，群众满意度平稳上升的良好局面。

河北省综治委、办机构情况和负责人名单

一、综治委

副主任：马兰翠　省人大常委会副主任、省人大法制委员会主任委员

董佡生　省政府副省长、省公安厅党委书记、厅长

崔江水　省政协副主席、党组成员

二、综治办

王会平　省委政法委副书记、省综治办主任

张铁力　省委政法委副书记（分管综治工作）

王奎连　省综治办常务副主任（副厅级）

程晓辉　省综治办副主任（副厅级）

省综治委下设办公室，与省委政法委合署办公，内设四个处室，编制22人。

河北省市、县（市、区）综治委、办主任名单

地　区	综治委主任	综治办主任
石家庄市	刘志鹏	刘志魁
长安区	曹树池	张现国
桥西区	张进良	于景新
		孔玉素
新华区	曹夫坤	周云水
裕华区	刘宗奇	吴传京
高新区		任群英
矿　区	李海平	李锁云
鹿泉区	郄　锋	葛瑞芳
藁城区	梁建坤	王文刚
晋州市	张明其	高自朝
新乐市	张　森	李　捷
栾城区	岳云霞	王军胜
正定县	高晓辉	吴恒振
井陉县	毕元明	杜建华
平山县	焦习军	朱伟社
灵寿县	刘振波	张国霞
行唐县	田　志	刘振侠
元氏县	常振峰	刘跃军
赞皇县	胡建忠	赵彦兴
高邑县	张会革	王文甫
赵　县	张清华	马庆朝
无极县	马登坡	周国强
深泽县	袁国良	孙玉辉
承德市	阮树平	李海健
双桥区	刘　斌	顾　存
双滦区	傅云林	孙颖超
营子区	王　军	崔延庆
承德县	刘金山	尹瑞臣
隆化县	刘殿民	任海平

地　区	综治委主任	综治办主任	地　区	综治委主任	综治办主任
围场县	单洪斌	高秀明	路北区	李建忠	黄远才
丰宁县	刘海平	张俊峰	路南区	王锦山	朱少耕
滦平县	王德民	王　存	开平区	朱文礼	龚树礼
平泉县	姜树军	贾俊才	古冶区	韩志普	张志刚
兴隆县	李相林	张树军	丰南区	付占广	孙继兴
宽城县	张品川	杨宝东	丰润区	杨爱民	许光胜
高新区	林旭东	曹　东	曹妃甸区	韩建民	李全勃
张家口市	李青春	燕　雷	滦南县	刘玉林	汤文喜
桥东区	李彦增	刘利军	滦　县	张乙清	刘占林
桥西区	杨　峰	曹世宏	乐亭县	刘彩恩	杨文生
经济开发区	侯有龙	王成勇	玉田县	孙春生	杨立臣
宣化区	林占勇	赵立新	遵化市	杜　佳	雷　鸣
下花园区	白建军	杨洪春	迁西县	白兴源	周云鹏
宣化县	刘贵平	赵丙忠	迁安市	张雪峰	高　荣
赤城县	郭瑞卿	王瑞霞	芦台开发区	董学忠	冯会军
怀来县	张志友	郭　斌	汉沽管理区	唐铁忠	赵顺华
涿鹿县	李晨日	王化力	海港开发区	辛晓武	薛洪涛
蔚　县	陈晓东	王　瑞	高新开发区	韩庆文	孙秀柱
怀安县	武永祥	侯　亮	**廊坊市**	饶贵华	刘加臣
万全县	宋　宏	田丰军	三河市	崔浩泉	刘　永
阳原县	张春生	李志斌	香河县	侯东亮	戴金奎
崇礼县	张日高	郭建平	大厂县	刘　会	李岳峰
张北县	许要武	王海霞	广阳区	解军舰	王克彬
康保县	柳呈祥	李生如	安次区	曹新田	徐志贵
沽源县	李秀军	尚海军	永清县	滑志勇	李书润
尚义县	史如江	张玉峰	固安县		侯正军
塞北管理区	闫东升	宋帝铭	霸州市	牛双秋	李进良
察北管理区	刘　旭	高建军	文安县	刘法强	李玉杰
庞家堡镇	王晓霞	谭祖略	大城县	李克文	段克全
秦皇岛市	闫五一	李明江	**保定市**	石海林	高国联
海港区	冯国林	兰春祥	南市区	王　峰	贾荣君
山海关区	曹玉宝	李　勇	北市区	王　勇	刘明业
北戴河区	李学民	刘益深	新市区	李　航	刘劲柏
开发区	郑宝亮	赵延敏	涿州市	任彦鹏	詹雪骞
昌黎县	李国勇	李志文	高碑店	安建学	闫锡成
抚宁县	赵景阳	陈志仕	安国市	王占祥	刘建涛
卢龙县	张立群	韩学成	涞源县	王晓明	李四野
青龙满族自治县	于春海	杨国民	易　县	张永山	李　信
			阜平县	贡希强	张吉双
北戴河新区	刘宝岐	阚建鹏	容城县	徐同柱	文占军
唐山市	刘建国	刘云生	博野县	郭兴来	谷占亮

地　区	综治委主任	综治办主任
曲阳县	芮兰军	张占群
望都县	赵　勇	贾晓明
高阳县	续金明	李朝阳
涞水县	陈　河	王　满
蠡　县	张增祥	辛　挺
安新县	王景权	陈全占
徐水县	田国清	叶克安
满城县	孙增军	殷　东
唐　县	刘子仁	门全国
清苑县	刘春林	王长福
顺平县	朱国栋	苑江涛
定兴县	许红琳	菅志强
雄　县	孙勇奇	周　贺
高新区	高金三	范国峰
白沟新城	杨建军	王振明
沧州市	安伟华	李文平
黄骅市	曹传勇	贺连岭
任丘市	檀润城	刘文昌
河间市	杨彦明	高秋成
泊头市	刘维德	贺志杰
沧　县	赵国元	王国忠
青　县	许建军	何亚涛
东光县	吕玉枝	孟德兴
吴桥县	韩祝强	张万里
海兴县	郭长青	张洪旺
南皮县	常国发	隋红起
盐山县	刘进锦	韩荣福
献　县	杜广理	张青国
肃宁县	张占山	焦洪禄
孟村回族自治县	刘德权	阚万峰
运河区	戴海兴	刘全国
新华区	崔傒升	王汝义
渤海新区	刘兆忠	李文武
开发区	杨耀峰	高天泽
高新区	尚　亮	陈国强
衡水市	戴国华	夏国征
桃城区	郑建合	韩　强
冀州市	李爱国	马芳卿
枣强县	刘景成	高广红
武邑县	蔡保林	姜　辉

地　区	综治委主任	综治办主任
深州市	李广信	郑彦崇
武强县	高永健	窦月峰
饶阳县	杨广克	李艳香
安平县	李连兵	赵爱兵
故城县	师东升	孙俊明
景　县	刘相廷	李和平
阜城县	张向阳	李国宾
工业新区	王希云	李长江
滨湖新区	袁　博	侯兰坤
邢台市	安忠起	王铭洪
桥西区	王明亮	穆金海
桥东区	贾利民	张延军
邢台县	刘　炳	刘爱民
沙河市	蒋九芳	高晓刚
内丘县	杨振海	温俊华
临城县	李志辰	李桂阁
隆尧县	赵挺进	高庆章
任　县	张义军	孔宪岭
南和县	王永伟	郑志兴
宁晋县	李小平	宋　炜
巨鹿县	绳建廷	张建峰
新河县	张世风	车克谦
广宗县	杜鹏华	牛延安
南宫市	张兴壮	高德新
威　县	徐艳刚	刘根彪
临西县	刘志奇	郑殿勇
清河县	庄　哲	翟立兆
柏乡县	郭保江	李亚坤
平乡县	霍志民	赵贵爽
开发区	刘卫东	王保杰
大曹庄管理区	郑月光	高立峰
邯郸市	崔永斌	武十中
武安市	宋玉申	张　勇
丛台区	刘浩峰	王　伟
复兴区	胡永祥	刘绍刚
邯山区	申　伟	吴华丕
磁　县	董贵星	郭书明
邯郸县	马建勋	袁进岭
成安县	闫永亮	李振强
广平县	王元峰	董晓军
魏　县	程明献	王海涛

地　区	综治委主任	综治办主任	地　区	综治委主任	综治办主任
大名县	赵兴贵	冯永芹	邱　县	杨俊岭	刘志华
涉　县	刘占水	张献国	临漳县	刘　祥	韩占峰
永年县	强延峰	王孟军	峰峰矿区	秦立志	王彦枢
曲周县	麻增礼	李贵江	高开区	杨献仲	孙志刚
鸡泽县	盖海涛	贾立学	马头工业城	张永顺	鑑治斌
馆陶县	武建民	韩立磊	**辛集市**	陈振居	付胜连
肥乡县	魏锡平	韩红卫	**定州市**	庄春来	周立军

（撰稿人：孟东宇
审稿人：王会平　王彦军）

山　西　省

2014年综治工作概况

2014年山西省综治工作紧紧围绕经济社会发展大局，以提升人民群众安全感和满意度为目标，以项目实施为抓手，以夯实基层基础为根本，以完善机制为保障，积极创新社会治理，扎实推进平安建设，有力促进了全省社会大局的和谐稳定。

一、紧紧抓住综治领导责任制这个"牛鼻子"，精心组织，加强领导

为确保综治领导责任制落到实处，年初，省委、省政府主要领导分别与各市党政主要领导签订了《综治责任书》，并多次作出重要批示，要求将综治维稳工作和平安山西建设作为一项突出任务来抓。省委副书记、省综治委主任楼阳生多次听取维护社会稳定、平安建设工作进展情况，协调解决有关重大问题。省委常委、政法委书记王建明主持召开了平安山西建设重点项目推进会、全省维护社会稳定电视电话会议等多次会议，对相关工作进行全面安排部署，督促指导各项工作稳步推进。省综治委年初制订出台《2014年平安山西建设行动计划》，确定了40个重点建设项目，明确了时间表、路径图、责任单位和工作措施。各地各有关部门按照省综治委的要求，结合实际制订本地本部门的计划或方案，层层召开会议安排部署，有关领导靠前指挥，职能部门强化措施，狠抓落实，形成了上下联动、整体推进的工作格局。

二、以促进社会和谐为目标，注重源头预防，强化多元调解

一是全面推进社会稳定风险评估工作。着眼于矛盾纠纷的源头治理，各级各部门认真贯彻落实《山西省建立健全重大决策社会稳定风险评估实施意见》精神，大力推进重点工程项目和重大决策社会稳定风险评估工作，全省11个市均制定出台相关实施意见，对年初确定的826项重大决策和工程项目全部实施了评估。

二是深化矛盾纠纷排查调处工作。为推动重大矛盾纠纷化解，省矛调领导组坚持每月召开一次工作例会，特别是8月份以来，按照省综治办主要负责人主持一个月、省委政法委书记主持一个月、省委副书记主持一个月的形式循环召开，对重大矛盾纠纷现场进行分析研判，积极协调解决疑难问题，促使一批社会矛盾得到有效调处。2014年，全省共排查各类矛盾纠纷189142起，调处180137起，调解成功率95.2%。

三是着力构建矛盾纠纷多元调解体系。省综治委制定出台《关于进一步加强矛盾纠纷大调解工作的意见》及推进方案，对全省多元调解体系进行了科学设计，并在左权县召开全省矛盾纠纷多元调解工作推进会进行了全面安排部署，努力构建县、乡、村三级矛盾纠纷调解平台，逐步健全人民调解，完善行政调解，规范司法调解，发展社会调解，形成以调解中心为枢纽，以纵向分级负责、横向对接联动为特点的矛盾纠纷多元调解机制，力求进一步增强矛盾纠纷调解合力。

四是下大力气治理进京非正常上访问题。省综治委多次召开专题会议研究部署此项工作，并制定出台《关于落实综治工作责任制推动进京非正常上访问题治理工作的规定》、《关于建立进京非正常上访问题治理工作衔接联动机制的意见》等，坚持对各地非访情况实行周通报、月分析制度，对问题严重的地方和单位采取点名通报、约谈、黄牌警告等措施，推动进京非正常上访问题得到了有效控制。2014年，全省进京非正常上访4332人次，同比下降54.8%，圆满完成了中央交办的下降50%的任务。

五是稳步推进综治信息预警工作。省综治信

息中心共收到各类信息 25890 条,录存入库 13500 条,其中有效信息中苗头隐患预警信息 4590 条,占到了信息总量的 34%。通过广泛的信息掌控预警,及时预警了一批矛盾纠纷和群体性事件苗头。

三、以维护治安大局为根本,坚持严打严防,有效遏制违法犯罪

一是持续开展“六场硬仗”专项行动。全省公安机关持续开展打黑除恶、打击“两抢一盗”、治爆缉枪、打击电信诈骗、打击非法传销、破案追逃“六场硬仗”,坚持更快地破大案、更多地破小案,始终保持对各类刑事犯罪活动的高压态势。2014 年,全省刑事案件继续呈下降态势,共立各类刑事案件 110936 起,同比下降 5.2%,其中危害严重的八类案件同比下降 16.6%,“两抢一盗”案件同比下降 11.6%;破获电信诈骗案件 1015 起,打掉电信诈骗犯罪团伙 26 个;破获非法传销案件 221 起,查处传销窝点 856 处;抓获网上逃犯 10944 名。

二是深入推进“六项整治”活动。围绕治安乱点、盲区和薄弱环节,对城乡结合部、“城中村”、工矿区、出租房屋、“九小场所”、校园及其周边治安问题,坚持普遍整治与重点整治相结合、联合整治与挂牌整治相结合等方式,开展持续性排查整治,共组织各类排查 16435 次,发现、整治治安重点地区或问题 2145 个,从中破获各类刑事案件 11970 起,查处各类治安案件 5.61 万件,治安处罚 5.98 万人。为促使工作更加规范,形成长效机制,省综治办和省公安厅联合印发了《山西省社会治安重点地区及突出治安问题认定标准》,组织开展了明查暗访,对 22 个治安突出问题或重点地区进行了挂牌督办,推动一批群众反映强烈的问题得到有效整治,全省治安案件同比下降 8.4%。

三是全面推动“六网覆盖”工程。坚持将视频监控系统建设作为“六网覆盖”的重中之重来推进,今年以来,全省共投入资金 40 多亿元,新增视频监控探头 34 万个,视频监控探头累计达到 76.11 万个,其中公共区域的 148631 个,社会部分的 612471 个,城市区域主要部位、重点目标、主要路口基本实现全覆盖。

四是努力遏制命案高发态势。省综治办下发了《关于开展命案“零发案”县(市、区)和刑事案件“零发案”社区创建活动的通知》,对全省 2012 年以来命案情况进行了调研,针对存在的薄弱环节对有关部门提出 20 条建议,并召开全省命案防控工作会议进行安排部署,对 28 个命案高发县区进行了重点管理。各地结合当地命案发案的规律、特点,针对性采取措施,在案前预警研判、案中快速处置、案后责任查究及重点管理、考核评价等机制的建立健全上下功夫,促使命案防控工作扎实推进。截至 12 月底,全省共立各类命案 436 起,同比下降 1.4%;破获各类命案 430 起,破案率达到 98.6%,同比上升 0.43%。

四、以深化基层平安创建为载体,努力拓宽领域,不断延伸触角

一是深入推进“平安家庭”创建活动。省妇联深入推进平安家庭创建,开展了创业富家、爱心暖家、文化兴家、维权稳家等“七家共建”活动;协调相关单位积极维护农村妇女土地权益,努力预防和制止家庭暴力;加强妇女信访代理工作,力求最大限度维护妇女权益;在基层网格中建立妇女小组,面向广大妇女开展普法宣传,评选出 100 个“省级平安示范家庭”。

二是深入推进“平安校园”创建活动。建立学校安全管理责任事故约谈、学校安全隐患和事故举报奖励、高校后勤“黑名单”等制度,全面排查治理学校安全隐患和薄弱环节,健全完善了后勤保障及安全管理联席会议、重大危险源监控和隐患排查治理等长效机制;在全省教育系统开展“护校安园”平安志愿服务工作,积极推动校方责任保险工作,加大“平安校园”创建活动的督促指导,累计创建省、市、县三级平安校园 11649 所,占全省学校 64.7%,其中省级平安校园达 1198 所,占全省学校的 6.7%。

三是深入推进“平安医院”创建活动。召开全省电视电话会议,对推进“平安医院”创建活动进行安排部署;在全省组织开展“打击涉医违法犯罪专项行动”,有力地维护了医疗机构的正常秩序;定期召开“平安医院”领导小组联席会议,协调解决重大问题;健全了警医联动机制,指导各级医疗机构建立医患突发事件应急处置预案,全省三级医院和大部分二级医院均设立了警务室;狠抓医疗纠纷的预防和化解,各级医调委全年共受理案件2062件，调解成功率达90.8%；进一步加强医疗机构内部安全防范系统建设，二级以上医院均设置有安全监控中心，视频监控系统和重点部位安保人员基本达到全覆盖。

五、以强化重点人群服务管理为出发点，进一步创新思路，提升服务水平

一是创新流动人口服务管理。不断深化户籍制度改革，制定《山西省人民政府关于进一步推进户籍制度改革的实施意见》并经省政府第68次会议审议通过；大力推进以居住证为载体的惠民政策落实，全省已登记发放34余万本纸质居住证（不含太原市已发放的84余万张IC卡居住证）；大力推进流动人口卫生计生基本公共服务均等化，积极扩大农民工就业，认真落实进城务工人员随迁子女接受义务教育和参加升学考试的政策，严格落实房屋租赁备案登记制度，积极探索流动人口在居住地参与选举等。同时，扎实开展在晋新疆少数民族群众服务管理工作，成立了山西省新疆少数民族服务管理工作小组，对全省新疆少数民族人员进行了摸排，建立了晋疆服务管理工作联络协调机制，制定了山西省新疆少数民族服务管理工作七项工作制度，完成了山西省流动人口管理信息系统技术改造，实现了与新疆公安机关流动人口协查平台的系统对接。

二是加强特殊人群服务管理。围绕社区服刑人员和刑满释放人员的管理，出台《关于全面推进社区矫正工作的意见》、《山西省社区矫正和安置帮教工作突发事件应急预案》等，促使社区服刑人员和刑满释放人员的规范化管理水平进一步提升。截至目前，全省累计接收社区矫正人员60942人，在矫人员19273人，全省在矫人员重新犯罪率为0.185%，低于全国平均水平；共接收刑满释放人员近20644人，安置率95.7%，帮教率96.2%，重点人员衔接率100%。进一步加强吸毒人员动态管控，加大吸毒人员排查登记，推进“吸毒人员服务管理信息系统”建设，积极开展社区戒毒、社区康复和强制戒毒，目前，全省登记在册吸毒人员7.07万人，社区戒毒2439人，强制隔离戒毒5086人，行政拘留10896人。积极开展艾滋病病毒检测和药品发放工作，完善艾滋病监测系统，加强对高危人群行为干预随访工作，累计治疗3107例，正在治疗2543例。切实加强精神障碍患者服务管理工作，印发了《关于进一步加强严重精神障碍患者救治救助工作坚决防止肇事肇祸事件发生的通知》、《2014年严重精神障碍管理治疗项目实施方案》，建立了联席会议制度，累计登记严重精神障碍患者9.4万人。

三是强化重点青少年群体服务管理。开展了重点青少年群体排查摸底，据统计，我省现有闲散青少年16495人，有不良行为或严重不良行为青少年12837人，流浪乞讨未成年人315人，服刑人员未成年子女3792人，农村留守儿童74269人；组建青少年群体服务支援队伍，开展了形式多样的帮扶关爱活动；对各地贯彻落实未成年人保护有关法律法规情况进行了督导检查，有序推进县级地区重点青少年群体服务管理和预防犯罪试点推广工作，加大青少年安全自护、法制、校园心理健康教育，设立“人大代表、政协委员青少年事务联络室”，进一步拓宽服务广大青少年的渠道和途径。

六、以夯实基层基础为依托，不断提升社会治理水平

一是推动基层社会服务管理体系高效运行。按照网格化管理、社会化服务的要求，进一步健全基层综合服务管理平台建设，出台《关于进一步深化全省社会服务管理体系建设的意见》，对建设省市两级平安建设指导中心、加强县级中心协调联动、推动部门服务职能下沉、强化网格化服务管理、落实人财物保障等内容提出了具体要求，促使全省三级服务管理中心步入规范化运行轨道。截至12月底，全省三级中心作用发挥明显，共受理报送各类事件560708件，处置533586件，处置率达到95.16%。

二是全面加强综治信息化建设。进一步完善社会服务管理信息系统综治业务模块，初步完成了山西省社会管理综合治理信息系统门户网站主页面和9大综治业务模块的设计任务，在6个试点县（区）进行试点后，在全省范围进行部署，目前已经有18个县（市、区）开通；大力加强省级平安建设指导中心建设，设计方案进入论证阶段，将配套建设监控指挥、办公自动化、视频会议系统，汇总研判各级平台信息；推动加强市级平安建设指导中心建设，阳泉、晋中、朔州、长治、晋城等市已完成了建设任务；积极开展省、市两级综治视频会议建设工程，对网络环境进行了全面测试和维护管理。

三是不断加强综治组织自身建设。省综治委(办)及时完成综治委更名工作，对组成人员进行调整；11 个市除大同、运城市因为主要领导不到位没有更名，其余全部完成更名；县级综治部门更名工作正在进行中。切实加强基层综治力量，省综治办协调省编办下发了《关于加强乡镇(街办)综治队伍建设的通知》、《关于加强乡镇(街办)综治专职干部管理的意见》，力求从根本上解决制约平安建设的保障问题；各市纷纷会同编制部门下发文件，要求各县区为每个乡镇配备 1 到 2 名专职干部，并加大县级社会服务管理中心、矛调中心人员力量的配备力度，有效缓解了基层综治力量短缺的问题。进一步加大基层经费保障，省综治办和省财政厅联合印发了《关于建立基层社会服务管理体系经费保障的通知》，要求将网格长补助和县乡村三级社会服务管理中心的运行经费列入县级财政预算。

山西省综治委
关于进一步加强矛盾纠纷大调解工作的意见

为有效化解社会矛盾，维护社会和谐稳定，深入推进平安山西、法治山西建设，进一步创新基层社会治理体制和工作机制，现就进一步加强矛盾纠纷大调解工作，提出如下意见。

一、指导思想、基本原则和目标任务

(一)指导思想：以党的十八大和十八届三中全会精神为指导，围绕服务全省转型综改试验区建设大局，着眼于维护最广大人民群众根本利益、促进社会公平正义、维护社会和谐稳定、提升社会治理水平，继承和发展“枫桥经验”，整合调解资源、健全调解组织、构建调解平台、创新调解机制，建立和完善以人民调解为基础，人民调解、行政调解、司法调解、社会调解衔接联动的大调解工作体系，最大限度地把矛盾纠纷化解在萌芽状态、处置在初始阶段，筑牢社会稳定的“第一道防线”，为全省经济社会发展、人民群众安居乐业营造良好环境。

(二)基本原则：坚持党政主导、部门负责，整合各种资源，动员社会各方面力量，共同做好矛盾纠纷大调解工作；坚持调防结合、预防为主，立足抓早、抓小、抓苗头，对矛盾纠纷做到早发现、早调解；坚持调解优先、尊重自愿，把调解作为化解矛盾纠纷的首选方式，引导当事人在互谅互让、平等协商的基础上自愿达成协议解决纷争；坚持依法调解、公正高效，运用法治思维和法治方式调解矛盾纠纷，提高调解的权威性和公信力；坚持依靠群众、便民利民，发挥群众的主体作用，把服务群众、方便群众、维护群众权益作为大调解工作的出发点和落脚点，主动为群众排忧解难，预防和减少社会矛盾的发生。

(三)工作目标：到 2015 年底，全省形成党政统一领导、综治组织协调、相关部门牵头指导、调解中心具体运作、职能部门各负其责、全社会共同参与的大调解工作格局；大调解组织网络更加完善，运行机制更加规范，队伍素质明显提升，努力实现“三升三降三不出”目标，即矛盾纠纷调解率、调解成功率、人民群众对调解工作满意率明显上升，民转刑案件、重复访和群体性事件明显下降，小纠纷不出村(社区)、大纠纷不出乡镇(街道)、疑难纠纷不出县(市、区)，绝大多数矛盾纠纷在县以下得到解决。

根据以上目标，实行分步分阶段有序推进实施。

到 2014 年底：

1. 全省 60% 的县(市、区)按标准完成调解中心建设，组织、阵地、经费、人员全部落实到位；调解中心的工作制度、运行机制初步建立。

2. 全省 80% 的乡镇(街道)调解中心规范建

成并开展工作。

3. 全省所有村（社区）建立人民调解委员会，50%的村（社区）人民调解委员会达到“六统一”（名称、印章、场所标识、徽章、工作程序、文书）、“四落实”（组织、制度、工作、报酬），标准规范运行。

4. 完成诉调、检调、公调、政调、访调对接窗口建设，人民调解与行政调解、司法调解的联动机制初步建立并运行。

到2015年底：

1. 全省所有县（市、区）、乡镇（街道）建立矛盾纠纷调解中心，并实现规范高效运行。

2. 全省所有村（社区）人民调解委员会达到“六统一”、“四落实”，实现标准规范运行。

3. 县、乡两级调解中心与各部门、各行业、各领域调解工作在程序上顺畅衔接，机制上协调联动，规范运行，效能发挥。

二、构建大调解工作平台

（一）加强县（市、区）矛盾纠纷调解中心建设

依托县（市、区）社会服务管理指导中心或司法行政、信访等部门，加挂“县（市、区）矛盾纠纷调解中心”的牌子，作为县级人民调解、行政调解、司法调解对接联动和协同处理的中枢和平台。中心工作人员采取社会公开招聘、选任、机关干部下派、从现有编制中调剂等多种方式解决。按照提高效率、便民利民的原则，对矛盾纠纷进行统一受理、集中梳理、归口管理、依法办理、限期处理，实现受理、登记、交办、承办、结案各个环节工作衔接。

（二）加强乡镇（街道）矛盾纠纷调解中心建设

依托乡镇（街道）社会服务管理指导中心或司法所，加挂“乡镇（街道）矛盾纠纷调解中心”的牌子，根据工作需要聘用具有法律知识和基层工作经验的专职调解员，负责协调处理本级受理、上级指派的矛盾纠纷和基层移交的疑难复杂矛盾纠纷。

（三）加强村（社区）矛盾纠纷调解室建设

依托村（社区）社会服务管理中心或综治办（室）、警务室（站）等，加挂“村（社区）矛盾纠纷调解室”的牌子，在村（居）党组织、村（居）委会领导下开展工作，配强调委会主任，配备调解人员，负责本村（社区）矛盾纠纷调解工作，配合县（市、区）、乡镇（街道）矛盾纠纷调解中心及有关部门化解矛盾。

三、健全大调解组织

（一）壮大人民调解组织。人民调解是人民调解委员会通过说明、指导等方法，促使当事人在平等协商基础上，自愿达成调解协议，解决民间纠纷的活动。司法行政部门要牵头做好人民调解的相关工作，指导乡镇（街道）、村（社区）和人员较多、矛盾纠纷多发的企事业单位健全和巩固人民调解委员会，按照“六统一”、“四落实”标准规范运行，着力调解婚姻、家庭、邻里、赔偿、宅基等常见性、多发性民间纠纷，防止矛盾激化升级。

（二）完善行政调解组织。行政调解是国家行政机关依法对与其行政事务相关纠纷进行的调解。政府法制机构要牵头做好行政调解的相关工作，推动具有行政调解职责的行政部门建立调解组织，充分发挥行政调解的专业优势，努力把矛盾纠纷化解在本系统、本部门。要根据多类矛盾纠纷发生趋势，重点抓好以征地拆迁、劳动争议、交通事故、村（矿）矛盾、医患纠纷、环境污染等六大领域为重点的矛盾纠纷化解工作。公安机关要加强道路交通管理部门的专业调解组织建设，充分运用调解方式解决纠纷。人社部门要加强劳动人事争议调解组织建设，特别要加强劳动保障服务所（站）劳动争议调解组织建设，将调解重心向企业相对集中的村（社区）延伸。卫生计生部门要建立规范的医疗纠纷调解组织，加强对医患纠纷的化解和处理。国土资源部门要建立土地纠纷调解组织，及时调解涉及土地权属、征地补偿安置等引发的矛盾纠纷。住建部门要建立本领域矛盾纠纷调解组织，制定完善本部门行政调解的程序性规定，加强调解力量，重点调解因城市房屋拆迁、建筑施工等引发的矛盾纠纷。环保部门要建立环保纠纷调解组织，加强对环境污染矛盾纠纷的调处。工商行政管理部门要依据法律法规，对法人、个人合伙、个体工商户、农村承包经营户以及其他经济组织相互之间发生的、以实现一定经济目的为内容的合同争议进行行政调解。

（三）规范司法调解组织。司法调解是当事人双方在法官、检察官主持下进行的调解。人民法院、人民检察院要做好司法调解工作。要着力

培养一批调解能力较强的法官、检察官或者司法辅助人员,配备到各业务部门从事司法调解工作,充分发挥司法调解在定分止争方面的权威性和约束力。要主动吸纳行政职能部门、人民调解组织及其他具有调解职能的组织和人员、人大代表、政协委员等参与司法调解工作。要主动邀请与当事人有特定关系或者与案件有一定联系的个人、企事业单位、社会组织或具有专业知识、有利于促成调解的技术专家、律师等协助调解工作。人民法院要推动实现涉诉矛盾纠纷诉前、诉中、诉后的全程调解,加强对人民调解、行政调解的法律指导。人民检察院要做好涉检环节相关矛盾纠纷的调解,承担大调解工作过程中对重要行政调解、司法调解的法律监督。

(四)发展社会调解组织。社会调解是由各类群众性组织和社会组织参与的调解,是人民调解和行政调解的重要补充。民政部门要牵头做好社会调解的相关工作,重点在消费者协会、个体劳动者协会、私营企业协会、律师协会、商会、残联等组织中建立调解组织。鼓励行业协会及其他社会组织设立专业性、行业性调解委员会,充分发挥社会组织参与调解的优势。要采取政府购买服务的方式,鼓励和支持有专业特长、有群众威信、有社会工作经验、热心社会公益事业的人员设立个人品牌调解室,向群众提供免费调解服务。

四、完善大调解工作机制

(一)分级负责机制

要按照"属地管理、分级负责"和"谁主管、谁负责"的要求,努力将各类矛盾纠纷及时就地化解。一般性矛盾纠纷,由村(社区)、企事业单位等调解组织首先介入调处;调处不成时,逐级移交流转至乡镇(街道)、县(市、区)调解中心进行调解。

村(居)一级,要着力调解本村(居)内发生的民间纠纷,如婚姻、继承、赡养、邻里关系、轻微侵权等一般民事纠纷;积极调处因土地承包、村务管理、劳资工伤、物业管理、医疗纠纷、征地、房屋征收安置等社会热点、难点问题引发的矛盾纠纷。

乡镇(街道)一级,要着力调解村级移送或直接受理的各类矛盾纠纷;着力调解乡镇(街道)党委、政府研究决定由本级调处的矛盾纠纷;着力调解上级部门转交本级调处的矛盾纠纷;协助有关部门处置因矛盾纠纷引发的各类群体性事件。

县(市、区)一级,要着力调解本辖区内发生的重大疑难复杂矛盾纠纷;着力调解县(市、区)党委、政府研究决定由本级调处的矛盾纠纷;着力调解上级交办的矛盾纠纷;着力调解经职能部门调处未达成协议,需要继续调处的矛盾纠纷;协助有关部门处置因矛盾纠纷引发的各类群体性事件。

(二)调解中心运行机制

县(市、区)、乡镇(街道)调解中心对所有矛盾纠纷实行"统一受理、集中梳理、归口管理、依法办理、限期处理、司法确认"。

统一受理:调解中心设立一个窗口对外,统一受理群众申请、排查发现和移交(交办)的矛盾纠纷。在受理内容上,除婚姻、家庭、邻里等常见性民间纠纷外,要将在体制转轨、经济发展和行政管理过程中涉及不同主体、不同领域、不同性质的民事争议、行政争议以及除由专门机关专属管辖的其他争议都纳入调处范围。对不适合调解的,引导当事人进入行政复议、仲裁、诉讼程序。

集中梳理:调解中心受理矛盾纠纷后,按种类、性质进行登记,并进行集中"会诊",根据纠纷性质、涉案范围及复杂程度,确定具体管辖部门,填写矛盾纠纷移送单,明确调处责任、时限,分流到有关职能部门或下一层级的调解组织调处。

归口管理:有关职能部门或调解组织对调解中心分流交办的案件,必须在规定时间内调处终结,并向调解中心反馈结果。确因具体情况无法调处或调处无效,按规定程序回流至调解中心,由调解中心直接调处。跨区域、跨部门的疑难复杂矛盾纠纷,由调解中心直接组织联合调处。

依法办理:调解中心坚持自愿、平等和尊重当事人诉讼权利的基本原则,依照相关规定,制定相应调解规则,在充分听取当事人诉求和职能部门意见的基础上,依法合情合理进行调处。对法律有明文规定、且经多次调解仍存在较大分歧的矛盾纠纷,按法定程序告知当事人通过司法途径解决。

限期处理:一般民事纠纷,村、企事业单位、部门调解机构应在受理后 10 日内办结或向上移送;重大复杂或跨地区的矛盾纠纷,1 个月内办结,特殊情况的2个月办结,从制度和责任上保障矛盾纠纷能得到及时调处。

司法确认:调解中心对调解成功的矛盾纠纷,出具人民调解协议书,当事人要求进行司法确认的应及时到人民法院申请司法确认。

(三)对接联动机制

在人民调解、司法调解、行政调解各自发挥作用、独立解决纠纷的同时,要充分发挥人民调解的基础性作用,建立健全人民调解与司法调解、行政调解以及信访工作的对接联动机制,实现各类调解优势互补、良性互动,推动大调解工作规范高效运行。

1. 诉调对接。在县(市、区)人民法院设立诉调对接窗口,统一管理和分流需要调解的案件,加强对调解业务的指导,依法确认和支持调解中心形成的调解协议,推动一般民事案件、轻微刑事案件通过调解方式实现案结事了。对适用调解的案件,既可在立案前先行直接调解,也可由诉调对接窗口委托县(市、区)调解中心或其他调解组织进行调解。对调解不成的纠纷,按法律规定落实好就近立案、审理、执行等措施,建立诉调对接绿色通道,畅通解决矛盾纠纷的有效途径。基层人民法院要大力推广巡回法庭制度,直接到农村、社区、企业等矛盾纠纷发生地就地受理、调解或开庭审理,也可邀请乡村调解组织共同化解矛盾纠纷,提高基层调解队伍运用法治思维和法治方式化解矛盾的能力。

2. 检调对接。县(市、区)人民检察院要建立案件管理中心与县(市、区)调解中心对接工作机制,积极参与矛盾纠纷的化解工作。对轻微刑事案件,要依照法律规定,探索建立运用和解方式解决问题的机制,明确开展调解或引导刑事和解的条件、范围、程序;对民事申诉等案件,要坚持抗诉与息诉并重,规范引导和解的程序和要求,在遵循事实和法律的基础上,对当事人双方有和解意愿、符合和解条件的,积极引导和促使当事人达成和解,并配合人民法院及相关部门做好有关工作。对需要委托调解的案件,由检察院案件管理中心统一向县(市、区)调解中心提出申请,由调解中心指派相关调解组织进行调解或参与调解。

3. 公调对接。重点在县(市、区)调解中心与县(市、区)公安局、乡镇(街道)调解中心与派出所、村(社区)调解室与警务室(站)三个层面建立对接机制,其中乡镇(街道)一级是公调对接的重点,主要采取三条措施:一是由调解中心选派或招聘工作人员,经培训合格后,进驻派出所调解室配合调处接处警中的矛盾纠纷。二是派出所要配合调解中心,做好矛盾纠纷调处。三是派出所对受理的复杂疑难矛盾纠纷,在先期处警取证后,按程序移送调解中心受理调处。

4. 政调对接。各级行政机关对受理的涉及本部门行政事务的矛盾纠纷,实行首问责任制,确定专人依法依规进行调解;对不属于本部门调解范围的,报同级调解中心登记受理;对涉及多个部门的,由政府法制机构或者调解中心指定一个部门牵头调解;对跨地区的矛盾纠纷,由上一级调解中心负责组织调解;对调解不成的矛盾纠纷,引导当事人运用行政复议、仲裁、诉讼等方式解决。

5. 访调对接。在县级信访部门设立人民调解室,聘请专职人民调解员,对适合调解的初访事项进行调解,也可通过县级调解中心分流到相关调解组织、行政机关、仲裁机构调处解决。

五、强化大调解工作保障

(一)加强组织领导。各级党委、政府要把大调解工作作为"平安山西"建设的重要任务,摆上重要议事日程,加强人力、财力及物质保障,确保大调解工作需要。党政一把手是大调解工作的第一责任人,要落实领导责任制,定期听取大调解工作进展情况汇报,研究解决影响大调解工作发展的困难和问题,亲自指导协调和包案化解重大矛盾纠纷。省、市矛盾纠纷排查调处工作领导组及其办公室负责本级大调解工作的组织、协调、检查、督办工作,同时协调指导下级大调解工作。人民法院、司法行政部门、政府法制机构和民政部门要自觉承担起推动各自领域调解工作的牵头责任,督促指导基层部门抓好落实;各级信访部门要将信访工作纳入大调解体系,积极推动信访案件通过调解方式解决;其他有关部门要根据本部门、本行业实际,推动行业性、专业性调解组织建设和行政调解工作;工会、妇联和共青团组织要发挥自身优势,广泛参与涉及职工、妇女、未成年人权益的调解工作;驻地矛盾纠纷多发的单位要全部建立矛盾纠纷排查调处专门机构,并与调解中心对接，做好矛盾纠纷的协调处置工作。

（二）落实经费保障。市、县（市、区）两级要将大调解工作专项经费列入同级财政预算。要按照人民调解工作经费确定的标准和分级负担原则，落实司法行政机关指导人民调解工作经费、人民调解委员会工作补助经费，以及人民调解员补贴经费。对于应当由相关部门负责，而委托人民调解委员会调解纠纷的，相关部门应当向人民调解委员会提供经费保障。建立以人定补、以案定补、以奖代补相结合的矛盾调解激励机制，对成绩突出的各类调解组织和专兼职调解人员要给予表彰奖励。

（三）加强队伍建设。要广泛吸纳网格长、基层干部、综治信息员、平安志愿者以及退休政法干警、律师、相关领域专家学者等加入人民调解员队伍，不断优化人民调解员队伍结构。要加强对调委会主任和人民调解员专业知识、法律政策、调解技能的培训，完善业绩考核与聘用相结合的管理制度，努力培养和建立一支擅长解决各种复杂矛盾纠纷的高素质人民调解员队伍。要发展壮大调解志愿者队伍，县（市、区）建立由人大代表、政协委员、律师、法律服务工作者、退休政法干部及各行业专家学者为主体的调解志愿者队伍；乡镇（街道）建立以“五老人员”（老党员、老教师、老干部、老模范、老军人）为主体的调解志愿者队伍；村（社区）建立“夕阳红”调解小分队、巾帼调解小分队、“和事佬”调解小分队等调解志愿者队伍，增强基层大调解工作。

（四）加强信息化建设。依托全省基层社会服务管理信息平台，建立纵向联接省、市、县、乡、村五级，横向覆盖各系统各部门的矛盾纠纷大调解信息管理系统。县（市、区）、乡镇（街道）调解中心、村（社区）调解室及各部门调解窗口通过网上录入，实现矛盾纠纷排查调处信息的网上报送、查询、统计、预警、研判和各类调解组织、调解人员的绩效考评，为各级党委、政府第一时间掌握本辖区矛盾纠纷排查调处情况提供依据，有效提升大调解工作效率。

（五）加强宣传教育。充分发挥各类媒体作用，大力宣传调解工作的指导思想、基本原则和目标任务，及时报道大调解工作的典型经验和先进事迹。充分发挥短信、微博、微信、调解网站等在调解矛盾纠纷方面的作用，提高群众对大调解工作的知晓率和参与率，在全社会营造浓厚的调解氛围。加强社会主义法制宣传教育，引导群众首选调解方式解决纠纷。

（六）加强激励查究。为确保大调解工作取得实效，要逐级将矛盾纠纷大调解工作纳入领导干部目标责任制和综治考核体系。对矛盾纠纷调解得力的单位（组织）和个人，按照有关规定予以表彰奖励；对组织领导不力、调解工作不落实，导致矛盾纠纷突出的地方和单位，按照有关规定实施通报批评、诫勉谈话、黄牌警告；对发生危害社会治安和社会稳定重大矛盾纠纷的地方和单位，实施一票否决，并严格追究党政主要领导和相关人员的责任。

山西省阳泉市抓平台建设　夯平安根基

近年来，阳泉市认真贯彻落实全面建设基层社会服务管理体系的相关要求，紧紧围绕“三级中心”建设工作任务，积极采取措施，提出以抓好“一格两步三台四落实”为重点，以依托“六六创安”工程为载体的工作思路，不断加强上下联动和部门间协作配合，努力解决影响社会治安的突出问题，全面推进全市综治各项工作，社会治安秩序持续好转，群众安全感稳步提升。

一、体系建设基本情况

（一）以健全运行机制为目标，规范“一格”管理。“一格”管理即网格化管理，首先准确划分网格。按照省综治委要求，将全市所有村庄社区划分为2326个基础网格，通过考核和选聘等方式挑选出骨干人员担任网格长，并赋予其工作职责和工作任务，要求网格长具备“三个熟悉、三个做到”即：熟悉网情格貌、熟悉社情民意、熟悉业务职能。做到善于交流、做到定期走访、做到快速反应。其次是制定工作制度。根据县、乡、村不同的性质和职责，编制《阳泉市社会服务管理体系规范化建设工作手册》，根据"三级中心"的建设标准和任务职责制定了20余项工作制度及近30种工作表簿，确保了各级中心工作规范有序开展。再次是加强网格长管理。通过业务培训、实地操作等方式逐年提高网格长的工作能力，通过制定考核办法、奖惩措施等方式不断激励网格长的工作热情，为做好全市基层社会服务管理工作提供了强有力的人才支撑和保障。

（二）以强化科学规划为引领，实施"两步"战略。按照把县（区）社会服务管理指导中心建设成枢纽型应急处置联动平台，乡镇（街道）社会服务管理中心建成业务处置反馈平台，村（社区）社会服务管理中心建成快捷便民服务平台的工作思路，实施"两步"走战略，即：先建设管理体系，再完善服务体系的工作方式，强化了县（区）级指导中心的协调督办职能，发挥了乡镇（街道）社会服务管理中心的承上启下主导作用，建立"发现问题在乡街、解决问题在部门"的工作格局，逐步理顺了工作流程。在功能设计上，将体系建设作为推进平安阳泉建设的有效载体，以智能阳泉建设为平台支撑，通过整合资源，开展社会治安打防管控、特殊人群服务管理、重大事件预防处置、矛盾纠纷排查化解等各项综治工作，并且通过社情搜集、信息上传、分析研判、指挥调度、应急处置等工作流程，形成了信息化时代平安建设和维护稳定的新方法和新机制。

（三）以完善防范体系为核心，构建三级平台。将"三级中心"建设作为改善和服务民生，推进平安阳泉建设的体系性工程，全力推进力求取得新突破。首先是分类实施。在城市区，把工作重点放在区和社区这两级的建设上，通过拓宽社区管理范围，增强社区服务功能，实现政府管理"扁平化"。在农业县区，把工作重点放在乡镇和村这两级的建设上，充分利用乡镇的行政管理权限，积极发挥基层政权的组织协调作用，提高公共服务和维护稳定能力。其次是软硬兼顾。在实现设备到位、网络互通基础上，将公安、司法、民政、人社、卫计、住建、残联、团委、信访等部门信息整合在一起，建立了人、地、物、事、组织全覆盖的数据体系和相应的管理体制框架，形成了具有7大功能模块，33项操作功能，120余项应用科目的工作平台，并融入了"天网"视频监控、人员定位电子监控、政府服务专线等服务系统，建成了集多种数据应用、多种实用功能的综合信息平台，实现了各类数据实时交换、信息共享共用。最后是试点先行。通过典型引路，在全市范围内开展"621"示范工程建设，即：建立"6"个县（区）级示范点，"20"个乡镇（街道）级示范点，"100"个村（社区）级示范点。要求各县区以省、市体系建设标准为蓝本，以组织设置好、工作机制好、软件硬件好、作用发挥好的"四好"为标准，高起点、高要求建设"三级中心"。通过先建一批，以点带面推进和带动了全市体系建设整体工作上档升级。

（四）以夯实基层基础为根本，推进四个落实。把体系建设作为筑牢政法综治根基的重要内容，不断加强基层政法综治力量。首先是建立机构。积极争取党委政府支持，协调市编办下发《关于成立县区社会服务管理（指导）中心的通知》，将各县区社会服务管理指导中心定性为科级全额事业单位，隶属于政法委（综治办），主要承担组织协调、指派调度、查究建议等职能。其次是落实人员。通过调整机构人员，为5个县区指导中心新增领导职数5名，工作人员20名，确保了我市基层社会服务管理体系顺畅运行。再次是完善机制。按照"分级负责、部门管理"的原则，在信息采集上，依托职能部门进行录入、核查，确保信息准确。在指派调度上，建立协调机构和联席会议，组织领导、统筹协调、督促落实事务受理归属。在转办落实上，加强考核检查，建立健全情况通报、责任倒查、问效问责等制度，严格使用综治政策工具，确保了各项工作得以快速落实。最后是落实经费。督促县区严格贯彻省、市文件要求，将"三级中心"运行经费和网格长工作补助列入县级财政预算予以保障，建立经费管理办法，做到用制度管人、管钱，并确保补助经费及时发放、合规使用，有效调动基层工作人员的积极性和主动性。

二、体系运行主要成效

一是做到人口底数清。通过积极协调，建立了政府职能部门之间工作数据有限开放机制，推进了各职能部门业务工作平台数据与社会服务管理系统数据的融合与共享。目前全市各县区已录入基本人口信息130余万人,录入率为100%,基本实现了对常住人口的适时实地管理。录入刑满释放、社区矫正人员、易肇事肇祸精神障碍患者、吸毒人员等特殊人员9953人,全部推行网格帮教、管控和定位矫正管理。录入残疾人等困难人群31100人,均列入社区服务和特困帮扶基金救助范围。

二是做到信息处置快。按照资源整合、信息共享、业务集成、流程优化和效能提升的要求,建立了“信息报送、受理立案、任务派遣、任务处置、信息反馈、核查结案、监督评价”的闭环工作机制,形成了指挥和监督双轴制衡的服务管理格局。到2014年底,全市“三级中心”累计受理各类事件21.41万件,处置21.34万件,其中:有效处置特殊人群帮教服务2524件次,成功化解各类矛盾纠纷1090件次,整治整好各类安全、治安隐患5815件次。全市在2014年实现了刑事、治安案件“双下降”,其中刑事案件比2013年下降11.6%、治安案件下降3.3%,社会治安呈现持续好转态势,“三级平台”逐步成为了维护社会稳定的综合平台。

三是做到发挥作用好。社会服务管理体系运行以来,政府的各项管理服务职能和资源得到了整合、下沉和优化,群众工作更加精细化、贴近化,政府效率提高、干部作风转变、人民群众满意,使“三级中心”成为了立体式的民意诉求表达平台、政民互动平台和社会监督平台。同时,通过网格化管理,各类矛盾隐患做到了及时发现、及时调处,强化了源头治理,实现了“情况掌握在基层、问题解决在平台、矛盾化解在网格”。逐步使三级平台成为了百姓办事的直通车,社会稳定的晴雨表,平安建设的指挥部。

四是做到决策依据实。通过“三级中心”对各类事件的受理、承办、调度、反馈等业务办理情况和对网格长3G手机上报海量信息的深度分析,实现了对各类信息从数量、区域、局部的分析到规律性、整体性分析和趋势性预测研判上的转变,从而为各部门及领导决策提供了翔实、准确、客观的依据。同时通过平台监控,使全市各县区、乡镇街道、农村社区的数据录入情况、信息报送情况、业务办理情况一目了然,不但实现实时监控工作动态,而且具备了按月份、季度和年度进行考核功能,使综治考核在信息考量方面更加科学、更加合理。

山西省晋城市坚持四抓四促进
深入落实社会治安综合治理领导责任制

晋城市认真落实党的十八届四中全会“深入推进社会治安综合治理,健全落实领导责任制”的精神,近年来坚持法治化、制度化理念,以综治领导责任制为龙头,狠抓四项机制,全面促进综治工作规范化,有力推动了平安建设。

一、抓综治领导责任制,促进组织领导制度化

市委、市政府正确处理改革、发展和稳定的关系,把综治工作作为衡量稳定的重要指标,组织动员全社会齐抓共管,不断完善综治(平安建设)工作机制。

织密组织架构网络。去年,市委及时调整市综治委及组成人员,市委书记担任市综治委主任,市长为第一副主任,政法委书记等领导为副主任,46家部门一把手为成员;同时,市县综治办领导全部配备3—5人,工作力量普遍得到加强。市县两级直属部门(包括驻地单位)一把手全部担任本部门、单位综治领导组组长,明确分管综治工作的领导、依托科室和专门联络员,在全市形成横到边、纵到底的组织领导体系,确保综治工作有人抓、时时抓、处处抓。

健全一岗双责制度。市综治委出台各级各部门领导班子成员承担分管领域综治工作的规定,引导、督促其履行综治(平安建设)责任。市综治委实行严格的综治实绩档案制度,每年对各县(市、区)的书记、县(市、区)长、副书记、政法委书记、分管副县(市、区)长、综治办主任、公检法三长9个人,市直106家单位579名班子成员,全部建立综治实绩档案,由市"五部委"联席会议审定评价,作为评先、任职等签注综治意见的重要依据。及时将四中全会"健全落实领导责任制"的要求列入综治实绩档案,将中央关于综治工作的要求贯彻到各级各部门。

形成履职述职常态。为推进年度综治(平安建设)重点工作,市县普遍实行了半年一度的述职制度,由承担任务的单位一把手进行大会述职,听取工作进度,确定下一步任务。各级综治委领导每年至少亲自主持抓好2—3件综治重大事项。去年,市委书记张九萍、市长刘润民分别组织研究确定司法改革、打击进京非访以及全市治安视频监控建设等重大事宜;市委常委、政法委书记刘爱军牵头多次现场整治大型企业周边治安环境。年底,在市直单位所有领导成员的综治述职和实绩档案中,市综治委要求将本年度履行综治工作的实绩,由本人按时间、内容、效果分条目逐项具体陈述,进一步规范了综治述职制度。

二、抓目标管理责任制,促进工作任务具体化

将平安建设"软任务"硬化、指标化,每年确定重点,通过细化分解,加强目标管理,推动工作落实。

坚持问题导向,狠抓重点工作落实。针对群众反响强烈的影响稳定突出问题,将命案防控、重大群体性事件防范、两抢一盗案件防控、重大越级群访化解作为硬性控制指标,详细分解到各地各部门,专群结合抓落实;将基层组织建设、矛盾纠纷调解体系、社会服务管理体系、深化治安防控体系建设作为源头性、基础性工作,抓好顶层设计,持续推动地方、部门抓落实;将流动人口服务管理、重点人群管控等作为日常工作重点,明确牵头单位,分工协作抓落实,取得良好成效。

坚持齐抓共管,狠抓部门责任分解。每年,市委书记、市长与各县(市、区)、市直106家单位签订综治(平安建设)目标责任书,及时将任务分解到各地各部门。通过联席会议、专项会议等形式,督促部门齐抓共管。如市综治委先后5次召开联席会议,明确流动人口服务管理43项任务,逐一明确公安、计生、司法、教育、工商等部门职责分工,将流动人口服务管理落到了实处。全年,流动人口违法犯罪同比下降15.3%。

坚持跟踪督办,狠抓具体项目推进。通过每年制订综治工作行动计划,确定一批工作项目,明确牵头单位、共同实施单位,逐月细化具体任务,多方式督导进度,确保综治(平安建设)年年有重点、有突破。

三、抓奖惩兑现制度,促进考核评价科学化

近年来,不断完善综治考核规章制度,根据治安形势变化及时调整考核指标,始终注重群众参与,最大限度发挥考核的风向标作用。

出台系列规范文件。市综治委先后出台《关于深入贯彻山西省社会治安综合治理条例的意见》、《关于进一步落实社会治安综合治理领导责任制的实施意见》、《关于实行预防职务犯罪工作一票否决权制的规定》、《关于进一步加大综治政策手段运用工作的通知》等文件,做到有章可循。

注重群众参与评价。将群众安全感作为衡量的重要标准,把相关部门工作尽量列入评价条目,评价项目达到55条,尽可能客观公正反映部门参与平安建设水平,把人民群众对社会治安满意程度作为最重要的考评指标。

坚持实施奖惩兑现。每年,市综治委对平安建设的各类先进进行表彰,对发生影响稳定问题的地方和部门,按规定实施综治政策手段,直至一票否决。去年,市综治部门表彰奖励373家,警示8家,诫勉谈话45人,挂牌督办11家,黄牌警告4个,处分建议5个,一票否决20家,责任查究20人。近期,市综治委对市农机局等6家单位予以综治"一票否决",对3个平安县、5家市级政法综治工作先进集体、5个市级平安建设标兵单位、30个市级平安建设先进单位予以表彰。通过奖惩兑现,使全市上下始终绷紧维护稳定之弦。

四、抓督查督办机制,促进工作推动经常化

坚持把督导作为落实工作的重要手段,近年来,多途径、多形式对政法综治系统纪律作风、大调解体系建设、治安重点整治、基层服务体系建设等进行了持续督导。

暗访抽查。不定期抽查各级、各部门综治(平安建设)工作落实情况,及时在市县两级通报发现的问题;倒查基层。通过检查多个村(社区)看一个乡镇(街道)工作落实是否到位,通过检查基层政法综治部门的科、所、队、站,看上级部门工作是否部署落实到基层;群众测评。走访群众,掌握平安建设、打黑除恶、大调解体系、治安防控“天网工程”、的覆盖率、知晓率、对部门工作的满意率;模拟考核。采取演练、情景模拟等方法进行工作测试评价。

在十八届四中全会召开期间,晋城市在实行维护稳定“日报告”制度的同时,各级综治委领导带头带队抓督查,督促各地、各部门落实工作措施。市、县两级共督查现场整改 113 家,下发限期整改通知 85 份,推动重点时期政法综治任务落到实处。

山西省综治委、办机构情况和负责人名单

一、综治委

主　任:楼阳生　省委副书记
常务副主任:王建明　省委常委、政法委书记
副主任:李政文　省人大常委会副主任
张建欣　省政府副省长
刘　杰　省政府副省长、省公安厅厅长
朱先奇　省政协副主席
委　员:冯改朵　省纪委副书记、省监察厅厅长
张高宏　省委组织部常务副部长
李高山　省委宣传部常务副部长
边晋南　省委政法委常务副书记
薛永辉　省委政法委副书记
姚鸿波　省综治办副主任
刘永生　省综治办副主任
刘传旺　省编制委员会办公室主任
李体柱　省委副秘书长、省信访局局长
冯　征　省委副秘书长、省委防范处理邪教办(省防范处理邪教办)主任
王　赋　省发展和改革委员会主任、省转型综改办主任
张华龙　省经济和信息化委员会主任
张文栋　省教育厅厅长、省高校工委书记
成振林　省公安厅常务副厅长
李玉生　省公安厅副厅长
李　洪　省国家安全厅厅长
薛维栋　省民政厅厅长
崔国红　省司法厅厅长
武　涛　省财政厅厅长
张　健　省委组织部副部长、省人社厅厅长
李栋梁　省住房和城乡建设厅厅长
李正印　省交通运输厅厅长
张瑞鹏　省文化厅厅长
王进喜　省卫生和计划生育委员会党组书记
张志川　省政府外事侨务办公室主任
朱晓明　省国有资产监督管理委员会党委书记、主任
周明定　省工商管理局局长、省非公有制经济组织工委书记
常高才　省质监局局长
霍红义　省安全生产监督管理局局长

冯建平　省旅游局局长
高　键　省委统战部副部长、省宗教事务局（省民族委员会）局长（主任）
王卫星　省政府法制办主任
高国顺　省人大常委会法工委主任
朱　明　省高级法院副院长
荣　彰　省检察院副检察长
郭新民　省总工会常务副主席
赵雁峰　团省委书记
王维卿　省妇联主席
马新义　省军区副参谋长
王树海　武警山西总队副司令员
赵志华　中国人民银行太原中心支行行长
王　毅　山西保监局局长
许乾峰　太原海关副关长
杨绍清　太原铁路局局长
谢远生　山西省通信管理局局长
刘晓勇　省银监局局长

二、综治办

薛永辉　省委政法委副书记（分管综治工作）
姚鸿波　省综治办副主任
刘永生　省综治办副主任
省综治办下设综治一处、二处、三处、四处。

山西省各市、县（市、区）综治委、办主任名单

地　区	综治委主任	综治办主任
太原市		宫殿元
迎泽区	刘文华	郭宇飞
杏花岭区	李　浓	刘建汝
万柏林区	张齐山（8月前） 白静恩（8月后）	牛培亮
尖草坪区	郭建发	张世才
小店区	车建华	刘宝玉
晋源区	王立刚	樊林虎
清徐县	韩良会	侯淑艳
阳曲县		刘世亲
娄烦县	薛东晓	高志远
古交市	常　青	郝根师
大同市	丰立祥	魏兴平
城　区	祁雪峰	姜保军
矿　区	刘勇军	岳继斌
南郊区	薛明耀	许孝堂
新荣区	董志刚	赵志刚
左云县		徐海斌
大同县	王凤瑞	路喜财
阳高县		臧守刚
天镇县	姚振华	呼志军
浑源县	张清河	李善义
灵丘县	张　强	刘锦玉
广灵县	郭占宝	邱贵福
开发区	雷学峰	陈宇中
阳泉市		安少杰
平定县	杨自明	冯书明
盂　县	张玉斌	牛京平
郊　区	苏秀瑞	赵爱明
城　区		苏作光
矿　区		白铁明
晋中市	张　璞	郑黎明
榆次区	贡　琦	褚玉强
太谷县	郝向明	闫宏森
祁　县	吴文胜	高远征
平遥县	卫明喜	赵士亮
介休市	王继堂	王云涛
灵石县	段燕翔	李兴隆

地　区	综治委主任	综治办主任	地　区	综治委主任	综治办主任
寿阳县	郝鹏鸿	李有明	蒲　县	闫建国	张记龙
昔阳县	丁雪钦	乔斌录	隰　县	李亚丽	王红建
和顺县	孙永胜	王占维	大宁县	刘奎生	李宁蒲
左权县	王　兵	杨晓宇	乡宁县	杨安虎	高泽林
榆社县	梁璐阳	田新瑞	吉　县	郝忠祥	张军森
开发区	温毓诚	戴世军	永和县	加天山	
长治市	卢建明		**吕梁市**	高卫东	贺云荣
城　区	宋福庭	秦书平	交城县	刘应刚	王晋军
郊　区	潘贤掌	牛彦岗	文水县	梁宝明	闫启明
长治县	裴少飞	王照星	汾阳县	李建国	王卫东
潞城市	唐立浩	朱申旺	孝义市	马文革	文泰山
屯留县	郭泽兵	郭爱勤	交口县	徐宇平	李　明
长子县	马先明	赵忠义	石楼县	油晓峰	王　芳
壶关县	张宏伟	陈淑芳	中阳县	郭保平	白海冰
平顺县	赵永进	杨建松	柳林县	郝继平	王元平
黎城县	郜双庆	王国胜	离石区	常书铭	
襄垣县	琚海鹏	尚红峰	方山县	李少杰	刘月亮
武乡县	秦苏良	李红伟	临　县	张建国	高志峰
沁　县	卢展明	卫晓东	兴　县	梁志峰	郭　平
沁源县	光宇航	邢　进	岚　县	高奇英	张永平
开发区	张　圣	任立端	**运城市**	陈振亮	张开高
晋城市	张九萍	栗　强	盐湖区	王志峰	王　捷
城　区	张利锋	苏新斌	永济市	陈　杰	王　忠
泽州县		韩立会	河津市	胡　宝	毋刚石
高平市	张玉宏	刑震伟	临猗市	赵惠民	闫志红
阳城县	王晋峰	李红庆	万荣县	李尧林	李国斌
陵川县	石云峰	郎俊峰	稷山县	乔登洲	苏正林
沁水县	范兆森		新绛县	邓雁平	薛新奎
开发区	程　琳	王金富	绛　县	卫再学	王政林
临汾市	罗清宇	曹洪安	垣曲县	史　凯	刘永平
尧都区	赵志坚	许养栋	闻喜县	张汪尤	柴小明
侯马市	李朝旗	刘　伟	夏　县	张宏志	赵芙蓉
霍州市	陈　纲	乔建民	平陆县	郭　宏	何建军
襄汾县	王国平	李　宏	芮城县	董旭光	翟惠峰
曲沃县	朱晓东	张海华	**忻州市**		徐宏伟
翼城县	郭行杰	聂俊峰	忻府区	张钰祥	杨万山
洪洞县	王黎明	李虎山	定襄县	张文斌	张卓越
浮山县	孙京民	卫文业	原平市	薛根生	赵国斌
古　县	郝献民	段书文	五台县	王继明	刘俊奇
安泽县	任秀红	牛宏军	代　县		丁俊卿
汾西县	任天顺	贾治华	繁峙县	范波涛	

地　区	综治委主任	综治办主任	地　区	综治委主任	综治办主任
宁武县	任宁虎	赵新元	**朔州市**	王安庞	解志强
静乐县	李德新	姜俊昌	朔城区	郭连厚	荆秀山
神池县	曹爱民	张　玺	平鲁区	吴晓斌	李兴亮
五寨县	张　春	周　达	山阴县	侯　元	
岢岚县	王志东	王新平	怀仁县	吴秀玲	张慧希
河曲县	边东圣	刑富强	应　县	兰成国	冯玉宝
保德县	段　新	续继宏	右玉县	苏连根	冯志远
偏关县	任建华	周晓虹			

（撰稿人：杨威
审稿人：刘永生　唐盛利）

内蒙古自治区

2014 年综治工作概况

2014 年,内蒙古自治区各地各部门认真贯彻党的十八大、十八届三中、四中全会和自治区党委九届十二次、十三次全委(扩大)会议精神,紧紧围绕服务“8337”发展思路,集中打好维护北疆安全、排查化解社会矛盾、消除公共安全隐患“三个攻坚战”,全面实施提升社会治理能力、提升执法司法公信力、提升政法队伍素质“三项工程”,创新社会治理,深化平安内蒙古建设,保持了自治区社会治安秩序持续平稳,为把祖国北疆这道风景线打造得更加亮丽营造了良好的社会治安环境。

一、深化平安建设,全力维护祖国北疆安全

深入推进平安创建。按照自治区党委、政府关于深化平安内蒙古建设的部署要求,推动全区各地把平安建设作为一项战略任务摆上重要议事日程,强化责任,明确目标,细化措施,扎实推进平安创建活动。12 月 12 日至 13 日,在呼伦贝尔市召开全区深化平安内蒙古建设现场推进会,总结推广平安创建经验,部署了今后一个时期平安建设工作。会议传达了深化平安中国建设会议精神,全体与会代表观看了部分省区(市)和呼伦贝尔市、赤峰市、鄂尔多斯市及呼和浩特市新城区、巴彦淖尔市五原县、乌海市海勃湾区、乌兰察布市集宁区、包头市土默特右旗平安建设专题片,实地观摩了呼伦贝尔市海拉尔区公安分局、健康办事处综治工作中心和鄂温克旗巴彦托海镇赛克社区、社会组织联合会 4 个基层单位。

加大综治奖惩力度。自治区经认真考核评比,对 2013 年度全区 81 个综治工作优秀地区、单位,100 个优秀综合治理工作中心进行表彰奖励,共颁发奖金 365 万元;自治区对有关地区单位进行通报警示 24 件(次)、诫勉谈话 24 人,黄牌警告 45 件(次),挂牌整治 51 个地区、场所(部位)。

二、加强源头治理,深入开展矛盾纠纷排查化解工作

集中打好矛盾纠纷排查化解攻坚战。制订了总方案和 4 个专项行动方案。自治区党委 12 名常委分别包联全区 12 个盟市信访工作,推动信访积案的化解。自治区党委政法委、综治办先后 3 次派出督查组,推动各地各单位落实矛盾纠纷排查调处工作措施。据统计,2014 年,全区共排查矛盾纠纷 17865 次,预防纠纷发生 22048 次;共调处矛盾纠纷 141701 件,调处成功 137977 件,成功率 97.37%。

三、深入推进公共安全隐患大排查大整治,全力维护公共安全

开展公共交通安全隐患排查整治。自治区综治委制订下发了《全区公共交通安全隐患排查整治专项行动工作方案》,按照“两防止、一确保、三维护”的目标要求,分 4 个阶段开展公共交通安全隐患排查整治专项行动。各盟市认真贯彻落实中央和自治区的部署要求,针对公交系统存在的管理漏洞、制度缺陷、安全隐患、防范盲点等问题,采取有效措施进行集中排查、重点整治。2014 年,全区未发生有影响的公共交通安全案(事)件。

加强道路交通安全综合治理。落实“12533”工作思路,即突出“一个主题”(“转作风、办实事、防事故、保畅通、促稳定”),围绕“两条主线”(队伍建设和深化改革),着力于“五个工作机制建设”(健全和完善道路交通安全综合治理领导协调机制、道路交通安全隐患排查整治长效机制、重点车辆及驾驶人安全监管长效机制、重点违法行为整治长效机制、道路交通事故责任倒查追究机制),着手于推进“三项重点工作”(公路交通安全防控体系建设、执法规范化建设、交管工作全面深化改革),着眼于坚守"三条底线"(不发生重特大道路交通事故,不发生长距离、大范围交通拥堵,不发生民警严重违法违纪事件),确保了全区道路交通安全形势持续平稳。2014 年,全区共发生道路交通事故 3404 起,死亡 1005 人、受伤 3229 人,财产损失 1491.77 万元。与去年同期相比,四项指数分别减少了 240 起、91 人、289 人、117.77 万元,分别下降了 6.59%、8.3%、8.21%、7.32%。

突出抓好消防安全工作。自治区与各盟市政府、各大企事业单位签订消防工作责任状,全面落实消防安全责任。持续开展重大火灾隐患集中整治专项行动、火灾防控以及全区劳动密集型企业消防安全专项治理工作,保持火灾隐患整治高压态势。2014 年,全区出动监督检查人数 26 万余人次,检查单位 12.4 万余家,发现火灾隐患或违法行为 21 万余处,督促整改火灾隐患或违法行为 20 万余处。全区火灾各项指标稳中有降,未发生较大以上火灾事故,继续保持无重特大和群死群伤恶性火灾的良好势头。

四、实行挂牌整治,扎实开展社会治安重点地区排查整治工作

集中开展严打整治。围绕社会治安方面存在的突出问题,全区先后组织开展五次"震慑"系列行动,破获刑事案件 2439 起;组织开展了"净土"禁毒系列专项行动,全区共破获毒品案件 1837 起,抓获毒品犯罪嫌疑人 2321 人;组织开展了"雷霆"扫除"黑恶势力"系列专项行动,全区共有涉黑涉恶违法犯罪线索 1046 条,办结 1010 条;组织开展了"净网""扫黄打非"系列专项行动,破获网络重大刑事案件 9 起,抓捕犯罪嫌疑人 41 名;组织开展了以打黑除恶、打击"两抢一盗"等多发性侵财案件,打击拐卖妇女儿童,打击电信诈骗为主要内容的"亮剑一号"专项行动;组织开展了以打击食品、药品犯罪为重点的"打四黑除四害"行动,有效遏制了各类刑事和治安案件发案。2014 年,全区刑事案件同比下降 28.1%,八类案件同比下降 16.7%,侵财案件 7.9 起,同比下降 29.8%。治安案件下降 29.8%。

突出治安问题实施挂牌整治。自治区综治办制订《社会治安重点地区和突出治安问题排查整治专项行动方案》,明确工作任务、措施和要求。全区各级综治委(办)定期分析社会治安形势,对全区社会治安重点地区和突出治安问题按季度进行分析研判。自治区综治办、自治区公安厅研究制定《内蒙古自治区社会治安重点地区排查整治工作规范(试行)》,明确社会治安重点地区认定标准和程序。8 月份,自治区综治委下发《关于对全区社会治安重点地区、部位(场所)和突出治安问题进行挂牌整治的通知》,对中央综治委社会治安专项组通报的 3 个地区和自治区综治办、自治区公安厅确定的 9 个禁毒重点旗县(区)、24 个社会治安问题突出的重点部位(场所)进行挂牌整治,首次将属地旗县(市区)综治委主任列为责任人。经考核验收,年底前有 2 个地区、部位(场所)提前摘牌,8 个地区、部位(场所)按期摘牌。

各盟市结合本地存在的突出治安问题,认真开展各类排查整治专项行动,特别是对中央通报和自治区综治委挂牌的社会治安重点地区、部位(场所),及时制订整治方案,落实整治责任,开展专项整治行动。2014 年,全区共排查社会治安重点地区、部位(场所)7329 次,通过排查确定重点整治地区、部位(场所)1670 个,已整治 1548 个,正在整治 122 个,整治率为 92%。

五、织密治安防控网,推进社会治安防控体系建设

加大街面治安防控力度。出台《全区公安机关加强社会面常态化武装巡逻防控实施意见》,要求公安与武警机动力量实行常态化武装巡逻防控,最大限度地屯警街面。整合巡警、特警、交警、派出所民警等警力,打造城区 360 秒出警圈和"110"全覆盖处警网,全区 12 个盟市、102 个旗县(市区)党政机关所在地全部完成城区 360 秒出警圈任务。全区共建立专职巡逻队伍 854 支,配备巡逻民警 13297 人,群防群治巡逻队员 84772 人,街面见警率、管控率、打现率明显提高。2014 年,街面犯罪活动下降 30%,群众安全感、满意度明显提高。

加大行业单位管控力度。积极探索市场化运作模式,完善各项防范措施,确保单位内部安全。全区 8410 家治安保卫重点单位设置内部保卫组织 7249 个,建立执勤室、警务室 1039 个,重点要害部门安装防入侵报警系统 16782 处。组织开展了银行业金融机构、电力电信广播电视设施、油气田及输油气管道、大型国防科研试验等专项安保工作，加大对水、电、煤、气、油等关系到国计民生的重点单位安全检查力度，确保重点单位人防、物防、技防措施落实到位。

加大治安防控信息化建设力度。出台《内蒙古自治区公共安全视频监控图像信息系统管理办法》，规范视频监控图像信息系统建设、应用和管理。全区共安装公共监控摄像机 95 万台，其中接入公安网 3.3 万台，接入视频专网 6 万台，联网卡口 500 个。全区已经有 70 多个旗县（市区）建成视频联网平台，并实现与盟市级平台联网。鄂尔多斯市建成集“静中通”、“动中通”卫星通信车，现场通信指挥车、警务直升机、无人直升机、卫星接收站“三车两机一站”为一体的应急指挥平台，实现了各级指挥中心实时音频、视频数据双向互通。

六、发挥部门职能作用，扎实推进综治委各专项组工作

校园及周边治安综合治理专项组下发《关于做好春季开学校园安全稳定工作的通知》，对校园维稳工作进行了全面部署。自治区综治办与教育厅、公安厅联合下发《2014 年全区中小学幼儿园“护校安园”行动方案》，部署在全区继续开展“护校安园”行动。自治区综治委组成 6 个督查组，对全区 12 个盟市中小学、幼儿园安全稳定情况进行督查，并将督查情况通报全区。

预防青少年违法犯罪工作专项组制订《自治区重点青少年群体服务管理和预防犯罪工作实施方案》，选定区、盟两级农村、牧区和社区试点 310 个，重点加强农村牧区留守青少年、特困家庭及残疾青少年的社区服务工作。全区建立留守流动儿童家园 185 个，救助儿童 6.7 万人。全区 4200 多所中小学校全部聘任法治副校长，开展法治讲座等活动 15000 多场（次），受教育青少年达 800 多万人次。自治区团委在内蒙古未成年犯管教所派驻专职社工，开展释前介入服务和预防再次犯罪等服务。文化厅为全区 2700 多家“网吧”7 万多台计算机服务端安装“净网先锋”智能管理软件，净化青少年成长的社会环境。法院系统强化对未成年人的司法保护，6 个中院、16 个基层法院成立未成年人案件综合审判庭，全区共组成 64 个未成年人刑事案件专门合议庭、20 个民事案件专门合议庭。

实有人口专项组出台《内蒙古自治区公安机关涉及流动人口、出租房屋案件责任倒查规定》、《内蒙古自治区公安机关流动人口、出租房屋治安管理工作规范（试行）》等文件，加强全区流动人口、出租房屋信息服务管理系统建设，全区已累计登记录入流动人口信息 58.1 万条，出租房屋信息 19 万条，流动人口服务管理中心信息 759 条，流动人口专职协管员信息 1921 条。全区共建流动人口服务管理中心 759 个，招聘流动人口协管员 15397 人，其中专职 3943 人，兼职 11454 人。

特殊人群专项组：一是加强刑满释放人员服务管理工作。全区共录入 39194 条服刑人员基本信息，由司法所组织核实，向监所反馈 28871 条信息，核查率达到 74%。共创办 79 个安置基地和过渡性实体，依托司法所建立安置帮教工作站 1085 个，帮教刑满释放人员 12418 名，帮教率 98%；安置刑满释放人员 11370 名，安置率 90%。二是加强社区矫正人员服务管理工作。全区累计接收社区服刑人员 44430 名，解除 29370 名，正在接受社区矫正的 15060 名。建立自治区、盟市、旗县（市区）三级信息监控指挥中心，把社区矫正信息化建设纳入自治区云计算中心建设项目，提高社区矫正信息化水平。全区共建立教育基地 206 个，社区服务基地 378 个，依托企业建立就业基地和实体 84 个，建立管理教育服务中心 15 个。全区社区服刑人员重新犯罪率 0.11%，低于全国平均水平。三是加强肇事肇祸等严重精神障碍患者服务管理工作。下发《关于加强严重精神障碍患者救助救治预防和减少肇事肇祸案件发生的通知》，落实救治服务措施，实行分类管控。制定《内蒙古自治区加强重性精神障碍患者服务管理工作的指导意见》，进一步加强和规范我区重性精神障碍患者的服务管理和救治救助工作，做到“应治尽治、应管尽管、应收尽收”。积极推动自治区公安厅加紧启动精神病管理所（安康医院）强制医疗工作。四是加强对吸毒人员管控工作。制订《全区社区戒毒社区康复工作示范单位（点）创建工作方案》和《社区戒毒社区康复工作示范单位（点）创建标准（试行）》，确定 8 个社区戒毒社区康复工作示范单位和 67 个示范点进行典型培育。2014 年，全区共依法责令 6059 名吸毒人员进行社区戒毒和社区康复，累计安置社会面阿片类吸毒人员11605名，社区戒毒社区康复执行率达到86%。自治区戒毒康复中心，先后安置康复人员266余名。投入经费110万元建设内蒙古吸毒人员社会化管控系统，将吸毒人员动态管控系统延伸到乡镇（街道）、强制隔离戒毒场所以及社区药物维持治疗门诊。

护路护线联防专项工作组：一是在全区深入开展“加强线路治安安全巡查巡护活动”，全区各级护路办先后排查和整治线路治安隐患问题187个，下发隐患整改通知书28份，对38个问题进行重点分析研判，限期销号进行解决和防控。加强涉路矛盾纠纷排查调处，全区共调处涉路矛盾纠纷19起（件）。下发《关于做好“两会”期间铁路护路联防工作的通知》和《关于进一步加强APEC会议期间铁路护路联防工作的通知》等，全区铁路线路实现无“五类”案（事）件。二是部署开展全区“三电”设施安全保护工作安全大检查、隐患大整改活动。派出检查组对包头市、通辽市、赤峰市、乌兰察布市、鄂尔多斯市和巴彦淖尔市等地贯彻执行《电力设施治安风险等级和安全防范要求》情况进行检查。共发现和整改安全隐患75处，下发整改通知书12份，对部分隐患部位现场进行了整改。三是开展油气田及输油气管道安全保护工作。7月21日和8月18日，分别部署开展陕甘宁蒙和黑吉辽蒙整治油气田及输油气管道生产治安秩序专项行动区域联合会战行动。期间，盘查过往车辆1793辆，下达安全隐患整改通知书8份。2014年，全区共破获涉油案件4起，抓获犯罪嫌疑人5人，查处治安案件24起，查处违法人员24人，治安拘留23人，出动保卫力量6977人次，出动警力5255人次，车辆2288台次，收缴、罚没非法收购、贩运、倒卖油品车辆2台，油品37.83吨。

维护妇女儿童权益和平安家庭创建专项组积极开展平安家庭三级示范创建工作，至2014年底，全区平安家庭创建示范户占全区总户数的10%。平安家庭创建示范社区（嘎查、村）占社区（嘎查、村）总数的15%，平安家庭创建示范旗县（市区）占旗县（市区）总数的10%。全区各苏木镇（街道）普遍建立平安家庭创建志愿者队伍，志愿服务达到常态化。开展关爱留守妇女儿童、老人行动。全区已组建7000多支巾帼志愿者队伍，人数达12万多人。全年共资助留守儿童4877名，建春蕾班13个，资助达383.36多万元。新建“关爱留守流动儿童家园”16个，实现家园建设标准化、管理规范化。

七、突出工作重点，着力加强综治基层基础工作

加强基层综合服务管理平台建设。重点推动旗县（市区）级以下综治平台建设，全区102个旗县（市区）建基层综合服务管理平台98个，覆盖率达到96%；1055个苏木乡镇（街道）建基层综合服务管理平台968个，覆盖率达到92%；13477个嘎查村（社区）建基层综合服务管理平台11349个，覆盖率84%。

大力推进网格化管理。自治区将推进城乡社区网格化管理纳入社会体制改革项目，各盟市也结合实际，积极推行网格化管理模式。目前，全区共有网格员112139人，其中专职39528人，兼职72611人，嘎查村（社区）网格覆盖率达到81%，服务群众的能力和水平明显提升。

加强各级综治办信息化建设。制订《内蒙古社会治安综合治理信息平台建设方案》和《内蒙古自治区社会治安综合治理信息化建设技术纲要》，已完成与自治区政法专网的整合，自治区开通了与中央综治办视频会议系统，已与9个盟市开通了政法综治视频会议系统。

八、继续做好政法综治宣传、培训和见义勇为工作

组织开展综治和平安建设宣传月活动。以“贯彻十八届三中全会精神，推进社会治安综合治理”为主题，组织开展全区综治宣传月活动。活动中，设立宣传点62个，张贴标语1656条，布置展板680块，悬挂条幅245条，发放宣传资料15.6万份，解答群众咨询1.3万人，受教育群众达到28.5万人。9月份，下发《关于开展全区平安建设宣传月活动的通知》，以“创新社会治理、推进平安建设”为主题，在全区组织开展了第九个平安建设宣传月活动。

组织开展全区政法综治“好新闻”评选活动。自治区党委政法委、自治区综治办下发《关于表彰奖励2013年度全区政法综治好新闻作品和优秀编辑、记者、通讯员、优秀新闻网站及获奖单位的决定》,对45个政法综治好新闻作品和43名优秀编辑、记者、通讯员,1个优秀新闻网站、5个组织奖单位、2个全区政法综治宣传突出贡献奖单位进行表彰奖励。《呼和浩特市建成并启用全国首个二手手机交易管理系统》被评选为全国综治“好新闻”三等奖。

组织开展综治干部培训工作。10月,自治区在中央党校举办全区综治干部履职能力培训班,全区盟市、旗县(市区)综治办主任和自治区综治委成员单位联络员共计172人参训。

组织开展见义勇为表彰奖励活动。表彰奖励全区见义勇为先进分子45名,颁发奖金47.5万元。见义勇为人员谢明、安格尔被评选为“全国第十二届见义勇为英雄”。慈连萍被评选为“第十一届‘昆仑杯’全国见义勇为英雄司机”。

内蒙古自治区鄂尔多斯市职能下沉　社会协同服务群众“零距离”

近年来,鄂尔多斯市在推进平安建设的过程中,始终把人民群众的安全感和满意度作为社会平安的根本评价标准,努力建设领域更广、实效性更强、老百姓更满意的平安鄂尔多斯。

一、实施精细化服务管理,延伸社会治理工作触角

一是网格责任落实“零缝隙”。鄂尔多斯市根据网格化管理和服务的要求,综合考虑地域面积、人口状况、行业场所、治安情况及管理难度等因素,将全市739个嘎查村和196个社区划分为5598个小网格责任区,网格内配齐配强了负责人和物业管理、矛盾调处、食品监督、安监、消防、劳动保障监察等协管员,实行“一格多员、一员多能、一岗多责”管理模式,对实有房屋、实有人口、重点人群等服务管理对象做到信息全收集、情况全掌握,将社会治理触角进一步延伸、细化,把各种公共服务资源最大限度地沉到社区、各部门的管理责任落实到网格,织起便民、利民、安民的社会管理和服务网络。

二是干部、职能“双下沉”。通过整合部门职能,将各苏木乡镇(街道)机关3/4以上工作人员下沉到网格一线,抽调部门工作人员组成联合执法队和民生服务队,通过移动终端将进村入户收集的信息和群众需求及时上报到社会服务管理平台,使居民能够更便捷地享受到高效的服务。开通了民生直通车,直接到孤寡老人、残疾人等弱势群体的家中办理社会保险和残疾证、身份证等,将退耕还林、五保户补助等费用直接发放到了居民手中,真正实现了“上门服务”。

三是社区党组织“365精细化服务”。结合城镇化进程全面加快、城市人口大幅增加、群众利益诉求不断增多的实际,总结形成了社区党组织“365精细化服务法”,即通过“干部了解、居民反映、信息化手段采集”三条途径掌握民情,然后采用“分析民情、建立台账、及时办理、反馈结果、群众评议、动态考核”六个步骤办理民事,以“组团服务、数字服务、代办服务、预约服务、错时服务”五种方式满足群众所需,社区党组织深入基层,面对面听呼声,实打实搞服务,解决了居民最关心、最现实、最直接实际的问题。

二、依托社会服务平台,解决服务群众“最后一公里”问题

一是紧贴群众需求,努力为群众排忧解难。广泛深入开展了党员干部工作到村、服务到户、温暖到心“三到”服务和党员志愿者进社区联系服务群众等活动。深入基层一线,认真倾听困难群众诉求,广泛征求群众意见。网格工作人员进片入户,实地了解情况,积极落实工作措施,坚持记好“网格日志”、“民情日记”,准确反馈管理对象、社情民意、工作进展等具体情况,发现问题就地解决,疑难问题由中心协调解决。

二是依托社会服务平台,努力为群众提供便

捷服务。按照“一站式办公、一条龙服务”的理念,各旗区社会服务管理中心在原来的10个民生服务类窗口和12个管理类窗口基础上,因地制宜开展特色服务,增设特色服务窗口。如设立“便民服务代办”窗口,由社区大学生村官或社区干部担任“代办员”,对群众急需办理的服务事项实行代办制。中心还推行延时服务、预约服务、应急服务等特色服务,在公休日安排窗口人员值班,确保群众办事有求必应。

三是突出惠民举措,努力提高人民群众幸福感。“十二五”以来,鄂尔多斯市累计用于民生支出918亿元,占各级财政支出的79%以上。在就业方面,鄂尔多斯市不断完善城乡公共就业服务体系,近五年新增城镇就业15.7万人。住房方面,累计建成各类保障性住房91402套,解决了88581户中低收入家庭住房问题。教育方面,在全区率先实现15年基本免费教育,人民群众真正享受到“零负担”入学的教育惠民政策。医疗方面,城乡居民医疗保险人均筹资标准分别达到563元和574元,报销封顶线提高到20万元。苏木乡镇、社区都建有中心卫生院和中心卫生室,“15分钟健康服务圈”基本建成。社会保障方面,率先实行城乡居民养老保险制度,综合参保率为98.4%;将20种重大疾病纳入新农合保障范围,整体保障水平进入全国前列。

三、创新矛盾调处新机制,实现矛盾化解“零距离”

一是结合“三驻”工作,全面开展矛盾排查化解。鄂尔多斯市紧紧围绕全市中心工作,组织干部驻嘎查村(社区)、驻学校、驻企业,深入推进“领导接访、带案下访”、“大排查、大调解”活动,全面推行“用群众工作统揽信访工作”、“四级调解、一线处置”工作模式,集中开展社会矛盾纠纷排查化解工作,变群众上访为干部下访。全面排查化解嘎查村(社区)、学校和企业内的矛盾纠纷隐患,把存在的矛盾和问题隐患查清,把凸显的社会矛盾问题及时予以化解,从源头上化解矛盾纠纷,最大限度地增加和谐因素,最大限度地减少不和谐因素,切实维护了社会和谐稳定的局面。

二是建立了社会矛盾纠纷化解联调联动工作机制。鄂尔多斯市依托社会服务管理平台,有效整合公安、检察、法院、司法、信访、综治、行业协会等多部门力量,建立了社会矛盾调处中心,对不同领域、不同性质的社会矛盾统一受理、集中梳理、归口管理、分级办理、限期化解,形成了“一站式服务、一条龙办理、一揽子解决”的工作体制。通过人民调解、司法调解、行政调解的有机结合,在全市推行楼栋长管理制度、建立健全了基层矛盾调处委员会,快捷、及时化解各类矛盾纠纷,保证了小事不出村,大事不出镇。

三是建立了首问负责制度,确保信访案件的消化处理。鄂尔多斯市积极推行信访与矛盾化解“首问负责制”,严把第一道“关口”,认真解决初信初访反映的问题,避免了工作上的推诿扯皮重复接待、多头答复和口径不一的问题,压实了领导责任,推动初发问题及时就地解决,有效减少矛盾上行。

四、发挥考核“风向标”作用,促进干部作风转变

一是推行“上评下”,深入基层一线密切群众联系。在扁平化管理模式下,积极探索市对基层乡镇(苏木)、街道的社会服务管理工作的评议考核,将社会服务管理工作考核结果作为基层班子建设、干部选拔培养和监督激励约束的重要依据,增强基层组织对社会服务管理工作的重视度和主动性。在具体政策制定和资金支持上,对基层考虑得多、倾斜得多,充分调动激活了基层积极性和能动性,强化社会服务管理基层基础,提高基层的服务管理效能,使得基层工作有人做、乐于做、做得好,真正将服务群众落到实处。

二是推行“下评上”,有关部门参与互点互评。在基层社会服务管理考核中,以群众对工作的满意度为标准和出发点,推行以基层评议上级机关、居民测评部门的“下评上”开放式考核体系。由内部封闭式考核变为群众代表、党员代表和服务对象等广泛参与的开放式考核,在街道、社区与各服务部门、执法部门、包联部门之间实行互相测评。以满足居民需求作为导向,结合群众、部门在测评中反映的问题,有针对性地制定工作措施,改进工作方法,让群众成为服务管理的最大受益者。

三是推行“上下互通互动互融”基层评议考核机制。推行“三有两评双挂钩”的基层群众工作体系。“三有”,即:群众有便民联系卡,包村干部有民情日记,群众工作站点有民情台账;“两评”，即：领导点评和群众评议；“双挂钩”，即：将嘎查村（社区）的社会服务管理与包村干部、“两委”班子成员的经济待遇和政治待遇挂钩。通过开展“三有”工作，倒逼干部下基层、包网格、进农户，在与群众“面对面、点对点”工作中知民情、听民意、解民忧、帮民困、得民心。通过双向互动的评议考核机制，干部的群众工作能力得到锻炼和提升，群众根本利益得到尊重和实惠，干群关系进一步密切，社会和谐稳定的基础进一步牢固。

四是开展社会化考评，扩大群众监督评议的话语权。把群众满意作为干部履职的价值导向，以评议监督过程的认同来赢得考核结果的满意。通过组织公众安全感和执法满意度等社会问卷测评，在广播、电视、报纸和网络上开设“行风评议热线”、“问政”、“百姓直通车”等多种形式社会化考评，最大限度吸引和组织群众参与，保持与群众的良性互动，做到“民有所呼、我有所应，民有所求、我有所为”。将群众的监督评议信息收集汇总，通过科学分析和运用评价结果，充分发挥评价结果的“民意表”作用，让干部“照照镜子”，促使干部把主要精力放在服务基层群众、解决实际问题、推动工作落实上。

五、创新治安防范模式，努力让群众感受到实实在在的平安

一是“360 秒”出警圈保护群众生命财产安全。通过网格化巡逻和派出所、刑侦、治安、交管、消防等固定警务点相结合，达到警力互补，实行多警种协同、就近、快速处警的联动机制，在接到报警后实现 360 秒快速到达警情现场，处理案件，以最高效的方法确保第一时间解决损害群众合法权益的违法犯罪事件，让群众感觉到平安就在身边。

二是“网上公安”让数据多跑路，让百姓少跑腿。鄂尔多斯市“网上公安办事大厅”共涉及 13 个业务警种包含 148 项网上办事事项，目前已开通群众关心的车辆违章查询、居民身份证办理、百姓落户、护照申领等 126 个热点事项，通过网上场景式服务，只需轻轻一点击就像置身于公安机关，办事指南一目了然。遇到问题，还可通过在线咨询、预约服务，减少不必要的麻烦，提高办事效率，有效接受群众监督。把原先限时限地柜台式服务变成了 24 小时不间断网络服务，使其真正成为服务民生的“新干线”、警民和谐的“连心线”、执法监督的“阳光线”。

三是“千里草原安睦隆”实现警务触角的全覆盖。推行了以“草原 110”报警电话、流动警务室等为主要内容的“千里草原安睦隆”工程。由政府出资为居住比较分散的牧民免费安装电话，并补贴电话费，让农民们在遇到紧急情况后在第一时间能与公安部门取得联系，确保生命财产安全。流动警务室则借助警车的灵活性，活跃在广大农牧区开展治安防范、打击违法犯罪、社会管理等警务活动，有力地预防和震慑了各类违法犯罪行为的发生。

内蒙古自治区通辽市坚持重心下沉　强化基层基础
深入推进平安通辽建设

2014 年，通辽市坚持把“下沉工作重心，强化基层基础”作为深化平安建设的重要抓手，不断改进和创新社会治理方式，强力推行农村牧区网格化社会服务管理模式，积极构建矛盾纠纷排查大调解体系、立体化社会治安防控体系、公共安全管理服务体系，全力维护社会和谐稳定，为促进全市经济社会快速发展营造了良好的社会环境。

一、推行农牧区网格化社会服务管理模式，着力提升基层服务管理水平

通辽市是典型的少数民族聚居区和农牧业大市。针对农牧业比重大、农村牧区人口多、“三农”问题突出的实际，推行以精细化管理、人性化服务、多元化参与、信息化支撑为特征的“农村牧区网格化社会服务管理模式”。通过点对点、面对面地为农牧民提供服务和帮助，及时掌握和协调农牧民利益诉求，切实解决农牧民生产生活中的实际困难和问题，保证了国家惠农政策落到实处，有效提升了基层服务管理的整体水平。

（一）科学划分网格。结合嘎查村资源分布和实有人口、村民户数、生产生活习惯等实际，坚持“规模适度、无缝覆盖、动态调整”原则，按照“3个网格员＋一定数量包联户”的“3＋X”模式划分网格，实行“2＋N”【2指支部书记、嘎查达（村主任），N为“3＋X”网格总和，3为1名党员、1名两委班成员、1名村民代表，X为包联户数】网格化服务管理机制。全市2098个嘎查村共划分网格11216个，选定网格员32588名，实现了网格化服务管理“横向到边、纵向到底”全覆盖。

（二）健全工作机制。全市统一制定了网格员服务管理目标、工作职责和内容，建立了定期走访、定期分析、限时办结等制度，做到网中有格、人在格上、事在网中，形成了由嘎查村委会、村支书（村主任、嘎查达）、网格员组成的三级联动管理机制，形成了“上面千条线，下面一张网”的农村牧区社会治理运行模式。

（三）明确工作职责。明确规定网格员承担信息员、调解员、联防员、安全员、服务员等“五大员”职责，完成7项工作任务，通过“定格、定人、定责”，把人、地、物、事、情、组织全部纳入网格管理范畴，实现了管理服务力量最大限度下沉，延伸了基层综合服务管理平台工作触角，充分调动基层组织和群众力量，主动发现问题，化解社会矛盾，保障服务民生。

二、搭建社会矛盾大调解实体化运行体系，着力提升矛盾纠纷源头治理能力

2014年，通辽市针对矛盾纠纷调解组织之间衔接不顺畅、责任主体不明确、存在推诿扯皮等问题，提出了矛盾纠纷大调解工作“由松散型向紧密型转变、协调型向操作型转变”的工作思路，在全市推行社会矛盾“大调解”机制实体化运作，依托综合服务管理中心（站），建立了“金字塔”式的市、旗县、乡镇（街道）、嘎查村（社区）、网格五级矛盾排查化解平台，要求每级平台都有专门机构、专职人员和专项经费，保证工作常态化，确保各类矛盾纠纷从源头上得到有效化解。

（一）网格化排查。由网格员负责本网格内的矛盾纠纷排查和民情信息收集，以包联户为单位，每日入户走访排查，并记录《民情日记》，入户率达100%。对简单的、能够解决的矛盾纠纷进行及时化解，切实把矛盾纠纷解决在萌芽状态、解决在家门口。对不能当场办理的，由网格员把情况信息进行分类整理、及时上报，办结后及时向群众反馈，实现了网格员办小事、报大事，与上级组织配合办实事、解难题的有效对接。

（二）层级化解决。网格员对排查出来的矛盾纠纷和各类民情信息进行分类筛选，对复杂的矛盾纠纷，由网格员负责深入了解情况，做好登记，及时把问题提交到嘎查村综合服务管理工作站，由两委班子集体研究解决；对嘎查村确实不能解决的重大矛盾纠纷，在做好解释和稳控工作的同时，及时报上一级综合服务管理中心，按程序办理；对跨部门、跨行业、跨系统“三跨”疑难矛盾纠纷，由综合服务管理中心组织相关部门会商解决。市县乡村网格五级平台按照事权职责和属地管理原则，逐级上报、逐级落责、逐级化解。通过层级化落实责任，有效避免了责任不清、相互推诿的问题，使矛盾纠纷从根本上得到了有效解决。

（三）综合化研判。市县乡村网格五级“大调解”中心（站）每月召开1次矛盾纠纷排查调处工作会议，对排查出来的各类矛盾纠纷进行汇总分析，掌握矛盾纠纷的数量、类型，综合分析矛盾纠纷的特点、动向和规律，研究重大复杂矛盾纠纷化解方案和预防激化措施，保证了大调解工作常态化、实体化运作。2014年，全市共排查农牧区矛盾纠纷11303件，化解11038件，化解率达97.6%；防止民转刑案件14件37人。

（四）信息化提升。全市启动了网格信息化建设项目，逐步由旗县、苏木乡镇、嘎查村向网格延伸，构建社会矛盾联动化解、综合信息收集、人口分类信息管理等综合信息服务管理系统，打造全面覆盖、动态跟踪、联通共享的网格化服务管理信息支撑体系。比如，科尔沁区在部分村镇调解室安装了全市首家视频连接设备，实现了街道村居异地联动接访、调解，并将调解过程全程录音录像。实行两级平台联合办案，既规范、监督村居调解方法，又提高了工作效率，缩短了案件办结时间，全面提升了村居干部依法调解矛盾纠纷的能力。

三、实施基层法律服务全覆盖，着力推进法治通辽建设进程

通辽市以网格化服务管理体系为基础，全面推行基层法律服务“五个全覆盖”，引导基层和广大群众运用法治思维和法治方式维护合法权益，最大限度地减少信访问题的发生。

（一）法律讲堂嘎查村（社区）全覆盖。在全市2098个嘎查村、192个社区，全部开设法律讲堂。由法律服务人员或外请专家每年为基层干部、农牧民、社区居民举办法律知识普及课4次以上。突出嘎查村委员会、社区居委会日常收集掌握的群众关注的热点、难点、投诉所涉法律及其他法律需求，采取法制讲座、送法下乡、法制巡讲、法制文艺演出、法律知识竞赛等群众喜闻乐见的形式，不断丰富法律讲堂内涵。截至目前，全市已开展32场法制巡讲、巡演，受益群众达1万多人。

（二）政法干警联系嘎查村（社区）全覆盖。全市在编政法干警每2人编为一组，负责联系1个嘎查村（社区）并提供法律服务，每季度至少到联系点工作半天，每年至少举办1次法制讲座。日常以手机、微信、视频等形式，与联系点沟通，提供所需服务。为推进政法干警联系嘎查村（社区）法律服务全覆盖深入开展，市委政法委组织实施了“感恩一滴水”和“修身责任田”工程，要求全市政法干警原籍是通辽本地的，回到出生地或成长地开展工作，感激养育之恩，报效家乡父老，承担社会责任。政法干警出生地或成长地不是通辽本地的，按要求到指定的基层嘎查村（社区）联系点开展工作，把联系点作为“责任田”承包给每个政法干警，使政法干警真正融入基层，贴近群众，提升素养。全市6004名政法干警与2098个嘎查村、192个社区进行工作对接。

（三）法律顾问全覆盖。建立了规范完善、运转协调的政府、嘎查村（社区）、企业、学校法律顾问制度，要求每个企事业单位、嘎查村（社区）至少选聘1名法律专业人员担任法律顾问，直接参与政府主导项目的重大决策风险评估，参与解决重大信访问题和专业性调解，把政府服务、群众需求纳入法治轨道，依法解决各类问题。今年已选聘10名优秀律师，为市政府领导提供“一对一”法律顾问服务；全市律师担任政府部门法律顾问33家，直接参与市级重大信访事件听证2次，提供法律咨询137件。

（四）律师、法律工作者和法律服务志愿者进苏木乡镇（街道）全覆盖。结合法律顾问制度建设，为全市90个苏木乡镇、26个街道确定至少1名保持经常联系的执业律师或法律工作者提供法律咨询业务。组建法律服务志愿者队伍，为192个社区群众提供日常法律服务。同时把旗县市区法律顾问团工作向乡村延伸，把服务“三农”工作放在更加突出位置，积极推进“一乡一律师”、“一村一顾问”制度。

（五）法学专业大学生社会实践活动进中心社区全覆盖。充分利用内蒙古民族大学资源优势，为法学专业大学生提供实习基地，在主城区所有社区综合服务管理中心设立法律咨询窗口，每2周到社区工作半天，每半年举办1次法制讲座，提供普及法律知识，解答法律问题，代写法律文书等法律服务。全市共选派80名大学生与主城区40个社区进行对接，为居民提供日常法律服务。

四、构建立体化社会治安防控体系，着力提高人民群众安全感

通辽市积极构建由市委市政府统一领导、综治部门协调、公安部门为骨干、群防群治力量为依托，集社会化、网络化、信息化为一体的治安大防控格局，实现了“发案少、秩序好、社会稳定、群众满意”的目标。

一是推进立体化治安防控体系建设。依托网格化服务管理平台，建立了由嘎查村（社区）主任牵头，网格员、协警员、离退休干部职工、楼院长、五老队伍和志愿者等组成的治安巡防队，组织开展灵活多样的联防活动，推出警务室、警民联系点和流动警务室等多种警务模式，组织社区民警“全日制”驻区工作，推进警力下沉。全市共建立城镇警务室277个，建立农村牧区警务室2429个；共配备社区民警741人，占全市派出所总警力的55.5%。

二是加强街面防控网建设。按照打造“6分钟”出警圈要求，采取基层公安机关为主、警种专业力量支援的模式，因地制宜划分巡逻区，形成覆盖城市和农村集镇的巡逻网。整合巡逻力量，组织特警、交警、派出所等警种和武警开展综合巡逻，重点加强易发案区域巡逻，最大限度地提高街面见警率。组织群防群治力量参与街面巡逻防控，强化对中心区域、治安复杂地区、人员密集地区的武装巡逻，建立完善了“三级巡防”常态化工作机制。

三是加强视频监控网建设。进一步完善市、旗县、派出所三级视频监控平台建设，有效整合各类视频监控系统等采集的视频图像信息，实现了对视频资源的深度利用。在主城区和旗县政府所在地实现重点部位、地段视频监控全覆盖。2014 年，全市视频监控探头总数已近 10 万台，比 2013 年增加 1500 台，全市公安机关自建 2000 台，比 2013 年增加 150 台，配套工作稳步推进。

四是加强区域警务协作网建设。以城区出入口、城乡结合部、交通要道为重点，进一步加强和完善治安检查站、治安卡点建设。已建成的 12 个治安检查站实行 24 小时实体化规范运行，以交警为日常力量，多警种联动，实现了二级检查站远程指挥、视频监控和可视化调度。加强区域警务合作，落实情报信息交流通报机制和重大突发事件互援共处机制。

五、构建公共安全管理服务体系，着力提升人民群众幸福感

通辽市积极推动公共安全保障从被动应对型向主动防控型转变，从传统经验型向现代服务管理型转变，全面提升公共安全服务管理能力，有效防范和减少各类安全事故发生。

一是推进村居公共安全服务管理能力建设。依托基层服务管理网格化，在城市社区和农村牧区行政嘎查村成立公共安全管理委员会，开展用电、交通、房屋、涉水安全和防爆炸、防中毒、防火灾等公共安全管理工作。公共安全管理委员会由嘎查村（社区）党支部书记担任主任，嘎查村（社区）主任、治保主任、安全管理员、村民代表、网格员等为成员，配备专兼职安全管理人员。深入推进消防“网格化”管理，切实提高了村居抵御火灾能力，增强了村（居）民的消防安全意识。

二是强化校园及周边环境专项治理。市委市政府先后下发 13 个文件，召开 5 次专题会议，部署开展校园及周边环境专项治理、“护校安园”行动等专项活动。针对校园及周边治安和管理等方面存在的突出问题，各旗区由综治办牵头，组织有关部门对全市 66 所中小学、幼儿园内部安全防范、校园周边治安情况逐一梳理检查和集中整治，已排查整改安全隐患 330 处。对梳理出的主城区 12 所中小学、幼儿园的 32 个重点难点问题进行现场办公，落实责任、限期解决。

三是强化重点地区排查整治。市综治办部署开展为期一个月的全市农牧区、人员密集场所、校园及周边、城乡结合部等重点地区集中排查整治活动，将活动开展情况纳入综治年度考核。各相关部门按照横向到边、纵向到底的原则，坚持重点排查整治与日常管理相结合，加大排查整治力度。年初以来，共排查整治重点地区 75 个、重点场所 4323 家、重点人群 13994 人次。

四是强化公共安全隐患排查整治。落实人员密集场所安全隐患整治主体责任和政府部门监管责任，加大集中排查整治力度。公安机关加强对人员密集场所巡查力度，共走访排查各类场所 2.3 万余家，发现各类安全隐患 3.5 万处，限期整改 2.7 万处。排查市级重点整治交通隐患路段 24 处。全市未发生重大公共安全事故和暴恐事件。

内蒙古自治区综治委、办机构情况和负责人名单

一、综治委

主　任：李　佳　自治区党委副书记、政法委书记

副主任：赵　忠　自治区人大常委会副主任

马　明　自治区副主席、党委政法委副书记、公安厅厅长

胡毅峰　自治区高级法院院长

马永胜　自治区检察院检察长

陶　建　自治区党委政法委常务副书记、综治办主任

二、综治办

主　任：陶　建　自治区党委政法委常务副书记

副主任：曲云清　专职副主任(正厅级)
　　　　且国山(副厅级)
　　　　李瑛玲(副厅级)

自治区综治办现有17人，内设综合处、一处、二处、三处、四处。

内蒙古自治区各盟市、旗县(市、区)综治委、办主任名单

地　区	综治委主任	综治办主任
呼和浩特市	常志刚	
新城区	张　锐	张俊庆
回民区	王金柱	杨建军
玉泉区	周　强	李俊国
赛罕区	格尔图	马东平
土左旗	云晓林	孙　健
托克托县	杜延锋	
和林县	朱建国	王茂盛
清水河县	云霖琼	刘　攀
武川县	云　海	邓庆斌
包头市	刘德君	许北怀
昆都仑区		贺　青
青山区	张建忠	郭晓琴
东河区	陈建忠	方　正
九原区	刘程民	
稀土高新区	苗玉梁	朱建敏
石拐区	魏　强	申　倩
达茂旗	恩和特布沁	布仁其其格
土右旗	赵　辉	范润刚
白云区	张　轩	樊　禄
固阳县	杨二喜	秦永明
呼伦贝尔市	赵立华	印文忠
满洲里市	韩宪军	刘凤英
海拉尔区	杜联合	高伟民
牙克石市	倪永连	李　军
扎兰屯市	肖明华	李永强
额尔古纳市	阿晋勒	于维富
根河市	李铁群	王子鉴
阿荣旗	冯方祥	崔海川
莫力达瓦旗	索曙辉	王成军
鄂伦春旗	何胜宝	阿　军
鄂温克旗	敖立新	王　庆
陈巴尔虎旗	布仁贝尔	王宪荔
新巴尔虎左旗	吴静怡	宝鲁日
新巴尔虎右旗	那日苏	薛德顺
扎赉诺尔区	齐伯金	赵　炎
兴安盟	杨春山	刘忠民
乌兰浩特市	郭　堂	朱海燕
扎赉特旗	董文清	于凤华
科右前旗	阿云嘎	吴双虎
突泉县	李　妍	张　军
科右中旗	赵田喜	郭百顺
阿尔山市	赵青松	李　凯
通辽市	梁志远	王孝义
科尔沁区	哈斯布和	王海民
霍林郭勒市	田　鹰	班布拉
开鲁县	罗　剑	赵春旺
科左中旗	刘百田	郭法庭
科左后旗	彭立军	苏日格
库伦旗	门德白乙拉	玄玉坤
奈曼旗	布　仁	李强华
扎鲁特旗	白立柱	包舍旺
经济技术开发区	李振清	闫宝春
赤峰市	毕力夫	王琳琮
阿鲁科尔沁旗	孟晓冰	宝音达来
巴林左旗	高希华	石向东
巴林右旗	浩毕斯嘎拉图	斯钦朝格图
克什克腾旗	于伟东	王建民
林西县	张　恒	王明琴

地　区	综治委主任	综治办主任
翁牛特旗	南振虎	
喀喇沁旗	李浩楠	胥鹏飞
宁城县	马占国	谢玉峰
敖汉旗	黄彦峰	潘卫国
红山区	姜俐欣	王庆军
元宝山区	刘万东	王世举
松山区	田向存	董得慧
锡林郭勒盟	张院忠	达日汉夫
锡林浩特市	张锦明	徐远帆
二连浩特市	罗　青	闫志勇
西乌珠穆沁旗	朝　鲁	赵志刚
东乌珠穆沁旗	布和朝鲁	周凤海
苏尼特左旗	那仁满达	格日勒巴特尔
苏尼特右旗	布仁金	安　波
阿巴嘎旗	阿木古楞	哈斯图力古尔
正镶白旗	包丽华	包玉山
正蓝旗		杨进东
太仆寺旗	胡成东	吕海生
镶黄旗	达布希拉图	斯琴高娃
多伦县	霍锦炳	张　君
乌拉盖管理区	孙振江	康建军
乌兰察布市		郭全运
集宁区	辛　舒	陈德伟
丰镇市	王志勇	侯雪莉
察右前旗	杨　印	曹海涛
察右中旗	赵向红	刘向阳
察右后旗	纪全富	李建文
四子王旗	赵利国	李奋领
凉城县	那胜巴图	梁芙俊
卓资县	王　文	李银贵

地　区	综治委主任	综治办主任
商都县	曹凯宏	徐建源
兴和县	刘　政	孙亚林
化德县	崔雨来	袁金河
鄂尔多斯市	刘玉华	雷·斯仁
东胜区	王美斌	白万斌
达拉特旗	奇·达楞太	靳　敏
准格尔旗	麻永飞	郝建斌
伊金霍洛旗	杨雁华	霍春梅
康巴什新区	阿拉腾敖日格乐	阿拉腾敖日格乐
鄂托克旗	金　武	王四清
乌审旗	牧　人	宝勒德
杭锦旗	云卫东	奇惠民
鄂托克前旗	张占霖	
巴彦淖尔市	胡　丰	许尔宏
临河区	赵　峰	屈明义
乌拉特前旗	菅江左	李　鹏
乌拉特中旗	边保全	马占亮
乌拉特后旗	陈功明	刘　军
五原县	张广明	韩　仿
杭锦后旗	张如红	丁学宏
磴口县	王玉林	王林虎
乌海市	龚明珠	曹爱云
海勃湾区	王培龙	杨　旭
乌达区	吴晓东	吴纯国
海南区	乔天峰	付志军
阿拉善盟	周　岩	张晶文
阿拉善左旗	杨　辉	富　涛
阿拉善右旗	罗志伟	额尔登高娃
额济纳旗	孟　和	

（撰稿人：郑佳玫　张晓奇
审稿人：李瑛玲　谢森福）

辽 宁 省

2014 年综治工作概况

2014 年,辽宁省政法综治部门认真学习贯彻习近平总书记系列重要讲话精神,全面落实党的十八届三中、四中全会精神、中央政法工作会议精神,牢牢把握"稳中求为"的总基调,坚持全面深化改革和落实依法治国基本方略,更加注重以法治思维和法治方式引领工作,把解决进京非正常上访突出问题作为全年工作的重中之重,集中破解长期制约平安辽宁建设科学发展的重大难题;把强化源头预防、源头化解、源头治理作为着力点,全面推进解决影响社会和谐稳定的突出问题;把"基层综合服务平台规范化建设年"和系列平安创建作为重要抓手,深入推进基层基础建设,较好地完成了全年工作任务。

一、加强组织领导,坚定法治方向,积极引领平安辽宁建设创新发展

一是组织召开会议,强化安排部署。组织召开平安辽宁建设电视电话会议。制定下发了《2014 年全省综治(平安辽宁建设)工作要点》,明确了全年工作的主要任务和具体措施。各市相继做出传达部署,确保省委、省政府和省综治委各项要求落到位。二是推动社会治理法律法规的改革完善。会同有关部门研究制定辽宁省社会治理体制改革的各项规章制度,推动有关法律法规实施。与省人大内司委联合开展社会治理领域法规规章清理,一批与十八届三中全会改革精神或改革措施不适应的法规规章纳入修订范围。《辽宁省社会治安综合治理条例》的修改论证纳入日程,《辽宁省奖励和保护见义勇为人员条例》完成修改,发布实施。三是强化考核和培训,加强综治队伍和工作能力建设。省综治办认真研究制定了《2014 年平安辽宁建设考核评价实施细则》和《2014 年平安辽宁建设考核评价工作方案》,改革考评方式方法,以实地检查与书面检查相结合、明查与暗访相结合,全面考核评价各地、各成员单位综治工作,评先选优,兑现奖惩激励,提高对群众感、满意度的考核力度,丰富了考评内涵。10 月,举办了全省综治干部培训班,省、市、县(市区)综治办主任、处(科)长以及省综治办全体人员参加了培训。特别邀请全国著名法学家、治安学专家、司法改革问题研究专家等为培训班授课,答疑释惑,引起强烈反响,得到广泛好评。

二、加强改革创新,破解重大难题,集中解决进京非访突出问题

一是召开系列会议,统一思路思想。先后召开进京非正常访重点地区整治工作会议、省公检法司主要领导会议、全省政法委书记会议,全面分析当前进京非访形势,提出将解决进京非访突出问题纳入法治轨道,提出抓实"两套机制"、落实"两项措施"、解决"两个一批"、试点先行、逐步推开的具体工作思路。制定下发系列文件,要求各地区、各单位、各部门按照系统治理、综合治理、源头治理、依法治理的要求,细化任务,明确职责,落实措施。二是采取法治方式,创新工作机制。总结鞍山市试点经验,召开全省依法处理信访中违法犯罪问题暨总结推广鞍山经验电视电话会议,在全省正式启动轻微刑事案件快速办理工作机制。以省委政法委和省法院、省检察院、省公安厅、省司法厅名义联合下发《关于依法处理信访活动中有关违法犯罪问题的指导意见》,明确进京非正常上访行为的违法性,结合中央推进轻微刑事案件快速办理机制试点工作,推动将进京非访行为纳入《治安管理处罚法》和《刑法》调整范围,坚持宽严相济的刑事政策,依法处置信访中违法犯罪活动,取得了良好的法律效果和社会效果。三是把握政策措施,加大督办力度。协调省信访局、省检察院、省法院、省公安厅、省司法厅,对重点县(市、区)开展多轮调研指导和督查督办。圆满完成中央提出的工作目标。辽宁省进京非正常上访总量在全国各省排名中也由年初第1位退至第5位,总下降率全国排名第一。

三、加强安全保护,预防打击并进,为全面深化改革创造了安全稳定的社会环境

一是以命案必防、刑案必防为目标开展各类专项行动。全面总结近十年命案专项治理工作,探索全省命案专项治理工作新思路、新举措。组织召开全省打黑除恶专项整治工作电视电话会议,部署打黑除恶专项整治工作,组织开展"打四黑除四害"、"打盗抢促平安"、"缉枪治爆"等专项行动,依法严厉打击"两抢一盗"、电信诈骗等危害人民群众生命财产安全违法犯罪活动。依法惩治非法集资、金融诈骗、逃税骗税等破坏社会主义市场经济秩序违法犯罪。依法惩治侵害农民权益、危害农业生产、影响农村稳定犯罪。严厉打击网络诈骗、色情等违法犯罪活动。积极组织开展"打击对农村留守妇女儿童实施性侵犯罪专项行动",有效维护农村留守妇女儿童权益。严格落实首问责制,明确整改时限,实施跟踪问效。

二是加强社会治安重点地区和突出问题整治。制定《社会治安重点地区和突出问题的认定标准》,细化社会治安重点地区认定标准体系和程序办法。深入推进城中村、城乡结合部、边界地区、治安复杂场所和部位等社会治安重点地区综合治理,扭转重点地区和突出治安问题组织不严、排查不细、整治不力、效果不好的被动局面。省综治委对存在治安、交通、火灾和安全生产隐患的地区,采取集中治理与分块整治并举、宣传疏导与严厉打击并重的原则,加大治理力度,有效地解决了影响社会稳定的突出问题。各类案件与去年同比大幅下降,为深化平安辽宁建设营造了和谐稳定的社会环境。三是预防和有效遏制公共安全事故。做好省综治委社会治安、公共安全、护路护线、校园周边等4个专项组工作,组织实施社会治安、社会稳定专项行动。加大对消防工作的考核检查,明确综治部门在落实《辽宁省社区家庭消防安全教育计划(2015—2019)(征求意见稿)》的任务。开展"平安医院"创建,维护医疗秩序,组织打击涉医违法犯罪专项行动,积极配合国家卫计委与辽宁的部委案件对接工作。配合做好食药监管理体制改革。推动落实国家工商总局、公安部、文明办、中央综治办等联合下发的《关于开展创建无传销城市工作的意见》。深入开展"扫黄打非"专项整治。组织召开全省查处取缔无证照经营联席会议,推动查处取缔无证照经营专项整治工作的开展。深化军地平安创建活动,参与打击涉军造假、军地平安创建和涉军维权工作。继续深入开展打击"六合彩"赌博犯罪和毒品犯罪"两个专项行动",有效维护市场经济秩序和社会和谐稳定。积极推进公共交通安保、公共安全技术防范法治化。四是推进护路护线和校园及周边综合治理。推动油气管道保护规范化建设。继续开展平安铁路创建活动,打造高铁"平安通道",强化护路护线反暴力恐怖工作力度,突出涉路矛盾纠纷排查调处、铁路沿线治安问题整治、爱路护路宣传教育。充分发挥综治优势,加强路地联防联控,维护铁路沿线治安秩序稳定。继续开展"护校安园"行动和矛盾大排查、大调处活动,加大校园和幼儿园安全防范。

四、加强源头治理,务求形成合力,不断提高矛盾纠纷排查调处实效

一是整合资源力量,推动综合化解。完善人民调解、行政调解、司法调解工作协调机制,健全完善社会稳定风险评估机制,推动健全土地房屋征收补偿、环境污染、劳资矛盾、医疗纠纷、安全生产、食品药品安全、知识产权、交通事故等多领域行业性、专业性调解组织。坚持每月一次矛盾纠纷排查协调会议,综合分析社会矛盾形势,为部署阶段性重点工作提供重要依据。二是强化调解功能,推动就地化解。协调推动各级党委政府加强基层调解员队伍建设,发挥基层调解组织在主动掌握社情民意、了解群众诉求、排查各类矛盾、化解邻里纠纷等方面的优势,做到社会矛盾全面排查、调解组织全面覆盖、调处机制全面规范、矛盾纠纷全面化解,确保矛盾不堆积、问题不蔓延、事态不升级。三是深化教育实践,推进源头化解。坚持以第二批党的群众路线教育实践活动和中央巡视组在辽宁省开展巡视活动为契机,健全完善领导干部接访、下访、回访等制度,完善有关政策措施,推动各类矛盾纠纷有效解决。充分发挥基层调解组织和党员干部做群众工作的优势,推动各级调解组织走进基层群众、组织宣传群众,主动上门服务，了解群众诉求，指导推动工作，帮助解决问题。把矛盾纠纷排查化解工作重心从事后处理转移到事前预防上来，确保发现得早、化解得了、控制得住、处理得好。加大信访积案矛盾化解力度，推动县级以上党政领导包案化解责任，确保各类矛盾源头化解、就地解决。

五、加强服务管理，不断破题突进，促进关怀帮扶体系建设和发挥社会组织服务管理作用

一是推动完善"两新组织"制度机制。组织召开省综治委"两新组织"专项组会议，明确工作重点、具体责任和工作措施。积极协调省委组织部、省工会、省妇联、团省委等成员单位，做好"两新组织"党建工作，充分发挥工青妇在"两新组织"中作用，努力推进党的组织覆盖和工作覆盖；注重法治保障，推动完善"两新组织"法规政策，配合省妇联出台了《关于在非公有制经济组织和社会组织中加强妇女组织建设的实施意见》，加强非公有制经济组织和社会组织中的妇女组织建设，服务党建工作，有利于巩固党的妇女群众基础。积极协调省人力资源社会保障厅制订下发了《辽宁省劳动人事争议预防调解和谐使命行动计划实施方案》，以各市联席会议为平台，推进"和谐使命"专项工作。二是扎实做好肇事肇祸等严重精神障碍患者救治救助工作。先后下发《关于转发中央综治委〈关于进一步加强严重精神障碍患者救治救助工作坚决防止肇事肇祸案事件发生的通知〉的通知》、《关于进一步加强肇事肇祸等严重精神障碍患者救治救助工作的通知》、《关于进一步做好严重精神障碍患者救治救助工作坚决防止肇事肇祸案事件发生的通知》等文件。开展严重精神障碍患者救治救助工作专题调研。全省没有发生因肇事肇祸精神病人引发的案件和事故。三是抓好重点人和特殊人服务管理工作。实施《辽宁省实有人口服务管理办法》，有序推进户籍制度改革，起草下发《省综治委关于批转省公安厅等部门〈关于贯彻落实辽宁省实有人口服务管理办法有关问题的通知〉的通知》，明确部门职责，明确流动人口应享有的基本公共服务项目。加强重点青少年群体服务管理，下发预防青少年违法犯罪专项组计划方案，继续开展"为了明天——预防青少年违法犯罪工程"，围绕闲散青少年、有不良行为或严重不良行为青少年、流浪乞讨青少年、农村留守儿童和服刑在教人员未成年子女等重点青少年群体，发现一个、对接一个，帮扶一个、转化一个。

六、加强基层基础，着眼群众满意，为充分发挥综合治理在平安建设中的优势提供保证

一是推动完善立体化社会治安防控体系建设。按照网格化、信息化、社会化的要求，健全并完善打防管控一体化运作的社会治安防控体系，重点推动有关部门研究制定《社会治安防控体系建设规划》。逐步建立起打、防、管、控一体化相结合的工作机制。进一步推动各级党委政府将社会治安防控体系建设纳入本地区经济发展总体规划，积极探索采取党委领导、政府搭台、组织和市场运作、社会参与的形式，加强平安志愿者队伍建设的有效途径，下发了《关于深入推进全省平安志愿者队伍建设的通知》，并积极筹建省、市、县、乡四级平安志愿者协会，在沈阳、大连开展试点工作，大连市出台了《大连市志愿服务条例》，通过以规范建立和发展壮大平安志愿者队伍为核心，以社区工作者、义工、群防群治队伍等力量为补充，激发社会各方面力量参与平安建设的积极性、主动性、创造性。二是开展"基层综合服务管理平台规范化建设年"活动。制订下发了《基层综合服务管理平台规范化建设年活动实施方案》。以基层综合服务管理平台规范化建成率和基础网格覆盖率两个 100% 为目标，延伸矛盾纠纷排查化解、治安防范、便民服务等到最基层，为群众提供"一站式"、面对面服务，促进基层服务管理规范化、精细化、现代化。三是信息化建设试点工作稳步推进。确定鞍山市为全省综治信息化建设试点。按照中央综治信息化建设框架的总体安排和辽委发〔2013〕10 号文件精神，推动做好试点的前期准备工作，反复论证技术方案设计、建设模式、安全保密等环节，提出鞍山综治信息化建设总体方案。

辽宁省综治委
关于印发《关于开展“基层综合服务管理平台规范化建设年”活动的实施方案》的通知

（2014 年 5 月 13 日）

各市（沈阳铁路局、辽河油田公司）综治委，省综治委各成员单位：

现将《关于开展“基层综合服务管理平台规范化建设年”活动的实施方案》印发给你们，请结合实际，认真贯彻落实。

关于开展“基层综合服务管理平台规范化建设年”活动的实施方案

为贯彻落实党的十八届三中全会和中央、省委政法工作会议精神，紧紧围绕创新社会治理、全面推进平安辽宁建设的工作部署，结合党的群众路线教育实践活动，省综治委决定，从现在起到 2015 年 6 月，在全省开展“基层综合服务管理平台规范化建设年”活动，特制订本方案。

一、指导思想和原则

以党的十八届三中全会和中央、省委政法工作会议精神为指导，遵循“推进国家治理体系和治理能力现代化”的总体目标，以全面推进平安辽宁建设为统揽，按照服务大局、以人为本、提质增效、因地制宜、统筹协调、整体推进的原则，组织开展综合服务管理平台规范化建设，发挥基层综合服务管理平台整体效能，提升基层服务管理水平和能力，为建设富庶文明幸福新辽宁创造安全稳定的基础环境和优质高效的服务环境。

二、工作目标和内容

基层综合服务管理平台的基本定位是督导各部门履行服务管理职能的协调机构，是面向社会、面向基层、面向群众，集中解决群众关注的热点、难点、焦点问题的有效载体，通过开展“基层综合服务管理平台规范化建设年”活动，基本实现我省基层综合服务管理体系全覆盖，建立健全服务民生、化解矛盾、维护稳定、推动发展的制度机制，切实解决服务群众的“最后一公里”问题，全面提升全省综治基层基础建设的规范化、法治化、科学化水平。

主要工作内容包括：

（一）在全省城乡基层逐步建成形式正规、指挥有力、协调顺畅、运行高效的“两级平台、三级网络”体系

“两级平台”即：乡镇（街道）、社区（村）两级综合服务管理平台，“三级网络”即：乡镇（街道）、社区（村）、网格三级综合管理服务体系，切实将基层综合服务管理平台建设成为为群众办事的服务中心、安全防范保障的网格中心、社会矛盾的排查化解中心、社会治理的议事协调中心。

（二）在平台的服务管理过程中健全完善集中有序、便民高效的流程制度

一是受理交办环节，坚持首问首接制度。实行“一揽子”受理，畅通群众利益表达渠道，以集中办公的形式由窗口受理以单位或个人合法利

益为核心的群众诉求，来源包括上级交办、群众来信来访来电、网络反映和网格上报，首办人员要根据诉求事项第一时间按照重大紧急、服务管理、基础信息、矛盾纠纷等不同类别进行登记备案，并负责协调问题解决，遇到重大复杂情况及时上报，由平台相关负责人进行批转，交办有关单位和职能部门。

二是协调处理环节，坚持议事例会制度。实行“一站式”服务，对办理事项进行甄别处置，对简单事项，应当场进行直接办理或解释答复。不能当场处理的，要协调有关单位和职能部门限时办结；对重大紧急事项、突发事件，要立即启动应急响应预案，协调有关部门及时处置，必要时立即上报有关情况；对重点、难点诉求，可视情况上报或召开例会、联席会议研究解决，例会和联席会议要坚持定期召开（特殊情况可随时召开）。通过召开不同层次会议，总结工作，研判形势，谋划措施，解决问题。

三是反馈归档，坚持督办考核制度。实行“一条龙”管理，对办结的群众诉求，原则上应在7日内予以回复。在限期未能办结的，要及时向当事人说明情况，争取理解。同时，加大督察督办力度，促进问题尽快解决。平台负责人对案件终结负总责，全程跟踪督办。对每一件诉求事项及办理情况均如实存底归档，有案可查。各级综治组织要定期对平台组成部门的工作情况进行检查，制定考核标准，定期考核评定，作为奖优罚劣的依据。

（三）建立健全平台各部门密切配合、默契协作的“六联”工作机制

一是矛盾纠纷联调。要有统一受理窗口，分流流程顺畅，调处落实到单位和人，确保矛盾不激化、问题不上交，范围不扩大。二是社会治安联防。要有定期治安形势分析，及时发布治安预警，有覆盖到辖区每个单位、小区和公共场所的专业巡防网络和群防群治队伍，推广使用技防措施，提高驾驭社会治安形势的能力。三是重点工作联动。平台各部门力量要统一调备使用，敏感时期统一值班备勤，健全完善预防处置预案，一旦发生突发事件和群体性事件，能够快速反应，妥善处置，平息事端，确保稳定。四是突出问题联治。要定期组织各部门、各单位及广大群众积极摸排、梳理突出治安问题及治安混乱区域，统一组织开展专项集中打击、整治行动。五是基层平安联创。要扩大覆盖面，广泛开展平安家庭、平安医院、平安学校等系列平安创建活动，对生活困难、需要救助的群众，要积极排忧解难，上门服务，确保群众话有地方说、事有地方办、困难有人帮、问题有人管。六是社会治理联抓。整合基层公安派出所、计生人口信息等资源，以严管出租房屋和就业安置为突破口，建立健全“以房管人、以业管人”的流动人口管理机制，大力开展预防青少年违法犯罪、刑满释放人员安置矫正、易肇事肇祸精神病人管控救治、校园周边治安整治等工作。

（四）用网格化延伸基层服务管理平台功能，健全完善网格管理运行的各项制度措施

基础网格是基层综合服务管理平台功能的延伸和体现，要充分利用网格主动发现情况、化解矛盾、提供服务、解决问题，使服务管理覆盖到每家每户。要把社会治理的内容纳入网格，实行科学划分，逐步实现网格单元全覆盖。每个网格都要配备专兼职管理员，明确网格管理员职责，在第一时间掌握社情民意、第一时间化解矛盾纠纷、第一时间响应服务需求、第一时间核查办理结果。要加强网格员培训管理，着力促进网格管理员专业化和规范化，提高网格员工作能力水平。

三、工作措施

（一）坚持党政主导、综治牵头的领导体系

按照文件要求，基层综合服务管理平台实行党政主导、综治牵头的领导体制。各级党委、政府要高度重视平台建设，加强组织领导，做好统一规划，把此项工作纳入党委、政府重要议事日程，列入当地经济社会发展和平安建设总体规划，促进人员、经费、设施等方面问题的解决。在党委、政府和综治委领导下，各级综治组织要组织协调推动各相关职能部门积极参与平台建设，形成齐抓共管工作合力。乡镇（街道）、社区（村）两级综合服务管理平台负责人应由党政一把手兼任，综治办主任负责日常工作，办公室设在综治办，综治组织要切实担负起牵头组织协调的职责，组织各有关部门集中办公、建立统一工作平台、出台有关规章制度、制定工作流程措施，形成统一规范的组织领导体系，确保中央和省里的各项措施、部署落到实处、取得实效。

（二）发挥资源整合、功能集成的职能作用

各级综治组织要依法依规推进基层平台建设，整合公安、司法行政、民政、社会保障、信访、人民法院和工会、共青团、妇联等基层维护社会治安和社会稳定资源和力量。在深入调研、积极协调、探索创新基础上，把综合服务管理平台与其他行政审批便民类的服务中心进行条分缕析，按照“资源整合、职能聚合、工作融合”的要求，借鉴先行先试地区的有益经验，因地制宜进行科学合理配置，使功能定位更加明确、权责划分更加明晰，既避免形式主义，资源浪费，又能最大化发挥其功能集成、服务集中、运转高效的优势。

（三）配备功能齐全、保障充分的配套设施

在党政主导下，各级综治组织要积极协调发改、财政等部门，在统筹规划、项目立项、资金使用等方面，充分利用好现有的软硬件基础和条件，科学合理地制订方案，在不重复建设的前提下确保建好建强。要选择区位合理、适应需求的办公场所，配备业务需要、运转正常的办公设备，设置周到全面、温馨暖人的便民设施。要逐步建立科技支撑体系，积极稳妥地推进服务信息化建设工程，建设全面覆盖、动态跟踪、联通共享、功能齐全的综治信息系统，逐步提高平台的现代化和信息化水平。在信息系统详尽录入人、地、物、事、情、单位组织等各类基础信息，强化实战应用、综合应用。实现各层级部门间网络互联互通、信息共享共用，更加有效、快捷地化解社会矛盾，解决突出问题，切实把科技成果更好更快地转化为提升平安建设效能的现实战斗力。要进一步加强各种制度、文件、工作台账等基础资料的保存管理，使平台在软硬件建设上更加规范。

（四）建立为民为公、长效常态措施机制

要着力抓住推进平安辽宁建设这个核心，制定和完善基层综合服务管理平台的制度措施，探索和创新适应基层基础、符合民心民意的工作模式，并建立长效常态机制。切实把各项任务落实到具体项目上，按照《社会管理创新项目建设指南》（综治委〔2011〕15 号）要求，会同各级发改、财政、科技等部门，落实相关政策，做好相关立项工作，科学提出基层工作平台的建设规划、投资需求、实施条件，推进城乡社区管理社会化建设项目、基层综治组织建设项目、政法综治信息平台建设项目等，提高基层综合服务管理平台发展建设的速度和水平。

四、工作要求

（一）提高认识，加强领导

各地各部门要充分认识到基层综合服务管理平台规范化建设是深入贯彻落实党的十八大精神，践行党的群众路线教育实践活动的长期性基础工作，是贯彻落实中央深化社会治理基层基础工作部署和省委省政府推进平安辽宁建设的重要举措。要切实把基层综合服务管理平台建设作为党政“一把手”工程来抓，加强组织领导，各相关职能部门要充分发挥职能作用，认真履行职责，密切配合，齐抓共管，形成合力。为保证活动取得实效，省综治委成立“基层综合服务管理平台规范化建设年”活动领导小组。省综治办各处室、省委政法委宣传处为成员，推动各地如期完成平台规范化建设各项任务。

（二）制订方案，分步推进

各地、各部门要按照全省统一部署，在推进过程中，突出重点、分步实施，制订具体的落实方案和推进措施，分解和细化各项工作任务，制定时间表、明确路径图，各司其职、各负其责，狠抓各项工作措施的落实，严格按照三个阶段开展工作：一是安排部署阶段（2014 年 5 月上旬）。省综治办印发活动实施方案，层层动员部署。各地区、各部门要根据活动实施方案的要求，结合工作实际，细化工作方案，分解工作任务，部署工作措施。二是组织实施阶段（2014 年 6 月至 2015 年 5 月）。按照工作任务及有关要求，各地、各部门要狠抓落实，同时要以点带面，推广典型。省综治办将适时召开基层综合服务管理平台规范化建设现场推进会，推进基层平台建设不断深入。三是总结验收阶段：（2015 年 6 月）。各地要认真进行自查自评，将开展活动的经验、不足进行深度总结，并向省综治办报送活动的整体情况。省综治办将结合基层综合服务管理平台规范化建设活动的目标任务和实施情况进行检查验收，并总结有益经验进行建章立制。

（三）统筹兼顾，充分保障

基层综合服务管理平台规范化建设是一项复杂的系统工程，涉及范围广、建设内容多、管理难度大，必须要在先行试点的基础上实现全覆盖。

省综治办将视情况为试点地区拨放一定经费，支持此项工作开展。各地、各部门还要采取政府保障、部门帮助、社会筹措、市场运作相结合的方式，广泛筹集资金，保障平台建设和工作运行专项经费，认真解决在平台建设中遇到的各种实际困难和问题。要因地制宜，厉行节约，不搞花架子，不搞形式主义，以最少的投入，获得最好的成效。要加大宣传力度，选树先进典型，充分调动全社会关心、支持和参与平台建设的积极性，营造良好的舆论氛围。

（四）督导检查，务求实效

各地区、各部门要加强协调联系，及时掌握情况，搞好分类指导，完善活动机制和信息报送制度。省综治委将把“基层综合服务管理平台规范化建设年”活动纳入年度平安建设考评体系中，细化考评标准，加大指导协调工作力度，不定期地对各地基层综合服务管理平台规范化建设情况进行督促检查，对于工作流于形式、措施不落实、成效不明显的地区和单位，予以通报批评。

辽宁省综治委
关于加强群防群治群控
深化反恐防暴工作的通知

（2014 年 5 月 27 日）

各市（沈阳铁路局、辽河油田公司）综治委，省综治委各成员单位：

按照省委领导指示精神，各地要紧紧围绕反恐防暴工作，严厉打击各类违法犯罪活动，深化社会治安防控体系建设，大力开展群防群治群控工作，切实维护人民群众生命财产安全和社会秩序稳定。现就有关工作通知如下。

一、加强宣传教育，进一步增强人民群众对暴力恐怖犯罪的防范能力

当前，我国仍处于人民内部矛盾凸显、刑事犯罪高发、对敌斗争复杂的时期，社会治安面临的形势依然严峻，特别是反恐防暴斗争形势的长期性、尖锐性和复杂性不容忽视。对此，各级政法综治组织要有清醒的认识，进一步增强政治敏锐力和洞察力，越是形势复杂的时候，越是要保持坚定的政治立场、清醒的头脑。要深入开展群众工作，加强对人民群众的国家安全教育，增强人民群众的国家安全意识；要通过揭露暴力恐怖组织企图分裂国家、颠覆政权的本质，教育引导人民群众认清暴力恐怖犯罪分子的罪恶行径和危害；要利用传统和现代宣传媒介，采取群众喜闻乐见、易于接受的形式，教育群众提高警觉，认识暴力恐怖犯罪，增强反恐防暴知识，有效保护自己。要组织群众开展反恐防暴演练，进一步增强对暴力恐怖犯罪的预知预防能力，使人民群众在参与维护社会秩序的活动中发挥重要作用。

二、加强信息采集，进一步提高对暴力恐怖犯罪的预警研判能力

各级政法综治部门要认真总结和运用近年来承办大型活动安保工作的成功经验，增强做好反恐防暴工作的自觉性和主动性；要对影响社会治安和社会稳定的问题，特别是存在可能引发的暴力恐怖犯罪隐患，要查清基本情况、掌握基本数据和基本信息，做到底数清、情况明。基层综治组织要在各行各业、楼宇、社区建立反恐防暴信息联络员，了解情况，收集信息，充分发挥网格员的作用。对辖区内的非政府组织、陌生群体、异常人员的活动要及时掌握，发现蛛丝马迹即刻上报。要鼓励群众举报各类可能涉及暴力恐怖事件的线索，并对提供有价值信息的人员给予重奖。各级综治组织要加强情报信息收集工作和社会治安形势分析研判，紧紧依靠基层，广泛动员群众，广辟信息来源渠道，打一场反暴力恐怖犯罪的人民战争，让少数暴力恐怖分子的不法行为在人民正义的目光下无所遁形。

三、加强预防控制，进一步发挥社会治安防控体系的盾牌作用

各地要坚持打防结合、预防为主，专群结合、依靠群众的方针，充分发挥立体化社会治安防控体系作用，做到群防联控、群防群治，提高动态环境下预防和控制暴力恐怖犯罪的发生。要充分发挥治安巡防员、保安员、治安信息员、治安楼栋长、综治协管员、平安志愿者等群防群治队伍在维护社会秩序中的骨干作用，防范于车站、码头、集贸市场等群众聚集地，控制于街头巷尾、楼前屋后，形成反恐防暴的减震带；要进一步完善治安动态视频监控系统，拓宽技防设施的覆盖面，加强安检和巡视，形成反恐防暴的立体防沙网；要进一步增加物防设施的投入，强化物防设施的技术含量，形成反恐防暴的护城河。要加大单位企事业内部安保工作力度，加强对危暴物品的管控工作，严厉打击各类违法犯罪活动，铲除容易滋生暴力恐怖犯罪的土壤，挤压暴力恐怖分子的活动空间。

四、加强源头治理，进一步深化矛盾纠纷排查化解工作

各级政法综治组织要把社会矛盾纠纷的调处解决作为重中之重，积极做好预防化解工作。要进一步加大解决进京非正常访工作力度，认真落实好各项措施，切实引导上访人员依法理性表达诉求，严厉打击进京非正常访违法行为。要深入基层、深入群众、深入实际，了解掌握当前矛盾纠纷的动向，加强调查研究。要围绕影响安全稳定的热点难点问题，特别是当前较为突出的企业工资社保、城市动拆迁、农村土地征占等社会问题，及时发现和掌握矛盾纠纷隐患，通过民间调解、人民调解、行政调解、司法调解、行业调解等方式妥善化解，防止敌对势力、境外反动组织利用人民内部矛盾制造事端引发暴力恐怖事件。要创新和发展新时期"枫桥经验"，充分发挥好基层人民调解组织"人熟、地熟、情况熟"等优势，就地化解矛盾纠纷，形成维护社会稳定的第一道防线，坚决杜绝因矛盾纠纷化解不及时而转化成极端暴力恐怖犯罪。

五、加强组织领导，进一步落实责任

各级党委、政府的主要领导是反恐防暴的第一责任人，分管领导是主要责任人，要切实担负起职责，亲自研究，亲自部署，抓好本地区反恐防暴工作的落实。各级领导要进一步增强反恐防暴的责任意识，结合本地区实际，研究制定反恐防暴工作预案，明确工作目标，制定防范措施，落实工作责任。对存在安全稳定等方面隐患的，要及时进行挂牌督办，对造成严重后果的要实施综治责任一票否决。各地各部门要各司其职，密切配合，通力合作，勇于担当，形成打击暴力恐怖犯罪的强大合力。

辽宁省"平安文化建设年"活动取得丰硕成果

自2013年5月起，辽宁省综治委利用一年多时间，充分发挥文化大省的自身优势，组织开展了以"共盼、共建、共享"为主题的"平安文化建设年"活动。从公众平安意识培育、平安理念确立、平安知识普及、平安行为养成等方面，推动平安文化在人民群众中"内化于心、外化于形"，力争在全社会实现"守法诚信、理性平和、积极向上、见义勇为"的平安文化，不断提高平安建设的科学化水平。全省各地把平安文化作为平安建设的重要抓手和途径，依托本地实际，活化形式、创新载体、营造氛围、全民参与，推出了一系列具有时代特征、地域特色、丰富多彩的平安文化建设活动，向社会普及了平安知识、传播了平安文化、弘扬了平安精神，取得了丰硕成果。

一、发挥优势，做好"平安文化"内涵的挖掘提炼工作

全省各地从实际出发，发现和利用本地区、本部门的文化资源，挖掘自身潜力，总结提炼出具有浓郁辽宁特色的“平安文化”。鼓励全省理论工作者，加强平安文化理论研究，探索平安文化建设发展规律，就“平安文化”建设中的重点、热点和难点问题设立研究课题，用先进的理论指导平安文化建设。大连市创办了“平安大连”论坛，邀请多位知名专家、学者开展平安文化理论研究，探索平安文化建设发展规律，运用先进理论指导平安文化建设，为构建平安文化体系提供理论依据和现实指导。市综治办还先后组织开展了“喜迎国庆共建平安主题征文活动”、“平安建设金点子征文、摄影有奖征集评选活动”、“铁路护路主题征文活动”，征集各类文学作品700多篇，绘画、摄影、书法等作品200余幅。通过网上投票、专家评审相结合方式进行评选，对获奖作者予以奖励，整理优秀作品出版了《我与平安大连》一书。鞍山市依托市法学会，组织宣传、社科联、高校和媒体的专家学者座谈讨论，开展平安文化理论研究，探索平安文化发展规律，提炼形成了“乐善尚德、尊崇法制、共治共享、促和求谐”的鞍山平安文化核心内涵，为构建平安文化体系提供理论支撑和现实指导。10项平安文化研究课题全部结项，有25篇论文在省级以上论坛获奖。

二、营造氛围，做好“平安文化”阵地的拓展丰富工作

全省各地按照“从无形到有形、再从有形到无形”的思路，用看得见、摸得着、感受得到的有形物化载体来营造良好氛围、体现平安理念、传授平安知识。铁岭市充分发挥地企联手示范带动效应，建立了弘扬传统文化的“联投、联动、联创”“三联机制”，以5000平方米的铁能公司文化中心为平台，成立了全省首家平安文化教育基地。基地已征集、展出平安系列书法作品156件，绘画作品98件，摄影作品92件。中国长安网以“辽宁铁岭市成立平安文化教育基地”为题，报道铁岭市平安文化建设情况。盘锦市将辽河美术馆作为平安文化建设展示基地，不定期举办平安创建书画创作大赛、平安摄影展等丰富多彩的平安文化建设宣传教育活动。利用长安网以“新盘锦、筑平安、中国梦”为主题，开展了原创网文征集活动，共征集到来自基层单位的作品近200篇，刊发150篇。抢占手机等新兴媒体阵地，传播平安短信逾百万条，创作平安微信86条。征集平安文化建设优秀作品，收到参评作品366件，作品充分反映了全市政法综治工作重点，调动了全市政法综治工作者及广大新闻工作者参与平安文化创建工作的主动性和积极性。

三、深入群众，做好“平安文化”传播的深化普及工作

全省各地深入开展有特色、有针对性的“平安文化”宣传普及工作，在广大党员干部、企事业员工、城镇农村居民、大中小学学生等不同群体中，深入宣传平安文化建设的深厚底蕴、弘扬社会正气，把平安文化建设融入到各个行业、各个领域，延伸到基层单位和广大人民群众之中。阜新市围绕群众“平安、健康、静心、顺意”的平安意愿，编印发放平安市民手册20万册，向社会普及公共安全、防灾自救、遵纪守法等知识，强化治安防范、安全应急、事故防范等措施。葫芦岛市综治办与文广、文联、群众艺术团体开展多种共建活动，把平安文化融入到文艺创作之中。组织人员编创了《葫芦岛市见义勇为之歌》；举办了“葫芦岛群众平安文化建设”主题活动，共组织社区专场、戏曲专场、服务农民工专场等20场大型演出；举办了“学习郭明义，传承雷锋精神”主题文化活动，开展活动300余场次，受益群众达10万余人次，此项活动被省文化厅授予“优秀组织工作奖”。举办了“文化志愿者走基层”系列活动，开展“百姓大舞台”活动420场，“知识大讲堂”培训活动47余场次，“文化大展台”活动45场次。辽河油田提出“崇德守法、共建平安”的平安文化理念，建立警企联合的辽河油田员工警示教育中心；丰富禁毒教育基地、综治教育基地等“四大平安文化阵地”宣教内容，完善阵地基础设施，更新补充了案例、警示教育片。目前，“四大平安文化阵地”接待参观干部职工以及社会人士已达7万人次以上，仅在“平安文化建设年”期间，辽河油田员工警示教育中心就有110批次5000余人参观学习。

辽宁省综治委、办机构情况和组成人员名单

一、综治委

副主任:潘利国 副省长
缪蒂生 省高级法院院长
肖 声 省人民检察院检察长
王德波 省军区副政委
王大伟 省长助理 省公安厅厅长
韩德洋 省委政法委副书记、省综治办主任

委 员:刁 林 省委副秘书长
刘德文 省人大办公厅副主任
郭富春 省政府副秘书长
林志敏 省政府法制办主任
李 东 省政协副秘书长
王 悦 省纪委副书记、监察厅厅长
汤天马 省委组织部副部长
盖成立 省委宣传部副部长
李中亚 省编办主任
张 锐 省直机关工委副书记
李 骞 省委副秘书长、省信访局局长
杨文学 省综治办副主任
陈书龙 省综治办副主任
周 聪 省维稳办副主任
孙 刚 辽宁日报社社长
王金笛 省发改委党组书记、主任
李 兵 省经信委主任
张福昌 省教育厅厅长
王德波 省民委主任
丁仁恕 省高级法院党组书记、副院长
闫建成 省检察院党组副书记、副检察长
关耀林 省公安厅党委副书记、副厅长
韦春江 省安全厅厅长
冯 韧 省民政厅党组书记、厅长
张 凡 省司法厅厅长
陈广君 省财政厅党组书记、厅长
李树民 省人社厅党组书记、厅长
朱京海 省环保厅厅长
商向东 省住建厅党组书记、厅长
刘焕鑫 省交通厅党组书记、厅长
刘长江 省农委党组书记、主任
何焕秋 省海洋渔业厅厅长
周连科 省文化厅厅长
王大南 省卫生计生委主任
孙大刚 省外办党组书记、主任
石凤岐 省国资委主任、党委书记
常 海 省地税局局长
李成军 省工商局局长
窦宝臣 省质监局局长
刘向阳 省新闻出版广电局局长
梁 彦 省安监局局长
张 晶 省统计局党组书记、局长
郝春荣 省旅游局局长
贾 魏 省处非办副主任
陈必成 省煤管局局长
于 波 省食药监局党组书记、局长
刘树霖 省打私办专职副主任
史桂茹 省总工会常务副主席
田 野 团省委书记
许 波 省妇联主席
张 捷 省国税局局长
万恒忠 省通信管理局局长
周 斌 大连海关关长
王 宁 沈阳海关关长
张启阳 中国人民银行沈阳分行党委书记、行长
高 翠 辽宁保监局局长
陈锡兵 民航东北管理局局长
曲庆武 中国人民财产保险公司辽宁省分公司总经理
张国敏 沈阳铁路局党委书记
李向明 沈阳军区政治部部长

周新宇　省军区政治部副主任

魏学雄　省武警总队副司令员

二、综治办

省社会管理综合治理委员会办公室更名为省社会治安综合治理委员会办公室，省综治办主任由省委政法委副书记韩德洋兼任，设副主任两名（副厅级），为杨文学、陈书龙，下设四个处。

辽宁省各市、县（市、区）综治委、办主任名单

地　区	综治委主任	综治办主任	地　区	综治委主任	综治办主任
沈阳市	邢　凯	袁　昭	立山区	邱士刚	刘金英
和平区	王　菁	徐　成	千山区	安忠志	王淑云
沈河区	崔　隆	解晓非	**抚顺市**	喻国伟	刘春利
铁西区	刘　斌	荆　军	抚顺县	白　英	姜　涛
皇姑区	刘守宇	徐立平	清原县	赵雪松	曹吉兴
大东区	陈玉光	靳福纯	新宾县	那学成	李　杰
浑南区	周再强	侯运魁	新抚区	韩志钧	赵永刚
于洪区	姜　雷	高兴利	望花区	周焕杰	王艳娟
沈北新区	刘东耀	佟常清	顺城区	姜群大	曲家成
苏家屯区	侯晓东	魏云海	东洲区	杨　威	刘明春
新民市	赵志一	李　明	抚顺经济开发区	于扬福	刘　欣
辽中县	姜　涛	刘铁民	**本溪市**	赵东岩	庄久明
法库县	周长旭	刘栢坤	本溪县	于庆伟	李　强
康平县	尹　凛	李晓光	桓仁县	崔喜文	孙　峰
大连市	王　萍	宁　民	平山区	李少平	于勤学
中山区	周　勤	艾　军	明山区	董培峥	李振宏
西岗区	刘兆君	徐　鑫	溪湖区	王悦武	王振录
沙河口区	衣庆胜	刘世峰	南芬区	曲福配	房殿民
甘井子区	王　戈	隋广有	高新区	栾奎杰	王　丹
旅顺口区	李　军	李晓路	**丹东市**	李建潮	王明文
金州新区	赵立民	王兆健	东港市	林竹红	于志民
瓦房店市	谢德洋	尹忠清	凤城市	张远辉	杨德冲
普兰店市	姜　周	王国文	宽甸县	崔宝威	刘国林
庄河市	何　彤	赵绪奎	振兴区	刘希明	周传江
长海县	李春水	杨振广	元宝区	李晓阳	祝佩福
鞍山市		李　勇	振安区	马文艳	李国栋
海城市	周晓哲	吴　政	**锦州市**	张晓光	李忠伟
台安县	梁　飞	庞万东	黑山县	金福顺	郑艳平
岫岩县	栾卫国	刘凤科	北镇市	陈宝江	王文洋
铁东区	葛杰祥	尹洪军	凌海市	张　哲	刘东宁
铁西区	朱卫红	耿　冰			

地　区	综治委主任	综治办主任	地　区	综治委主任	综治办主任
义　县	何绍文	吴耀春	**铁岭市**	李德俊	夏宝珍
凌河区	魏岩松	张　隽	铁岭县	李长涛	谭　新
古塔区	尹　逊	邓宝双	开原市	李卓见	张春华
太和区	李广贺	赵艳萍	昌图县	杨成田	贾志国
松山新区	鲍永青	苏殿举	西丰县	韩相东	井维丰
滨海新区	王晓东	苗雅丽	调兵山市	兆德志	何　涛
营口市	王庆珂	姜红英	银州区	孙玉国	谢永宏
开发区	郭广东	任怀军	清河区	佟　刚	刘淑杰
站前区	蒋学勤	邢兰兰	经济开发区	梁　强	于振才
西市区	陈洪海	赫英志	**朝阳市**	刘朝震	部振荣
老边区	赵纯义	马　冲	喀左县	赵　德	田力铭
盖州市	孔垂令	王　平	凌源市	孟庆华	张向东
大石桥市	冯殿辉	胡远哲	北票市	王福辉	宋有国
阜新市	王东秀	刘　焱	双塔区	曲福丛	高文雅
阜蒙县	陈　琦	张　颖	龙城区	陈胤彪	段　海
彰武县	王玉玺	吴晓春	**盘锦市**	杨　权	
海州区	毛俊英	许　震	盘山县	王　峰	刘亚明
细河区	赵　江	王　君	大洼县	姜　文	李　军
太平区	杨　东	张　路	双台子区	孔大雨	张英才
新邱区	杜　洋	白玉明	兴隆台区	张　皓	李　庆
清河门区	孟宪东	刘　凯	**葫芦岛市**	张富恩	刘　越
开发区	王文新	李成义	兴城市	于学利	赵友谊
高新区	杨　阳	申宋彬	绥中县	郭　伦	王海军
辽阳市	陈　强	李津林	建昌县	阎庆礼	季风光
辽阳县	刘国广	刘宪安	连山区	郝建军	李宏明
灯塔市	徐显帅	孙　辉	龙港区	毕荣昌	肖九思
白塔区	楚俊生	刘　丽	南票区	孟兆林	周文力
宏伟区	李　强	孙成文	杨家杖子	马茂盛	柴进东
弓长岭区	艾贵岩	富　欣	经济开发区		
太子河区	苏鹏勇	宋景春			

（撰稿人：李锐
审稿人：国长青　唐盛利）

吉 林 省

2014 年综治工作概况

2014 年，在省委、省政府领导下，各级党委、政府、综治部门认真贯彻党的十八届三中、四中全会和深化平安中国建设会议精神，围绕建设平安吉林这个主题，突出基层平安建设这个重点，以社会治安防控体系建设为抓手，加强法治化、信息化、社会化、网格化建设，着力提高平安建设现代化水平，取得了显著成绩，全省社会大局保持稳定，没有发生在全国有影响的重大政治事件、重大刑事案件、重大群体性事件以及重大安全事故，群众安全感和满意度达到 94.99%，同比提高 1.47 个百分点，创历史最好水平，全省各市(州)、长白山管委会、扩权强县改革试点市群众安全感满意度均达到92%以上，各县(市、区)群众安全感满意度均达到90.50%以上。

一、纳入重要日程，加强组织保证

省委、省政府对维护社会平安稳定工作高度重视，省委常委会多次专题听取社会治安综合治理及平安建设工作汇报，明确提出，要认真贯彻落实党的十八届三中、四中全会和深化平安中国建设会议精神，把社会治安综合治理纳入经济社会发展全局，把提高平安建设现代化水平作为总目标，把法治化建设作为重要依托，把信息化建设作为重要平台，把维权与维稳统一作为重点内容，把基层基础建设作为重要基础，把立体化社会治安防控体系建设作为重要抓手，把体制机制创新作为重要保障，全面抓好各项重点工作。省委书记巴音朝鲁、省长蒋超良同志多次就加强社会治安综合治理和深化平安吉林建设工作做出重要指示。12 月 30 日，省委书记巴音朝鲁对群众安全感调查工作给予批示肯定。严格落实综治领导责任制，每年省委、省政府主要领导都与各级党委、政府主要领导、省综治委成员单位主要负责人签订综治工作(平安建设)责任状，把综治工作及平安建设纳入各级党委、政府绩效管理考评。省委常委、省委政法委书记、省综治委常务副主任金振吉等领导同志多次深入基层，调研指导社会治安综合治理和平安吉林建设工作，还就加强基层基础建设、解决进京非访等重大问题进行专题调研。4 月 25 日，省综治委召开平安吉林建设工作会议，强调进一步深化平安吉林建设工作。各级党委、政府及综治部门都结合实际，有针对性地研究解决涉及平安稳定重大问题，制定出台了相关政策，加大了资金保障力度，进一步强化了社会治安综合治理工作和平安吉林建设工作组织保证。

二、强化基础建设，夯实基层平安

省委、省政府明确提出，把深化平安吉林建设重点放在基层平安建设上，以基层平安保障全省平安。金振吉等领导同志多次深入基层，指导各地各部门进一步明确把握基层平安建设目标、方针、领域、主体、导向及方式方法等一系列重大问题，指明了深化平安吉林建设的方向。一是积极推进基层平安示范工程建设。各地各部门按照条块结合、以块为主的原则，围绕省委办公厅、省政府办公厅《关于深入推进基层平安建设的实施意见》确定的平安村屯、平安社区、平安校园、平安医院、平安企业等各项基层平安建设项目，确定1000 个左右基层平安建设试点，按照省综治委《基层平安单位基本标准》，逐项工作完善，努力达到基本标准。如，在平安医院建设上，省卫计委、省综治办、省公安厅、省司法厅、省保监局联合召开会议，印发方案，并组织了“维护医疗秩序打击涉医违法犯罪专项行动”，开展督导检查，全省已经基本建立了平安医院建设工作体系，没有发生有重大影响涉医案(事)件。省综治办还与省妇联联合召开平安家庭建设推进会议，对深入推进平安家庭建设作出部署。二是深入推进基层综合服务管理平台建设。重点加强乡镇(街道)、社区(村)综合服务管理平台建设。推动各县(市、区)普遍建立了综合服务管理平台,90%以上的乡镇(街道)和73%以上的社区(村)建立了基层综合服务管理平台,全省城市社区办公服务场所面积全部达到500平方米以上,30%达到1000平方米,各级财政每年新增列支1.83亿元作为社区服务群众专项经费,长吉两市、其他市(州)及各县(市、区)每个社区每年将分别实现20万元、10万元和5万元以上的经费保障。2014年起,省级财政每年投入8000万元,各级财政共投入1.87亿元,社区"两委"成员工资达到当地社会平均工资水平。各地整合资源,集中办公,完善机制,强化社会服务管理。全面推行网格化服务管理,1986个城市社区划分服务管理网格38172个,每个网格内综合配备一名网格长、一名综治协管员和一名社区民警,形成一格多员、一员多能、一岗多责工作机制。7月28日,中组部在吉林省召开全国社区党建工作座谈会,推广吉林省经验。三是全面推进综治信息系统建设。在协调推动基层综合信息平台建设基础上,加强全省综治信息系统建设,利用省财政下拨的2000万元专项资金,协调省卫计委,通过计生信息系统搭建省、市(州、管委会)、县(市、区)、乡镇(街道)、社区(村)综治信息平台,构建形成了纵向贯通、横向集成、共享共用、安全可靠的综治信息系统,具备基础数据、信息发布、报送情况等功能,提高了综治工作信息化水平。

三、强化矛盾化解,促进社会和谐

针对吉林省矛盾纠纷问题比较突出实际,6月11日,金振吉同志作出"把矛盾纠纷排查化解作为基层平安建设的重点"的批示,省综治办及时调整工作部署,结合中央综治办推进的解决进京非访突出问题,指导各地系统治理、依法治理、综合治理、源头治理,有效排查化解矛盾纠纷。一是着力解决矛盾纠纷突出问题。在农村重点排查化解邻里关系、土地流转、家庭暴力、婚姻关系、赡养抚养、相邻关系等引发的矛盾纠纷;在城市重点排查化解征地拆迁、劳动社保、交通运输、城市管理、教育卫生、涉法涉诉、环境污染等引发的矛盾纠纷。各地各部门重心下移,化解历史性矛盾,调解现实性矛盾,预防潜在性矛盾。二是创新基层矛盾纠纷化解方法。省综治办在安图县召开全省预防和化解矛盾纠纷工作经验交流会,总结推广了安图县等地立足"公众参与"、搭建了"一站式流程、点单式服务"的"评理"、"说事"、"建言"基层诉求服务平台的经验,各地还创新了"在市综治办建立矛调办、在县(市、区)综治办建立矛盾纠纷调处中心"以及"百姓说事网"等方式方法。目前,全省有各类人民调解委员会15258个,人民调解员75408名,组建各类行业性、专业性人民调解组织1863个,全省"百姓说事点"已达17253个,同比增加1003个。全省人民调解组织调解各类矛盾纠纷24万余件,调解成功率达98%以上,有98%的村(居、社区)实现了民间矛盾纠纷"零激化"。三是着力组织进京非访问题专项治理。把解决进京非访问题作为政治任务,坚持以履行政治责任为首要原则,以综合治理为方式方法,以依法治理为最终依归,注重发挥好党的领导的政治优势,推动党委抓、抓党委;发挥齐抓共管的组织优势,推动系统抓、抓系统;发挥专群结合的打防优势,推动依法抓、抓依法;发挥平安建设的职能优势,推动源头抓、抓源头;发挥考评问责的机制优势,推动尽责抓、抓尽责,建立排查调度机制、交办案件机制、重点约谈机制、督查督办机制和定期会商机制等,推进解决进京非访问题。

四、强化防控措施,稳定治安秩序

省委、省政府、省综治委坚持把社会治安防控体系建设作为重要抓手和基础工程,先后召开省综治委社会治安专项组工作会议、全省社会治安重点地区排查整治工作电视电话会议及全省农村视频监控系统建设工作会议,分析社会治安形势,推进完善立体化社会治安防控体系。一是加强社会治安专项整治。组织开展打黑除恶、命案侦破、"打盗抢保民安"、"扫毒害保平安"、打击拐卖妇女儿童犯罪、"打四黑除四害"、缉枪治爆、打击制假售假等一系列专项打击行动,重点加强校园及周边、油气田等重点区域管理,防止暴恐案(事)件发生。二是提升公安机关打防管控能力。加强视频监控系统建设,推动由城区向路网、边境、农村全面推进,全省建设监控摄像机总数突破55万个,建设县级以上公安监控中心88个、接入公共点视频数据 2 万点，全面完成省市县三级联网，其中，50% 以上的农村完成了视频监控系统建设任务。推进科技管边控边，先后投入资金 1000 万元、推广安装警民联动报警装置 9000 部，创建集打防管控建于一体的边境 110 治安防控体系。推动边境市（州）投入专项资金 8000 万元，用于视频监控系统建设，已完成 1487 处监控探头安装任务。三是积极推进社会服务管理创新。重点推进社区警务转型升级、情报信息预警、应急指挥体系建设、视频监控系统深度建设和应用、刑事技术手段建设、技术侦察和网安技术手段建设、警务合成作战机制建设等，提高了对现实斗争支撑能力。县（市）公安局、城区公安分局派出所警力分别达到本级总警力的 43.3% 和 53.9%，社区民警专职化率达到 98%。研发实有人口管理系统，实现实有人口与实有房屋相互关联，建成了全国领先的标准地址信息库。四是强力推进平安边境创建工作。一些边境地区制定印发了《关于深化党政军警民合力治边工作的实施意见》，对机制进行了细化完善，并召开工作联席会议，推进落实党政军警民五位一体合力治边机制，辖区刑事、治安案件发案数下降 23.2% 和 27.4%，边境地区 2/3 的村屯实现零发案。五是积极推进网上综合防控体系建设。严格实行 24 小时巡查管理，及时妥善回应社会关切。六是加强特殊人群服务管理工作。省综治办会同省公安厅、省卫计委等部门联合下发《关于进一步加强严重精神障碍患者救治救助工作坚决防止肇事肇祸案事件发生的通知》，召开了全省严重精神障碍患者救治救助工作视频会议。加强社区戒毒工作，召开了社区戒毒工作现场会，并以省综治办、省司法厅、省公安厅等十部门文件下发了《关于加强社区戒毒社区康复工作的实施意见》，戒毒系统连续 9 年实现“四无”目标。推动社区矫正工作，社区服刑人员再犯罪率仅为 0.06%，低于全国 0.2% 平均水平。全省刑事案件立案 90295 起，同比下降 3.4%，其中，“两抢一盗”案件同比下降 14.2%，八类暴力案件同比下降 8.1%，命案同比下降 15.5%，一杀 3 人以上命案同比下降 63.6%；受理治安案件 170337 起，同比下降 8.4%；交通事故死亡人数同比下降 1.6%；火灾事故死亡人数同比下降 86.2%。

五、强化依法监管，确保公共安全

围绕确保人民群众生命财产安全，各地各部门全面加强公共安全管理工作，针对一些行业部门的突出问题，集中组织了专项治理工作。一是在交通安全建设上，认真落实中央综治办部署，制定出台了《关于贯彻落实〈中央综治办关于加强公共交通安保工作的若干意见〉重点任务及责任分工的通知》，进一步明确了公安、交通等部门加强公共交通安保工作的责任，不断完善道路交通安全设施，优化道路交通资源配置，依法严厉打击道路交通违法行为，组织开展平安畅通县（市、区）、平安畅通乡镇创建活动。新增和更新城市公共交通车辆 1440 辆，建设改造城市快速路及主要道路 300 万平方米，完成 24 座城市危桥加固和重建。二是在消防安全建设上，各级政府加大投入，新增消防装备，推行消防网格化管理，全省确定消防网格 38172 个，每个社区配备 1 名消防综治员，每个小区配备 1 名消防专办员，每个楼栋配备 1 名消防宣传员，建立重大火灾隐患单位定期曝光制度，开展清剿火患战役和重大火灾隐患集中专项整治。三是在校园安全建设上，实现了三个全覆盖，即校园警务室全覆盖，中心校以上学校、幼儿园（公办）全部建成了校园警务室，配备警用器材 13506 套（件），安装“一键式”报警器，配备专（兼）职保安 9182 人；校车服务全覆盖，满足了中小学生乘坐校车需要；安全管理信息化全覆盖，23 个县（市、区）建立校园校车监控平台，2014 年省政府拨款 5450 万元，各市（州）、县（市、区）全部建立校园监控平台，实现学校与县（市、区）、市（州）网络对接。四是在生产安全建设上，加强了网格化管理、标准化建设、信息化控制、社会化监督“四化融合”和属地监管、行业监管、综合监管“三位一体”安全监管防控体系建设，全面落实安全监管防控体系建设试点网格及责任，37.1 万户生产经营单位落实了网格化管理属地监管、行业监管、综合监管责任部门和负责人，全省安全生产形势持续稳定好转，事故总死亡人数同比下降 15.5%，比历年平均降幅多下降 8.7 个百分点。

吉林省卫生计生委　省综治办　省委宣传部　省高法　省高检　省公安厅　省民政厅　省司法厅　省工商局　吉林保监局　省中医药管理局　关于印发《吉林省维护医疗秩序打击涉医违法犯罪专项行动方案》的通知

（2014年3月4日）

各市(州)卫生局、综治办、宣传部、中级人民法院、人民检察院、公安局、民政局、司法局、工商局、中医药管理局，长白山管委会社管办、公主岭市、梅河口市卫生局：

为贯彻落实全国“平安医院”创建工作暨维护医疗秩序打击涉医违法犯罪专项行动方案精神，经研究，制订《吉林省维护医疗秩序打击涉医违法犯罪专项行动方案》（以下简称《方案》），深入推进创建“平安医院”工作。现将《方案》印发给你们，望紧密结合实际，认真抓好落实。

吉林省维护医疗秩序打击涉医违法犯罪专项行动方案

按照国家维护医疗秩序打击涉医违法犯罪专项行动方案统一安排，维护医疗秩序，建立和谐医患关系，切实保障广大人民群众的利益，确保医务人员、就诊患者的安全，构建安全稳定的医疗环境，全面推进平安医院创建工作，开展维护医疗秩序打击涉医违法犯罪专项行动，制订具体方案如下。

一、指导思想

贯彻落实党的十八大和十八届三中全会精神，紧密围绕建设平安吉林、平安基层的要求，以创建“平安医院”活动为载体，通过开展维护医疗秩序打击涉医违法犯罪专项行动，保障医患双方合法权益，为广大患者和医务人员营造良好的医疗环境，切实维护社会和谐稳定。

二、主要措施

（一）加强平安医院建设部门成员间的沟通和协调，定期召开部门成员联席会议。

由各级综治部门牵头，各级卫生行政部门或各级医疗机构指定专人负责召集，每个月召开一次所在辖区层面的部门成员联席会议（可以邀请上级部门参加），听取辖区医疗机构平安医院创建工作情况，针对各医疗机构阶段性存在和发生的医疗安全和医患纠纷问题，各部门坚持上下联动、内外互动、系统推动的原则，进行现场联合办公，涉及哪个部门的问题，由哪个部门负责解决，做到及时发现、提早介入、预防和化解各类矛盾。

（二）严厉惩治侵害医患人身安全、扰乱正常医疗秩序的违法犯罪活动。

1. 依法惩治暴力伤害医务人员和患者的违法犯罪活动。公安机关要加强对医疗机构安全指导检查及周边的巡逻防控，对实施伤害医务人员和患者人身安全的违法犯罪分子，要采取一切有效措施果断制服，依法严惩。对在医疗机构内发生的各类涉嫌犯罪案件，公安机关要快侦、快破，检察院、法院要依法及时批捕起诉、审判。重大案件上级机关要挂牌督办，坚决打掉违法犯罪分子的嚣张气焰。

2. 依法处理扰乱正常医疗秩序等行为。对在医疗机构拉横幅、摆设花圈、设灵堂、违规停尸，驱赶其他就医人员等扰乱医疗机构秩序的，或者聚众打砸和围堵医疗机构，侮辱、威胁医务人员，非法限制医务人员和其他工作人员人身自由等，致使医疗机构诊疗活动无法进行、侵害人民群众合法就医权益的，公安机关接报警后应当立即采取果断措施，及时控制现场，维护正常医疗秩序；对不听劝导、不肯停止过激行为，构成违反治安管理行为的，要依据《治安管理处罚法》有关规定进行查处；构成犯罪的，要依法追究刑事责任。

3. 严厉打击“医闹”、“医托”及“号贩子”。对专门捏造、寻找、介入他人医患矛盾，故意扩大事态，寻衅滋事，向医务人员、医疗机构敲诈勒索的职业“医闹”分子，要严厉打击，坚决依法查处，构成犯罪的，要依法追究其刑事责任。要加强医疗机构周边秩序维护和乱点整治，重点打击、依法查处“医托”、“号贩子”，为患者创造良好的医疗环境。

（三）切实提高医疗机构安全防范能力。

1. 落实医疗机构内部治安保卫责任。医疗机构主要负责人对本单位治安保卫工作负责。医疗机构应当健全安全防范系统日常管理防范制度，对发生的各类案件要认真做好案件登记，并及时向所在地公安机关报案，积极协助公安机关开展调查取证工作。

2. 强化医疗机构安全防范系统建设。按照《关于加强医院安全防范系统建设的指导意见》（国卫办医发〔2013〕28 号）的要求，各级卫生计生行政部门和公安机关应当加强协作配合，做好对医疗机构安全防范工作的指导、检查与考核，积极协调地方财政部门加大投入力度，加强医疗机构三防系统建设，确保重点区域、重点部门视频监控覆盖率达到100%。具备条件的二级以上医院安全监控中心应当建设应急报警装置并与当地公安机关联网。

3. 加强医疗机构内部巡查守护。各级卫生计生行政部门要会同公安机关督促医疗机构加强内部巡查守护，对重点区域、要害部位、夜间值班科室等关键部门要安排专人值守，及时发现可疑情况，先期处置。要加强医疗机构安全防范动态管理，组织保卫人员、保安员定时和随时巡查。发生案事件后，要立即报警，保卫人员和保安员要第一时间赶赴现场，制止违法犯罪行为，依法控制违法犯罪人员，做好现场保护措施，配合公安机关开展相关工作。

4. 完善警医联动机制。各级公安机关要对医疗机构的内部治安保卫工作加强指导。有条件的地方可根据实际需要在二级以上医院设立警务室或在周边设立治安岗亭，不具备条件的地方，要对辖区各医疗机构明确责任民警，加强动态管理，积极指导、配合做好维护医院秩序的各项工作。各级卫生计生行政部门和医疗机构要落实专门机构和人员与辖区公安机关对接。同时，各级医疗机构要建立医患突发事件应急处置预案，健全警医联动、联防联控机制，提高应急突发事件的现场处置能力。

（四）切实提高医疗服务质量。

1. 落实深化医药卫生体制改革要求。各地应当积极推进公立医院改革，实施基本药物制度，落实全民医保相关政策，完善城乡居民大病保险制度，做好生活困难人群的医疗救助，帮助群众解决看病负担。建立并完善医疗服务监管机制，健全医疗质量控制与持续改进体系，加大医疗服务信息公开力度，改善人民群众就医感受。

2. 完善医患沟通制度。各地应当加强医务人员人文教育、医患沟通培训，提高医患沟通效果；会同社会媒体组织开展多种形式的医疗卫生科普及法律知识宣传活动，提高人民群众对医疗风险和医疗服务特殊性的认识，增强人民群众的遵纪守法意识，引导患者合法维权。落实《医院投诉管理办法（试行）》，制定《医患纠纷沟通与处置流程》，规范接待流程，畅通投诉渠道，疏导理顺当事人情绪，实行“首诉负责制”。2014 年，全省所有二级以上医疗机构要设立专门机构，安排专职人员，确定专门场所，并公布投诉电话、信箱，妥善处理患者投诉，从源头上预防和减少医患纠纷。

3. 改善服务，提高质量。各级卫生计生行政部门要继续深入开展“三好一满意”活动，加强医疗机构能力建设,提高医疗服务能力和医疗技术水平,改善服务态度,优化服务流程,增加便民惠民措施,开展优质服务,加强行风建设,改善患者就医感受。各级卫生计生行政部门和医疗机构要热情关心医务人员,改善医务人员工作环境和生活条件,帮助解决实际困难,充分调动医务人员的积极性。

(五)做好医疗纠纷化解工作。

1. 加强医疗纠纷人民调解组织队伍建设。各级司法行政机关会同卫生计生、保险监督等部门,积极拓展医疗纠纷人民调解组织覆盖面,确保全省市(州)医疗纠纷人民调解组织覆盖面达到100%;同时,积极推动有条件的县(市、区)建立医疗纠纷人民调解委员会,努力实现2014年底前县级行政区域覆盖率达到75%的建设目标。建立健全医疗纠纷人民调解与医疗机构投诉管理衔接机制,及时引导医疗纠纷通过人民调解化解,有效防止矛盾纠纷扩大升级。通过政府购买服务的方式,确保每个医疗纠纷人民调解委员会聘请3名以上专职人民调解员。要大力加强医疗纠纷人民调解委员会专家库建设,充实医学、法学等专家人员。加大培训力度,建立一支能够满足需求、高水平、相对稳定的医疗纠纷人民调解员队伍。

2. 完善医疗纠纷人民调解工作运行机制。地方政府应当保障医疗纠纷人民调解组织的工作场所、工作经费和人员经费,特别是各级财政部门要设立平安医院建设工作专项经费,确保平安医院建设和调解工作正常运行。各级司法行政机关依法指导、规范医疗纠纷人民调解工作,并协调律师、公证、法援等职能部门为有需求的群众提供法律服务和法律援助。

3. 健全医疗风险分担机制。通过合理形式,确定、引入保险公司,组织开展医疗责任保险和医疗意外保险业务,2014年力争使医疗责任保险覆盖全省二级以上医疗机构,提高风险分担的覆盖面。同时建立医疗责任保险考核评价机制,指导保险公司积极主动为投保对象提供优质保险服务,完善相关条款和细则,简化理赔程序,切实将医院和医务人员从医疗纠纷中解脱出来,并保证相关患者能及时得到责任赔偿。

(六)开展涉医矛盾隐患大排查。

1. 开展医患矛盾与医疗纠纷排查化解。要进一步落实矛盾纠纷排查调处工作协调会议纪要月报制度,各相关部门要将医疗纠纷风险隐患排查纳入矛盾大排查工作之中,深入医疗机构及周边社区、村镇开展广泛深入的调查摸排,及时发现矛盾纠纷,指定专人开展化解工作。针对排查出的医疗纠纷,适宜通过人民调解解决的,应当引导到当地医疗纠纷人民调解组织解决;对有暴力倾向的案例,或调解过程中可能激化矛盾,引起治安案件、刑事案件的纠纷,应当及时向当地公安机关和卫生计生行政部门通报,防止矛盾激化。要充分运用人民调解、行政调解、司法调解联动的工作机制,各司其职,协调配合,形成合力,共同做好医疗纠纷预防化解工作。

2. 严格控制重点人员。一是对不能及时化解的,要部署落实相关人员的管控措施。同时,对医疗机构周边其他各类重点人,特别是对社会不满、有可能铤而走险报复社会的,有关部门和单位、社区、家庭要落实稳控措施。二是加强严重精神障碍患者的管理。各地要重点发现肇事肇祸及有潜在暴力倾向的严重精神障碍患者,按照国家有关规定,做好严重精神障碍患者的管理。对精神障碍患者在医疗机构及其周边滋事、扰乱秩序的,属地公安机关要迅速出警处置,严防发生恶性案件。

三、实施步骤

(一)工作部署阶段(2014年2月—3月)。各市(州)按照本方案的内容和要求,制订专项行动实施方案,建立各类涉稳基础台账,部署具体工作。

(二)集中整治阶段(2014年3月—9月)。

1. 梳理摸排,确定工作目标。认真梳理摸排职业"医闹"等线索信息,组织专门力量,收集固定证据,组织开展破案打击;开展医疗机构安全防范系统、医疗纠纷预防化解以及医疗责任险等方面的检查,认真查找不足,明确工作要求。

2. 打建并举,维护医疗秩序。公安机关要会同卫生计生部门整治医疗机构突出治安问题和周边治安秩序,组织深度打击整治,严厉打击暴力伤医、伤患的违法犯罪活动,查办一批扰乱医疗秩序的案件。同时,进一步固化各项工作措施,建立健全医院安全防范,医患纠纷排查化解工作长效机制。

3. 督导检查，巩固工作成效。各市州要组织联合督导检查，开展明察暗访，巩固工作成果，创新工作思路，深入发掘先进典型，不断总结和推广先进经验、做法，完善法律法规和工作制度。

（三）总结评估阶段（2014 年 10 月—11 月）。各市州卫生计生行政部门牵头，会同综治、公安、司法、保监等部门于 2014 年 11 月 20 日前完成本地专项行动的总结评估，并将工作报告报省卫生计生委。省卫生计生委将会同省综治办、公安厅、司法厅等部门对重点地区进行集中整治回头看，深入持续打击涉医违法犯罪活动，维护医疗秩序，建立和谐医患关系。

四、工作要求

（一）切实做好组织领导。各地要依托创建“平安医院”活动工作小组，统一负责、领导辖区内专项行动，主要负责人要亲自抓，分管领导要直接负责，坚决稳妥处置涉医突发事件，及时化解医患矛盾及医疗纠纷。对于因工作不到位引起的重大伤医案件以及群体性涉医事件的，要追究相关人员责任。

（二）确保措施落实到位。各市（州）专项行动情况作为该地综治工作（平安建设）考核评价内容中“平安医院创建工作”的主要内容，对于连续发生恶性伤医案件以及专项行动开展不力的，在平安医院创建工作考核中一票否决。

（三）明确部门职责分工。各有关部门应当建立分工协作工作机制，确保专项行动取得显著效果。综治组织要发挥协调推动作用，财政部门要为平安医院建设过程中各项工作的开展提供必要的经费支持和保障，卫生计生行政部门要着重抓好医疗服务质量和医疗机构内部安全防范工作，司法行政部门要推行医疗纠纷人民调解工作，公安、检察院、法院对重大伤医案件及涉医案事件要依法从快从重处理，保监部门、卫生计生部门积极推进医疗责任保险，民政部门对困难人群及时给予救助，工商部门要积极开展打击非法医疗广告专项行动。

（四）加强宣传教育和舆论引导。宣传部门要采取有效形式、营造良好的社会舆论，广泛利用电视、广播、报纸、互联网等新闻媒体，大力宣传专项行动取得的战果，及时报道涉医案件打击处理情况，对典型案例要通过媒体集中披露，以起到法制教育和打击震慑作用。各地要大力宣传卫生行业先进典型，弘扬救死扶伤人道主义精神，营造尊医重卫的良好氛围。要建立新闻宣传审查机制，加强对新闻媒体发布的涉及医患新闻的审查力度，未经核实的重要稿件，必须认真核实，否则不予刊播。保证新闻宣传的真实性、准确性和导向性，避免造成不良社会影响。

（五）做好信息报送工作。专项行动期间，各市（州）牵头部门要及时收集汇总本地区专项行动工作进展、先进典型及经验、主要成效、重大案件、问题困难等信息，及时报送省卫生计生委。各有关部门应当将本部门进展情况及时报送给相应上级部门。

吉林省安图县依靠群众　多元治理
有效预防和化解社会矛盾

近年来，安图县始终坚持把预防和化解矛盾纠纷作为维护社会和谐稳定的基础性工作，深入开展矛盾纠纷排查调处工作。特别是自 2011 年以来，通过全面深入联系群众、创新诉求服务平台、构建多元调处维稳体系，预防和化解了一大批影响社会和谐稳定的矛盾纠纷，全县信访量、进京非正常上访量和集体越级上访量连续三年呈下降趋势，社会大局保持和谐稳定。

一、全面深入联系群众，从源头上预防和化解矛盾纠纷

建立党员干部直接联系和服务群众“三项制度”，畅通收集民情民意、排查矛盾纠纷的渠道，加强与群众的联系,深化矛盾纠纷源头治理。

一是县级党政领导进社区制度。规定县级党政领导每周一晚上六点半到指定社区,与群众面对面交流沟通,了解社情民意,帮助解决实际问题。明确要求各个社区和县电视台要提前一周公布进社区领导的姓名、职务、分工等相关信息;任何单位和个人不得事先确定群众人选,限制谈话内容;对群众反映的问题,无论是涉及个人利益、群体利益,还是公共利益,都要给予答复和解决,方便群众"预约"领导。同时,配套出台实施细则和专项督查办法,建立完整的工作机制,确保进社区每个环节、每个步骤有章可循,有规可依。这个制度的最大特点,就是把县级党政领导联系和服务群众进行了岗位职责化,作为其必须履行的岗位职责,是本职的工作,不是临时的、额外的工作。只要担任领导职务,就有进社区的责任。特别是县一级,工作涵盖方方面面,区域内所有的事物都需要党委、政府来解决,更承担着解决"最后一公里"问题的重任,起着承上启下的作用,联系和服务群众有着不可代替的独特作用。

二是机关在职党员"双岗双责制"。规定机关在职党员在履行机关岗位职责的同时,要到所在社区领岗任职,履行责任。根据家庭住址,为每名党员干部就近安排5—10户群众作为联系对象,让党员干部走进居民家中,倾听群众心声,帮助排忧解难。对群众反映的诉求,由党员干部根据问题的难易程度,通过个人帮助、上报社区或单位党组织协调等方式,切实解决群众生活中遇到的实际困难和邻里纠纷。同时,引导党员干部在联系和服务群众的基础上积极参与社区管理和服务,根据在职党员的职业特点,设定民事调解、物业管理、儿童帮教、党建指导等服务岗位,明确了职责和义务。党员干部在执行"双岗双责制"的过程中,通过认真记录、梳理、研究群众的意见和建议,及时帮助解决实际问题,调处各类矛盾纠纷,把问题化解在萌芽状态、化解在基层。目前,全县1213名机关在职党员干部共联系群众5972户,把党员与群众联系在了一起。

三是联系和服务农民"三定四包"制度。即通过定人员、定时间、定责任,包"三委"、包"三证"、包"帮扶"、包维稳,畅通党员干部与农民经常性沟通交流的渠道,全面掌握农村真实情况,帮助农民解决实际问题,维护农村社会的和谐稳定。定人员,就是明确1名县级党政领导包保1个乡镇、联系一个村;每个村选派1名乡镇领导干部和1名机关干部进行包保。定时间,就是规定县级党政领导每年下乡入村时间不得少于30天;乡镇领导干部不得少于100天;包村机关干部不得少于50天。定责任,就是县级党政领导负领导责任;乡镇党委负直接责任,党委书记负主要责任;包村机关干部负具体责任。包"三委",就是帮助村"三委"加强组织建设。包"三证",就是协助村民办理"房产证"、"生育证"和"医疗证"。包"帮扶",就是监督农村惠农帮扶政策的落实情况。包维稳,就是及时了解和反映群众诉求,开展矛盾纠纷调处工作,消除信访等不稳定隐患。同时,配套建立了"三定四包"制度任务落实、责任倒查等工作机制,保障了制度的有效落实。

通过建立县级党政领导进社区、机关在职党员"双岗双责"、联系和服务农民"三定四包"三项制度,安图县实现了党员干部直接联系和服务群众的全覆盖:从县级党政领导到普通党员干部,都能"沉下去"深入基层,"零距离"接触群众,变"被动解决"群众诉求,为"主动作为"联系群众;从县城社区到乡镇村屯,群众的所有诉求,包括一些矛盾和纠纷,都能得到足够重视和及时就地解决,做到了小事不出村、大事不出镇、难事不出县、矛盾不上交。联系和服务群众"三项制度",不仅畅通了党委和政府与群众联系的渠道,同时搭建了一个教育引导安图县干部群众的平台,使党员干部真正了解了群众的疾苦,加深了对群众工作的认识;使群众正确认识了自己的利益和实现利益的途径,更加理解、信任党委和政府的施政行为,为从源头上预防和化解矛盾纠纷赢得了广泛的群众基础。

二、创新诉求服务平台,最大限度地化解矛盾纠纷

以公众参与社会治理为切入点,搭建群众诉求服务平台,依靠群众及时就地化解矛盾纠纷。

一是整合资源,探索"3+1"的工作模式。群众诉求服务中心由"行政接访、法律援助、民事民议"和"纪检督查"四个工作单元构成,通过"3+1"模式搭建了一个全方位、多功能的"一站式流程、点单式服务”的新型诉求服务平台。其创新点是“民事民议”，就是根据诉求性质和诉求人的意愿，组织公众参与，评判是非、化解矛盾，做到“百姓事百姓议、百姓理百姓评”。

二是围绕公众参与，构建“三个平台”的运行机制。通过搭建“评理”、“说事”、“建言”三个平台，不断扩大公众参与社会治理的深度和广度，给安图百姓提供一个随时可以反映诉求、表达意愿、建言献策、参政议政的平台，真正让群众做社会的主人，实现自我教育、自我管理、自我约束。

三是传递社会正能量，打造“安图民声”频道。在县电视台特辟了“民声频道”，全方位、多角度、立体式地报道群众反映的热点、难点问题，以及对群众诉求的处理情况，形成一个全程跟踪录播的电视媒体监督网络，力求每一项诉求的处理结果都让群众“听得见、看得到、信得过”。

群众诉求服务中心的最大特色是引导公众广泛参与社会治理。这里的参与主体除了一般公众之外，更主要的是议事代表。议事代表的产生程序非常严格，通过自荐、推荐、审查、公示等环节，选出 430 名议事代表，实行严进宽出、动态管理，充分发挥议事代表作为社会舆情收集者、民事民议仲裁者、政策法规宣传者、道德伦理示范者的作用。通过创新诉求服务平台，组织议事代表开展评议，依靠群众和舆论的力量及时就地化解矛盾纠纷，不仅成功地化解了一批多次上访而始终无法解决的复杂信访案件，而且及时有效地化解了随时出现的新矛盾、新纠纷，具有解决问题速度快、效果好、成本低、无反复等特点，特别是有效地解决了一批用行政手段无法解决的矛盾纠纷，真正打开了群众的“心结”，充分体现出其独特的、无可替代的作用。群众诉求服务中心的建立与运行，坚持走群众路线，推进了社会治理创新，体现了民主政治的协商、妥协、多数原则和平等、自由、人民主权、人的尊严等价值理念，保障了人民群众的民主权利。议事代表可以在不受他人支配和影响的状态下，通过投票方式，自主地表明自己的态度；群众可以通过媒体听到“民声诉求”，看到“民意主断”，评判是非曲直，形成了强大的社会舆论氛围，弘扬了社会正气，传播了社会正能量，促进了政府管理和社会治理的良性互动，得到了安图百姓的高度评价和广泛认可，“有事找诉求中心办，有理到诉求中心评”，已成为安图百姓的共识。自成立以来，群众诉求服务中心共受理群众诉求 1281 件，办结率达到 98%，实现了群众诉求进入程序，全部解决。

三、构建多元治理体系，广泛凝聚工作合力

坚持多元治理、多管齐下，增强预防和化解矛盾纠纷工作的系统性和协同性，形成工作的整体合力。

一是推动司法行政工作向村居社区延伸。依托基层司法所建立集法制宣传教育、法律服务和法律保障为一体的司法行政法律服务中心，将司法行政职能延伸到最基层，初步实现了服务群众零距离、法制宣传零死角。实行工作联系制度，组织机关干部、司法所干警、人民调解员、律师、法律服务工作者建立覆盖村居社区的工作队伍，定期开展矛盾纠纷排查，及时掌握各种矛盾纠纷的详细情况和动态，依法依理化解矛盾纠纷，有效发挥了人民调解第一道防线的作用。同时，调动一切可用力量，吸纳老人、妇女进入矛盾纠纷信息员行列，并利用“百姓说事点”等载体，公开村居社区调解员及司法所工作人员的联系方式，便于群众及时反映情况，实现了矛盾纠纷早发现、早知道、早报告、早调处。

二是强化基层综治维稳中心效能建设。建立推行了基层综治维稳中心联调、联防、联勤、联治、联创“五联”工作机制。联调，就是定期组织集中排查矛盾纠纷，按照分级负责、归口调处的原则，落实责任单位和责任人，限期解决。联防，就是适时召集有关部门进行治安形势分析，提出有针对性的工作意见，及时发布治安预警信息。联勤，就是统一组织安排中心工作人员开展工作，统一调配使用中心力量落实值勤备勤。联治，就是定期组织排摸、梳理辖区内的突出治安问题，确定重点整治地区，统一实行专项整治。联创，就是组织开展“平安乡镇”、“平安社区”创建活动，把流动人口管理服务、社区矫正、法制宣传等都作为平安创建的重要内容，丰富创建内涵。“五联”工作机制，实现了对矛盾纠纷的统一排查、统一受理、统一分流、统一协调、统一督办，有效提高了工作效能。

三是深入推进公民道德建设。坚持把公民道德建设作为预防和化解矛盾纠纷工作的基础，深人实施“道德安图”建设，推动道德观念在群众中内化于心、外化于行，不断增加社会和谐因素。自2010年以来，连续五年开展感恩教育、征集《道德公约》、提炼“安图精神”等主题教育活动，在全社会形成普遍认同的道德标准和价值尺度，营造了良好的社会风尚。将道德的感化和约束作用渗透到矛盾纠纷预防和化解的全过程，充分发挥社会公德、职业道德、家庭美德、个人品德的导向作用，及时厘清并消除当事人的不良价值取向，端正思想认识，提高辨别是非的能力，达到择善而从、见贤思齐、加强修养的目的，促其以正确的态度处理问题，通过向社会传递道德的正能量，扬正驱邪，规范社会行为，让群众在参与的过程中，潜移默化地受到教育、熏陶，逐步形成遵法纪、重道义、辨是非、明公理的社会风气，为预防和化解矛盾纠纷创造良好的条件。

吉林省综治委、办机构情况和负责人名单

一、综治委

主　任：竺延风　省委副书记
副主任：金振吉　省委常委、省委政法委书记
　　　　周化辰　省人大常委会副主任
　　　　黄关春　省政府副省长

二、综治办

主　任：刘殿民　省委政法委常务副书记
副主任：孔庆坤　专职副主任
省综治办下设综治一处、二处、三处、四处。

吉林省各市(州)、县(市、区)综治委、办负责人名单

地　区	综治委主任	综治办主任
长春市	高广滨	刘际阳
	姜治莹	
朝阳区	祝永安	赵红光
宽城区	李忠斌	左　毅
		杨贷珺
南关区	王铁茗	王大勇
		李　穆
绿园区	孙英利	孙品胜
	程　宇	
二道区	黄宪昱	王立国
	王　吉	
双阳区	王德明	王芙芗
	唐铁生	
九台市	何泉秀	孙俊清
	史长友	
德惠市	马延峰	李晓波
	赫　哲	
榆树市	冯善国	张树林
	李洪亮	
农安县	周　贺	于洪文
	王海英	
高新开发区	杨俊良	隋　波
西新开发区	孙国武	陈　军
净月开发区	刘金生	杨逸圆
经济开发区	王庭凯	陈本泉
莲花山度假区	杜　福	朱屹东
吉林市	张晓霈	李永利
	赵静波	
昌邑区	刘长木	
	刘德余	

地　区	**综治委主任**	**综治办主任**
船营区	陈　强	王尚义
丰满区	马招利	娄淑芹
龙潭区	孙维国	吴建成
永吉县	盖东平	蓝　卓
磐石市	宫成全	孙志刚
桦甸市	邱　鹏	乔悦宝
蛟河市	张恩波	徐宝林
舒兰市	王书东	王　伟
经开区	宋　杰	姚宝峰
高新区	马　驰	徐向泰
延边州	张安顺	金昌石
延吉市	秦晓明	刘　辉
图们市	郑希洙	刘志刚
珲春市	李承哲	张成业
汪清县	冯建平	徐庆伟
安图县	朴建龙	张　祥
敦化市	周延文	刘维才
龙井市	崔　宪	张国富
和龙市	郑俊浩	张宝华
四平市	许才山	段广华
公主岭市	刘英杰	姜　宏
梨树县	孟智群	王　飞
双辽市	柴宇明	王　栋
伊通县	王晓平	朴肃泉
铁东区	陈　辉	生永红
铁西区	郭玉峰	贾继红
辽河农垦管理区	王俊龙	王　顺
辽源市	吴　兰 金育辉	蔡东升
东丰县	滕宝春 郑一鸣	夏德明
东辽县	江礼权 蒋　凯	孙玉臣
龙山区	胡永为 张凤林	朱孟章
西安区	徐　晖 李晓东	薛力萌
通化市	王立平	李恩平
梅河口市	栾国华	李艳民
集安市	陈旭升	刘金发
辉南县	刘德富	江海波
柳河县	宋　强	刘其耀
通化县	陈　光	罗　宇
东昌区	臧海江	王晓方
二道江区	于大军	于志强
白山市	李　伟	吕殿斌
抚松县	李　平	柏世华
靖宇县	毕增祥	张启华
长白县	崔龙男	王金宝
浑江区	费洪海	迟学虎
江源区	张石磊	赵怀军
临江市	张习庆	胡海利
松原市	许晓明	万中国
乾安县	吕金山	江成德
长岭县	王　旭	刘久刚
扶余县	姚政武	江海涛
前郭县	韦　星	谢亚辉
宁江区	都兴伟	邸彦辉
白城市	李晋修 安桂武	张　馨
洮北区	杨　超	王大力
镇赉县	刘金凤	梁宝山
洮南市	于洪友	姜殿臣
通榆县	卜宪伟	王国华
大安市	王德新	张大伟
长白山管委会	周　波	徐　铭
池北区	胡学友	陈守浦
池西区	赵建民	刘　岩
池南区	曹树清	李　强

（撰稿人：韦晓宇
审稿人：麻东升　严曦）

黑龙江省

2014年综治工作概况

2014年，全省各级党委政府、各级综治组织和综治委成员单位全面贯彻党的十八大和十八届三中、四中全会精神、深入学习贯彻习近平总书记系列重要讲话，按照中央政法工作会议、全国深化平安中国建设会议、省委十一届四次全会和省委政法工作会议工作部署，牢牢把握依法治国总体要求，以“平安黑龙江”建设为载体，坚持系统治理、依法治理、综合治理、源头治理，创新社会治理方式，着力解决影响社会和谐稳定的突出问题，圆满完成了全年综治和平安建设工作任务和目标，为推动全省“五大规划”战略实施和十大重点产业发展，确保全省社会安定有序、人民安居乐业和维护国家长治久安做出了新贡献。

一、各级党委政府高度重视，确保实现“三个严防、一降两提升”工作目标

省委、省政府和各级党委、政府高度重视综治和“平安黑龙江”建设工作，将其摆上更加突出位置。省委书记主持召开省委常委会议，研究贯彻落实深化平安中国建设会议精神的工作措施，省长多次对政法综治工作做出指示批示。省委办公厅、省政府办公厅印发了《2014年全省综治(平安龙江建设)工作要点》(厅字〔2014〕14号)，对全省综治和平安建设做出安排部署。省委书记、省长分别与各市地、系统及省直管县(市)签订了2014年度综治工作暨“平安黑龙江”建设责任状。省委副书记、省综治委主任与省综治委各成员单位签订2014—2015年度综治和平安建设责任状。省综治委召开了2014年第一次全体委员(扩大)会议，对2014年全省综治和平安建设工作作出部署。

按照年初省委确定的总体工作目标，经过全省各级党委政府、各级政法综治战线共同努力，2014年全省没有发生影响和危害国家安全的案(事)件，没有发生影响社会稳定的重大群体性事件，没有发生有严重影响的重特大刑事案件、治安案(事)件和有严重影响的公共安全重特大事故(事件)；全省八类严重刑事案件同比下降，全省公众公共安全感和“平安黑龙江”建设群众满意率较上年提升，分别达到95.38%和95.62%。主要工作指标有，一是群体性事件总数及参与人数大幅度减少。全年发生群体性事件起数、参与人数分别同比减少，进京非正常上访总人次同比减少。二是刑事案件总量继续下降。全省刑事案件立案同比下降，其中杀人、抢劫、盗窃、入室盗窃案件分别同比下降。三是八类严重刑事案件比重减少。八类严重刑事案件占全部刑事案件比重8.15%，同比减少1.21个百分点。四是治安案件总量减少。全省共受理治安案件同比减少13.1%，其中妨碍公共安全案件同比减少48.8%。五是火灾、交通安全形势总体平稳。

二、突出三项重点，扎实推动工作措施落实

(一)推动建立调处化解矛盾纠纷综合机制。充分发挥党委领导的政治优势，依托基层组织和社区服务管理平台，整合资源力量，不断完善人民调解、行政调解、司法相互衔接的工作体系。探索建立了交通事故、医疗纠纷、民事纠纷、物业管理纠纷等调解中心，加强专业性、行业性调解组织建设，提高调解工作专业化水平。

大力推动社会矛盾纠纷排查化解。对群众反映突出的征地拆迁、环境保护、劳资关系等领域的问题和特殊利益群体的历史遗留问题等，积极向党委、政府提出政策建议，促进相关政策机制的完善，争取更好地解决问题。

大力推动社会稳定风险评估机制的落实。2014年，全省共对1249件重大决策事项进行了社会稳定风险评估，其中未发现稳定风险和化解稳定风险后准予实施1166件;存在较大稳定风险,暂缓实施、正在组织化解56件;因存在重大稳定风险不予实施27件,从源头上预防和减少了不稳定隐患,维护了全省社会大局稳定。

妥善处理重大复杂矛盾纠纷。各地各部门结合实际,采取依托矛盾纠纷排查调解平台的方式,对涉及人员较多、情况复杂的重大矛盾纠纷进行联合调解,并由地方党政领导或有关部门(单位)负责人进行包案。对因重大决策、重大项目、执法司法等问题引发的矛盾纠纷,适当引入人民调解组织和社会力量,作为"第三方"进行柔性调解,协助做好群众的说服、疏导工作。特别对重大群体访,由主管部门牵头召集当事人和相关部门召开听证会、联席会、协调会,推动问题得到有效解决。

推动解决进京非正常上访工作。省综治办按照中央综治办要求,切实履行交办职能,积极配合有关部门单位做好沟通协调和通报督导工作,对进京非正常上访实行通报制度,按照有关规定进行责任查究。省综治办先后6次对进京非访量较大的20个重点县区和省直有关单位进行了通报。

(二)加强和创新立体化社会治安防控体系建设。各地坚持开展"命案必防"工作,努力消除可能引发命案的各种因素和隐患,及时化解矛盾纠纷,下大气力防止"民转刑"命案发生。据统计,全省公安机关命案立案数持续下降,比上年减少3.96个百分点,有46个县(市、区)实现"零命案",一大批社区(村)实现刑事案件零发案。同时,各级公安部门严密组织开展严厉打击黑恶势力、严重暴力、涉枪涉暴涉恐、"两抢一盗"、拐卖妇女儿童、危害食品药品安全、非法集资、电信诈骗、环境污染等严重危害社会稳定和人民群众生命财产安全的犯罪活动,大力加强互联网管理,全力维护网络社会安全,进一步优化网上网下治安环境。

深入开展"三项排查整治"专项行动。省综治委在全省组织开展社会矛盾、社会治安重点地区和公共安全隐患排查调处整治专项行动。

大力推动安全技术防范和信息化建设。省综治委安全技术防范建设领导小组下发了《关于在全省开展技防建设阶段工作"回头看"活动的通知》,组织召开专门推进会议,对全省各地技防工作落实情况进行了督导检查。

(三)积极推进基层综合服务管理平台建设。按照省委组织部、省民政厅、省财政厅联合下发《关于在全省城市社区开展居民小组网格化服务的指导意见》的要求,对全省3150个城市社区进行"划网分格设长"。以原居民小组为基础,将每个社区重新调整为10—30个网格,每个网格辖100—200户居民,每个网格设一名"格长"(居民小组长),逐步建立起"联系群众无盲点、网格对接无缝隙、社区服务无遗漏"的社区管理服务网格体系。

三、强化源头治理,切实做好流动人口和特殊人群服务管理工作

(一)加强流动人口服务管理。全面推行"以证管人、以房管人、以业管人"工作模式,推进实有人口、实有房屋"全覆盖"管理。目前,省、市、县及林业、垦区系统三级投入建成黑龙江省流动人口居住证服务管理信息系统。公安部门适时开展流动人口、出租房屋清查整治工作,对涉及流动人口犯罪案件实行倒查,对责任民警责任追究;教育部门接收随迁子女接受义务教育,同时放开中考和高考的招考条件,中等职业学校取消户籍限制;民政部门推动实施流动人口在居住地可以享受与当地居民同样标准的临时救助;卫计部门将流动人口纳入健康管理,实现与常住人口基本医疗卫生服务均等化;人社部门开展就业援助月活动、春风行动等专场招聘会,吸纳就业,组织劳务输出。劳动监察、工商行政管理等部门,认真开展整治非法用工和农民工工资支付情况专项检查工作。

(二)认真落实特殊人群服务管理措施。一是加强严重精神障碍患者服务管理工作。认真落实《黑龙江省重性精神病人服务管理工作指导意见》(黑卫疾发〔2013〕235号),推动在全省建立了三级精神卫生工作防治网,建立了严重精神障碍患者信息管理网络,健全各项工作管理制度,全省已录入国家重性精神疾病基本数据收集分析系统患者信息115564例,已完成检出率3.01‰。二是开展预防青少年违法犯罪工作。按照《黑龙江省重点青少年群体服务管理和预防犯罪工作实施方案》的要求,加强对有不良行为的青少年的教育矫治，解决闲散青少年的失学问题、加大对流浪乞讨未成年人的主动救助，加强对服刑在教人员未成年子女的困难救助和心理抚慰，开展关爱农村留守儿童活动。同时，全省司法行政部门通过安置帮教工作机构与监狱部门建立常态帮教机制、帮扶和培训机制、信息沟通机制，刑满释放人员“必接必送”工作得到全面落实。省财政厅大力支持，下拨接送经费，衔接刑释人员，批准符合标准的过渡性安置基地，取消不合格的基地，全省共有92个安置帮教过渡性基地登记备案。

四、加强统筹协调，进一步形成综治委成员单位齐抓共管合力

省综治委各成员单位充分发挥部门职能作用，积极参与支持平安建设，进一步形成了齐抓共管工作局面。省人大常委会有关部门积极推动社会治安综合治理法制化进程，在省综治委组织前期调研的基础上，将修订《黑龙江省社会治安综合治理条例》列入2015年立法计划。省政协机关相关专门委员会积极为“平安黑龙江”建设和创新社会治理方式建言献策，提交提案建议。省纪委、省监察厅、省委组织部、省人社厅认真履行“五部门”联席会议成员单位职责，坚持将综治和平安建设工作纳入领导干部政绩考核体系之中，严格落实考评奖惩、一票否决等工作制度。宣传部门大力支持平安建设宣传活动，协调有关宣传媒体积极做好平安建设宣传周活动，加大综治工作宣传力度。省信访联席办提出追责建议，涉及13个市地、4个系统及33个县（市、区），先后对庆安县、大兴安岭地区加格达奇区、海林林业局等3个单位实施重点管理。省财政厅、省发改委全力支持推进“平安黑龙江”建设，不断加大投入力度，全力保障平安建设专项资金和创新社会治理工作经费。省民政系统进一步加强社区网格化建设和重性精神病人服务管理等工作。

省公安机关扎实推进立体化治安防控体系建设，严厉打击各类违法犯罪活动，全省命案发案数持续减少，侦破命案积案绝对数列全国第一。省法院系统牢牢把握“努力让人民群众在每一个司法案件中都感受到公平正义”的工作目标。省检察系统针对办案过程中发现的社会治理中存在的突出问题和薄弱环节，及时向有关部门提出加强和改进建议。

省地税系统加强税收政策宣传，积极引导鼓励刑释解教人员自主创业，认真落实国家扶持就业税收优惠政策。省卫生部门积极构建和谐医患关系，深入开展“平安医院”建设，推动医患纠纷调解，全力维护医疗单位正常工作秩序和广大患者就医安全。省教育部门深入组织开展“平安校园”建设，加强校园内部安全保卫和安全技术防范建设，综合治理校园周边环境，确保教学秩序和广大师生安全。工商部门深入开展“平安市场”建设，源头上治理市场秩序，维护市场交易安全。省电力系统深入推进“平安电网”建设，保证全省电力设施和电力供应安全稳定。省铁路系统深入推进“平安铁路”建设，不断扩大平安覆盖面。省银监局将银行业案件风险防控作为重点工作，督促各银行业机构开展对重点业务风险和突出问题的专项治理。妇联组织积极开展“平安家庭”创建活动，积极维护广大妇女儿童合法权益。省关工委、团省委积极开展青少年违法犯罪预防工作，全省“未成年人零犯罪”社区（村屯）、学校创建活动三年规划圆满完成。省军区持续开展“三个不间断”活动，始终保持了部队自身的高度安全稳定，同时加强边境管控，积极参与支持地方平安建设。武警和公安边防部队切实把维护全省社会稳定当头等大事来抓，认真落实反恐处突各项准备工作，处突能力加强，巡逻力度加大。其他综治委各成员单位也都按照各自工作分工，在“平安黑龙江”建设工作中切实发挥职能作用，为全省社会稳定大局作出积极贡献。

与此同时，省综治委进一步加大综治目标管理和平安建设考评考核工作。截至目前，全省平安市（地）、系统创建率达到73%，平安县（市、区、局、场）创建率达到96%，22个单位为2013年度省综治委成员单位社会管理综合治理目标考评优秀单位。2014年，还对6个单位实行挂牌整治，对6个单位给予黄牌警告，对16个单位提出处分建议，对6个单位发出一票否决意见书。

坚持全省组织开展综治暨平安建设“宣传周”活动，综治和“平安黑龙江”建设氛围日益浓厚。组织开展综治工作网民测评活动，以自由点击答卷的方式征求社会各界和广大群众对“平安黑龙江”建设工作的意见、想法和满意度，网民点击率达128万多人次,网民对"平安建设"满意率达95%以上。

共青团黑龙江省委 省民政厅 省综治办 省财政厅 省人力资源和社会保障厅关于印发《关于加强青少年事务社会工作专业人才队伍建设的意见》的通知

(2014年10月9日)

各市(地)团委、综治办、民政局、财政局、人力资源和社会保障局,绥芬河市团委、综治办、民政局、财政局、人力资源和社会保障局,抚远县团委、综治办、民政局、财政局、人力资源和社会保障局:

为深入贯彻党的十八大、十八届三中全会精神,切实加强青少年事务社会工作专业人才队伍建设,服务青少年健康成长,发展青少年社会事业,为构建社会主义和谐社会提供有力的人才支撑,经黑龙江省人才领导小组办公室同意,团省委、黑龙江省综治委预防青少年违法犯罪领导小组、省综治办、省民政厅、省财政厅、省人力资源和社会保障厅共同制定了《关于加强青少年事务社会工作专业人才队伍建设的意见》。现将文件印发给你们,请结合工作实际,认真贯彻落实。

关于加强青少年事务社会工作专业人才队伍建设的意见

为深入贯彻党的十八大精神,努力造就一支高素质的青少年事务社会工作专业人才队伍,服务青少年健康成长,推动我省经济社会又好又快发展。根据《黑龙江省中长期人才发展规划纲要(2010-2020年)》(黑发〔2010〕18号)的要求,现就加强青少年事务社会工作专业人才队伍建设提出如下意见。

一、加强青少年事务社会工作专业人才队伍建设的意义

随着我省经济社会快速发展,当代青年在学习工作生活条件得到改善,但在成长成才、身心健康、就业创业、社会融入、婚恋交友等方面仍然面临着诸多困难和问题。特别是我省每年有20万左右的高校毕业生和大量城乡贫困家庭青少年、残疾青年、在城市和乡间流动的农村青年,约有近18万的农村留守儿童,他们面临很多困难,迫切需要帮助。要解决青少年成长发展的困难和问题,必须大力加强青少年事务社会工作专业人才队伍建设,建立健全青少年事务社会工作服务体系和网络,广泛在青年工作中引入专业社会工作,对弱势青少年群体进行帮扶,对有不良行为青少年进行专业矫正,有效满足青少年的个性化服务需求。

多年来,全省在加强青少年事务社会工作专业人才队伍建设方面,紧密结合实际,围绕成立机构、投入经费、购买服务、建设队伍、构建机制、形成特色等重要环节积极开展工作,取得了一定成效。但与其他省比较仍相对滞后,还存在政策制度不健全、岗位职责不明确、人才数量不充足、专业化水平不强、职业化程度不高、薪酬待遇比较低、人才队伍不稳定等突出问题,无法满足青少年服务事业发展的需求。

各地应从促进青少年健康成长、深化平安龙江建设、维护国家长治久安和社会和谐的高度,深刻认识加强青少年事务社会工作专业人才队伍建设的重要性和紧迫性,切实增强政治责任感和历史使命感,在创新社会治理体制的整体格局中,加强调查研究,推动政策制定,采取有力措施,推进青少年事务社会工作职业化和专业化进程,加强青少年事务社会工作专业人才队伍建设。

二、加强青少年事务社会工作专业人才队伍建设的指导思想、工作原则、主要目标

(一)指导思想。以邓小平理论、"三个代表"、科学发展观为指导,立足我省经济社会发展的客观需求,按照《黑龙江省重点青少年群体服务管理和预防犯罪工作实施细则》推进青少年事务社会工作专业人才队伍建设工作走向深入。建立党委领导、政府支持、综治部门协调、共青团组织运作的工作机制,建设一支结构合理、素质优良的青少年事务社会工作者队伍,重点开展对闲散青少年的服务管理,协助有关部门对有不良行为和严重不良行为青少年进行教育矫治,对流浪乞讨未成年、服刑在教人员未成年子女和留守儿童等弱势青少年群体开展关爱行动,满足青少年发展需要、有效预防和减少青少年违法犯罪、维护青少年合法权益、最大限度增加和谐因素,增强社会发展活力,提高社会治理水平,为建设和谐龙江发挥积极作用。

(二)工作原则。坚持党的领导、政府负责,相关部门本着青少年利益优先的原则,切实履行依法规范、政策引导、资金投入等方面的职责,确保青少年事务社会工作专业人才队伍建设的正确政治方向;坚持社会参与、多方协作,鼓励相关社会组织、企事业单位和社会公众支持青少年事务社会工作专业人才队伍建设,合理配置人才,促进人岗相适、人尽其才;坚持突出重点、立足基层,加强基层社会治理领域与青少年相关的专业服务平台建设,引导青少年事务社会工作服务资源向基层倾斜,推动青少年事务社会工作专业人才向基层合理流动。

(三)主要目标。各地要将青少年事务社会工作专业人才队伍建设纳入本地区经济社会发展规划和社会工作人才队伍建设规划,以政府购买服务等方式,逐步实现政府从对社会事务的直接管理向间接管理转变。为青少年事务社会工作提供有力的政策和机制保障,增强青少年事务社会工作力量和服务活力。承揽和办理好青少年事务,服务青少年成长发展,维护青少年合法权益,做好青少年特别是重点青少年群体的服务管理和预防犯罪工作。探索完善青少年服务社会工作专业人才队伍建设机制、管理机制、运行机制、政策措施,总结提炼符合我省省情和发展需要的青少年事务社会工作专业人才队伍建设经验与模式。启动黑龙江省青少年事务社会工作专业人才队伍培训计划,到2020年,重点扶持1家培养青少年事务社会工作专业人才的高等教育机构,建立3家具备青少年事务社会工作继续教育资质的培训机构,建立10家青少年事务社会工作重点实训基地,初步建立5000人的青少年事务社会工作专业人才队伍,并形成运行管理机制和配套政策制度框架。

三、青少年事务社会工作专业人才主要服务领域

(一)服务青少年成长发展领域。一是思想引导:为青少年提供思想政治教育辅导,引导青少年积极践行社会主义核心价值体系形成正确的世界观、人生观、价值观;二是习惯养成:为青少年提供正确的行为指导和良好的习惯训练,帮助青少年形成正确的生活、学习和行为习惯;三是职业指导:帮助青年培养正确的就业意识,提供就业信息服务,组织开展就业技能培训;四是婚恋服务:引导青年树立正确的婚恋观,帮助解决思想上、情绪上的困扰,为有特别需要的青年组织开展婚恋交友活动;五是社交指导:培养青年良好的交往动机和交往品质,提高青少年的合作意识和能力、沟通交往技巧和能力,对社会交往有障碍的青少年进行社会关系调适,帮助其融入社会。

(二)维护青少年合法权益领域。一是困难救助:对贫困家庭青少年、残疾青少年,帮助他们获得政府救济和保障以及社会资助和帮扶,同时培养自强自助的生活态度；二是权益保护：为青少年提供个案维权服务，耐心解答青少年的求助咨询，及时跟进并协调解决家庭虐待、人身伤害、吸食毒品、沉迷网络等侵害未成年人合法权益的案(事)件；三是法律服务：为青少年提供法制宣传教育和法律咨询服务，帮助青少年增强学法尊法守法用法意识，提高自我保护意识和能力，必要时帮助联系法律援助部门给予援助；四是心理疏导：缓解或消除青少年的心理问题，帮助青少年提高情绪自我管控能力，促进健康人格的形成，特别是关注农村留守儿童、服刑人员未成年子女、流浪乞讨未成年人等特殊群体的心理关爱问题。

(三)预防青少年违法犯罪领域。一是正面联系：通过个案、小组和社区工作等社会工作方法，加强对闲散青少年的接触联系，提供有针对性的引导和帮扶；加强对流动青少年群体的服务管理，进驻大型商企、市场、城中村等流动人员高度密集区域开展工作；二是临界预防：关注普通青少年向有不良行为青少年转化的边界，重视偷拿财物、逃学、抽烟喝酒、夜不归宿等早期典型行为，及时采取有针对性预防工作；防止青少年与家庭和学校关系紧张、联系断裂，避免青少年受外界不良行为影响产生不正常的社会化倾向；三是行为矫治：对不良行为或严重不良行为青少年，通过进驻社区、学校、戒毒所、拘留所、看守所等工作项目，加强制度规则意识教育和法制底线教育，纠正和改变不良行为习惯；四是社会观护：协助公安、法院、检察院等部门开展取保候审观护帮教、附条件不起诉监督考察、合适成年人参与未成年人刑事诉讼、社会调查等工作，帮助掌握未成年犯罪嫌疑人的基本情况，减少涉罪未成年人再犯罪。

四、加强青少年事务社会工作专业人才队伍建设的主要任务

(一)研究制定青少年事务社会工作专业岗位设置标准。各地要按照科学合理、精简效能、按需设置、循序渐进的原则，研究青少年事务社会工作专业岗位设置。要在各级团组织特别是基层团组织以及12355青少年服务台、青少年宫、青年志愿者协会、少年司法机构、青少年维权岗、青少年服务中心、维权类组织、青年中心等青少年服务组织和机构开发设置社会工作岗位，纳入专业技术岗位管理范围。综合衡量不同社会工作岗位要求、服务对象、工作难易程度等因素，研究设定相应岗位等级、岗位数量以及与之相适应的青少年事务社会工作专业人才配置比例，建立健全青少年事务社会工作岗位岗前培训与持证上岗制度。

(二)发展青少年事务社会工作服务机构。各地要根据国家有关政策，积极培育、扶持青少年事务社会工作服务机构发展，为政府和社会购买社会工作服务提供承接平台，为社会工作专业人才提供就业渠道和专业提升的载体。通过改进登记服务方式等措施，鼓励社会力量举办社会公益性民间组织。通过落实税收优惠政策、拓展政府购买服务项目等措施培养发展社会公益性民间组织。要加强对青少年事务社会工作服务机构的指导，帮助其坚持正确的政治方向，提升专业化服务、规范化管理和社会化运作水平。

(三)构建青少年事务社会工作专业人才培养体系。研究制定青少年事务社会工作专业人才教育培养规划，加快培养社会工作专业人才。推动大专院校设置青少年事务社会工作专业课程，完善相关理论研究、学科体系、教学规划，依托大专院校就业服务指导机构做好社会工作专业学生的就业服务工作。建立青少年事务社会工作专业人才在职培训机制，有计划、分层次地对实际从事社会工作的在职人员进行岗位培训，鼓励他们参加进修、实习、短训、函授等，逐步提高专业理论素养和专业化服务水平。落实社会工作专业人才继续教育政策，定期对取得职业资质的青少年事务社会工作者开展政策法规、职业伦理、专业理论和实务技能等方面培训，不断完善知识结构，提高专业技能与综合素质。依托专业技术人员继续教育基地、社会工作专业人才培训基地、大专院校特别是各级团校推动建立一批具有青少年事务社会工作继续教育资质的培训机构，逐步形成高等教育、继续教育互为补充、相互促进的青少年事务社会工作综合教育培训网络。鼓励支持现有青少年工作从业人员参加全国社会工作者职业水平考试，掌握必要的社工理论和专业知识，提升转化为社会工作专业人才。探索青少年事务社工导师机制，掌握一批在特定领域有专长的专家、学者担任青少年事务社工导师，并通过实地指导、远程教学等形式对青少年事务社工在实际工作中遇到的问题予以解答。

（四）建立青少年事务社会工作者职业水平评价、考核评估制度。各地要贯彻落实省人才小组领导办公室、省民政厅颁发的《黑龙江省社会工作者职业导引（试行）》，建立社会工作专业人才考核评估制度。建立青少年事务社会工作者等级制度，社会工作者职业水平评价分为助理社会工作师、社会工作师。通过职业水平考试和岗位考核评价，由人社部门颁发职业水平证书，凭借此证书到民政部门注册登记，领取中华人民共和国助理社会工作师登记证书或社会工作师登记证书，进而实现专业技术人员资格证书的统一管理。

各地要研究制定本地区青少年事务社会工作岗位具体职责规范和考核评估标准。以所属单位为主，以岗位职责为依据，以思想品德、能力业绩、职业操守为核心，定期对其履行岗位职责情况、学习进修情况、职业发展状况等进行动态考核评估，激励青少年事务社会工作专业人才爱岗敬业、努力进取。通过职业水平考试和岗位考核评价，逐步健全青少年事务社会工作专业人才考核评估体系。

取得职业水平证书的社会工作人才可自愿在青少年事务社会工作主管部门或其委托的机构登记为青少年事务社会工作者。社会工作者在青少年事务社会工作职业活动中应遵守《社会工作员职业水平评价及管理办法》，并接受青少年事务社会工作主管部门或其委托的机构的管理，若违反有关法律、法规、规章制度或职业道德，由登记机关取消等级，并由发证机关注销（收回）职业水平证书。

（五）建立青少年事务社会工作人才薪酬保障机制。各地要切实提高基层社会工作专业人才薪酬水平，建立青少年事务社会工作人才薪酬保障机制。受聘到事业单位工作的青少年事务社会工作专业人才，按所聘岗位执行相应的工资待遇；在城乡社区、公益慈善类社会组织、民办非企业单位工作的青少年事务社会工作专业人才，要采取学历、资历、资格、业绩、岗位等多种指标相结合，按照以岗定薪、以绩定奖、按劳取酬的原则，由用人单位合理确定薪酬水平，并按照国家有关规定办理社会保险事宜。

（六）建立青少年事务社会工作专业人才与志愿者队伍联动服务体系。各地要充分发挥青少年事务社会工作专业人才在组建团队、规范服务、拓展项目、培训策划等方面的专业优势，扩大大学生志愿者服务西部计划中社工专项志愿者数量。引导青年志愿者组织设置一定数量的社会工作岗位，将青年志愿者、少先队志愿辅导员等培训纳入社会工作教育培训规划。广泛普及志愿服务理念，倡导广大青少年参加志愿服务，鼓励符合条件的青年志愿者通过学习、培训、考证等方式步入社会工作岗位。

（七）建立青少年事务社会工作专业人才合理流动机制。各地、各相关部门在编制基层机关公务员招录和事业单位人员招聘计划时，要注意选拔基层青少年事务社会工作专业人才和社会工作、少年儿童组织与思想意识教育专业毕业生，在同等条件下可优先录（聘）用具有丰富基层实践经验、善于做群众工作的青少年事务社会工作专业人才。“大学生志愿服务西部计划”社工专项要重点向乡镇和有条件的农村社区倾斜，探索吸纳和使用青少年事务社会工作专业人才。

五、加强青少年事务社会工作专业人才队伍建设的工作要求

（一）形成工作合力。各地要按照组织部门牵头抓总、民政部门具体负责、有关部门密切配合、社会力量广泛参与的社会工作专业人才队伍建设工作格局的总体要求，合力推进青少年事务社会工作专业人才队伍建设。组织部门要做好青少年事务社会工作专业人才队伍建设的宏观指导、综合协调；民政部门要统筹推进青少年事务社会工作发展，加强青少年事务社会工作服务机构和专业人才队伍建设，切实履行好推进青少年事务社会工作专业人才队伍建设的有关职能；财政部门要贯彻落实《关于转发共青团中央、财政部〈关于进一步支持和推动共青团基层组织建设和基层工作的意见〉的通知》（黑青联字〔2012〕27号）的精神，将应由政府负担的青少年事务社会工作专业人才队伍建设经费纳入同级财政预算；人力资源和社会保障部门要做好岗位设置及配套措施的实施与保障，明确相关事业单位社会工作专业岗位等；共青团组织要统筹规划青少年事务社会工作服务范围和规模，科学设置工作岗位，合理编制录（聘）用计划，强化日常管理和激励机制建设，努力推动社会力量广泛参与青少年事务的工作格局，协助相关部门做好青少年事务社会工作专业人才队伍建设工作；综治组织要将青少年事务社会工作专业人才队伍建设纳入综治考核，明确发展标准，制定打分细则，保障各项工作任务落到实处。

（二）加大资金投入。要建立健全财政资金、社会资金等共同参与的多元化投入机制，引导社会资金对青少年事务社会工作发展的投入。逐步加大政府部门资金支持青少年社会专业人才队伍建设力度，大力拓宽社会融资渠道，同时鼓励和支持有条件的企业和个人设立非公募基金会，利用好各地青少年发展基金，引导社会资金投向青少年事务社会工作服务领域。要按照《关于政府向社会力量购买服务的指导意见》（国办发〔2012〕96 号）、《关于政府购买社会工作服务的指导意见》（民发〔2012〕196 号）、《黑龙江省人民政府办公厅关于政府向社会力量购买服务的实施意见》（黑政办发〔2014〕26 号）要求，将青少年事务社会工作服务纳入政府购买重点支持范围。

（三）广泛宣传引导。积极宣传加强青少年事务社会工作及其专业人才队伍建设的方针政策，教育培训各相关部门、单位、组织，增强对发展青少年事务社会工作、加强青少年事务社会工作专业人才队伍建设必要性和重要性的认识。及时总结、交流和推广各地青少年事务社会工作专业人才队伍建设的新思路、新举措、新经验，大力宣传倡导。对工作成绩突出、群众满意、社会反响良好的团组织、有关部门、单位、地方和机构，以及青少年事务社会工作专业人才，按照省里有关规定及时给予宣传、表彰、奖励。

黑龙江省哈尔滨市全面加强街乡（镇）基层综合服务管理中心建设

2014 年以来，哈尔滨市围绕社会治理体制机制改革任务，通过整合基层行政资源力量，为居民群众提供“一条龙”组团式服务；依托综治维稳中心体系，实行“一揽子”解决问题，源头预防和减少社会矛盾，取得了明显进展。

一、立足源头治理，完善基层综合服务平台

一是纳入改革重点。市委、市政府将基层综合服务管理平台建设作为深化社会治理体制机制的改革重点，纳入“强基工程”建设，着力提升基层综合服务水平。2014 年 4 月份以来，市综治办组织专门力量深入街乡（镇）实地调研，并对加强和推广中心建设模式，提出了对策建议。二是进行全面部署。全市召开社会治理“强基工程”推进会，全面部署街乡（镇）社会管理服务中心建设，要求各地区要把中心建设纳入地区经济社会发展整体布局，多渠道推进中心建设，年底前乡（镇）层面中心建设达到 50%，2015 年实现全覆盖。市综治委印发了《关于进一步加强街乡（镇）社会管理服务中心建设的指导意见》，对中心的组织构成、建设形式、工作流程及工作制度进行全面规范。三是开展目标推进。市综治办组织阿城、呼兰及十县（市）综治办主任深入方正县进行拉练学习，实地观摩，现场指导；围绕整体推进中心建设，进一步明确了“五抓”、“四个重在”工作要求，即抓标准、抓规范、抓执行、抓素质、抓延伸和重在强化领导、重在整合资源、重在解决问题、重在真抓实干，实施“一体化”整体推进。

二、整合资源力量，实行“一条龙”组团服务和“一揽子”解决问题

综合运用综治维稳平台优势，进一步强化“前台便民服务、后台处置问题”一体化运行。一是打破封闭式独立办公的格局，推行集约式管理、实行“阳光下”办公。通过新建、改建、配建等方式，辟建独立办公区域，实行“公开化、一体化”管理，解决了行政区与服务区不分的弊病，管理更加规范，服务更加透明，提高了行政服务效率。中心成立以来，仅阿城区、方正县分别就办理服务事项81984件和65342件。二是打破行政管理条块分割、职能重叠的壁垒，整合各方资源、提供精细化服务。围绕群众民生需求，将新农保、新农合、民政、社保、国土、林业及综治维稳、信访、司法等部门引驻中心，有效整合部门资源，设置服务窗口，实行“窗口化”办事、“组团式”服务，解决了“谁都管、谁都不管”的问题。三是打破民生服务与问题处理相脱节的痼疾，实行“一揽子”解决问题、立足源头维稳。依托综治维稳中心平台优势，完善前店后场、无缝对接、环环相扣、层层递进、闭合式工作链条，实行一套班子管理、一套体系运行、统揽信访案件模式，提高了解决问题的效率。截至目前，阿城区综治信访窗口受理信访案件及矛盾纠纷4725件，化解率达95%；方正县综治信访窗口接待信访群众130余人次，调处矛盾纠纷30余件。

三、健全工作制度，确保中心高效运转

一是推行为民服务“五办”工作法。遵循“统一受理、部门落实、中心督办、限期办结”原则，执行“五办”工作法，进一步规范办事流程。直办：窗口工作人员能够直接办理的事项，可直接办理；转办：承办权在本部门的事项，窗口登记后，转报部门主管办理；协办：承办权不在本部门的事项，协调责任部门予以办理；催办：对临近办结时限的事项，由中心人员提醒承办部门加大办理力度；督办：对超时未办结的事项，由中心领导约谈相关工作人员，督促部门尽快办结。二是落实矛盾纠纷化解“五统一”要求。立足“一揽子”解决问题，明确了矛盾纠纷统一受理、统一分流、统一协调、统一督办、统一归档的“五统一”要求，源头预防调处矛盾纠纷。信访部门前台受理问题，权属部门清楚的，直转权属部门办理，告知办理标准和时限，中心及时追踪办理结果。对于权属部门不清或涉及多个部门的，由街乡（镇）综治维稳办牵头，组织相关部门研究解决；对因权属、政策等原因不能立即解决的，由责任部门报请上级部门解决。三是强化制度保障。围绕规范化管理、精细化服务、有效解决问题的目标，建立健全了工作例会、联席会议、情况报告、联合调处、分类治理和检查考评等六项制度，研判形势，分析问题，协调处置，强化问责，确保了中心规范运行。

黑龙江省综治委、办机构情况和负责人名单

一、综治委

主　任：陈润儿　省委副书记

副主任：张效廉　省委常委、宣传部部长

杨东奇　省委常委、政法委书记

郝会龙　省委常委、省政府常务副省长

庞义华　省人大常委会副主任

孙永波　省政府副省长、省公安厅厅长

杜吉明　省政协副主席

张述元　省高级法院院长

徐　明　省检察院检察长

王炳跃　省军区副政治委员

杨立新　省武警总队总队长

高　岩　省委副秘书长

王大为　省政府副秘书长

姚大为　省委政法委副书记

姜玛俐　省委政法委副书记

二、综治办

主　任：石兰波（兼）

副主任：孙仁柱、韩明君

省综治办下设综治一处、二处、三处、四处。

三、省综治委十个专门工作领导小组

省流动人口管理工作领导小组（办公室设在省公安厅）、省综治委刑释解教人员安置帮教工作领导小组（办公室设在省司法厅）、省综治委预

防青少年违法犯罪工作领导小组（办公室设在团省委）、省综治委学校及周边治安综合治理工作领导小组（办公室设在省教育厅）、省综治委铁路护路联防工作领导小组（办公室设在哈尔滨铁路局）、省综治委反偷渡工作领导小组（办公室设在省公安边防总队）、省综治委反窃电工作领导小组（办公室设在省电力公司）、省综治委创建“平安市场”工作领导小组（办公室设在省工商行政管理局）、省综治委创建“平安医院”工作领导小组（办公室设在省卫生厅）、省安全技术防范建设领导小组（办公室设在省公安厅）。

黑龙江省各市（地、系统）、县（市、区、局）综治委、办主任名单

地　区	综治委主任	综治办主任
哈尔滨市	宋希斌	锡东升
道里区	郭冀平	武亦俏
道外区	马旦曰	刘　伟
南岗区	李四川	孙　波
香坊区	孙洪庆	董雁华
	孙恒义	
平房区	于得志	孟繁臣
	王立奇	
松北区	贾　岩	唐懋滨
呼兰区		陈利民
阿城区	王文力	田宏阁
五常市	辛敏超	周　莹
	宋泽刚	
双城市	郭玉志	王盛华
尚志市	迟宝旭	孙凤祥
	尹承云	
巴彦县	邓宏图	苗晓伟
	王春华	
宾　县	赵　革	奚玉会
依兰县	赵长满	王光宇
	何宪光	
延寿县	封殿辉	马骁驰
木兰县	张国文	周　震
	司炳春	
通河县		闫振波
方正县	刘　军	昌玉娟
齐齐哈尔市		王维国
龙沙区	李洪国	吕　波
建华区	姚　卿	刘金山
铁锋区	崔凤臣	王长河
富拉尔基区	王立刚	陈炯志
昂昂溪区	邸　伟	冯熠鸿
梅里斯区	朱清祥	张宪明
碾子山区	高尚国	刘景森
讷河市	王　平	何　峰
克山县	房圣涛	张忠瑜
克东县	李柏春	李春国
	刘卫东	
拜泉县	秦向东	周　方
依安县	张伟志	闫振峰
富裕县	刘海城	韩永占
甘南县	李韬放	刘玉平
龙江县	丁泉宁	何君湘
泰来县	李岩松	魏钰铭
牡丹江市	王育伟	赵振河
东安区	孙立国	梅立国
西安区	张　镭	林　勐
阳明区	姜英波	匡玉芝
爱民区	王晓冰	丁忠会
海林市	张维国	王茂富
宁安市	程　鹏	刘海亭
穆棱市	赵荣国	赵祥军
东宁县	李大义	王芬军
林口县	任　侃	任　钢

地　区	综治委主任	综治办主任	地　区	综治委主任	综治办主任
佳木斯市	王兆力	宋文锋	集贤县	王　郁	王景祥
东风区	周　雷	王海伦	友谊县	孙绍阳	张东龙
前进区	于世军	王成刚	宝清县	韩　荣	马晓东
向阳区	宫秀丽	黄耀光	饶河县	尚德龙	
郊　区	邱士林	夏月华	**伊春市**	林宏坤	郑　春
富锦市	周　宏	王发祥	乌伊岭区	韩殿军	王　欣
	王君清		汤旺河区	冯玉胜	
同江市	隋洪波	王桂春	新青区	黄茂祝	孙长华
桦南县	鲁长友	孔令发	红星区	赵长顺	赵成林
汤原县	王鹏飞	林喜军	五营区	关　伟	刘树森
桦川县	付慧华	杨旭文		宗　元	
大庆市	沈宏宇	于晓君	上甘岭区	王晓东	那　义
萨尔图区	姚　远	王晓春	友好区	赵建军	邢　辉
	陈兴平			张东海	
让胡路区	李忠惠	潘殿生	伊春区		金　焱
龙凤区	焦守桐	孟庆韬	乌马河区	陈光辉	闫振宇
红岗区	孙锋波	刁国君	翠峦区	张云福	吕长海
	牛玉全			李　光	
大同区	王艳茹	韩继东	美溪区	李忠培	朱银海
高新区	颜祥森	董洪仁		刘福军	
肇州县	王兴柱	马立伟	西林区	张更利	董清林
肇源县	李延国	陆铁祥	金山屯区	杜　鹏	韩世君
杜尔伯特	董　辉	朱昌文		刘录江	
蒙古族自治县			南岔区	刘国庆	姚凤君
林甸县	吴海宝	陈志国		刘　鹏	
	邓　宁		带岭区	关思伟	王庆林
鸡西市	王广跃	孙景龙	朗乡林业局	张跃文	尹德林
鸡冠区	毛中一	盖忠伟	桃山林业局	安　东	牟万福
恒山区	张　巍	李洪泉	铁力林业局	杨　林	邢丽梅
滴道区	钱运考	郭俊秀	双丰林业局	祝天姝	罗久成
城子河区	李　明	张　媛		侯颖杰	
梨树区	刘鸿飞	陈会民	铁力市	张　奎	刘新江
麻山区	王伟泉	孙振义	嘉荫县	岂凤桐	朱世海
密山市	周春雁	张学荣	**七台河市**	杜　军	郭宏光
虎林市	李言慧	韩建欣	新兴区	刘国华	范广义
鸡东县	李政道		桃山区	蒋和庆	黄忠义
双鸭山市	王凤春	洪　辰	茄子河区	宋国臣	李贵福
尖山区	李昌海		勃利县	王义光	黄耀旭
岭东区	张志福	王彦俭	**鹤岗市**	王　瑞	张达力
四方台区	冯海军	张绍东	东山区	陈立群	鄂年生
宝山区	刘建伟	李　辉	向阳区	余　翔	黄智伟

地　区	综治委主任	综治办主任
工农区	田弘昊	王雪莲
南山区	孙伟涛	高立伟
兴山区	齐东亮	黄宝辉
兴安区	于立辉	窦林平
绥滨县	康晓峰	吴　非
萝北县	陶信顺	
黑河市	曹力卓	周英侠
爱辉区	徐　飞	刘学伟
北安市	黄世伟	刘炳华
嫩江县	张世华	范国昌
逊克县	李　华	曹允来
五大连池市	王　峰	吴晓光
孙吴县	张崇义	郁帮华
绥化市	杜吉国	韩延军
北林区	李元学	佟振宇
肇东市	王明天	王维舸
安达市	闫　斌	张文波
海伦市	宋加平	冯佳波
兰西县	田鹏飞	曲家兴
庆安县	董国生	兰庆东
绥棱县	张成贵	王青山
望奎县	顾百文	孙智勇
明水县	路百胜	高　阳
青冈县	韩佳栋	祖长秋
大兴安岭地区	刘　杰	吕剑钊
加格达奇区	高文祥	李培超
	刘少纯	
松岭区	吴庆军	王桂智
新林区	孙　森	邹　辉
	蒋迎娟	
呼中区	李　军	毛立祥
	刘少义	
图强林业局	王新宇	吴月玲
	胡守庆	
阿木尔林业局	广　远	陶小川
	刘　波	
十八站林业局	宋　波	陈海红
	李会平	
韩家园林业局	周魁伟	吕传国
	刘海森	
加格达奇林业局	李凤阁	胡志兴
	李建会	

地　区	综治委主任	综治办主任
呼玛县	杨　刚	张新战
	吴福林	
塔河县	张柏林	梁淑娟
	陈　铁	
漠河县	孙希国	王诺维
	白永清	
省农垦总局	隋凤富	庞忠林
	王有国	
宝泉岭分局	刘炳东	孙秀江
	刘相增	
红兴隆分局	常绍锋	李德彬
	王　贵	
建三江分局	陶喜军	陈天明
	王利仁	
牡丹江分局	赵广民	高福东
	于金友	
北安分局	刘新华	李　鸣
九三分局	洪铁军	潘雨江
	王晓春	
齐齐哈尔分局	李　俊	张福斌
绥化分局	武经宏	高孝安
	王本庭	
哈尔滨分局	金奎祥	刘奉艳
	满连奎	
省森工总局	胡传义	吴英福
牡丹江林管局	杨利国	
松花江林管局		李润丰
合江林管局	时永录	兰庆林
	马万章	
柴河林业局	齐和生	孙国林
	于春林	
海林林业局	包国臣	徐振福
大海林林业局	李子良	仲伟良
	马椿平	
穆棱林业局	高太平	李连诚
	张晓波	
八面通林业局	齐欣红	
东京城林业局	刘国军	李克众
	陈清春	
林口林业局	李久林	王　铁
	郑恩生	

地　区	综治委主任	综治办主任	地　区	综治委主任	综治办主任
绥阳林业局	艾玉芬 付景峰	周长链	桦南林业局	张冠武 侯绪珉	何春军
山河屯林业局	李玉春 金贵成	南海波	东方红林业局	苗利平 许　栩	李　艳
苇河林业局	方向阳	许振宽	鹤立林业局	鞠华成 杨　斌	贺淑香
亚布力林业局	史　彬	张景贵			
方正林业局	张晓华 王清文	张佑海	清河林业局	孙玉江 曹　强	李有和
兴隆林业局	任立权 王礼堂	王静波	双鸭山林业局	柳长华 冯德刚	
绥棱林业局	张海波 邓士君	王　利	迎春林业局	王岷峰 毕英杰	梁湘宝
通北林业局	毛　海 辛文波	翟松林	鹤北林业局	马德弟 刘宝成	张立辉
沾河林业局	毕雪峰 崔福荣	李嗣德	绥芬河市	姜　涛	张冯起
			抚远县	周　宏	郭子峰

（撰稿人：王克石
审稿人：孙仁柱　严曦）

上 海 市

2014 年综治工作概况

2014 年,上海市社会治安综合治理工作,紧紧围绕解决人民群众反映强烈的社会治安突出问题,创新社会治理,深化平安建设,维护大局稳定。公众安全感指数上升 0.58。全市 5 个区达到“平安示范城区”创建标准,11 个区县达到“平安城区”创建标准;217 个街道乡镇(园区)中,83 个达到“平安示范社区”创建标准,133 个达到“平安社区”创建标准。

一、聚焦法治引领,平安上海建设不断提升发展

(一)加强统筹协调。切实贯彻落实上海市委、市政府《关于深化平安上海建设的若干意见》,坚持把人民群众对平安建设的期待作为努力方向,把平安建设放到建设国际化大都市的总体布局中谋划,树立大平安理念,不断拓展内容、健全机制,推动平安上海建设深入开展。1 月,市委召开政法工作会议,部署政法综治工作,集中精力解决影响城市平安的突出问题。11 月,市委、市政府决定,市社会管理综合治理委员会更名为市社会治安综合治理委员会。

(二)完善政策法规。认真组织贯彻落实《上海市社会治安综合治理条例》,大力推进依法治理。市政策法规专项组研究推动社会领域立法工作,市人大修改《关于市人民政府制定规章设定行政处罚罚款限额的规定》,更好发挥政府规章调整和规范社会活动、维护社会秩序的作用。市人大还制订和修订《上海市查处车辆非法客运若干规定》、《上海市居住房屋租赁管理办法》等法规,市相关部门制订或修订《关于加强本市住宅小区出租房屋综合管理的实施意见》、《关于进一步加强本市违法建筑治理工作的实施意见》等规范性文件,为社会治安“顽症”治理提供了有力的法治保障。

(三)落实责任制度。把综治工作和平安建设纳入对各级党委政府及主要领导的综合考核评价体系,作为其考核的重要依据。各级综治委与下一级单位签订《社会治安综合治理目标责任书》,明确各地区、各部门和各单位的主要领导是综治工作第一责任人。始终坚持五部委局定期通报情况制度,研究加强责任制督查的各项措施。对于发生的重大治安责任事故,组成督查组专项督查。坚持社会治安季度、半年、全年的评估分析制度,督促各地区各部门查找工作薄弱环节,采取针对性工作措施。

二、强化群防群治,亚信峰会期间社会秩序保持平稳有序

(一)周密制订工作方案。综治与公安部门建立了市、区县、街镇三级对接协作机制,制定了社区类、街面类和其他类三大类,涉及治安安全隐患问题排查、社区治安巡防、“三个实有”管理、矛盾纠纷化解、重点部位守护等 13 个平安志愿服务工作项目。各区县委政法委书记、综治委主任担任社会面治安防控工作组组长,具体落实各项要求。

(二)坚决落实防控措施。严格落实打击整治攻坚战的工作措施,坚持反恐标准,积极推进治安巡逻防控、武装巡逻处突、群防群治守护的“三张网”建设,全力防范发生危害公共安全的暴力恐怖袭击等突发性案事件。

(三)扎实开展平安志愿服务。全市近 30 万名平安志愿者参加平安志愿服务。5 月 15 日至 22 日期间,平安志愿者在全市近千个轨道交通出入口、轮渡码头、重点公交站点,为维护“亚信”峰会期间本市社会面平安稳定做出了积极贡献。

三、促进协调发展,人口调控和管理服务工作有序推进

(一)建立完善组织机构和工作机制。按照

“严格控制特大城市人口规模”的要求，开展人口调控和管理服务工作。各级党委政府高度重视，加强调查研究和统筹协调，确保各项工作有序推进。组建了市推进“全面加强人口调控和管理服务”工作领导小组，各成员单位、各区县明确分工，确保相互之间信息畅通、工作联动。

（二）强化协调推进。市综治办会同市发展改革委切实发挥组织、协调、督导、推进作用，组织力量对各职能部门政策制定情况和区县工作情况开展了三轮督导，确保人口调控政策及时出台，制订《2014 年度人口调控和管理服务考核工作方案》，并得到有力贯彻执行。组织开展本市交界地区在沪居住在外省就业来沪人员专题调研，提出建议措施。结合平安建设实事项目加强综合整治，加大违法建筑拆除力度，加快推进“城中村”地块改造，加强房屋租赁管理，做好房屋编码工作，整治非法客运、无照经营。

（三）加强“两个实有”全覆盖管理。市实有人口专项组扎实推进“两个实有”全覆盖管理社区实施工作，深化完善了基层实有人口服务管理工作体系，筑牢了在社区居（村）委实施人口服务和管理的根基。至 2014 年 10 月底，全市 4819 个居（村）委开设了“实有人口信息采集室”。通过实有人口管理工作的“社区实施”，实有人口信息质量得到提升，实有人口基础信息的分析、应用已成为基层开展社区建设、社区管理和为民服务的重要支撑。

四、落实人本理念，特殊人群服务管理有效加强

（一）加强政策协调和工作指导。市特殊人群专项组编制《上海市特殊人群关怀帮扶工作实施办法》，从政策层面引导本市特殊人群关怀帮扶机制建设。加强禁毒工作，市委、市政府印发《关于贯彻〈中共中央、国务院关于加强禁毒工作的意见〉的实施意见》，全面规划本市禁毒工作的目标任务、工作措施、具体要求。市禁毒办细化 53 项具体任务，逐一明确责任部门和完成时限。全市各区县建成并投入使用 19 个社区矫正中心。

（二）拓展延伸特殊人群社会化服务管理。2014 年，特殊人群专项组在《关于加强本市特殊人群关怀帮扶工作的若干意见》基础上，集中听取成员单位的意见，同时还征求了市法制办、市法学会等相关专家的意见，最终定名为《上海市特殊人群关怀帮扶工作规定》。将原“上海市社区矫正工作办公室”更名为“上海市社区矫正管理局”，着力建立包括公检法司、人社、民政、财政等部门的社区矫正联席会议制度，真正建立起党委政府统一领导、司法行政部门组织实施、指导管理，法院、检察院、公安等相关部门协调配合，社会力量广泛参与的社区矫正领导体制和工作机制。加强对社区服刑人员、刑满释放人员、吸毒人员、重性精神障碍患者等重点人员的服务和管理，巩固和深化了精神卫生部门间协调和合作。深入开展风险评估，并按照不同类别和安保等级落实相对应的管控措施。认真做好服刑人员信息核查工作，提高信息核查工作成效，本市重点帮教对象衔接率、核实率排名全国前列。深化预防和减少犯罪工作体系建设，落实专业社工薪酬增长和职业晋阶制度。支持各社会组织不断完善品牌，运用新理念新方法，推出“戒毒人员同伴教育”、“爱启新航”、“心桥工程”、“过渡性安置”等新项目。

（三）加强重点青少年群体教育帮扶和矫治管理。预防青少年违法犯罪专项组牵头发文《关于加强青少年事务社会工作人才队伍建设的意见》，推动《上海市预防未成年人犯罪条例》立法申报。完善并落实未成年人司法保护制度。深化涉罪未成年人社会观护工作。团市委和阳光中心推广社工进驻拘留所看守所、社工联校和社工进驻来沪人员集聚区、青少年网络素养教育等项目，扩大对问题青少年服务管理的覆盖面。市高级法院与市教委、团市委、市学生校外活动联席办、上海广播电视台、市教师奖励基金会连续多年合作开展“春天的蒲公英——小法官网上行”少年模拟法庭进校园进社区展评活动。

五、秉持攻坚克难，社会治安突出问题得以有效遏制

（一）推进社会治安防控体系建设。依法打击犯罪行为，深入开展治安整治，努力净化社会环境。加强基层区域化治安防控工作。

（二）有力推进平安建设实事项目。确定市、区县、街道乡镇三级平安建设实事项目 443 项，其中市级 7 项（拆除违法建筑、打击欺行霸市、整治无照经营、整治非法客运、整治“群租”、防范打击电信诈骗、加强“城中村”社会管理），区县级 44

项,街道乡镇级 392 项。共拆除违法建筑 964 万平方米;摧毁欺行霸市团伙 258 个;整治“群租”户 1.5 万户;整治无证无照经营户 5.4 万户,取缔 3896 户;整治 114 个非法客运重点地区,查获“五类车”交通违法行为 144 万起,暂扣违法“五类车”22.7 万辆,查处非法客运四轮机动车 3125 辆;侦破电信诈骗案件 2806 起,抓获犯罪嫌疑人 1164 人,防阻发案避免群众直接经济损失 1.9 亿元;排摸整治“城中村”136 个。

(三)维护治安秩序和公共安全。做好重点地区排查整治基础工作,全市累计排查出社会治安重点地区 419 个,其中市级 9 个、区县级 97 个、街镇级 313 个,制定《上海市社会治安重点地区排查整治工作管理办法》,切实把重点地区排查整治作为综治工作的基础性、长期性工作抓紧抓好。加强公共安全风险防范和应急处置。护路护线专项组 7 月起在铁路沿线 12 个区、61 个街镇,集中开展为期三个月的铁路沿线治安突出问题专项整治活动。对铁路沿线影响铁路安全运营的违法搭建,高速铁路高架下的非法出租、非法居住、无证经营、违法停车、堆物、生产,非法种植,设置无证废品收购站,随意倾倒建筑垃圾等问题进行整治,铲除了一批违章建筑,取缔了一批无证经营,消除了高铁高架下的安全隐患。

在全面排查学校及周边治安问题的基础上,由各区县校园安全办牵头,协调公安、工商、文化执法、市容绿化等成员单位,按计划完成 67 所中小学幼儿园环境问题重点整治工作。全市公安部门共选派 2300 多名优秀民警担任辖区各中小学、幼儿园校外治安辅导员,按规定开展校园安全防范工作。截至 2014 年 12 月 25 日,全市各级各类学校未发生重特大社会安全类事件、安全事故和公共卫生事件。

六、坚持源头治理,矛盾纠纷的预防与化解能力进一步提升

(一)深化社会稳定风险分析评估机制建设。注重拓宽公众参与渠道,保障群众合法权益,强化社会矛盾源头预防,推进依法、科学、民主决策。进一步健全完善制度机制,落实“应评尽评”要求,加强日常管理和督促检查,提高工作规范化水平。积极动员社会力量参与评估,扶持培育评估中介市场,逐步推动风险评估的社会化、市场化和专业化。

(二)深入推进大调解工作。开展矛盾纠纷“大排查、大调解”活动,不断完善人民调解与行政调解、司法调解、仲裁调解、专业调解相衔接的调解机制。全市基层调解组织受理民间纠纷 30 余万件,调解成功 28.9 万件,其中群体性事件 641 件,调解成功 589 件。按照中央综治办有关要求,市综治办与市联席办、市司法局建立社会矛盾纠纷排查调解情况统计报告制度。

(三)完善矛盾化解的社会参与机制。积极争取社会组织和专业人士参与调解工作,通过政府购买服务方式,吸纳律师等专业志愿者从事化解矛盾工作,招募执业律师担任居民区法律顾问,在全市各街道乡镇组建实体化的调解工作室。

七、加强基层建设,平安创建和综治基础进一步夯实

(一)深入开展基层平安创建活动。做好基层平安创建和示范创建工作,组织年度“平安(示范)城区”、“平安(示范)社区”、“平安示范单位”等评选表彰工作。开展安全感满意度调查,深入挖掘基层经验,及时总结提炼、评估推广。筹办成立上海市见义勇为基金会,不断加强见义勇为人员奖励保护工作,全年上报获批全国见义勇为先进分子 2 人,表彰市级先进分子 49 人。

(二)加强调研工作。市综治办承担市委“创新社会治理加强基层建设”课题的“整治城市治理顽症”、“完善大联动大联勤工作机制”、“创新基层人口管理工作机制”等 7 个专题调研。市“两新”组织专项组深入研究社区共治自治、社会力量参与治理、社会组织参与社区治理等重点问题,形成《社会力量参与社会治理的思考与建议》、《枢纽型社会组织参与社区治理》调研报告。市综治办认真做好综治年度课题研究的组织工作,出版理论研究专著《平安上海建设探索与思考》,编发理论研究刊物《综治研究》12 期,编发《简报》30 余期。

上海市徐汇区
以社会治理创新为视角　以平安城区建设为依托
深入探索实践中心城区平安建设新模式

徐汇区位于上海市中心城区西南部，区域面积54.93平方公里，下辖12个街道1个镇，是全市最大中心城区。区内常住人口120余万，户籍人口91.8万，来沪人口28.65万。境内集聚了市委、各国驻沪领事馆等重点部门及上海铁路南站、上海体育馆等重要场所，区域重要性和区位优势明显。

2014年，徐汇区立足加强社会治理创新大背景，认真贯彻落实中央、市委精神，围绕“平安徐汇”建设，以平安示范城区创建为抓手，注重基层基础建设、社会治理手段创新，不断探索实践中心城区平安建设新模式，取得良好成效。全区公众安全感指数达86.98分，位列全市第二、中心城区第一，被命名为“上海市平安示范城区”。

一、抓源头，努力消除影响社会稳定的矛盾因素

（一）运用好社会稳定风险评估新手段。围绕扩大范围、优化流程、结果运用三大关键环节，进一步增强重大事项实施主体的风险评估意识，提升评估工作的科学性和可操作性，尤其注重与行政部门、企业单位的无缝对接，做到在项目启动时先行介入评估，项目运行中全程监督评估结果运用。2014年全年共评估项目17项，已实施评估工作项目均未发生大规模群体性事件。

（二）构建好社会矛盾纠纷调解新体系。在人民调解、行政调解、司法调解相衔接的大调解体系内，不断加强分级调解，细化专业调解，拓宽调解途径，使更多的矛盾纠纷通过调解化解，真正解决在萌芽状态。截至2014年底，全区人民调解组织达361家，全年受理各类纠纷23938件，调解成功22912件，成功率达95.7%。其中，医患纠纷人民调解办公室、诉调对接中心逐渐成为全市人民调解工作的品牌。

（三）制度化规范应急处突工作。针对2014年维护社会稳定工作形势，制定了《区政府机关非正常上访处置工作预案》、《徐汇区处置大规模暴力犯罪事件专项应急预案》和《徐汇区处置大规模群体性事件专项应急预案》，实现区域应急处突工作的制度化，并针对当年热点群体性矛盾提升预案执行能力。

二、抓统筹，不断健全社会治安立体化防控体系

（一）逐年提高防范设施投入。建立全区平安建设专项资金，逐年增加资金投入，专款用于居民区治安防范基础设施建设，累计安装居民住宅楼电控防盗门20余万套，初步实现居民住宅楼电控防盗铁门全覆盖，同时保障维护完好率95%以上，针对入民宅盗窃案件高发小区安装门窗限位器等防范设施，不断夯实居民区治安防范基础。

（二）高度整合治安防范资源。围绕治安技防网格化建设，着力推动居民区视频监控联网，全面整合居民区、街面监控资源，并统一接入区政府政务网，实现一门监控、统一指挥，以信息集成提高治安处置的及时性、有效性。全面厘清街道（镇）、居委、物业等各方关系，梳理并落实责任，制定了监控设施“挂牌亮证”、“8小时抢修”、每月巡检、季度例会和技术培训等五项工作制度，并建立街道（镇）和居委两级联络员队伍，落实了物业安保或门卫的日常管理责任。

（三）充分发挥群防群治队伍作用。加强群防群治队伍发展、组织及管理工作，重点围绕提高社区治安问题发现、信息报送能力，制定了《2014年度徐汇区平安志愿服务工作方案的实施意见》，印制《徐汇区平安志愿服务指南》，通过专项资金为平安志愿者增配各类装备，全区15000名平安志愿者积极参与社区巡防、看家护院等活动，以及“亚信峰会”驻点守护等重大活动。

三、抓重点，着力提升社会治安综合治理精细化水平

（一）聚焦重点人群。扎实推进来沪人员管理工作。立足区域流动人口基数大、流动性强的特点，制订了《关于加强徐汇区人口调控和管理服务工作的实施方案》，以实有人口、实有房屋分层分类管理为抓手，加快推进区域人口信息资源数据库及房屋编码管理工作，初步建成全区统一的“两个实有”管理体系；充分发挥治安整治在人口调控中的过滤效应，依法开展“城中村”等地区社会治安整治及非法客运、无证照经营等违法就业打击，进一步压缩非法就业空间，优化区域人口结构。强化吸毒人员社区戒毒、查处管控、戒毒康复以及帮扶救助工作，建成“库册合一”的吸毒人员基础数据库。2014 年，全区新发现吸毒人数同比下降 5%，新滋生吸毒人数同比下降 28%。加强社区矫正和安置帮教工作。推进社区矫正规范化建设，制定并实施社区矫正计分考核制度，建立风险提示单及工作提示单制度；加强在就业、解困、未成年子女关爱等方面的帮扶措施，2014 年全区刑释人员入户率、安置率和帮教率分别达 99.87%、99.28% 和 99.41%。

（二）聚焦重点地区。深入开展治安重点地区滚动排查。制定出台《徐汇区社会治安重点地区和突出问题排查整治工作实施细则》，根据公安治安数据、居民安全感指数研判，对全区治安重点地区按照市级、区级、街镇级重点地区进行排查梳理，以此提高治安资源配备上的针对性和有效性，实现社会治安重点地区分层分级管理。实施防范薄弱社区挂牌督办机制。会同公安部门根据报警类“110”数据排摸各类可防性案件高发小区，对可防性案件高发小区实施挂牌督办，同时会同街(道)镇、派出所、居委、物业公司等共同研究，落实具体防范措施，2014 年全区可防性案件发案率同比下降 42.3%。实现“城中村”区域社区化管理模式。出台《关于切实加强“城中村”地区社会管理综合治理工作的实施细则》，对“城中村”地区社会治安工作作出明确指导，以“五个一”工作要求充实“城中村”地区治安保障，即：落实一个专门工作场所、组建一支服务管理队伍、成立一支群防群治队伍、安装一套视频监控设施和完善一套消防安全管理设施；以“四个不发生”划定“城中村”地区治安底线，即：不发生重大火灾事故、不发生涉黑涉恶案件、不发生公共卫生事件、不发生重大人员伤亡事故。实施一年来，“城中村”地区治安明显好转，社区化程度不断提高。

（三）聚焦重点问题。以平安建设实事项目为抓手，推动群众反映强烈的治安突出问题逐年得到解决。2014 年全区共推进平安建设实事项目 23 项，范围覆盖“群租房”、非法客运、无照经营整治及入室盗窃、盗窃非机动车案件防控等群众反映强烈的突出治安问题，通过平安建设实事项目落实，全区共拆除违法建筑 20 万平方米，整治“群租房”3700 套，查获非法客运 72 起、“克隆”出租车 32 辆、“五类车”167 辆，取缔无照经营 400 余家。

四、抓基础，切实强化社会治安综合治理工作保障

（一）以责任落实强化组织保障。通过区委常委会定期向区委、区政府主要领导汇报全区社会治安综合治理工作，分析一定时期内区域社会稳定和治安形势，研判风险点，提出应对措施，争取区委、区政府工作支持；通过召开全年政法综治信访工作会议，由区委、区政府主要领导与区综治委各成员单位、各街道(镇)签订《年度平安建设(综治工作)责任书》，明确综治工作目标及责任。

（二）以信息建设强化技术保障。建立街道(镇)、居委综治工作电子台账，并全区联网，实现街道(镇)、居委台账电子化录入，区相关部门对街(镇)、街(镇)对居委实现实时线上检查、考核，提高工作效率。建设治安大数据分析应用平台，依托治安数据基础对各类治安问题进行适时、月度、季度分析，研判治安形势及防范措施，提升治安防控智能化水平。

（三）以课题调研强化智力保障。坚持项目推进课题化，在扎实调研基础上提高决策、措施的科学性。设立课题专项经费，先后与上海交通大学、华东政法大学等高校、科研院所合作，就中心城区社会治安综合治理工作实施课题调研，并据调研结果编制各项工作预案、管理制度。2014 年共实施了“城市人口管理服务”、“城市公共安全”等课题调研，区委、区政府据此出台了相应实施意见及工作措施。

（四）以宣传教育强化环境保障。积极弘扬社会正气，通过专项资金拨付，加大见义勇为表彰力度和宣传力度，2014 年共授予市级见义勇为先进分子 3 人、区级 7 人；努力提高居民防范意识，着力打造综治宣传月品牌活动，集中在每年 3 月开展综治宣传月活动，通过报刊、电视、网络、微信微博以及现场汇演、资料发放等活动，向居民群众重点宣传电信诈骗、防火防盗、毒品预防等防范技能，提高防范意识。

上海市松江区坚持加快发展与维护平安有机结合 创建“全国平安建设先进区”

地处上海市西南部的松江区，区域面积 604.67 平方公里，是上海通往浙江的重要门户。2014 年，全区登记实有人口 190 余万。松江区委、区政府坚持把改革的力度、发展的速度和社会可承受的程度有机结合起来，把加快一方发展与维护一方平安有机结合起来，积极探索新形势下加强平安建设的特点规律，全区公众安全感继续位居上海市前列，连续三届 12 年被评为全国社会治安综合治理先进，2009 年、2013 年先后两次被中央综治委评为“全国平安建设先进区”、两度捧回“长安杯”。

一、坚持党政统筹，工作目标导向明确

（一）把平安建设作为“一把手”工程来抓。松江区自觉把平安建设纳入经济社会发展总体规划，摆在全局工作的重要位置。区委常委会定期听取平安建设工作汇报，及时解决存在的突出问题。在年初召开的政法综治工作大会上，区委、区政府主要领导与各街镇（经济开发区）、部委办局签订平安建设工作责任书，逐级落实责任，层层传递压力，做到推进改革发展和平安建设“两手抓、两手硬”。

（二）打造齐抓共管的工作格局。建立纵向贯通、横向协调的平安建设网络。区级层面，坚持“属地管理”、“谁主管、谁负责”，区综治委成员单位扩充到 37 家，包括了区委、区政府的主要工作部门，涵盖了城市建设、社会管理等各个领域。街镇层面，抓住街镇机构改革、职能调整的契机，加强街镇综治委、办建设，明确职能定位、配强领导力量，街镇综治委全部落实党（工）委书记兼任主任，综治办配齐由党（工）委副书记兼任主任的“一正五副”的工作班子，搭好工作平台，为平安建设提供坚强有力的组织保证。

（三）坚持完善考核督查体系。把推进平安建设绩效纳入党政领导干部政绩考核内容。区综治委牵头区纪委、区委组织部、区财政局等部门，进一步完善考评激励机制，对在推进平安建设中成绩突出、进步幅度明显的单位予以奖励。进一步修订了平安建设考核方法，坚持经常性检查与专项督查、集中暗访抽查相结合，推动落实平安建设各项措施。

二、坚持打防并举，治安秩序持续向好

（一）严厉打击刑事违法犯罪行为。依靠区公安分局为主的专业执法力量深入开展“打盗抢、防诈骗、严管理、保平安”等专项行动，严厉打击重大刑事犯罪、两抢一盗、多发性侵财案件等严重威胁公众安全感的违法犯罪活动，地区治安形势平稳有序。2014 年，组织开展了全区性 14 次治安整治集中行动和 22 次打击夜间违法犯罪活动联合查堵行动，破获刑事案件 3598 起，社会治安形势持续好转。

（二）加强治安复杂地区和突出治安问题的排查整治。探索建立面上清理与精确打击相结合的重点治乱机制，重点针对城中村、城乡结合部等案件多发易发区域，围绕“黑车”、“黑中介”、无证无照经营等城市管理“顽疾”以及带有恶势力色彩的市霸、群租房等突出问题，研究制订方案，组织开展专项整治行动。2014 年，全区共整治群租 6253 户，拆除隔间约 1.7 万间；取缔无证照经营

户2218户，疏导办照834户，立案查处无照经营案件562件，罚没款达507余万元；拆除各类违法建筑41.17万平方米，完成市下达年度指标的292.85%；查处非法客运案件500件，依法行政拘留271人。

（三）织密社会治安防控网络。坚持不懈地加强“三防”建设，发挥全区约1.8万人（包括1.3万名志愿者）的群防群治队伍作用，实行统一标识（红袖章）上岗，群众参与，综合防范。重点加强技防建设，区镇两级加大资金投入，在全区范围内主要道路、重点场所周边实现了视频图像监控全覆盖，通过技防改造和功能升级，全力打造科技防范城。2014年，完成11个街镇的11个居民小区217个监控点位的安装；同时积极推广投资少、见效快、人民群众欢迎的小技防、小家防建设，完成岳阳、永丰、九亭等9个街镇的37个治安薄弱小区的技防改建，安装楼道摄录一体机2500只，提升治安防控的综合效能。

三、坚持多管齐下，构建平安松江格局

（一）健全综治工作统筹协调机制。切实抓好基层综治办专职副主任、铁路护路专职干部、综治社保队员、物业保安等综治工作力量的分类培训，提高他们应知应会和实际工作能力。坚持每季度召开政法委全会，使区委的决策部署在政法综治工作中得到全面贯彻；健全街镇委政法书记工作例会制度，指导帮助基层发现不稳定因素，排查化解和调处工作，树立“大调解”观念，充分发挥村居综治工作站、街镇综治工作中心和区级联合大调解的作用。

（二）扎实推进平安建设实事项目。2014年初，根据上海市综治办出台的“7+X”模式，在7个市级统一项目的基础上，结合松江区实际，专门增加了“加强城中村社会治理”、“推进社区技防建设”2个自选项目，推出全区平安建设实事项目9项，并进一步细化和明确了实事项目的主要任务、职责分工、推进步骤和时间节点。通过联席会议、项目督导等工作机制，及时查找项目推进中的问题和薄弱环节，共商解决对策，完善了齐抓共管、集中治理的工作格局。

（三）注重提升基层平安创建水平。着力实施平安城区、平安社区、平安小区（单位）、平安家庭“四级联创”，将平安创建向社会基层末端、两新组织、外地来沪人员、学前看护点和城郊结合部延伸，拓展平安路段、平安市场、平安医院、平安校园等创建载体，提高了平安创建的覆盖面。2014年，松江区被上海市综治办命名为“平安示范城区”，全区16个街镇（开发区）全部申报了市“平安社区”，其中6个街镇和133家单位成功申报了市级“平安示范社区”、“平安示范单位”。

四、坚持问题导向，着力维护和谐稳定

（一）滚动排摸，源头预防各类矛盾纠纷。充分利用村居综治工作站、街镇综治工作中心和区联合调解中心三级工作网络，采取纵向“三级联动”、横向“条块结合”的方法，坚持每月一次全区性滚动式、地毯式排查，确保纵向到底、横向到边、不留死角。深入推进重大事项社会稳定风险评估工作，对殡仪馆扩建等重点工程落实社会稳定风险评估，从源头上减少社会不稳定因素。2014年，共滚动排摸影响松江社会稳定的各类不安定因素75起，成功化解47起。

（二）强化担当，妥善化解处置突出矛盾。深化领导干部接访下访制度，实行领导包案接待、包案调处，全年召开信访维稳例会及各类矛盾纠纷协调会48次，化解历史疑难信访案件13件。强化担当意识，积极应对新的历史条件下各类社会矛盾易发多发态势，有效处置了103起8947人次到区行政中心集访等群体性矛盾（事件），缓解和化解了一批矛盾纠纷。依法处置了九亭55弄翠庭别墅、泗泾丽德创业园区、洞泾海欣别墅区92号等一批违法建筑，清理整治了新桥花卉市场。

（三）把握规律，果断采取措施落实稳控。坚持任务牵引，落实措施，确保稳定。围绕重要敏感节点，专门成立督查小组，层层落实安保维稳责任，对重点对象逐一落实稳控措施。在亚信峰会、佘山专项工作、青奥会、APEC会议等重要时机节点上，指导相关职能部门依法加强对社区服刑人员的管控，对在册吸毒人员、重性精神病患者等特殊群体的服务管理。

五、坚持因地制宜，提升整体治理水平

（一）抓好特色亮点的培育、推广。坚持“各具特色、及时总结、面上推广”的工作思路，整体推进全区社会治理创新工作。在全区范围内启动城市综合管理“大联动”工作，实现从“处置问题”向“发现问题”延伸，从“事后执法”向“前端服务管理”转变;在石湖荡镇推广了技防监控和小喇叭村村全覆盖社区治理机制,群众安全感明显提升;积极推广综治工作进两新组织,推动永丰街道成立综治协会参与社会治理,拓展综治工作领域;在推进依法治区、依法行政过程中成立区法学会等,使社会治理创新工作不断向纵深发展。

(二)加强人口调控和管理服务。松江区以便捷的交通、相对低的住房成本以及较多的就业机会成为来沪人员的主要聚集地之一。2014 年初,松江来沪人口总量达到 134.3 万,居全市第二。与户籍人口的倒挂比例呈 2.3:1,个别地区倒挂比例甚至高达 7.9:1,倒挂情况在全市最为突出。2014 年,通过大力推进实有人口、实有房屋、实有单位的“三个实有”全覆盖,积极探索新的人口调控措施,提升了人口管理的综合化、精细化水平,常住人口和实有人口持续快速增长势头,得到了有效遏制。

(三)强化特殊人群的帮教服务。通过政府购买社会工作服务,指导社团组织规范运作。依托街镇公安派出所、村居委、社工组织和相关部门,发挥社区矫正中心、社区康复指导室、安置帮教过渡性就业基地的作用,强化对社区服刑人员、刑释解教人员、吸毒人员、社区闲散青少年等特殊人群的帮教服务,让他们重新融入社区,回归社会。

上海市综治委、办机构情况和负责人名单

一、综治委

主　任:姜　平　市委常委、政法委书记

副主任:薛　潮　市人大常委会副主任

白少康　市政府副市长、市公安局局长

姜　樑　市政协副主席

崔亚东　市高级法院院长

陈　旭　市检察院检察长

肖贵玉　市政府副秘书长

李余涛　市委政法委副书记、市综治办主任

成员单位:市纪委、市委组织部、市委宣传部、市维稳办、市委610办、市综治办、市总工会、团市委、市妇联、市人大常委会法工委、市政协社会和法制委、市高级法院、市检察院、市教育卫生工作党委、市科技工作党委、市经济信息化工作党委、市金融工作党委、市建设交通工作党委、市合作交流工作党委、市社会工作党委、市市级机关工作党委、市发展改革委、市商务委、市教委、市民族宗教委、市公安局、市安全局、市监察局、市民政局、市司法局、市财政局、市人力资源社会保障局、市交通委、市规划国土资源局、市文广影视局、市卫生计生委、市国资委、市工商局、市质量技监局、市新闻出版(版权)局、市旅游局、市绿化市容局(市城管执法局)、市住房保障房屋管理局、市安全监管局、市政府法制办、市食品药品监管局、市公务员局、上海海关、上海铁路监督管理局、上海铁路局、人民银行上海总部、上海银监局、上海保监局、上海警备区政治部、武警上海市总队、上海市通信管理局。

市综治委专项组:市综治委内设人口综合服务与管理领导小组(市公安局为组长单位)、特殊人群专项组(市司法局为组长单位)、“两新组织”专项组(市社会工作党委为组长单位)、治安综合治理专项组(市综治办为组长单位)、政策法规专项组(市人大常委会法工委为组长单位)、预防青少年违法犯罪专项组(团市委为组长单位)、校园及周边治安综合治理专项组(市教委为组长单位)、护路护线联防专项组(市综治办为组长单位)。

二、综治办

主　任:李余涛

副主任:谷继明

市综治办下设基层指导处和综治督导处。

上海市各区、县综治委、办主任名单

地　区	综治委主任	综治办主任	地　区	综治委主任	综治办主任
浦东新区	吴福康	刘豫峰	宝山区	钟　杰	沈铁群
徐汇区	郭　俭	陆恒炯	闵行区	胡世民	王　辉
长宁区	钟晓咏	陈卫东	嘉定区	倪耀明	沈绍裘
普陀区	郜　荀	薛宝平	金山区	沈金龙	李秀芳
闸北区	赵汝青	胡长春	松江区	张益弟	杨宗贵
虹口区	杨　莉	刘训玲	青浦区	韦　明	陈卫国
杨浦区	邹　明	周维春	奉贤区	周龙华	侯国华
黄浦区	方日东	王璞雯	崇明县	梅云平	沈　超
静安区	凌惠康	陈榆栋			

（撰稿人：宋皓亮
审稿人：谷继明　谢森福）

江　苏　省

2014 年综治工作概况

2014 年,江苏各地各部门紧紧围绕构建平安中国示范区的目标,深入扎实推进综治工作和平安建设,取得了新的成效。

一、深化系统治理,不断增强平安建设的整体合力

一是切实发挥党政主导作用。省委、省政府把平安建设实绩作为对各级领导班子和领导干部综合考核评价的重要内容。省委常委会将平安建设纳入 2014 年工作要点。2014 年 11 月,省委、省政府召开全省深入推进平安江苏建设会议,对近年来平安江苏建设(2011—2014 年)进行总结表彰,部署开展新一轮平安江苏建设。各级党委政府把综治和平安建设纳入本地经济社会发展规划,切实加强组织领导,强化经费保障,推动平安建设重点项目任务落实。2014 年全省仅技防建设投入经费就达 26.8 亿元。

二是大力推动各部门齐抓共管。各级综治委切实发挥牵头抓总、统筹协调作用,充分利用机构设置上的综合性、力量组织上的整合性、工作指导上的聚合性,整体推进各项工作。各级综治委专门工作领导小组及专项组发挥积极作用,及时研究新情况、解决新问题,推动各项重点工作取得实效。各级综治委成员单位立足自身职能,结合本部门实际,确定平安建设重点任务,组织实施联系点平安共建工作,实现了本部门工作与平安建设的良性互动。

三是有效激发社会组织活力。全面推进政社互动,探索建立行政权力事项清单,为群众自治组织更好地履行职能创造良好环境。坚持积极引导和依法管理并重,深化社会组织登记制度改革,降低基层社会组织登记门槛。加大社会组织培育和扶持力度,推进社会组织从业人员专业化、职业化,提高社会组织承接政府转移职能、开展公益服务和中介服务的能力。目前全省城乡登记基层社会组织 6.2 万个,总数为全国第一。加大政府购买服务力度,全省共配备特殊人群管理服务和青少年事务社工 1.1 万名。

四是发展壮大群防群治力量。全省城市按照人口万分之十至十五,农村按照人口万分之八至十的比例,组建了 10 万人的专职巡防力量,全省各类保安队员总数达 35 万余名。城市和县城全部建立由民警带队巡逻的 120 人以上的巡逻处警大队,乡镇(街道)建立 30 人以上的巡逻处警中队,形成以专业巡防民警为骨干、专职保安为主要辅助力量、其他群防群治队伍为补充的大巡防格局。深入推进群众性义务巡防"红袖标工程"建设,全省群防群治队伍达 200 余万名。南京青奥会期间,共有 50 万名平安志愿者参与青奥安保维稳大防控行动。

二、深化依法治理,切实把平安建设纳入法治轨道

一是建立健全平安建设政策法规制度。着力健全法规制度和政策措施,切实解决社会治理和平安建设领域法规制度缺失问题。积极推动平安建设重点领域地方立法,《江苏省社区矫正工作条例》经省人大常委会审议通过并于 2014 年 3 月 1 日起正式实施,将江苏开展社区矫正试点工作以来的行之有效的政策措施上升为地方性法规。出台《江苏省企事业单位内部治安保卫条例》,为加强企事业单位综治工作提供了法规依据。省综治委牵头组织有关部门研究制定了《关于加强肇事肇祸等严重精神障碍患者救治救助工作实施意见》、《关于创新发展社会矛盾纠纷大调解机制的指导意见》、《关于加强社会治安防控体系建设的实施意见》、《关于加强县(市、区)社会管理服务中心规范化建设的指导意见》、《关于全面推进城乡社区网格化服务管理的指导意见》、《关于完善社会治安形势分析研判机制的意见》、《全省影响社会稳定重大问题专报及督办制度》等一批政策意见，具有江苏特点的平安建设政策法规体系已基本形成，为各项工作有序开展提供了制度保障。

二是增强依法打击违法犯罪实效。深入开展打黑除恶、治爆缉枪、禁毒等专项斗争，全年全省刑事发案同比下降 0.7%，命案发案数处于历史最低点，现行命案、八类案件破案率分别达 99.6%、92.2%。全年共侦办涉黑案件 42 起，打掉恶势力团伙 274 个，查处涉枪涉爆案件 184 起，破获毒品刑事案件 5855 起，抓获毒品犯罪嫌疑人 6943 名。加大对“两抢一盗”等多发性侵财案件打击力度，全省共破获现行侵财案件 7.4 万起、抓获作案成员 5.9 万人，抢劫、抢夺、盗窃案件同比分别下降 15.3%、31.3%、3.7%。组织开展打击防范电信诈骗犯罪专项行动，打掉通信网络诈骗团伙 35 个、抓获作案成员 140 名。加强对社会治安重点地区、部位、场所的排查整治，不断提升群众安全感，全省共排查出治安重点地区 1820 个，已整治到位 1801 个。

三、深化综合治理，积极构建综合服务管理工作体系

一是严格落实安保维稳措施。围绕南京青奥会、国家公祭日等重大活动安保维稳，扎实开展以防范打击暴恐犯罪为重点的社会治安综合整治专项行动，按照“守住边、稳住面、控住线、保住点”的工作思路，实施全省保南京、外圈保内圈、内圈保核心的安保策略，全面落实环苏环宁“护城河”、社会面巡逻防控、社会矛盾纠纷排查化解、重点场所保卫、危险物品和重点人员管控、赛事和活动现场安保、群防群治等工作措施，圆满实现了“平安青奥”和国家公祭活动安保“零差错”目标。

二是深化治安防控体系建设。大力构建点线面结合、网上网下结合、人防物防技防结合、打防管控结合的立体化、现代化社会治安防控体系。各地按照“打得狠、防得严、控得住”的要求，以技防城建设为载体，以技防乡镇、小区、单位、家庭为基础，积极应用物联网、大数据、云计算等现代科技手段和信息技术，全力打造“防控区域城乡覆盖、防控时段无缝衔接、防控技术融合应用、防控目标全网追踪、防控质效全面优化”的技防江苏。目前，全省 73 个 110 接警区已全部建成现代化的 110 指挥中心，实战勤务 24 小时不间断。全省共设置 6900 多个治安卡口，县级以上治安卡口普遍安装了电子监控装置，主要街面路面、三级治安保卫重点单位及金融网点、加油(气)站、金银珠宝营业场所等易被侵袭目标安防建设达标率均达 100%，沿街商铺、城镇居民和农村家庭技防入户率分别达到 100%、86.68% 和 77.4%。

三是强化流动人口服务管理。坚持“公平对待、服务至上、合理引导、完善管理”，大力提升流动人口就业服务保障水平。制定出台贯彻落实国务院《注册资本登记制度改革方案》实施意见，为流动人口创业、就业提供更加宽广的平台，全省共建立农民创业服务机构 1181 个，为 16.5 万农民提供创业服务，成功实现自主创业 4.5 万人。强力推进居住证项目实施，全省累计发证 1100 余万张，公共服务均等化取得积极进展。全省除南京、无锡、常州、苏州及扬州等地部分县区有民工子弟学校外，其余各地外来务工人员随迁子女均 100% 在公办中小学就读。巩固完善流动人口信息社会化采集机制，积极拓展布建社区、用工单位、学校、工地、集贸市场等采集点，扩大社会化采集覆盖面，流动人口信息社会化采集率达 65%。组织开展以流动人口为重点的“人口管控会战”，全面摸清流动人口及出租房屋、中小旅馆、洗浴场所等落脚点底数，全省登记在册流动人口 1750 万人，其中年内新采集流动人口信息 209.9 万条、注销 137.5 万条；新登记出租房屋 16.9 万户，注销 7.1 万户。

四是创新特殊人群服务管理。以实现动态管控为目标，建立健全由党委政府主导，综治部门牵头，相关部门各司其职、密切配合、齐抓共管的特殊人群服务管理工作格局，并积极构建融教育、管控、救助、矫治、就业于一体的特殊人群管理服务平台，统一指导特殊人群服务管理工作。进一步强化社区服刑人员的监督管理，截至 12 月底，全省累计接收社区服刑人员 20 多万人，重新犯罪率控制在 1‰以下。大力推进刑释人员过渡性安置基地建设，刑释人员帮教率、安置率分别达 99.9% 和 99.1%。认真落实《关于加强肇事肇祸等严重精神障碍患者救治救助工作的实施意见》，在全国率先实行对所有肇事肇祸等严重精神障碍患者免费救治。深入开展重点青少年群体“成长护航工程”、未成年人“零犯罪”社区（村）创建活动，全省25周岁以下青少年、未成年人犯罪人数占犯罪总人数的比例同比分别下降1.03和0.64个百分点。

四、深化源头治理，着力提升预防化解社会矛盾纠纷能力

一是建立健全有效预防决策风险机制。围绕易引发社会矛盾的重大决策事项，抓好决策前风险评估、实施中风险管控和决策过错责任追究等环节，着力形成覆盖全面、规范高效、制约有力的稳评体系。深入实施《关于健全重大决策社会稳定风险评估机制的意见》，强化稳评范围，实现省市县乡四级稳评组织全覆盖；强化群众参与，把群众意见作为稳评的主要依据，对群众反映强烈的决策事项一律不实施或暂缓实施；强化评估制度建设，建立健全分类评估、多方联评、项目报备、专家论证咨询、第三方准入、部门地区联席会议等制度；强化评估主体责任，将重大政策制定部门、重大工程项目实施部门、重大事项执行部门作为主体，同时积极推行第三方评估，评估主体严格审查评估报告及结论，对评估结论负责；强化稳评结果运用，对不按规定程序和要求进行评估，以及不根据稳评结论作出决策造成严重后果的，坚决追究相关人员责任。全年全省共组织实施重大稳评事项9639个，其中暂缓实施96个、不予实施9个。

二是创新发展大调解机制。进一步健全大调解组织管理体系和工作运行机制，加强县、乡两级调处中心建设，深入推进调处服务中心实体化建设和规范化运行工作。出台了《江苏省村、乡镇人民调解委员会规范化建设标准》，从组织建设、队伍建设、制度建设等方面对基层人民调解委员会规范化建设标准进行了明确和细化。严格按照县、乡、村5∶2∶1的比例和专业人民调解组织2—4名的要求配备专职调解员，目前全省专职调解员达33226名。切实强化专业调解组织建设，积极推动各成员单位落实矛盾纠纷调解职责，不断扩大专业调解的覆盖面。全省在基层人民法院（法庭）设立人民调解工作室292个，在公安派出所设立人民调解工作室1676个，建立医患纠纷人民调解委员会214个，交通事故损害赔偿纠纷人民调解工作室320个，劳动人事争议纠纷人民调解工作室297个。全面推进社会矛盾纠纷网格化排查工作，严格实行社会矛盾纠纷排查“零报告”制度和直报、分析研判、分级预警制度，构筑全方位、动态化社会矛盾排查预警机制。年内，全省共调解矛盾纠纷46万件，调解成功率达99.4%。

三是做强基层综合服务管理平台。按照资源整合、工作融合、功能聚合的要求，着力构建县乡村三级综合服务管理体系，充分发挥其在源头防范社会矛盾、维护社会稳定中的重要作用。建强县级枢纽平台，加快县（市、区）社会管理服务中心建设，充分整合各有关部门社会服务管理职能和力量资源，对区域内矛盾调解、信访处理、治安防控、法律服务以及流动人口和特殊人群服务管理等工作进行统筹、协调和指导。目前，全省104个县（市、区）全部建成社会管理服务中心。规范镇级实战平台，在全省乡镇（街道）全部建成政法综治工作中心基础上，组织开展规范化建设活动，完善矛盾纠纷联调、社会治安联防、重点工作联动、突出问题联治、基层平安联创、服务管理联抓等六项工作机制，切实增强其实战功能。做实社区基础平台，全省城乡社区“一委一居一站一办”实现了全覆盖，所有村（社区）全部建立实体化运作的综治办。

四是全面推进综治信息化和网格化建设。加快推进综治信息化建设，全省所有市县综治专网均已开通，开设终端账户17000余个，整合公安、司法、民政、安监、信访、卫计等部门15类信息数据2100余万条，一些县（市、区）实战运用效果已初步呈现。全面推行网格化服务管理。全省共划分网格225688个，实现服务管理全覆盖。按照“分色管理、分类服务”的原则，把村（社区）所有住户划分为常住户、租住户、空挂户以及重点特殊关注户等不同类型，为相应的服务管理工作提供依据。依托“一委一居一站一办”社区组织，由城乡社区党组织书记或居（村）委会主任负责网格化服务管理工作。每个网格配备2名以上网格管理员，其中1名为专职。目前，全省专兼职网格管理人员达41万余名。

五是深化基层系列平安创建。扎实推进平安县(市、区)、平安乡镇(街道)、平安村(社区)等区域性平安创建的同时,广泛开展平安企业、平安校园、平安医院、平安家庭等40余项基层系列平安创建活动。进一步完善基层系列平安创建的体制机制,将推进系列创建活动与部门中心工作统筹安排、有机结合。年内,全省平安县(市、区)、平安乡镇(街道)、平安村(社区)、平安小区、平安企业、平安医院等基层单位均达到95%以上。

江苏省综治委关于印发《关于创新发展社会矛盾纠纷大调解机制的指导意见》的通知

(2014 年 12 月 31 日)

各市综治委、省综治委各成员单位:

现将《关于创新发展社会矛盾纠纷大调解机制的指导意见》印发给你们,请结合实际,认真贯彻落实。

关于创新发展社会矛盾纠纷大调解机制的指导意见

为认真贯彻落实中央和省委、省政府关于创新社会治理、深化平安建设的决策部署,完善社会矛盾纠纷大调解组织体系和运行机制,提升依法化解社会矛盾纠纷水平,维护社会和谐稳定,根据省委、省政府《关于深入推进平安江苏建设的意见》精神,现就创新发展社会矛盾纠纷大调解机制提出如下指导意见。

一、指导思想和总体目标

1. 指导思想。深入学习贯彻党的十八大、十八届三中、四中全会和习近平总书记系列重要讲话精神,认真贯彻落实习近平总书记在江苏视察时重要讲话精神,按照中央和省委关于创新社会治理的部署要求,紧紧围绕建设平安中国示范区的目标,坚持运用法治思维和法治方式防范化解社会矛盾,理顺大调解工作体制,完善人民调解、行政调解、司法调解联动工作体系,健全动态排查、分析研判、预防化解等工作机制,着力推动各类调解组织全面覆盖、有机衔接、优势互补、协调联动,不断提升大调解工作专业化、社会化和信息化水平,努力把矛盾纠纷化解在基层和萌芽状态,为“迈上新台阶、建设新江苏”、谱写好中国梦江苏篇章创造更加和谐稳定的社会环境。

2. 总体目标。经过3年左右的努力,全省县乡两级社会矛盾纠纷调处服务中心全部实现实体化、规范化运作,专业调解组织实现全覆盖,各类调解组织有效对接,矛盾纠纷化解实效明显增强,努力实现“三个上升、三个下降、三个坚决防止”的工作目标:矛盾纠纷调解率、调解成功率和人民群众对调解工作的满意率上升;民转刑案件、越级上访和群体性事件数量下降;坚决防止发生有重大影响的民转刑命案、群体性事件和规模性进京非正常上访事件。

二、进一步完善大调解工作组织体系

3. 健全大调解工作体制。进一步健全党委政府领导、综治部门牵头、司法行政部门指导、调处中心具体承担、职能部门各司其职、社会各方广泛参与的大调解工作格局。各级党委、政府高度重视社会矛盾纠纷大调解机制建设，定期听取专题工作汇报，及时研究解决重大问题。各级综治委社会矛盾化解工作领导小组及其办公室具体负责社会矛盾纠纷化解工作的组织、协调、检查、督办工作。各成员单位积极发挥职能作用，强化协作配合，提升大调解工作整体效能。

4. 加强调处中心规范化建设。社会矛盾纠纷调处服务中心是组织开展矛盾纠纷排查化解工作的平台，是大调解机制整合力量、协调联动的中枢。调处中心在综治委领导下具体承担社会矛盾纠纷受理、分流、协调、督导，牵头调处重大疑难、跨区域的复杂矛盾纠纷等职责。县乡两级调处中心要实行实体化运作，分别按照不少于5人、2人的标准配备专职调解员，并积极推动县、乡两级调处中心整体进驻同级社会管理服务中心。各地要按照有利于加强组织领导、统筹资源力量、提高工作效能的要求，选优配强县乡两级调处中心主任、副主任。成员单位派驻人员由调处中心依据相关责任部门的工作量确定，并实行有序进退、动态管理和工作考核。

5. 推动专业调解组织全覆盖。承担化解矛盾纠纷任务的部门要建立调解组织，明确分管领导、工作机构和责任人员，确保专业调解全覆盖。司法行政机关要加强与有关行业主管部门的协调配合，指导设立专业性人民调解委员会或依托现有的人民调解委员会设立人民调解工作室。加强行政调解组织和队伍建设，健全基层行政调解工作网络，进一步规范和完善征地拆迁、环境保护、房屋征收、劳动保障、医疗卫生、交通事故、物业管理、价格争议等领域的专业性、行业性调解组织。对进驻调处中心的，按照有专职人员、专门经费、工作制度的要求，建立健全专业调解组织。对不进驻调处中心的，要依托主管部门设立专业调解组织，与调处中心建立衔接联动工作机制，遇到复杂疑难矛盾纠纷要及时提请调处中心协调处理。建立健全各类专业调处咨询委员会，聘请专业人士组成专家库，为重大复杂纠纷调处提供咨询服务，必要时可邀请专家直接参与调解。加强专业调解工作研究，创新简便快捷、调效明显的专业调解模式，切实提高专业调处水平。

三、积极运用法治思维和法治方式防范化解社会矛盾

6. 依法规范行政行为。各级行政机关要按照法定职责必须为、法无授权不可为的原则，坚持在法治轨道上履行职责、开展工作，坚决防止因超越法定权限、违反法定程序引发矛盾纠纷。健全依法决策机制，把公众参与、专家论证、风险评估、合法性审查、集体讨论决定确定为重大行政决策法定程序，建立重大决策终身责任追究制度及责任倒查机制，坚决防止因决策不当引发矛盾纠纷。坚持严格规范公正文明执法，处理好严格管理与服务群众的关系，提高执法效率和规范化水平，坚决防止因执法问题引发矛盾纠纷。深入推进政务公开，依法扩大公开范围、拓宽公开途径、完善公开方式，及时回应人民群众关注的热点问题，切实保障人民群众的知情权、参与权和监督权。

7. 强化依法调解。各类调解组织要根据法律法规规定，明确调解范围，规范调解程序，完善申请、受理、调查、调解等制度，对复杂矛盾纠纷要建立听证制度，确保调解结果的正当性和合法性。推动制定江苏省人民调解条例，建立健全与人民调解法相配套的制度体系。规范司法确认工作，对达成的调解协议，经当事人申请，有管辖权的人民法院要按照司法程序进行确认，确保调解结果权威、有效。对调解不成的矛盾纠纷，要引导当事人运用仲裁、行政裁决、行政复议、诉讼等方式进行解决。对已经进入法律程序的矛盾纠纷，要严格依据事实、法律公正处理，保障合理合法诉求依照法律规定和程序得到合理合法的结果。对已审理办结、信访终结后仍缠访闹访、聚众滋事的，要严格依法处理。加强对调解工作的监督管理，确保调解结果不偏不倚、公平公正，确保当事人意愿得到尊重、权利得到保障。县级调处中心要加强与法律援助中心的密切配合，配备兼职法律顾问，为各类调解组织提供法律咨询。

8. 维护群众合法权益。强化法律在维护群众权益、化解社会矛盾中的权威地位，构建对维护群众利益具有重大作用的制度体系，解决好群众最关心最直接最现实的利益问题，从源头上预防减少社会矛盾。严格规范征地拆迁、房屋征收行为，增加被征地农民在土地增值中的分配比例，提高被拆迁、征收房屋补偿标准的市场化程度，落实就业和社会保障政策，依法保障征地拆迁群众合法权益。建立健全重大工程项目实施前科学论证机制、环境风险评估机制，着力维护群众环境权益，防止因环境问题引发群体性事件。积极帮助困难群体落实社会保障政策，妥善处理企事业单位改革中的利益关系，认真解决农民工工资拖欠问题，依法维护劳动者合法权益。推动医疗纠纷人民调解与医疗责任保险有机衔接，建立包括医患双方、主管部门、医疗专家、专业志愿者在内的多方协商、依法调解机制，维护医患双方合法权益。对涉法涉诉、交通事故、涉校涉生、物业管理、土地流转、消费等领域矛盾纠纷，要及时就地化解，做到诉求合理的解决到位，生活困难的帮扶到位，诉求不合理的疏导教育到位。

9. 增强群众法治观念。深入开展法治宣传教育，推动形成办事依法、遇事找法、解决问题用法、化解矛盾靠法的良好法治环境。深入开展群众性法治文化活动，教育引导群众认识到法律既是保障自身权利的有力武器，也是必须遵守的行为规范，自觉通过法律渠道表达诉求，运用法律武器维护权益。健全普法宣传教育机制，推动落实“谁执法谁普法”的普法责任制，建立法官、检察官、行政执法人员、律师等以案释法制度，加强普法讲师团、普法志愿者队伍建设。加强公民道德建设，积极引导群众自觉履行法定义务，承担社会责任、家庭责任。

四、着力推动各类调解机制有效衔接

10. 强化协调联动。按照“整合资源、整体联动”的要求，进一步完善人民调解、行政调解、司法调解联动工作体系，积极拓展访调、诉调、检调、公调等对接工作的广度和深度。各类调解组织的主管部门要加强对行业系统调解组织的业务指导，帮助解决重点难点问题。充分依托县乡两级调处中心，建立健全联席会议、信息通报、移交转办、重大矛盾会办等制度，着力解决责任不明、职责不清、推诿扯皮等问题，实现受理、登记、交办、承办、结案各个环节工作衔接，推动信息联通、工作联动、矛盾联调、优势互补，形成化解矛盾纠纷的整体合力。

11. 推进访调对接。县级信访接待中心与调处中心要建立协作配合机制，充分发挥各自优势化解矛盾纠纷，解决群众合理诉求。进一步规范访调对接工作流程，厘清调解和信访受理管辖范围，信访部门在办理人民群众来信来访事项时，经审查属于调解受理管辖的信访事项，按规定程序移送至调处中心，其调解的情况在规定期限内向信访接待中心反馈。调处中心受理的信访事项按规定程序移送信访接待中心，由信访部门负责办理。有条件的地区，信访接待中心可进驻同级社会管理服务中心，没有进驻的，可在信访接待中心设立调解室。乡村两级实行来访、调解直接对接。

12. 深化诉调对接。人民法院要进一步加强与人民调解组织、行政调解组织、专业调解组织以及其他调解组织的协调与配合，加强与人民调解、行政调解在程序对接、效力确认、法律指导等方面的协调配合，切实提高调解质效。司法行政机关要会同法院在基层人民法院、人民法庭建立派驻式人民调解工作室，对适宜通过调解方式解决的矛盾纠纷，要积极引导当事人选择调解方式解决矛盾纠纷。经当事人同意，人民法院可以委托有利于案件调解解决的人民调解、行政调解、行业调解等有关组织等主持调解，或者邀请律师、其他有关人员协助人民法院进行调解。

13. 加强检调对接。重点完善两级对接机制，即县级检察院与县级调处中心对接，县级检察院的检务工作站（室）与乡级调处中心对接。对轻微刑事案件、民事申诉等案件，在遵循事实和法律的基础上，对当事人双方有和解意愿、符合和解条件的，积极引导当事人达成和解。对轻微刑事案件达成调解协议并认真履行的，调处中心及时将调处情况通报同级检察机关，由检察机关依法作出处理。对民事申诉等案件达成调解协议的，由检察机关和调处中心共同监督执行。

14. 完善公调对接。进一步巩固完善县、乡、村公调对接机制，有条件的地方可以实行市级层面统一组织对接。重点抓好公安派出所与乡镇（街道）人民调解委员会的对接，全面推行“派驻式”对接，由县以上司法行政机关会同公安机关组织相关人民调解委员会，在公安派出所设立人民调解工作室，配备专职调解员，常驻公安派出所开展矛盾纠纷调解工作。在事故处理业务量较大的县（市、区）交警大队和所属交警中队，全面设立道路交通事故损害赔偿纠纷调解工作室，人民法院(庭)在公安机关交通管理部门要设立道路交通事故巡回法庭,及时受理、调处交通事故纠纷案件。全面实行社区(村)警务室与社区(村)人民调解委员会一体化运作,社区(村)人民调解委员会至少选派1名人民调解员与社区民警共同开展矛盾纠纷的排查调处。

五、全面提升调解工作专业化、社会化和信息化水平

15. 大力加强专业调解队伍建设。以推进专业化、职业化建设为方向,通过政府购买服务等方式,建立一支与新形势下化解矛盾纠纷要求相适应的专职调解员队伍。建立健全专职调解员资格准入、招聘录用、业务培训、等级评定和考核奖惩等制度,切实提高专职调解员的综合素质和调解能力。强化专职调解员管理,以县级司法行政部门为单位,做到统一招聘、统一培训、统一调配、统一考核、统一保障。司法行政部门和人民法院要通过多种形式,加强对专职调解员的教育培训和工作指导,努力提升依法调解、专业调解、规范调解的能力。

16. 大力推动调解工作社会化建设。充分调动社会各方面力量参与矛盾纠纷调解工作,形成协同化解社会矛盾、共同维护社会稳定的良好氛围。推动人民团体和社会组织积极参与调解工作,充分发挥团体章程、行业规章等社会规范在化解社会矛盾中的独特作用。着力推进非公有制经济组织的矛盾纠纷调解和工会劳动法律监督组织建设,使劳动关系等矛盾纠纷能够在单位内部得到有效预防和化解。建立完善党代表、人大代表、政协委员、法学专家、公职律师、心理咨询师及老党员、老干部等第三方参与的矛盾纠纷调处机制。大力发展兼职调解员和调解志愿者队伍,支持热心调解事业、会做群众工作的社会人士参与人民调解工作。加强省市县三级人民调解协会建设。积极推行把适合由社会组织承担的矛盾纠纷调解任务纳入政府购买服务目录,发挥社会组织在化解矛盾中的积极作用。

17. 大力推进调解工作信息化建设。加强调解工作信息化建设,将调解信息网络向村(社区)及各类专业性、行业性调解组织延伸,实现调处中心与人民调解、行政调解、司法调解等各类调解组织互联互通、信息共享。依托全省综治信息系统,加快建立统一规范的矛盾纠纷排查调处信息数据库,着力构建矛盾纠纷动态采集、实时研判、预警分析、应对处理、移交转办、督导考评的综合平台。进一步总结推广“网络调解”、“视频调解”、“微博调解”等做法,加强新媒体、新技术的运用,以信息化提升调解服务效能。

六、进一步健全完善大调解运行机制

18. 健全责任落实机制。各级党委、政府要切实履行维护社会稳定第一责任,党政领导要对重大矛盾纠纷加强协调指导,逐案落实化解责任。各地各部门要进一步明确社会矛盾化解工作的属地管理责任和部门主管责任,将任务和责任落实到具体单位和具体责任人。各级综治委要把创新发展大调解机制工作纳入领导责任制和目标管理责任制,作为综治和平安建设考核的重要内容,推动责任落实。

19. 健全动态排查机制。按照“发现得了、控制得住、化解得好”的要求,县级至少每月一次、乡级至少每半月一次、村级至少每周一次,组织开展矛盾纠纷排查工作。重要时段、敏感时期要实时开展专项排查,确保横向到边、纵向到底,不留盲区死角。加强基层网格员、信息员等力量建设,构建全覆盖的排查预警网络,着力提高第一时间发现和化解各类矛盾纠纷的能力。严格落实重大矛盾纠纷直报和“零报告”等制度。推广建立有价值信息奖励制度。

20. 健全分析研判机制。坚持定期召开协调会议,加强对矛盾纠纷的发生、发展以及变化规律的研究和分析,重点分析研判可能引发重大治安问题、群体性事件、个人极端事件的苗头隐患和疑难矛盾。在县(市、区)、乡镇(街道)建立重大矛盾纠纷动态预警管理制度,根据矛盾纠纷发生演变的过程,划分相应等级,制定相应的化解预案和工作措施。对征地拆迁、房屋征收、劳动保障、环境保护等重点领域和涉军涉农涉企等重点群体的矛盾纠纷,要按照纠纷性质、积压时间、影响社会稳定的程度、激化的可能性等方面进行登记和分流,督促落实化解措施和稳控责任。

21. 健全检查督办机制。加强对矛盾纠纷排查化解工作的检查督办,确保动态排查、分析研判、化解处置等各项措施落到实处。对群众反映强烈、久拖不决、涉及面广的重大疑难矛盾纠纷,将其列入党委、政府督查范围,加强跟踪问效,推动问题解决。加强对创新发展大调解机制运行情况督促检查,推动组织领导、衔接机制、工作责任等有效落实。凡因领导不重视、工作不到位、责任不落实,造成矛盾纠纷调解不及时,演变成民转刑案件和群体性事件的,视情采取通报批评、综治警示、一票否决等措施,对相关责任人要依法依规严肃处理。

22. 健全经费保障机制。认真贯彻落实财政部、司法部《关于进一步加强人民调解工作经费保障的意见》(财行〔2007〕179 号)和省委办公厅、省政府办公厅转发的《省社会治安综合治理委员会关于深入推进社会矛盾纠纷大调解工作的意见》(苏办发〔2009〕33 号)文件精神,建立健全经费保障机制,落实经费保障责任。把社会矛盾纠纷调处服务中心及其派出的调解工作室、专业性调解组织的业务经费和工作经费等列入财政预算。

江苏省构建三级综合平台　整合各方资源力量　不断提升基层社会服务管理能力

近年来,江苏省认真贯彻落实中央关于深化平安建设的决策部署,紧紧围绕健全基层服务管理体系的要求,在全省推广建立县乡村三级综合服务管理平台,整合基层力量、壮大基层组织、夯实基础工作,着力破解基层服务管理中存在的部门分割、各自为战、信息不通、协调不畅等难题,全面提升基层服务管理能力和水平。省委、省政府将三级综合服务管理平台建设列入"十二五"规划,明确要求各地各部门为三级平台建设提供有力保障。省财政连续 2 年每年拨出"以奖代补"专项经费 3000 万元。全省各地按照"目标阶段化、任务项目化、项目责任化"的要求,全力推进三级平台建设。据不完全统计,近 3 年来全省各地投入三级平台建设资金累计达 80 多亿元。目前,全省县级综合服务管理平台建成率达 60%,镇、村两级平台建成率均达 100%,镇级平台全部达到规范化标准,村级平台全部实现实体化运作。

一、建立县(市、区)社会管理服务中心,形成统筹各方的枢纽性平台

江苏省于 2011 年初在南通市崇川区开展县级综合服务管理平台建设试点,充分整合县级各部门社会服务管理职能和力量资源,对区域内社会管理工作进行统筹、协调和指导。经不断总结完善,2012 年始在全省推广。目前,全省 100 个县(市、区)已有 60 个建成规范化的社会管理服务中心,正在建设的 40 个,计划到 2014 年底全部建成。一是组织架构上突出整合性。县级社会管理服务中心由综治委统一领导,综治委主任兼中心主任。日常管理由综治办牵头负责,综治办主任任常务副主任,部分地区根据工作需要设立了专门的管理机构。综治办、法治办、社会矛盾纠纷调处中心、信访接待中心、流动人口服务管理办公室、应急办、维稳办等部门整体进驻,实行集中办公。公安、司法、人力资源社会保障、民政、人口计生等部门实行部分进驻,将与社会管理和民生服务有关的职能有效汇聚到中心平台。综治委各专门工作领导小组办公室进驻中心,实行实体化运作。中心融矛盾排查化解、信访接待处理、流动人口服务管理、特殊人群服务管理、社会治安防控、社情民意调查、法律援助、应急处突指挥等职能于一体,实现了资源整合、功能聚合、工作融合。我省已建成的县级社会管理服务中心建设标准普遍达到3000 平方米。二是运行机制上突出联动性。按照"功能相近、职能相融"的原则,在大的综合平台下,建立社会管理综合信息、实有人口服务管理、应急指挥、舆情信息研判等专业化工作平台,每个专业化平台由中心一名领导主抓、一个职能部门牵头、相关部门参与,分别承担具体工作职责,既相互独立,又协调联动,形成中心统管、平台负责、部门联动的"1 + X"模式。建立了首问负责制、责任追究制、限时办结制和一次性告知制等工作制度，有效提升社会服务管理的效能。三是工作指挥上突出高效性。各地赋予中心分流指派、人员调度、检查督查、工作问责和考核奖惩建议等权限，做到任务统一安排、人员统一调度、装备统一使用，构建起扁平化指挥体系。实行“统一受理、发现上报、指挥派遣、处置反馈、任务核查、评价归档”六步“闭环式”工作流程，着力提高化解社会矛盾、处置突发事件的效率。四是信息采集使用上突出一体性。建立社会管理服务中心信息平台，对人、地、物、事、组织等社会管理信息集中采集录入，建成区域社会管理基础数据库，为相关部门提供信息共享服务，实现区域内矛盾排查、来信来访、综治维稳、安全生产等数据信息“一网式”汇聚，采集、分析、交办、监督等功能“一体化”运行。五是综合功能上突出服务性。把中心界定为融管理与服务、指挥与实战等功能于一体的联动机构，而不是行政办公机构，突出其服务性；工作职能上注重整合放大，而不是机构的简单叠加，突出其综合性。对各部门承担的民生服务项目进行梳理，精简重复、交叉项目，统一建立便民服务大厅、听证对话厅、居民议事厅、“连心”接访室以及领导接访、纠纷受理、涉法涉诉、法律服务、就业接待、人口服务等场所和窗口，实现一窗口受理、一条龙办结、一站式服务。积极推行网上预约、节假日预约、上门办理等特色服务，不断拓展服务内涵，做到直接服务与间接服务相结合、实体服务与网上服务相结合。整合12345热线、110报警求助等信息资源，依托民情直通车、亲情“一号通”等载体，让群众“见到想见的人，说出想说的话，办成想办的事”，不断提升社会满意度。

二、推进乡镇（街道）政法综治工作中心规范化建设，形成整体联动的实战性平台

2011年，江苏省1281个乡镇（街道）全部建成政法综治工作中心。在此基础上，省委政法委、省综治委在全省组织开展政法综治工作中心规范化建设活动，制定下发了规范化建设意见，进一步整合基层资源，完善工作机制，使其更好地承担起统筹基层社会管理综合治理的任务。目前，全省乡镇（街道）政法综治工作中心工作人员平均达11人以上。一是实行矛盾纠纷联调。组织开展社会矛盾纠纷和不安全、不稳定因素大排查，做到早发现、早控制、早解决。对排查出来的矛盾纠纷和群众来信来访实行统一受理、集中梳理、归口管理、依法处理、限期办理。重大疑难复杂纠纷由中心直接调处或组织有关部门、单位共同解决。近年来，全省95%以上的矛盾纠纷在乡镇以下得到化解。二是实行社会治安联防。定期开展治安形势分析，发布治安预警，落实防控措施。整合群防群治队伍，组织开展多种形式的治安巡逻活动，推广经济适用的物防技防手段。指导督促辖区机关、团体、学校、企事业单位落实内部安全保卫制度，参与区域联防、协防工作。三是实行重点工作联动。统一调配使用各组成部门工作力量，统筹安排各项重点任务。制定完善应急处置工作预案，组织协调有关部门，在乡镇（街道）党（工）委、政府（办事处）统一领导下，依法妥善处置突发性、群体性事件、治安灾害事故和重大刑事案件。四是实行突出问题联治。动员和组织各部门、各单位及辖区群众对辖区社会治安重点地区和突出治安问题定期排摸、梳理，集中开展专项整治，推动解决社会管理滞后、公共服务缺失、基础工作薄弱等突出问题。五是实行基层平安联创。组织发动广大群众，广泛开展平安单位、平安村（社区）、平安家庭、平安企业、平安校园、平安医院等各种形式的基层平安创建活动，积极开展各种宣传教育活动，丰富创建内涵，提高创建实效。六是实行服务管理联抓。以政法综治工作中心为平台，推动落实流动人口服务管理、刑释解教人员安置帮教、闲散青少年服务管理、易肇事肇祸精神病人救治管控、吸毒人员救治帮教等措施。与群众生活密切相关的部门在政法综治工作中心设立窗口或相对集中办公，为群众提供便捷服务。

三、建强村（社区）综治办，形成全面覆盖的基础性平台

2011年，省委、省政府制定下发了《关于实施社会管理创新工程切实加强群众工作的意见》，在全省大力推进“一委一居一站一办”城乡社区服务管理新模式，明确以社区党组织为核心，以社区居委会推进居民自治、自我管理，以社区管理服务站承接公共服务，以社区综治办负责平安建设，并设立1亿元省财政建设项目引导资金推动社区基础设施建设。各地全面推行“一委一居一站一办”和网格化管理模式，把服务管理工作渗透到城乡社区各个领域，使社区成为社会和谐稳定的第一道防线。一是以“三个一体化”为核心，着力打造综合性平台。在全面推行“一委一居一站一办”社区架构的基础上，以社区综治办达标升级建设为龙头，整合村（社区）综治工作力量，实行综治办、治保会、警务室、调委会、治安巡逻队、流动人口服务管理工作站一体化运作，驻村（社区）民警、治保人员、调解人员、联防队员、流动人口协管员、治安志愿者等一体化管理，治安防范、纠纷调解、流动人口管理、社区矫正、安置帮教、预防青少年违法犯罪、法制宣传、禁毒、反邪教等业务一体化安排，做到各项工作统一部署、协调推进。目前，全省每个社区（村）配备 1 名专职社区干部、2 至 4 名专职联防人员、2 名专兼职调解员和 1 名以上专职综治社工。二是以社区网格化建设为基础，着力提升基层社会管理水平。充分挖掘和有效整合社区资源，建立网格化社会管理机制。全省各地把每个城乡社区分成若干个网格，每个网格配备 1 名政府招聘的社会管理人员，2 名退休老干部、老党员或社区志愿者，形成了“1 + 2”网格化服务管理体系，并全面建立党员干部挂钩联系网格制度，将党群组织、“两新”组织以及物管公司人员、“五老”、志愿者等纳入到网格队伍中，有效推动了基层基础工作的扎实开展。三是以保障改善民生为重点，着力提高基层社会服务质效。将民政、劳动、计生等各类公共服务整合延伸到社区服务大厅办理，并设立低保户、优抚对象、残疾人等弱势群体救助服务咨询点。建立社区信息管理系统，使居民群众就近得到便民服务网点和志愿者的及时帮助，真正做到“开放式办公、一站式受理、保姆式服务”。通过政府政策扶持、市场运作相结合的办法，动员、鼓励、扶持社会组织参与无偿或低偿社区服务，形成了“10 分钟”社区服务圈，真正做到便民服务“全天候”。

江苏省的三级综合服务管理平台，是社会管理信息研判的平台、指导督查的平台、实战指挥的平台、统筹协调的平台、社会动员的平台、推动创新的平台。三级平台的建立，促进了“党委领导、政府负责、社会协同、公众参与”的基层社会管理格局的完善，在整合力量资源、落实管理措施、提高便民服务效能等方面发挥了积极作用，使基层社会管理实现了“五个转变”：一是实现了从指导协调到指挥实战的转变。过去基层综治办主要承担指导协调的任务，往往因缺少有效的抓手和载体，造成社会管理的措施难以落实。实践中，我们深切体会到，建立三级综合服务管理平台，可以统筹各个部门的力量，调度各个方面的资源，直接应用于实战，为群众提供面对面的服务，提高了社会管理的执行力。二是实现了从单兵作战到整体推进的转变。三级综合服务管理平台将有关党政部门和各类社会组织的管理功能和服务职能进行有效集中、有机统一，促进了社会管理资源的合理配置和有效整合，增强了社会管理的整体合力。三是实现了从多头管理到一站服务的转变。三级综合服务管理平台将社会管理的各项服务，化分散为集中，化中转为直接，使“几十个部门变成一个部门”，“几十个电话变成一个电话”，为群众提供了便捷、高效的服务，提升了人民群众的满意度。四是实现了从粗放管控到有效治理的转变。三级综合服务管理平台通过精细化、网络化管理等方法手段，细化职能和岗位、量化每项具体工作、实化各项管理制度，对管理对象进行分级分类管理，逐级逐类制定管理措施、配置管理资源，有效提升了社会治理水平。五是实现了从事后处理到动态治理的转变。三级综合服务管理平台通过建立社会管理综合信息系统，实现对人、屋、企、证、事、地等管理信息的实时采集、情况的及时分析，进行有效的动态治理，切实将各种矛盾和问题发现在早、处置在小，提高了工作的主动性和实效性。

江苏省徐州市云龙区
增强社会自治功能　推动政社良性互动

近年来，江苏省徐州市云龙区着眼于增强社会自治功能、推动政社良性互动，不断加大社会组织培育力度，鼓励社会组织积极参与社会治理，同时厘清政府与社区关系，推动政府行政管理与社区群众自治良性互动，形成了政府、社区、社会组织共同参与社会治理的新格局。

一、激发社会组织活力，实行“三改三创”

（一）改革社会组织注册瓶颈，创新培育发展机制。简化社会组织的注册登记途径，实行由民政部门直接登记制度，不再设业务主管单位，降低社会组织准入门槛。成立了一个区级和三个社区社会服务中心，并建立100万元的社会组织帮扶基金，用于解决社会组织在发展初期资金短缺的问题，起到了社会组织“孵化器”的作用。按照“社会力量兴办、专业团队管理”的原则，该区先后成立发展了175个职业化、专业化社会组织，年服务交易额近千万元，形成了社会组织发展壮大与社会治理和谐有序“同频共振”的良性互动局面。

（二）改革社会组织监管瓶颈，创新社会协同机制。强化社会组织自我约束，在更大范围内保障其自主权，增强其承担社会治理职能的能动性。充分发挥社会监管力量，健全法人治理制度、信息公开制度、行业联合监管制度，不断完善以网格化为主的社区社会组织管理机制。积极探索建立社会组织“第三方”评估机制，专门成立社会组织专家顾问团，对公益组织开展的服务项目进行评估，优秀项目给予公益创投奖励。

（三）改革社会组织服务瓶颈，创新政府购买机制。先后开放矛盾纠纷调解、社会治安巡逻、法治宣传教育等7个领域的社会治理事务，并出台区政府向社会力量购买服务目录。通过不断增加政府购买服务项目，促进公益组织承接政府的社会治理事务和公共服务，同时引入竞争淘汰机制，把能否扩大居民参与、能否繁荣社会服务市场、能否承接政府事务作为评估衡量社会组织工作效能的重要指标，确保了社会组织的服务质量。

二、明晰社区权力清单，推动政社良性互动

（一）“找病根”，为社区负担过重“把准脉”。云龙区通过深入调研，发现基层社区存在着下派任务多、台账资料多、各类牌子多、信息系统多、办公经费少“四多一少”的问题，主要表现为政府职能部门缺位、越位，导致社区“行政化”倾向过重，形成“小社区、大政府”的局面。针对这些现象，必须着力解决社区工作目标不够清晰、政府职能部门与社区关系不清、政府部门习惯把社区作为政府附属等问题，把管理进社区转化为任务、责任进社区。

（二）“下猛药”，明晰社区权力清单“严准入”。一是科学界定职能部门与社区的责任和权利。分清社区依法履职和协助事项，让社区可以说“不”，让社区协助事务“无偿”服务变“有偿”服务，从而倒逼职能部门自我约束，去社区“行政化”。二是明晰两张清单，给社区事务“瘦身”。根据法律规定，通过部门清理、专家审核、征求社区意见、联席会议讨论、法制办审核等程序，梳理出《基层群众自治组织依法履行职责事项》和《基层群众自治组织协助政府工作事项》两份“清单”。前者为自治组织履法清单事项30项，后者为行政权力限制清单，划定政府权力的界限，法律无授权的全部取消，最终确定需自治组织协助办理事项65项，比清理前减少147项。“两份清单”划清了“行政权力”与“自治权利”界限，有效剥离社区行政职能。三是建章立制，严格审批准入。以区委、区政府的名义出台《关于对社区事务进行清单管理的实施意见》，要求凡属于社区“职责清单”内的事项社区居委会必须依法认真履职；凡属于社区“协助清单”内的事项要实行准入审批，凡批准准入的要为社区提供必要的经费和工作条件。未经准入审批进入社区的事项，社区有权拒绝。

（三）“强体魄”，确保社区职能“快归位”。根据权力清单管理准入制度，进一步明确和细化居委会在宣传教育、议事决策、社区服务、监督评议、规划制定、民事调解、治安维护、政务协助、民意表达、沟通协调等十方面基本职能，建立统一规范的社区工作体系和评估制度，推动社区更好履行职能。为了落实社区居委会自我管理的要求，确保各部门进入社区的工作实现“费随事转”，各街道为社区居委会建立独立账户，实行居财街管，严格实行专款专用。财政、审计部门定期实行跟踪审计。同时，社区办公经费按人均3000元/年保障到位，提高社区人员待遇；一并办理“五险”，有效提高了工作绩效。

江苏省综治委、办机构情况和负责人名单

一、综治委

主　任：李小敏　省委常委、政法委书记

副主任：王立科　省政府副省长、省公安厅厅长

公丕祥　省人大常委会副主任

范燕青　省政协副主席

许前飞　省高级法院院长

徐　安　省检察院检察长

于铁民　省武警总队总队长

朱光远　省委政法委副书记、省综治办主任

省综治委下设社会矛盾化解、实有人口服务管理、特殊人群服务管理、“两新组织”服务管理、社会治安工作、政策法规工作、预防青少年违法犯罪工作、学校及周边治安综合治理工作、护路护线联防工作等9个领导小组。

二、综治办

主任：朱光远　省委政法委副书记

省综治办下设综治一处、二处、三处、四处。

江苏省各市、县（市、区）综治委、办主任名单

地　区	综治委主任	综治办主任
南京市	刘志伟	曹谦荣 李积平 （3月前）
玄武区	易　兵	杨　杰
秦淮区	车明军	黄劲松
建邺区	仲兆林 曹谦荣 （3月前）	吴　非
鼓楼区	陶顺生	赵　耀
栖霞区	孙中华	曹晓勇
雨花台区	李邦全	陈明贵
浦口区	赵德本	江志树
江宁区	刘维新	杨立根
六合区	彭家龙	金定浩
溧水区	朱克成	周　毅
高淳区	张毓华	祖大新
无锡市	蒋洪亮	张　轩
崇安区	唐斌彪	杨震宇
南长区	童耀明	车恒忠
北塘区	吴胜荣	汪雅芬
锡山区	朱洪元	盛汉平
惠山区	李秋峰	谭立君

地　区	综治委主任	综治办主任
滨湖区	唐国良	夏志伟
		夏继兵（8月前）
江阴市	蔡叶明	顾培植
		刘国兴（12月前）
宜兴市	徐志军	彭福友
新　区	张明烈	成　英
徐州市	孔海燕	吕　伟
云龙区	夏春辉	陈佰战
鼓楼区	庄　红	魏守海
贾汪区	董　建	周保平
泉山区	毛　军	有　刚
	曹周杰（12月前）	
铜山区	谢洪标	朱　刚
邳州市	王　强	
	陈　静	
新沂市	邢会义	邹以胜
丰　县	徐国良	齐静波
沛　县	张兴涛	燕守合
睢宁县	吴广跃	房友迪
开发区	汤文浩	戴　斌
常州市	戴　源	张双庆
钟楼区	洪炳忠	孙天津
天宁区	舒　文	费春陵
戚墅堰区	王云虹	史　一
新北区	陆　敏	徐兴洪
武进区	单骏初	张永璧
金坛市	刘东升	印荣生
溧阳市	潘云芳	戴忠平
	邵钦华（8月前）	
苏州市	曹福龙	蒋国忠
姑苏区	朱建春	叶映红
虎丘区	缪文学	孔杰峰
吴中区	张建祥	沈文群
相城区	高玉宇	吴国平
张家港市	王亚方	周春峰
常熟市	杨崇华	钱仲华
太仓市	王国其	杨志宏

地　区	综治委主任	综治办主任
昆山市	张雪纯	张建中
吴江区	盛红明	钱伟健
工业园区	吴　宏	刘　钢
南通市	曹　斌	邵怀德
崇川区	顾晓明	任建华
港闸区	朱玉强	陈　捷
通州区	瞿云峰	蔡胜江
海安县	盛慧琴	徐向东
如皋市	缪小华	周勇骑
如东县	于立忠	杨涟冬
启东市	朱志强	周　辉
海门市	毛炜峰	施介安
开发区	丁秉华	
连云港市	王加培	徐　昊
连云区	胡传宏	刘从德
海州区	郑　斌	张少春
东海县	张继生	刘明亮
赣榆县	毛太乐	王召涛
灌云县	谢兆英	赵　殿
灌南县	陈永祥	孙善龙
淮安市	张亚青	吴锦虎
清河区	李海波	吕绍波
清浦区	严继林	蔡小军
淮阴区	张爱民	周华明
淮安区	刘建平	舒　涛
涟水县	陈　印	陈　智
洪泽县	陈照新	李登学
		夏文新（11月前）
盱眙县	高为淼	朱　耀
金湖县	李文银	许夏国
开发区	陈国平	毕宁军
盐城市	丁　宇	徐龙波
亭湖区	祁新桐	蔡　明
盐都区	陈志会	卞爱群
响水县	李运连	蒋月华
滨海县	姚兆春	施　翔
阜宁县	丁政万	王锡林
射阳县	邱德兵	周　韬
建湖县	徐宁建	梁金勇
大丰市	袁国萍	吴宏祖

地　区	综治委主任	综治办主任	地　区	综治委主任	综治办主任
东台市	许　峰	陈　勇	句容市	章壮钧	李洪根
开发区	张宏春	陆立兵	扬中市	沈大银	孙廷俊
城南新区	周柏青	吴　华	新　区	王德家	王　文
扬州市	袁秋年	陈博文	**泰州市**	张爱平	张永生
广陵区		戴向萍	海陵区	丁和扣	王　勇
邗江区	祁胜媚	孔　干	高港区	蒋向荣	钱润泽
江都区	曾庆玲	韩玉林	姜堰市	张士林	朱国旺
仪征市	刘春华	李忠雪	泰兴市	田之本	茅建亚
高邮市	徐　健	黄安良	靖江市	王　玮	薛　松
宝应县	陈金荣	钱克华	兴化市	顾国平	马红专
开发区	谢百川	李永昌	**宿迁市**	田　洪	孙继标
镇江市	李茂川	马建生	宿城区	王家锋	李　祥
丹徒区	韩宏亮	薛恒初	宿豫区	江小军	管守南
京口区	宋平生	钱小兵	泗阳县	夏养育	张　斌
润州区	刘凯成	张　斌	泗洪县	朱长途	朱志昂
丹阳市	周爱仙	荆锁枚	沭阳县	胡道良	

（撰稿人：万劲松
审稿人：朱光远　严曦）

浙　江　省

2014年综治工作概况

2014年，浙江省各地各部门认真贯彻党的十八届三中、四中全会和习近平总书记系列重要讲话精神，按照中央和省委关于创新社会治理、维护社会稳定的一系列决策部署，坚持和发展“枫桥经验”，扎实推进系统治理、依法治理、综合治理、源头治理，有力推动综治工作创新发展，为深化改革发展、干好“一三五”、实现“四翻番”创造了和谐稳定的社会环境。

一、提升综治工作服务大局水平，有力保障党委政府重大决策部署顺利推进

各地各部门坚持把综治工作纳入“五位一体”总体布局统筹谋划，紧紧围绕“四大国家战略举措”、全面深化改革等重大决策部署，积极服务经济转型升级、“五水共治”、“三改一拆”、“一打三整治”等重点工作，不断强化服务保障举措。推进打击恶意逃废债、传销、假冒伪劣、侵犯浙商品牌知识产权犯罪等专项行动，依法打击各类经济犯罪，依法妥善处置经济领域突出问题，全省侦破各类经济犯罪案件5025起，挽回经济损失62.24亿元。推进P2P网贷平台、影子银行排查及预警机制建设，防控潜在金融风险。大力推行“河长制”、“河道警长制”，积极排查化解治水工作中的矛盾纠纷，建立打击环境违法犯罪协作机制，严厉查办水环境污染案件。在浙江日报、浙江卫视开辟“治水拆违大查访”、“今日聚焦”曝光台，促进解决了一批老大难问题。深化城市治堵工作，集中查处8类城市道路严重交通违法行为，淘汰黄标车、老旧车38.1万余辆。加大对基本公共服务的投入，积极构建城乡一体化服务管理体系，全省新增基本养老保险参保人数185万人、新增基本医疗保险参保人数115万人。广泛开展和谐劳动关系创建活动，“双爱”活动覆盖100%的规上企业，企业劳动合同、已建工会企业集体合同签订率分别巩固在97%和92%以上。

二、坚持和发展“枫桥经验”，健全完善矛盾纠纷多元化解决机制

各地各部门充分运用“枫桥经验”依靠群众就地解决问题的优势，坚持把探索创新群众工作与预防化解社会矛盾紧密结合起来，把末端处理与前端治理紧密结合起来，推进建立多主体参与、多手段运用、多方式解决的大调解工作体系。全面推行重大事项社会稳定风险评估机制，不断扩大覆盖、提升质量、增强实效，着力解决评估滞后于决策、评估决策相脱节和选择性评估等问题，从源头上防止因决策不当引发社会矛盾。全面建立县（市、区）矛盾纠纷大调解平台，完善警调、诉调、检调等衔接机制，健全人民调解、行政调解、司法调解联动工作机制。全省公安机关发挥“警调衔接”机制优势，借助人民调解组织成功调处治安纠纷42.8万起，调处成功率达98.42%。在劳资、医患、交通事故等矛盾纠纷多发领域，推广建立行业性、专业性调解组织7200余个，推进企业、大型集贸市场、外来人口聚居地等区域性调解仲裁组织建设，因地制宜推广“和谐促进工程”、“和事佬”协会等载体，组织引导社会力量和第三方参与调解，提高了预防化解矛盾纠纷的整体效能。深化和完善领导干部下访接待群众制度，探索民生热线、绿色邮政、网上信访等经验做法，不断完善诉讼、仲裁、行政复议等法定诉求表达机制，探索运用法治思维和法治方式处理信访突出问题，推动群众合理诉求的有效解决。

三、持续深化打击整治行动，有效防范化解管控影响社会安定的问题

各地各部门紧密结合十八届四中全会、APEC北京会议及宁波高官会议、上海亚信峰会、首届世界互联网大会等重大安保任务，全面强化各项打击整治和整体防范工作。依法严厉打击黑恶势力、严重暴力、“两抢一盗”、“黄赌毒”、危害食品药品安全、环境污染、通信网络诈骗等犯罪活动，命案、“五类”案件、“两抢”案件、入室盗窃案件发案同比分别下降 11.22%、15.98%、15.16%、2.23%。出台《关于建立健全社会治安重点地区排查整治长效工作机制的意见》，深化社会治安防控体系建设，调整完善警务机制，优化治安防控布局，进一步健全点线面结合、人防物防技防结合、打防管控结合的立体化治安防控机制。认真落实防止冤假错案33项制度，建立轻微刑事案件快速办理机制，加强监狱教育改造工作，努力减少社会对抗，化消极因素为积极因素。健全安全生产管理责任体系，探索建设火灾事故综合防控治理体系，深化道路交通管理“治理创新年”创建，开展“纠违治危”专项整治行动；加强食品药品安全监管，组织开展食品安全“百日严打”等专项行动；修订编制了地震、大气重污染、突发中毒事件应急预案，开展危化品事故救援、禽流感应对、食品安全、油气管道事故救援等应急演练，建立应急救援队伍2万余支，不断提高突发事件的综合应急救援能力。

四、坚持不懈抓基层打基础，着力夯实维护社会和谐稳定的根基

省委办公厅、省政府办公厅出台《关于创新基层社会治理的若干意见》（浙委办发〔2014〕79号），着力解决当前基层社会治理中的突出问题。深入推进“网格化管理、组团式服务”，科学划分网格，配备落实专兼职网格员力量，全省共划分网格 10.9 万个，落实专兼职网格员 23.4 万余名，组建各类服务团队 15.2 万支，形成一张覆盖全省的基层社会治理网。进一步加强乡镇（街道）社会服务管理中心建设，有效统筹资源、协调管理、加强服务，把工作网络和触角延伸拓展到村、社区和企事业单位，更好地发挥这一平台的枢纽作用。全面推广落实社会应急联动平台、社会公共服务平台、社会组织服务平台等成功做法，积极整合政府、社会、企事业单位的各种管理服务资源，加强平台之间的信息对接和工作互动，努力使基层治理从“单兵种作战”发展到“集团军作战”。制定了村（社区）工作“正面清单”和“负面清单”，积极推进社区“三多”清理整改工作。探索法治德治自治相结合的基层社会治理机制，着力构建党政主导、社会共治的工作格局。组织召开全省基层社会治理信息化建设现场会，开展社会治理信息采集“以奖代补”试点工作，大力推进“浙江省平安建设信息系统”与“网格化管理、组团式服务”工作“两网融合”，开通信息系统 PC 终端 5.3 万个、移动终端 1.5 万多个，逐步形成网上网下联动工作体系，提高了基层发现矛盾、解决问题、服务群众的整体效能。

五、健全落实综治责任制，推动形成齐抓共管的工作合力

各级党委、政府认真落实综治责任制，层层签订综治责任书，各成员单位积极履行职责任务，认真抓好相关工作，形成了层层传递、环环相扣的责任链。完善和落实综治相关工作制度，建立健全暗访抽查、模拟测评、重点约谈、成员单位述职、工作例会等制度，不断提升成员单位参与综治工作的主动性。加强调研督查，针对利益诉求群体实施危害社会违法行为、“邻避运动”、利用 P2P 网站平台开展非法集资涉稳问题、电商冲击下实体市场不稳定情况等，多次组织调查研究，提出对策措施推动解决相关问题。针对社会治安、生产安全、食品药品安全、环境保护和群众权益维护等方面的突出问题，对全省 90 个县（市、区）普遍进行一次暗访，及时发现问题，督促落实整改。加强教育培训，先后组织开展学习贯彻习近平总书记系列重要讲话精神、社会治理创新、网上稳定工作等专题培训班，对省、市、县三级有关党政领导和综治部门领导干部进行分期分类分层次培训，有效提高了各级领导干部抓社会治理工作的能力和水平。

六、抓住重点破解难题，协调推进综治委专项组工作有序开展

省综治委各专项组建立完善专项组工作制度，加强统筹协调，推动工作落实，形成工作合力，推动研究解决制约社会治理和平安建设深入开展的重点问题。实有人口专项组创新流动人口管理服务政策举措，探索推进涉及农村产权制度、城乡社会保障制度的户籍制度改革，破解城乡二元户籍管理体制难题。特殊人群专项组加强特殊人群管理服务工作，推进社区矫正规范化建设，加强公共法律服务体系建设，有效预防和减少不和谐因素。社会治安专项组深化派出所勤务机制改革,完善社会治安重点地区排查整治工作机制,建立重点部位专业化、社会化巡查机制,探索公安特警突击队参与重点区域、重点部位叠加式巡逻防控模式。“两新组织”专项组制定《社会组织评估规程》,出台《加强社会组织党建工作的指导意见》、《政府向社会力量购买服务的实施意见》,鼓励和引导社会组织参与基层社会治理。公共安全专项组推进食品药品监管体制改革,整合重点领域基层行政执法力量。法规政策专项组积极推动社会治理领域立法工作,出台了《浙江省石油天然气管道建设和保护条例》;省法院、省检察院、省公安厅、省司法厅完善和落实矛盾纠纷移送、协助调解等机制,建立人民调解协议司法确认机制。预防青少年违法犯罪专项组健全志愿者服务体系,推进社会志愿者服务长效机制建设,印发了《浙江省志愿服务事业发展纲要(2014－2017年)》和《浙江省注册志愿者管理办法》。护路护线联防专项组建立“线路警务室”与“社区警务室”警务协作机制,促进城乡社区警务和线路警务有效对接;加强高铁沿线重要部位、重点区段和站区主要进出口、人流密集场所的视频监控系统建设,完善高铁低路基区段护栏网加设电子防入侵系统建设,为确保铁路安全提供了强有力的科技支撑。

中共浙江省委办公厅　省政府办公厅关于创新基层社会治理的若干意见

(2014年12月12日)

为深入贯彻落实党的十八大和十八届三中、四中全会及省委十三届四次、五次、六次全会精神,深化平安浙江建设,切实解决当前基层社会治理中的突出问题,加快构建政府治理和社会自我调节、居民自治良性互动的基层社会治理体系,推进我省社会治理体系和治理能力现代化走在前列,经省委、省政府同意,现就创新基层社会治理提出如下意见。

一、推进乡镇(街道)社会服务管理中心规范化建设

1. 明确功能定位。乡镇(街道)社会服务管理中心是党委、政府服务人民群众、推进社会治理的综合性工作平台,在党委、政府的统一领导下,做好辖区内平安建设、综合治理、维护稳定、服务群众等工作,主要承担“网格化管理、组团式服务”的指导协调,社会治理信息分析研判、平安建设工作督查考核等职能。

2. 整合力量资源。乡镇(街道)社会服务管理中心应根据实际需要充分整合力量,特别是承担综治、信访、警务、社区矫正、刑释人员安置帮教、人民调解、安全生产、禁毒、流动人口管理、消费维权等工作的部门,应在中心派驻人员或授权代理有关事项。县(市、区)职能部门在乡镇(街道)设立的派出机构,要配合完成中心指派的工作任务。着眼大平安建设需要,进一步建立健全中心与民政、人力社保、国土资源、城乡建设、农业、林业、文化、卫生计生、环保、市场监管、海洋渔业等有关部门以及工青妇等群团组织的工作联动机制,形成共创平安的合力。整合充实基层一线执法力量,推进行政综合执法。

3. 完善运行体系。乡镇(街道)社会服务管理中心主任由乡镇(街道)党委或政府分管平安建设的负责人担任,视情设专职副主任,负责协调日常工作。综治办作为中心的牵头部门,履行统筹协调工作职责。中心实行集中办公、集约管理、集成服务的运行模式。中心充分运用浙江省平安建设信息系统,完善以矛盾联调、治安联防、问题联治、事件联处、平安联创等为主要内容的网上网下联动工作机制,不断提升社会治理工作效能和为民办事服务质量。中心建立联席会议和岗位责任、考核奖惩等制度,及时研究解决需要协调的重大事项和突出问题。中心要把群众满意度、事件处理的效率和质量作为衡量工作成效的主要标准。中心工作经费列入同级财政预算。进驻和通过中心代理的部门(单位)应为开展本部门(单位)社会服务管理事项提供必要的经费支持。

二、建立健全新型城乡社区治理机制

4. 构建新型城乡社区治理结构。建立健全以村(居)党组织为领导核心,村(居)民委员会及村(股份)经济合作社为执行主体,村(居)务监督委员会为监督机构,村(居)群众组织为参与力量,便民服务中心(社区公共服务中心)、社会服务管理工作站为依托的新型社区治理基本架构,统筹各类社会组织、驻社区单位的力量和资源,形成多元主体合作互补、共同治理的局面。积极推进"政社互动",明确村(居)民委员会依法履行职责和协助政府工作事项,编制法定义务与协助义务目录,推行工作"准入制",促进基层社区治理责权统一。

5. 创新城乡社区居民自治模式。坚持党的领导,坚持法治与德治并举,发挥村(居)民在城乡社区治理中的主体作用,全面推进村(居)民自治制度化、规范化、程序化。深入开展以村(居)民会议、协商议事、民主听证等为主要形式的民主决策实践,以自我管理、自我教育、自我服务为主要目的的民主治理实践,以村(居)务公开、民主评议为主要内容的民主监督实践。建立健全城乡社区村(居)民自治制度体系,统一制定村(居)民代表会议议事规则,完善村(居)民委员会、村(居)民(代表)会议等制度,推进"五议两公开"等制度的落实,依法保证村(居)民对城乡社区公共事务的知情权、参与权、决策权、监督权。建立完善村规民约、社区公约等城乡社区自治规则,突出维护社会秩序、遵循社会公共道德、优化村风民俗、推进精神文明建设等方面内容。加强对村(居)民自治的指导,落实乡镇(街道)对村规民约、社区公约的审查责任,确保其符合国家法律政策,保障基层组织和村(居)民群众遵守规则、依法自治。重视发挥道德的教化作用,培育最美精神。加强村级组织活动场所建设,依托农村文化礼堂等阵地,积极开展内容丰富、健康向上、人民群众喜闻乐见的文化活动,促进村(居)民崇德向善、和睦相处。

6. 鼓励和引导社会组织参与基层社会治理。按照政府扶持、社会运营、专业发展、项目合作的思路,以培育发展社会组织、激发社会活力为创新点,加快推进社区建设、社会组织建设和社会工作"三社联动",构建多向互惠、协调发展的城乡社区服务管理新机制。充分发挥社会组织的积极作用,引导和鼓励社会组织在民意诉求表达、决策咨询、化解矛盾纠纷、承接政府购买服务、开展公益慈善等领域参与基层社会治理;加强对政府购买服务和转移事项的过程、结果、效能进行监督评估。健全完善公益创投机制,积极培育发展促进社会和谐稳定的各类社区社会组织,动员和组织村(居)民群众参与社区建设、矛盾调解、犯罪预防、矫治帮教、禁毒禁赌、困难救助、安全监管等社会工作,不断壮大社区协同共治力量。培育志愿精神,鼓励志愿行动,推进社区志愿服务制度化、常态化,积极发展志愿者队伍,建立机关党员干部参与志愿活动的长效机制,推广各种特色志愿服务,满足社区村(居)民的多样化、个性化需求。

三、深化"网格化管理、组团式服务"工作

7. 建立全省"一张网"的网格体系。按照属地性、整体性、适度性的原则,从尊重传统、着眼发展、便于管理的实际出发,围绕人、地、物、单位、组织等基本要素,在行政村、城市社区以下划分网格,构建一张全省统一的基层社会治理网。对不符合相关规定要求、不利于管理和工作开展的网格,应及时作出合理调整。鼓励和支持有关部门积极参与网格化管理工作,统筹职能、力量、资源和经费,实行多方协作、一网联动。已实行网格管理的部门和行业,须在 2015 年 6 月底前纳入全省统一的网格。

8. 因地制宜配备网格员。全面实行"一格一员"、"一格多员"的网格管理模式,每个网格至少落实一名网格员,主要负责及时收集和传递各类信息,并力所能及地发挥政策宣传、矛盾调解、治安防范、隐患排查、为民服务等作用。经济条件较好、管理任务繁重的社区,可发展专职网格员队伍,纳入社区工作者队伍建设和人才培养规划。积极物色村(居)干部、村(居)民小组长、村(居)

民代表、老党员、老干部、志愿者等人员担任兼职网格员。整合各类协辅人员队伍,由当地乡镇(街道)统筹调配,实现多元合一、一员多用。

9. 强化各类"组团"服务管理功能。加强统筹协调,整合力量资源,形成组团优势,有效发挥各类团队的整体效能。在网格层面,建立以党代表、人大代表、政协委员、老干部、党(团)员、村(居)民代表、志愿者等人员为主的服务团队,开展自助式服务;在村(居)层面,组建治安巡防、纠纷调解、文化娱乐、医疗卫生等服务团队,开展互助式服务;在乡镇(街道)层面,充分发挥社会服务管理中心作用,整合有关部门、单位及社会资源,组建若干服务团队,开展针对性服务和管理;在县(市、区)层面,依托社会应急联动救助中心、社会公共服务中心、社会组织服务中心、司法行政法律服务中心、矛盾纠纷大调解中心等平台,整合和利用各种资源,组建不同类型的专业服务团队,为群众提供专业和特色服务。实行网格事务准入制度。

10. 加强网格化管理工作保障。建立健全党委和政府统一领导、综治部门负责牵头协调、有关部门协作配合、社会各方共同参与的网格化管理工作格局。加强经费保障,合理解决网格员劳动报酬和工作补贴。各县(市、区)、乡镇(街道)每年应安排专项经费,积极引导村(居)和企事业单位多方筹措经费,为推进"网格化管理、组团式服务"提供必要的支持和保障。按照费随事转的原则,协辅人员等力量已整合的地方,应整合各条线上的工作经费,并保持原有下拨渠道和数额比例不变,由乡镇(街道)统筹安排使用。抓好网格员业务培训,不断提升工作能力。

四、善用法治思维和法治方式预防化解矛盾纠纷

11. 加强矛盾纠纷源头治理。构建党政主导的维护群众权益体系,建立健全矛盾预警、利益表达、协商沟通、救济救助等机制,畅通群众利益协调、权益保障法律渠道。完善领导干部定期接访、下访、约访制度,推广联合接访、民生热线、网上信访等做法,依法按政策及时妥善处理群众的合理诉求。把社会稳定风险评估作为重大行政决策法定程序,健全重大决策社会稳定风险评估机制,坚持目录化管理、信息化支撑,扎实推进社会稳定风险评估扩面、提质、强效。对直接关系群众切身利益且涉及面广、容易引发不稳定问题的重大事项,做到应评尽评、依评决策,实行事前评估、事中监测、事后评价全过程动态管理。

12. 健全预防化解矛盾纠纷综合机制。完善调解、仲裁、行政裁决、行政复议、诉讼等有机衔接、相互协调的多元化纠纷解决机制。健全大调解工作体系,推进人民调解、行政调解、司法调解协调联动,警调、诉调、检调有机衔接。严格落实矛盾纠纷排查调处工作协调会议纪要月报制度,建立健全定期排查、分析研判和信息报送制度。坚持和发展"枫桥经验",进一步加强乡镇(街道)综治办建设,充分发挥司法所、派出所、法庭、检察室等基层站所在调解矛盾纠纷中的主力军作用,充分发挥村(社区)法律顾问、"和谐促进会"、"老娘舅"、"和事佬"、个人调解工作室等社会力量调解矛盾纠纷的重要作用,提升基层就地化解矛盾纠纷的能力和水平。建立健全第三方参与的矛盾调处机制,以征地拆迁、环境保护、劳动保障、医疗卫生、交通事故、物业管理等领域为重点,积极拓展专业性、行业性调解组织覆盖范围。建立重大矛盾纠纷领导包案、挂牌督办和责任追究制度,有效调处化解重大矛盾纠纷。

13. 依法调处化解矛盾纠纷。把依法办事作为基本要求,强化法律法规在化解社会矛盾中的权威地位,充分发挥法治的引领、规范、保障、惩戒作用,实现保障人民权益与维护社会秩序相统一。深入开展法制宣传教育,引导全民自觉守法、遇事找法、解决问题靠法,运用法律武器维护合法权益,通过法定程序表达合理诉求,依靠法律手段解决矛盾纠纷。依法处理进京实施妨害社会管理秩序行为和利益诉求群体实施违法犯罪行为,严格区分群众的合理诉求与违法行为,推动在法治轨道上解决矛盾和问题。

五、共建共享社会治理信息平台

14. 加大信息采集和信息整合力度。充分发挥乡镇(街道)社会服务管理中心的力量调度作用,统筹使用基层网格员、专管员、协管员、巡防员、调解员、信息员等群防群治力量,因地制宜建立一支可持续、较稳定的网格信息采集队伍,逐步实现"多元合一"信息采集模式,做到一人采集、多人共享。大力推广应用"平安通"移动终端、移动采集器、二维码等科技手段，根据各地实际需求逐步实现“一格一员一通”，全面加强对人口、房屋、证件、车辆、场所、组织等各类基础信息和矛盾纠纷、安全隐患、民生需求、群众诉求等动态信息的实时采集、即时录入。完善和落实信息采集报送制度，确保信息的及时性、准确性。围绕人、地、物、事、组织等基本要素，打破部门行业信息壁垒，加强信息系统整合对接、信息资源联通共享，实现一部门录入、多部门共用。以浙江省平安建设信息系统为骨干平台，由省综治委(办)牵头协调公安、民政、人力社保、司法行政、卫生计生、安监、环保、食品药品安全、消防等部门，搭建前端采集统一平台，逐步实现一次采集录入、多方共享共用，力争于2015年年底前建成全省社会治理领域的基本信息共享交换平台。

15. 建立健全事件处理网上网下联动工作体系。按照党委领导、政府负责、统一指挥、部门联动的要求，有效整合资源、完善机制，建立健全县(市、区)、乡镇(街道)两级事件处理网上网下联动体系。充分依托县(市、区)综治办、乡镇(街道)社会服务管理中心等资源和机制，发挥浙江省平安建设信息系统的网络优势，建立集事件受理、分析研判、分流处理、调度指挥、督办反馈于一体，纵向贯通、横向联通的综合指挥平台，规范网上办事流程，及时将网格内发现的问题和群众诉求分派给有关职能部门，做到一网联动、限时办结，全面提升网上办事和服务群众的综合效能。

16. 以信息化改善基层社会治理形态。以开展基层社会治理信息采集上报“以奖代补”为契机，创新基层社会治理，努力构建及时反映信息、联动解决问题、分析预测趋势、数据驱动决策的基层现代治理模式。以推进浙江省平安建设信息系统与“网格化管理、组团式服务”“两网融合”为抓手，改善和优化基层社会治理形态，着力破解基层工作“条块分割”、信息系统重复建设和“信息孤岛”、“数据壁垒”等难点问题，努力实现信息反映全面及时准确、同网流转顺畅、多平台交换共享、部门联动处理，切实发挥信息化在助推基层社会治理现代化中的重要作用。

浙江省温州市坚持科技引领　强化信息支撑
提高平安建设现代化水平

近年来，温州市将信息化建设作为社会治理、平安建设的突破口，坚持问题导向、法治思维、改革创新，强化信息化引领，深入推进平安建设信息系统应用，取得了明显成效。

一、强化资源融合，积极构筑综治牵头、部门协同的平安建设大格局

坚持“开放、互动、共治”原则，加强统筹规划和技术规范，通过统一信息系统接口、整合信息采集队伍、规范信息流转机制、强化信息资源共享，打破部门之间信息壁垒，建立“一次采集、及时受理、统一管理、多方使用”的共享机制，实现数据向上集中、服务向下延伸。目前，市级信息系统已覆盖54个市级部门，实现6大类25项基础数据共享，为平安建设大数据分析提供了有力支撑。结合“智慧城市”建设，大力整合社会矛盾大调解平台、社会公共服务平台、“96345”社会服务热线、舆情导控平台、微信公众服务平台、稳评专家人才库等各类公共服务资源，强化基层社会管理综合信息系统的抓总、协调、督导职能，初步形成各司其职、互动有序的信息化服务格局，在开展风险评估、整治治安乱点、化解矛盾纠纷、深化平安宣传等方面发挥了重要作用，群众对平安建设的知晓率、满意度明显提高。发动党员、“两代表一委员”、老干部、群团组织等力量，积极开展信息采集、协同处理等工作，特别是对信息系统发现的邻里纠纷、疑难纠纷等，充分发挥社区党员、专业调委会的力量参与调解工作。

二、坚持问题导向,把服务基层、群众满意作为主要衡量标准

一是建立全覆盖的信息平台。将综治网格化管理信息系统局域网融入平安建设信息系统大平台,实现"两网合一",做到系统融合、力量整合、信息汇合。将网格作为基层社会治理的最小单元,真正把社会治理的触角延伸至社会最末梢,从信息源头采集信息,从群众当中了解民情,使信息系统成为党委政府收集社情民意的重要平台。二是开展高效率的便民服务。针对不同领域、不同地区、不同群体的特点,积极构建"收集—解决—反馈"为一体的便民服务机制,及时收集群众意见,提供快捷性、网络化、开放式服务,打造网上虚拟社区,为广大群众反映诉求、咨询问题、解决困难提供"一网式"查询、"一站式"服务。截至2014年底,全市共利用基层社会管理综合信息系统收集民生问题61.3万件,办理民生事项59.7万件。三是拓展多功能的日常管理。借助基层社会管理综合信息系统,使日常性台账、专项性检查、全年性工作得到实时反映,有效改变了以往基层疲于制作台账、应付检查的局面。

三、强化实际应用,提高社会治理信息化、智能化水平

把采集获取情报信息作为基础条件,把研判运用作为有效手段,把解决问题作为根本目的,进一步规范网上办事流程,建立长效运行机制。一是全面采集信息。借助移动智能终端"平安通",利用网格微信群、微信公共服务号等"微治理模式",全时段、全方位采集信息,努力做到人口、组织、场所等基础信息,重点人、敏感物、特殊事等关键信息,群众诉求、部门数据等重要信息能够"一网打尽"。2014年底,全市配备"平安通"手机5300多支,建立各类微信群、微信公共服务号等2100多个,采集信息1200多万条。二是快速联动处置。实行"问题上报、建档立案、任务指派、调查核实、处理反馈、结案归档"六步运作法,建立联动处置、限时办结、跟踪回访等制度。对采集上传的信息,在人工甄别比对、系统自动流转的基础上,综治部门充分发挥牵头抓总作用,对苗头性问题及时预警,对跨领域事项快速协调,对突发性事件联动处置、对个性化需求定时督办,基本做到小事不出社区、大事不出镇、问题不上交。2014年全市运用信息系统,共处置群体性事件苗头116件,化解矛盾纠纷12.7万件,消除治安隐患8.5万个,大量矛盾纠纷发现在第一时间、化解在村(居)镇(街)、消除在萌芽状态。三是强化预警分析。建立日、周、月信息通报研判机制,通过对海量信息的综合分析、关联对比,客观分析重点时段、重点问题相关事态发展趋势。2014年以来,通过市综治信息管理中心通报各类重大敏感问题172件。建立综治信息化工作联席会议制度,定期组织公安、信访、安监等部门通报信息处置情况,协商重大隐患、重大矛盾纠纷及涉及多部门的事件处置,对区域性高发频发社会问题开展专题调研。

浙江省龙游县全面制订推行村规民约着力解决基层治理实际问题

龙游县积极探索创新基层社会治理方式,在全县开展制订修订村规民约活动,至2014年底,全县262个行政村均已完成修订并陆续实施。通过制订修订村规民约活动,进一步密切了党群关系,巩固了党的执政基础,深化基层平安建设法治建设,提升了群众自我教育、自我管理和自我服务水平。

一、优化基层组织建设,巩固基层执政基础

一是提升基层党组织执政能力。把修订完善《村规民约》作为推进和加强基层组织建设的重要抓手,在实践中主要把握好修订关、执行关、监督关"三关"。把村规民约施行情况督查,纳入

"农村党员实事积分考评 + 亲情网格"工作，与村干部考核、党员积分考评相挂钩，推进村规民约工作落实落地，倒逼党员干部带头执行、模范执行。二是优化基层党组织工作环境。明确村务、党务要在村务公开栏中定期公开，增强明确村级事务管理的公开性和透明度，加强对村党组织依法办事、依规运行的监督。明确村民会议、村民代表会议依法形成的决议不得随意更改，维护基层党组织权威，为村党组织更好地发挥作用创造良好的外部环境。三是改善党群干群关系。坚持完善民情沟通制度，实行民主管理村务，特别是涉及村集体资产处置、土地承包权调整、集体经济分红、村务报酬分配、村公益事业经费筹集等事项要按照村务决策"五步法"和"四议两公开"要求进行，村监会负责村理财情况审查监督公示，各村财务实行每月定期集体报账并实时公开，"一事一议"执行率达 80% 以上，村党支部工作作风逐步转变，村干部与村民之间关系更加融洽。

二、破解农村治理难点，推进基层平安创建

一是依法制规，推进治村模式法制化。按照调研、试点、规范"三步走"的思路，组建由律师、基层法律工作者组成的调研组，深入 30 个村开展专业调研，三上三下征集"村规民约"，形成指导性范本。在全县 262 个村，按经济水平、村风民风和村两委执行力等因素，分成三类开展试点，为全面制订修订村规民约积累经验。各村召开党员干部动员会、户主座谈会、村民代表大会等"三会"，落实公示、征求意见、乡镇（街道）合法性审查、村民表决、乡镇（街道）备案等"五关"，全县共纠正旧"村规"与法律法规相抵触的 190 项。二是依规治村，提升矛盾纠纷化解率。在村规民约范本中设立"平安建设"、"婚姻家庭"等章节，宣扬遵纪守法、和睦相处的处事原则，对矛盾纠纷化解路径、诉求表达方式等方面做了明确的规定。充分发挥"一村一法律顾问"作用，按照村规民约积极开展法制宣传教育、法律咨询解答、矛盾纠纷调解。2014 年来，全县农村群众遵法守约意识明显增强，村干部依法依规办事能力明显提高，农村矛盾纠纷上交率显著减少，县信访总量和有效刑事治安接警数同比都有明显下降，每月"无矛盾纠纷上交村"稳定在 240 个以上，占比超 91%。三是依宣促治，营造执行规约好氛围。组织开展村规民约你问我答、法律法规政策解读和法制文化传播、道德典型宣传、村规民约"三字经"传诵等活动，利用法制宣传栏、村务公开栏、法制电影进乡村进行专项法律法规制度宣传，发放村规便民手册、电话本 8 万余本，群众参与率、知晓率达 95% 以上，使制订修订、执行实施过程与宣传教育、凝聚共识过程相统一。发挥各类媒体的引领助推作用，及时总结好经验、好做法，利用现场会、工作交流信息平台和广播电视开展宣传，扩大村规民约影响力，提升村规民约正能量。

三、引领改善村风民风，促进村容村貌转变

一是增强村民自律意识，增进相互理解。组织村民在党组织指导下，自行制订、自愿签字、郑重承诺、严格执行村规民约，把村民的行为框定在村规民约的规范中，从源头上减少矛盾纠纷。开展五好家庭、创业家庭、和睦家庭、美丽家庭、清洁家庭、平安家庭等评选活动，明确对违反村规民约行为的处理办法，落实村规民约实施日常监督和评议工作，引导村民自觉遵守、依规办事、践行约定。二是引领洁净乡村建设，改善村庄环境。村规民约规范设立生态家园章节，倡导健康文明的生活方式和生活习惯，引导群众主动参与美丽乡村建设。比如，贺田村把生活垃圾处理、严禁村庄内饲养犬类等在农村很难管、管不好的事情全部纳入村规民约，首创了垃圾处理"源头分类可追溯、定点定时定投放、减量处理再利用"的"贺田模式"，原本垃圾到处乱倒，蚊蝇满天飞，污水和人畜粪便随处可见的脏、乱、差面貌有了质的蜕变，连续 12 年保持"零违建"，成为全县首个无蝇、无狗、无违建的"三无村"，先后获得国家级生态村、省卫生村等多项荣誉，相关经验做法在全省推广。三是倡导道德教化，营造和谐乡风。以制订修订村规民约为契机，大力开展农村模范评选、"乡风评议"等活动，让道德典型"入馆、入廊、上墙"。将"文化礼堂"作为主阵地，组建农村文化礼堂工作指导员、管理员、志愿者三支队伍，开展崇学礼、祭祖礼、启蒙礼、家谱传承礼等礼仪活动。创作、编排村规民约文艺节目，用身边人身边事引导群众，把"大道理"转化为"地方话"，营造积极向上的浓厚氛围。目前，全县参与"乡风评议"的行政村占总村数的 85% 以上，评出县级"美丽家庭"530 多户、"清洁家庭"8680 多户、"环保之星"

220余人；累计送戏下乡72场次，送书下乡9370册，送电影下乡2500余场。

浙江省综治委、办机构情况和负责人名单

一、综治委

主　任：王辉忠　省委副书记、政法委书记

副主任：葛慧君　省委常委、宣传部部长

刘力伟　省委常委、省公安厅厅长

袁家军　省委常委、常务副省长

厉志海　省人大常委会副主任

陈艳华　省政协副主席

单秀华　省军区副政委

白海滨　省武警总队司令员

朱贤良　省委政法委副书记

二、综治办

主　任：巫波伦

专职副主任：沈智深、谢小云

副主任：朱益军、张卫星

省综治办下设综合协调处、基层指导处、督查考评处、宣传教育处。

浙江省各市、县（市、区）综治委、办主任名单

地　区	综治委主任	综治办主任
杭州市	杨戌标	徐小林
上城区	袁建祥	周焕泽
下城区	杨国琴	江向东
江干区	蔡建云	叶蔚华
拱墅区	周志辉	张绪国
西湖区	夏积亮	卢建国
滨江区	俞少平	金永明
萧山区	许岳荣	钟华成
余杭区	沈　昱	张金泉
富阳区	华德法	张泉水
	吴玉凤	
桐庐县	吴玉凤	赵华丰
	骆安全	
淳安县	余力行	缪宝根
建德市	童定干	娄樟锡
临安市	李文钢	程炳贵
宁波市	余红艺	项　敏
海曙区	毕东华	宋亦农
江东区	杨慧芳	姜　峰
江北区		季方程
镇海区	顾国芳	孙海雄
北仑区	邬志刚	陈文汉
鄞州区	林　琪	胡贤君
余姚市	韩永丰	张银龙
慈溪市	孙百南	房培志
奉化市	卓厚佳	马　雄
宁海县	林　坚	董安民
象山县	俞　骏	范保华
温州市	马晓晖	姜迪清
鹿城区	洪文滨	滕　森
龙湾区	王　军	张婵娟
瓯海区	黄　波	张　强
乐清市	张亨利	黄道强
瑞安市	陈胜峰	陈松昌
永嘉县	盛秋平	叶建勇
洞头县	林　琼	颜厥苗
文成县	谢逢越	林炳欧
平阳县	狄鸿鹄	郑胜寿

地　区	综治委主任	综治办主任
	陈永光	
泰顺县	胡晓东	包立清
苍南县	黄寿龙	缪心疆
湖州市	金建新	马依群
吴兴区	方　杰	丁家荣
南浔区	陆凤江	吴建学
德清县	罗国建	杨顺安
长兴县	夏　威	何天胜
安吉县	赵德清	胡　伟
嘉兴市	胡海峰	曹雪根
南湖区	赵建峰	罗卫勤
秀洲区	徐建役	刘洪英
嘉善县	滕根林	周　宏
平湖市	潘川弟	曹龙弟
海盐县	蔡志昌	方士华
海宁市	孙　群	张林江
桐乡市	蒋惠玲	韩金阳
绍兴市	尹永杰	张伟光
越城区	金泉海	梁成浩
柯桥区	马芳妹	濮建明
上虞区	陈　坚	阮建明
诸暨市	陈玲芳	
嵊州市	杨建根	沈祖飞
新昌县	王浩萍	张勇军
金华市	陶诚华	宋　玫
婺城区	傅显明	朱菊香
金东区	陈峰齐	金　坚
		胡金龙
兰溪市	蔡　艳	张国良
东阳市	卜亚男	马巧干
义乌市	斯建民	刘卫兵
永康市	蒋金红	方新军
浦江县	丁　政	张智鸣
武义县	吴维德	吴龙飞
磐安县	陈国标	黄叶青
衢州市	江汛波	
柯城区	张晓峰	何建忠
衢江区	施维达	彭春土
龙游县	徐利水	章宇夫
江山市	张炳福	姜阿生
常山县	王郁松	徐平平
开化县	徐登富	郑文胜
舟山市	徐　旭	邬振悦
定海区	夏凯慧	江　腾
普陀区	俞连军	马亮峰
岱山县	俞福达	刘海峰
嵊泗县	狄承勇	张士松
台州市	葛益平	林喜军
椒江区	王国平	娄海鸥
黄岩区	陈建勋	童崇彪
路桥区	潘建华	胡锡勤
临海市	柯婉瑛	金良晓
温岭市	王加潮	林清福
玉环县	朱立国	徐英法
	吴才平	
天台县	杨胜杰	裘鸣业
仙居县	刘中华	应杭平
三门县	潘崇敏	舒青才
丽水市	朱　晨	张少荣
莲都区	陈元龙	梁守根
龙泉市	蒋世懿	陈木养
青田县	李邦生	林叶平
云和县	王新荣	刘伟玲
庆元县	徐为民	周为民
缙云县	刘旭标	钭则义
遂昌县	上官国明	李建华
松阳县	周劲松	吴子仁
	陈　豪	
景宁县	程巧琴	凌　伟

（撰稿人：周川玲
审稿人：沈智深　谢森福）

安　徽　省

2014 年综治工作概况

2014 年，安徽省各级综治部门深入贯彻党的十八届三中、四中全会和习近平总书记系列重要讲话精神，全面落实中央、省委关于综治工作（平安建设）的一系列决策部署，紧紧围绕“把安徽建设成为全国最和谐稳定的省份之一”的目标，进一步加强和创新社会治理，深入推进平安安徽建设，着力解决影响社会和谐稳定的突出问题，保持了全省社会大局和治安形势总体平稳，营造了和谐稳定的社会环境。

一、坚持打防结合，重点整治，维护了全省治安稳定

省委办公厅、省政府办公厅转发《省综治办、省公安厅关于持续推进全省立体化数字化社会治安防控体系建设的意见》，省人大颁布《安徽省特种行业治安管理条例》，各级各部门继续深化各项基础性制度、设施和机制建设，进一步增强了驾驭社会治安局势的能力。深入推进命案攻坚、打黑除恶等专项斗争，全省发生群体性事件同比下降 8.8%，发现受理行政案件同比下降 1%，立刑事案件同比下降 8.3%，八类严重暴力犯罪案件同比下降 26%，命案同比下降 18.7%。完善社会治安形势分析研判机制，及时掌握全省社会治安总体情况和突出问题。开展重点领域安全生产专项治理，全省未发生一次死亡 10 人以上的重大道路交通事故和一次死亡 3 人以上的较大火灾事故，危爆物品保持“零流失、零被盗、零炸响”。

二、坚持以人为本，排解纠纷，促进了社会和谐安定

落实矛盾纠纷排查调处月报告制度，全年排查矛盾纠纷 26 万余起，96% 以上在基层得到有效化解。运用综治责任制有效化解社会矛盾。建立健全调处化解矛盾纠纷综合机制，完善人民调解、司法调解、行政调解联动工作体系，大力推进矛盾多发领域专业性行业性调解组织建设；截至 2014 年底，全省已建各类行业性专业性人民调解组织 2291 个、专家库 102 个、专家 2449 人。联合出台《关于建立“警民联调”工作机制的意见》，推动在全省公安派出所建立公安民警与人民调解员联合调处矛盾纠纷工作机制。切实加大解决进京非正常上访突出问题工作力度，进京非访同比下降 52%。组织实施信访积案化解专项攻坚，中央交办的 140 件积案全部由县（处）级以上领导包案，化解率达 95% 以上。

三、坚持强基固本，深化改革，夯实了综治基层基础

省委办公厅、省政府办公厅印发《关于进一步加强基层综治维稳信访工作中心（站）建设的意见》，召开现场会部署开展了基层综治维稳信访工作中心（站）建设。省综治委印发《安徽省基层综治维稳信访工作中心（站）工作规则》，进一步明确了职责任务、工作制度和运行机制。会同省委督查室、省维稳办开展了全省基层综治维稳信访工作中心（站）建设专项督导检查，组织暗访抽查，召开推进会。全省乡镇（街道）综治维稳信访工作中心和村（社区）综治维稳信访工作站建成率分别达 100% 和 99.2%。统筹推进村（社区）网格化管理模式，全省 80.2% 的社区（村）实行了网格化管理。出台《关于推行农村地区“一村一警”包村联系制度的意见》，强力推进城乡社区警务战略和“一村一警”包村联系工作。部署开展新一轮平安创建活动，对平安县（市、区）实施动态管理，取消了 3 个单位的全省平安县（市、区）荣誉称号。

四、坚持科技引领，整合资源，启动了全省社会服务管理信息化建设

省委常委、政法委书记徐立全多次深入基层及相关单位调研，先后 16 次召开专题会议研究社会服务管理信息化建设工作。5月下旬，省委书记张宝顺、省长王学军在徐立全同志呈送的《以信息化引领社会治理现代化——关于芜湖市社会服务管理信息化平台建设调查》上分别批示，予以充分肯定。7月8日，省委书记张宝顺在芜湖考察指导时强调：这种数字化管理模式，体现了智慧政府建设理念，是社会治理创新的有益探索，要积极推广这种做法，充分运用现代科技手段，真正打通联系服务群众的“最后一公里”。7月31日至8月1日，省委、省政府在芜湖市召开现场会，研究部署全省社会服务管理信息化建设。9月26日，省委办公厅、省政府办公厅印发《关于加强社会服务管理信息化建设的指导意见》，并同意成立省社会服务管理信息化建设协调指导小组。11月20日，省社会服务管理信息化建设协调指导小组第一次会议研究讨论成立专家组、制订完善协调指导小组及其办公室和专家组的职责制度、出台省级建设指导方案、加强教育培训等工作。12月9日，召开专家组第一次会议，讨论专家组职责制度，研究全省社会服务管理信息化建设指导方案的总体架构。12月底，省综治办编印了《社会服务管理信息化建设文件选编》。

五、坚持服务为先，创新管理，推动了专项工作有序开展

加强流动人口服务管理。认真落实《安徽省流动人口居住证登记办法》，全面做好居住证制度实施工作。制发《2014年安徽省实有人口服务管理工作要点》，及时充实加强专项组及其办公室人员力量。积极推动在皖新疆少数民族群众服务管理各项工作的落实。加强特殊人群服务管理。协调推进过渡性安置基地建设，加强刑满释放人员帮困扶助，积极开展“黄丝带帮教行动”，强化安置帮教工作信息化应用。协调推动将社区矫正中心建设纳入省委全面深化改革工作要点，108个县（市、区）已建成并投入使用103个，社区矫正人员再犯罪率控制在0.11%以下，低于全国0.2%的平均水平。联合出台《关于加强戒毒康复人员就业指导和救助服务工作的指导意见》，加强戒毒康复人员服务管理。加强严重精神障碍患者服务管理，印发《安徽省人民政府办公厅转发国务院办公厅转发中央综治办等部门关于加强肇事肇祸等严重精神障碍患者救治救助工作意见的通知》，2次召开严重精神障碍患者等特殊人群救助管理措施改革试点部门协调会，推进救助改革试点的政策调研和制定；认真总结合肥、铜陵等地严重精神障碍患者服务管理经验做法。做好预防青少年违法犯罪工作。认真总结全省第一批38个县（市、区）全面推进重点青少年群体服务管理和预防犯罪试点工作，部署第二批35个县（市、区）推开工作。协调开展“法治在我心·共圆中国梦”主题宣传活动，推动出台《中共安徽省委关于进一步加强少年儿童和少先队工作的意见》。组织指导全省综治系统做好“青少年维权岗”创建活动。参与加强青少年事务社会工作专业人才队伍建设调研，联合出台了《关于加强青少年事务社会工作专业人才队伍建设的意见》和《安徽省青少年事务社会工作专业人才队伍建设规划（2015—2020年）》。协调做好护路护线工作。重点推进全省铁路护路联防体制改革，明确组织架构，理顺队伍管理；加强经费保障和管理，出台了《全省铁路护路联防经费管理暂行办法》，协调做好铁路护路联防经费拨付工作。协调做好“两新组织”服务管理。按照中央综治委“两新组织”专项组办公室《关于下发〈2013年“两新组织”服务管理考核评价实施细则〉的通知》要求，组织专项组各牵头单位对照《细则》开展自评。协调做好校园及周边治安综合治理。督促落实《中共安徽省委办公厅、安徽省人民政府办公厅关于进一步做好校园及学生安全工作的通知》精神，组织开展专项督查，保障校园师生安全。进一步加强见义勇为奖励和保护。组织安徽省英模代表出席第十二届全国见义勇为英雄模范表彰大会。部署开展第十一届“昆仑奖”全国十大见义勇为英雄司机评选推荐工作，3位英雄司机喜获殊荣，六安市人民政府荣获城市奖，金寨县综治委荣获组织奖。开展全省见义勇为第十一届“安徽移动弘扬正气奖”评选表彰活动，对全省见义勇为英雄代表进行隆重表彰。加强见义勇为宣传，推选6名安徽省全国见义勇为先进分子，进京接受《别让我看见》电视剧摄制组采访。专题研究《安徽省见义勇为人员保护和奖励条例》法律适用问题。认真完成中宣部部署开展的关于见义勇为认定体系的调研任务。精心组织并顺利完成安徽省全国见义勇为英雄模范集中疗养，积极推进了市级见义勇为基金会建设。

六、坚持创新形式，拓展内涵，提升了综治宣传教育水平

组织开展了综治集中宣传月活动。将综治宣传月活动列入《2014 年全省综治工作（平安建设）要点》；编写有关综治内容的手机短信，免费群发手机用户 300 万；编辑综治工作内容标语，在安徽电视台黄金时段滚动播放；在“安徽平安网”、安徽法制报、《治安瞭望》杂志上开辟专栏，同步报道各地各部门活动开展情况。开展“综治江淮行”集中采访活动。组织法制日报驻安徽记者站等中央和省有关新闻单位，通过听介绍、实地采访等方式对合肥市瑶海区等 10 个地方进行了集中采访并同步宣传。开展政法综治优秀新闻作品评选活动。组织开展了 2013 年度全省政法综治优秀新闻作品评选活动，共评出优秀新闻作品 63 件和编辑奖 3 个、组织奖 6 个；并筛选出 13 篇作品参加全国政法综治优秀新闻作品评选参评，其中 1 件荣获二等奖，3 件荣获三等奖。加强综治工作（平安建设）培训。举办全省县（市、区）综治办主任暨护路办主任培训班，60 多名学员参加了培训。

七、坚持求真务实，开拓进取，完善了综治责任制

签订综治目标管理责任书。省委、省政府主要负责同志与各市委、市政府主要负责同志签订 2014 年度全省综治工作（平安建设）目标管理责任书，各地层层签订责任书，有效促进了综治各项措施落实。建立党政领导干部综治工作实绩档案。对各市党政主要领导、分管领导和省综治委成员单位主要领导、分管领导全部建立综治工作实绩档案，作为组织部门考核党政领导干部政绩的重要依据。加强年度目标管理考评工作。制定考评细则和考评办法，对各地、各有关部门 2013 年度综治工作（平安建设）情况检查考评，评出了 7 个全省综治工作先进市、2 个全省综治工作进步市及 37 个优秀综治委成员单位，并以省两办通报考评结果，兑现奖励措施。实施社会治安重点管理制度。严格按照有关规定和程序确定临泉县等 5 个单位为综治重点管理县（市、区），对其党政主要领导和分管领导进行约谈，督促整改。省五部门联席会议对重点管理县（市、区）实施办法作了微调，广德、宿松两个直管县被纳入下一轮重点管理考评范围。将综治工作后进县（市、区）“关笼子”的做法制成专题片，在深化平安中国建设会议上作了经验介绍。省委办公厅、省政府办公厅印发《关于清理规范“一票否决”事项的通知》，重申保留综治一票否决权制。加大问责力度。推动将综治工作（平安建设）考评结果纳入省辖市党政领导班子和领导干部政绩评价指标体系，对发生进京非访等影响稳定突出问题的地方和单位，严格实行责任倒查。省、市两级对 11 个单位进行通报警示，对 23 个单位进行诫勉谈话，对 44 个单位进行挂牌整治，对 25 个单位进行黄牌警告，对 2 个单位提出处理建议，对 4 个单位实施“一票否决”。12 月 1 日，省委印发了《关于省社会管理综合治理委员会更名为省社会治安综合治理委员会及组成人员任职的通知》。落实平安建设联系点制度。印发通知调整了省综治委成员单位平安建设联系点，省综治委成员单位加强与联系县（市、区）的沟通联络，积极帮助基层解决困难和问题。完善综治工作（平安建设）机制。省综治办联合省文明办、省民政厅出台了《关于开展平安志愿服务活动的指导意见》，引导志愿者参与平安创建活动。省综治委出台《关于完善工作机制进一步提高综治工作科学化水平的意见》，进一步提高综治工作科学化水平。

安徽省特种行业治安管理条例

（2014 年 9 月 26 日安徽省第十二届人民代表大会
常务委员会第十四次会议通过）

第一章　总　则

第一条　为了规范特种行业治安管理，促进特种行业健康发展，保障公民、法人和其他组织的合法权益，根据《中华人民共和国治安管理处罚法》和有关法律、行政法规，结合本省实际，制定本条例。

第二条　本条例适用于本省行政区域内以下特种行业的治安管理：

（一）旅馆业；

（二）典当业；

（三）公章刻制业；

（四）拍卖业；

（五）废旧金属收购业；

（六）寄卖业；

（七）旧机动车、旧移动电话、旧电脑等旧货交易业；

（八）报废机动车回收拆解业、机动车维修业、机动车租赁业；

（九）金银首饰加工业；

（十）开锁业；

（十一）法律、法规规定的其他特种行业。

第三条　特种行业治安管理实行属地管理，依法保护行业经营者、消费者等的合法权益，制止、取缔非法经营，预防和打击违法犯罪活动。

第四条　县级以上人民政府公安机关负责特种行业治安管理工作。

县级以上人民政府工商行政管理、商务、旅游、交通运输、人力资源和社会保障、环境保护等主管部门在各自职责范围内，做好与特种行业治安管理有关工作。

第五条　公安机关应当依法规范特种行业治安管理，文明执法、公正执法，强化服务意识，自觉接受社会和公民的监督。

第六条　鼓励建立各类特种行业协会，引导和促进行业规范有序发展。行业协会应当加强行业自律，配合公安机关实施行业治安管理，指导和督促相关经营者及其从业人员依法履行治安义务。

第七条　单位和个人发现特种行业经营者及其从业人员有违法犯罪行为的，应当及时向有关部门报告。有关部门应当及时调查处理，并将结果告知举报者。

第二章　从业管理

第八条　经营特种行业的企业应当符合下列治安管理的要求：

（一）有必要的财物保管设备和治安防范设施；

（二）有依法需要配置的身份证件识别、治安信息采集传输设备；

（三）设立内部治安保卫机构或者配备专（兼）职保卫人员，有健全的内部治安保卫制度。

经营特种行业的个体工商户，应当符合前款第一项和第二项规定的要求。

第九条　在铁路、矿区、油田、机场、港口、施工工地、军事禁区和金属冶炼加工企业附近，不得设点收购废旧金属。禁止设点的范围由所在地的市、县人民政府划定并公布。

第十条　经营旅馆业、典当业、公章刻制业的，依法应当向所在地的县级以上人民政府公安机关提出申请，取得特种行业许可证。

第十一条　本条例第二条第四项至第十项所列特种行业，经营者应当在取得营业执照后十五日内，向所在地的县级人民政府公安机关备案。

接受备案的公安机关应当在十五日内将备

案企业和个体工商户名单通过其部门信息网站等形式向社会公布。

第三章　治安责任

第十二条　特种行业的法定代表人或者负责人是本单位的治安责任人。特种行业承包经营负责人或者聘任的经营负责人为共同治安责任人。治安责任人的责任是：

（一）制定内部治安保卫制度和岗位责任制，检查治安隐患并进行整改，落实内部治安防范措施；

（二）根据单位规模，配备专（兼）职治安员或者按照有关规定配备保安员，组织本单位的治安员、保安员接受公安机关的治安业务培训；

（三）对公安机关查处涉嫌刑事案件、治安案件、治安灾害事故予以配合；

（四）发生治安灾害事故时，立即报告有关部门，并协助有关部门实施救援、处理，组织抢救伤员、疏散群众，维护现场秩序。

经营特种行业的个体工商户，应当履行相应的治安责任，制定治安防范措施，检查治安隐患并进行整改。

第十三条　特种行业经营者应当按照有关规定建立治安管理信息系统，并向公安机关实时传输治安信息；暂不具备实时传输条件的，应当按照公安机关的规定，定期报送相关信息。

第十四条　旅馆业，典当业，废旧金属收购业，寄卖业，报废机动车回收拆解业、机动车维修业、机动车租赁业，旧机动车、旧移动电话、旧电脑等旧货交易业，金银首饰加工业，其经营场所的出入口、营业厅、主要通道和保管库房以及停车场等部位，应当按照规定安装视频监控设备。特种行业经营者应当保证视频监控设备正常运行，保证视频监控录像资料不被删改、传播或者非法使用。

典当业经营者应当将视频监控录像资料留存两个月以上，前款规定的其他特种行业经营者应当将视频监控录像资料留存一个月以上。

第十五条　公安机关应当组织、指导特种行业开展治安防范业务培训。公安机关开展治安防范业务培训不得收取任何费用。

特种行业的从业人员应当按照有关规定参加法律、法规知识和治安防范业务培训，接受公安机关的治安监督检查和治安防范业务指导，配合公安机关开展执法工作。

第十六条　以个人为服务对象的特种行业，从业人员应当如实登记服务对象的姓名、身份证件种类和号码以及服务时间等信息；以单位为服务对象的特种行业，从业人员应当留存服务对象出具的单位证明材料，如实登记服务对象的名称、服务时间等信息，并按照规定登记业务经办人的身份信息。

第十七条　特种行业的从业人员在经营活动中，应当验视下列物品，登记相关物品信息：

（一）交易物品或者承揽物品的名称、数量、规格和新旧程度等；

（二）生产性废旧金属的来源证明；

（三）旧机动车的品牌、车型、颜色、牌照号码、发动机号码和车架号码等；

（四）旧移动电话、旧电脑的品牌、型号、颜色和串号等。

第十八条　旅馆业经营者应当建立访客提醒制度。对零时尚未离开旅馆的访客，服务人员应当提醒访客离开，或者按照规定对访客进行住宿登记。

第十九条　公章刻制业经营者承制公章，应当验视、留存公安机关出具的准刻证明，并建立印章刻制档案备查，不得委托其他单位和个人刻制，不得自行留样、仿制。

第二十条　开锁业经营者，应当遵守下列规定：

（一）到公安机关留存身份证件、开锁工具的相关信息；

（二）承接开锁业务的，应当要求委托人提供相关身份证明等，确认委托人拥有被锁物品的所有权或者使用权，不能确认的不得承接；

（三）现场开锁时，应当填写开锁服务记录单，由委托开锁人、开锁技术人员分别签名、注明联系方式，并留存备查；

（四）未经公安机关同意，不得进行开锁技术培训或者传授开锁技术；

（五）不得出售、出借专用开锁工具。

第二十一条　特种行业的从业人员在经营过程中，发现涉嫌违法犯罪行为、违禁物品或者公安机关通报协查的人员、物品的,应当立即向公安机关报告。

第四章 监督管理

第二十二条 公安机关对特种行业的治安管理情况实行记分等级制管理。公安机关按照行业特点科学确定记分等级标准,根据记分情况确定特种行业治安等级,实施相应的治安管理措施。

公安机关应当将记分等级情况及时告知经营者,并通过其部门信息网站等形式向社会公布,为公众查询提供便利。

第二十三条 公安机关对特种行业履行监督检查职责时,可以依法采取下列措施:

(一)实地查看经营场所治安管理条件落实情况;

(二)检查从业人员身份证件;

(三)检查交易物品或者承揽物品;

(四)调阅从业人员名簿、视频监控录像和其他相关资料;

(五)法律、法规规定的其他措施。

第二十四条 公安机关对特种行业进行检查时,执法人员不得少于两人,并应当出示证件。未出示证件的,经营者有权拒绝接受检查。

公安机关对特种行业进行检查,实行治安检查登记制度。检查结果由执法人员和被检查方签字确认。

第二十五条 公安机关的人民警察开展治安检查和查办案件,应当避免或者减少对经营者正常经营活动的影响,对知晓的国家秘密、商业秘密或者个人隐私,应当保密。

第二十六条 公安机关的人民警察在特种行业治安管理中,不得有下列行为:

(一)参与、变相参与特种行业经营活动;

(二)违法实施行政许可、行政处罚、行政强制或者收取费用;

(三)为利用特种行业进行违法犯罪活动的人员提供庇护;

(四)不履行对特种行业的监督检查职责;

(五)不依法查处违法行为。

第二十七条 取得特种行业许可证的单位和个人,营业执照或者相关行政许可证件依法被吊销的,公安机关应当注销特种行业许可证。

按照本条例备案的特种行业停业的,经营者应当告知原备案的公安机关。

第五章 法律责任

第二十八条 企业、事业单位未取得特种行业许可证,擅自经营旅馆业、典当业、公章刻制业的,由公安机关依法予以取缔,并处一万元以上五万元以下罚款。

个人未取得特种行业许可证,擅自经营旅馆业、典当业、公章刻制业的,由公安机关依法予以取缔,处十日以上十五日以下拘留,并处五百元以上一千元以下罚款;情节较轻的,处五日以下拘留或者两百元以上五百元以下罚款。

第二十九条 经营特种行业的企业、事业单位有下列情形之一,存在治安隐患的,公安机关应当责令限期整改,并处警告;逾期不整改,造成公民人身伤害、公私财产损失,或者严重威胁公民人身安全、公私财产安全或者公共安全的,对单位处一万元以上五万元以下罚款,对单位主要负责人和其他直接责任人员处五百元以上五千元以下罚款;有关组织依法对单位主要负责人和其他直接责任人员给予处分;构成犯罪的,依法追究刑事责任。

(一)未按照规定采集、上传或者报送有关人员与物品信息的;

(二)未按照规定安装、使用视频监控设备,以及删改、传播或者非法使用视频监控录像资料的;

(三)未按照规定登记服务对象及相关物品信息的;

(四)发现涉嫌违法犯罪行为、违禁物品未向公安机关报告的。

经营特种行业的个体工商户,有前款规定四项情形之一的,依照法律、行政法规的规定处罚;法律、行政法规没有规定的,由公安机关处两百元以上五百元以下罚款。

第三十条 特种行业经营者违反本条例,有下列情形之一的,由公安机关责令改正;情节严重的,处两百元以上五百元以下罚款;构成犯罪的,依法追究刑事责任。

(一)旅馆业经营者对零时以后滞留旅客房

间的访客，未按规定登记身份信息的；

（二）公章刻制业经营者委托其他单位和个人刻制公章，或者自行留样、仿制公章的；

（三）开锁业经营者违反本条例第二十条规定的。

第三十一条 公安机关的人民警察违反本条例第二十六条规定的，依法给予记过或者记大过处分；情节严重的，给予降级或者撤职处分；情节特别严重的，给予开除处分；构成犯罪的，依法追究刑事责任。

公安机关及其人民警察违法行使职权，侵犯公民、法人或者其他组织的合法权益造成损害的，应当依法赔偿。

第六章 附 则

第三十二条 公安机关对快递业的治安管理，法律、行政法规有规定的，依照其规定；法律、行政法规没有规定的，参照本条例有关规定执行。

第三十三条 本条例自 2015 年 1 月 1 日起施行。

安徽省大力推进基层综治维稳信访工作中心（站）建设

2014 年，安徽省积极整合基层社会治理资源，推进基层综治维稳信访工作中心（站）建设，初步健全了由为民服务和综治维稳信访两个平台构成的基层综合服务管理平台，基本实现了基层综合服务管理工作全覆盖。

一、强力推进，搭建基层综治维稳信访工作平台

（一）加强顶层设计。省委及省社会治理体制改革专项小组将基层综治维稳信访工作中心（站）建设列为 2014 年重点推进工作。省委常委、政法委书记徐立全在深入调研的基础上，撰写《健全服务管理平台 创新社会治理体制——关于黄山市徽州区"两个中心"、"两个工作站"建设情况的调研报告》，在人民日报刊发。省委书记张宝顺、省委副书记李锦斌批示要求系统总结并组织推广。省委办公厅、省政府办公厅印发《关于进一步加强基层综治维稳信访工作中心（站）建设的意见》。召开全省基层社会服务管理平台建设现场会，总结推广黄山经验，在全省部署开展基层综治维稳信访工作中心（站）建设，提出了 2014 年底前全面建成的明确目标。

（二）加大推进力度。各级综治部门及时对基层综治维稳信访工作中心（站）建设情况进行跟踪督促，定期组织督促检查，定期通报建设进度，确保基层综治维稳信访平台建设责任落实、取得实效。省综治办会同省委督查室对全省基层综治维稳信访工作中心（站）建设情况进行专项督查。10 月份，在滁州市召开全省基层综治维稳信访工作中心（站）建设推进会，交流经验，通报情况，提出下步工作要求。2014 年底，全省乡镇（街道）综治维稳信访工作中心和村（社区）工作站的建成率分别达 100% 和 99.2%。

（三）统一名称。全省范围内使用统一的场所名称和标识〔乡镇（街道）统一为"行政区域名称 + 综治维稳信访工作中心"，村（社区）统一为"村（社区）名称 + 综治维稳信访工作站"〕，实现了基层综治、维稳、信访等工作"一个体系领导、一个平台统揽、一个窗口受理、一个场所服务、一套机制运行、一个整体运作"。

二、落实"六有"，提升基层平台规范化建设水平

（一）有组织管事。在乡镇（街道）建立综治维稳信访工作中心，由综治办牵头，整合政法各部门、信访、民政、武装部门等基层维护社会治安和社会稳定的资源力量，实行集中办公、集成服务。在村（社区）依托村（居）委会建立综治维稳信访工作站，对驻村（社区）警务室、治保会、调委会、治安巡防队等资源力量进行整合，为村（居）民提供“一站式”服务。

(二)有人员干事。统一由乡镇(街道)党(工)委书记或副书记担任中心主任,综治办专职副主任担任中心专职副主任(主持日常工作),中心专职工作人员一般不少于 3 人。村(社区)党组织书记或村(居)委会主任担任工作站站长,村(居)“两委”干部、大学生村官、驻村(社区)民警、综治协管员、社区工作者等为工作站成员。

(三)有场所议事。绝大多数乡镇(街道)综治维稳信访工作中心具有了相对独立的办公场所,内设办事大厅、矛盾纠纷调解室及信访接待室等若干功能区,既方便了群众,也提高了工作效率。工作站普遍建在村(居)委会办公区域内。

(四)有经费做事。各地普遍将基层综治维稳信访工作中心(站)经费纳入财政预算和村级组织运转经费保障范围,满足基层综治维稳信访工作中心(站)的建设及运行需求。

(五)有设施办事。各地乡镇(街道)综治维稳信访工作中心和村(社区)综治维稳信访工作站普遍配置必要的办公设备,做到环境整洁,物品摆放有序,资料齐全,台账规范,工作氛围浓厚。

(六)有制度理事。省综治委印发《安徽省基层综治维稳信访工作中心(站)工作规则》,明确了基层综治维稳信访工作中心(站)的 10 项职责任务、8 项工作制度和 7 项运行机制。各地进一步细化完善,并悬挂上墙。

三、务求实效,基层平台建设发挥显著作用

(一)方便了基层群众。基层服务管理资源和力量的整合,发挥了集聚效应,形成“上面千条线”汇聚于“基层一平台”局面,群众办事不用再到处跑、到处找,极大方便了群众,提高了工作效能。

(二)守护了一方平安。“两个中心”、“两个工作站”与综治网格相联接,将服务管理的“末端”延展到最基层,覆盖基层社会治理各方面、各环节,时刻守护着千家万户的安宁。2014 年,全省综治部门排查矛盾纠纷 26 万余起,96% 以上在基层得到有效化解;群体性事件、刑事案件、八类严重暴力犯罪案、命案等指标同比均有明显下降。

(三)转变了干部作风。“两个中心”、“两个工作站”搭建了便民利民“超市”。基层干部在这里有了直接服务群众的阵地、职责和手段,激发了他们的工作激情,为群众办实事、解难事,真正做到了“民有所呼,我有所应”、“民有所求,我有所助”。

安徽省深化护路联防体制改革
全面提升护路联防工作水平

2014 年,在省委、省政府及省综治委的正确领导下,全省各级护路联防组织以确保铁路运输安全畅通为中心,以“平安铁路”创建为载体,深化护路体制改革,发挥综治优势,夯实基层基础,落实工作责任,取得了显著成效,全省护路联防工作发展势头良好,铁路沿线治安形势持续稳定,涉路刑事、治安案件持续下降,爱路护路意识明显增强,为全省经济社会发展营造了和谐稳定的铁路治安环境。

一、强化领导,创新体制,护路联防工作格局更加稳固

全省各级党委、政府高度重视铁路护路联防工作。省委常委、政法委书记徐立全亲任省护路领导小组组长,经常听取工作汇报。全省各地均由综治委主要负责同志兼任护路领导小组组长,综治办主要负责同志兼任护路办主任。4 月,省护路领导小组召开扩大会议,重点就护路联防体制改革进行部署。12 月份,省综治委下发了《关于调整充实省综治委铁路护路联防工作领导小组及其办公室的通知》,增加成员单位,下设皖南、皖北护路办。京福高铁联调联试前,铜陵市委、市政府主要领导多次召开会议,听取有关情况,并在沿线村镇组建护路队,确保在建高铁治安平稳。

二、围绕中心，突出重点，敏感节点安保任务更加平稳

2014 年，全省各级护路组织把做好春运、“两会”、“亚信峰会”、“青奥会”、“APEC”会议等重大安保任务作为服务经济发展新常态的重要措施，有针对性地开展专项行动。省综治办、省护路办先后下发《关于做好 2014 年春运期间铁路护路联防工作的通知》、《转发中央护路办关于强化“两会”期间护路联防工作积极防范暴力恐怖活动的紧急通知》，部署春运、“两会”安保等工作。宿州市组织开展 4 次集中整治，重点打击拆盗铁路设施、盗窃运输物资等违法犯罪活动，共查处违法人员 102 人次，确保了重大节点的治安稳定。

三、真抓实干，强化整治，线路安全防范成效更加明显

全省各级护路组织会同路、地有关部门，按照“露头就打”的原则，加强联合整治，净化治安环境。淮南市严厉打击阜淮线偷扒煤炭犯罪，共破获案件 23 起，抓获犯罪嫌疑人 3 名；马鞍山市强化重点区段排查整治，共清理盲流人员 210 余人次，排查整改安全隐患 30 处。2014 年，全省路外行人伤亡事故同比下降了 13.3%，没有发生影响铁路运输安全的重大治安问题，线路治安达到历史最好水平。

四、立足阵地，健全机制，车站站区安全防线更加严密

全省各级护路组织把站区整治作为全年工作重点，安排专项经费，精心组织实施。淮南市围绕淮南站喊站拉客、讨要等影响站车秩序顽症，不间断地开展集中整治，确保了车站有序可控。合肥市成立高铁南站综管办，设立综合警务站和路地联勤联动办公室，实现对反恐防暴、处突应急方面的力量、设施、装备有机整合，对运作流程、勤务管理的全面统一，真正做到站区反恐防暴“一分钟响应、三分钟处置、五分钟处置完毕”，确保了车站站区治安面稳定可控。

五、加强宣传，提高认识，护路联防基础工作更加扎实

全省各级护路组织会同公安、教育、共青团等部门，以铁路沿线村庄、学校为重点，以铁路安全知识、爱路护路法规及危及行车安全法律责任等为主要内容，组织开展了形式多样、寓教于乐的宣传教育活动。马鞍山市以耕牛户、“五残”人员、机动车辆驾驶员等为重点对象，逐一签订安全协议，定期开展走访宣传教育。皖南、皖北护路办分别于 4 月、9 月份，开展了声势浩大的全省路外安全宣传月活动，共集中宣传 62 场，发放宣传用品 2.6 万份，受教育群众近 110.92 万人。加强铁路护路队伍教育，举办全省县（市、区）综治办主任暨护路办主任培训班，对 61 名基层护路办主任进行了培训，委托皖南、皖北护路办对 2300 余名专兼职队员进行了培训。合肥、宿州、阜阳、马鞍山等市还举办了市级护路联防培训班。

六、重点倾斜，规范管理，护路联防保障力度更加充分

经省人民政府批准，全省铁路护路联防经费从 2014 年起列入省级财政预算保障。2014 年，省综治办、省护路领导小组多次召开护路联防经费管理改革协调会议，专题研究经费管理改革工作，明确全省铁路护路联防经费按照“以省使用为主、适当补助市县”原则进行分配，并根据中央护路办《全国铁路护路联防经费管理办法》和经费管理改革协调会议精神，研究制定了《全省铁路护路联防经费管理暂行办法》，进一步规范了铁路护路联防经费管理工作。

七、严明责任，加强考核，护路联防责任落实更加到位

全省各级护路组织层层落实护路联防责任制。阜阳市制定了《村级承包责任示意图》、《村级护路办职责任务》等，发放到沿线各村，与沿线一公里以内中小学校、企事业单位、机动车主、大牲畜饲养户、五残人员监护人等逐一签订，定期回访，反复教育，切实把责任落到实处。春运、国庆等重大节日期间，省护路办领导先后深入合肥、蚌埠、滁州等市进行检查，督促加强防控，整改隐患，确保重大节日、重要时期铁路安全畅通。省护路领导小组对 2013 年度全省铁路护路联防工作先进集体合肥、黄山等市护路办进行了表彰奖励。

安徽省综治委、办机构情况和负责人名单

一、综治委

主　任:徐立全　省委常委、政法委书记

副主任:陈先森　省人大常委会副主任

方春明　省政府副省长

童怀伟　省政协副主席

张　坚　省高级法院院长

薛江武　省检察院检察长

金林炎　武警安徽省总队司令员

李建中　省政府省长助理、省公安厅厅长

郑　宏　省委政法委常务副书记、省综治办主任

省综治委下设实有人口专项组、特殊人群专项组、"两新组织"专项组、社会治安专项组、法律政策专项组、预防青少年违法犯罪专项组、校园及周边治安综合治理专项组、护路护线联防专项组。

二、综治办

主　任:郑　宏

专职副主任:王文金

省综治办下设综合处、协调处、督导处。

安徽省各市、县(市、区)综治委、办主任名单

地　区	综治委主任	综治办主任
合肥市	张庆军	许道和
瑶海区	单　虎	吴含笑
庐阳区	黄卫东	李昌文
蜀山区	张思扬	张维前
包河区	耿延强	沈先财
长丰县	许　华	张广华
肥东县	路　军	郑顺新
肥西县	金成俊	王邦建
庐江县	刁吉润	高申稳
巢湖市	罗兆好	许才辉
高新区	李　兵	管　韬
经开区	姚卫东	姜学义
新站区	王文松	谢岳松
淮北市	赵怀印	陈　静
濉溪县	朱成文	王　林
相山区	赵德华	徐　鑫
杜集区	王建辉	曹祥军
烈山区	马建国	顾　磊
亳州市	刘海石	蔡怀华
谯城区	胡献春	曹　金
蒙城县	张利华	曹　顺
涡阳县	巩　中	张　义
利辛县	梁　栋	郝　伟
宿州市	许广斌	史　耘
埇桥区	刘博夫	王立志
砀山县	朱建设	郝圣文
萧　县	朱良廷	蔡忠爱(7月前) 史国银(7月起)
灵璧县	雷　斌	
泗　县	胡永军	许振春
蚌埠市	周春雨	王　琦
龙子湖区	李宝宣(6月前) 朱克华(6月起)	张东劲
蚌山区	高　尚	马　浩

地 区	综治委主任	综治办主任	地 区	综治委主任	综治办主任
禹会区	王庆国	李家诚	金寨县	王际洲	何光荣
淮上区	洪 斌	刘胜祥	舒城县	金德元	方道政
五河县	吴道俊	朱庆春	叶集试验区	刘爱武	鲁清泉
固镇县	邹光玉	姚 飞	经济开发区	吴卫平	汪晓春
怀远县	秦仲鑫	邵 剑	**马鞍山市**	苏从勇	彭蔚峰
经开区	王传鹏	王苏安	花山区	刘卫宝	陈 静
高新区	汤春义	陈 栋	雨山区	徐泽能	朱正银
阜阳市	刘立兵	李 超	博望区	汪 斌	朱世明
颍州区	张华久	丁建军	含山县	卞建秋	贺家明
颍泉区	杜玉民	马驰骋	和 县	鲍 芳	柯行周
颍东区	张银军	汝海涛	当涂县	盛传国	吴基海
颍上县	马宏亮	何继武	经开区	马少华	戴兆毅
界首市	应鹏飞	龚 剑	慈湖高新区	黄 兵	孙 铁
临泉县	梁永勤	张国柱	郑蒲港新区	吴晓东	朱祖金
阜南县	李云川	李少平	示范园区	郝铁琦	夏邦钊
太和县	齐安民	高立新	马钢公司	高海建	周 青
经开区	王长安	陈冠军	**芜湖市**	高登榜	周晓梅
淮南市	万以学	刘凤海	镜湖区	贺 东	孙 艳
凤台县	李大松	胡 静	弋江区	张志宏	黄一农
大通区	李宝君	陈 松	鸠江区	唐开强	肖海平
田家庵区	刘 琦	陈 述	三山区	何向阳	陈先芳
谢家集区	吴宁春	朱宗好		（11月前）	
八公山区	姚 辉	闫绍清		戴尉华	
潘集区	蔡宜骅	刘 涛		（11月起）	
毛集实验区	张海虹	王传坤	无为县	林绪文	肖本卫
滁州市	黄秀生	孟 旭	芜湖县	何友旺	贾 玲
琅琊区	李大权	朱良琪	繁昌县	单向前	陶德标
南谯区	王良仁	后先彬	南陵县	程 刚	吴 越
天长市	卢金堂	田 勇	经开区	刘国华	刘 义
明光市	马 骏	桑国辉	长江大桥	赵 荫	凌为平
全椒县	杨 勇	李荣山	开发区	（11月前）	
来安县	刘荣祥	杨 勇		何向阳	
凤阳县	王从尚	宋延寒		（11月起）	
定远县	范泽斌	蒋华鼎	**宣城市**	张 平	钱双林
六安市	孙云飞	刘 文	宣州区	程学龙	陈 新
金安区	汪龙照	徐国辉	郎溪县	孙立志	孙德斌
		（12月前）	宁国县	饶培康	胡良政
		汪 洋	泾 县	高捌玲	吴振华
		（12月起）	绩溪县	郑 华	程永达
裕安区	陈社教	张新明	旌德县	黎 斌	傅运平
寿 县	从维德	张斗凡	**铜陵市**	邹 河	方 敏
霍山县		程 普	铜官山区	昌红梅	魏光辉
霍邱县	刘 胜	李 梅	狮子山区	查文彪	崇晓峰

地　区	综治委主任	综治办主任	地　区	综治委主任	综治办主任
郊　区	牛爱平	方卫国	太湖县	应杰苗	余朝应
铜陵县	黄学龙	洪　炜	望江县	周正国	聂结华
池州市	王贵杰	卢文静	岳西县	王彰平	程度和
贵池区	洪克峰	俞青平	经济开发区		曹立权
青阳县	刘荣发	朱万森	**黄山市**	舒志民	戴贤坤
石台县	施道良	黄学真	屯溪区	周永健	吴庆玺
东至县	赵可静	操世松	黄山区	汤克斌	吴云松
九华山风景区	韩胜超	周秋华	徽州区	郑昌华	邹文明
安庆市	章　松	叶运根	歙　县	陈新生	吴小明
迎江区	杨旭东	钮震球	休宁县	汪美月	汪志勇
大观区	汪晓东	聂臻华	黟　县	杨泽国	胡国华
宜秀区	胡　骏	余必虎	祁门县	方应艰	汪自修
怀宁县	郝祥胜	宁叙明	黄山风景区	俞士军	许成岭
桐城市	吴胜桥	方云胜	**广德县**	何　田	彭荣前
枞阳县	郑　刚	鲍洪宾	**宿松县**	张飞翮	吴　霞
潜山县	曹红斌	肖国平			

（撰稿人：吴军海
审稿人：郑宏　严曦）

福　建　省

2014年综治工作概况

2014年,福建省各级各部门立足区域特点,主动回应群众关切期盼,持续深化"平安福建"建设,创新社会治理体制机制,狠抓综治各项措施落实,全力维护社会稳定,为建设机制活、产业优、百姓富、生态美的新福建营造了和谐稳定的社会环境。据国家统计局福建调查总队调查显示,全省群众安全感达92.66%。

一、立足全局站位,有效保障经济社会发展

认真贯彻习近平总书记来闽考察等系列重要讲话精神,抓住中央进一步支持福建加快发展的历史机遇,主动服务经济社会发展大局,全面落实综治平安建设的各项措施,实现了"五个坚决防止"的目标。

突出主导有效履责。坚持把党政主导贯穿综治平安建设工作的全过程,健全层层传递、环环相扣、到底到边的综治责任体系。1月,省委、省政府举行党政领导综治责任书签订仪式,省委连续16年与设区市党政主要领导签订综治领导责任书,省综治委同步下达省直单位综治目标管理责任书,尤权书记要求始终严守"五个防止"的底线,下大气力解决影响社会和谐稳定的突出问题,努力提升综治维稳和平安建设能力。同时,根据省直有关部门提供、维稳信息平台搜集、平时跟踪掌握梳理,对涉稳突出问题或重大案(事)件向各设区市委书记、市长和省直部门主要负责同志进行面对面点评通报;针对各设区市存在的突出问题,制定"个性化"综治责任书,作为各设区市落实年度综治维稳责任的重点,通过平时检查、半年督导、年终考评,督促推动突出问题的有效解决;健全以民意为导向的工作评价机制,每半年对设区市和84个县(市、区)进行"群众安全感、平安建设知晓率、执法工作满意率"电话测评,对连续两次排名后10位的县(市、区)党委、政府予以黄牌警告、限期整改。

突出主线有效服务。坚持把服务发展作为综治维稳工作的主线,做到经济建设发展到哪里,综治平安建设就跟进到哪里,服务保障措施就落实到哪里。省综治委继续开展"排查整治突出问题、服务保障跨越发展"专项行动,针对中央支持福建加快发展确定的重大项目建设,严格执行社会稳定风险评估。全省共对2100多项重大决策事项进行了风险评估。针对一个时期以来债务风险、民间借贷、非法集资、金融诈骗等问题较为突出的情况,集中梳理排查经济领域不安全不稳定隐患,坚持每半个月对各设区市和省直部门报送情况进行汇总研判,提出决策建议,确保重大隐患问题及时有效解决。省法院、省检察院、省公安厅、省司法厅结合工作职能,相继制定了服务区域金融改革、服务平潭开放开发、服务企业发展、服务台商台企、服务生态文明先行示范区建设等指导性意见和具体措施。

突出主业有效维稳。坚持把强化社会面稳控作为维护大局稳定的首要环节来抓,充分发挥综治维稳协调的职能作用,确保了习近平总书记来闽视察、全军政治工作会议、海峡论坛、"6·18"系列活动、"9·8"投洽会等重大活动期间的社会稳定。针对反恐和公共安全面临的形势,省综治办、交通厅、公安厅下发关于加强公共交通安保工作的若干意见,积极推动在城市重点线路、重点时段公交车上配备安全员。省公安厅在全省县级公安机关全部组建巡特警队伍,落实人员密集场所、重点要害部位常态化武装巡逻。针对社会普遍关注的热点案事件,全面落实动态研判、善后处置、舆论引导等工作措施,依法妥善处置了一批重大复杂敏感案事件。针对群众反映强烈的突出问题,深入开展"猎狐捕鼠"、缉枪治爆、打假打传、扫毒害等专项行动，强力推进麻黄碱类涉毒等突出治安问题的集中整治。

二、立足法治引领，全力预防化解社会矛盾

自觉把综治平安建设放到全面推进依法治国大局中来谋划，运用法治思维正确处理改革发展稳定之间的辩证关系，坚持维权与维稳统一，积极在法治轨道上解决矛盾和问题。

更加注重依法办事。省委下发了《关于贯彻党的十八届四中全会精神全面推进依法治省的实施意见》，省委、省政府出台了《法治福建建设纲要（2014—2020年）》，增强全民法治意识，深化“法律六进”活动，在全社会广泛开展法治宣传教育，营造依法办事的法治环境。全面推行行政权力清单制度，规范行政权力运行。强化法律援助便民服务，建成法律援助中心94个、援助站1801个，打造“城市半小时、农村一小时”法律援助服务圈。积极推进司法体制改革，省法院着力推进量刑规范化，完善刑事案件简易程序、庭前准备、刑事和解、证人鉴定人出庭作证等机制，信息化建设特别是执行信息化建设走在全国法院前列。

更加注重依法调解。省综治委积极推动在市县乡三级成立由党委副书记牵头、党政分管领导负责、有关部门一体联动的多元调解工作平台。严格落实设区市每月、县（市、区）每半月、乡镇（街道）每周召开的矛盾纠纷排查调处工作协调会制度，完善首问负责、分流交办、情况报告、跟踪督办、责任查究等运作程序。全省共排查各类矛盾纠纷20.33万件，调处成功19.4万件，调处成功率达95.9%。省直有关部门主动对接多元调解工作，先后打造了医患纠纷、道路交通、涉台涉军涉林、商圈纠纷等多元调解特色品牌，深化预防和处置医患纠纷“五位一体”长效机制建设，全省88个医患纠纷多元调处中心共配备专职调解员415名，建立专家库3172名，2230家医院参加了医疗责任保险，共排查受理医疗纠纷调解1482起，调解结案1267件，调解成功率85.49%，我省在全国医疗纠纷人民调解工作现场会作了经验介绍。加强“公调对接”，全省公安机关建成910个驻所调解室。省法院、省保监局、省保险行业协会等部门召开保险纠纷诉调对接工作推进会，构建保险合同纠纷诉调衔接工作机制。省司法厅开展为期半年的全省人民调解委员会规范化建设。

更加注重依法信访。省委、省政府多次召开信访、整治进京非正常访、预防处置群体性事件专题会议进行研究部署。深入实施依法处理信访事项“路线图”和七项机制，开展引导群众依法逐级走访、专案评审、公开听证等工作，在全国依法逐级走访电视电话会议上作经验介绍。推进涉法涉诉信访改革，建立健全导入、纠错、退出机制。建立进京非正常上访通报制度，组织开展信访积案化解和进京非正常上访专项整治，对信访问题突出的15个县（市、区）进行重点督导，全省进京非正常上访人次同比降39.52%。

三、立足创新突破，深化社会治理体制改革

成立省委常委、政法委书记任组长，省人大常委会副主任、省政协副主席任副组长的省社会治理体制改革专项工作小组，确定7项社会治理体制改革任务和5项年度重点工作，下发实施方案，规范工作规则、信息报送、联络员等制度，省综治办、公安厅、信访局、安监局、食品药品监管局等具体改革项目的牵头单位按照既定的时间表和路径图狠抓改革攻坚措施落实。

构建监管有效的“大安全”格局。在食品药品安全领域，全面开展“治理餐桌污染、建设食品放心工程”，建立健全食品药品生产经营企业信用监管机制、全程可追溯机制和社会共治机制，得到中央政治局常委、国务院副总理张高丽和汪洋副总理的充分肯定，全国经验交流会议在厦门召开。在安全生产领域，我省被确定为全国安全生产领域综合改革8个试点省份之一，省委、省政府出台“党政同责、一岗双责”规定，细化5个党委部门、49个政府部门的安全生产工作职责，国务委员王勇予以批示肯定。扎实推进安全生产标准化建设提升三年行动，全省各类事故死亡人数同比降5.1%，较大事故同比降2.6%，未发生重大及以上事故，国务院督查组三次来闽督查和全国人大财经委调研组来闽调研对我省安全生产工作给予肯定。全省道路交通事故死亡人数和较大事故起数与前三年同期平均数相比下降23.4%和33.3%，圆满实现“三年行动工作”目标。

完善共建共享的“大服务”体系。修订出台全省城乡统一的户口登记管理规范，进一步放宽农民工在城市城镇落户政策。整合基层各种社会管理力量，健全以政府为主导的“统一组织管理、统一信息采集、统一提供服务、统一监督检查”的流动人口服务管理工作机制、组织体系和保障机制。省委常委、政法委书记，省政府副省长多次召开专题会议研究解决严重精神障碍患者救治管理问题。省委、省政府把严重精神障碍患者救治体系建设纳入“为民办实事”项目，安排1.4亿元用于精神卫生机构的改扩建，全省新增床位1600张，对全省严重精神障碍患者逐一甄别鉴定，落实每人每年5000元的省定医疗救助基金，将严重精神障碍患者作为重度残疾人全部资助参保参合。省政府办公厅转发了省综治办、卫计委、公安厅等11部门《关于进一步加强肇事肇祸等严重精神障碍患者救治救助工作的实施意见》。省法院、省检察院、省公安厅、省司法厅联合出台《社区矫正实施细则补充规定》和《轻微刑事案件快速办理机制》，全省9个设区市的中途之家均已建成并投入使用，建成县级社区矫正中心64个，刑满释放人员、社区矫正对象的重新犯罪率仅为0.24%和0.17%。召开全省预防青少年违法犯罪暨重点青少年群体服务管理和预防犯罪工作推进会，加强乡镇（街道）预青机构建设，动态监测重点青少年群体底数，推进分类帮扶、定点挂钩、结对帮扶等工作的落实，探索加强专门（工读）学校建设管理的对策措施。团省委开通“福建省12355青少年服务平台热线”，各地建成34个青年志愿服务驿站并投入使用。

建立互联互通的“大基础”平台。省“两办”下发了《关于进一步推进城乡社区网格化服务管理工作的意见》，着力构建城乡一体、联动高效的网格化服务管理体系。7月，省委、省政府召开城乡社区网格化服务管理工作电视电话会议，省委副书记于伟国，省委常委、政法委书记苏增添，副省长陈荣凯到会部署。按照“城市社区抓深化提升，农村抓全面覆盖”的思路，各地在总结“二级网格、三级平台、五项管理、十联机制”的基础上，以“党的建设、宣传教育、综治维稳、便民服务、信息综合”为基本内涵，大力整合服务项目进网格，积极开展多层次多领域的公共便民服务。城市社区和农村网格化覆盖面分别达到100%、32.69%。厦门市结合“美丽厦门共同缔造”活动，培育社会组织，着力推进社区网格化规范化建设，探索建立共治共享的基层社会治理体系。福州市以“135”社区党建工作机制为引领，在单元网格建立党小组，发挥基层党组织在网格化服务管理的凝聚带动作用。

四、立足群众满意，持续推进平安福建建设

坚持把深化平安建设作为全局性、战略性、基础性工作，注重整体推进与重点突破相结合，着力解决人民群众反映强烈的突出问题，努力创造群众追求、认可、满意的平安。

党政重视、目标引领。11月底，省委、省政府在出台第三轮深化“平安福建”建设意见的基础上，召开由省市县各级综治委成员单位及相关单位和县乡两级党政主官参加的深化“平安福建”建设电视电话会议，省委副书记，省委常委、政法委书记出席会议，要求围绕“提升五种能力、完善五个体系、严守五个防止”的目标，不断拓展内容，健全机制，建设一个领域更广、基础更牢、人民群众更满意的“平安福建”。市、县、乡三级坚持把平安建设作为“一把手”工程，普遍成立由党政主要领导挂帅的领导小组，把平安建设纳入为民办实事项目，完善项目推进的平安创建目标管理机制。有的地方把“平安和谐乡镇”创建绩效与干部群众的物质利益紧密挂钩，形成了平安创建的责任共同体。有的地方以“平安海域”创建为载体，部门协同联动，着力打造“海上枫桥”。

系统带动、社会协同。发挥省直单位在平安建设中的引领带动和示范作用，通过行业系统督导推动、创建单位三级联动、试点单位示范带动，分领域、分系统、分行业抓好平安创建。省妇联以创建“平安家庭”为载体，注重以维权促稳定，健全组织协调、共同参与、典型培树、舆论引导机制，全省“平安家庭”创建覆盖面达90%以上。省侨联坚持“以人为本、为侨服务”宗旨，推动各设区市、41个县（市、区）与同级法院建立涉侨工作衔接互动机制，与公安机关建立涉侨案（事）件沟通协调机制，与司法行政部门联手成立法律援助和人民调解机构，形成维护侨益的合力。省民政厅深入推进社会组织管理体制改革，通过实行直接登记、简化备案程序、放宽登记限制、建设社会组织孵化器等举措，进一步简化社会组织登记程序，为社会组织发展“松绑解套”。

立体防控、综合整治。省委、省政府坚持把创新立体化治安防控体系纳入为民办实事项目，市县两级基本建成视频监控中心，全省新增监控探头2.4万个；推动全省各乡镇（街道）、重点村居（社区）、县级以上工业园区组建专职巡防队1931支15万人；建成出城口治安岗亭349个，省际、市际、县际治安卡口检查站111个，基本形成立体化、广覆盖的区际协防网络。省综治委着力解决区域性治安稳定突出问题，制定下发《关于进一步深化社会治安稳定突出问题重点整治工作的意见》，从规范排查发现、挂牌认定、整改落实、督导检查、考评验收等各个环节工作明确项目化、标准化管理办法。同时，排查确定包含5个县（市、区）在内的42个省级重点整治跟踪督导点，硬化重点整治责任，多数治安稳定突出问题得到有效解决。加强学校治安综合治理，健全学校重大安全隐患治理逐级挂牌督办和安全隐患排查治理月报告、季分析制度，开展校车及学生道路交通安全、学习防溺水、清剿火患等专项整治，把综治安全工作列入各类综合督学评估指标，先后4次组成校园综治安全督查组深入全省30余个县（市、区）近300所学校开展明查暗访、督导检查。加强铁路护路联防，召开全省“平安铁路”创建工作现场会，加强高铁和重点线路的防控，加大涉路矛盾纠纷和治安、安全隐患排查整治力度，确保铁路尤其是高铁的运行安全和沿线治安的持续稳定，公里铁路交通事故死亡人数较前三年平均数下降20.3%。

中共福建省委办公厅　省政府办公厅关于进一步推进城乡社区网格化服务管理工作的意见

（2014年12月15日）

各市、县（区）党委和人民政府，平潭综合实验区党工委和管委会，省直各单位：

推行城乡社区网格化服务管理，是深化基层社会治理体制改革、创新基层社会治理方式的重要举措。为深入贯彻落实党的十八届三中、四中全会和省委九届十次、十一次全会精神，加快新型城乡社区综合服务管理体系建设，推进基层社会治理体系和治理能力现代化，现就进一步推进城乡社区网格化服务管理工作提出如下意见。

一、总体要求

（一）指导思想。全面贯彻落实中央和省委省政府深化社会治理体制改革部署，紧密结合新型城镇化、新农村建设和“数字福建”、“智慧城市”建设实际，强化科技支撑，推进资源整合，促进服务延伸，积极构建“社区网格化、平台信息化、管理精细化、服务人性化、参与多元化”的基层综合服务管理新体系，不断提升基层社会治理和公共服务水平，有效服务保障福建科学发展跨越发展。

（二）基本原则。坚持党委领导、政府负责，各级各部门齐抓共管，社会共同参与，居民自治互动，形成共建共享、共治共管合力；坚持以人为本、服务为先，推动政府职能转变，部门服务管理延伸，寓管理于服务之中，在服务中加强管理；坚持优化资源、工作下沉，健全基层综合服务管理平台，促进城乡社区服务管理网络更加完善、功能更加健全、效能明显提升；坚持因地制宜、注重实效，从实际出发，遵循基本规范，鼓励大胆创新，稳步推进、务求实效。

（三）目标任务。到2016年，城市社区全面实现网格化服务管理规范化运行；到2017年，农村社区全面实现网格化服务管理规范化运行。鼓励有条件的地方提前完成。其中，省级社会治理创新综合试点和小城镇综合改革建设试点、“小城市”培育试点2016年前城乡社区全部实现规范化运行。在此基础上，全省逐步建立城乡一体、联动互动、运行高效的网格化服务管理标准运行体系、运作模式和长效机制。

二、重点工作

（一）科学合理划分网格。按照“规模适度、界线清晰、无缝覆盖”原则，在不打破现有行政区划的前提下，科学合理划分城乡社区网格、单元网格（二级网格）。城乡社区网格按现行行政区域划分，部队驻地、大型企业、高校和开发区、旅游区、林场等可独立划分特定网格。城市社区单元网格原则上以街巷定界，一般按300—500户或1000人左右划分；农村社区单元网格原则上按村民小组或自然村为界，不交叉重叠、不留空白区域。个别工作任务较重、管理难度较大的单元网格，还可细划责任网格。各地应结合实际制订网格具体划分方案，绘制网格分布图，统一网格编码制度，设计醒目标识标记，实现地理信息数字化。

（二）组建服务管理团队。按照“所有服务管理事项入网，所有服务管理人员进格”的要求，最大限度统筹整合城乡社区服务管理资源和专（兼）职服务管理力量，规范组建网格综合服务管理团队，实行定网格、定人员、定职责。（1）网格长。城乡社区网格长由城乡社区党组织书记担任，村（居）委会主任担任副网格长，负责城乡社区网格服务管理工作的统筹协调。单元网格长由城乡社区“两委”干部或村（居）民小组长担任，负责单元网格服务管理事项的协调落实。（2）网格管理员。网格管理员是指在网格中从事综合服务管理的专（兼）职管理人员。原则上，网格管理员由现有的城乡社区专（兼）职人员整合组成，或由县（市、区）统一招聘、统一管理、统筹使用。（3）网格协管员。网格协管员是指协助网格管理员开展工作的辅助力量，由网格内的楼栋长、村（居）民代表、群防群治力量、物业管理人员和党（团）员、志愿者等组成。原则上，每个网格都应有相对固定的协管员，协助网格管理员开展工作。县（市、区）要建立健全网格服务管理人员选拔聘用、教育培训、目标考核、管理使用等机制，明确网格服务管理人员职责任务，并做好网格服务管理职责与自身其他业务职责、网格化服务管理工作与城乡社区全面工作的衔接落实。

（三）整合服务管理事项。按照“大综合、全方位”服务管理和“小网格、大民生，小团队、大服务”要求，以党的建设、宣传教育、综治维稳、便民服务、信息综合“五项任务”为基础，全面梳理城乡社区服务管理事项，规范服务管理流程，实现城乡社区所有工作纳入网格化服务管理体系。（1）丰富服务管理内涵。各地应将政府基本公共服务、各类民生需求项目以及部门分散承担、需要在城乡社区落实的事项，纳入网格化综合服务管理内容，统筹使用部门分散的资源力量、工作经费。按照“权随责走、费随事转”要求，担负城乡社区社会治理和公共服务职能的相关部门，要跟进服务、跟进管理，促进网格各项工作高效落实。（2）拓展服务管理内容。依托城乡社区网格化服务管理体系，发展多层次、多样化服务管理工作，积极推行为城乡社区居民代办事宜、为行政部门代理事务“双代服务”，实行新增服务项目“准入制度”。创新服务型经济组织、社会组织培养扶持机制，积极探索政府购买服务的方式，把适合由其提供的服务和解决的事项交由服务型经济组织和社会组织承担。（3）提升服务管理实效。党委政府职能部门以及工会、共青团、妇联等群团组织，要把工作延伸到网格，把力量下沉到网格，把服务管理职责落实到网格，促进服务资源联享、基层工作联做、区域党建联动、精神文明联建、民生保障联帮、公共安全联防、平安法治联创、流动人口联管、城乡管理联抓、公益事业联办。

（四）建立综合信息系统。按照“多级联动、数据共享、信息共用、安全可靠”要求，建立网格化服务管理综合信息系统，为基础数据集成、事项分流处置、综合指挥调度、绩效考评管理等提供信息化技术支撑。（1）强化顶层设计。按照中央关于加强社会治理信息化、社区公共服务信息化和省政府《关于数字福建智慧城市建设的指导意见》的部署要求，依托或整合“数字福建”、“智慧城市”、电子政务网等网络资源建立综合信息系统，由设区市统筹规划建设，在设区市层级设立，县（市、区）、乡镇（街道）、城乡社区层级联动共用。对已建网格化综合信息系统的地方，由设区市进行统一规范、完善提升；对未建网格化综合信息系统的地方，应按照“端口规范、标准统一”的要求，由设区市统筹部署推进。（2）强化信息集成。综合信息系统设计应适度超前，具备开放性、兼容性，对接兼容组织、宣传、民政、卫计、教育、公安、司法行政、人社、住建、国土、安监等职能部门业务系统。各相关部门应主动破除信息“壁垒”，推动部署在不同层级、不同部门、分散孤立、用途单一的各类业务信息系统向综合信息系统迁移或集成。现有的实有人口、计生、社保和“数字城管”等相对完善的信息系统优先汇聚共享，其他部门专业信息逐步导入共用。（3）强化互联互通。推进城乡社区、乡镇（街道）、县（市、区）与设区市综合信息系统衔接联网，在此基础上，全面实现省、市、县（区）、乡镇（街道）、城乡社区五级互联互通。各地要根据实际需要，加强综合信息系统功能研发应用，推进信息采集、问题受理、处置反馈、考核评价等流程标准化。每个城乡社区应配备1名信息管理员，专门负责网格上报各类信息的整理、录入、更新、汇总和综合信息系统运行管理、安全保密等工作。信息管理员应具有一定文化程度、熟悉电脑操作技术，可从现有的城乡社区工作人员中选任，或统一对外招聘。

（五）打造综合服务管理平台。各级党委、政府应主导整合或依托现有工作场所、办公条件和人员队伍，在城乡社区、乡镇（街道）和县（市、区）三级建立健全综合服务管理平台，综合履行网格服务管理指挥、调度、监管和“一站式”公共便民服务窗口职能。（1）城乡社区综合服务管理平台。整合社区工作站、村级综合服务站和城乡社区综治信访维稳工作站等相关职能，建立城乡社区综合服务管理平台，负责城乡社区网格化服务管理工作的具体实施和运行落实，推行网格管理、便民服务和社会治理事项“一站式”受理。（2）乡镇（街道）综合服务管理平台。整合或依托乡镇（街道）便民服务中心、综治信访维稳中心等相关职能和人员队伍，建立乡镇（街道）综合服务管理平台，负责辖区城乡社区网格化服务管理工作的协调指挥、流转调度、监督考核等工作。（3）县（市、区）综合服务管理平台。整合或依托行政服务中心、城市管理指挥中心、矛盾纠纷多元调解中心等资源和力量，建立县（市、区）综合服务管理平台，作为所在县（市、区）网格化服务管理工作的指挥调度中枢，统筹协调辖区网格化服务管理工作，加强对乡镇（街道）、城乡社区的监督考评和职能部门的督导落实。各级应充分发挥网格化综合信息系统衔接联网、功能齐全、反应快捷、灵敏高效的优势，借助电话、网络等手段对群众求助、投诉联动受理、处理、反馈，对各类突发事件应急处突和重大事项协调、城市综合管理、疑难矛盾纠纷化解等进行联动处置。各相关部门要推进本系统工作重心下移、服务下延、力量下沉，精简和下放基本公共服务事项。凡符合政策、群众有需求、城乡社区能办理的，尽可能纳入城乡社区综合服务管理平台受理或办理。加快建设网上服务管理新平台，积极推广“一网办”、“一网通”等服务管理新模式，为群众提供更加方便快捷、优质高效服务。

三、运行机制

（一）网格走访巡查机制。城乡社区应建立网格走访巡查、民情恳谈、网格日志等制度，网格管理员要坚持经常性走访与集中性走访相结合，全面了解社情民意、掌握群众需求，做好上情下达和下情上传工作，推行为民办事承诺制。通过设置信息交换箱、公布网格工作人员联系方式、发放便民服务联系卡、开通网格QQ群等方式，拓宽与群众交流沟通渠道，做到情况掌握在网格、问题解决在网格、工作推进在网格、感情融洽在网格、工作效果在网格。对网格服务管理事项，城乡社区能够协调解决的，在城乡社区内解决；城乡社区解决不了的，按照职责和权限逐级向上报告解决。

（二）任务流转办理机制。各级综合服务管理平台应充分发挥网格化综合信息系统效用，规范网格服务管理事项分类处理、分流办理、分级处置、办结反馈等流程，实现基础信息网上录入、办事服务网上管理、工作过程网上监督、责任目标网上考核。各相关职能部门应与综合服务管理平台建立横向对接机制，对口分流、动态监管、全程跟踪，确保网格服务管理事项有人对接、有人落实、有人负责。

（三）综合协调处置机制。各级党委、政府应建立城乡社区网格化服务管理工作联席会议、工作例会和民情分析会制度，对网格巡查发现上报和民情恳谈中群众反映的问题进行分类梳理，综合分析研判，研究解决办法，及时分类处理。对整体性、综合性的服务管理工作，发挥各级平台的联动作用，采取集中办理、联合处置等办法处理解决。县（市、区）和乡镇（街道）两级应建立值班备勤制度，加强对突发事件和重大问题的应急处置。

（四）绩效考核评价机制。各地应建立健全网格化服务管理与效能督查、绩效奖惩、综治考评等挂钩机制，加强对网格巡查、联系走访、日志记录、服务办事、民情研判等情况的监督检查，采取月统计、季小结、半年总结、年终兑现的办法，加强网格服务管理队伍的考核管理。建立以问题解决、群众满意为导向的评价机制，引入群众满意度评价体系，考核结果量化、动态、公开。各级各部门要有计划、分层次、按类别加强对网格服务管理队伍的业务培训，不断提高其综合素质和履职水平。

（五）信息安全管理机制。各级综合信息系统应建立科学严格的信息安全管理和保密制度，信息使用管理实行分级授权准入制度，实行“一级一权限、一机一账号、一人一密码”，确保基础信息数据库及服务管理对象个人信息安全保密。按照内外有别、分类服务、分级管理原则，服务类信息与外网连通，向城乡居民公开，方便公众查询；管理类信息以内网为主，能公开的公开，不宜公开的应设定权限，确保管理信息不泄密。

四、组织领导

（一）加强组织保障。推行城乡社区网格化服务管理是一项打基础、利长远的综合改革创新工程。各级党委、政府要切实把网格化服务管理纳入全面深化改革总体部署，制订完善专项工作方案，健全落实领导责任制、部门责任制、目标管理责任制和奖惩机制，研究解决工作推进过程中遇到的困难和问题。认真落实以设区市为牵头主体、县（市、区）为责任主体、乡镇（街道）为实施主体、城乡社区为运行主体的分级负责制。设区市要明确相关党政班子成员负责牵头协调，县（市、区）要建立主要领导负总责、主管领导具体抓、部门分工落实的推进机制，加强统筹协调、实施推动，做好上下衔接、联动互动。

（二）注重协作配合。各级部门要切实打破“职能封锁、条块分割”局面，结合各自职能和特点，制订本部门工作融入网格化服务管理的具体措施。组织部门要充分发挥农村“168”、社区“135”基层党建工作机制引领带动作用，加强基层服务型党组织建设，发挥基层党组织与广大党员在网格化服务管理中的战斗堡垒和先锋模范作用。宣传部门要加强社会主义核心价值观和法治精神宣传教育，拓展群众性精神文明等创建工作，广泛动员城乡群众积极融入参与、共建共享、共治共管。综治维稳部门要加大基层综治维稳建设、社会治理创新和网格化服务管理工作推进力度，以法治为引领全力维护基层和谐稳定。民政部门要协调推动基层公共服务平台建设，指导做好网格服务管理事项落实。发改委、数字办等信息化工作主管部门要加强各级网格化综合信息系统规划建设的统筹协调和具体指导，确保衔接联网、互联互通、稳定运行。农业（农办）部门要加大对农村网格化服务管理工作的指导推进力度。其他各有关部门要密切协作配合，有效发挥自身职能在网格化服务管理中的作用。

（三）落实经费投入。各级政府和有关部门应统筹城乡社区社会治理和公共服务的资金投入，将城乡社区网格化服务管理工作列入同级党委政府为民办实事项目，统筹社区和村级组织运转经费，合理确定网格服务管理人员薪酬待遇，建立常态化保障机制，稳定网格服务管理队伍。集约使用政府各部门信息化建设资金项目，发挥通信运营商、信息服务商和软硬件供应商在技术、人才、资金和信息基础设施等方面的优势，降低综合信息系统建设和维护成本，为网格化综合信息系统建设、运行、维护提供经费保障。

（四）严格督查考核。各地要研究制定科学的网格化服务管理工作标准和考核评价指标体系，以实施项目化管理为基本手段，加强对城乡社区网格化服务管理工作的督促检查。县（市、区）要制订推进城乡社区网格化服务管理工作的时间表和路线图，建立权威的效能督导、考核奖惩、责任查究机制，把推行城乡社区网格化服务管理工作实绩作为党委政府领导班子绩效考评的重要内容。省综治委将结合综治领导责任制落实情况考评，加大对各地推行网格化服务管理工作的考评力度。

（五）鼓励探索创新。各地要紧密结合实际，学习借鉴省内外成功经验做法，不断推动网格化服务管理理念、制度、机制和方法创新。要针对山区与沿海、城市与农村不同情况，结合新型城镇化和新农村建设实际，总结推广体现不同区域特点的城乡社区网格化服务管理模式，走出一条符合共性要求、体现个性特征的网格化服务管理新路子。10个省级社会治理创新综合试点和其他各类综合改革试点地区要大胆探索、勇于创新、率先突破，为其他地方提供更多借鉴经验。

福建省三明市建立“公调对接、民调进所”机制推进社会矛盾纠纷化解

为进一步发挥基层派出所在化解矛盾纠纷中的作用，从2012年6月开始，三明市在基层派出所全面建立“公调对接、民调进所”工作机制，116个派出所全部设立人民调解工作室，聘请了专职调解人员267名，兼职调解人员1826名，确定了调解联络员1899名，共调解各类矛盾纠纷6799起，调处成功率达到90%以上，防止“民转刑”案件253起，成功预防可能引发群体性的事件136起。通过驻所民调室的有效衔接，专、兼职人民调解员的积极参与，法院、司法行政等部门的主动介入，形成了人民调解、司法调解、行政调解工作“反应快、衔接准、效率高”的特点。

一、顺势而为，响应“三种需要”

一是顺应社会稳定发展的需要，拓展公安维稳工作。为进一步提高乡镇(街道)、村(社区)人民调解组织的运行效率，2012年6月，在长期开展大调解实践经验的基础上，三明市公安局与市司法局联合下发了《关于在基层派出所设立人民调解工作室的通知》，决定在全市派出所设立人民调解工作室，将公安资源与其他调解资源有效对接，从公安110接警和民警巡逻巡查巡访等源头入手，规范公安机关与其他调解组织的分流对接机制，实现了人民调解、司法调解、行政调解的无缝对接。二是策应警务机制改革的需要，破解基层派出所超范围调处纠纷难题。随着改革的不断深化，各类矛盾纠纷报警骤然增多，2010年全市纠纷警情5351起，2011年9546起，2012年11447起，2013年13371起，呈现快速上升势头，4年来纠纷类警情同比分别上升了78.39%、19.91%、16.81%，而治安类纠纷仅占纠纷类报警总数的10.2%，全市公安机关需要运用约35%的警力处理90%不属于公安业务范畴的矛盾纠纷，不但耗费了大量的警力，还影响了打击、防范、管理等主业的发展。通过建立“公调对接、民调进所”机制，实现了各种矛盾纠纷的有效流转和及时化解，有效避免了各种矛盾纠纷的进一步激化，开辟了社会矛盾纠纷化解的一条新途径。三是回应人民满意率的需要，争取各方大力支持。三明各地党委政府从财政经费上积极支持“公调对接、联调进所”工作机制的落实，全市12个县(市、区)全部出台政策性文件支持驻所民调室的设立。其中梅列区以每名专职调解员每年2.1万元经费下拨支持；沙县从县财政下拨城区每人每年2万元、乡镇每人1.2万元予以支持；永安市将回拨罚没办案补助由原来的40%提高到50%，专门用于调解室的经费支出。同时，从2012年开始，市综治委将开展“公调对接、民调进所”纳入县(市、区)党委政府年度综治考评，积极推动该项工作。另一方面，积极调动社会资源，争取社会各界人士参与，增强了调解的效率与威信。各地派出所发动吸纳符合条件的人大代表43名、政协委员25名、离退休法官9名、离退休检察官7名、离退休警官28名及律师16名、法律工作者62名，以及社会志愿者424名参加到调解组织中来，建立起一支懂法律政策、知民情民意、覆盖各行各业的专兼职调解员队伍。大田县多名有威望的年近古稀的长辈自愿参加到志愿者队伍中，其中就包括家住奇韬镇87岁的退休副县长。

二、应势而发，狠抓“四个坚持”

一是坚持抓硬件建设与软件建设切实解决办公场所规范化建设问题。在硬件建设方面，全市共投入资金800多万元用于驻所人民调解室建

设,统一名称、公章使用。在调解室内统一悬挂人民调解徽章,将人民调解的职责、范围、程序、纪律,当事人的权利和义务上墙公开,建立健全各种基础资料台账。在软件建设方面,驻所人民调解工作室设主任、副主任,主任由乡镇(街道)调委会主任兼任,副主任由司法所所长、派出所主管法制工作的副所长兼任。主任主持人民调解工作室的全面工作,副主任协助主任开展工作。各乡镇(街道)人民调解委员会聘请1—3名专兼职人民调解员到驻所人民调解室开展工作。二是坚持行政调解与人民调解的无缝衔接切实提高矛盾纠纷调处能力。110接警和民警巡逻巡查巡访过程中发现受理的社会矛盾纠纷,先单独或联合调解组织进行处置,判明性质后分类移交给驻所人民调解工作室。在现场处置上,严格执行民警首接责任制,规范现场处置,在第一时间固定保全证据,为后续调解奠定良好的基础。在移送调处工作中,按审核、告知、登记、移送的对接程序,移送驻所调解工作室,并建立双向情况反馈制度,及时了解调处结果。驻所人民调解工作室对公安机关接处警移交的社会矛盾纠纷严格遵循登记受理、调查核实、主持调解、签订调解协议书等程序。三是坚持工作指导与业务培训相结合切实提升矛盾调处能力素质。坚持上级有关部门共同督导驻所民调室各项措施、责任、人员的落实,解决遇到的困难和问题。全市公安、司法机关按照“分类培训、分级负责”的原则,先后对1899名人民调解员分批分次开展业务培训,着力提高调解员化解矛盾纠纷的能力。四是坚持矛盾纠纷区分流转与问责机制相结合切实提高矛盾纠纷解决的效率。设立问责制度,严格限定驻所人民调解室承接矛盾纠纷的范围,严禁不经现场先期调查、取证、调解就把案件移送给驻所民调室。通过引入问责机制和区分限定机制,有效解决了部门合作之间可能出现的相互推诿问题,全市46.8%的纠纷警情通过流转承接在人民调解工作室得到有效化解。

三、造势而起,建立“五项制度”

一是建立联席会议机制。整合公安、法院、司法行政、城建、劳动、民政等大调解所涉及相关部门的所有资源,建立大调解联席会议机制,研究和协调大调解工作中存在的问题,组织召开联席会议122场讨论研究复杂、重大疑难或群体性社会矛盾纠纷,多部门达成一致意见成功调处矛盾纠纷162起。二是建立支持对接机制。在人民调解中加强与人民法庭的合作,对婚姻家庭、房屋宅基地、生产经营性等较为复杂的民事纠纷,在接警征得当事人同意后,驻所调解室联合派出法庭法官受理调处,当事人向人民法院申请确认协议的,由法院派出庭法官受理确认。三是建立交叉评审工作机制。在全市范围内开展驻所人民调解工作室调解卷宗交叉评审活动,每季度评审一次,年终评选出十佳调解卷宗作为示范卷宗,不断提高驻所调解工作室的整体工作水平。四是建立卷宗归档制度。司法行政机关积极指导驻所调解室和乡镇(街道)人民调解委员会规范调解文书制作、完善工作台账管理,在矛盾纠纷调处结束后制作卷宗归档。五是建立管理考核制度。市级层面纳入年度考核指标,对未落实驻所民调室的县级政府在综治考核中扣分。人民调解员由公安派出所和司法所共同负责,公安派出所建立民警调解案件的考核奖励办法,司法行政机关负责做好调解员的业务培训、表彰、考核等工作。在全市开展年度“十佳”调解能手和“十佳”调解经典案例评选,2014年,市公安局与市司法局联合召开表彰会,对2013年度全市驻所民调室“十佳”调解能手进行表彰,并将2013年度全市评选出40个驻所人民调解好案例汇编成册,编印了《三明公调对接典型案例汇编》,供驻所人民调解员学习和借鉴。

福建省福州市以“135”社区党建机制引领网格化服务管理工作

近年来,随着经济社会的快速发展,传统的社区工作模式已不能适应新形势的需要。为正确引导群众理性表达诉求,满足居民群众多样化的需求,以“135”社区党建工作机制为龙头,以网格化服务管理为依托,激活辖区资源,强化服务功能,改进管理方式,提高工作效能,初步实现了社区服务管理的扁平化、精细化、信息化,取得了较好成效。

一、发挥核心作用,实现“哪里有网格哪里就有党组织”

一是强化基层组织。积极构筑党委(党总支)建在社区、党支部建在网格、党小组建在小区(楼组)的“小三级核心网络”,发动党员群众做好“四件事”(即管好自家事、关心邻里事、参与网格事、关注天下事),从而更好地联系群众、服务群众、服务网格,把网格党建活动的触角延伸到居民小区、楼栋的每个角落,实现党的力量全覆盖。创新网格党建共建机制,与辖区单位党组织建立党建联席会议制度,大力推行社区“大党委”、“兼职委员”制度,推进社区党建工作从垂直管理向区域整合,实现“条块结合、资源共享、优势互补、共驻共建”的区域化党建工作新格局。目前,全区已聘请社区兼职委员 236 人,组建党建联席会 69 个、党建联席会成员单位 820 个,全区机关单位与共建社区党组织 100% 签订了“契约式”共驻共建协议。

二是强化核心作用。实行社区党组织书记、居委会主任、社区工作站站长“一肩挑”的模式,把社区各个阶层人员吸引到居委会中来,把户籍居民、流动人员、驻区单位、社区民间组织、小区业委会等相关利益群体组织起来,共同参与、共同推动和谐社区建设,实现互利共赢。在社区设立党代表工作室,定期安排区党代表进驻听取群众意见,实行“一站式”、“代理制”服务,帮助群众解决实际困难。同时,结合群众路线教育实践活动,深入开展“在职党员干部进社区、入网格为群众服务”活动,组织 1054 名机关党员到共建社区和居住网格认领岗位,带头参与社区事务、带头服务群众,形成每名党员发动 10 名群众为社区建设作贡献的“1+10”效应。

三是强化队伍建设。高素质的工作队伍是有效开展网格化工作的重要保证。面向社会公开考录 658 名社区工作服务站专职工作人员,为网格化社区服务管理规范运行奠定坚实基础。同时,按照“立足岗位、发挥特长”的原则,努力建好职业化的社区工作者队伍、履责化的社区党员队伍和社会化的志愿者队伍,作为网格化社会服务管理的重要补充力量。目前,全区已有 300 多支 6 万余人的志愿者队伍,为辖区居民提供全方位的志愿服务。

二、努力整合资源,实现“哪里有需求哪里就有网格化服务”

一是延伸便民平台。逐步完善居家养老、四点钟学校、便民自行车等各项民生保障,推出“办事电话预约”、“上门受理代办”等便民措施,积极打造“社区 10 分钟服务圈”。在全省率先推行社区“错时工作制”和“无假日社区”,将社区工作时间与居民作息时间进行有机衔接,最大限度地方便群众办事,69 个社区全部建立了“一站式”服务窗口。拓展便民呼叫中心功能,推广“一线(12345 服务热线)、一台(网上服务平台)、一册(社区服务手册)”的便民举措,创新社会服务形式,丰富社会服务内涵,不断提升居民群众的满意度和幸福感。同时,大力推进“12345”系统平台与网格化社会综合服务管理系统的对接,确保信息共享,及时应答和办理群众诉求。

二是拓展文化平台。大力发展社区文化,通过健康向上和喜闻乐见的文体活动,丰富群众的业余文化生活,增进居民之间友谊和亲切感,形成和谐融洽的社区文化氛围。各社区积极组建健身队、曲艺队等群众性文化体育团体，大力开展“社区嘉年华”、“生态社区”、“居民公约”、“环保康乐队”、“妈妈课堂”等活动，引导社区居民自我约束自我提升，形成独具特色的社区文化。同时，推动部分中小学校运动场所周末时间免费向周边居民开放，为居民在家门口运动提供便利，初步建成“15分钟低碳生活圈”和“15分钟文体活动圈”。

三是搭建互动平台。建立健全社务公开、党员议事、社区党员大会等制度，以“社情民意恳谈会”、“我为社区建设作贡献”、“我为党旗添光彩”、“金点子行动”为活动载体，引导和发动居民群众广泛参与社区事务管理。为进一步强化与居民群众沟通交流，各社区开通了“网上社区”、“社区QQ群”等平台，并充分利用微信、微博等现代信息传播工具，加强与群众的互动联系，畅通居民群众的诉求表达渠道。如，在近两年的环境综合整治过程中，军门社区和庆城社区注重了解和收集居民的动态信息，每日进行汇总，及时分析研究和有效解决群众的诉求，保障了整治工作顺利推进，没有发生上访事件。

三、着力源头防范，实现“哪里有问题就在哪里网格内解决”

一是社情民意掌握在先。发挥网格前沿哨兵、信息触角的作用，以专业化社区工作者队伍为依托，定格定责，通过“人对人、点对点”的服务，实时了解居民情况，广泛收集社情民意，第一时间掌握社区不稳定因素、治安隐患和问题苗头信息。各网格管理员深入居民群众，每日两次入格巡查4个小时，走访3户以上的居民，做到“知民情、顺民意、解民忧”。

二是矛盾纠纷调解在先。按照“及时化解、就地解决”的原则，探索建立以社区党组织为核心，居委会、社工站、小区业主、物业服务企业“五方协调联动机制”，共同研究解决居民生活中的矛盾纠纷。如，建银大厦停车场收费及物业管理问题，业主与物业服务企业产生纠纷，社区得到网格员的报告后，及时组织相关部门和纠纷双方代表，召开居民民主听证会，通过协调最终纠纷双方达成共识，平息了纷争。

三是政策法规宣传在先。发挥主动引导、深入启发作用，安排法律服务资源轮流进网格，组织开展“法官检察官进社区”、“律师志愿者进社区”和“专职调解员进社区”活动，面对面做好政策法规的宣传工作，接受法律咨询，调解邻里纠纷。在环境综合整治工作中，街道、社区和网格工作人员联合上门开展政策宣传和答疑解惑工作，努力争取居民群众的理解和支持，为整治工作营造了良好氛围。

四是应急事件处置在先。发挥网格系统常态应急、即时处置的作用，从速从容做好突发事件应急处置工作。如，在防抗台风工作中，网格员深入居民家中引导居民做好防护工作；在“5·27”西门永辉持刀伤人事件中，网格员第一时间发现问题，迅速启动应急预案，区委、区政府主要领导赶赴现场，指导、协调救治和善后工作，加强家属的安抚和人文关怀，确保事态可控。

福建省综治委、办机构情况和负责人名单

一、综治委

主　任：尤　权　省委书记

常务副主任：于伟国　省委副书记

副主任：苏增添　省委常委、政法委书记

刘群英　省人大常委会副主任

陈向先　省政协副主席

马新岚　省高级法院院长

何泽中　省检察院检察长

王惠敏　省政府党组成员、公安厅厅长

二、综治办

苏增添　省委常委、政法委书记、省综治委副

主任、省综治办主任
李晋闽　省委政法委常务副书记、省综治办常务副主任
陈　勇　省综治办副主任
傅建飞　省综治办副主任
杨　坦　省综治办副巡视员
省综治办下设综治一室、二室、三室、四室。

福建省各市、县(市、区)综治委、办主任名单

地　区	综治委主任	综治办主任
福州市	杨　岳	齐家麒
鼓楼区	杭　东	张明国
台江区	张　忠	刘　宏
仓山区	杨新坚	林　勇
晋安区	林　峰	方旭光
马尾区	许毅青	任积兴
福清市	陈春光	林建华
长乐市	王绍知	姜星建
闽侯县	赵学峰	林雨青
连江县	关瑞祺	林大朋
闽清县	陈铁晗	郑敏辉
罗源县	吴兰铮	陈　彪
永泰县	林　强	张文华
厦门市	王蒙徽	林　志
思明区	游文昌	张丽燕
湖里区	刘育生	洪奕文
海沧区	郑云峰	刘怀书
集美区	倪　超(4月前) 李辉跃(4月起)	王在军
同安区	陈　琛	朱祥甫
翔安区	陈永裕	洪国煌(9月前) 郑建平(9月起)
漳州市	陈家东	刘南辉
芗城区	黄庆辉(4月前) 吴文团(4月起)	张龙山
龙文区	欧龙光	洪春笙
龙海市	张祯锦	杨志强
漳浦县	沈志平	王建峰
云霄县	陈水树	许　坚
东山县	黄水木	唐铭锟
诏安县	张镇城	沈东发
平和县	沈金水	曾剑光
南靖县	张琳光	简色荣
长泰县	张慧德	蔡海忠
华安县	柯志宏	林志强
招商局经济开发区	白景涛	沈艺辉
古雷开发区	康溪顺	陈文基
常山开发区	姚珠成	郑一宏
台商投资区	陈福州	黄海贵
泉州市	黄少萍	徐义平
鲤城区	苏庆赐	吴晓川
丰泽区	许文贵	尤渊明
洛江区	郑　灵	黄奕瑞
泉港区	洪自强	林　巍
晋江市	陈荣法	林劲松
石狮市	张永宁	陈伟祥
南安市		赖世有
惠安县	肖汉辉	庄东权
安溪县	朱团能	杨瑞福
永春县	林锦明	陈忠东
德化县	吴深生	林新睿
台商投资区	吴汉宗	林清泉
泉州开发区	叶一帆	杨枝平
莆田市	周联清	林更生
仙游县	郑瑞锦	郑武进

地　区	综治委主任	综治办主任
荔城区	胡国防	林敏首
城厢区	林　桦	俞学军
涵江区	沈伯嶙	梁庆龙
秀屿区	陈再新	肖　俊
湄洲湾北岸	俞建忠	卓国忠
湄洲岛管委会	黄　华	林晓峰
三明市	邓本元	王　刚
梅列区	蔡光信	邓发禧
三元区	杨稚平	林志豪
永安市	黄建平	林芬华
沙县	袁超洪	刘志平
大田县	汤俊生	乐余聪
尤溪县	伍　斌	蔡亦喜
将乐县	蒋先东	黄兴泉
泰宁县	张元明	邓龙堂
建宁县	郑剑波	范毓刚
宁化县	肖长根	林春谷
清流县	梁奕章	巫瑞坚
明溪县	林　斌	叶冬华
南平市	裴金佳	郑志勇
延平区	黄　雄	余金明
邵武市	武　勇	邹建平
武夷山市	梁伟新 （10月前） 马必钢 （10月起）	陈　明
建瓯市	余建坤	黄长松
建阳区	袁仁旺	谢学想 （3月前） 周志刚 （3月起）

地　区	综治委主任	综治办主任
顺昌县	韩康平	杨绪培
浦城县	黄书荣	毛雪青
光泽县	符水俊	毛子平
松溪县	朱仁秀	游晓晖
政和县	廖俊波	李佳瑞 （11月前） 魏贵忠 （11月起）
龙岩市	梁建勇	廖继清
新罗区	王　龙	卢永洲
永定县	刘先裘	王选海
上杭县	邓菊芳	陈永文
武平县	王建生	高占春
长汀县	魏　东	张水木
连城县	林英健	李国良
漳平市	赖招源	杨建樟
宁德市	廖小军	黄孝清
蕉城区	王世雄	孙细飞
古田县	吴达金	雷德剑
屏南县	程树平	陈永莉
周宁县	陈鸿飞	陈兴明
寿宁县	卓晓銮	周道芳
福安市	倪政云	邓义强
柘荣县	薛理朝	魏定建
福鼎市	陈其春	李绍美
霞浦县	杨培钦	杨马杰
东侨经济开发区	蔡梅生	蔡承铨
平潭综合实验区		陈昌明
平潭县	尤猛军	张　泉

（撰稿人：林光榕　钟河林
审稿人：李晋闽　严曦）

江　西　省

2014 年综治工作概况

一、关于江西省综治办机构变化情况

江西省综治办于 1990 年 9 月开始筹建，1991 年 4 月 18 日正式成立。当时的省综治办对内为省委政法委的一个职能处，对外为省综治委办公室。省综治办成立时定编为 15 人，实际到位仅 6 人。2004 年，鉴于省直单位综治工作纳入综治考评范围，工作量增加，经编办批准，增设 1 个处，省综治办分别设综治一处、二处，一处负责市、县综治工作，二处负责省直单位综治工作。2008 年，中央综治办要求将矛盾纠纷排查化解工作列入各级综治办工作范围，经商编办同意，增加矛盾纠纷排查调处工作室，机构人员编制在政法委机关机构编制中调剂。2014 年省编办同意省综治办设 4 个职能处。

二、关于江西省综治工作发展情况

江西省综治工作从 1990 年启动，大致经历了起步探索、实践创新和持续发展三个阶段。

（一）起步探索阶段

从 1991 年至 2000 年这 10 年，江西省对综治工作作了一些有益的探索和尝试，创造了“五个全国第一”，为全国综治工作发展作出了贡献。

1. 1991 年 4 月，省委、省政府明确对全省社会治安综合治理工作实行目标管理。

2. 1991 年 10 月，省综治委对全省社会治安综合治理工作进行考核评比，兑现奖惩。

3. 1992 年 4 月，省人大常委会颁布《江西省社会治安综合治理条例》，为全国第一个对综治工作立法的省份。

4. 1993 年 6 月，省综治委制定《江西省社会治安综合治理一票否决权制实施办法》，经省委批准同意，在全省正式实施。

5. 1992 年 3 月，省综治委、省纪委、省委组织部、省人事厅、省监察厅联合颁布《江西省社会治安综合治理领导责任制实施办法》（试运行），1993 年 7 月修订后正式运行。

（二）实践创新阶段

新世纪头十年，江西省综治工作在巩固成果基础上，进入实践创新阶段，许多创新成果在全国推广。

1. 综治理论创新。2001 年，时任省委书记孟建柱同志对综治工作提出了一系列创新的理念。发展是硬道理，稳定是硬任务；发展是第一要务，稳定是第一责任；抓发展是政绩，保稳定也是政绩；环境是加快发展最大的品牌，治安环境是加快发展的第一环境；平安是财富，稳定也出生产力；在战略上把改革发展放在首位，以改革发展促稳定，在战术上把稳定放在首位，以稳定促改革、保发展，等等。

2. 工作思路创新。在总结以往经验教训的基础上，提出了一系列新的工作思路，突出的有这么几点：一是坚持打防结合，预防为主，把综治工作重点转到防范控制上来；二是强化治安立体防控，守住点、控住线、管好面；三是内部单位综治工作重点是管好自己的人，看好自己的门，办好自己的事，履好自己的责；四是壮大群防群治队伍，组织开展群防群治，发挥无穷民力在治安防范中的作用；五是构建视频监控体系，提高治安防控的科技含量，等等。思路的创新，推动着综治工作快速发展。

3. 体制机制创新。突出抓了三大创新：一是理顺综治组织体系。2002 年，省里明确省、设区市、县（市、区）综治办分别为正厅级、正县级、正科级。二是规范综治基层组织。乡镇（街道）综治办主任由党委副书记兼任，配专职副主任和 3—5 名综治干部，形成覆盖全省城乡的综治组织网络。三是建立综治经费保障机制。确定省、市、县综治工作经费分别按照总人口数人均 0.1、

0.2、0.3 元的标准列入财政预算。

4. 运行载体创新。遵照孟建柱同志的指示，以平安建设统揽综治工作，从社会关注热点抓起，从百姓安全需求抓起，从问题突出地区抓起，从基层行业创建抓起，从落实领导责任抓起，建设平安江西，让老百姓感受平安就在身边。江西成为全国最早启动平安建设的省份。2003 年，全国综治工作会议在江西召开，推广江西省平安建设经验。

（三）持续发展阶段

近几年来，按照省委领导同志的要求，全省综治战线下大力气创特色、树品牌，打造了一批亮点，推动了综治工作持续发展。江西省在全国有影响并得到中央综治委（办）认可的亮点品牌，主要有以下几个：

1. 矛盾纠纷排查化解。一是出台矛盾纠纷排查调处工作规程，规范了矛盾纠纷排查调处工作的运行。二是建立人民调解、行政调解、司法调解衔接联动的“大调解”工作体系。三是建立医患纠纷调处中心，运用多种手段调处医患纠纷，有效遏制“医闹”问题。2011 年，中央五部委在景德镇召开现场会，推广江西省“五个转变”的经验。四是构建交通事故矛盾纠纷联动处理机制，推动交通事故纠纷的快速稳妥化解。五是实行领导包案化解矛盾纠纷制度。对重大矛盾纠纷，由领导包案化解，副职领导化解不了的由正职领导化解，正职领导化解不了的由班子集体研究化解。六是完善矛盾纠纷台账管理和交账制度。

2. 特殊人群服务管理。对刑释人员，建立了监所与社会无缝对接机制，形成了人员交接、过渡安置、就业扶助、社会保障、接茬帮教的“五位一体”模式，刑释人员接送、帮教管控率、就业安置率均在 96% 以上，重新违法犯罪率为 1.5% 左右。对监外执行人员，在县一级设立了监管中心，全面推行 GPS 系统进行定位管控，全省累计接受矫正人员 22401 名，重新违法犯罪率仅 0.02%。对排查出的肇事肇祸精神病人，全部送精神病院收治管控，有效预防和减少了精神病人肇事肇祸危害社会的案（事）件。

3. 非正常死亡问题处理。针对高校非正常死亡引发的纠纷增多的情况，建立了校地联动机制，所发生纠纷全部成功化解。针对监所被监管人员非正常死亡问题，建立了所地联动处理机制，也取得明显成效。

4. 控制进京非正常上访。出台了《解决进京非访突出问题实施意见》、《依法处理信访过程中违法犯罪行为的指导意见（试行）》，由省公、检、法三家联合发布了依法规范信访行为的通告，依法治理进京非访工作。对重点进京非访人员逐一确定包案领导，组成专班实行管控。对进京非访情况定期进行排名通报，对进京非访突出的地方和单位领导进行诫勉谈话，实行限期整改。

5. 依法处理“医闹”问题。推动颁布《江西省医疗纠纷预防和处理条例》。组织开展依法处理涉医违法犯罪专项行动，依法处理医闹事件和涉医违法犯罪人员。2014 年，全省医疗纠纷同比下降 31.2%，医闹事件同比下降 78.8%。

6. 治理民工工资拖欠问题。针对交通建设工程领域拖欠民工工资问题，省综治办会同省交通厅出台源头治理实施意见，其中最关键的是：施工单位按计量工程款的 12% 作为民工工资保证金分期存入建设单位指定的银行；银行凭民工工资核算明细表每月将民工工资充入民工工资银行卡（折）；民工凭银行卡（折）每月到银行领取工资。此项工作已在全省交通系统全面推开。

7. 综治信息化建设。构建了社会稳定形势评估预警系统，每季度对全省、设区市及县（市区）社会稳定形势进行评估预警，针对薄弱环节，研究应对措施，解决突出问题。研发了鄱阳湖区域综合治理信息系统，及时掌握湖区权属争议、纠纷隐患和整治进展情况，解决突出问题，维护湖区和谐稳定。社会治安综合治理信息化、社区网格管理信息化建设，由点到面，正在各地推进。

8. 内部单位综治目标管理全覆盖。省直所有系统、部门、单位，11 个设区市市直单位，100 个县县直单位和中央、省、市驻赣单位全部纳入综治目标管理。省综治办、省人事厅、省财政厅共同研究制定了内部单位综治工作考核和奖惩办法，并分机关、学校、企业、金融单位四种类型考核。凡被评为年度综治工作先进单位的，对该单位全体人员奖励两个月工资。

9. 社会治理创新整体设计。以省委、省政府名义出台了《江西省社会管理综合治理体系建设规划纲要（2012—2015 年）》，提出构建十大体系和十大机制，力争到 2015 年，基本建成覆盖全省并有序、有力、有效运行的社会治理综合治理框架体系。

10. 颁发平安建设行动方案。以省委名义颁发了《深化平安江西建设行动方案》，从十个方面提出平安江西建设的六十项具体工作，紧紧围绕江西与全国同步全面建成小康社会的奋斗目标，积极回应人民群众新要求新期待，以增强公众安全感为立足点，以拓展基层行业平安创建为切入点，以解决影响平安的突出问题为着力点，深化平安江西建设，确保人民安居乐业、社会安定有序、江西长治久安。

11. 提高综治工作经费保障标准。省财政厅与省综治办联合行文，明确社会治安综合治理工作经费，省、设区市按总人口每年人均不低于0.5元的标准，总人口50万以上的县(市、区)按每年人均不低于1元的标准，总人口50万以下的县(市、区)按每年人均不低于1.5元的标准，从2012年起列入财政预算，并足额拨付。省本级综治经费由440万元增加到2280万元，净增1840万元。省、市、县三级综治经费增长幅度都达五倍以上。

江西省医疗纠纷预防与处理条例

(2014年3月27日江西省第十二届
人民代表大会常务委员会第九次会议通过)

第一章　总　　则

第一条　为了预防与处理医疗纠纷，保护患者及其近亲属、医疗机构及其医务人员的合法权益，维护医疗秩序，根据《中华人民共和国侵权责任法》《中华人民共和国人民调解法》和国务院《医疗事故处理条例》等有关法律、行政法规的规定，结合本省实际，制定本条例。

第二条　本省行政区域内医疗纠纷的预防与处理，适用本条例。

本条例所称医疗纠纷，是指患者及其近亲属与医疗机构及其医务人员就检查、诊疗、护理等行为造成的后果及原因、责任、赔偿等问题，在认识上产生分歧而引发的争议。

第三条　医疗纠纷的预防与处理，实行属地管理、分级负责、预防为主、依法处理的原则。

第四条　县级以上人民政府应当加强对医疗纠纷预防与处理工作的领导，将医疗纠纷预防与处理工作纳入社会治理工作体系，协调解决医疗纠纷预防与处理工作中的重大问题。

第五条　县级以上人民政府卫生主管部门应当规范医疗机构准入，加强对医疗机构及其医务人员的监督管理，督促医疗机构提高医疗服务质量，保障医疗安全，做好医疗纠纷预防与处理工作。

第六条　县级以上人民政府司法行政部门应当加强对医疗纠纷人民调解工作的指导，促进医疗纠纷人民调解工作规范化建设，负责管理和监督从事医疗损害鉴定的司法鉴定机构及其鉴定活动。

第七条　县级以上人民政府公安机关应当依法维护医疗机构的治安秩序，加强对医疗机构内部治安保卫工作的监督指导，及时查处侵害医务人员、患者及其近亲属人身、财产安全和扰乱医疗机构秩序的违法犯罪行为。

第八条　县级以上人民政府信访、价格、财政、民政等有关部门应当依照各自职责，做好医疗纠纷预防与处理的相关工作。

第九条　医疗机构所在地、患者户籍所在地或者居住地乡镇人民政府、街道办事处、村(居)民委员会以及相关单位，负责配合县级以上人民政府及其相关部门做好医疗纠纷预防与处理工作。

第十条　建立医疗纠纷人民调解制度。

设区的市、县(市、区)医疗纠纷人民调解委员会负责本行政区域内医疗纠纷的人民调解工作。

县级以上社会治理综合治理机构应当根据本地实际，指导、协调设立医疗纠纷人民调解委员会，并将医疗纠纷预防与处理工作纳入社会治理综合治理目标管理考评范围实施考评。

第十一条　鼓励和支持医疗机构参加医疗责任保险，鼓励患者参加医疗意外保险。

县级以上人民政府卫生主管部门应当引导医疗机构投保医疗责任险。保险监督管理机构应当加强对医疗责任保险承保及理赔工作的监督管理，依法保护投保人和被保险人的合法利益。

第十二条　各级人民政府及其有关部门应当加强医疗卫生管理法律、法规宣传和医疗卫生常识教育，引导公众理性对待医疗风险。

涉及医疗纠纷的报道，新闻媒体应当客观公正，恪守职业道德。

第十三条　医疗卫生行业协会等社会团体应当加强医疗卫生行业自律，促进医疗机构及其医务人员诚信执业。

第二章　医疗纠纷预防

第十四条　医疗机构应当加强医务人员职业道德教育和业务培训，提高医患沟通能力，建立健全医疗质量监控和评价制度、医疗安全责任制度和过错责任追究制度，完善医疗质量管理与控制体系。

第十五条　医疗机构应当建立健全医疗纠纷处理制度，设立负责处理医疗纠纷的部门或者配备医疗纠纷处理工作人员，明确医疗机构负责人、科室负责人和医务人员在医疗纠纷处理中的职责，规范医疗纠纷处理程序。

第十六条　医疗机构应当建立健全医患沟通机制，设置统一投诉窗口和接待场所，配备专（兼）职人员，在显著位置公布医疗纠纷的解决途径、程序以及医疗纠纷人民调解委员会等相关机构的职责、地址和联系方式，方便患者及其近亲属投诉或者咨询。

第十七条　医疗机构及其医务人员在医疗活动中应当遵守下列规定：

（一）遵守医疗卫生管理法律、法规、规章和诊疗护理规范、常规，恪守医疗服务职业道德。

（二）关心、爱护、尊重患者，保护患者隐私。

（三）因病施治，合理治疗。

（四）向患者如实告知病情、医疗措施、医疗风险、医疗费用等情况，耐心解答其咨询，做好心理疏导；如实告知患者可能对其产生不利后果的，应当如实告知患者近亲属。

（五）需要实施手术、特殊检查、特殊治疗、实验性临床医疗的，应当征得患者或者其近亲属书面同意。抢救生命垂危的患者等紧急情况不能取得患者及其近亲属意见的，经医疗机构负责人或者授权的负责人批准，可以立即实施相应的医疗措施。

（六）按照国家规定书写并保存病历资料。

第十八条　医务人员在医疗活动中不得有下列行为：

（一）违反诊疗规范、常规，实施不必要的检查；

（二）使用与病情不相宜的诊疗技术、药物和医疗器械；

（三）隐匿、篡改、伪造、损毁、丢失病历资料；

（四）接受患者及其近亲属财物或者牟取其他不正当利益。

第十九条　患者及其近亲属或者其代理人应当遵守下列规定：

（一）遵守医疗机构管理制度和医疗秩序，尊重医务人员；

（二）如实向医务人员陈述病情病史，配合医务人员进行检查、诊疗和护理，并按照要求签署相关知情同意书面材料；

（三）按照规定支付医疗费用；

（四）配合医疗机构根据病情要求其转诊或者出院的安排；

（五）对医疗行为有异议的，依法表达意见和诉求。

患者及其近亲属或者其代理人不得强行要求医疗机构作出超出其救治能力和执业范围的医疗行为。

第二十条　患者及其近亲属或者其代理人，有权查阅、复印或者复制患者门（急）诊病历和住院病历中的体温单、医嘱单、住院志（入院记录）、手术同意书、麻醉同意书、麻醉记录、手术记录、病重（病危）患者护理记录、出院记录、输血治疗知情同意书、特殊检查（特殊治疗）同意书、病理报告、检验报告等辅助检查报告单、医学影像检查资料等病历材料。

第二十一条　患者及其近亲属或者其代理人依照第二十条规定要求复印或者复制病历资料的，医疗机构应当提供复印或者复制服务，并在复印或者复制的病历资料上加盖证明印记。复印或者复制病历资料时，应当有患者及其近亲属或者其代理人在场。

病历尚未完成，患者及其近亲属或者其代理人要求复印或者复制病历的，可以对已完成的病历先行复印或者复制，在医务人员按照规定完成病历后，再对新完成部分进行复印或者复制。

复印或者复制病历资料，医疗机构可以按照省人民政府价格主管部门规定的标准收取工本费。

第三章　医疗纠纷处理

第一节　一般规定

第二十二条　医疗纠纷发生后，医患双方当事人可以选择下列途径解决：

（一）自行协商；

（二）向医疗纠纷人民调解委员会申请人民调解；

（三）向卫生主管部门申请行政处理；

（四）向人民法院提起诉讼；

（五）法律、法规、规章规定的其他途径。

第二十三条　医疗机构投诉窗口接到投诉后，对于涉及收费、价格等能够当场核实处理的投诉事项，应当当场解答和处理；无法当场解答和处理的，应当及时交办相关科室或者报送医疗机构负责人指定相关责任人员研究投诉事项，在十个工作日内将处理情况或处理意见向投诉人书面反馈。

医疗纠纷发生后，医疗机构负责处理医疗纠纷的部门和有关人员应当立即接待患者及其近亲属或者其代理人，听取其意见，向其告知医疗纠纷的处理途径、方法和程序。必要时，由医疗机构负责人接待并听取患方意见，作出处理决定。

患者及其近亲属或者其代理人对医疗机构的解答和处理不满意的，有权向卫生主管部门投诉。卫生主管部门受理投诉后，应当依照规定处理，并将处理结果及时告知投诉人。

第二十四条　医疗纠纷发生后，病历资料应当在医患双方当事人在场的情况下进行确认，签字或者盖章后封存。封存的病历资料为复印件或者复制件，复印件或者复制件一式两份，由医疗机构、患者或者其近亲属分别保管。

第二十五条　患者死亡，医患双方当事人未能确定死因或者对死因有异议的，应当在患者死亡四十八小时内由医疗机构、死者近亲属或者司法机关委托具备资质的尸检机构和专业技术人员进行尸检；具备遗体冻存条件的，可以延长至七日。尸检应当经死者近亲属同意并签字，无正当理由拒绝签字的，视为死者近亲属不同意进行尸检，医疗机构可以邀请村（居）民委员会、公安机关、卫生主管部门等第三方人员，签字见证。

医患双方当事人可以请法医病理学人员参加尸检，也可以委派代表观察尸检过程。

第二十六条　拒绝或者拖延尸检，超过规定时间，影响死因判定的，由拒绝或者拖延的一方承担责任。

第二十七条　患者在医疗机构内死亡的，遗体应当在二小时内移送太平间，存放太平间不得超过四十八小时。医疗机构没有设置太平间的，应当在二小时内将遗体移送殡仪馆。

医疗机构通知殡仪馆接收遗体的，殡仪馆应当及时到医疗机构按照有关规定接收、运送遗体。民政部门应当督促其履行职责，卫生主管部门、公安机关应当协助做好现场遗体移送等相关工作。

第二十八条　违反第二十七条第一款规定逾期未处理的遗体，经报医疗机构执业登记的卫生主管部门批准和所在地公安机关备案后，由医疗机构按照第二十七条第二款规定处理。

第二十九条　遗体应当按照国家和省有关规定处理。涉及医疗纠纷的，遗体在殡仪馆存放时间一般不超过七日，存放费用由医疗机构与死者近亲属按照责任比例承担。

第二节　协商与调解

第三十条　医疗纠纷的协商和调解不得违背法律、法规和政策的规定，不得违背客观事实。

医疗纠纷发生后，医患双方当事人可以自行协商解决。协商一致的，医患双方当事人可以达成书面和解协议。

患者及其近亲属或者其代理人请求赔付金

额二万元以上的医疗纠纷，医疗机构应当告知患者及其近亲属或者其代理人可以向医疗纠纷人民调解委员会申请调解。

第三十一条　医疗纠纷人民调解委员会由委员三至九人组成，设主任一人，必要时，可以设副主任若干人。

医疗纠纷人民调解员由医疗纠纷人民调解委员会聘任的人员担任。

医疗纠纷人民调解委员会委员的产生、调解员的聘任等事项，由省司法行政部门和卫生主管部门依照《中华人民共和国人民调解法》的规定确定。

医疗纠纷人民调解委员会可以吸收公道正派、热心调解、群众认可的社会人士参与调解。

医疗纠纷人民调解员应当为人公道、品行良好，具有医疗、法律、保险专业知识或者调解工作经验，并热心人民调解工作。医疗纠纷人民调解员对调解中获悉的患者及医务人员的隐私或者医疗机构的商业秘密有保密义务。

县级以上人民政府司法行政部门应当定期对医疗纠纷人民调解员进行业务培训。培训不得收取任何费用。

第三十二条　医疗纠纷人民调解委员会具体履行下列职责：

（一）受理医疗纠纷调解申请；

（二）接待各方咨询，引导医患双方按照法律、法规规定解决医疗纠纷；

（三）调解医疗纠纷；

（四）法律、法规规定的其他职责。

第三十三条　医疗纠纷发生后，医患双方当事人可以申请医疗纠纷发生地的医疗纠纷人民调解委员会进行调解。

第三十四条　医疗纠纷人民调解委员会收到医疗纠纷调解申请后，应当在三个工作日内予以审查。决定受理的，及时答复当事人；不予受理的，应当书面通知当事人并说明理由。

医疗纠纷人民调解委员会受理调解申请后，应当告知医患双方当事人在调解过程中的权利和义务。

代理人从事医疗纠纷代理活动应当出示授权委托书，代理人属于律师或者基层法律服务工作者还应当出示执业证。参加医疗纠纷调解活动的患者及其近亲属或者其代理人不得超过5人。

法律援助机构应当依法为经济困难的患者或者其近亲属提供法律援助。

第三十五条　有下列情形之一的，医疗纠纷人民调解委员会不予受理；已经受理的，终止调解：

（一）一方当事人拒绝调解的；

（二）一方当事人提出行政处理申请，卫生主管部门已经受理的；

（三）一方当事人向人民法院提起诉讼的；

（四）纠纷与医疗机构的医疗行为无关的；

（五）法律、法规规定的其他情形。

终止调解的，应当书面通知当事人并说明理由。

第三十六条　医疗纠纷人民调解委员会根据调解需要，可以指定一名或者数名医疗纠纷人民调解员进行调解，也可以由医患双方当事人选择一名或者数名医疗纠纷人民调解员进行调解。

医患双方当事人有正当理由要求医疗纠纷人民调解员回避的，医疗纠纷人民调解委员会应当予以调换。医疗纠纷人民调解委员会认为有应当回避情形的，可以直接作出回避决定。医疗纠纷人民调解员认为有应当回避情形的，应当向医疗纠纷人民调解委员会申请回避。

第三十七条　医疗纠纷人民调解委员会受理医疗纠纷调解申请后，医疗纠纷人民调解员应当分别向医患双方当事人、有关专家了解相关事实和情况。医疗纠纷人民调解员根据需要向有关方面调查、核实医疗纠纷情况时，有关单位或者个人应当予以配合。

第三十八条　医疗纠纷人民调解工作应当坚持自愿、合法、平等原则，尊重当事人的权利。

医疗纠纷人民调解委员会调解医疗纠纷不得收取任何费用，不得以任何名义向医患双方索取财物，调解工作经费和人民调解员工作补贴由财政予以保障。

第三十九条　医疗纠纷人民调解委员会应当自受理调解申请之日起三十个工作日内调解终结。调解期限不包含鉴定时间。

因特殊情况需要延长调解期限的，医患双方当事人可以约定延长期限；超过约定期限仍未达成调解协议的，视为调解不成。

调解不成的，应当书面告知医患双方当事人并说明理由。

第四十条　经调解解决的医疗纠纷，医疗纠纷人民调解委员会应当制作医疗纠纷人民调解协议书。医疗纠纷人民调解协议书经医患双方当事人签字、盖章或者按指印，医疗纠纷人民调解员签名并加盖医疗纠纷人民调解委员会印章后生效，具有法律约束力，当事人应当履行。

医患双方当事人同意对医疗纠纷人民调解协议书进行司法确认的，应当在三十日内向人民法院提出申请。医疗纠纷人民调解委员会应当协助当事人进行司法确认。经人民法院依法确认有效的医疗纠纷人民调解协议书，一方当事人拒绝履行或者未全部履行的，对方当事人可以向人民法院申请强制执行。

第三节　专家咨询与医疗鉴定

第四十一条　医疗纠纷人民调解委员会应当建立由医学、药学、心理、保险、法律等相关专业人员组成的专家库，为医疗纠纷的调查、评估和调解提供咨询。

第四十二条　医患双方当事人申请医疗纠纷人民调解委员会调解，对索赔金额二万元以上十万元以下且医患双方对医疗责任存在争议的医疗纠纷，医疗纠纷人民调解委员会应当委托其专家库中相关专家进行咨询；专家出具的书面咨询意见应当明确医患双方的责任。对索赔金额十万元以上且医患双方对医疗责任存在争议的医疗纠纷，应当先进行医疗事故技术鉴定或者医疗损害鉴定，明确责任。鉴定应当委托医学会等具有资质的鉴定机构进行。鉴定费由医患双方按照责任比例承担。

第四十三条　申请医疗事故技术鉴定的，按照国务院《医疗事故处理条例》的有关规定执行。

申请医疗损害鉴定的，鉴定机构应当指派经司法行政部门登记并在临床工作的相关专业医学人员进行鉴定；鉴定机构进行医疗损害鉴定的，应当按照国家有关司法鉴定程序的规定执行。

第四十四条　医疗损害鉴定和医疗事故技术鉴定实行鉴定人负责制度。鉴定人应当独立进行鉴定，对鉴定意见负责并在鉴定书上签名或者盖章。多人参加的鉴定，对鉴定结论有不同意见的，应当注明。鉴定时间不得超过三十日。

第四十五条　在诉讼中，医患双方当事人对鉴定意见有异议的，经人民法院依法通知，鉴定人应当出庭作证。

第四章　医疗纠纷应急处置

第四十六条　医疗机构应当制定医疗纠纷应急处置预案，报其执业登记的卫生主管部门和所在地公安机关备案，并组织相关应急演练。

医疗机构应当加强安全防范系统建设，做好安全保卫工作，提高安全防范能力。

第四十七条　县级以上人民政府卫生主管部门和各级医疗机构应当建立健全医疗纠纷报告制度。

发生影响社会稳定的医疗纠纷的，医疗机构应当及时启动应急预案，并报告其执业登记的卫生主管部门，不得迟报、谎报、瞒报。

卫生主管部门接到报告后，应当及时了解掌握情况，指导和督促医疗机构采取措施控制事态、解决纠纷。必要时，应当派员到现场指导和参与纠纷处理，并按照有关规定向本级人民政府、社会治理综合治理机构和上一级卫生主管部门报告。

第四十八条　患者及其近亲属或者其代理人以及其他相关人员有下列行为之一，经劝阻无效的，医疗机构应当立即向所在地公安机关报警，并保护好现场，配合公安机关做好调查取证等工作：

（一）聚众占据医疗机构的诊疗、办公场所；

（二）在医疗机构内拉条幅、设灵堂、焚香烧纸、摆花圈、散发传单、喧闹、张贴大字报、围堵就医通道；

（三）拒不将遗体移放太平间或者殡仪馆；

（四）侮辱、威胁、恐吓、故意伤害医务人员，或者非法限制医务人员人身自由；

（五）损毁医务资料、医疗器械和其他医疗设施；

（六）非法携带易燃、易爆危险物品和管制器具进入医疗机构；

（七）其他扰乱医疗机构正常医疗秩序的行为。

第四十九条　公安机关接到医疗机构报警后，应当依照下列程序处理：

（一）立即组织警力赶赴现场，开展教育疏导，劝阻双方过激行为，经劝阻无效的，应当依法予以制止，控制事态扩大；

（二）将扰乱正常医疗秩序等违反社会治安管理的医疗纠纷参与人员带离现场调查，维护医疗秩序；

（三）对在医疗机构停尸、闹丧，经劝阻无效的，责令停止违法行为，并依法予以处置；

（四）依法查处现场发生的违法犯罪行为。

第五十条　社会治理综合治理机构接到影响社会稳定的医疗纠纷报告后，应当协调、督促有关地方和部门做好医疗纠纷处理工作。

患者及其近亲属和其他相关人员所在单位、户籍所在地或者居住地乡镇人民政府、街道办事处、村（居）民委员会，接到社会治理综合治理机构要求其参与处理医疗纠纷的通知后，应当立即指派有关人员赶赴医疗纠纷现场，配合卫生、司法、公安等部门开展教育、疏导和劝返工作。

第五章　医疗责任保险

第五十一条　鼓励医疗责任保险承保机构开发多样化的医疗责任保险产品。

医疗责任保险的承保机构应当遵循保本微利原则，依据精算规则，科学确定保险费率，并根据医疗机构规模、不同临床专业的风险大小、以往年度医疗纠纷赔付情况，与医疗机构共同协商浮动费率。

第五十二条　医疗责任保险的承保机构应当通过招标等方式确定。

第五十三条　参加医疗责任保险的医疗机构，其医疗责任保险保费支出，从医疗机构业务费中列支，按照规定计入医疗成本。按照收入支出两条线管理的医疗机构，保险费用由财政列支。

医疗机构不得因参加医疗责任保险而提高现有收费标准或者变相增加患者负担。

第五十四条　已投保的医疗机构对发生承保范围内的医疗纠纷，应当及时通知医疗责任保险的承保机构。医疗责任保险的承保机构应当及时参与医疗纠纷的处理活动。

需要保险理赔的，医疗机构、医疗纠纷人民调解委员会应当向医疗责任保险的承保机构提供医疗纠纷有关证据材料。

第五十五条　医疗责任保险的承保机构应当将医患双方当事人自行和解协议书、医疗纠纷人民调解协议书、卫生主管部门行政调解协议书、人民法院判决书等作为医疗责任保险理赔的依据，按照合同约定及时、足额支付赔偿款项。

第六章　法律责任

第五十六条　医疗机构有下列行为之一的，由县级以上人民政府卫生主管部门给予警告，责令改正；拒不改正或者造成严重后果的，依法对直接负责的主管人员和其他直接责任人员给予处分；构成犯罪的，依法追究刑事责任：

（一）违反本条例第十四条规定，未对医务人员进行职业道德教育和业务培训，或者未建立医疗质量监控和评价制度、医疗安全责任制度和过错责任追究制度的；

（二）违反本条例第十六条规定，未设置统一投诉窗口和接待场所，或者配备专（兼）职人员，未在显著位置公布医疗纠纷解决途径、程序以及医疗纠纷人民调解委员会等相关机构的职责、地址和联系方式的；

（三）违反本条例第二十一条、第二十四条规定，未提供病历资料复印或者复制服务、未在复印或者复制的病历资料上加盖证明印记、未按照规定封存病历资料的；

（四）违反本条例第四十六条规定，未制定医疗纠纷应急处置预案，并报其执业登记的卫生主管部门和所在地公安机关备案的；

（五）违反本条例第四十七条规定，未建立医疗纠纷报告制度，或者迟报、谎报、瞒报影响社会稳定的医疗纠纷的。

第五十七条　医务人员违反本条例第十八条规定，有下列行为之一的，由县级以上人民政府卫生主管部门依照《中华人民共和国执业医师法》《中华人民共和国药品管理法》和国务院《护士条例》等有关法律、法规予以处罚；构成犯罪的，依法追究刑事责任：

（一）违反诊疗规范、常规，实施不必要的检查的；

（二）使用与病情不相宜的诊疗技术、药物和医疗器械的；

（三）隐匿、篡改、伪造、损毁、丢失病历资料的；

（四）接受患者及其近亲属财物或者牟取其他不正当利益的。

第五十八条　患者及其近亲属或者其代理人以及其他人员违反本条例第四十八条规定，扰乱正常医疗秩序，损坏公私财物，侵害他人合法权益的，由公安机关依照《中华人民共和国治安管理处罚法》规定予以处罚；构成犯罪的，依法追究刑事责任。

第五十九条　医疗纠纷人民调解员违反本条例规定，有下列行为之一的，由医疗纠纷人民调解委员会给予批评教育、责令改正，情节严重的，依法予以解聘；构成犯罪的，依法追究刑事责任：

（一）偏袒一方当事人的；

（二）侮辱当事人的；

（三）索取、收受财物或者牟取其他不正当利益的；

（四）泄露医疗机构商业秘密或者当事人个人隐私的。

第六十条　医疗责任保险的承保机构违反本条例第五十五条规定，拖延支付赔偿款项的，由保险监督管理机构依法予以处罚。

第六十一条　县级以上人民政府卫生主管部门违反本条例规定，有下列情形之一的，由上级行政机关或者有关部门责令改正；情节严重的，对直接负责的主管人员和其他直接责任人员依法给予处分；构成犯罪的，依法追究刑事责任：

（一）发现医疗机构、医务人员执业中的违法行为不予查处的；

（二）收到医疗纠纷行政处理申请后不依法及时处理的；

（三）未依法履行监管职责，直接管理的医疗机构多次发生因医疗机构过错并鉴定为主要责任以上的医疗纠纷，造成严重不良社会影响的；

（四）其他玩忽职守、徇私舞弊，滥用职权的行为。

第六十二条　县级以上人民政府司法、公安、民政等部门和保险监督管理机构及其工作人员，在医疗纠纷预防与处理工作中，未按照本条例规定履行职责的，由其主管部门或者监察机关对直接负责的主管人员和其他直接责任人员依法给予处分；构成犯罪的，依法追究刑事责任。

第七章　附　则

第六十三条　本条例所称医疗机构，是指依照国务院《医疗机构管理条例》规定取得医疗机构执业许可证的机构。

第六十四条　本条例自2014年5月1日起施行。

江西省赣州市实行“有奖监护”强化肇事肇祸精神障碍患者关爱管理

近年来，赣州市把肇事肇祸等严重精神障碍患者救治救助监护工作作为重要的平安工程、民心工程，作为加强和创新社会治理、维护社会和谐稳定的一项重点工作来抓。尤其是2011年提出、2012年试点、2013年全面建立起了“综治牵头组织、部门协同配合、财政全额保障、乡村监督管理、家庭主动参与”的有奖监护机制，大大激发了监护人的监管积极性，从源头上预防和减少了精神障碍患者肇事肇祸现象。全市肇事肇祸案件逐年下降，下降率达到30%，群众安全感稳步提升。

一、建立有奖监护，做到“三实”

1. 逐一落实监护责任。对严重精神障碍患者逐一落实监护人。家庭有监护能力的，由监护人负责监护；家庭无监护能力的，由村（居）委会、单位指定专人监护；监护人失去监护能力或出现其他意外情况而不能保证有效监护的，由公安机关及时督促患者家庭或者所在村（居）委会、单位及时落实新的责任人，实现每一位患者均由有监护能力的人对其进行监护，确保人员不漏管、不失控。同时，对肇事肇祸精神障碍患者的监护人，由乡镇（街道）与其逐一签订有奖监护协议；对一般性精神障碍患者，由乡镇（街道）与其签订监护协议，以协议形式明确监护人负有照料看管被监护人日常生活和监督患者按医嘱服药、随时观察病情变化等监护责任，增强监护责任的强制性和约束力。

2. 逐县落实专项资金。各县（市、区）均设立了30万元以上的有奖监护专项资金，每年列入财政预算，在县（市、区）综治办设立专门账户进行管理。章贡区、兴国、信丰、瑞金、崇义有奖监护专项资金达到50万元以上。乡镇（街道）每年度对肇事肇祸精神障碍患者监护人监护责任的落实情况进行考核认定并给予奖励，对监护协议执行得好、年内患者未发生肇事肇祸行为的，每年奖励监护人1000至3000元；监护协议不落实、患者发生肇事肇祸行为的则不予以奖励。对一般性精神障碍患者的监护人则每年统一奖励200至300元。安远县对监护人的奖励标准则达到每年5000元；信丰县按每年1800元的标准实行奖励，其中1200元用于奖励患者的监护人，600元用于奖励协助监护的村（居）干部。

3. 逐人落实监护奖金。全市规范了有奖监护奖金的申报发放程序，患者未发生肇事肇祸行为的，由村（居）委会统一申报，并填写《有奖监护奖金申报审批表》，村（居）委会和派出所对患者是否发生肇事肇祸行为的事实作出认定，提交乡镇（街道）综治办审核，乡镇（街道）进行审定，报县（市、区）综治办审批后，按照各乡镇（街道）符合奖励条件的监护人人数，划拨有奖监护奖金到乡镇（街道），由乡镇（街道）综治办统一发放。自2011年至2013年底，全市共奖励监护人3277人次，奖励费用达到349万元，仅2013年就为1582名监护人发放奖金209.75万元。2014年，全市2633名肇事肇祸精神障碍患者的监护人全部签订有奖监护协议，已发放奖金181.05万元。

二、发挥部门作用，做到“三化”

1. 管理精细化。对居家患者，医务人员、公安民警定期，村（居）干部、驻村（居）干部、“三送”干部、社区网格员随时开展随访、走访，督促监护责任的落实、掌握患者动态和危险倾向、排查新发病例。对随访、走访中掌握的情况，逐一登记建档；发现危险患者，第一时间报告当地村（居）委会和派出所予以送治，及时消除治安隐患。各地对摸排出来的患者信息，及时录入全国重性精神病人信息系统及综治服务管理平台和社区网格化管理平台，不仅摸清患者的监护人等基础信息，而且摸清患者有无办理医保、有无享受救助、有无精神医学鉴定等工作信息，确保对患者管理无盲区、人员信息无空白。

2. 救治法治化。结合精神卫生法和新刑事诉讼法的实施，及时出台了《关于调整肇事肇祸精神病人收治操作程序的通知》，明确对实施肇事肇祸行为的严重精神障碍患者，鼓励监护人自行持《自愿送治申请书》送治，村（居）委会、派出所协助；对监护人不愿送治或患者为“三无”、流浪乞讨人员的，由公安机关持《临时性保护医疗申请书》先行送医院采取临时性保护医疗，村（居）委会、民政、城管配合。患者在采取临时性保护医疗期间，公安、检察、法院再执行相关司法程序，符合条件的由法院作出强制收治决定。既简化了送治程序，又确保了依法收治，得到了医院及监护人、公安民警的肯定。

3. 救助人性化。乡镇卫生院及社区卫生服务人员对居家患者定期进行体检，并指导其按时科学用药，提高病情的稳定率。残联大力实施服药救助，2013年共对3600名贫困患者免费发放药品；每年为117名贫困患者提供一次性住院医疗救助4000元；开展上门办理残疾证服务，截至目前，全市共为12004名贫困患者办理残疾证。各部门着力推动贫困患者免费救治政策的落实，患者收治人数大为增加。劳动保障部门积极为治愈或病情稳定的患者提供就业机会，解决其生活来源。

三、健全工作机制，做到“三严”

1. 严明部门职责。为确保肇事肇祸精神障碍患者救治救助监护工作有序开展，早在2010年市委办、市政府办就下发有关文件，成立由党委、政府分管综治的领导为正、副组长的领导小组，明确了综治、维稳、公安、卫生、民政、残联、劳动、财政等成员单位以及乡镇（街道）、村（居）、精神病院的职责。2013年市综治委制定的《赣州市肇事肇祸等严重精神障碍患者救治救助监护实施办法》中，又增加宣传、发改、城管、药监、法制、检察、法院等部门为成员单位,对各部门工作职责作了进一步明确。综治办每季度牵头召开联席会议,通报患者排查管控、救治救助、有奖监护等情况,协调解决收治环节中出现的新情况、新问题,并对各部门所掌握的高危人员加强监测预警、开展分析研判、实现信息共享。

2. 严密收治程序。全市建立了无缝衔接的收治程序,还为患者收治开辟了绿色通道。对发生肇事肇祸行为的患者,精神病院一律无条件收治;对并存其他躯体疾病的患者,一律实行"首诊责任制",确保患者"应收尽收"。对经治疗后病情稳定或痊愈患者,由监护人接回;监护人不愿接回的,由当地乡镇(街道)责成村(居)委会或派出所负责派人接回;患者为"三无"或流浪乞讨人员的,转入民政救助站实行救助。

3. 严格考核奖惩。各级综治部门年初将肇事肇祸精神障碍患者救治救助监护工作纳入年初综治目标管理责任书、综治工作要点进行部署,年底进行考核奖惩。既考核地方工作落实情况,又考核职能部门履职尽责情况,促使地方、部门切实承担起服务管理的职责。对因管理不力、工作失职导致发生精神障碍患者肇事肇祸案件的,严格按照相关规定实施惩处,根据肇事肇祸案件的社会危害程度视情对相关乡镇(街道)、村(居)、单位进行综治责任查究。近年来,市综治委对因肇事肇祸精神障碍患者管控不力而发生有影响案件的4个乡镇(管委会),直接实行了综治黄牌警告或限期整改。

江西省综治委、办机构情况和负责人名单

一、综治委

主　任:周　萌　省委常委、政法委书记
副主任:郑为文　省政府副省长、省公安厅厅长
　　郑小燕　省政协副主席
　　吕启庆　武警江西省总队司令员
　　刘和平　省委政法委常务副书记
　　张传发　省委政法委副书记、综治办主任
委　员:周训国　省委组织部副部长
　　梅　毅　省委宣传部副部长
　　林　强　省委维稳办主任
　　吴建春　省综治办副主任
　　韩　军　省人大党委会法工委副主任
　　张　莉　省政协社会和法制委主任
　　苏明宗　省军区副参谋长
　　黄恩华　省军区政治部副主任
　　朱　浔　省高级法院副院长
　　段景来　省检察院副检察长
　　吴晓军　省发改委主任
　　胡　强　省财政厅厅长
　　刘三秋　省人社厅厅长
　　凌学仁　省民政厅副厅长
　　郑高清　省国资委副主任
　　胡世忠　省工信委主任
　　王爱和　省交通运输厅副厅长
　　高　浪　省住房城乡建设厅副厅长
　　邓兴明　省环保厅厅长
　　张龙飞　省质监局副局长
　　郑乐宪　省安监局副局长
　　彭　磊　南昌铁路局副局长
　　刘建华　省工商局副局长
　　王晓峰　省旅发委主任
　　张新生　南昌海关副关长
　　易寿生　人行南昌中心支行副行长
　　柯愈华　江西银监局副局长
　　魏竹勇　江西保监局副局长
　　胡汉平　省农业厅厅长
　　邱水文　省林业厅副厅长
　　曾晓旦　省水利厅副厅长
　　邓又林　省国土资源厅副厅长
　　虞国庆　省教育厅厅长
　　王金平　省卫计委副主任

郜海镭　省文化厅厅长
丁晓胜　省新闻出版广电局副局长
叶国兵　省公安厅副厅长
张爱华　省国家安全厅厅长
马承祖　省司法厅厅长
傅卓成　省总工会常务副主席
曾　萍　团省委书记
饶冬梅　省妇联副主席

二、综治办

主　任：张传发
副主任：吴建春

省综治办下设综治一处、综治二处、综治三处、综治四处。

江西省各市、县(市、区)综治委、办主任名单

地　区	综治委主任	综治办主任
南昌市	欧阳海泉	聂嘉平
		余　颖
东湖区	罗毛则	饶接华
	贺瑞虎	
西湖区	梅茂发	陈其猛
		吴瑞青
青山湖区	李松殿	王观长
	熊运浪	
青云谱区	孙　毅	曾文静
湾里区	杨晓辉	熊世英
南昌县	刘　闯	李林平
新建县	黄耀华	闵尊东
安义县	梅　梅	周国庆
进贤县	钟益民	曾志成
经开区	胡觉荣	涂爱文
桑海开发区	程建兵	潘永江
红谷滩新区	谌　伟	唐　武
高新区	黄　俊	熊水斌
九江市	冯　静	张松生
修水县	吴　玮	陈　林
武宁县	徐天平	黄　健
瑞昌市	郭小云	章晓生
都昌县	赵优生	江天水
湖口县	沈　晖	崔建华
彭泽县	周三连	欧阳宇
永修县	费从军	戴书富
德安县	熊晋喜	张成源
共青城市	王正发	汪永剑
星子县	查代藩	吴家胜
九江县	李　清	胡育刚
浔阳区	刘武爱	汪　斌
庐山区	徐昭国	严子龙
庐山管理局	罗长生	钟爱民
九江市经济开发区	卢友华	江　勇
景德镇市	曹雄泰	王友寿
乐平市	傅金林	章海英
浮梁县	郑赞辉	占海英
珠山区	邵继刚	杨　涛
昌江区	金义生	候志军
萍乡市	李江河	段太平
安源区	刘少云	叶　鹤
湘东区	黄庭发	谭洪龙
芦溪县	杨　志	殷世和
上栗县	彭文华	刘佑伟
莲花县	张运来	周小平
萍乡经济技术开发区	黄薄双	罗建辉
新余市	陈九根	晏小明
高新区	邹永清	刘晓梅
分宜县	敖带芽	郭　文
渝水区	徐文泊	毛志军
仙女湖区	计　平	敖宇平
鹰潭市	彭世东	汪永华
贵溪市	王富生	杨火龙
余江县	金建华	周雪波

地　区	综治委主任	综治办主任
月湖区	黄如象	汪丽霞
赣州市	王少玄	许长湖
赣　县	黄海军	彭德明
大余县	李　兵	梁长运
信丰县	张　琳	李亚明
上犹县	何善祥	赖纪辉
崇义县	黄　华	刘　皑
安远县	华晓斌	蒙鹏华
龙南县	谢建林	唐爱群
全南县	邓增顺	林启华
定南县	龙小东	廖祥华
兴国县	刘文彦	陈树斌
宁都县	李良东	张玉生
于都县	钟玉良	吴金海
瑞金市	钟振林	曾传祺
会昌县	吴惠平	郭凤金
寻乌县	邓旺华	梁　斌
石城县	肖年生	廖长水
南康区	何善锦	王华兵
章贡区	张　永	谭崇银
赣州经开区	符艳冬	杨国国
宜春市	蒋　斌	余祺川
袁州区	龚法生	张幸福
樟树市	胡江萍	陈永平
丰城市	金三元	任勇平
靖安县	江伟斌	余昌洪
奉新县	甘贤武	江小青
高安市	袁和庚	杨学习
上高县	漆海云	卢海保
宜丰县	张智萍	卢建强
铜鼓县	鲁旭东	赖红雯
万载县	陈　虹	刘继贤
上饶市	张跃岭	
婺源县	吴　曙	时森云
信州区	夏秀川	陈红艳
上饶县	江卫农	张雅双
万年县	藩　琍	韩建中
	蔡加生	
德兴市	刘德奖	余友敬
玉山县	黄胜富	陈少剑
	徐树斌	
鄱阳县	潘表光	徐海潮
广丰区	周开旺	郑宜雄
铅山县	黄金福	江细根
横峰县	柯维松	章正福
弋阳县	毛哲军	陈铅南
余干县	张伯涛	周雄厚
吉安市	杨　丹	胡力生
井冈山市	张　伟	彭志坚
吉州区	肖　君	傅先志
青原区	邹卫梅	刘迪本
吉安县	尹子安	张新根
新干县	叶常青	邓志兴
永丰县	李冬根	程运生
峡江县	龚海生	陈　黎
吉水县	曾春保	曾谋远
泰和县	郭小键	刘迪勇
万安县	尹　拓	廖洪滨
遂川县	戴光明	袁　斌
安福县	杨红大	刘经武
永新县	温阳照	贺志龙
抚州市	魏建锋	万　锦
临川区	曾月兴	娄志平
南城县	陈胜堂	段文明
黎川县	顾　波	李铭华
南丰县	周国平	黄良群
崇仁县	王正坤	周安经
乐安县	徐建辉	刘少营
宜黄县	许中伟	付胜根
金溪县	王成兵	李深根
资溪县	徐国义	陈智荣
广昌县	许爱军	李国林
东乡县	谭小平	周志林
高新区	尚江黎	周水龙

（撰稿人：朱同友　余立波
审稿人：张传发　肖嵩）

山　东　省

2014 年综治工作概况

2014 年，山东省综治部门在省委、省政府领导和中央综治办指导下，深入贯彻落实党的十八大、十八届三中、四中全会精神，按照平安中国建设的总体部署，紧密结合山东实际，以实施法治山东建设纲要为引领，以创新社会治理为核心，以解决影响社会和谐稳定突出问题为重点，以开展“两无”综治主题创建活动为抓手，以完善立体化社会治安防控体系建设为重点，以深化综治基层基础建设为保障，着力把深化平安山东建设、创新社会治理纳入法治轨道，努力打造平安山东建设的“升级版”，有力维护了全省社会大局持续和谐稳定。

一、牢牢把握工作主动权，全力维护国家安全和社会稳定

把维护国家安全和政治稳定置于首位，注重以底线思维分析判断形势、研究谋划对策，下好先手棋、打好主动仗，圆满完成了全国全省“两会”、南京青奥会、国庆 65 周年、十八届四中全会、APEC 峰会和世界园艺博览会、亚太经合组织高官会议、西太平洋海军论坛、省运会等重要活动安保维稳任务，确保了敏感节点平稳度过。一是强化情报信息预警。坚持情报会商研判机制，对非法活动发现在早在小、处置在快在巧，把握工作主动权。二是强化重点领域管控。组织开展严厉打击邪教组织违法犯罪专项行动，加强网上斗争，及时发现处置网上有害信息、打掉网上非法组织。三是强化反恐维稳工作。制订《山东省2014—2016 年反恐维稳行动计划》，推动反恐维稳工作常态化、实战化、社会化。精心组织开展打击暴力恐怖活动专项行动，加大涉恐基础信息排查力度。加强社会面动态管控，组织开展社会面全天候巡防，在重点部位部署巡逻车组和巡逻点位。加强危险物品管控，推广济南市散装汽油销售实名登记系统，加油站普遍建立实名登记制度。加强反恐应急处突，完善由党政统一领导、有关部门共同参与、省市县上下贯通的安保维稳指挥机制，全省重点区域、重要部位“一分钟现场处置、五分钟增援到达、半小时城市关城门、一小时全省联勤联动”。深化反恐维稳工作协作配合，发起成立“苏、鲁、豫、皖”4 省反恐维稳协作区，与新疆警方签订《鲁新警务协作框架协议》。

二、全力预防和化解社会矛盾，最大限度地促进社会和谐

加强矛盾预防化解工作机制建设，切实消除各类不确定、不稳定、不和谐因素，努力从源头上预防减少社会矛盾，2014 年全省未发生重特大“民转刑”案件和重大群体性事件。全力推进市、县、乡、村四级调解网络建设，大力推动专业性调解组织和第三方调解组织建设，突出抓好专业性行业性调解组织建设。加强人民调解工作规范化建设，出台人民调解员《管理办法》、调委会《规范化建设标准》等文件，调委会组织形式、场所、基层保障等实现了规范统一，以人民调解为基础，司法调解、行政调解衔接配合的大调解机制更加健全。深入开展“人民调解质量年”活动，一大批矛盾纠纷被化解在基层和萌芽状态。认真落实省司改办的部署要求，积极推进“大调解”体系建设，“大调解”工作格局进一步完善。

三、集中解决进京非正常上访突出问题，维护良好的信访秩序

认真贯彻落实中央和省委、省政府的决策部署，扎实开展集中化解和整治进京非正常上访专项活动，完善机制，压实责任，一抓到底。省委常委、政法委书记才利民亲自挂帅，亲自动员部署，召开 6 次全省治理进京非正常上访问题视频会，约谈工作被动的县(市、区)党委书记，亲自包案解决重点疑难案件，有力地推动了问题解决。依法规范信访行为。制定出台《依法处置信访活动中违法犯罪行为的实施意见》等。

四、全力建设一体化社会治安防控体系，不断增强人民群众安全感

深入开展“打黑恶、反盗抢、防诈骗、扫毒害、追逃犯”系列安民行动，破获刑事案件数量居全国第1位。持续开展社会治安集中整治，实行重点地区分级治理和综合治理，扎实开展“扫黄打非”和整治网络淫秽色情、低俗信息专项行动，持续组织“毛毛雨式”清查，有效净化了社会治安环境。全面强化公共安全监管，全省一次死亡3人以上较大道路交通事故同比下降14%。坚持全域设防、一体运作，完善地面防控、地下监管、空中监控、海域联控、网上管控“五位一体”立体化社会治安防控体系。在地面，加强环京、环鲁公安检查站标准化、信息化、精细化、常态化建设；实行社会面“三级巡防”，推行弹性布警、合成巡逻、“警灯闪烁”工程，提高街面巡防打击力、震慑力和管控力。在地下，积极开展地下管网安全管理和隐患排查。在空中，着力推进以视频监控系统为主体的“天网工程”建设，深入开展“城市公共视频共享服务试点”工作，目前全省已投入资金121亿元，安摄像机197万台，全省一类目标覆盖率达到100%，二类目标覆盖率93.7%，三类目标覆盖率85.5%。在海域，推进“智慧边检”、“智能口岸”和“环半岛海防监控圈”建设，打造“平安海域”。在网上，进一步完善网上网下一体化运作的网络社会综合防控体系，积极开展网络社会防控中心、网综平台、网侦技术手段形成，强化打防管控查建工作，集中开展打击“伪基站”违法犯罪专项行动，战果居全国第一。

五、坚持不懈夯实基层基础工作，筑牢社会和谐稳定的第一道防线

下移创新社会治理的重心，倾斜基层，狠抓基础。一是加强科技信息应用。省委政法委、省政法各部门均与浪潮集团签订战略合作协议，推动科技信息的深度应用。特别是公安机关加快打造警务云大数据中心，率先完成与公安部全国数据中心的对接，完成全省公安机关业务系统、警种部门信息数据科学分类、资源整合，服务效率较传统方式提高50倍。加快警务云平台建设，济南市建成全国首个“城市公安云计算中心”。在全省公安机关开展大数据一体化应用服务，建设“一人一档”的大数据“警务千度”，实现个人信息与关系人信息自动关联、智能联想、一体化展示。二是全面推进基层社会治理网格化。2014年底，全省30个社会管理创新综合试点县（市、区）基本实现网格化管理全覆盖；其他县（市、区）城市社区网格化管理覆盖率达95.03%，农村社区网格化管理覆盖率达79.74%，共配备专兼职网格管理员67.75万余人，进一步夯实了平安建设根基。通过实行网格化管理，进一步推进重心下移、力量下沉，全面准确了解社情民意，及时反映和解决人民群众的利益诉求，为居民提供规范化、精细化、人性化服务。三是健全完善基层综合服务管理平台。采取实体化运作模式，扎实推进县、镇、村三级综合服务管理平台建设，改进基层社会治理方式，提升基层服务管理水平和平安创建效能，促进社会和谐稳定。截至2014年底，全省县、乡、村三级综治工作平台覆盖率分别达到94.89%、100%和78.37%。通过建设综合服务管理平台，初步实现了基层基础工作“合力更强大、办事更方便、信息更灵敏、防范更有效、工作更扎实、群众更满意”的目标，城乡社会治理水平、公共服务能力和群众满意度幸福感明显提升。四是着力做好特殊人群服务管理工作。加大社区服刑、刑释人员等社会特殊人群管控力度，与省法院、检察院、公安厅联合出台《意见》和《社区矫正调查评估工作规范（暂行）》，召开全省社区矫正工作会议，部署全面推进社区矫正工作。省政府常委会听取了有关情况汇报，加强社区服刑人员监管教育帮扶，认真落实分段评估、分类管理、分级处遇制度，探索建立了心理健康教育、心理咨询、心理危机干预矫治模式，进一步提高了教育矫治质量。深化教育改造与安置帮教一体化工程，完善监狱与安置帮教衔接沟通机制，建成各类安置基地452个、特殊人群管理教育中心123个，加强对安置帮教对象的管控，重新违法犯罪率控制在2%以内。加强对肇事肇祸等严重精神障碍患者救治救助工作的组织领导，组织协调省直各市落实救治救助与防范管理政策措施，全省已对排查出的具有肇事肇祸倾向精神障碍患者和轻微滋事患者逐一落实了防控措施。

六、创新开展“两无”综治主题创建活动，提升平安创建水平

坚持问题导向、民生导向、基层导向，在全国率先开展了以“无命案乡镇（街道）、无刑事案件村（社区）”为主要内容的年度综治主题创建活动，推动平安建设深入健康发展。一是注重工作前瞻性。开展“两无”综治主题创建活动，是我省在深入调研论证基础上，立足当前、着眼长远提出的一项深化平安建设新举措。我省把开展“两无”综治主题创建活动作为深化平安山东建设的抓手，是落实中央部署的具体行动，适应稳定形势需要，目的是以结果倒逼过程，倒逼平安建设基层基础工作，体现了新形势下深化平安建设的方向。二是突出创建指导性。省综治委制定《开展“无命案乡镇（街道）、无刑事案件村（社区）”综治主题创建活动的意见》和实施方案，按年度开展创建，力争经过3到5年努力，确保全省刑事案件和命案发生总量稳中有降，无命案乡镇（街道）、无刑事案件村（社区）逐年增加，全省70%以上的乡镇（街道）实现无命案，全省60%以上的村（社区）实现年度无刑事案件，人民群众安全感和满意度不断提升，社会治安持续平稳。这个目标经过努力是可以实现的。三是增强活动实效性。针对平安建设存在的问题和薄弱环节，积极回应人民群众对平安的新期待新要求，坚持问题导向、民生导向，坚持因地制宜、有的放矢，什么犯罪突出就集中打击什么犯罪，哪里问题突出就集中整治哪里，牢牢掌握创建主动权。把基层作为平安建设的重点、难点，全面推行网格化管理模式，切实提升基础工作信息化水平，持法德并举增强创建实效性。四是调动创建积极性。将主题创建活动作为“一把手”工程，主要领导负总责，分管领导靠上抓，一级抓一级，层层抓落实。省委、省政府把社会稳定和社会治理创新纳入科学发展综合考核，专门考核无命案乡镇（街道）覆盖率、无刑事案件村居（社区）覆盖率。每年争取省财政资金200万元，专门用于奖励“两无”综治主题创建活动先进市，各市财政也落实配套资金，奖励创建活动的基层先进单位。及时总结发现创建活动中涌现出来的好典型、好做法，采取集中宣传、召开现场会等形式总结推广，把综治主题创建活动引向深入。由于综治主题创建活动深入开展，社会稳定各项指标均有较大幅度下降。全省无命案乡镇（街道）覆盖率为74.56%；无刑事案件村居（社区）覆盖率为60.4%，全省保持了持续和谐稳定的良好局面。

七、强化法治对平安建设的引领保障，进一步把创新社会治理纳入法治轨道

认真实施全省“六五”普法规划，推进“法律六进”活动，突出抓好领导干部、青少年学生等重点对象的学法用法，努力形成全民自觉守法、遇事找法、解决问题靠法的良好法治氛围。在全体政法干警中深入开展社会主义法治理念教育，打牢严格执法、公正司法的思想根基。深入开展法治城市、法治县（市、区）、民主法治村等创建活动，全省有全国法治县（市、区）创建先进单位36个、全国民主法治示范村（社区）175个，是全国数量最多的省份。深化执法司法公开，加强对执法司法活动的全流程、全方位监督管理，着力解决执法司法突出问题，健全错案防止、纠正、责任追究等机制。同时，充分发挥我省传统文化资源优势，深入推进美德山东、文明山东、诚信山东建设。以建设“四德”工程示范市、县为抓手，以建立“善行义举四德榜”为载体，深入实施“孝德、诚德、爱德、仁德”四德工程。把“四德”教育融入到国民教育的全过程，促进社会主义核心价值体系大众化、具体化、制度化，全省社会风气持续明显好转。习近平总书记来山东视察时给予充分肯定。坚持法德结合处理社会矛盾纠纷，将民间道德力量融入司法实践，达到法律效果与社会效果的统一。

山东省政府办公厅
关于印发《山东省信访事项听证办法》的通知

(2014 年 11 月 18 日)

各市人民政府,各县(市、区)人民政府,省政府各部门、各直属机构,各大企业,各高等院校:

《山东省信访事项听证办法》已经省政府同意,现印发给你们,请认真贯彻实施。

山东省信访事项听证办法

第一章 总 则

第一条 为规范行政机关信访听证工作,客观公正地处理信访事项,切实保障信访人的合法权益,根据《信访条例》、《山东省信访事项复查复核办法》等法规规章,结合我省实际,制定本办法。

第二条 本办法所称听证,是指行政机关在作出信访事项处理意见前,以听证会的形式公开听取信访当事人陈述和质证辩论,通过评议、合议等方式,查明事实、分清责任、明确依据,提出处理结论的活动。

本办法所称听证机关,是指负责组织听证的行政机关。

第三条 听证应当遵循以下原则:

(一)公开、公正、公平;

(二)属地管理、分级负责,谁主管、谁负责;

(三)以事实为依据,以法律法规和政策为准绳;

(四)依法及时就地解决问题与疏导教育相结合。

第二章 听证组织

第四条 县级以上人民政府信访事项听证和复查复核委员会(以下简称“听证委员会”)的日常工作由本级人民政府信访事项复查复核机构承担。

听证委员会履行下列职责:

(一)对下级人民政府、本级人民政府有关部门听证工作进行指导、监督和检查;

(二)受理信访人对不予听证、听证程序的申诉;

(三)责成下级人民政府、本级人民政府有关部门依据本办法的规定举行听证;

(四)负责听证员的组织、选用、培训和管理工作,组建本级人民政府信访事项听证员库。

第五条 乡(镇)人民政府、街道办事处和县级以上人民政府工作部门受理的信访事项需要听证的,由该行政机关自行组织。

县级以上人民政府受理的信访事项需要听证的,由本级人民政府信访事项复查复核机构承办。

第六条 听证会参加人包括信访人、利害关系人、参与处理信访事项的行政机关工作人员以及人大代表、政协委员、相关专家学者、法律工作者、村(居)民代表等无利害关系的第三人。

第七条 听证主持人由听证机关指定,在听证活动中行使以下职权:

(一)制订听证会方案;

(二)决定举行听证的时间、地点、听证会参加人；

（三）决定听证会的延期、中止、终结；

（四）主持听证会的举证、质询、辩论、评议、合议；

（五）维持听证秩序，对违反听证纪律的行为予以制止；

（六）决定有关人员的回避。

第八条　听证主持人应当依法、公开、公正地组织听证活动，保证信访当事人充分行使陈述权、申辩权和质证权。

第九条　信访当事人应当参加听证。确有特殊情况的，经听证主持人批准，可委托1～2名代理人参加听证或与其代理人同时参加听证。委托代理人参加的，要在举行听证会前，提交授权委托书。

对表达多人意愿的信访事项举行听证的，应选派代表参加听证，代表人数一般不超过5人。

第十条　信访当事人在听证中享有下列权利：

（一）申请回避；

（二）委托代理人参加听证；

（三）进行陈述、辩论和质证；

（四）核对、补正听证笔录；

（五）本办法规定的其他权利。

第十一条　信访当事人在听证中应当履行下列义务：

（一）按时到达指定地点出席听证会；

（二）如实提供证据材料，回答听证主持人的提问和听证员的询问；

（三）遵守听证会纪律。

第十二条　除采用简易程序举行的听证外，一般应设7名及以上单数的听证员。听证员应由本级人大代表、政协委员、法律工作者、有关专家学者担任。

听证员由听证机关从听证员库中，根据案情需要及听证员业务专长选择。

第十三条　听证员履行下列职责：

（一）出席听证会，就听证事项发表意见、阐明理由；

（二）就听证事项的事实、证据和依据等向信访当事人进行询问；

（三）就听证事项的事实、依据和处理意见进行评议；

（四）合议形成听证结论；

（五）保守国家秘密和商业秘密，遵守听证会纪律。

第十四条　听证会设记录员。记录员由听证机关指定，如实记录听证会参加人的意见，制作听证笔录。

第十五条　听证会可以设旁听席。旁听人员由听证机关根据公民、法人或者其他组织报名情况，按照报名顺序选取或者随机抽取。听证机关可以邀请部分群众代表旁听听证会。

旁听人员不得进行发言、提问，不得有扰乱听证秩序的行为。

第十六条　听证会可以设记者席。与会采访的新闻媒体由听证机关根据新闻媒体报名情况，按照报名顺序选取或者随机抽取。

经有关机关批准，听证机关可以邀请新闻媒体采访听证会，也可以通过电视、广播作现场直播。

第三章　听证受理

第十七条　有权处理的行政机关在受理信访事项并经调查核实后，认为可能作出对信访人请求不予支持的处理意见的，应当书面告知信访人听证权利。

第十八条　信访人应当自被告知听证权利之日起5个工作日内向行政机关书面提出听证申请，没有正当理由逾期未提出听证请求的，视为放弃听证权利。

信访人因不可抗力或其他正当事由在规定期限内无法提出听证申请的，在障碍消除后3个工作日内，可以提出申请并说明延期理由。

第十九条　下列情形不适用听证：

（一）涉及国家秘密、商业秘密和个人隐私的；

（二）法律、法规、规章另有规定的；

（三）其他不宜举行听证的信访事项。

第二十条　行政机关应当自收到听证申请之日起5个工作日内作出是否举行听证的决定。决定不予听证的，应当书面告知信访人理由。

第二十一条　信访人对行政机关不举行听证的决定不服的，可以向该行政机关的本级人民政府听证委员会提出申诉。

对应当听证的信访事项，本级人民政府听证委员会应当责成行政机关举行听证；对不应当听证的信访事项，书面告知信访人。

第二十二条　行政机关决定举行听证的，应当自收到信访人书面申请20日内举行听证；听证会举行5个工作日前，行政机关应当向信访当事人送达《听证会通知》，告知听证会举行的时间、地点、听证主持人、听证员及其他听证会参加人名单。

举行听证所需时间不计算在法定办理期限内，但最长不得超过20日。

第二十三条　信访人应自收到《听证会通知》之日起3个工作日内，书面提出需要回避的人员和理由。

听证员、记录员的回避由听证主持人决定，听证主持人的回避由听证机关负责人决定。

第二十四条　听证会举行前，听证机关应当向听证会参加人送达下列材料：

（一）听证会通知；

（二）听证会方案；

（三）听证会纪律。

第二十五条　听证会纪律应当包括下列内容：

（一）按时参加听证会，信访人不能按期参加听证的，视为放弃听证权利并记录在案，因不可抗力未能参加的情况除外；

（二）未经听证主持人允许，参加听证人不得随意发言或提问；

（三）发言要简明扼要，语言要文明得当，禁止使用人身攻击或侮辱性语言；

（四）信访当事人不得擅自中途退场，信访人未经允许中途退场的视为放弃听证权利；

（五）不得有大声喧哗、鼓掌、哄闹等扰乱听证秩序的行为；

（六）听证会的音像资料由听证主持人指定专人制作，其他听证会参加人不得录制。

第二十六条　听证会方案应当包括下列内容：

（一）听证会的议程；

（二）信访事项的基本情况；

（三）信访当事人所提供的证据、依据和理由；

（四）信访当事人争议的问题；

（五）其他与该信访事项有关的资料。

第四章　听证简易程序

第二十七条　乡（镇）人民政府、街道办事处、政府职能部门受理的信访事项，具有下列情形之一且信访人提出听证请求的，可以适用简易程序举行听证：

（一）对主要事实的认定存有争议的；

（二）对信访事项处理程序存有争议的；

（三）对法律政策的适用存有争议的。

第二十八条　简易程序只设主持人和记录员，不设听证员。听证会参加人由信访当事人、利害关系人、村（居）民代表等构成。听证会按照下列顺序进行：

（一）听证主持人核对参加听证人，宣布信访事由，宣布记录员名单，宣布听证会纪律，告知信访当事人在听证中的权利和义务；

（二）信访当事人分别就信访事项提出的事实、证据、适用依据进行陈述与申辩；

（三）听证主持人就听证事项对信访当事人进行提问和询问；

（四）信访当事人最后陈述意见；

（五）核对笔录，信访当事人、记录员在听证笔录上签字，拒绝签名或盖章的，在听证笔录中应予以说明；

（六）听证主持人宣布听证会结束；

（七）会后形成听证结论。

第五章　听证普通程序

第二十九条　县级以上人民政府受理的下列信访事项，一般适用普通程序举行听证：

（一）重大、复杂、疑难的；

（二）涉及公共利益的；

（三）法律、法规规定应当听证的。

第三十条　普通程序设听证主持人、记录员和听证员。普通程序按照下列顺序进行：

（一）核对与宣布。听证主持人核对参加听证人，宣布信访事由，宣布听证员、记录员名单，宣布听证会纪律，告知信访当事人在听证中的权利和义务。

（二）陈述与申辩。信访当事人分别就信访事项提出的事实、证据、适用依据进行陈述与申辩。

（三）辩论和质证。信访当事人分别就信访事项的事实、证据、程序、适用依据进行辩论。信访当事人提出证据时，应当当场出示、质证。

（四）提问和询问。听证主持人、听证员可以就听证事项对信访当事人进行提问和询问。

（五）最后陈述。信访当事人各方最后陈述意见。

（六）调解。经过调解达成协议的，听证会终止。

（七）核对笔录。听证笔录经听证主持人审阅后，信访当事人、听证员、记录员在听证笔录上签字，拒绝签名或盖章的，在听证笔录中应予以说明。

（八）听证会结束。听证主持人宣布听证会结束。

（九）听证结论。听证员通过合议，形成听证结论。

第三十一条　信访当事人因不可抗拒的事由无法到场的，可以延期举行听证。

第三十二条　具有下列情形之一的可以中止听证：

（一）需要通知新的证人到场或需要重新鉴定、勘验的；

（二）听证会场出现主持人不能控制的局面的；

（三）出现其他应当中止听证情形的。

第三十三条　听证结论应当作为行政机关作出信访事项处理（复查、复核）意见的重要依据。

第六章　监督检查

第三十四条　对应当听证的信访事项未经听证，原办理行政机关即作出答复意见，信访人在复查期间又提出听证请求的，复查机关应当撤销原处理意见并责成有关行政机关举行听证。

信访人放弃听证权利的除外。

第三十五条　行政机关在信访事项办理期间举行了听证，信访人在复查（复核）期间又提出听证请求的，复查（复核）机关经审查听证资料，认为听证程序合法、听证结论无明显不当的，不再重复举行听证。

对听证程序有瑕疵或者听证结论明显不当的，由复查（复核）机关重新举行听证。

第七章　附　则

第三十六条　各级人民政府举行信访听证所需经费，纳入同级财政预算。

省政府信访事项听证员的听证、研究论证和会审费用，根据其提供的工作量计算核发。具体办法由省信访局商省财政厅另行规定。

第三十七条　法律法规授权的具有管理公共事务职能的组织开展信访听证工作，适用本办法。其他社会团体、企业事业单位的信访听证工作，参照本办法执行。

第三十八条　本办法自2015年1月1日起施行，有效期5年。2006年4月24日省政府办公厅印发的《山东省信访事项听证办法（试行）》（鲁政办发〔2006〕31号）同时废止。

山东省综治委关于印发《关于开展"无命案乡镇(街道)无刑事案件村居(社区)"综治主题创建活动的意见》的通知

(2014 年 2 月 21 日)

各市综治委,省政法各部门:

现将《关于开展"无命案乡镇(街道)无刑事案件村居(社区)"综治主题创建活动的意见》印发给你们,请结合实际,认真贯彻落实。

关于开展"无命案乡镇(街道)无刑事案件村居(社区)"综治主题创建活动的意见

根据中央和省委政法工作会议精神,按照中央综治办的部署要求,结合我省综治工作实际,省综治委研究决定,从 2014 年开始在全省开展年度"无命案乡镇(街道)、无刑事案件村居(社区)"综治主题创建活动,现提出如下意见。

一、提高认识,积极主动开展创建活动

各级各有关部门要从服务保障经济文化强省建设、深化平安山东建设的全局高度,充分认识开展年度"无命案乡镇(街道)、无刑事案件村居(社区)"综治主题创建活动的重要性和必要性,切实增强自觉性和主动性。

(一)充分认识开展综治主题创建活动是贯彻中央和省委部署的实际行动。中央和省委政法工作会议对深化平安建设作出了安排部署,提出了明确要求。中央政法委、中央综治办对命案的发生、破案和预防等工作非常重视,反复强调要做到"命案必破、命案必防"。省委政法工作会议对开展综治主题创建活动提出了明确要求。各级各有关部门要吃透上级精神,结合各自实际,把创建活动作为综治暨平安建设的重要任务,切实摆上突出位置,努力做好结合文章,确保主题创建活动取得实效。

(二)充分认识开展综治主题创建活动是维护社会治安的迫切要求。当前,全省社会治安总体平稳,但由于社会利益格局调整的深度和广度加大,社会矛盾呈现多样性、关联性、组织性、易变性等特点,一些重大矛盾纠纷和信访突出问题化解难度大,"民转刑"案件时有发生,成为影响和谐稳定的重大隐患;一些地方暴力刑事犯罪特别是命案发案率仍然偏高,个别地方发生了造成重大人员伤亡的重特大案事件,个人极端暴力犯罪案事件时有发生,造成现实危害和恶劣影响。各级各有关部门要通过扎实开展综治主题创建活动,始终保持对违法犯罪活动的高压态势,牢牢掌握平安建设主动权,增强人民群众安全感。

(三)充分认识开展综治主题创建活动是深化平安山东建设的有效载体。很大一部分刑事案件和命案是由小矛盾纠纷发酵演变而成的,与基层基础工作不牢固、矛盾预防化解机制不完善密切相关。只有基层基础工作做好了,综合治理工作水平上去了,才能及时有效发现和化解矛盾纠纷,预防减少刑事案件和命案发生。政法综治工作实践表明,命案发案少,必须重大刑事案件少;重大刑事案件少,必须普通刑事案件少;普通刑事案件少，必须治安案件、矛盾纠纷少；治安案件、矛盾纠纷少，必须基层基础工作好。各级各有关部门要通过开展主题创建活动，紧紧围绕“命案必破、命案必防”的总目标，全面推进深化平安山东建设各项任务措施落实，推动主题创建活动深入健康开展，提升平安山东建设总体水平。

二、理清思路，明确创建任务目标

开展综治主题创建活动的指导思想是：按照党的十八届三中全会“创新社会治理体制、提高社会治理水平”要求，围绕维护全省社会大局和谐稳定，以提高群众安全感、满意度为根本出发点和落脚点，以“命案必破、命案必防”为目标，深入开展“综治主题创建活动"，推动深化平安山东建设深入发展，为全面深化改革和加快经济文化强省建设营造和谐稳定的社会环境。

根据2013年全省约半数以上的乡镇（街道）没有发生命案，综治主题创建活动具有良好基础的实际，确定开展综治主题创建活动的任务目标是：力争经过3到5年的努力，确保全省刑事案件和命案发生总量稳中有降，无命案乡镇（街道）、无刑事案件村居（社区）逐年增加，全省70%以上的乡镇（街道）实现年度无命案，全省80%以上的村居（社区）实现年度无刑事案件，人民群众安全感和满意度不断提升，社会治安持续平稳。

三、突出重点，强化创建工作措施

各级各有关部门要把综治主题创建活动作为深化平安山东建设的重要抓手，统筹打击、管理、防范、整治各个环节，以扎实有效的工作，确保社会治安平稳。

（一）始终保持严打整治高压态势。围绕落实“命案必破"要求，毫不动摇地坚持以打开路，根据治安形势实际适时组织开展各类投入少、见效快的集中打击整治行动，依法严厉打击各类黑恶势力、暴力恐怖、“两抢一盗”、涉枪涉爆、涉毒、拐卖妇女儿童、电信诈骗、危害食品药品安全等严重影响人民群众生命财产安全的违法犯罪活动，有效预防和减少刑事案件总量特别是命案发生，切实增强人民群众安全感。

（二）着力构建立体化治安防控体系。围绕“命案必防”要求，坚持打防结合、预防为主，专群结合、依靠群众，以社会化、网格化、信息化为重点，建立健全点线面结合、网上网下结合、人防物防技防结合、打防管控结合的立体化社会治安防控体系。深入贯彻全省视频监控全覆盖工程推进现场会精神，深入落实《全省视频监控全覆盖工程指导意见》，继续推进科技创安示范城建设活动，加强统筹规划，加大推进力度，2014年确保实现二类100%、三类80%以上目标的覆盖任务。加强治安巡防和保安队伍正规化、职业化建设，大力发展社会志愿者、综治协管员、治安信息员等群防群治队伍，形成全民参与治安防范的良好局面。

（三）深入开展社会治安重点整治。坚持“什么治安问题突出就解决什么问题，哪里治安混乱就重点整治哪里”，深入贯彻落实《省综治委社会治安重点地区排查整治工作规定》，逐级落实社会治安分析研判制度，切实加强重点地区、重点领域、重点场所的社会治安排查整治。完善社会治安重点地区认定标准体系、程序办法，落实社会治安重点地区和突出问题挂牌督办机制，加大明察暗访、实地检查、跟踪督办力度，对一些重点混乱部位进行挂牌督办，集中整治。

（四）深化规范基层平安创建活动。深入开展平安县（市、区）、平安乡镇（街道）、平安社区（村）、平安家庭、军地平安、边界平安等多种形式的基层平安创建活动，大力开展平安行业和平安医院、平安校园、平安企业等单位平安创建活动。要着力在规范化上下功夫，把平安创建从年终评优变为常态化、规范化、标准化管理，与领导干部的政绩评价相挂钩，提升平安创建水平。

（五）着力提升应急维稳处突水平。加强维稳处突工作机制建设，建立跨部门的维稳处突快速反应和工作联动机制；加强情报信息搜集、整合、分析、研判，加强突出问题和重点领域、重点群体情况报告，增强维稳处突的前瞻性和主动性；整合各种应急、维稳力量，建设应急指挥综合平台，建立统一领导、协调联动、高效顺畅的应急维稳处突指挥系统。进一步细化完善各类应急处置预案，加强经常性实战演练，杜绝或减少事件中的人员伤亡。

四、源头治理，夯实创建活动基础

各级各有关部门要坚持标本兼治、注重治本，更加突出源头治理，更加注重基层基础，加强系统治理、综合治理、依法治理、源头治理，最大限度地减少可能导致命案发生的各种发酵环境和诱发因素。

（一）健全社会稳定风险评估机制。在省、市、县三级全面推行社会稳定风险评估机制的基础上，逐步向县以下延伸，实现风险评估纵到底、横到边，最大限度地预防和减少社会矛盾发生。重点抓好社会稳定风险评估的规范化，明确评估主体和评估事项，细化标准内容，规范评估程序，确保社会稳定风险评估扎实有序开展。健全社会稳定风险评估责任制，加大监督考核力度，对因失职渎职发生重大问题、造成严重损失的，严格追究责任。

（二）有效预防和化解社会矛盾。坚持矛盾纠纷排查摸底常态化、动态化、规范化，深入开展大下访、大排查、大调处活动。完善人民调解、行政调解、司法调解和社会调解衔接联动的工作体系，加强衔接配合，提高化解效能。在矛盾多发领域建设专业性、行业性人民调解组织，提高调解专业化水平。整合基层政法、综治、信访、维稳等有关部门及社会团体力量，构建集中受理、协调处理、统筹解决的矛盾纠纷大排查大调解平台，把不稳定因素发现在基层、化解在内部和始发阶段。健全群众利益诉求表达渠道，完善信访工作机制，及时就地解决群众合理诉求，最大限度减少“民转刑”案件。

（三）健全基层综合服务管理平台。以规范化为方向、以网格化管理为基础、以信息化技术为支撑、以制度化建设为保障，加快县、乡、村三级综治工作平台规范化建设步伐。重点规范乡镇（街道）综治工作中心建设，发挥在基层维稳创安中的基础性作用。积极探索通过基层综治工作平台吸纳调动城乡社区社会组织、基层群众自治组织和平安志愿者等群防群治力量参与基层平安建设。充分发挥综治体制优势，推动职能下沉，整合部门资源，发动社会力量，及时反映和协调人民群众利益诉求，维护社会和谐稳定。

（四）全面推广网格化管理模式。推进重心下移、力量下沉，加快形成上下贯通、左右联动、全覆盖、无缝隙的社区服务管理格局。因地制宜划分网格，形成覆盖城乡、条块结合、横向到边、纵向到底的基层服务管理网络体系。依托网格化管理，进一步推进重心下移、力量下沉，使网格成为平安建设的最基本单元，把平安建设触角延伸到最基层，全面准确地了解社情民意，及时有效解决群众关心的问题，打牢平安建设根基。2014 年底前，全省城乡社区基本实现网格化管理的规范化、信息化和标准化。

（五）切实加强重点群体服务管理。着力加强流动人口和特殊人群服务管理，落实综治措施，实施动态管理，消除安全隐患，严防发生个人极端案事件。加强流动人口精细化管理，完善“以房管人、以证管人、以业管人”等措施。健全完善农村留守老人、妇女、儿童关爱帮扶体系，预防和减少严重侵害“三留守”人员合法权益的案事件。加强刑释解教人员、社区矫正对象、吸毒人员等特殊人群的服务管理，落实教育、矫治、服务、管理以及综合干预措施。深入贯彻落实《精神卫生法》，做到“应治尽治、应管尽管、应收尽收”，坚决防止严重精神障碍患者肇事肇祸重大恶性案事件发生。深入开展青少年法制教育，扎实推进全省第一批 67 个县（市、区）重点青少年群体服务管理和预防犯罪试点工作，带动全省预防青少年违法犯罪工作取得新成效。

（六）注重把法制教育和道德教化结合起来。加强法治文化建设，教育引导广大群众自觉尊重法律、维护法律，习惯于、善于通过诉讼、仲裁、调解等法治方式表达诉求、维护权益。大力弘扬社会主义法治精神，增强全社会学法尊法守法用法意识，形成办事依法、遇事找法、解决问题用法、化解矛盾靠法的良好法治环境。充分发挥传统文化资源优势，深入开展社会公德、职业道德、家庭美德、个人品德等宣传活动，大力弘扬见义勇为精神，提高公民道德素质，培育自尊自信、理性平和、积极向上的社会心态，为深化平安山东建设奠定坚实的思想基础。

五、加强组织领导，确保创建活动扎实推进

各级各有关部门要把综治主题创建活动作为全省综治暨平安建设的一项基础工程、长期任务，从 2014 年开始按年度进行创建。要切实加强组织领导，狠抓责任落实，强化保障措施，确保活动深入健康开展。

（一）成立专门班子。成立省综治主题创建活动领导小组，省综治委常务副主任任组长，省综治委副主任任副组长，办公室设在省综治办，省综治办主任任办公室主任。每年年初召开专题会议进行动员部署。根据工作和形势需要，每年调整创建重点，改进和创新创建方式，不断增强创建活动的针对性和实效性。各市县也要成立综治主题创建活动领导小组，根据各自实际制订具体方案，明确目标任务，落实责任分工，抓好组织实施。

（二）狠抓责任落实。各地要将综治主题创建活动作为"一把手"工程，主要领导负总责，分管领导靠上抓，一级抓一级，层层抓落实。各级综治部门要层层签订责任状，明确任务目标，严格落实责任，确保命案和刑事案件发案率逐年下降。要在党委、政府领导下，综治办组织协调，有关部门各负其责，齐抓共管，明确分工，强化责任，形成整体合力。

（三）加强调度督导。省综治主题创建活动领导小组办公室负责做好相关数据汇总和情况通报工作，指导各地开展工作。各市要定期对辖区内乡镇（街道）无命案数据、村居（社区）无刑事案件数据进行汇总、核实，数据实行一月一报。各级创建活动领导小组办公室要围绕"命案必破、命案必防"深入开展调查研究，不断调整充实活动内容，采取有力措施，确保活动成效。省综治主题创建活动领导小组将适时派出督导组，对各地活动开展情况进行督导检查，掌握工作进度，研究解决问题，推动活动不断向纵深发展。

（四）积极宣传发动。各地各有关部门每年要集中开展"综治主题创建活动宣传日"活动，通过召开座谈会、报告会等形式，利用广场图板展和向群众发放明白纸、宣传页等手段，利用广播、电视、报纸、网络、微信等媒体，大力宣传创建活动的重要意义和实效，提高创建活动的群众知晓率和参与度。各地要及时总结发现创建活动中涌现出来的好典型、好做法，及时采取集中宣传、召开现场会等形式进行总结推广，把综治主题创建活动引向深入，指导推动面上工作开展。

（五）强化考核激励。要把综治主题创建活动纳入综治暨平安建设考核，加大考核分值权重，推动活动扎实开展。对命案发案率居高不下、群众安全感偏低的地方，落实约谈、通报、警示、一票否决等措施，督促及时改变面貌。省综治主题创建活动领导小组每年对综治主题创建活动成果进行考核验收，对年度实现无命案的乡镇（街道）和无刑事案件的村居（社区）给予表彰奖励。

各有关行业、企事业单位要参照本意见要求，立足各自实际开展综治主题创建活动。

山东省综治委、办机构情况和负责人名单

一、综治委

主　任：王军民　省委副书记

常务副主任：才利民　省委常委、政法委书记

副主任：孙守刚　省委常委、宣传部部长

于建成　省人大常委会副主任

白泉民　省高级法院院长

吴鹏飞　省检察院检察长

栗　甲　省政协副主席

徐珠宝　省政府副省长、省公安厅厅长

省综治委下设8个专项组：实有人口专项组、特殊人群专项组、"两新组织"专项组、社会治安专项组、法规政策专项组、预防青少年违法犯罪专项组、校园及周边治安综合治理专项组和护路护线联防专项组；4个联席会议：军地平安山东建设联席会议、企业及周边综合治理联席会议、维护妇女儿童及残疾人合法权益联席会议和规范烟草市场秩序联席会议。

二、综治办

主　任：张志华（省委政法委副书记兼任）

副主任：李　平

省综治办下设综合处、指导处、协调处、专项工作处、涉疆服务管理处（维稳处突工作办公室）

山东省各市、县(市、区)综治委、办主任名单

地区	综治委主任	综治办主任
济南市	雷　杰	赵　杰
历下区	赵东升	胡延年
市中区	邵登功	姜化东
槐荫区	徐　宾	蔚　娟
天桥区	朱玉明	陈　杰 (10月前) 赵逢明 (10月起)
历城区	孙德顺	仇忠木
长清区	孙常建	张　勇
章丘市	李文秀	杨焕芹
平阴县	刘业朝	朱传亮
济阳县	庞金良	王协彬
商河县	张　军	窦举然
高新区	张金龙	纪胜友 (6月起)
青岛市	王　伟	王政旭
市南区	任宝光	都志宝
市北区	马继世	李临青
黄岛区	曹　峰 (8月前) 王建祥 (8月起)	杨泽信
崂山区	于惠霞	秦国欣
李沧区	管成密	辛俊平 (2月前) 刘　芳 (2月起)
城阳区	薛暖新	朱光耀
胶州市	庄增大	王　强
即墨市	于　澎	
平度市	郭　萍	崔广东
莱西市	李兴伟 (5月前) 邢福栋 (9月起)	邹廷清 (9月前) 颜培成 (9月起)

地区	综治委主任	综治办主任
淄博市	周连华	许传杰
淄川区	闫炳义	杨　强
张店区	徐　磊	张　兵
博山区	周茂松	赵玉伟
临淄区	王义朴	孙守强
周村区	于　军	仇　勃
桓台县	刘春杰	张　军
高青县	边江风	张年军
沂源县	陆汉明	孙万波
高新区	孙　刚	翟春生
文昌湖旅游度假区		胡军基
枣庄市	梁宪廷	李宏岚
市中区	王真海	秦　凌
薛城区	韩惊涛	种法国
峄城区	窦建军	孙守强 (9月前) 段修明 (9月起)
台儿庄区	韩耀东	刘德华
山亭区	李　勇	相修生
滕州市	邵士官	丁新亚
东营市	赵豪志	马新华
东营区	梁润生	孙海深 (11月前) 聂登凌 (11月起)
河口区	杨同贤	宋学峰
垦利县	盖举波	黄立军 (11月前) 董新军 (11月起)
利津县	李道明	张连湖
广饶县	宋学华	付玉明 (11月前)

地　区	综治委主任	综治办主任
		李忠亮 （11月起）
烟台市	张永霞	时　光
芝罘区	于立祝 （2月前） 陈　斌 （2月起）	尹　波
福山区	李晓明	赵植松 （至1月） 于文健 （1月起）
牟平区	王玉新 （9月前） 石德彬 （9月起）	邵正国
莱山区	黄　涛	刘淑英 （12月前） 柳晓宁 （12月起）
龙口市	周学军	王秉青
莱阳市	慕　欣	孙明学
莱州市	黄亚林	王风珠
蓬莱市	杨丌岩	赵子勇 （8月前）
招远市	杨　波	张维纯 （9月前）
栖霞市	宋贤章	刘金义
海阳市	辛宗明	姜晓光
长岛县	李俊杰	宋光忠
开发区	吕永坤	滕作诗
潍坊市	王献玲	秦　震
潍城区	扈洪波	李广军
寒亭区	王文琦	王树功
坊子区	潘振东	张　龙 （2月前）
奎文区	高志秀	
青州市	罗相贤	潘景和 （9月前）
诸城市	刘峰梅	孟庆春 （8月前） 刘加清 （8月起）

地　区	综治委主任	综治办主任
寿光市	邱　旺	贾继福
安丘市	原　理	郑淑涛
高密市	万　丽	伍丽华
昌邑市	鞠立强	黄国磊
临朐县	杨锡栋 （12月前） 马常春 （12月起）	张佃平
昌乐县	肖建华	刘学俊
高新区	陈甲才	岳德江
滨海区	李树森	王春乔
峡山区	张守富	李金栋
济宁市	傅明先	鲍洪祥
任城区	张玉强 （11月前） 朱勇志 （11月起）	苏玉杰
兖州市	王　骁	
曲阜市	赵永和	孔祥立
邹城市	朱瑞显	孙　林
微山县	张洪雷	张元峰
鱼台县	王亚栋	王　琦
金乡县	杜庆节	徐文革 （2月前） 戴洪祥 （2月起）
嘉祥县	薛超文	马　德 （10月任职）
汶上县	侯典峰	官庆帅
泗水县	王业成	王庆利
梁山县		王　峰
高新区	董信江 （12月前） 鹿洪超 （12月起）	宋兴华
泰安市	李希信	李　彤
泰山区	张京洲	侯继辉
岱岳区	刘兆泉	尚智广
新泰市	梁久军	王作东
肥城市	王新民	马　奔
宁阳县	陈晓娜	刘　宁

地　区	综治委主任	综治办主任
东平县	吴国庆	徐庆勇
威海市	赵熙殿	李忠楠
环翠区	傅世涛	刘永利
文登区	张海军	于永进
荣成市	战大海	王　晓
乳山市	毕兴全	倪宏伟
高新技术开发区	王政玉	王建军
临港区	张向阳（10 月前） 梅延良（10 月起）	丛　威
日照市	孟庆斌	刘祥亮
东港区	王汉日	张永峰
岚山区	刘国田	迟令红
五莲县	滕厚军	郭凤彩
莒　县	韩　鹏	董日东
经济技术开发区	边永生	程瑞善
莱芜市	林殿玲	朱恒卫
莱城区	周光学	卓增全
钢城区	曹殿军	于　涛
临沂市	李　峰	彭林东（至 1 月） 刘松田（1 月起）
兰山区	隽新阳	陈宏图
罗庄区	钟呈春	朱时征
河东区	姚运明	潘增智（3 月前） 邵长宇（3—11 月） 何建方（11 月起）
沂南县	吴昌力（至 1 月） 张云超（1 月起）	王希忠
郯城县	刘松田（5 月前） 孙　利（5 月起）	徐　磊
沂水县	王永浩	陈　新
兰陵县	矫晓斌	高宏伟
费　县	陈海玲	乔长城（5 月前）
平邑县	刘春波（至 1 月） 武传成（1 月起）	曾兆卫
莒南县	赵西平（至 1 月） 张　雷（1 月起）	徐　虎
蒙阴县	刘仕江	李发云
临沭县	麻建东	徐春敏
德州市	满春重	郭洪霞（2 月前） 闫大鹏（2 月起）
德城区	王洪林	于志刚
陵城区	王　林	刘　涛
乐陵市	周连悦	李　勇
禹城市	刘洪贵	王国宏
宁津县	朱秀彦	刘国瑞
庆云县	高善玉	王东升
临邑县	王　胜	王吉春
齐河县	董庆新	谢德生
平原县	袁志勇	朱殿魁
夏津县	莫　军（10 月前） 谢德安（10 月起）	孙永国
武城县	赵　华	王连深
聊城市	王忠林	唐　华
东昌府区	毕黎明	李曙光
临清市	祁学兰	韩　义（12 月前） 王　彬（12 月起）
阳谷县	崔新乐	李　志
莘　县	张俊之	谷继成

地区	综治委主任	综治办主任
茌平县	朱正林（10月起）	傅盛昌
东阿县	申强	张温生
冠县	宋存志（5月前） 刘奎忠（5月起）	张伟国
高唐县	朱茂明	张新
经济技术开发区	商华（2月前） 金同元（2月起）	袁军臣（主持工作）
高新技术产业开发区	徐霞	龙清军
江北水城旅游度假区	韩金芳	宋来勇
滨州市	薛庆国	李玉会
滨城区	刘峰	刁泽国
沾化区	李岩	王义华
惠民县	夏培剑	朱乐山（3月起）
阳信县	王道臣	菅耀波
无棣县	臧伟	陈玉明
博兴县	刘春国	刘传宝

地区	综治委主任	综治办主任
邹平县	张宝武	万里辉（4月前） 杨德礼（9月起）
开发区	言家水（9月前）	邢树柏
高新区	郭华庆（11月前）	吴学斌
北海新区	李文国	张玉敏
菏泽市	解维俊	陈自飞
牡丹区	孟凡荣	魏迪
曹县	彭德启	袁永立
单县	王桂荣	赵卫东
成武县	史长华	刘建设
巨野县	李建刚	张卫东（10月前）
郓城县	孙彦军	郑汝森
鄄城县	袁红兵	李强
定陶县	刘守文	刘彪
东明县	谷永强（6月前）	申国兴
开发区	席巍	朱来启
高新区	李殿彬	李宝贵

（撰稿人：汤继业
审稿人：张志华　严曦）

河　南　省

2014 年综治工作概况

2014 年，在中央综治委（办）和河南省委、省政府的正确领导下，河南省深入贯彻党的十八大和十八届三中、四中全会精神，贯彻落实习近平总书记系列重要讲话精神，紧紧围绕全国、全省工作大局，以化解社会矛盾、维护社会稳定、促进社会和谐为主线，以解决影响社会和谐稳定的突出问题为重点，以人民群众满意为根本标准，加强社会治安综合治理，全面深化平安河南建设，有力地维护了全省社会大局持续稳定。没有发生在全国有重大影响的刑事治安案件、重大群体性事件、暴力恐怖事件，全省公众安全感进一步增强，群众对政法机关的满意度进一步提升。

一、强力推进平安河南建设

年初，省委、省政府提出建设“富强河南、文明河南、平安河南、美丽河南”战略，将平安河南建设作为四个河南建设的重要任务进行安排部署。习近平总书记两次亲临河南调研指导，对“四个河南”建设的总体布局给予肯定。省委书记郭庚茂、省长谢伏瞻多次主持召开省委常委会、省政府常务会、全省工作会议，研究部署平安建设工作，多次到政法单位调研，深入基层指导，作出批示指示。5 月份，省委、省政府出台了《关于深化平安河南建设的若干意见》，以实现“双安”（保障人民安居乐业、维护社会安全稳定）为基本目标，以推进“双治”（一手抓法治、一手抓德治）为基本途径，以强化“双基”（抓好基层、打牢基础）为基本保障，全面深化平安河南建设。将平安建设纳入省委、省政府“十项重点民生工程”，纳入省委重点督查内容，强力推进。省委、省政府成立了平安河南建设工作领导小组，将省社会管理综合治理委员会更名为省社会治安综合治理委员会，还建立了由省委副书记邓凯为召集人的文明河南平安河南建设联席会议制度，在组织领导、政策支持、人财物投入等方面给予有力保障。省委常委、政法委书记刘满仓经常主持召开政法委员会、书记办公会，分析研判社会治安和稳定形势，研究解决重大问题，经常轻车简从，深入基层调研、暗访平安建设工作，亲督实查。省综治委、省平安建设工作领导小组多次召开会议，修订完善了联席会议、委员述职、巡视督查、联系点工作等八项制度。形成了各级党委、政府负总责，分管领导具体负责、其他班子成员“一岗双责”、各级部门负专责，块块和条条双重负责、齐抓共管、整体联动的责任机制。

二、进一步加大反暴恐斗争力度

一是组织开展反暴恐专项行动。立足全省反暴恐形势，组织开展以“反暴恐、保平安”为主要内容的社会治安打防管控专项行动，将全年分为四个战役，坚持预防为主、化解为先，主动进攻、重拳出击，始终保持高压态势。同时，加强对高校的教育管理和监督，严防对高校青年学生进行宗教极端思想的渗透、洗脑活动。二是健全反暴恐应急机制。昆明“3・01”、乌鲁木齐“5・22”暴恐案件发生后，全省第一时间提高治安防控等级，24 小时保持应急处突实战状态。构建了情报导侦、专案打击、社会防控、深化协作、督导检查等五位一体工作体系，切实提升防范打击效能。加强与新疆政法综治部门反恐维稳协作，推动反恐维稳合作常态化、规范化。加强对来豫新疆少数民族人员的动态管理，协调新疆有关部门加强流出地源头管理。三是加强情报信息工作。抓好情报信息的互通和汇总筛选、会商研判，做到及时预警。建立反恐信息库，实行搜集、分析、研判、处置、报告一体化工作机制，努力掌握工作主动权。2014 年，全省共侦办各类涉恐案件 45 起，核查线索 346 条，破获案件 38 起，抓获涉恐、涉宗教极端嫌疑人 161 人。

三、深入开展矛盾纠纷源头预防和排查化解

省委、省政府“两办”出台了《关于完善基层矛盾纠纷预防化解机制的指导意见》，重点对县以下矛盾纠纷调处化解工作制度化、规范化进行安排部署，努力将矛盾纠纷化解在基层，消除在萌芽状态。2014 年全省共排查出各类社会矛盾 18 万余起，化解 17.4 万余起，化解率达 96.5%。一是注重源头预防。完善基层民主决策制度，推行“四议两公开”工作法，提高基层事务决策和管理的科学化、民主化、制度化水平，目前，80% 以上的行政村能够运用“四议两公开”工作法来研究解决村内重要事务。进一步规范和推进重大决策事项社会稳定风险评估工作，2014 年，省市县三级对容易引发社会稳定问题的重点领域，共评估重大决策事项 1873 件，准予实施 1798 件，暂缓实施 47 件，不准实施 28 件，从源头上预防和减少了不稳定问题发生。二是加强排查化解。市县乡均建立了由党委、政府统一领导，综治协调，有关部门参与的矛盾纠纷排查化解综合平台，建立了协调会议、分析研判、多调联动、依法终结等制度，形成上下贯通、衔接联动的工作网络。对于群众反映强烈、久拖不决、涉及面广的重大复杂矛盾，列入党委、政府督查范围，跟踪问效。在矛盾纠纷多发、易发领域，大力推进行业性、专业性调解组织建设。目前，全省已建立行业性、专业性人民调解委员会 741 个，化解各类矛盾纠纷 1.2 万余起。三是做好特殊利益群体稳定工作。该省特殊利益群体大、人员多、情况复杂。按照省委提出的“四个弄清”（弄清历史事实、弄清问题性质、弄清有关政策、弄清处理原则）要求，进一步落实主体责任，统一政策口径，注重从政策落实、困难救助、思想疏导、应急处置等方面综合施策，努力做好化解和稳控工作。四是抓好处理进京非访工作。省综治办与维稳、信访、公安等部门密切配合，扎实开展集中治理。2014 年，省综治委对进京非访问题突出的 6 个县（市、区）或单位实行重点管理，并取消其年度平安建设评先资格，对 7 个县（市、区）实行挂牌督办，对 5 个省辖市、3 个直管县和 10 个县（市、区）进行通报批评。目前，处理进京非访工作取得明显成效。

四、扎实推进社会治安防控体系建设

一是依法严厉打击违法犯罪活动。坚持严打方针，重拳打击黑恶犯罪、暴力犯罪、盗抢犯罪、非法集资、电信诈骗等危害人民群众生命财产安全的犯罪活动，切实增强群众安全感。省公安厅下发了《关于加强侵财案件侦办及追赃工作的意见》，进一步明确了有案必立、现场必勘、信息必采的工作要求，取得初步成效。2014 年，全省公安机关狠抓如实立案，共立刑事案件 42.19 万起，同比上升 77.8%，其中抢劫、抢夺、盗窃、诈骗等多发性侵财案件同比分别上升了 18.3%、9.7%、97% 和 147.72%。但是，爆炸、绑架、杀人、抢劫、抢夺等严重影响人民群众安全感的案件均呈下降态势。命案侦破取得新突破，全年共发命案 763 起，破 820 起，现行命案破案率 98.04%。命案发案数比上年下降 6.9%。深入推进打黑除恶，及时召开全省会议，认真贯彻中央工作会议精神。全省立案侦办涉黑案件 37 起，判决黑恶势力成员 1565 人。严厉打击多发性侵财犯罪，坚持大案小案都要管、破案追赃一起抓，最大限度地为群众挽回损失，全省共破获“两抢一盗”案件 21921 起，同比上升 4.01%；破获各类电信诈骗案件 612 起，打掉电信诈骗团伙 115 个。二是加强社会面防控。全省开展“视频监控建设管理年”活动，累计投入建设资金近 19 亿元，目前全省城镇主要街道、公共场所、重点部位等视频监控覆盖率达 100%，行政村覆盖率达 90% 以上。省综治办筹措资金 2000 余万元，对工作开展突出的 20 个县（市、区）采取以奖代补的方式予以奖励。加强群防群治队伍建设，市县乡三级均建立了专职治安巡防队伍，总人数达 9.4 万余人。大力加强保安服务业规范化建设，出台了《关于加强和改进保安服务业建设的意见》，成立全省保安协会，充分发挥 16 万多名保安员在维护社会治安方面的作用。三是扎实推进社会治安重点地区排查整治。建立滚动排查、滚动挂牌、滚动整治制度。2014 年，省综治委先后 4 次组织开展全省性暗访督查活动，对存在突出治安问题的 17 个县（市、区）实行挂牌整治，对 5 个县（市、区）实行平安建设重点管理，对 27 个县（市、区）进行通报整治。四是加强特殊人群服务管理。省综治委加强组织协调和工作指导，重点加强对刑满释放人员、社区矫正对象、重性精神病人、吸毒人员、流浪乞讨人员等五类特殊人群的服务管理,强化衔接、管控、安置、救治救助等工作措施,严防失控漏管。建立社区矫正执法检查常态机制,加快推进社区矫正中心和信息管理系统建设。前 11 个月,全省累计接受社区服刑人员 99745 人,累计解除矫正 49423 人,在矫 50322 人,社区服刑人员再犯罪率为 0. 11%,低于全国 0. 17% 的平均水平。抓好刑满释放人员安置帮教工作,认真做好信息录入和核查核实工作,落实出狱所必接必送制度,帮助解决实际困难。强化严重精神病患者服务管理,成立省精神卫生工作联席会议,建立监测预警、救治救助、服务管理机制,全省已定期随访及康复指导严重精神病患者 25. 9 万人次。五是认真做好"平安校园"创建和校园及周边治安综合治理工作。加强安全教育,组织开展第十九个"全国中小学安全教育日"和第十个"全省中小学幼儿园安全月"主题教育活动;启动 2014 年河南省中小学生安全知识网络竞赛活动;在全省中小学组织开展安全教育优质课和优秀教学论文评比活动。净化校园周边环境,开展校园及周边安全问题隐患集中整治行动,集中开展打非治违专项行动,开展校车安全隐患排查整治,开展重大火灾隐患集中整治专项行动。切实做好平安校园创建工作,制定了《河南省"平安校园"创建工作实施办法》,启动省级平安校园的创建验收工作。做好预防学生溺水工作,下发《关于做好预防中小学生溺水工作的通知》,印发《致全省中小学生家长的一封信》,发放到全省每位中小学生家长手中;制作播放《珍爱生命,预防溺水》公益宣传片,开设"预防青少年儿童溺水"专题栏目。六是做好预防青少年违法犯罪工作。4 月 29 日,召开了省综治委预防青少年违法犯罪专项组工作会议,省委常委、政法委书记刘满仓作出部署。以"两法一条例"宣传为重点,积极开展未成年人法律、法规的宣传教育活动,举办"开学第一堂法律课"、编印河南省法制宣传教育读本、"法律进学校"暨全省青少年法治教育巡展、"青少年法制宣传周"等活动,举办各类法制报告会、法制教育课堂、维权行动等 2200 余场,提供法律咨询服务 26 万余人次。积极推进"青少年自我保护教育"活动,开展了小学生防震避险、交通安全、消防安全知识主题教育活动,覆盖全省小学生 30 万人次。扎实推进重点青少年群体服务管理和预防犯罪工作,积极推动全国第二轮重点青少年群体服务管理和预防犯罪试点工作,对第一轮试点 33 个县(市、区)进行检查、评估和督导。扎实推进青少年事务社会工作专业人才队伍建设,建立联席会议制度,定期通报工作进展情况,总结典型经验和做法。积极争取社会支持,郑州市 16 家社会工作机构签订协议,纳入青少年社会工作人才队伍培养体系。团省委上报的"三项目一岗位"通过政府购买社会服务的形式,争取 51 万元资金,为流浪儿童、农村留守儿童等提供优质服务。进一步优化青少年健康成长环境,先后到留守儿童学校、未管所等单位,积极开展关爱和帮扶工作。抓住青少年违法犯罪的关键诱因,联合有关部门开展打击互联网和手机媒体传播淫秽色情信息、拒绝毒品、防治艾滋病、反邪教、打击传销等专项行动,加大对不良社会环境的整治力度。

五、全面加强综治基层基础建设

以开展"基层基础建设提升年"活动为载体,进一步夯实基层,打牢基础。一是加强基层综治组织建设。重点加强县、乡两级综治组织建设,健全制度,强化保障,配齐配强工作人员,做到有人干事,有钱办事,有章理事。着力推动郑州航空港经济综合实验区和各类产业集聚区、经济开发区的基层综治组织建设,确保综治工作全面覆盖。二是完善基层综合服务管理平台。持续推进乡镇(街道)综合服务管理中心规范化建设,完善基础信息采集、社情民意收集、安全隐患巡查、矛盾排查化解、法制宣传教育等工作机制,为群众提供一站式服务。在村(社区)因地制宜建立综合服务管理平台,解决好服务群众"最后一公里"的问题。三是开展"一村一警"活动。省综治委召开现场会,在全省大力推行以社区民警为主体、以包村民警为补充的"一村一警"长效机制,维护治安,化解矛盾,服务百姓,受到群众一致好评。四是深入开展基层和行业平安创建活动。省综治委召开推进会,下发文件,广泛开展平安村、平安社区、平安单位创建活动。目前,全省 60% 的村(社区)、50% 的单位达到平安创建标准。省综治办联合省直有关部门,广泛开展"平安校园"、"平安医院"、"平安商场"、"平安市场"、"平安汽车客运站"、"平安火车站(广场)"、"平安景区"、"平安文化市场"等八项创建活动,积小平安为大平安。五是广泛开展平安建设宣传工作。下发了《关于进一步做好平安河南建设宣传工作的意见》,3月、12月定为综治和平安建设集中宣传月,召开全省会议安排部署。组织中央和省内20多家媒体开展集中报道活动。各地各有关部门多形式、多渠道、多角度大力开展平安建设宣传,提高群众知晓率和参与度,形成了浓厚社会氛围。

中共河南省委　省政府 关于深化平安河南建设的若干意见

(2014年5月5日)

平安建设是促进经济社会协调发展的保障工程,是确保人民群众安居乐业的民心工程,是巩固党的执政地位的基础工程。当前,全省正处在改革发展关键期,迫切需要和谐稳定的社会环境。为认真落实省委提出的建设"四个河南"的要求,根据中央精神,结合实际,就深化平安河南建设提出如下意见。

一、指导思想和工作目标

1. 指导思想。深入贯彻落实党的十八大和十八届三中全会精神,树立大平安理念,以人民群众满意为根本标准,以实现社会安全稳定、人民安居乐业为基本目标,以推进法治、德治为基本途径,以夯实基层、基础为基本保障,坚持系统治理、依法治理、综合治理、源头治理,坚持急则治标、缓则治本、标本兼治、永续发展,不断提高社会治理现代化水平,深入推进平安河南建设,为中原崛起、河南振兴、富民强省营造和谐稳定的社会环境。

2. 工作目标。完善平安建设体制机制,强化基层基础;有效控制严重刑事案件、重大群体性事件、重大公共安全事故,力争不发生在全国有重大影响的危害国家安全和政治稳定案事件、极端上访和群体性事件、刑事治安案事件、公共安全事故、政法干警违法违纪案件;平安建设综合绩效位居全国前列,人民群众的安全感、满意度进一步提升,社会安全稳定、人民安居乐业的局面持续巩固。

二、全力维护国家安全和社会稳定

3. 严密防范、严厉打击危害国家安全的犯罪活动。深入开展反颠覆、反渗透、反分裂斗争,筑牢国家安全人民防线,全力维护社会政治稳定。加大防范打击暴力恐怖犯罪力度,加强反恐怖工作机制和应急处置体系建设,加强反恐怖专门力量建设和情报信息工作,明确部门职责,健全协作机制,形成工作合力,组织开展有针对性演习、演练,提升实战能力。深入开展打击极端宗教违法犯罪专项行动,严防极端宗教思想渗透蔓延。加强非政府组织、各类社会组织、涉外非政府组织监督管理,认真治理非法宗教活动。依法打击和坚决遏制邪教组织违法犯罪活动,加强对邪教人员的教育转化,深入开展无邪教创建活动。

4. 加强社会治安综合治理。坚持打防结合、专群结合,深入开展社会治安打防管控工作,保护人民群众生命财产安全。坚持严打方针不动摇,因地制宜开展打击行动,始终保持对刑事犯罪的高压态势。严厉打击黑恶犯罪、暴力犯罪、盗抢犯罪、毒品犯罪、危害食品药品安全犯罪、危害生态环境犯罪、破坏市场经济秩序犯罪,更快地破大案,更多地破小案,更好地控发案。贯彻宽严相济的刑事政策,努力化消极因素为积极因素。加强社会治安重点地区和突出治安问题排查整治,深化校园安全保卫工作,严防重特大案事件发生。推进道路交通安全综合整治,加强消防安全管理,严格枪支弹药和危险物品管理,加强安全基础设施建设，严防重特大安全事故发生。健全突发事件预警和应急处置机制，提高应急处置能力。

5. 健全立体化社会治安防控体系。以社会化、网络化、信息化、可视化为重点，统筹城乡村（社区）警务、治安卡点、智能卡口、视频监控等基础建设，统筹人防、物防、技防建设，统筹协调各方面力量，构建立体化社会治安防控体系。大力实施村（社区）警务战略，合理设置城乡社区和村警务室，按照需要配备力量，加强规范化建设，健全村（社区）警务与村（居）民自治相结合的治安防范体系。落实《河南省公共安全技术防范管理条例》，加强视频监控建设，扩大村（社区）覆盖面，视频监控系统由各级公安机关统一管理和运行，充分发挥视频监控的作用。巩固壮大县、乡两级专职治安巡防队伍，积极推进村（社区）义务巡防队建设。大力发展保安服务业，广泛推行物业安全管理，完善治安承包、治安保险等治安防范模式。

6. 加强网络安全管理。按照网络安全要求，建立健全网络安全管理体系，加强网络安全制度建设和基础管理，全面落实网络实名登记制度，强化网络运营、服务主体的法律责任，强化自律意识，引导网民增强社会责任意识。加强网上网下综合防控，加强网上技术手段和力量建设，提高网络发现处置、侦查打击、防范控制能力。依法打击网上造谣诽谤、贩枪贩毒、传销诈骗、淫秽色情和侵害公民信息等违法犯罪行为。强化网上舆情导控，健全网络舆情检测和引导机制，加强网络监管队伍建设，提高对突发事件、热点问题的舆论应对能力。

三、切实保障人民群众安居乐业

7. 加强社会稳定源头治理。保障和改善民生，优先保障民生支出，切实落实惠民政策，解决好就业、就学、就医、住房等人民群众基本生活问题，特别是兜住兜好困难群众的基本生活底线，让困难群众基本生活有保障，使改革发展成果更多更公平地惠及人民群众。完善以权利公平、机会公平、规则公平为主要内容的社会公平保障体系。把社会稳定风险评估作为重大事项、决策、政策出台的前置条件、必经程序和刚性门槛，防止和避免因决策不当引发不稳定问题。完善基层民主决策机制，建立健全人民建议征集制度，推行政务公开，保障人民群众基本权益。完善行政复议体制机制，纠正违法或不当行政行为。推进严格执法、公正司法，维护社会公平正义。

8. 加强矛盾纠纷排查化解。学习发扬枫桥经验，在省、市、县、乡建立健全由党委、政府统一领导，综治、维稳、信访、公安、法院、司法行政等部门参与的矛盾纠纷排查化解综合平台，完善村（社区）基层党组织、自治组织、社会人士相结合的调解组织，形成上下贯通、衔接联动的矛盾纠纷排查化解网络。完善动态排查、分级调处、归口办理、协调督办、领导包案、依法终结等制度，做到早发现、早化解、早处置，努力实现小事不出村，大事不出乡，难事不出县，矛盾不上交。完善人民调解、行政调解、司法调解联动工作体系，发展行业性、专业性人民调解组织，建立人大代表、政协委员、社会组织等第三方参与的矛盾纠纷调解机制，充分发挥群众团体、各类协会、群众自治组织等社会力量的作用。加强应急机制建设，依法妥善处置各类群体性事件。

9. 加强和改进信访工作。畅通信访渠道，省、市、县、乡均设立 24 小时接访电话，省、市、县实行网上受理信访，推进视频接访、联合接访，推进群众信访件免费邮递绿色通道建设，设立向群众公开的领导信箱、邮箱、电话，全天候受理群众诉求。加强初信初访化解工作，落实首接首办责任制，及时就地有效解决群众合法合理诉求。建立和完善疑难信访案件会商会审和终结机制，促进息诉罢访、案结事了。完善信访联席会议制度，着力化解信访突出问题。依法规范信访秩序，建立协作联动处置机制，合力解决非正常上访。领导干部要履行一岗双责，既要负责业务工作，又要负责信访稳定。认真落实省、市、县、乡领导干部接访、下访、约访制度，强化领导包案制度，推动解决复杂疑难信访案件。着力解决涉法涉诉信访问题，实行诉讼与信访分离，把涉法涉诉信访纳入法治轨道解决，建立涉法涉诉信访依法终结制度。

10. 强化流动人口和特殊人群服务管理。积极稳妥推进户籍制度改革，加快推行居住证一证通制度，逐步实现基本公共服务由户籍人口向常住人口全覆盖。完善农村留守老人、妇女、儿童关爱帮扶体系，预防和减少侵害合法权益案事件发生。完善刑满释放人员安置帮教措施，强化吸毒人员、精神病患者、流浪乞讨人员的管理教育。加强社区矫正工作规范化、法治化建设。落实对高危人群的教育管控措施，严防漏管失控。做好预防青少年违法犯罪工作，优化青少年健康成长的社会环境。

四、全面加强基层基础工作

11. 加强基层服务型党组织建设和基层政权建设。大力推行农村、城市社区党组织建设全覆盖。加大非公有制经济组织、社会组织党建工作力度，全面推进各领域基层党建工作，健全党的基层组织体系。以服务群众、做好群众工作为主要任务，加强基层服务型党组织建设，推动基层党组织强化服务功能，改进服务作风，提高服务能力，完善服务保障，充分发挥基层党组织推动发展、服务群众、凝聚人心、促进和谐的战斗堡垒作用，增强基层党组织的凝聚力和基层群众自治组织的公共服务能力，确保有人负责，有人管事，有人服务。强化基层政权建设，推进政府职能转变，提高社会管理和公共服务能力。健全党领导的基层群众自治机制，推行“四议两公开”工作法，创新更加符合基层实际的工作方式，提高基层事务决策和管理的科学化、民主化、制度化水平。

12. 加强基层政法综治组织建设。加强县、乡两级综治、维稳、信访组织建设，健全制度，强化保障，配齐配强工作人员，做到有人干事，有钱办事，有章理事。推进公安派出所、司法所、人民法庭、检察室等政法基层组织规范化建设，加强基层国家安全人民防线建设，充实工作力量，创造必要条件，落实经费保障。完善村（社区）党支部、村（居）委会平安建设职责，健全村（社区）综治组织，配备综治协管员。

13. 加强政法队伍建设。坚持政治建警，加强政法干警核心价值观和职业伦理操守教育，引导干警坚定理想信念，确保政法队伍永远忠于党，忠于国家，忠于人民，忠于法律。加强政法领导班子建设，配优配强政法领导班子尤其是一把手，加大领导班子、领导干部教育管理监督力度，提高领导班子的凝聚力、战斗力。突出执法能力建设，加强业务培训和实践锻炼，提高实际工作本领。加强纪律作风建设，完善惩治和预防腐败体系，加大正风肃纪力度，严肃查处干警违法违纪行为。落实从优待警政策，完善政法干警职业保障制度，逐步提高干警待遇。

14. 健全基层综合服务管理机制。整合基层社会管理和公共服务资源，建立市、县、乡三级综合服务管理平台。健全协作配合、精干高效、便民利民的联动工作机制。完善基础信息采集、社情民意收集、安全隐患巡查、矛盾排查化解、法制宣传教育、困难群体帮扶等工作机制。落实岗位责任、服务承诺、首问负责、限时办结、过错追究等制度，积极推广便民服务新模式，为群众提供一站式服务。在村和社区因地制宜建立综合服务管理平台。推动城乡网格化管理全覆盖，建立职责明确、管理精细、信息共享、渠道畅通、服务有效的网络体系，使基层平台的服务触角延伸到户到人。城市社区网格要配备管理员，农村自然村要配备治保员，网格管理员、村治保员纳入社区工作岗位或群防群治岗位管理。

15. 广泛开展基层平安创建活动。完善平安创建机制、载体，丰富内容，广泛深入开展平安乡镇（街道）、平安村、平安社区、平安单位和平安校园、平安医院、平安交通以及和睦家庭等创建活动，以基层平安促进全社会平安。力争到2015年，全省80%以上的村、社区达到平安创建标准。

16. 加快推进信息化建设。以信息化引领社会治理体系和治理能力现代化，构建纵向贯通、横向集成、共享共用、安全可靠的平安建设综合信息平台。强化信息综合，加强深度应用，提升社会治理信息化水平。

五、扎实推进法治德治建设

17. 深入推进法治建设。建立科学合理的法治建设指标体系和考核标准，运用法治思维和法治方式推动平安建设。推进科学立法，健全地方法规体系。加快法治政府建设，深化行政执法体制改革，完善行政执法程序，全面落实执法责任制，建立行政执法效能考评、问责制度，提高依法行政水平。深化司法体制改革，完善执法司法权力运行体系，加强执法规范化建设，健全执法监督体系，建立执法过错责任追究和案件质量终身负责制，深化执法司法公开，提高执法司法公信力。提高法制宣传教育的针对性和实效性，大力弘扬社会主义法治精神，努力形成办事依法、遇事找法、解决问题用法、化解矛盾靠法的法治氛围。深化法治创建，开展多行业、多层次、多领域的依法治理，提高全社会法治化治理水平。切实加强法制宣传普及教育，推进法治文化建设，增强公民学法、尊法、守法、用法意识。建立法律援助机制，为困难群众和特殊群体提供优质高效的法律服务。

18. 加强思想道德建设。广泛开展社会主义核心价值观教育实践活动，加强社会公德、职业道德、家庭美德、个人品德建设，创新星级文明户评比等道德建设和文明创建载体，在全社会开展做文明人、办文明事活动，提高全民文明素养，使社会成员自觉履行法定义务、社会责任和家庭责任，形成知荣辱、明善恶、重品行、守规矩的良好社会道德风尚。加强政务诚信、商务诚信、社会诚信和司法公信建设，建立有效的信用激励和惩戒机制，努力营造让守信者一路畅通，失信者寸步难行的社会氛围。完善行业规范、社团章程、社区公约、村规民约，发挥社会规范在社会治理中的作用。加强平安文化建设，大力宣传平安建设工作，营造浓厚社会氛围。完善见义勇为表彰奖励、医疗救治、抚恤安置等机制，动员组织广大人民群众积极参与平安建设。

六、强化保障措施

19. 强化组织领导。完善各级党委、政府负总责，各级部门负专责，块块和条条双重负责、齐抓共管、整体联动的责任机制。将平安建设纳入党委、政府年度目标管理，党政主要领导是平安建设第一责任人，分管领导是直接责任人，其他领导按照一岗双责要求对职责范围内的平安建设工作负责。完善、用好平安建设实绩档案，将平安建设工作实绩作为党政领导班子和领导干部业绩评定、年度考核、干部任用、奖励惩处的重要依据。组织、人事部门对党政主要领导和分管平安建设工作的领导干部进行任职考察、办理晋职晋级和综合性奖励，需征求同级综治部门的意见。

20. 强化改革创新。统筹当前与长远，坚持先易后难，分清轻重缓急，积极推进社会治理理念、制度、体制、机制、方法创新，着力破解制约平安河南建设的体制性障碍、机制性束缚、保障性困扰。注重发现、总结、推广基层创造的新鲜经验，切实发挥典型示范带动作用。善于总结规律特点，善于将基层的成熟经验上升为法规、制度，形成平安河南建设长效机制。

21. 强化齐抓共管。坚持属地管理、分级负责和谁主管谁负责原则，完善党政领导、综治协调、部门负责、社会协同、公众参与的工作格局。将平安建设工作任务分解细化，落实到各地各部门各单位。各级综治委(办)要加强组织协调和督查考评，推动工作落实。综治委各专项工作组要扎实推动专项工作取得实效，牵头部门要加强统筹，配合部门要积极履行职责。各单位要认真抓好本部门、本系统的平安建设工作，认真履行维护稳定职责，着力解决存在的突出问题，做到看好自己的门，管好自己的人，办好自己的事。

22. 强化投入保障。各级政府要优化公共资源配置，逐步加大对社会治理、平安建设工作的投入，实施社会治理和平安建设项目带动。将政法各项基础设施建设和业务装备配备纳入经济社会发展规划，落实明确责任、分级负担、收支脱钩、全额保障的政法经费保障机制。

23. 强化工作考评。健全平安建设考评体系，建立社会评价和行业评价机制，以人民群众的平安建设需求确定考评内容，完善群众安全感调查机制，把群众满意度作为主要标准。加大奖惩力度，每年对平安建设先进单位和个人进行表彰，对工作落后、失职渎职导致发生重大问题的地方和单位，严格落实重点管理等制度，严肃追究责任。

本意见主要安排部署社会安全稳定工作，有关安全生产、食品药品安全、生态安全等工作，按照省委、省政府要求和职责任务，由有关方面另行部署，抓好落实。各地各有关部门要结合实际，研究制定具体实施意见。

河南省许昌市扎实推进社会治安视频监控建设不断提升平安许昌创建水平

近年来，许昌市坚持高标准规划、全覆盖建设、高效能应用，实现了市、县两级联网平台和共享平台与省公安厅视频监控平台对接联网。建成市级监控中心1个、县级监控中心8个，公安自建4229路治安监控，电子警察252个，智能卡口165套，车载视频60余套，高空瞭望8处，乡（镇、办）监控建设达到100%，村（社区）监控建设达到95%，社会面自建监控探头14.8万个。视频监控系统建设，大大提高了治安防控水平，群众安全感明显提高。2014年度群众安全感指数居全省第四位，人民群众对政法机关的执法满意度居全省第二位。

一、突出视频监控建设重要位置，做到“三个到位”

一是领导重视到位。自2013年起，市委、市政府每年都将技防体系建设纳入公开向社会承诺的十项民生工程之一。市委、市政府“两办”出台了《关于进一步加强全市视频监控系统建设工作的意见》，对全市视频监控建设工作作出总体部署。市综治委制订下发了《关于进一步加强全市视频监控系统建设工作的实施方案》，明确了完成时限、方法步骤、建设标准，确保该项工作的扎实推进。二是组织保障到位。成立了专项工作领导小组，市综治办、发改委、公安局、财政局、规划局、教育局等为成员单位。领导小组下设办公室，办公室设在市公安局。各县（市、区）、各有关部门也都成立相应的领导机构，加强对视频监控系统建设的领导、指导。将视频监控系统建设列入年度平安建设工作目标，实行月通报、季点评、半年小结工作机制，对各乡镇（办）、各职能部门的工作任务进行细化量化，跟踪督查。三是经费落实到位。市、县、乡三级党委、政府都将视频监控建设纳入了当地经济社会发展规划，每年都把视频监控建设所需经费纳入财政预算。坚持谁出资、谁受益的原则，广泛鼓励社会资金投入视频监控建设，投资者在保证社会效益的同时，逐步收回成本并得到经济效益。鄢陵县借助省民政厅“平安边界”项目，帮助解决77个地理位置偏僻村的视频监控建设经费问题。

二、突出视频监控规划建设精细化，做到“把好三关”

一是把好项目规划关。主动征求主流监控厂商建议，外出考察先进省份成功经验，和业内专家进行研讨，出台了《许昌市“天眼工程”建设实施意见》和《许昌市“天眼工程”总体规划指导书》，提出了明确的视频监控技术参数、监控联网技术标准和量化考核指标。二是把好需求调研关。将视频监控点的设置交由公安指挥中心负责，每年的布点需求由辖区派出所和实战单位根据工作实际提出上报。公安指挥中心根据工作实际，将各监控点的设置方位、角度、高度一一明确，形成详细的系统建设监控点设置报告。按照“城乡道路全覆盖，城市社区全纳入，重点单位和重点场所全辐射，重点目标全标定”的原则进行反复论证，科学布点，最后确定整体规划设计。三是把好建设质量关。按照建设规划的要求，按照规定进行公开招投标，挑选有实力、有社会责任感、信誉好的建设单位，严把工程质量关，保证监控视频质量。建设完工后，组织相关部门的专家、技术人员组成检查验收组，对工程的性能、使用、警务运行情况等进行验收考核。出台了《许昌市、县公安共享平台及图像联网平台新国标GB28181升级对接测试方案》，组织开展了全市公安自建视频监控资源的标准化升级改造，实现市、县两级道路监控、治安监控、督察监控、智能卡口等所有图像资源的联网，成功实现与省公安厅视频监控管理平台的新国标对接。

三、突出视频监控运行维护管理，做到“三个健全”

坚持建设与维护、使用并重，强化对技防设施的管理、维护和使用。一是健全视频监控专业队伍。市、县两级公安机关在指挥中心成立了视频监控科，在刑侦部门成立了视频侦查大队，刑侦支队、交警支队和城区分局都建有专门的视频作战室，在各单位即可实时查询各类治安监控、道路监控、电子警察和智能卡口信息，真正实现了网上作战、合成作战。全市公安机关利用视频技术破获案件比例近年来直线攀升，目前已占破获案件数的 85% 以上。二是健全视频监控运行维护机制。与运营商、承建商签订合同时，明确政府投资的视频监控系统是租赁图像而非租赁线路。每周由公安指挥中心通报监控图像的故障率、畅通率，以此作为支付租赁费用的依据，有效保障了视频监控的完好运行。市、县公安指挥中心都招聘了文职人员，严格统一培训，统一考试，持证上岗，每周对视频监控利用情况、视频巡查情况进行汇总通报。三是健全视频监控应用工作机制。建立了打防控快速反应机制，由指挥中心（监控中心）统一指挥调度，视频监控侦查、巡特警、派出所、治安卡口以及专职巡逻队、单位保安等群防群治组织紧密配合联动的快速反应处警机制，确保监控中心一发现警情，就近调集警力进行快速处置。健全系统使用管理制度，建立了调取查阅监控资料、监控预警信息登记、监控区域案（事）件倒查、视频监控破案奖励、查办案（事）件统计等制度，进一步规范系统使用。加强正面宣传，利用媒体广泛宣传系统破获的典型案例和为群众办理的好人好事，及时分析和通报系统运用效果，进一步扩大治安视频监控系统影响力。

河南省综治委、办机构情况和负责人名单

一、综治委

主　任：刘满仓　省委常委、政法委书记

副主任：蒋笃运　省人大常委会副主任

李　亚　省政府副省长

张立勇　省高级法院院长

蔡　宁　省检察院检察长

王小洪　省政府副省长、省公安厅厅长

李承先　省委政法委常务副书记

二、综治办

刘晓云　省委政法委副书记、省综治办主任

崔新芳　省委政法委巡视员

马修道　省综治办副主任

张锦印　省综治办副主任

郅晓峰　省综治办副主任

2014 年 8 月 5 日，省社会管理综合治理委员会更名为省社会治安综合治理委员会，与省委政法委合署办公，下设四个处。

河南省各市、县（市、区）综治委、办主任名单

地　区	综治委主任	综治办主任	地　区	综治委主任	综治办主任
郑州市	马　懿	李华云	管城区	王晓军	侯明清
中原区	王正轩	李嘉炜	金水区	徐卫东	张素彩
二七区	卢书选	周明勋	上街区	马少军	张　霞

地　区	综治委主任	综治办主任	地　区	综治委主任	综治办主任
惠济区	张士先		舞钢市	魏建平	马国辉
新郑市	王广国	陈政玮	宝丰县	杨占杰	李宏伟
登封市	杨戌超	崔　鹏	郏　县	宋宏州	吴晓阁
新密市	蒿铁群	赵　勇	鲁山县	李留军	李耀兴
巩义市	谈得胜	李振江	叶　县	古　松	苏军良
荥阳市	方本选		高新区	赵　翰	白　民
中牟县	李晓亮	刘　超	新城区	马海春	王自军
开封市		马继宏	**安阳市**		张　钧
鼓楼区	魏培仕	刘　东	文峰区	张卫东	陈红林
龙亭区	尹　君	曹　霞	北关区	臧佩侠	杨建钢
顺河区	陈广西	刘　忠	殷都区		张　庆
禹王台	陈　良	王保送	龙安区	王正贤	李宏伟
祥符区	张栋梁	李树斌	林州市	郭　强	郭江洪
杞　县	李明哲	郭　平	安阳县	段国兴	徐伟云
通许县	路　云	于　涛	滑　县	侯德安	张国法
尉氏县	任洪河	毛栗平	内黄县	师君芳	朱景洲
兰考县	张国林	窦战勇	汤阴县	韩党顺	刘予东
示范区	范附中	张　豪	高新区		郭　岭
洛阳市		尤清立	示范区	曹　阳	薛小虎
西工区	昝宏仓	孔柏坚	**鹤壁市**	魏小东	李传平
老城区	陈金剑	宋宏克	淇滨区	李民生	冯科峰
瀍河区	张文选	海　波	山城区	王德才	黄卫红
涧西区	贺　敏	唐双军	鹤山区	李海章	王明华
吉利区	刘冠瑜	何书清	浚　县	郑　辉	魏长文
洛龙区	李钢锤	王海林	淇　县	张相超	高青梅
偃师市	石小琳	李耀伟	**新乡市**	弋振立	冯跃东
孟津县	黄玉国	王晓辉	红旗区	刘晓飞	卞政建
新安县	王玉峰	王进营	卫滨区	周龙喜	刘　浩
栾川县	樊国玺	常义忠	牧野区	孙　勇	银文岭
嵩　县	徐　新	谢文生	凤泉区	李泽宙	琚三庆
汝阳县	马春强	李国权	卫辉市	李炳双	孙伟杰
宜阳县	王琰君	孙三成	辉县市	王天兴	李进华
洛宁县	张献宇	李雪锋	新乡县	赵茂林	王世军
伊川县	侯占国	李总宽	获嘉县	张　彤	曹同生
高新区	马志强	郭晓斌	原阳县	聂光营	郭　勇
平顶山市	王富兴		延津县	祁文华	申建国
新华区	闫庭瑞	彭来成	封丘县	朱继稳	陈舜修
卫东区	王　朴	郭国伟	长垣县	宋太俊	林振权
湛河区	王宏希	关军昌	高新区	齐振田	王　永
石龙区	赵　军	冯英帅	平原新区	孙继宏	李庆宏
汝州市	彭清旺	鲁哲锋	经开区	陶建新	胡建勇

地　区	综治委主任	综治办主任	地　区	综治委主任	综治办主任
焦作市	孙立坤		卢氏县	丹保民	范江峰
解放区	原永宏	宁建武	开发区		张君慧
山阳区	孟令武	许金正	产业集聚区	赵松勤	胡世军
中站区	王付举	李拥军	**南阳市**	姚龙其	郭建国
马村区	翟耀南	徐正君	宛城区	张亚明	李　松
沁阳市		王　兆	卧龙区	李宛生	陈景侠
孟州市	魏超杰	林金虎	邓州市	赵显三	
温　县		杨小毛	镇平县	柴　钧	郭新贵
博爱县	李平启	严二军	内乡县	樊　牛	
武陟县	闫小杏	王新平	西峡县	吴在明	李新芳
修武县	郭　鹏	冯军华	淅川县	顾　理	李　明
濮阳市	何　雄	刘道光	新野县	赵玉鉴	马书全
华龙区	刘洪浩	陈海军	唐河县	李海宪	赵玉范
濮阳县	邱国让		桐柏县	周大鹏	孟宪伟
清丰县	鲁彦峰	弓晓方	社旗县	刘凤林	黄永新
南乐县	黄守玺	彭会士	方城县	周兴中	杜学玺
范　县	王秋芳	王继森	南召县	吴廷凯	马庆君
台前县	常奇民	孙　超	示范区	徐联会	路培彦
开发区	管永国	李惠民	高新区	宋兴哲	杨德清
许昌市	王树山	杨军立	官庄工区	张　伟	王春雷
魏都区	唐彦民	陈淑燕	鸭河工区	艾　剑	汪东海
禹州市	王志宏	董吉亭	**商丘市**	李德才	殷鹤修
长葛市	刘胜利		梁园区		窦福义
许昌县	赵庚辰	袁建民	睢阳区	薛晓峰	刘立民
鄢陵县		王保国	永城市	张红梅	李　勇
襄城县	何天立	陈军胜	夏邑县	梁万涛	王晓颖
经开区	王民生	史红兵	虞城县	何振岭	朱宣聚
漯河市	胡　杰	王新田	柘城县	梁　辉	王　威
郾城区	余　伟	李顺红	宁陵县	洪　峰	杨克华
源汇区	马超音	鲁新华	睢　县	吉建军	雍文周
召陵区	洪利民	祁鹏飞	民权县	姬脉常	陈连旭
临颍县	陈红阳	胡国涛	示范区	徐新华	胡继勇
舞阳县	李亦博	黄国安	**信阳市**	王乐新	
经开区	刘国勤	王自坡	浉河区	郑　刚	王文业
西城区	王　涛	蒋银章	平桥区	李　杰	靳明亮
三门峡市	郭绍伟	汤立明	罗山县	李芳军	李敬东
湖滨区	段青菊	聂红宝	潢川县	毛冠楠	吴腾飞
义马市	马宗玉	郭四姣	固始县	曲尚英	董　健
灵宝市	胡家群	朱健春	息　县	孙　涛	张重远
渑池县	狄玉华	白　石	淮滨县	吴　刚	
陕　县	张天生	曹九让	光山县	桂诗远	王　德

地　区	综治委主任	综治办主任	地　区	综治委主任	综治办主任
商城县	陈　功	余伦吾	港　区	尚红伟	吕　勇
新　县	杨明忠	吴新涛	**驻马店市**	余学友	宋志成
周口市	谢海洋	徐公喜	驿城区	郑玉林	王宏革
川汇区	郭志刚	赵　辉	遂平县	付自成	王集学
项城市	黄真伟	王景堂	西平县	聂晓光	王锐力
鹿邑县	陈志伟	李忠振	上蔡县	彭宾昌	陈照峰
郸城县	刘广明	赵先防	汝南县	吕　方	余国清
沈丘县	皇甫立新	董　磊	平舆县	王兆军	周　鹏
太康县	王国玺	潘布道	新蔡县	王景峰	马　玉
淮阳县	杨永志	石荣民	正阳县	刘艳丽	喻学民
商水县	孙敬林	李凯奇	确山县	栗明伦	刘玉新
西华县	王田业	孙全明	泌阳县	高万象	张成春
扶沟县	卢　伟	姚宜霖	经开区	李新中	于学军
开发区	李锡勇	孔　亮	**济源市**	薛玉森	郭兴林
东新区	建　志	马　峰			

（撰稿人：王磊
审稿人：刘晓云　唐盛利）

湖 北 省

2014 年综治工作情况

2014 年,湖北省着力抓好城乡网格化管理、立体化治安防控、社会矛盾排查化解、特殊人群服务管理、基层及行业平安创建、部门综治齐抓共管等各项措施的落实,推动综治工作取得显著成效。2014 年湖北省公众安全感为 93.68%、社会治安满意度为 92.56%、执法满意度为 89.47%,比上年分别上升 0.98、0.68、0.89 个百分点,再创历史新高。

2014 年 11 月 2 日,中央政法委、中央综治委在武汉召开了"深化平安中国建设会议"等系列会议(武汉会议),湖北省委、省政府坚决落实中央政法委、中央综治委要求,统筹做好筹备服务各项工作,湖北经验受到中央领导和与会代表的高度评价。

一、突出源头治理,变"救火"为"防火",切实维护社会政治稳定

(一)狠抓源头预防和维稳。推动各地各部门落实《湖北省社会稳定风险评估实施细则》,做到应评尽评、真评真用。2014 年全省共对 495 项重大决策事项进行评估,暂缓实施 43 项,不予实施 12 项。健全完善情报信息分析研判机制,推动省级每月、市州每半月、县市区每周研判一次,每季度向省委常委会提交《湖北省社会管理和稳定预警报告》白皮书。

(二)狠抓敏感节点安全稳定。组织开展"百日行动"和矛盾排查化解、社会面治安管控、特殊人群服务管理等专项整治行动,妥善排查化解了一批重大安全隐患和不稳定问题。

(三)狠抓网络舆论引导工作。组织开展"清网行动",及时查处各类有害信息,关闭违规网站。

二、整合资源力量,夯实基层基础,全面推进农村网格化建设

湖北省城市社区网格化建设已经实现全覆盖。在农村网格化建设方面,湖北省委、省政府将其作为第四轮"三万"活动为民办实事首要任务,借助 11 万名"三万"工作队员,集中半年时间,强力予以推进,全省共投入 15 亿资金用于农村网格化建设。湖北省综治委制定出台了《湖北省农村网格化管理建设标准》等一系列规范性文件,两次召开全省农村网格化管理建设现场推进会,派出督导组进行巡回检查。截至 2014 年底,湖北省已有 93.5% 的村(居)完成网格化建设任务,市、县、乡三级统一建立了网格化服务管理中心,村(社区)统一建立了网格化服务管理工作站。同时,99% 的村(居)已完成信息采集,通过网格平台采集上报信息 55 万多条,服务群众 170 万人次,为群众服务办事近 200 万件,帮扶特殊人群 22 万多人,收治易肇事肇祸精神病人 9000 多人,关爱"三留守"人员 60 多万人,调处矛盾纠纷 12 万件,整治社会治安隐患 1 万多个。

三、创新工作机制,筑牢治安防线,构建立体化社会治安防控体系

(一)大力开展严打整治斗争。组织开展"严打黄赌假"、"打四黑除四害"、"破小案、保民安"、治爆缉枪、校园及周边环境整治、娱乐场所整治、铁路安全环境整治等专项行动,有效遏制了刑事犯罪高发的势头。2014 年湖北省刑事、治安发案首次实现"双下降",其中"八类恶性案件"同比下降 21.5%,"两抢一盗"等可防性案件同比下降 26%,毒品犯罪案件下降 9.8%;29 个县级立案单位未发命案。持续开展社会治安重点地区排查整治,共排查整治治安重点地区、场所、部位 2800 余个。

(二)构建"3366"立体化治安防控体系。坚持打防管控相结合,构建"三化、三圈、六网、六支撑"("三化",即信息化、网格化、社会化;"三圈”，即环省、环市、环县防控圈；“六网”，即街面、社区村庄、单位行业、视频监控、警务协作、虚拟社会防控网；“六支撑”，即警务服务站、社区警务室、城乡安保队、单位保卫部、治安中心户、各类保安员）的立体化治安防控体系。全省共布设治安视频监控探头88.5万个，省市县三级视频监控平台互联互通，实现“天眼”（探头）、“天哨”（无人机）、“天网”全覆盖。

（三）全力维护公共安全。持续开展公共安全隐患大排查、大整治。2014年发生各类安全事故起数和死亡人数同比分别下降7.8%和8.3%；工矿、道路交通、铁路交通和农业机械等重点行业事故死亡人数同比下降，其中交通事故、火灾事故同比分别下降14.4%、40.9%；全年未发生重特大生产安全事故。

四、坚持问题导向，健全网络体系，加强矛盾纠纷排查调处

（一）健全完善矛盾纠纷排查调处网络。充分发挥矛盾纠纷化解“三级平台”（社区公共服务中心、乡镇街综治维稳中心、县级矛盾纠纷调解中心）、“五级网络”（村、乡、县、市、省五级矛盾纠纷排查调处网络）作用，第一时间发现并就地化解矛盾纠纷，基本形成了党政动手、依靠群众、源头预防、依法治理、综合施策的矛盾化解工作格局。坚持市级每月、县级半月、乡级每周、村级及以下每日开展矛盾纠纷排查调处工作。

（二）深入开展行业性专业人民调解工作。认真推动落实《关于进一步加强行业性专业人民调解工作的意见》，积极推广“枫桥经验”，以医疗纠纷、道路交通事故纠纷调解组织建设为抓手，以点带面，推动各行业专业人民调解组织建设。湖北省综治办、湖北省卫生计生委联合下发《关于加强医疗纠纷人民调解工作的通知》，在襄阳市召开全省医疗纠纷人民调解工作现场会，有力推进了医疗纠纷人民调解工作。湖北省医疗纠纷、道路交通事故纠纷调解组织已分别建成347个和258个，实现了县级区域全覆盖。

五、加强服务管理，落实帮教措施，做好流动人口和特殊人群工作

（一）做好严重精神障碍患者救治救助工作。建立严重精神障碍患者救治救助工作联席会议制度，召开首次联席会议，对相关工作进行部署。在全省组织开展为期两个月的“春季预防专项行动”。指导咸宁市总结开展易肇事肇祸精神病人救治康复的经验做法，在全国视频工作会上作交流。以湖北省委办公厅、省政府办公厅名义出台了《关于进一步加强严重精神障碍患者救治救助工作的实施意见》，把严重精神障碍患者救治救助工作纳入规范化、制度化轨道。

（二）做好流动人口服务管理工作。制定《湖北省居住证办理工作规范》（试行），设计开发了全省统一的居住证信息管理系统，办理发放280余万张居住证。狠抓《湖北省流动人口服务和管理条例》的贯彻落实，根据湖北省户籍制度改革规划，指导武汉市合理调整中心城区落户政策，改革完善全日制普通高校学生户口迁移管理制度，依法实名登记出生人口，加快“村改居”户口登记和居住证制发工作，积极解决优秀流动人口进城落户问题。2014年在湖北参加异地高考的流动人口随迁子女2664人，是2013年的12倍。

（三）做好预防青少年违法犯罪工作。组织召开湖北省综治委预防青少年违法犯罪工作领导小组会议、全省重点青少年服务管理和预防犯罪工作会议等一系列会议，对预防青少年违法犯罪工作进行部署。加强对闲散青少年、不良行为青少年、农村留守儿童、流浪乞讨未成年人、服刑在教人员未成年子女等重点青少年群体服务管理，借助城乡网格化管理综合信息平台，收集重点青少年群体信息。系统开展“青少年维权岗”创建活动，全省涌现出各级优秀“青少年维权岗”2500多个，其中全国优秀“青少年维权岗”72家，省级优秀“青少年维权岗”729家。

六、抓好目标责任管理，提升综合协调能力，推动部门综治工作齐抓共管创新发展

（一）以制度落实促齐抓共管。健全完善综治委成员单位述职、综治委委员联系点、综治委委员巡视、综治委联络员培训等各项制度，促进了综治工作（平安建设）规范有序开展。举办了全省综治办主任、省综治委联络员培训班，充分调动了省综治委联络员抓综治工作的积极性。省委、省政府对综治工作优胜单位予以通报表彰。建立了约谈警示、诫勉谈话、挂牌督办、黄牌警告、一票否决等相关制度，鼓励先进、鞭策后进、增强实效。

（二）以项目管理促齐抓共管。创新工作方

法，对省综治委成员单位履行综治职能全面实行项目化管理，制定《项目手册》，明确每个单位的项目实施主体、推进路线图、完成时间和责任人，督促各单位按照时间节点一项一项抓好落实，真正把平安建设的各项任务落实到各部门、各单位。2014 年，湖北省综治委成员单位共完成民生、治安等各类综治职能项目 203 项。

（三）以专项工作促齐抓共管。湖北省综治委 10 个专项组充分发挥攻坚克难作用，有效解决了一批综治工作的重点难点问题。省委高校工委、省教育厅制订出台了《湖北省高校网格化管理建设工作方案》，在华中师范大学等 4 所高校先行试点，初步建立起集教育、服务、管理为一体的高校网格化管理模式。部署开展“校园及周边安全环境整治月”专项行动，全省学校共排查化解各类矛盾纠纷 12000 多起。联合省卫生计生委召开《湖北省医疗纠纷预防和处置办法》宣传贯彻视频会议，严格预防和处置工作流程，防止因医疗纠纷处置不当造成严重影响。

七、强化组织领导，落实工作责任，提升平安建设的科学化、现代化水平

（一）在落实平安建设“第一责任”上有作为。湖北省委书记李鸿忠、省长王国生与各地各部门党政一把手签订综治（平安建设）目标管理责任书。湖北省委每半年召开一次市州党委书记综治维稳工作专题会议，省委常委会每季度听取一次社会治理和稳定形势汇报，省政府每季度研究一次民生领域影响稳定的突出问题，省委政法委每季度召开一次政法委全会研究平安建设工作，形成了长效机制。湖北省市、县两级建立相应制度，全省形成一级抓一级、层层抓落实的工作局面，有力确保了“第一责任”的落实。

（二）在开展平安创建活动上有成效。深入开展平安市州、平安县市区等基层平安创建活动，全省 100% 的市州和 99% 的县市区达到了平安市和平安县标准。深化“平安铁路示范市、县、区”创建活动，做好涉铁矛盾纠纷排查化解，湖北省铁路交通事故连续 12 年实现了持续下降的可喜局面。拓展和延伸平安创建网络，将企事业单位、学校、医院、家庭等纳入平安创建内容，开展了平安企业、平安校园、平安医院等 50 多项行业平安创建活动，基本实现平安创建全覆盖。积极做好见义勇为工作，全省涌现出王林华、秦开美、黄玉珍、李成耘等一批见义勇为典型，弘扬了社会正气。

（三）在服务经济发展上有亮点。推动政法机关牢固树立建设性执法理念，认真落实《关于政法机关优化法治环境促进经济发展的意见》，全力为经济社会发展保驾护航。湖北省委副书记、政法委书记张昌尔多次召开企业家座谈会，听取意见建议。各地组织开展“法治湖北企业行”、“万警联万企”等活动，层层落实政法领导干部和政法干警联系企业制度，层层聘请法治环境监督员，层层开展涉企专项检查和案件评查，取得明显成效。

湖北省医疗纠纷预防与处理办法

第一章　总　则

第一条　为了有效预防和妥善处理医疗纠纷，保护医患双方当事人的合法权益，创新社会服务和管理，促进社会和谐稳定，根据《医疗事故处理条例》等法律、法规，结合本省实际，制定本办法。

第二条　本省行政区域内医疗纠纷的预防与处理适用本办法。

第三条　医疗纠纷的预防与处理应当遵循预防为主、依法处理、公平公正、高效便民的原则。

处理医疗纠纷应当实行调解优先，做到事实清楚、定性准确、责任明确、处理恰当。

第四条　县级以上人民政府应当加强对医疗纠纷预防与处理工作的领导，建立医疗纠纷预防与处理工作协调机制,督促有关部门依法履行职责,协调解决医疗纠纷预防与处理工作中的重大问题。

医疗机构所在地、患者居住地的乡镇人民政府、街道办事处应当配合相关部门做好医疗纠纷的预防与处理工作。

第五条　县级以上人民政府卫生计生部门应当指导、监督医疗机构对医疗纠纷的预防与处理工作,加强医疗卫生法律、法规宣传和医疗卫生知识的普及教育,引导医务人员和公众理性对待和化解医疗风险。

县级以上人民政府司法行政部门应当建立医疗纠纷人民调解工作机制,制定医疗纠纷人民调解委员会的调解程序、协议、规则等制度,加强对医疗纠纷人民调解委员会的工作指导。

县级以上人民政府财政部门应当按照分级负责、统筹管理的原则,对医疗纠纷人民调解工作所需经费给予必要的支持和保障。

保险监督部门应当依法加强对医疗责任保险工作的监督管理,配合有关部门及时研究解决医疗责任保险中的问题,逐步建立和完善医疗责任保险事业长效机制。

县级以上人民政府公安机关应当加强对医疗场所的治安管理,依法查处扰乱医疗秩序的行为,维护正常的医疗秩序。

第六条　新闻媒体在报道医疗纠纷预防和处理情况时,应当坚持正确舆论导向,恪守职业道德,做到客观公正。

第七条　医疗机构及其医务人员应当努力提高医疗服务质量和服务水平,加强自身管理,确保医疗安全。

第八条　医患双方的合法权益受法律保护。

医患双方应当相互尊重,依法维护自身权益和妥善化解医疗纠纷,不得扰乱、破坏正常的医疗秩序。

第二章　预　　防

第九条　县级以上人民政府卫生计生部门应当规范医疗机构执业准入行为,加强对医疗机构执业行为的监督和管理,督促、指导医疗机构提高服务质量和医疗水平,构建和谐医患关系。

县级以上人民政府卫生计生部门应当建立医疗纠纷报告制度。医疗机构应当按规定定期报告医疗纠纷,不得缓报、瞒报、谎报。

第十条　医疗机构应当建立健全院务公开、医疗质量监控、考核评价、医疗责任追究、风险评估等制度,制定医疗纠纷应急处理预案,并报所在地卫生计生部门和公安机关备案。

医疗机构应当建立负责医疗纠纷预防与处理的工作机构,配备专兼职工作人员,并设立投诉服务接待室、工作窗口,公布投诉电话、公示相关法律法规和医疗纠纷处理、调解程序,接受咨询、投诉,做好医疗纠纷源头防范和处理工作。

第十一条　公安机关应当与辖区医疗机构建立医疗纠纷预防与处理信息共享和接、处警快速反应对接工作机制,及时制止违法行为。三级以上医疗机构应当协助公安机关在医院设立警务室,并为警务室提供办公场所及相关设施。

第十二条　医务人员应当履行下列义务,防止医疗纠纷发生:

(一)遵守卫生法律、法规、规章和技术操作规范;

(二)关心、爱护、尊重患者,保护患者的隐私;

(三)对病施治,合理用药,提高服务水平,保证医疗质量;

(四)如实告知患者病情、医疗措施、医疗风险等情况,并及时解答其咨询;

(五)需要实施手术、特殊检查、特殊治疗、实验性临床医疗的,应当取得患者的书面同意;无法或不宜向患者说明的,应当向患者近亲属说明,并取得其书面同意。因抢救生命垂危的患者等紧急情况,不能取得患者或者近亲属书面意见的,按照有关规定办理。

第十三条　医务人员在医疗活动中不得有下列行为:

(一)超出执业范围实施医疗行为;

(二)违反诊疗规范实施不必要的检查;

(三)隐瞒、误导、夸大患者病情或者虚假宣传、夸大疗效;

(四)使用与病情不相宜的诊疗技术和药物;

(五)篡改、隐匿、伪造、损毁病历资料;

(六)收受患者及其近亲属财物;

(七)收受医疗器械、药品、药剂等生产、经营企业人员给予的回扣、提成及接受旅游等有关服务。

第十四条　患者及其近亲属应当遵守下列规定:

(一)遵守医疗机构相关规章制度,自觉维护医疗秩序;

(二)如实向医务人员陈述病情,配合医务人员实施诊断、治疗和护理;

(三)按规定及时支付医疗费用;

(四)对医疗行为有异议或争议的,依法表达意见或诉求。

第十五条　患者及其近亲属以及其他单位和个人不得有下列行为:

(一)在医疗机构焚烧纸钱、摆设灵堂、摆放花圈、违规停尸、聚众滋事;

(二)在医疗机构内寻衅滋事;

(三)非法携带易燃、易爆危险物品和管制器具进入医疗机构;

(四)侮辱、威胁、恐吓、故意伤害医务人员或者非法限制医务人员人身自由;

(五)在医疗机构内故意损毁或者盗窃、抢夺公私财物;

(六)其他扰乱医疗机构正常秩序的行为。

第三章　处　　置

第十六条　发生医疗纠纷后,医疗机构应当按下列程序进行处置:

(一)及时组织医院专家会诊,并将医院专家会诊意见告知患者及其近亲属。需要启动应急处置预案的,应当按照预案规定采取措施,并迅速向所在地卫生计生部门报告;

(二)告知患者及其近亲属有关医疗纠纷处理的办法和程序,回答相关咨询和疑问,引导患者及其近亲属依法解决纠纷;

(三)在医患双方共同在场的情况下,按照有关规定封存或启封现场实物及相关病历资料;

(四)患者或者其近亲属要求协商的,医患双方应推举代表进行协商,各方的代表人数均不得超过5名;

(五)医疗纠纷处置完毕后3个工作日内,向所在地卫生计生部门提交医疗纠纷处置报告,如实反映医疗纠纷的发生经过及调查、处理情况。

医疗机构应当配合卫生计生、公安等部门和医疗纠纷人民调解委员会做好调查取证和纠纷处理工作。

第十七条　患者死亡,医患双方当事人不能确定死因或者对死因有异议的,医疗机构应当在患者死亡后48小时内组织尸检;具备尸体冻存条件的,可以延长至7日。尸检应当经死者近亲属同意并签字。

拒绝或者拖延尸检,超过规定时间,影响死因判定的,由拒绝或者拖延的一方承担责任。

医患双方当事人可以请法医病理学人员参加尸检,也可委派代表观察尸检过程。

第十八条　患者在医疗机构内死亡的,尸体应当立即移放太平间。尸体存放时间超过国家有关规定的,经医疗机构所在地卫生计生部门批准,报经同级公安机关备案后,由医疗机构按照规定进行处理。

第十九条　县级以上人民政府卫生计生部门接到医疗纠纷报告后,应当按照下列要求处置:

(一)责成医疗机构及时采取措施,防止事态扩大,发生重大医疗纠纷时应当派人赶赴现场;

(二)进行政策法规宣传和教育疏导等工作,引导医患双方选择适当方式解决纠纷;

(三)组织邀请患者所在单位和基层组织参与医疗纠纷的调查协调工作。

第二十条　公安机关接到关于医疗纠纷的治安警情后,应当按照下列要求处置:

(一)立即组织警力赶赴现场;

(二)开展教育疏导,制止过激行为,维护正常的医疗秩序;

(三)依法处置在医疗机构内发生的各类违法犯罪行为。

第四章　调　　解

第二十一条　医疗纠纷发生后,双方当事人可以选择自行协商解决,也可以选择向医疗机构所在地的医疗纠纷人民调解委员会书面申请调解;不愿意协商、调解或者协商、调解不成的,可以向卫生计生部门申请医疗事故争议行政处理,或者向人民法院提起诉讼。

第二十二条　县级以上人民政府卫生计生部门对医疗纠纷的调解处理,依照国家有关法律、法规和规章的规定执行。

第二十三条　各市(州、林区)、县(市、区)依法设立的医疗纠纷人民调解委员会是调解医疗纠纷的群众性组织,负责本行政区域医疗纠纷的调解工作。

医疗纠纷人民调解委员会应当按照依法调解、平等自愿、科学严谨、独立公正的原则开展工作。

医疗纠纷人民调解委员会调解医疗纠纷不得收取任何费用。

第二十四条　县级以上人民政府司法行政部门应当定期对医疗纠纷人民调解员进行业务培训,积极指导重大疑难医疗纠纷案件的调解工作。

第二十五条　医疗纠纷人民调解委员会在医疗纠纷调解工作中主要履行下列职责:

(一)组织医疗纠纷调查,收集相关资料,了解医患双方的意愿;

(二)宣传相关法律、法规、规章和医学知识,引导医患双方依据事实和法律,公平、妥善解决纠纷,防止矛盾激化;

(三)按要求制作规范的书面调解协议书;

(四)分析医疗纠纷形成的原因,向医疗机构提出预防医疗纠纷的建议;

(五)定期向有关主管部门报告医疗纠纷调解工作情况;

(六)为患者及其近亲属提供医疗纠纷调解咨询服务。

第二十六条　医疗纠纷人民调解委员会应当建立由相关医学、药学、法律和保险等专家组成的专家库,为医疗纠纷的调查、评估和调解提供技术咨询。

第二十七条　医疗纠纷人民调解委员会对当事人提出的医疗纠纷调解申请应当及时进行审核,3个工作日内答复是否予以受理。

医疗纠纷人民调解委员会受理调解申请后,应当告知双方当事人在调解活动中享有的权利和应当履行的义务。

需要进行相关鉴定的,应当告知医患双方当事人按照有关规定申请相关鉴定。

第二十八条　有下列情形之一的,医疗纠纷人民调解委员会不予受理。已经受理的,终止调解:

(一)当事人一方已经向人民法院提起诉讼的;

(二)一方当事人拒绝医疗纠纷人民调解委员会调解的;

(三)经医疗纠纷人民调解委员会调解终结后,没有新的事实和证据当事人就同一事项再次申请调解的;

(四)非法行医而引发的纠纷。

终止调解的,应当书面通知当事人并说明理由。

第二十九条　医疗纠纷人民调解委员会调解医疗纠纷,按照下列要求进行:

(一)确定1名或数名人民调解员作为调解人。有数名调解员的,确定1名调解主持人。医患双方当事人对调解员提出回避要求且理由充分的,该调解员应当回避;

(二)双方当事人可以聘请律师或者委托代理人参加调解,受委托人应当向医疗纠纷人民调解委员会提交授权委托书;

(三)调解应当在专门设置的调解场所进行;

(四)调解人员进行调解时,应当做好调解笔录;

(五)涉及医疗责任保险理赔的,应当通知承保机构参与调解活动。

第三十条　医疗纠纷人民调解委员会应当自受理之日起30个工作日内调解结案(不含相关鉴定时间);因特殊情况需要延长调解期限的,医疗纠纷人民调解委员会和双方当事人可以约定延期。到期未达成调解协议的,视为调解不成。

第三十一条　医疗纠纷经调解达成一致意见的,应当制作调解协议书。调解协议书由双方当事人签名、盖章或者按手印,经调解人员签名并加盖医疗纠纷人民调解委员会印章后生效。

双方当事人认为有必要的,可以自调解协议生效之日起30日内向人民法院申请司法确认。人民法院确认调解协议有效,一方当事人拒绝履行或未全部履行的,另一方当事人可以向人民法院申请强制执行。

第五章　医疗责任保险

第三十二条　县级以上人民政府卫生计生

部门应当积极推动公立医疗机构按规定参加医疗责任保险,鼓励非公立医疗机构自愿参加医疗责任保险;鼓励医疗机构参加医务人员职业责任、公众责任等各类医疗责任保险。

第三十三条　医疗责任保险的承保机构应当遵循保本微利原则,合理厘定保险费率,并根据对医疗机构医疗纠纷的赔偿情况实施浮动费率制度。

第三十四条　医疗责任保险的承保机构应当通过招标等公开方式确定。

第三十五条　参加医疗责任保险的医疗机构,其医疗责任保险保费支出,按照有关规定从医疗机构业务费中列支,计入医疗成本。

医疗机构不得因参加医疗责任保险而提高医疗收费标准或者变相增加患者负担。

第三十六条　医疗纠纷发生后,医疗机构应当依照《中华人民共和国保险法》相关规定以及保险合同的约定,及时向医疗责任保险承保机构报案,并如实向承保机构提供医疗纠纷的有关情况。

第三十七条　医疗责任保险的承保机构应当按照保险合同约定,提供相关保险服务,及时理赔并足额支付赔款。

医疗纠纷人民调解委员会生效的调解协议,应当作为医疗责任保险理赔的责任认定依据。

第三十八条　保险监督部门应当加强对承保机构医疗责任保险业务理赔工作的监督管理,规范保险经营业务,指导承保机构推进服务创新,加强诚信建设,做好保险理赔与人民调解的工作衔接,引导承保机构加强医疗责任保险业务管理和风险掌控,督促承保机构按照有关行业自律标准提供优质、高效的理赔服务,确保保险理赔工作有序进行。

第六章　法律责任

第三十九条　违反本办法规定,法律、法规有行政处罚规定的,从其规定。

第四十条　医疗机构有下列情形之一的,由县级以上人民政府卫生计生部门予以警告、责令改正;情节严重的,对负有直接责任的主管人员和其他直接责任人员依法予以处理:

(一)未建立院务公开、医疗质量监控、考核评价、医疗责任追究、风险评估等制度的;

(二)未制定医疗纠纷应急处置预案且未报所在地卫生计生部门和公安机关备案的;

(三)发生医疗纠纷后,未按本办法规定的程序处置医疗纠纷的。

第四十一条　医务人员违反本办法,有第十三条规定情形之一的,由县级以上人民政府卫生计生部门予以警告、责令改正;构成犯罪的,依法追究刑事责任。

第四十二条　患者及其近亲属以及其他单位和个人违反本办法第十五条规定构成违反治安管理行为的,由公安机关依据《中华人民共和国治安管理处罚法》予以处罚;构成犯罪的,依法追究刑事责任。

第四十三条　医疗纠纷人民调解委员会的人民调解员在医疗纠纷调解工作中营私舞弊,违反调解程序造成严重后果的,由聘任单位予以解聘,并按照有关规定追究责任。

第四十四条　县级以上人民政府卫生计生、司法行政、公安等部门和保险监督管理机构及其工作人员在医疗纠纷预防与处理工作中,违反本办法规定,玩忽职守、滥用职权、徇私舞弊的,由其主管部门或者监察机关对负有直接责任的主管人员和其他直接责任人员依法给予行政处分。

第七章　附　　则

第四十五条　本办法自 2014 年 2 月 1 日起施行。

湖北省综治委关于印发《湖北省农村网格化管理建设标准》的通知

（2014 年 1 月 13 日）

各市、州、县社会管理综合治理委员会，省综治委成员单位，省直综治责任单位：

现将《湖北省农村网格化管理建设标准》印发给你们，请认真贯彻落实。

湖北省农村网格化管理建设标准

一、关于网格划分

1. 网格划分应按照因地制宜的原则，以村民小组为单位或根据地域条件、人口规模情况适度划分。集镇以社区居民小组为单位划分或按城市社区网格标准划分。工矿、企业、学校、林场等和部队驻地可划分特定网格。

二、关于网格员队伍建设

2. 网格员是由村民推选产生，政府给予报酬补贴，从事农村网格服务管理工作的基层社会工作者。网格员分网格信息员、网格信息管理员两类。

3. 网格信息员按照“一格一员”配备，原则上由村民小组长担任或村民推选产生；网格信息管理员按“一村一员配备”，原则上由村治保主任、村后备干部或“大学生村官”担任，可以同时兼任本村一个网格的信息员。

4. 网格信息员的主要职责是：收集上报各类信息（当好信息员），排查化解、上报各类矛盾纠纷（当好调解员），宣传党的惠民利民政策和法律法规（当好宣传员），关爱特殊人群、留守家庭、困难群众和服务群众（当好服务员）等职责。

5. 网格信息管理员除担负网格信息员的相关职责外，还应承担的主要职责是：集中录入、及时更新网格信息员上报和工作中收集的信息，管理维护村级信息平台，办理村级服务窗口有关事项。

6. 县（市、区）部门、单位有关工作事项，如纳入网格服务管理，实行准入制度，由县（市、区）部门、单位向县（市、区）综治办提出书面申请，经县（市、区）综治委主任会议审议通过方可纳入。

7. 县（市、区）网格管理监管机构负责建立完善网格员的工作责任制度、培训制度和考核奖惩制度。村网格信息员纳入村后备干部管理。在推荐选举村（社区）干部、表彰奖励等事项中，同等条件下，优先考虑网格员。

三、关于综合信息系统建设

8. 建立县（市、区）、乡镇（街道）、村（社区）城乡一体、联通共享、实用高效的社会治理综合信息系统（平台）。该系统（平台）应包括农村人口、农户房屋、耕地、山林权属、农业生产生活资料、村务党务、基层社会组织等基础信息系统，矛盾纠纷化解、公共服务和行政审批应用信息系统，社会保障应用信息系统，社会事件收集分流处理应用信息系统、社会治理考核系统等。

9. 信息采集录入更新应全面、真实、准确、及时，建立完善信息动态采集、部门关联比对、综合集成、分流处置督办的工作机制。

10. 社会治理综合信息系统（平台）应打通职能部门间“信息壁垒”，实现涉农惠农、提供公共服务职能部门间的信息互通、融合、共享，最终实现基础信息一网采集录入、公共资源一网整合共享、社区服务一网延伸跟进、日常工作一网考核评估、关联数据一网查询比对、社会事务一网分流督办。

11. 在电子政务等专网延伸的前提下，按照电子政务专网接入规范，统一村（社区）IP 规划，将信息网络延伸到村（社区）。每个村（社区）配备一台专用电脑、打印机、社管服务查询终端等设备。有条件的地方，为网格员配备采集信息的手持移动终端设备。

12. 建立科学严格的信息安全管理和保密制度。社会治理综合信息系统（平台）由综治部门负责管理。信息的使用管理实行分级授权准入制，一人一密码、一机一账号、一级一权限，确保专用电脑不接外网，系统信息不泄密。

四、关于基层综合服务管理平台建设。

13. 基层综合服务管理平台是指在县（市、区）政府主导下，依托网格化管理中心（站）和社会治理综合信息系统（平台），通过信息化手段，实现对农村的有效治理和对群众面对面的服务。

14. 基层综合服务管理平台要依托现有组织机构、办公场所、网络系统和人员队伍进行，原则上与网格管理中心（站）和社会治理综合信息系统（平台）融为一体，县（市、区）应依托行政服务大厅或电子政务服务大厅建立，乡镇（街道）依托综治维稳信访中心或群众服务大厅建立，村（社区）依托党员群众服务中心建立。

15. 基层综合服务管理平台应逐步整合公安、司法、农业、农资、气象、土地、工商、民政、人社、计生、信访、教育、城管、卫生、房管、食品药品、工会、妇联、共青团、民兵等部门和组织的信息资源、公共服务资源，将社会化服务纳入平台，通过平台现场即时办理或通过社会治理综合信息系统（平台）为农村提供全方位服务。

五、关于组织建设和经费保障

16. 县（市、区）、乡镇（街道）建立网格化管理中心，村（社区）建立网格化管理工作站，其中乡镇（街道）综治委主任兼任网管化管理中心主任，村（社区）党支部书记或主任兼任网格化管理站站长。网格化管理中心（站）均应有固定的办公场所和工作人员，其中村（社区）网格化管理站办公场所面积应不少于 10 平方米。

17. 乡镇（街道）、村（社区）应为网格员提供必要的办公场所和条件，保障工作需要。

18. 网格化服务管理基本建设经费、网格员工作经费纳入县（市、区）财政预算，可以采取市场化运作的方式多方面筹措经费。网格员的报酬待遇根据当地经济发展状况由各县（市、区）统一规定。

湖北省武汉市治“三圈”促“三防”　努力建设平安武汉

近年来，武汉市始终把保城市平安作为安身立命的头等大事，坚持问题导向，综合治理“三圈”，竭尽全力“三防”，努力建设平安武汉，连续三届获评“全国社会管理综合治理优秀市”，夺得“长安杯”。平安建设有力保障了武汉又好又快发展，地区生产总值近几年每年增加千亿元以上，居副省级城市第四位，重返全国城市十强；城市建设大规模推进，城市面貌焕然一新；市民的安全感和幸福感显著提升，城市自信更加坚定。主要做法是：

一、突出“三圈”重点区域

武汉作为全国性综合交通枢纽、全国重要的商贸中心、科教基地和华中地区医疗服务中心，人流、物流、资金流、信息流高度汇聚在“三圈”，即医院、商场、学校及周边区域，在带来城市繁荣的同时，也使得“三圈”成为刑事治安案件、交通安全事故、火灾警情的高发区域，成为群体性事件、暴恐、街头政治、学潮等的重要策源地、发生地。随着城市规模不断扩张，以及市民对商业、医疗、教育需求的不断增长，“三圈”覆盖面越来越广，在市民及外来人口工作生活中的中心地位越来越突出，平安建设的压力日益增大。

“三圈”区域既是民意的聚集点、信息的交汇点，又是城市平安的风向标、群众安全感的晴雨表,也是推动城市治理体系和治理能力现代化的重要支点。可以说,“三圈”治,则大局稳、武汉安,要把“三圈”治理作为全市平安建设的“牛鼻子”。

二、明确“三防”主要目标

防发案是基本要求。“三圈”区域发案率高、安全隐患突出,过去不少重大案件和事故发生在“三圈”。有效控制、减少“三圈”区域发案和安全事故,是群众的强烈呼声,也是基础工作。

防暴恐是工作底线。“三圈”区域安全防范难度大、暴恐袭击影响大、隐匿逃窜方便,极易成为暴恐分子袭击的目标。国际国内的重大恐怖袭击事件,不少都发生在“三圈”地区。所以在“三圈”治理中,必须坚持底线思维,确保不发生暴恐事件。

防街头政治是工作重点。“三圈”区域公共空间大、人流密集,是策划街头政治、群体性事件的首选场所,一旦发生群体性事件,如不能及时果断处置,容易演化为街头政治。“三圈”治理必须把防街头政治作为重中之重。

三、创新“三结合”工作举措

一是坚持党政主导和社会参与相结合。着力强化责任体系、完善工作机制,连续3年将平安建设纳入全市治庸问责工作重点,并将“三圈”治理列入“十个突出问题”整改,推动责任落实。注重调动区域内单位积极性,构建多元共治格局。严格落实《内保条例》,推动重点单位100%成立内保机构,筑牢内保第一防线,真正成为治理主体。推动学校、企业、医院与所在社区共建共治,警商、警医、警校和公安警种联动联防,做到“联点成面,以面保点”。

二是坚持专业队伍与群防群治相结合。一方面,实施现代警务机制改革,不断提升公安队伍战斗力。通过落实市、区公安局长进班子、增设副局级机构、明确城区派出所为副处级、建立“地方—铁路”协作机制等举措,增强公安机关统筹调度能力;精简市局直属编制50%,特警驻区、巡警交警下区,提高见警率,提升警务效能。另一方面,注重发挥群众力量,推动群防群治,创造了“民意无盗”等一批好经验、好做法。依托社区网格化管理体系,推进“全民三员”(信息员、情报员、战斗员)建设,创新门栋关照、邻里守望等形式,把广大群众组织调动起来,形成了“人人都是平安守望者”的生动局面。

三是坚持传统手段与信息化技术相结合。着力推进矛盾化解与管控,强化信访首办负责制等制度,推进涉及“三圈”群众信访问题化解,案结事了率95%以上;建立司法、行政与人民调解相衔接的“大调解”机制,在医患纠纷、涉校矛盾、商业欺诈等领域建立第三方调解组织,使矛盾纠纷得到公平公正解决。同时,注重以信息化技术为引领,提高平安建设的智能化水平。筑牢“天网”,将视频监控向“三圈”延伸;夯实“地网”,将人、房、物、事、组织纳入实时动态网格化管理;构建“光网”,加强网上舆论防控和引导。实行“三圈”治理与“三网”建设一体运作,形成了“三圈促三网、小圈带大圈”的立体化防控体系。

湖北省综治委、办机构情况和负责人名单

一、综治委

主　任:张昌尔　省委常委、省委副书记、省委政法委书记

副主任:张岱梨　省委常委、统战部长

尹汉宁　省委常委、宣传部长

赵　斌　省人大常委会副主任

梁惠玲　省政府副省长

曾　欣　省政府副省长、省公安厅厅长

刘善桥　省政协副主席

李　静　省高级法院院长

敬大力　省检察院检察长

二、综治办

主　任：谭先振　省委政法委常务副书记

副主任：万学斌

　　　　翟忠明

省综治办内设综合协调处、基层指导处、流动人口服务与管理处、社会矛盾纠纷化解指导处。

湖北省各市、县（市、区）综治委、办主任名单

地　区	综治委主任	综治办主任
武汉市	胡曙光	周　滨
江岸区	黎东辉	郭汉军
江汉区	张俊勇	刘汉华
硚口区	景新华	纪跃辉 李　为
汉阳区	徐洪兰	李伟民
武昌区	张幸平	王振华
青山区	何建新	陶泽民
洪山区	陈新垓	李旭光
蔡甸区	彭巧娣	胡国荣
江夏区	王清华	罗新峰
东西湖区	张明权 黄　华	周幼坤
汉南区	陈　平	蔡明山
黄陂区	李林平	熊国顺
新洲区	耿洪山 童赛雄	童维厚
武汉经济技术开发区	李　忠	余洪刚
东湖新技术开发区	李昌贤	王新文
东湖生态旅游风景区	张卫国	钟　国
武汉化学工业区	葛汉军	田运海
黄石市	杨晓波	蔡小峰
大冶市	李修武	袁致和
阳新县	童金波	陆宏伟
黄石港区	张远望	汪　赟
西塞山区	胡　敏	戴军威
下陆区	刘修海	童芝文
铁山区	胡楚平	程红军
黄石经济技术开发区	荣绪俭 孔凡新	李发家
十堰市	张卫国	张祖勇 曹　博
丹江口市	李　翔	汪　斌
郧阳区	孙道军	邓建军
郧西县	杨华林	李　飞 程　霄
房　县	蔡贤忠	常和海
竹山县	夏树应	李修平
竹溪县	余世明	周　俊
茅箭区	周庆荣	李　波
张湾区	刘宇飞	吴　辉 贺文华
十堰经济开发区	李建锋	杜登波 张兴和
武当山旅游经济特区	李发平	王德华
襄阳市	别必雄	王全新
枣阳市	何　飞	刘学成 曾　刚
宜城市	郭　静	雷文华 陈　勇
老河口市	郑德安	辛天玺
南漳县	王　鹏	许　刚
保康县	张世伟	卢文举
谷城县	龙小红	曹晓虹
襄州区	王士金	刘福安
襄城区	刘　强	郭正涛
樊城区	刘智勇	仇子琦

地　区	综治委主任	综治办主任
高新区	李德璋	许元平
		贺院乐
鱼梁洲	曾玉平	王应东
		王　伟
东津新区	金保樊	刘志有
宜昌市	王兴於	向　丽
宜都市	罗联峰	任　阳
枝江市	文　媛	皮亚林
当阳市	张世敏	钟　凡
远安县	苏海涛	李从军
兴山县	汪小波	乔克勤
秭归县	卢　辉	白俊芳
长阳土家族自治县	李　军	李昌海
五峰土家族自治县	吕学峰	何剑锋
夷陵区	卢　斌	李文超
西陵区	宋　涛	蔡奇志
伍家岗区	吴　刚	何志辉
点军区	胡志莉	刘华英
猇亭区	王玺玮	罗德权
高新区	杨美仁	陈公才
荆州市	李建明	张　钦
荆州区	刘润长	卓良凯
沙市区	刘辉萍	许华侨
江陵县	万玲玲	郑明江
松滋市	李　恒	胡小林
公安县	向　斌	毛奇宏
	刘忠诚	
石首市	夏锡璠	高家顺
监利县	黄　镇	宋传富
		廖有洲
洪湖市	黄　勇	周守才
		杜耀平
荆州开发区	罗清洋	徐　源
荆门市	周松青	周仙涛
京山县	周志红	宋学军
沙洋县	揭建平	曾月纯
	谢继先	
钟祥市	林长洲	王炳坤
东宝区	孔智勇	黄运祥

地　区	综治委主任	综治办主任
掇刀区	陈　威	严　芸
漳河新区	程　勇	郝开新
屈家岭管理区	梁　实	喻拥军
沙洋监狱管理局	彭卫民	曾超林
鄂州市	叶贤林	范超余
		熊新阳
鄂城区	柯艳敏	王汉林
	刘公海	
华容区	陈　攀	孙三木
梁子湖区	夏　帆	熊良斌
葛店经济技术开发区	汪和清	柳英胜
古楼街道办事处	刘　华	张启霞
凤凰街道办事处	董国平	祝岸英
西山街道办事处	李卫国	王长喜
鄂州经济开发区	刘公海	周友南
	王　锐	施善德
孝感市	潘启胜	刘建明
孝南区	刘　刚	李　俊
汉川市	翁　晔	严洪波
应城市	肖红梅	胡劲松
云梦县	余德芳	程念军
安陆市	刘　敏	周耀龙
大悟县	邓　勇	李　睿
孝昌县	陈　俊	彭国元
高新区	汪尧中	谈际军
	邓道伟	朱　丹
临空经济区	郭国文	罗冬堂
		张忠甫
双峰山旅游度假区	沈建军	
黄冈市	陈安丽	黄智利
黄州区	骆志勇	王喜明
团风县	李　玲	张彩平
红安县	田胜辉	李进军
麻城市	蔡绪安	郑先启
罗田县	詹红运	欧阳红武

地　区	综治委主任	综治办主任
英山县	田洪光	王定寅
浠水县	黄文虎	刘海波
蕲春县	赵少莲	龚智勇
武穴市	郝胜勇	曾国凯
黄梅县	马艳舟	何　敏
		马志军
龙感湖管理区	李学良	潘映红
经济开发区	黄永文	罗春华
咸宁市	丁小强	胡先甫
咸安区	李文波	李　明
嘉鱼县	余　珂	张明松
赤壁市	江　斌	张　斌
通城县	来华雄	胡金甫
崇阳县	杭　莺	张朝晖
通山县	胡　娟	王能兴
随州市	郗英才	路永中
随　县	毕道丽	彭厚华
广水市	黄继军	徐光普
曾都区	张　健	靳文宝
随州经济开发区		余贵生

地　区	综治委主任	综治办主任
大洪山风景名胜区		叶中云
恩施州	杨天然	涂元玲
		胡平江
恩施市	向前进	秦专念
利川市	张　涛	石耀文
建始县	向红林	秦章义
巴东县	刘　冰	邓秀朝
	单艳平	
宣恩县	习　覃	夏国斌
咸丰县	戴清堂	向咸平
来凤县	向　军	张建全
鹤峰县	苏　勇	张厚成
	胡平江	
仙桃市	周文霞	杨代慧
天门市	吴　锦	甘卯新
天门经济开发区、蒋湖农场	苏拥军	杨国营
潜江市	黄剑雄	李　立
神农架林区	杜海洋	刘　利

（撰稿人：刘蔚
审稿人：谭先振　刘方保）

湖　南　省

2014 年综治工作概况

2014 年以来，湖南省认真贯彻党的十八大和十八届三中、四中全会精神以及习近平总书记系列重要讲话精神，按照中央和省委关于综治工作的重大部署，以深化平安湖南建设为重点，创新社会治理方式，坚持问题导向、法治引领、改革创新，着力解决影响社会和谐稳定的突出问题，保持了全省社会政治大局持续稳定。全省杀人、爆炸等八类严重刑事案件下降 16.24%，进京非正常上访同比下降 49.71%，群体性事件同比下降 40.85%，人民群众安全感和满意度进一步提升，全年民调得分 83.51 分，比去年提高了 4.99 分。在年度综治考评中共有 45 个县市区（管理区、开发区）、67 个省直及中央驻湘单位被分别评为综治工作（平安建设）“先进县市区”、“先进单位”，43 个县市区（管理区、开发区）、66 个省直及中央驻湘单位保留或新授“平安县市区”、平安单位称号。

一、法治化平安建设不断推进

一是平安建设用法治思维谋划。省委、省政府坚持把平安建设置于全面深化改革、全面建成小康湖南的大局中统筹谋划，把平安湖南建设和法治湖南建设同研究、同部署、同推进，形成了平安与法治相融合、共促进、同进步的良好局面。《中共湖南省委贯彻落实〈中共中央关于全面深化改革若干重大问题的决定〉的实施意见》和《湖南省司法体制和社会体制改革中长期规划（2014－2020 年）》等文件，均对创新社会治理方式、深化平安湖南建设作出规定，提出要求，从制度整体设计上进行统筹安排。2014 年 4 月，省委、省政府出台《关于深化平安湖南建设的意见》，明确了深化平安湖南建设的指导思想、总体目标、主要任务和重要举措，得到了中央综治办的高度肯定。省委常委会多次听取平安建设情况专题汇报，研究解决平安建设中的重大问题。11 月 14 日，省委、省政府召开深化平安湖南建设会议，要求运用法治思维谋划平安建设，充分发挥法治的引领和保障作用。二是平安建设用法治方式推进。坚持在平安建设的各个方面和规划决策、组织协调、督促落实、考评推动、奖惩激励等各个环节，贯彻法治理念和法治精神，逐步使法治成为平安建设的基本理念，使依法治理成为平安建设的基本方式。坚持正确处理维护稳定与维护权益、打击犯罪与保障人权、社会治理与服务群众的关系，依法维护国家安全和社会政治稳定，依法预防调处矛盾纠纷，依法加强社会治安防控，依法规范和维护市场经济秩序，依法加强重点领域的服务管理，特别是依法加强流动人口、特殊人群、网络社会和非公有制经济组织、社会组织服务管理，把法治理念的要求落实到平安建设每一个方面、每一个环节，保障人民权益，促进公平正义，激发社会活力，维护和谐稳定。在治理进京非正常上访工作中，始终坚持以法治思维和法治方式解决问题，在充分用好用活综治政策措施、强化综合施策的基础上，及时出台了《关于依法处理信访活动中违法犯罪行为的指导意见》，维护了正常的信访秩序，进京非访总量大幅下降。狠抓综治责任制落实，2014 年，省市两级共警示 122 个单位、挂牌整治 175 个、黄牌警告 90 个、处分建议 34 个、一票否决 17 个。三是平安建设用法律制度保障。紧紧围绕推进平安建设的实际需要，加强平安建设领域的地方法制建设，为平安湖南建设提供法治支撑。着重加强了公民权益保护、社会信用体系建设、流动人口和特殊人群管理服务、基层社会管理服务、社会组织管理、公共安全管理、信息网络管理、城市管理等方面的地方立法。据统计，全省制定、修改相关法规规章 40 多件，约占地方立法总数的一半，初步形成了平安建设的法规体系。同时，加强规章制度建设，在全国率先出台和实施地方性行政程序规章，并建立健全了行政决策、政府立法、规范性文件管理、行政执法、政务公开等依法行政制度体系，大大提升了政府主导平安建设的法治化水平。各地对平安法治建设也进行了有益探索，如长沙市制定了《推进社会管理法治化实施纲要》，着力推进社会管理决策程序、民生保障、公共安全管理等 10 项平安建设“法治工程”。

二、立体化社会治安防控体系更加健全

一是社会治安防控运行体系不断完善。努力形成党委领导、政府主导、综治协调、各部门齐抓共管、社会力量积极参与的工作格局，健全社会治安防控运行机制，强化“五张网”建设，大力推动完善治安防控体系，有效提升治安防控能力，确保全省社会治安大局平稳，全年未发生因管控不力而引发的各类案事件。制定下发《关于进一步加强全省单位内部监控系统建设的意见》等规范性文件，治安电子视频监控系统建设被纳入省为民办实事工程，全年全省公共部位新增摄像头 3.3 万余个，超额完成 69%。2014 年底，全省城区视频监控点达 5.5 万个，超过 70% 的监控点联入省级平台。在社会面防控上，坚持警力下沉，最大限度将警力部署到街面，探索完善了常德市和益阳市城区街面巡防、株洲市社区防控、衡阳市立体化治安防控等好的社会面防控工作机制。二是群众反映强烈的治安问题得到有效解决。按照“哪里治安混乱，就重点整治哪里”的原则，建立完善了摸底排查、预警警示、挂牌整治、打击治理机制，及时解决人民群众反映强烈的突出治安问题，强力推进反恐防暴、打黑除恶、扫黄扫毒禁赌、治爆缉枪、打击食品药品犯罪等一系列专项行动，社会治安状况明显好转，群众安全感和满意度进一步增强。认真落实《湖南省社会治安重点地区排查整治工作规范》相关规定，全省各级共摸排出社会治安重点地区 4345 个、行业单位 585 个。制定下发《湖南省社会治安重点地区排查整治警示挂牌暂行办法》，进一步明确了警示挂牌标准、责任追究范围等，对 3 个涉赌问题突出的县市挂牌整治，结合民调结果对 6 个治安问题突出县市区进行警示，督促整改落实。同时，对民调反映的社会治安、政法队伍形象、平安建设等方面的意见建议，第一时间向相关市州和单位进行反馈交办，得到了有效整改。三是预防和化解社会矛盾水平不断提升。大力加强人民调解、司法调解、行政调解衔接联动机制建设，积极推动三调联动工作规范化、制度化、常态化发展，矛盾纠纷化解机制更加健全、效力不断提高。省级层面组建了由 46 名专家组成的化解重大矛盾纠纷专家库，县市区普遍建立婚姻家庭纠纷专业性人民调解委员会，建立环湘“6 + 1”省际边界联防联调工作机制，认真落实矛盾纠纷排查调处工作协调会议纪要月报制度，在全省范围内推进“三调联动化矛盾、息访息诉促平安”专项活动，全年调处矛盾纠纷 41.8 万余件，命案零发案县市区达 10 个。目前，全省共建立各类人民调解组织 5 万多个，县、乡普遍设立矛调中心和流动调解庭，乡、村两级调委会组建率达 100%。全省专业性、行业性人民调解组织达 4000 多个，驻公、检、法调解工作室 2000 余个，全省人民调解、司法调解、行政调解、刑事和解、信访工作衔接联动化解矛盾纠纷工作体系进一步完善，重大矛盾纠纷预防和调处能力明显增强。

三、重点人群和重点领域服务管理不断加强

一是流动人口服务管理不断创新。不断夯实基层基础，围绕工作重点，强化信息应用，全面推进以证、以房、以业管人和居住证制度，进一步完善“实有人口管理综合应用系统”，提升实有人口、实有房屋“两实”信息和“以业管人”从业人员信息采集模块功能，信息登记录入率和图像采集率大幅提升。2014 年新登记流动人口 230 余万人，通过“以房管人”模式登记在出租屋和其他房屋内的流动人口数为 180 余万人，同比增长 27.4%。全省登记在册流动人口协管员超过 4000 人，累计发放居住证“一证通”390 余万张，充分保障流动人口的合法权益，促进流动人口基本公共服务均等化。二是特殊人群服务管理不断加强。积极探索建立政府、企业、家庭、社会“四位一体”的安置帮教系统，实现了重点人员立体化服务、社会化管控。社区矫正被列入政府购买社会服务先行试点，刑满释放人员安置帮教和吸毒人员收戒、康复等工作都取得了新的进展，制定《湖南省实行社区矫正社会调查评估暂行办法》，增强工作针对性，全省累计完成社区矫正调查评估3万余件。社区服刑人员重新犯罪率控制在1%以下，矫正期间再犯罪率连续6年远低于全国平均水平，刑满释放人员平均安置帮教率达90%以上，重新犯罪率控制在3%以下。推动肇事肇祸等严重精神障碍患者救治救助列入省"为民办实事"项目，全省改扩建精神卫生服务机构20家，救治救助贫困重性精神病患者5144人。截至2014年底，全省累计检出重性精神疾病患者24.2万余人，检出率达到3.65‰，超过国家3.5‰的目标，同比增长了1.3‰，居全国第4位。三是预防青少年违法犯罪和校园及周边治安管理工作有序推进。2014年，全省进一步加强了预防青少年违法犯罪工作，投入专项工作经费近400万元，已有87个县市区全面推广了重点青少年群体服务管理和预防犯罪工作试点形成的工作方法和工作机制。及时将6类重点青少年群体数据纳入全省综治信息系统，实行动态监测和跟踪服务管理。通过大力开展"情暖高墙·关爱孩子"联合帮扶、"蓝结行动第四季——禁毒宣传进社区"等活动，推动了重点群体服务管理和社区青少年禁毒宣传教育的常态化和制度化，全省重点青少年涉罪和犯罪比例明显下降。校园及周边治安管理工作以"省级安全文明校园"、"平安高校"和"平安校园建设先进县市区"三大创建项目为载体，深入推进平安校园建设，全省累计投入经费1200万元，创建"平安高校"43所，"平安校园建设先进县市区"38个，"省级安全文明校园"550所，累计培训平安校园建设骨干1400余人，7个平安创建项目入围全国平安校园建设优秀成果百强。四是护路护线联防不断发展。紧紧围绕保路线运行安全工作目标，加大工作力度，确保了2014年全省路线安全畅通运行，沪昆高铁湖南段全线安全成功试运行。重点开展了涉路涉线矛盾纠纷排查调处，通过建立健全工作机制，整合工作力量，建立行业专业调解组织，确保了化解涉路涉线矛盾纠纷工作制度化、常态化、长效化。全年共排查各类矛盾纠纷1191起，化解1075起。先后奖励排查化解涉路涉线矛盾纠纷先进集体95个，先进个人1516人。加强了高速公路护路联防，成立了高速公路护路联防办公室，加大了对高速公路重点问题的考评力度。进一步强化输油气管道安全防护，省综治办深入长沙、岳阳等市进行专题调研，及时就涉输油气管道安全隐患突出问题下发专题督办函，推动问题得到有效整改。与此同时，进一步加强护路护线宣传引导，举办护路护线大型法律宣传教育活动310场次，张贴各类宣传标语80多万张，发放《倡议书》50多万份。五是"两新组织"和虚拟社会管理更加规范。先后在3.8万个非公经济组织、3435个社会组织中建立了党组织，实现了"两新组织"党组织全覆盖，累计轮训"两新组织"党务工作者、党组织书记2万余人次，选派了5000余名担任第一书记(党建指导员)。2014年，制定下发《关于加强和创新社会组织建设与管理的意见》、《关于全省政法机关优化发展环境的若干规定》、《关于依法维护和促进非公有制经济健康发展的实施意见》等重要文件，建立健全非公经济组织基础信息库，涵盖省工商联会员15万余个，执常委数据库共1万余条，服务管理工作更加规范，能力不断提升。全年帮助3家非公企业进行重大案件维权，为企业挽回损失2000万元。为加强和规范虚拟社会管理，省里下发了《湖南省内基础电信运营企业违法电话用户真实身份信息登记有关规定责任追究的意见》等文件。全省范围开展打击互联网传播淫秽色情及低俗信息专项行动，清理处置不良信息近20万条，依法关闭非法网站160余家，整改违规网站8家，并开具首份《互联网信息服务行政处罚决定书》，16家主要网站共同签署了《积极受理网民举报承诺书》，规范了网络信息传播秩序，净化了网络环境，网点违规率从年初的53%下降到年底的7%。

四、基层基础不断夯实

一是基层综合服务管理平台和网格化服务管理稳步推进。对基层综合服务管理平台建设及基层网格化建设，先后在省委司社改专项小组工作要点、贯彻实施深化平安湖南建设的意见重要举措分工方案、2014年全省综治工作要点中作出明确要求。全省各级加强研究部署，加大了工作力度和投入，出台了工作意见或方案，明确相关标准、要求。永州、常德、湘潭、株洲等市将其纳入智慧或数字城市建设；怀化市鹤城区投入1000多万元建立社会管理信息平台，衡阳市珠晖区投入900万元、衡山县投入300万元推进网格化建设，永州市祁阳县为每个社区增加专项工作经费10万元，为每个网格拨付工作经费2万元。各地按照“一格一员”或“一格多员”的要求，为每个网格配备了专（兼）职管理人员，使基层平台的服务触角延伸到家庭，实现便民服务、信息采集、情况掌握、矛盾化解在网格。2014年底，全省共建县级平台230个、乡镇级平台2869个、社区级平台45612个，实现县、乡、村三级平台全覆盖；全省共划分城乡网格156264个，有180369名网格管理员开展网格化服务管理工作，基层服务管理能力进一步提高。二是综治信息化建设取得进展。制定下发了《关于推进湖南省综治信息系统建设的指导意见》，进一步明确综治信息系统建设主要技术规范、建设内容、运行机制、工作要求。省综治办与中国电信湖南分公司签订了《关于共同推进“湖南省综治信息系统建设”合作框架协议》，明确了建设目标、合作方式、合作内容、合作机制。目前，涵盖9大功能和9大基础应用模块的系统软件已开发好，省级平台建设正在筹备中。各地按照“边建设、边使用、边探索、边完善”的总体思路，推进了综治信息化建设，取得初步进展。长沙市建立了由1个市级网格化服务管理中心、10个县区级指挥中心、188个乡镇（街道）指挥中心、1800多个村（社区）服务中心和3968个工作网络组成的“四级系统、五级管理、全方位服务”的综治信息化系统，实现了综治工作单一管理到综合利用，确保了各类问题“应发现、尽发现，应处理、尽处理”。长沙市开福区、永州市新田县、湘西州凤凰县、湘潭市岳塘区、常德市武陵区、怀化市鹤城区等20多个县市区建立了较为完善的综治信息化服务管理平台。三是基层综治组织建设不断强化。按照有人管事、有钱办事、有处议事、有章理事的要求，各县（市、区）、乡镇（街道）均设立了综治协调机构和综治办，配备了综治办主任和综治专干。村（社区）普遍建立了综治工作站，配备1名以上综治专干。市县两级普遍开展综治干部轮训，不断提高综治队伍的改革创新能力、运用法治思维和法治方式的能力、开展群众工作的能力、运用信息技术的能力、驾驭复杂局面解决复杂问题的能力，保证平安建设取得更好实效。

中共湖南省委办公厅　省政府办公厅
关于2014年度市州及县市区综治工作
（平安建设）考核评估情况的通报

（2014年12月20日）

2014年，全省各级党委、政府深入学习贯彻党的十八大、十八届三中、四中全会精神和习近平总书记系列重要讲话精神，认真贯彻落实深化平安中国、平安湖南建设会议精神，把政法综治工作放在全面推进依法治省大局中来谋划，发挥法治引领和保障作用，不断加强基层基础，全面推进平安建设，社会治安状况进一步改善，人民群众的安全感进一步增强。省综治委组织有关部门对2014年度全省14个市州、128个县市区（管理区、开发区）综治工作和平安建设进行了考核评估。经省委、省人民政府同意，现将考评情况通报如下。

一、年度考核评估结果

先进市6个：怀化市、益阳市、郴州市、张家界市、衡阳市、岳阳市

合格市州8个：常德市、株洲市、娄底市、长沙市、湘潭市、永州市、邵阳市、湘西自治州

先进县市区（管理区、开发区）45个：君山区、炎陵县、攸县、桂东县、南岳区、洪江管理区、屈原管理区、韶山市、安仁县、新田县、武陵源区、溆浦

县、冷水江市、双牌县、永兴县、华容县、邵东县、资兴市、临澧县、天元区、石鼓区、安乡县、耒阳市、靖州苗族侗族自治县、益阳国家高新技术产业开发区、通道侗族自治县、城步苗族自治县、衡南县、云溪区、大祥区、常宁市、沅江市、天心区、北湖区、宁远县、鼎城区、赫山区、岳麓区、宜章县、安化县、望城区、涟源市、芷江侗族自治县、吉首市、古丈县

合格县市区(管理区、开发区)68个:东安县、江华瑶族自治县、桂阳县、慈利县、平江县、汝城县、零陵区、石门县、荷塘区、蓝山县、雨湖区、长沙县、隆回县、石峰区、泸溪县、临湘市、岳阳县、衡东县、新宁县、芙蓉区、资阳区、双峰县、洞口县、武冈市、开福区、苏仙区、双清区、花垣县、道县、新邵县、临武县、永定区、浏阳市、湘潭县、津市市、湘乡市、雁峰区、蒸湘区、珠晖区、桃江县、江永县、湘阴县、大通湖区、雨花区、娄星区、新化县、中方县、绥宁县、鹤城区、新晃侗族自治县、武陵区、茶陵县、衡阳县、岳阳楼区、常德经济技术开发区、宁乡县、澧县、祁阳县、桑植县、洪江市、麻阳县、株洲县、祁东县、芦淞区、会同县、沅陵县、凤凰县、龙山县

基本合格县市区(开发区)13个:嘉禾县、醴陵市、岳塘区、冷水滩区、南县、汨罗市、北塔区、邵阳县、保靖县、汉寿县、辰溪县、长沙国家高新技术产业开发区、衡山县

黄牌警告县2个:永顺县、桃源县

二、"平安县市区"考核评估结果

新授予"平安县市区"称号的县区4个:攸县、鼎城区、宜章县、宁远县

保持"平安县市区"称号的县市区(管理区、开发区)38个:天心区、岳麓区、开福区、雨花区、长沙县、浏阳市、荷塘区、天元区、芦淞区、株洲县、炎陵县、韶山市、新邵县、华容县、君山区、平江县、屈原管理区、武陵区、津市市、安乡县、武陵源区、益阳国家高新技术产业开发区、大通湖区、资阳区、桂东县、资兴市、永兴县、桂阳县、安仁县、双牌县、江华瑶族自治县、辰溪县、洪江管理区、中方县、新晃侗族自治县、双峰县、泸溪县、龙山县

省委、省人民政府决定,对怀化市等6个先进市、常德市等8个合格市州和君山区等45个先进县市区(管理区、开发区)、天心区等42个平安县市区(管理区、开发区)按有关规定给予奖励。合格县市区(管理区、开发区)由各市州奖励。

希望受表彰的市州及县市区(管理区、开发区)戒骄戒躁,再接再厉,争取新的更大成绩。各级党委、政府要进一步深入贯彻落实党的十八大、十八届三中、四中全会精神和习近平总书记系列重要讲话精神,按照党中央、国务院和省委、省政府关于加强综治工作和平安建设的部署,把综治工作和平安建设纳入经济社会发展总体规划和重要议事日程,坚持系统治理、依法治理、综合治理、源头治理,坚持问题导向、法治思维、改革创新,进一步加强组织领导,夯实基层基础,提升平安湖南建设能力和水平,为全面建成小康湖南、全面深化改革创造更加和谐稳定的社会环境。

中共湖南省委办公厅　省政府办公厅
关于2014年度省直和中央驻湘单位综治工作(平安建设)考核评估情况的通报

(2014年12月20日)

2014年,省直和中央驻湘各单位深入学习贯彻党的十八大、十八届三中、四中全会精神和习近平总书记系列重要讲话精神,认真贯彻落实深化平安中国、平安湖南建设会议精神,围绕创新社

会治理体制、深化平安湖南建设,认真履行综治工作职责,综治工作整体水平不断提升,平安机关、平安行业建设进一步推进。省综治委组织对279个省直和中央驻湘单位2014年度综治工作(平安建设)进行了考核评估。经省委、省人民政府同意,现将考核评估情况通报如下。

一、年度考核评估结果

先进单位67个:省人民检察院、省委办公厅、省人大常委会办公厅、省政协办公厅、民主党派省委机关、省工商联、省委组织部、省委宣传部、省委政法委、省农委、省发改委、省教育厅、省公安厅、省民政厅、省财政厅、省国土资源厅、省环保厅、省交通运输厅、省水利厅、省商务厅、省卫生计生委、省工商局、省质监局、省机关事务管理局、湖南广播电视台、省韶山管理局、省知识产权局、省水库移民开发管理局、衡阳华菱钢管有限公司、省建筑工程集团总公司、省轻工盐业集团有限公司、湖南海利高新技术产业集团有限公司、湖南出版投资控股集团公司、华天实业控股集团有限公司、湖南路桥建设集团公司、省烟草专卖局、长沙海关、湖南出入境检验检疫局、省电力公司、中国南方航空股份有限公司湖南分公司、省邮政公司、中国银监会湖南监管局、中国保监会湖南监管局、农业发展银行湖南省分行、工商银行湖南省分行、建设银行湖南省分行、邮政储蓄银行湖南省分行、中国人民财产保险股份有限公司湖南省分公司、中国水利水电第八工程局有限公司、湖南航天管理局、核工业湖南矿冶局、中国南方航空工业集团有限公司、中国电建集团中南勘测设计研究院有限公司、中国电子科技集团公司第四十八研究所、中国石油化工股份有限公司巴陵石化公司、中盐勘察设计院、中国有色金属长沙勘察设计研究院有限公司、江麓机电集团有限公司、南车株洲电力机车研究所有限公司、湖南大学、南华大学、湖南理工学院、衡阳师范学院、湖南文理学院、邵阳学院、湖南人文科技学院、省消防总队。

合格单位209个:省纪委、省高级人民法院、省政府办公厅、省委统战部、省长株潭试验区工委、省委政研室、省直机关工委、省编办、省委党校、省委防范处理邪教办、省委老干部局、省台办、省信访局、省科技厅、省经信委、省民族宗教事务委员会、省国家安全厅、省司法厅、省人力资源和社会保障厅、省住房和城乡建设厅、省林业厅、省文化厅、省审计厅、省政府外事侨务办、省国资委、省地方税务局、省新闻出版广电局、省体育局、省安监局、省统计局、省旅游局、省粮食局、省政府法制办、省政府金融工作办、省人防办、省参事室、省食品药品监督管理局、省公安厅交警总队、省戒毒管理局、省委讲师团、省委党史研究室、湖南日报社、省社会科学院、省档案局(馆)、省供销合作总社、省马王堆疗养院、省社会主义学院、省政府经济研究信息中心、省地方志编纂委、省农科院、省核工业地质局、省地质矿产勘查开发局、省公共资源交易中心、省有色金属管理局、省有色地质勘查局、省农村信用社联合社、省扶贫办、省煤炭管理局、省煤田地质局、省黄金管理局、省总工会、团省委、省妇联、省科协、省文联、省侨联、省社科联、省残联、省贸促会、省作协、省红十字会、湖南华菱钢铁集团有限责任公司、湘潭钢铁集团有限公司、湖南湘投控股集团有限公司、长丰集团有限责任公司、湘电集团有限公司、中联重科股份有限公司、省煤业集团有限公司、湖南华升集团公司、省天心实业集团有限公司、湖南新物产集团有限公司、省兵器工业集团有限责任公司、湖南兴湘投资控股集团有限公司、省机场管理集团有限公司、湖南黄金集团有限责任公司、湖南新天地投资控股集团有限公司、省粮油食品进出口集团公司、五矿有色金属控股有限公司、株洲硬质合金集团有限公司、株洲冶炼集团有限责任公司、五矿二十三冶建设集团有限公司、湖南澧水流域水利水电开发有限责任公司、泰格林纸集团股份有限公司、省包装集团有限公司、省国立投资(控股)有限公司、三湘集团有限公司、湖南昊华化工有限责任公司、湖南特种金属材料厂、新华社湖南分社、省国家税务局、湖南中烟工业有限责任公司、省气象局、省地震局、国家统计局湖南调查总队、湖南煤矿安全监察局、省通信管理局、省邮政管理局、中国电信股份有限公司湖南分公司、中国移动通信集团湖南有限公司、中国联通集团有限公司湖南分公司、广州铁路(集团)公司长沙铁路办事处、石长铁路有限责任公司、中铁五局(集团)有限公司长沙分公司、人民银行长沙中心支行、中国证监会湖南监管局、国家能源局湖南能源监管办、国家开发银行湖南省分行、进出口银行湖南省分行、农业银行湖南省分行、中国银行湖南省分行、交通银行湖南省分行、中信银行长沙分行、光大银行长沙分行、招商银行长沙分行、兴业银行长沙分行、华融湘江银行股份有限公司、上海浦东发展银行长沙分行、民生银行长沙分行、汇丰银行长沙分行、中国银联股份有限公司湖南分公司、华融资产管理股份有限公司湖南省分公司、长城资产管理公司长沙办事处、东方资产管理公司长沙办事处、信达资产管理股份有限公司湖南省分公司、方正证券股份有限公司、财富证券有限责任公司、中国人民健康保险股份有限公司湖南分公司、中国人民人寿保险股份有限公司湖南省分公司、中国人寿保险股份有限公司湖南省分公司、中国人寿财产保险股份有限公司湖南分公司、中国平安财产保险股份有限公司湖南分公司、中国太平洋人寿保险股份有限公司湖南分公司、中国太平洋财产保险股份有限公司湖南分公司、中华联合财产保险股份有限公司湖南分公司、阳光财产保险股份有限公司湖南省分公司、吉祥人寿保险股份有限公司、湖南储备物资管理局、中国石油化工股份有限公司湖南石油分公司、中国建筑第五工程局有限公司、湖南航空工业局、审计署驻长沙特派员办事处、财政部驻湖南省财政监察专员办事处、五凌电力有限公司、中储粮湖南分公司、中科院亚热带农业生态研究所、中机国际工程设计研究院有限责任公司、中冶长天国际工程有限责任公司、国家林业局中南林业调查规划设计院、中国海诚长沙工程院、中国轻工业长沙工程有限公司、长沙矿冶研究院有限责任公司、中科院广州地球化学研究所长沙矿产资源勘查中心、中国航空动力机械研究所、中国农科院麻类研究所、中国兵工物资中南公司、中国航空工业供销长沙有限公司、保险职业学院、化工部长沙设计研究院、中国石油化工股份有限公司长岭分公司、中国大唐集团公司湖南分公司、长沙有色冶金设计研究院有限公司、湖南江滨机器(集团)有限责任公司、江南工业集团有限公司、南车株洲电力机车有限公司、中核集团湖南桃花江核电有限公司、湖南华南光电(集团)有限责任公司、湖南云箭集团有限公司、中国航空工业第三设计研究院、核工业二三○研究所、中航工业飞机起落架有限责任公司、长沙中传机械有限公司、长沙5712飞机工业有限责任公司、中南大学、湖南师范大学、湘潭大学、长沙理工大学、湖南农业大学、中南林业科技大学、湖南中医药大学、湖南科技大学、吉首大学、湖南工业大学、湖南商学院、湖南工程学院、湖南城市学院、怀化学院、湖南科技学院、湘南学院、长沙学院、湖南涉外经济学院、长沙医学院、湖南工学院、湖南第一师范学院、湖南财政经济学院、湖南女子学院、湖南警察学院、湖南司法警官职业学院、湖南广播电视大学、长沙师范学院。

基本合格单位3个:省监狱管理局、涟源钢铁集团有限公司、中国石油天然气股份有限公司湖南销售分公司。

二、"平安单位"考核评估结果

新授予"平安单位"称号5个:省水利厅、省质监局、湖南海利高新技术产业集团有限公司、省邮政公司、湖南航天管理局。

保持"平安单位"称号61个:省纪委、省委办公厅、省政府办公厅、省委统战部、省委党校、省农委、省发改委、省教育厅、省科技厅、省经信委、省民族宗教事务委员会、省国家安全厅、省民政厅、省财政厅、省人力资源和社会保障厅、省住房和城乡建设厅、省林业厅、省商务厅、省审计厅、省政府外事侨务办、省国资委、省地方税务局、省工商局、省新闻出版广电局、省粮食局、省人防办、省公安厅交警总队、省韶山管理局、省社会主义学院、省核工业地质局、省地质矿产勘查开发局、省有色金属管理局、省有色地质勘查局、省水库移民开发管理局、省煤炭管理局、团省委、湖南湘投控股集团有限公司、湘电集团有限公司、省天心实业集团有限公司、省机场管理集团有限公司、湖南新天地投资控股集团有限公司、株洲冶炼集团有限责任公司、湖南澧水流域水利水电开发有限责任公司、省国家税务局、省烟草专卖局、湖南中烟工业有限责任公司、长沙海关、省电力公司、人民银行长沙中心支行、中国保监会湖南监管局、农业发展银行湖南省分行、中国银行湖南省分行、建设银行湖南省分行、交通银行湖南省分行、招商银行长沙分行、中冶长天国际工程有限责任公司、中国电建集团中南勘测设计研究院有限公司、湖南大学、长沙理工大学、湖南人文科技学院、湖南女子学院。

省委、省人民政府决定,对省人民检察院等

67 个先进单位和省纪委等 66 个"平安单位"按有关规定给予奖励。

希望受表彰的单位戒骄戒躁，再接再厉，争取新的更大成绩。省直和中央驻湘各单位要进一步深入贯彻落实党的十八大、十八届三中、四中全会精神和习近平总书记系列重要讲话精神，按照党中央、国务院和省委、省人民政府关于加强综治工作和平安建设的部署和要求，把综治工作和平安建设纳入经济社会发展总体规划和重要议事日程，坚持系统治理、依法治理、综合治理、源头治理，坚持问题导向、法治思维、改革创新，进一步加强组织领导，夯实基层基础，提升平安湖南建设能力和水平，为全面建成小康湖南、全面深化改革创造更加和谐稳定的社会环境。

湖南省长沙市坚持法治引领　深化平安长沙建设

一、以法治思维谋划平安建设

市委、市政府高度重视平安建设，着力提升平安建设法治化水平，先后出台了《推进社会管理法治化实施纲要》《平安长沙建设工作规划(2013—2016 年)》《关于深化平安长沙建设重要举措分工方案》，对新一轮平安建设作出了新的布局。2013 年，市委又将"维护社会和谐稳定"走在前列纳入为期三年的"六个走在前列"大竞赛活动，一体推进"平安长沙""法治长沙""和谐长沙"建设。市委每年召开四次以上常委会议专题研究平安建设中的重大问题，把平安建设作为"一把手工程"来抓，作为第一责任来落实，优先考虑、优先部署、优先保障。2013 年以来，长沙增加辅警人员 1500 名；平安建设经费逐年增加，2014 年达到 2.4 亿元；连续六年把"天网工程"纳入为民办实事项目，累计投入 9.2 亿元；全市共提拔 26 名在平安建设中表现突出的干部，对 5 家单位实行了一票否决、11 家单位实行了黄牌警告。

二、以法治方式化解社会矛盾

坚持强化法律在维护群众权益、化解社会矛盾中的权威地位，把社会矛盾治理纳入法治轨道。一是规范风险评估，推进依法民主决策。坚持源头治理，制定出台了《长沙市涉及群众利益重大决策事项社会稳定风险评估暂行办法》和具体实施意见，建立社会稳定风险评估机制，设立稳评指导处。近年来，累计对 2587 个重大决策事项进行了社会稳定风险评估，其中通过 2403 个，暂缓实施 156 个，否决实施 28 个。二是推进依法调处，健全矛盾化解机制。制定出台《关于进一步加强人民调解工作的意见》，全面加强调解网络、调解机制、调解组织、调解队伍建设，推进依法调解。建立了行业性、专业性、区域性人民调解委员会 86 个、调解室 182 个；组建了 24623 人的专(兼)职调解员队伍；成立由 254 名律师、基层法律服务工作者组成的人民调解法律顾问团和由 89 名专业人员组成的人民调解专家库。截至 9 月底，全市人民调解组织共调解各类矛盾纠纷 21927 件，调解成功 21548 件，调解成功率达 98.3%。三是推行依法治访，引导群众依法维权。严格执行《信访条例》，坚守法律底线，探索心理干预、第三方参与、信访终结、信访救助、积案化解等机制，开展"三调联动化矛盾、息诉息访促平安"专项活动；落实领导包案制度，集中化解积案；推进涉法涉诉信访机制改革，实行诉访分流，有效解决"信访不信法、信上不信下"等突出信访问题。2014 年以来，全市进京非访人数同比下降 57%。

三、以法治手段破解治安难题

坚持"打、防、管、控"并举，彰显法律威严，确保社会治安可控、治安秩序良好。一是保持严打态势。坚持更快破大案，更多破小案，更好控发案，开展了系列严打专项行动，打出了违法犯罪分子对法律的畏惧。2012—2014 年，全市现行命案破案率达到 96.6%、98.2%、100%。二是强化治安防控。在加强警务巡防、专业巡防的同时，全面推进"红袖章"工程，组建"红袖章"队伍 2966 支，人数达 12.4 万多人，开展全覆盖全天候治安巡防，在全市编织了一张"红色安全网"。加强"天网工程”的建设和运用，建立纵向贯通、横向集成、信息互通、资源共享的电子防控网络，利用视频图像破获各类案件8547起。倡导见义勇为风尚，落实奖励、抚恤、救助、慰问等机制，调动了市民群众参与平安建设的积极性。三是开展集中整治。出台《长沙市社会治安重点地区排查整治工作暂行规定》，推进社会治安重点地区排查整治工作向常态化、制度化发展。开展出租屋“三防三治三优”行动，共新增登记流动人口177万人，新增登记出租屋16万户，查处涉及出租屋违法行为3.7万余起。开展交通秩序综合整治，治理交通乱源，缓解交通拥堵，道路通行率明显提升。四是加强重点管控。规范社区矫正工作，出台《关于进一步加强社区矫正和刑满释放人员安置帮教工作的实施意见》，全市累计接收社区服刑人员9647人，解除矫正6213人，教育转化率达96%。加强肇事肇祸精神障碍患者服务管理，肇事肇祸率下降25%。加强对有极端倾向重点人员的摸排管控，强化对机场、高铁、地铁、“三电油气”等重要设施的重点保护，有效预防了暴力恐怖事件的发生。

四、以法治要求夯实基层基础

坚持积小安为大安，着力健全长效机制，把基层平安建设纳入制度化轨道。一是规范平安创建活动。在开展平安乡镇（街道）、平安单位、平安家庭创建、“四个十佳”评选等基层平安建设的基础上，出台《关于深入开展平安社区（村）创建活动的意见》，明确“三有、四无、五到位”标准，按照“街道（乡镇）推荐、区县（市）申报、市级评定”的程序，每年评定一次，实行动态管理。二是试行农村治安保险。在农村平安建设中引入了保险模式，为社会治理增添新的元素。目前，已为39个乡镇64727户农户提供了22.47亿元的保障；共受理报案520起，支付赔款19.86万元。三是推行基层综治述职。社区（村）的负责人和民警采取即时述职和集中述职两种形式，对辖区内发案、破案情况，重大矛盾纠纷、重大“民转刑”命案、重大群体性事件、重大突发事件的信息公开及处理，受理居民群众咨询、报案、求助，流动人口及出租房屋管理等情况向居（村）民进行述职，接受群众监督。四是实行刑事发案月通报制度。自2013年5月开始，对重点乡镇（街道、园区）刑事发案情况实行一月一通报、一季一曝光、半年一小结和年度一总评。今年，对50个刑事案件高发乡镇实行月发案通报排名制度，促进了街（道）所（派出所）联动、平安共建。

湖南省综治委、办机构情况和负责人名单

一、综治委

主　任：孙金龙　省委副书记

常务副主任：孙建国　省委常委、政法委书记、省公安厅厅长

副主任：谢　勇　省人大常委会副主任

盛茂林　省政府副省长

王晓琴　省政协副主席

刘建新　省军区副政委

康为民　省高级法院院长

游劝荣　省检察院检察长

刘国荣　武警湖南省总队司令员

二、综治办

主　任：田福德　省委政法委常务副书记

专职副主任：陈　岭

罗永阳

三、内设机构

省委政法委综治工作一室

省委政法委综治工作二室

省委政法委综治工作三室

湖南省各市(州)、县(市、区)综治委、办主任名单

地　区	综治委主任	综治办主任	地　区	综治委主任	综治办主任
长沙市	张迎龙	谭学军	蒸湘区	周玉梅	肖隆喜
芙蓉区	夏钟剑	饶　诚	衡南县	曾祥月	周克清
天心区	邓鹏宇	盛春江	衡阳县	王洪斌	蒋永红
岳麓区	刘　汇	浣中骥	衡山县	周　建	谢志凡
开福区	李　蔚	冯士文	衡东县	廖义智	文晓春
雨花区	汪　娟	王　强	祁东县	杜登峰	王学成
望城区	刘林平	瞿礼仪	常宁市	李　涛	唐旭胜
长沙县	李洪波	黄卫新	耒阳市	李向阳	张维禄
浏阳市	付旭明	高志仕	**邵阳市**	刘事青	王　平
宁乡县	邓杰平	潘顺秋	大祥区	张能峰	彭贤强
高新区	陈大庆	刘志宇	双清区	邓　涛	颜海军
株洲市	阳卫国	罗高其	北塔区	杨韶辉	尹乐清
天元区	董　巍	田　亮	邵东县	王定松	周炼坤
芦淞区	冯建湘	张　涛	新邵县	李永平	王理信
石峰区	罗　伟	晏伯轩	隆回县	赵湘明	罗孝光
荷塘区	顾　峰	刘金耀	洞口县	唐克俭	谭国成
株洲县	谭润洪	张　旭	绥宁县	袁景甫	黄真福
醴陵市	蔡周良	张国亮	城步县	蔡灿辉	陈随便
攸　县	谭智勇	刘　敏	武冈市	夏贤钦	刘忠来
炎陵县	黄诗燕	万一鸣	新宁县	陈秋良	吕志伟
茶陵县	彭新军	谭文平	邵阳县	曾梅林	朱文左
云龙示范区	刘玉平	田　亮	**岳阳市**	盛荣华	刘孝纯
湘潭市	李江南	陈震龙	云溪区	邱　虹	王怀静
雨湖区	陈爱民	鲁正良	岳阳楼区	陈阁辉	曹　陶
岳塘区	唐　杰	张建湘	经开区	王小中	李正尧
韶山市	向　敏	彭学清	君山区	谢　胜	颜爱军
湘潭县	谢振华	翁建培	屈原管理区	许平亚	杨德科
湘乡市	胡海军	李光平	南湖风景区	尹家辉	唐　虎
经开区	喻　湘	赵永龙	平江县	黄伟雄	傅志明
高新区	戴铁钢	史向阳	湘阴县	尹培国	蔡志伟
昭山示范区	杨晓军	罗　聪	岳阳县	张中于	方　兴
衡阳市	邓群策	魏中发	华容县	喻　文	黄　勇
南岳区	杨洪峰	张小平	汨罗市	周金龙	舒正安
雁峰区	邹致和	罗世韶	临湘市		刘小兵
石鼓区	杨龙金	丁隆义	**常德市**	王　群	丁大勋
珠晖区	陈礼洋	彭旭升	武陵区	罗少挟	贾劲松

地　区	综治委主任	综治办主任	地　区	综治委主任	综治办主任
鼎城区	刘定青	丁敬宝	零陵区	赵文旺	万永平
汉寿县	罗先东	周圣怡	祁阳县	桂砺锋	李文斌
桃源县	龚德汉	张自负	东安县	张　波	秦少智
临澧县	杨琦明	匡业俊	双牌县	宋振平	胡凤开
石门县	谭本仲	柴　云	江华县	秦山成	奉前石
澧　县	彭孟雄	邓恢宜	宁远县	蒋良铁	李碧海
安乡县	宋云文	黄　辉	新田县	唐富荣	骆海兵
津市市	王学武	罗业才	蓝山县	朱阳辉	廖云飞
经开区	周运来	李志龙	道　县	李天明	蒋红光
柳叶湖区	刘涤尘	胡晓明	江永县	张建坤	高云兴
西湖管理区	覃事共	夏运会	凤凰园经开区	李明光	唐怀进
西洞庭管理区	王昌元	焦德福	金洞管理区	周旺生	刘　伟
桃花源管理区	杨　俊	张鹏飞	回龙圩管理区	义　洁	何永祥
张家界市	杨光荣	程建国	**怀化市**	彭国甫	杨廉喜
永定区	尚生龙	田开胜	鹤城区	熊安台	粟　诚
武陵源区	朱用文	袁明刚	沅陵县	胡诗军	刘　丹
慈利县	邱初开	黄生雄	辰溪县	杨一中	瞿显长
桑植县	刘卫兵	张林森	溆浦县	刘向阳	杨建清
益阳市	丛培模	蔡波才	麻阳县	黄明泽	舒建群
赫山区	黄　劲	皮佑先	新晃县	黄忆钢	蒲彦辉
资阳区	马文才	石　军	芷江县	曾佑光	罗国清
安化县	谢君毅	陈羽成	中方县	张　霞	宋刚岩
桃江县	向　荣	璩海雄	洪江市	向守清	蒋小明
沅江市	赵颖君	罗建军	会同县	杨陵俐	肖汉德
南　县	宁勇华	李国祥	靖州县	钦代寿	杨亮亮
高新区	郭应龙	张凤年	通道县	印宇鹰	陆居东
大通湖区	胡跃龙	樊克俭	洪江管理区	邓小建	张　利
郴州市	向力力	唐山原	**娄底市**	徐文龙	向健勇
北湖区	欧阳建华	曹安平	娄星区	李彦文	彭　镇
苏仙区	彭生智	王红光	涟源市	宋建明	谭世斌
资兴市	陈荣伟	欧小红	冷水江市	陈伟志	张人天
桂阳县	廖桂生		新化县	邓敏炉	潘飞星
宜章县	欧阳锋	邓瑞仁	双峰县	李铁雄	罗恒旦
永兴县	袁卫祥	李泽林	经开区	聂建平	聂若鹏
嘉禾县	赵　宇	罗贤军	**湘西自治州**	叶红专	滕朝辉
临武县	范儒平	吴泽林	吉首市	刘珍瑜	师明社
汝城县	方南玲	何剑明	泸溪县	杜晓勇	李建阳
桂东县	谭建上	黄亚平	凤凰县	颜长文	周　奇
安仁县	谢　春	过文彬	古丈县	杨彦芳	朱伟才
永州市	唐松成	段联群	花垣县	罗　明	石林刚
冷水滩区	秦功智	蒋增民	保靖县	卢向荣	田太生

地　区	综治委主任	综治办主任	地　区	综治委主任	综治办主任
永顺县	石治平	赵　斌	经开区	向顺荣	吴良平
龙山县	彭正刚	欧昌华			

（撰稿人：高启建
审稿人：田德福　严曦）

广 东 省

2014 年综治工作概况

2014 年,广东省各级综治部门认真贯彻落实中央政法工作会议、全国深化平安中国建设会议和省委十一届三次全会、政法工作会议精神,以平安创建活动为载体,以社会矛盾化解为主线,以基层基础建设为重点,以机制创新为动力,全面推进社会治安综合治理各项工作,有效维护了全省治安大局的稳定。

一、深入开展社会矛盾化解

一是健全完善矛盾纠纷研判工作机制。省、市、县建立矛盾纠纷调处工作协调会议制度和情况月报制度,每月、季度、半年和年终组织召开社会稳定形势研判例会,分析矛盾纠纷总体情况,把握倾向性和苗头性问题。二是深入推进矛盾纠纷排查机制建设。依托基层综治信访维稳三级平台,不断健全完善人民调解、行政调解、司法调解相衔接的工作机制,重点推进医疗卫生、劳动保障、交通事故、环境保护、物业管理等重点领域专业性、行业性调解组织建设,充分发挥人民调解在多元化矛盾纠纷解决机制中的基础性作用。三是积极推进"社会矛盾化解年"活动。按照省委的部署,各级综治维稳部门大力推进"社会矛盾化解年"专项活动,集中开展对涉农不稳定问题、劳资纠纷、涉环保不稳定问题、信访积案、医患纠纷等重点领域突出矛盾问题的专项治理。四是切实做好处理进京非正常上访工作。各地各部门认真落实中央四部门处理进京非访工作要求,认真排查、严密管控进京非正常上访人员,扎实做好我省长期在京滞留的非正常上访人员劝返稳控工作。五是积极预防和妥善处置各类突发事件。各级综治维稳部门着力排查化解各类不稳定因素,协助党委、政府妥善化解处置各类群体性事件。

二、持续开展打击整治行动

各级政法综治部门始终把维护人民群众生命财产安全摆在突出重要位置,始终保持对各种严重犯罪的严打高压态势。一是深入推进严打专项行动。按照年初省委政法工作会议的部署,全省公安机关深入开展涉毒、涉黄赌、涉食品药品制假售假、涉电信诈骗及银行卡诈骗、涉车、涉枪"六大专项"打击整治行动,掀起了严打整治高潮。一些治安重点地区和治安突出问题得到有效整治,如惠州惠东已"摘掉"涉毒重点地区"帽子",东莞涉黄问题有了较为根本改善。二是深入排查整治社会治安重点地区和突出治安问题。省综治委、省公安厅对汕尾市陆丰市、茂名市电白区等 2 个治安重点地区、广州市白云区等 10 个涉枪违法犯罪重点地区、惠州市惠东县等 4 个涉毒违法犯罪重点地区、阳江市江城区 1 个非法制贩管制刀具违法犯罪重点地区实行挂牌整治。通过重点整治,这些地区的治安面貌有了明显改观。

三、着力构建立体化社会治安防控体系

各地从实际出发,因地制宜地打造社会治安防控体系。一是加快推进治安视频监控系统建设。将治安视频监控系统建设纳入年度综治工作考评并赋予较高的分值,推动各地全面实施《广东省社会治安视频监控三年规划(2012 年—2014 年)》,加快推进治安视频监控系统建设。截至 2014 年底,全省社会治安视频监控系统已全面建立了覆盖重点区域、重点部位、重点场所的视频监控网络和重要道路上的治安卡口系统。二是大力推进治安防控五张网建设。各地以社会化、网格化、信息化为重点,大力推进社会面防控网、重点行业和重点人员治安防控网、乡镇(街道)和村居(社区)治安防控网、机关企事业单位内部安全防控网、信息网络防控网建设,目前全省点线面结合、技防人防物防结合的"五张网"初步建成。三是大力开展群防群治。各地根据经济发展现状和实际需要,大力发展专职治安巡防队伍,目前全省共有专职群防群治人员 713050 名,成为协助公安机关维护治安秩序的一支重要辅助力量。同时,整合内部保安队伍、治安联防队、交通协管员、流动人口协管员和平安志愿者等群防群治力量,广泛开展群防群治。四是积极培育社会治安防控体系建设示范点。今年以来,省综治办三次深入茂名市茂南区调研指导,培育茂南区依托民资民力,充分发挥科技优势,搭建联勤联防、视频、情资三网合一的防控平台,构筑人防、物防、技防结合的立体化治安防控体系的示范点。

四、切实加强综合服务管理

各级综治部门、综治委各成员单位和综治委各专项组紧紧抓住影响社会治安的要素,不断创新和加强社会服务管理。一是切实加强流动人口服务管理。各地继续深化以居住证为核心的流动人口"一证通"制度,认真做好流动人口基础信息采集,积极做好居住证制发工作,截至目前全省已累计制发居住证 4945 万张;大力推进居住证"门禁 + 视频"推广应用工作,共安装系统 27 万套、覆盖出租屋 260 万间,完善"以证管人、以屋管人、以业管人"立体管控,有效提升了对流动人口的动态服务管理效能。建立流动人口凭积分享受公共服务制度,解决流动人口最关心的就业、子女教育、住房、保险等问题。此外,切实加强"三非"外国人服务管理工作。二是切实加强特殊人群服务管理。各地各部门认真落实中央综治办的部署要求,切实加强对缠访闹访人员、刑释人员、社区矫正人员、吸毒人员、肇事肇祸精神病人、扬言报复社会人员等治安重点人员的管控工作。重点做好肇事肇祸精神病人筛查监护和服刑人员社区矫正工作。三是切实加强校园及周边治安综合治理。积极开展校园及周边治安秩序专项整治行动,落实校园安全"五防"措施。全省超过 60% 的中小学达到平安校园创建标准,共有 34 所高校、600 多所中学校被评为广东省安全文明校园。四是切实做好预防青少年违法犯罪工作。深入开展青少年思想道德教育和法治教育,广泛开展"法律进园区"、"法律进校园"、"青少年维权岗"、"千名青年律师千场青少年法律服务"等活动,进一步完善 12355 服务平台建设,组建省级青少年维权专家库,开展"甘露行动——广东大学生爱心帮教志愿服务活动"。推进重点青少年群体服务管理和预防犯罪工作,组织帮教志愿者对失足青少年开展义务家教、法律援助、信息咨询等服务。推进青少年社区矫正工作,在 10 个地市开展为期一年的青少年社区矫正试点工作。五是切实加强铁路护路联防工作。扎实开展平安铁路创建,深入开展铁路护路宣传活动,狠抓对重点部位和突出问题的整治,加强对铁路沿线违法犯罪活动的打击和防控网络建设,切实维护铁路沿线的治安稳定,取得了破坏铁路、颠覆列车等恶性案件零发生,拦车断路、冲击铁路等群体性事件零发生,因治安问题引发的铁路重大行车事故零发生的"三零"目标。六是切实加强危爆物品和消防安全管理。加强非煤矿山领域危爆物品、危险化学品和烟花爆竹领域危爆物品安全管理工作,组织开展爆破作业管理秩序和执法突出问题专项治理、油气管道隐患大排查大整治、烟花爆竹安全生产排查整治等一系列专项治理行动,有效排查整治了一大批事故隐患。组织开展第二次"清剿火患"战役和"利剑"行动,全省连续第六年挂牌督办 21 个火灾隐患重点地区,带动市县两级政府挂牌督办镇街 151 个、村(社区)41 个。此外,组织开展了公交地铁安全大检查大整改、医闹纠纷专项整治、邮件快件寄递安全管理等专项治理工作,推动一批突出问题的解决。

五、切实加强基层基础建设

一是推进综治信访维稳平台建设。出台了加强综治信访维稳中心(站)建设的意见,先后在梅州市蕉岭县、东莞市召开现场会,分粤东西北和珠三角片区部署推进综治信访维稳平台建设,着力将综治信访维稳中心(站)打造成集矛盾化解、信访维稳、治安防控、平安创建、服务管理等多功能的基层综治工作平台。二是着力推进网格化管理。总结深圳、广州和梅州市蕉岭县等地社区网格化管理经验,依托综治信访维稳平台,全面推行网格化管理工作,建立镇村干部负责制,将镇村干部联系群众制度落实到网格之中,开展法治宣传、矛盾化解、便民服务等工作。三是大力推进一村(社区)一法律顾问工作。2014 年 5 月 5 日,省委办公厅、省政府办公厅印发《关于开展一村(社区)一法律顾问工作的意见》,5 月 28 日,省委省政府召开全省电视电话会议,部署在全省开展一村(社区)一法律顾问工作。省司法厅及时制订工作方案，抓好律师人员配置，组织开展集中培训，组织8个督查组加强检查督导。截至2014年11月底，珠三角9市和粤东西北12市试点县（市、区）的16206个村（社区）中，有16202个村（社区）与律师事务所签订了聘请法律顾问协议，法律顾问共解答村（社区）及群众法律咨询超过10万人次，审查合同5300多份，出具法律意见书4800多份，直接参与调处矛盾纠纷14000多宗，参与处理敏感案件1000多件，举办法制讲座3300场次，基层村（社区）依法治理成效初显。四是深入推进以"平安细胞"建设为重点的平安创建活动。各地各有关部门按照省委省政府的部署，大力推进平安创建活动，因地制宜、创新思路打造平安名片，开展形式多样、贴近群众的平安创建宣传活动，重点推进平安社区（村居）、平安医院、平安校园、平安企业、平安交通、平安边界、平安金融等重点行业、重点领域平安细胞建设。落实平安创建行业主管部门的责任，条块结合、部门协同，不断推进平安广东创建工作不断向纵深发展。

六、进一步落实综治领导责任制和目标管理责任制

一是健全完善综治领导责任制。各地将综治工作（平安建设）纳入党政领导干部的政绩考核内容，层层签订综治工作目标管理责任书，建立健全了地方党政主要领导、分管领导及同级综治委成员单位主要领导抓综治工作（平安建设）实绩档案，进一步落实综治工作领导责任制。二是进一步完善综治工作（平安建设）机制。建立综治工作（平安建设）情况报送和重（特）大案（事）件报告制度。健全和完善五部门联席会议制度，综治委成员单位述职、联系点、联席会议等制度。进一步完善了综治暨平安创建工作考评机制。完成了各级综治委（办）更名及综治委成员单位重新确定工作。三是抓好综治政策工具的落实。各级综治部门不断完善表彰奖励、沟通警示、诫勉谈话、挂牌整治、黄牌警告、处分建议、一票否决等工作制度，强化综治政策工具的运用，有效促进了综治目标管理责任制的落实和各项综治工作的开展。

中共广东省委办公厅　省政府办公厅
关于省社会管理综合治理委员会更名为
省社会治安综合治理委员会等事项的通知

（2014年11月26日）

各地级以上市党委、人民政府，省委各部委，省直各单位，省各人民团体，中直驻粤各单位：

中央社会管理综合治理委员会已更名为中央社会治安综合治理委员会。经省委、省政府领导同志同意，省社会管理综合治理委员会更名为省社会治安综合治理委员会。组成人员如下：

主　任：马兴瑞　省委副书记、政法委书记、省社工委主任

副主任：雷于蓝　省人大常委会副主任

李春生　副省长、省委政法委副书记、省公安厅厅长

梁伟发　省政协副主席

陈少波　省委政法委专职副书记、秘书长

除主任、副主任外，各成员单位分别指定一名分管负责同志担任省社会治安综合治理委员会委员，具体人员名单由省社会治安综合治理委员会另行印发。

原省社会管理综合治理委员会组成人员的职务自然免除。

附件:省社会治安综合治理委员会成员单位

附件:

省社会治安综合治理委员会成员单位

省纪委(省监察厅)
省委组织部
省委宣传部
省委政法委
省社工委
省编办
省信访局
省法院
省检察院
省人大常委会法工委
省经济和信息化委
省教育厅
省公安厅
省国家安全厅
省民政厅
省司法厅
省财政厅
省人力资源社会保障厅
省文化厅
省卫生计生委
省工商局
省质监局
省新闻出版广电局
省安全监管局
省旅游局
省金融办
省政协社会和法制委
省武警总队
省总工会
团省委
省妇联
海关总署广东分署
人民银行广州分行
广东银监局
广东保监局
省通信管理局
广州铁路(集团)公司
省军区政治部

中共广东省委政法委　省社工委印发《关于把综治信访维稳中心(站)进一步打造成基层社会治理工作平台的意见》的通知

(2014 年 10 月)

各地级以上市委政法委(综治办)、市社工委:

现将《关于把综治信访维稳中心(站)进一步打造成基层社会治理工作平台的意见》印发给你们,请结合实际,认真抓好贯彻落实。

关于把综治信访维稳中心(站)进一步打造成基层社会治理工作平台的意见

按照省委办公厅、省政府办公厅《关于进一步加强镇街综治信访维稳中心建设的意见》精神,我省从2009年起,用三年时间全面完成县、镇(街)、村(社区)三级综治信访维稳中心(站)建设,在化解社会矛盾纠纷、解决人民群众信访诉求、推动平安建设、维护社会稳定等方面发挥了积极作用。为了贯彻落实中共中央、国务院《关于加强和创新社会管理的意见》和省委、省政府《关于加强社会建设的决定》以及有关深化社会体制改革的意见精神,省委政法委、省社工委决定,在原镇街综治信访维稳中心和村居工作站的基础上,进一步整合资源、拓展功能、完善机制,构建集矛盾化解、信访维稳、治安防控、平安创建、服务管理等多功能的基层社会治理工作平台。

一、进一步拓展功能

随着社会建设的不断推进,构建基层社会治理体系的任务越来越重,对基层社会治理能力和水平的要求越来越高。综治信访维稳中心要根据新形势、新任务的需要,在原有统一受理群众诉求,集中调处矛盾纠纷,协调推进“四项排查”、组织群防群治、开展平安创建和信息化建设等功能的基础上,进一步拓展社会治理功能,着力在落实综治日常业务,协调推进社区矫治、公共法律服务、流动人口和特殊人群服务管理、一村(社区)一法律顾问、培育发展矛盾化解类社会组织等工作,拓展社情民意收集渠道,组织推进网格化管理以及履行相关管理职能、提供便民服务等方面发挥作用,变被动坐班为主动上门、变群众上访为干部下访、变被动应急为主动管控,变运动式治标为常态化标本兼治,搭建镇街、村居社会治理的综合平台。

二、进一步整合资源

镇街综治信访维稳中心在综治办、信访办、司法所等部门集中办公的基础上,要进一步整合基层政法综治、信访维稳、市场监管、劳动监察、行政管理、工青妇等人民团体和群防群治、志愿者以及其他社会组织等力量,搭建由综治信访维稳办牵头,各职能部门依法履职、协调联动的基层社会治理工作平台,形成群众诉求统一受理、矛盾纠纷集中调处、综治维稳统筹推进、服务管理一站提供的社会治理工作格局。

三、进一步完善机制

(一)健全指挥协调机制。综治信访维稳中心是同级党委政府具体负责社会治理工作的综合平台,是同级综治信访维稳办面向群众的工作窗口;由镇街综治信访维稳办行使任务分流、力量调度、检查督导、绩效考核等权限。

(二)完善工作运行机制。完善“统一受理、分流办理、督办反馈、检查考核”等工作流程。在不断完善社会治安联合防控、矛盾纠纷联合调处、重点工作联勤联动、突出问题联合治理、基层平安联合创建的“五联”机制基础上,进一步建立健全群众诉求联合处理、服务管理联合推进等基层社会治理工作机制。

(三)健全督导检查机制。各级党委政法委(综治办)、社工委将基层综治信访维稳中心(站)运行情况纳入日常工作督导内容,定期或不定期进行暗访、检查,对发现的组织保障不落实、人员配备不到位、工作流程不规范、工作措施不落实等问题,及时提出整改意见并督促限期整改;聘请党代表、人大代表、政协委员、律师代表、村居(社区)居民代表、外来人员代表等为“监督员”、“观察员”,定期或不定期对基层社会治理工作进行监督检查。

(四)完善考核激励机制。建立综治信访维稳中心(站)工作人员绩效考评制度,每年度进行一次考核,考核结果与相关责任领导、工作人员的评先评优、提拔使用、经济奖励“三挂钩”。综治信访维稳中心建设情况纳入平安创建暨综治工作年度考评。

四、进一步明晰领导指导关系

综治信访维稳中心受同级党委、政府领导。镇街分管综治信访维稳工作的领导是综治信访维稳中心的直接责任人，镇街综治信访维稳办对综治信访维稳中心工作负总责。镇街党委会议每季度听取一次中心工作汇报，研究解决中心工作中遇到的突出问题。市、县（市、区）政法委（综治办）、社工委是基层综治信访维稳中心（站）的业务指导部门，负责中心建设的业务指导，包括规范硬件设施、健全工作制度、完善工作台账、建立工作人员培训机制等，并负责日常工作检查督导、绩效考核等工作。

五、进一步健全保障

镇街综治信访维稳中心主任由镇街党（工）委分管副书记担任，常务副主任由综治信访维稳办主任兼任，根据工作需要配齐配强工作人员。村居（社区）综治信访维稳工作站站长由村党支部书记担任，成员由“两委”干部、驻村民警等组成。

县（市、区）、镇街两级财政要把综治信访维稳中心建设经费、日常运作经费以及绩效考核激励经费纳入年度财政预算。

加强基层综治信访维稳中心（站）建设，是实现基层社会治理体系和社会治理能力现代化的重要途径，是推进基层社会治理工作的重要载体。各级党委政法委（综治办）、社工委要高度重视，将此项工作作为社会体制改革的重要内容，作为一项重要的社会建设工程和维稳工程来抓。要紧紧依靠党委、政府的领导，密切与相关部门的协调配合，采取综合配套措施，有力地推进这项建设工程。

广东省深圳市大力推广人民调解“福田模式”成效显著

深圳市福田区在开展人民调解工作中，充分利用辖区丰富的法律服务资源，在全国首创了以招投标向律师事务所购买法律服务，引进法律专业人员担任调解员，在面对矛盾纠纷较多的单位设立人民调解室化解矛盾纠纷，全天候为基层群众提供专业调解服务，实现了人民调解、行政调解和司法调解“三调联动”的有效衔接。这种模式解决了人民调解工作长期存在的经费困难、人员不足和服务质量问题，强化了人民调解的独立性和中立性，提高了人民调解公信力，扩大了人民调解工作领域，被誉为人民调解“福田模式”。2013 年下半年以来，深圳市司法局按照市委政法委的统一部署，通过强化组织领导、健全组织网络、抓好选任培训、完善制度机制、大力宣传报道、深入督导检查等一系列有力措施，推动人民调解“福田模式”推广工作取得了显著成效。

一、强化组织领导，推动推广工作有序开展

一是成立工作机构，制订推广方案。第一时间成立由市委政法委副书记、市综治办主任任组长、市司法局党委书记任副组长的推广工作领导小组和工作机构。要求各区迅速成立相应机构、制订具体方案，形成了领导亲自抓，政法委抓协调，司法局具体抓，一级抓一级、层层抓落实的工作格局。二是广泛动员发动，统一思想行动。各区迅速采取各种方式对推广工作进行再动员、再部署，为推广工作筑牢了思想基础。三是深入调查研究，明晰工作思路。推广工作部署开展后，深圳市司法局制订了针对性和操作性很强的实施方案，使推广工作始终紧紧围绕党委、政府的中心工作，沿着正确的道路扎实推进。

二、健全组织网络，拓展人民调解工作领域

立足于“哪里有纠纷哪里就有人民调解组织”，重点建立和完善以司法所为依托，以街道人民调解委员会及其派驻工作室为主体的人民调解组织网络。推广工作以来，全市增加投入人民调解工作经费 5778.42 万元，新建成人民调解室

76个，新增加专兼职人民调解员664人，加上对原有的205个人民调解室按照“福田模式”的标准进行“转型升级”，实现了“福田模式”对全市法院(庭)、公安派出所、交警大(中)队、大型公立医院和劳动、信访、综治维稳中心等矛盾纠纷较为集中的单位或部门的全面覆盖。

三、抓好选任培训，提高人员队伍素质能力

一是严把“入口关”，注重选配具备律师从业资格的职业律师或具备大专以上法学、社会学、心理学等专业知识背景者作为专职调解员。二是做好任职培训，严格落实持证上岗制度，新选聘的人民调解员经过区以上司法行政部门的审核和初任培训，培训合格后由司法局制发统一的人民调解员证，持证上岗。三是抓好集中培训，组织专职人民调解员开展全员集中培训，以及参加各级调委会自行组织开展的观摩、旁听等各类实战业务技能培训。

四、突出建章立制，促进“福田模式”规范运行

一是推动建立了“深圳市调解工作联席会议制度”，从根本上解决了我市调解工作各自为战、群龙无首的被动局面。二是制定《深圳市人民调解工作经费管理规定》，经过与市财政部门多次协商、反复修改，现已上报市法制办审查，有望在年中正式出台。三是指导各地因地制宜地抓好建章立制和巩固完善提高工作。

五、加强宣传报道，营造良好社会舆论氛围

深圳市司法局充分运用门户网站、内部网站、报刊、信息专报等载体，宣传报道“福田模式”推广工作中的创新做法和工作亮点，取得了明显成效：《深圳特区报》、《深圳商报》、《南方都市报》、法制网等多家媒体先后刊发了《人民调解“福田模式”成“深圳经验”》、《解决纠纷不跑远路不花本钱》、《“福田模式”种子开出“罗湖特色”之花》、《人民调解“福田模式”大有可为》等多篇文章；同时，“福田模式”还作为基层社会管理创新成果通过了国家司法部创新成果项目评审；“人民调解的福田模式研究”被正式批准立项为国家社会科学基金资助项目。

六、深入督导检查，确保推广工作取得实效

“福田模式”推广工作从一开始就被纳入到创建平安深圳暨综治考评体系中，并且权重从以往的3分大幅提高到10分。在推广过程中，市委政法委与市司法局联合成立专项工作督导组，制定了详细的检查验收标准，由市委政法委和市司法局领导带队，对全市各区和有关单位进行严格的督察指导。市司法局先后向市委政法委提交了5次推广工作督导情况报告，以市综治办名义连续向全市各区下发推广工作进展情况通报和专项督办函，全部5期情况通报均得到了市委领导的重要批示。与此同时，“福田模式”推广工作办公室通过采取召开座谈会、走访交流、查阅资料、明查暗访等形式，不断加大对各区和基层单位落实工作的督导力度，确保了全市推广工作齐头并进，取得扎实成效。

人民调解“福田模式”的推广，是深圳市社会管理创新的重大实践，是基层社会治理的重要举措，它引领人民调解工作全面进入一个崭新的发展阶段。一是形成了推进“福田模式”的广泛共识。通过层层动员部署和几轮的督导推动，全市各级司法行政机关的大部分同志能够认识到推广“福田模式”的重要性和必要性，达成了大力推进“福田模式”的共识，各项工作按照市委政法委和市司法局的总体部署和要求加快推进，迅速落实。二是构建了推广“福田模式”的基本工作格局。全市各级司法行政机关切实把推广“福田模式”作为当前和今后一段时间的中心工作，摆上重要议事日程，建立健全了抓落实的领导体制和工作机制，强化了推广“福田模式”的人财物保障，搭建了推进“福田模式”的有效平台和载体。形成了各单位主要领导负总责、多方联动、齐抓共管、上下“一盘棋”的良好工作格局，为“福田模式”继续深入推进打下了坚实的基础。三是夯实了推进“福田模式”的基层基础。通过前一阶段开展的“福田模式”推广工作，人民调解工作服务基层的平台进一步得到夯实，“哪里有纠纷，哪里就有人民调解组织”的目标更进了一步；以“政府购买专业服务”的方式扶持人民调解工作发展，逐渐成为行业共识，同时有效解决了长期制约人民调解事业发展的经费困境；而“以专带兼、专兼结合”的人民调解员队伍初步建立，以人民调解为基础，人民调解、行政调解、司法调解等有机衔接的社会矛盾纠纷“大调解”体系进一步完善，则切实强化和发展了人民调解工作改革发展的根基。四是扩大了人民调解工作的群众影响力。人民调解的目的就是服务基层、服务群众，随着“福田模式”推广工作的逐步深入，越来越多的群众实实在在体验到人民调解工作的专业和便利，越来越理解和支持人民调解工作。同时在推广“福田模式”过程中，通过多形式、多渠道、多角度地对人民调解职能进行宣传，使基层群众更全面了解了人民调解的中立性、公益性、专业性和便民性，人民调解乃至司法行政工作在群众中的影响力和公信力进一步得到提高。

广东省茂名市茂南区以平台建设为抓手着力打造治安防控体系

一、依托民力，打造联勤联防快速反应的人防网

一是科学合理布点，实现社会力量聚合化。科学规划辖区安保点建设，将全区 120 多个行政机关、企事业单位的 5000 余名安保力量，整合为 118 个安保点，配合公安机关设立的 7 个城市卡口，将治安力量布局到各要害位置，实现对社会面的有效掌控。各单位负责选点建设以及安保人员的日常管理和工资发放，区公安分局负责安保点的调度考勤、培训和业务指导，将原本孤立、分散的社会力量聚合起来。二是联勤联动布网，实现街面力量一体化。公安机关为每个安保点配备对讲机，统一对讲频道，将安保点串联起来，并与公安巡防、便衣及辖区派出所警力、城市出入口卡口联勤联动，形成整体合力，一点有事周边警力可立刻支援，并根据案情进展，呼叫沿途各安保点力量和警力进行搜索和围追堵截，形成全区覆盖、一呼百应、快速反应的人防网络。三是点对点扁平指挥，实现调警处置高效化。出现警情时，公安指挥中心根据 GPS 定位系统直接调度街面警力和安保点力量，打破了“路面—110—派出所—路面”的传统模式，实现“110—路面”的扁平化指挥调警，极大提高出警速度，大大减少中间环节，实现快速处置。

二、借力科技，构筑全方位覆盖的视频网

一是政府主导，市场运作。由市治安促进会发起，引导装有“平安家居”系统的单位、市民加装若干个面向街面的摄像头；技术公司负责初装、维修等工作，并将视频信号全部兼容到公安视频监控系统；各单位及市民以每个点 120 元的价格(若干个点可覆盖整个小区)按月租用，政府只需出资在空白区域补装摄像枪，就可实现对全区有效监控。二是公安统筹，条条推动。由区综治委总体部署，区公安分局负责制定视频建设标准和规范，串联整合社会视频信号，做好市区视频监控、指挥调度、快速处置、管理服务等工作，各行业主管部门牵头制订安装建设实施方案，并督促辖下单位落实社会视频建设工作，条条推进。三是信息多用，无缝对接。区公安分局设立专职视频侦查中队，配备 VCS 摘要比对器、视频快速采集器、I2 等先进设备，将科技力转化为战斗力，实现科技与警力的有效对接。同时探索将视频信号拓展到“生产安全”、“食品安全”、“文化教育”等领域，目前已有部分单位实现对下属部门的可视化监管，下一步还将拓展应用到多个社会管理领域，提高社会管理能力。

三、专群结合，设立多渠道举报情资网

一是多渠道搜集情报。茂南区公安分局于 2011 年 3 月在全省率先研发开通了多渠道举报违法犯罪平台，使市民可以通过微博、微信、QQ、网络论坛以及手机短信等方式及时举报涉案信息，真正将群众的耳闻目睹转变为公安机关的情报信息。二是多平台网络问政。区公安分局专门创设了网上警务室、微博、微信、局长实名微博和网络论坛，在指挥中心增设警察公共关系中队，打造“博、网、报”互动的网络问政参政和舆情导引、宣传平台。三是多方式激励参与。2009 年 11 月，建立由区人大代表、政协委员中热心社会治安的企业界人士组成的具有独立法人资格的自治性、公益性社会团体——治安促进会，用于募集资金，按照标准奖励见义勇为、举报违法犯罪的市民。促进会成立以来，先后55次对195名见义勇为市民进行奖励，弘扬了社会正气，提高了公众参与积极性。

广东省综治委、办机构情况和负责人名单

一、综治委

主　任：马兴瑞　省委副书记、省委政法委书记、省社工委主任

副主任：雷于蓝　省人大常委会副主任

李春生　省政府副省长、省公安厅厅长

梁伟发　省政协副主席

陈少波　省委政法委专职副书记、秘书长

广东省综治委成员单位由省纪委（省监察厅）、省委组织部、省委宣传部、省委政法委、省社工委、省编办、省信访局、省高级法院、省检察院、省人大常委会法工委、省经济和信息化委、省教育厅、省公安厅、省国家安全厅、省民政厅、省司法厅、省财政厅、省人力资源社会保障厅、省文化厅、省卫生计生委、省工商局、省质监局、省新闻出版广电局、省安全监管局、省旅游局、省金融办、省政协社会和法制委、省武警总队、省总工会、团省委、省妇联、海关总署广东分署、中国人民银行广州分行、中国银监会广东监管局、中国保监会广东监管局、省通信管理局、广州铁路集团公司、省军区政治部组成。

二、综治办

杨日华　省委政法委专职副书记、省综治办主任

邓远强　省综治办专职副主任

广东省各市、区（镇）综治委、办主任名单

地　区	综治委主任	综治办主任
广州市	任学锋	杨　滨
越秀区	武延军	郭建章
海珠区	姚奕生	吴　森
		罗锻生
荔湾区	唐航浩	李鄂明
天河区	石奇珠	张志坚
白云区	马文田	李志明
		曾继东
黄埔区	陈小钢	邓浩柱
	陈志英	
花都区		孙绍良
		刘杞模

地　区	综治委主任	综治办主任
番禺区	卢一先	陈景林
南沙区	丁红都	余国荣
萝岗区	骆蔚峰	沈阳辉
从化市		路俊华
增城市	欧阳卫民	梁经瑜
深圳市		陈志新
福田区	张　文	王文福
罗湖区	倪泽望	朱惠添
南山区	李小甘	董　勇
盐田区	郭永航	黄伟光
宝安区	鲁　毅	覃敬腾
龙岗区	杨　洪	李健如

地　区	综治委主任	综治办主任
光明新区	田　夫	冯海华
坪山新区	杨绪松	李　萌
龙华新区	姜建军	黄启键
大鹏新区	刘　燕	
珠海市	江　凌	张小钰
横琴新区	牛　敬	赵振武
香洲区	闫昊波	洪少满
金湾区	欧阳德红	周安江
斗门区	周海金	梁　勇
万山海洋开发试验区	严锦谦	柯　敏
高新技术开发区	罗锡强	彭志斌
高栏港经济区	芦晓凤	范玉重
汕头市	陈茂辉	曾海敏
金平区	吴启煌	刘木保
龙湖区	黄建固	纪宗林
濠江区	王奕杰	黄楚龙
澄海区	陈文强	郑立怀
潮阳区	陈新造	吕玉龙
潮南区	郑凯舟	姚泽彪
南澳县	杜怀丹	黄仰军
佛山市	周天明	廖宗耀
	李子甫	
禅城区	张辉明	贾祖兵
	区柱明	
南海区	孔海文	许成辉
	张辉明	
顺德区	梁维东	卢英伟
	区纪敏	
高明区	罗　雄	张志强
三水区	陈浩明	林耀强
韶关市	郑振涛	曾　洪
浈江区	刘清生	杨　玲
武江区	王德雄	邓桂生
曲江区	黄劲东	黄双明
新丰县	陈俊林	廖自敬
翁源县	朱余旺	李天生
始兴县	范秀燎	李英华
乳源县	吴春腾	罗天松
南雄市	许志新	
乐昌市		沈家辉
仁化县	刘　锋	凌延盛
河源市	何忠友	骆长春
源城区	何伟良	张天华
东源县	叶少军	邹汉平
和平县	蓝　岸	陈志铁
	何伟光	
紫金县	陈荣卓	刘少基
龙川县	韦钦强	刘　剑
连平县	钟　明	曾远青
梅州市	黄　强	胡文悦
梅江区	潘小韬	曹浩波
梅　县	张文广	赖高峰
兴宁市	陈略宇	潘启茂
蕉岭县	温向芳	邓小强
平远县	曾尚忠	李　杏
大埔县	林健雄	邬小康
丰顺县	陈志宁	陈新云
五华县	张映平	甘桂源
惠州市	陈奕威	潘如新
惠城区	黄干强	刘夏元
惠阳区	刘小军	杨祝民
惠东县		刘国生
博罗县	徐云枢	谭宇杰
龙门县	许志晖	潘松佳
大亚湾区	候经能	杨建莉
仲恺高新区	钟一尔	赖国强
汕尾市	温国辉	谢平和
市城区	陈少荣	张水武
陆丰市	邱晋雄	翁江浩
海丰县	陈德忠	郭庆寿
陆河县	叶祥振	彭俊能
红海湾区	高火君	陈兴丰
华侨区	李　欣	林荣杰
东莞市	徐建华	陈　波
莞城街道	刘林宏	张锐均
石龙镇	黄贵洪	林汝辉
虎门镇	叶孔新	孙景森
东城街道	陈志伟	周日佳
万江街道	吴志刚	颜伟儿

地　区	综治委主任	综治办主任	地　区	综治委主任	综治办主任
南城街道	黄少文	苏　东	东　区	谭振东	黄卫军
	陈桂明		西　区	关瑞麟	梁赞全
中堂镇	尹照容	黎玉岗	南　区	袁永康	梁流枝
望牛墩镇	黄庆辉		五桂山	梁国帜	肖国强
	简任昌		小榄镇	彭志辉	刘世光
麻涌镇	陈建枝	陈旭林	古镇镇	刘建辉	王　平
石碣镇	梁荣业	麦允谦	横栏镇	劳国南	梁煊华
高埗镇	黄耀成	郑晓微	东升镇	冯海垣	唐卫国
洪梅镇	吴淑萍	刘学东	港口镇	吴翘楚	郑凯宏
道滘镇		梁寿如	沙溪镇	周小川	赵锡雄
		冯　彬	大涌镇	黄红全	郑润生
厚街镇	万卓培	陈福华	黄圃镇	胡卓章	李伟权
沙田镇	邓流文	黄丽香	南头镇	招　鸿	陆洁强
长安镇	何绍田	李冠洲	东凤镇	高瑞生	麦炎辉
寮步镇	刘裕昌	谢杨锦	阜沙镇	陈柳斌	唐国伟
大岭山镇	詹文光	欧阳振球	三角镇	黄泽科	刘伟刚
大朗镇	胡浩举	黄兆棠	民众镇	李磊坚	霍锦添
黄江镇	叶锦锐		南朗镇	刘锐濠	陈伟明
樟木头镇	麦广钦	赵智佳	三乡镇	贺　晖	卓水先
	陈灼林	丁志洪	坦洲镇	何灿成	杨维旭
凤岗镇	朱国和	林　岚	板芙镇	梁志军	蓝松涛
塘厦镇	管敏政	郑兆鹏	神湾镇	林细权	巫广庭
谢岗镇	尹照容	罗树华	**江门市**	邓伟根	陈国俊
	贾贵斌		蓬江区	温伟文	巫田亮
清溪镇	黄宇富	谭全河	江海区	周惠红	林立文
		王耀明	新会区	伍培进	叶乾结
常平镇	陈桂明	周少华	台山市	张　磊	刘光华
	黄庆辉		开平市	文　彦	周长大
桥头镇	莫厚良	刘晓冬	鹤山市	郭　伟	黄锡年
横沥镇	陈锡稳	叶可阳	恩平市	薛卫东	吴奕贤
		赵智佳	**阳江市**	陈华康	曾昭胶
东坑镇	黄为国	卢浩华	江城区	陈经勇	区天锐
	张耀洪		阳春市	胡海广	苏本灿
企石镇	陈福坤	熊仕权	阳东县	王作雄	江眷储
		姚灿光			雷理想
石排镇	陈志明	杨永佳	阳西县	许培业	廖英斌
茶山镇	谢锦波	陈永光	海陵区		关分豪
松山湖管委会	殷焕明	杨朝琴	高新区	林进球	曾昭松
中山市	薛晓峰	欧阳锦年	**湛江市**	刘小华	易华富
开发区	侯奕斌	胡乃权	赤坎区	陈志雄	黄华民
石岐区	甘建仁	贺修虎	霞山区	杨柔彦	吴积好

地　区	综治委主任	综治办主任	地　区	综治委主任	综治办主任
麻章区	伍文兴	林开仁	英德市	巫永康	刘贤安
坡头区	梁　培	吴志超	连州市	刘泽和	黄飞虎
雷州市	许　顺	陈俊优	佛冈县	华旭初	李功仕
廉江市	何　鑫		连山壮族瑶族自治县	吴耿淡	杨年平
吴川市	曹　兴	钟　劲			
遂溪县	林少明	胡　用	连南瑶族自治县	李春益	陈　斌
徐闻县	钟　力	钟华山			
湛江经济技术开发区	陈　吴	尤海渊	阳山县	李　欣	黄日清
			潮州市	李水华	杨少勇
茂名市	许　光		饶平县	马儒生	陈作霖
茂南区	丁锦文	沈雁鹏	潮安区	林　群	陈裕忠
茂港区	姚信敏	陈昌兴	湘桥区	张剑锋	黄炜明
信宜市	黄玉华	冯　飞	枫溪区	张时义	蔡泰钦
高州市	赵广辉	钟健瑜	**揭阳市**	陈绿平	王少鸿
化州市	邓永明	劳业锋	普宁市	胡焕华	张育鹏
电白县		卢丰梨	揭东县	吴平河	谢燕标
肇庆市	徐萍华	黄　鸿	榕城区	刘光明	夏树群
端州区	吴宪平	李立填	惠来县	林旭群	元健雄
鼎湖区	邹会雄	李　六	揭西县	邬郁敏	陈纪华
高要市	冯敏强	王建彬	空港区	吴复生	林伟生
四会市	罗浩翔	张　仪	蓝城区	林雪令	黄卫标
德庆县	梁为东	陈雄坚	大南山侨区	姚继新	陈春藤
广宁县	张桂洪	冯绍忠	普侨区	邱　鹏	许汉耿
怀集县	江森源	莫克彪	**云浮市**	郭汉毅	刘　坚
封开县	张　浩	陈富文	云城区	江壮宏	苏志华
高新区	关　鹏	郑海鹰	罗定市	万木林	陈海林
清远市	梁志强	陈耀辉	新兴县	叶　锐	伍新枝
清城区	叶春葆	欧国泉	郁南县	廖鹏洲	黄建材
清新区	郑小燕	陈成汉	云安县	吴维力	叶国清

（撰稿人：杨泽丰
审稿人：邓远强　肖嵩）

广西壮族自治区

2014年综治工作概况

2014年，广西壮族自治区各级各部门深入贯彻落实党的十八大和十八届三中、四中全会精神，贯彻落实中央政法工作会议、深化平安中国建设工作会议、习近平总书记系列重要讲话精神，以深化平安广西建设为载体，不断创新社会治理方式，着力解决影响社会和谐稳定的突出问题，严密防范严重刑事案件、重大群体性事件、重大公共安全事故的发生，不断提升人民群众安全感和满意度，提高社会治理现代化水平，确保了人民安居乐业、社会安定有序、边疆巩固安宁、民族团结进步。

一、强化组织领导，统筹推进社会治理各项工作

广西坚持把社会治理和平安建设工作放在经济社会发展全局中去谋划、去推进。自治区党委印发《关于贯彻落实党的十八届四中全会精神全面推进广西法治建设的意见》，为社会治理和平安建设提供了法治保障。自治区党委书记、自治区人大常委会主任彭清华，自治区党委副书记、自治区主席陈武定期听取社会治理、平安建设工作汇报，多次作出重要批示。各市、县（市、区）把社会治理、平安建设工作成效纳入党政领导干部政绩考核内容，把恶性刑事案件、重大公共安全事故、重大群体性事件等是否得到有效控制，人民群众安全感是否提升作为主要指标，作为评先评优的依据，及时兑现奖惩。

二、坚持和发展"枫桥经验"，有效预防和化解社会矛盾

广西按照发现得了、控制得住、化解得好的要求，对影响社会稳定的矛盾纠纷进行动态排查，充分运用法治思维和法治方式解决涉及群众切身利益的突出问题，不断筑牢社会和谐稳定的民心基础。一是扎实推进社会稳定风险评估。2014年对涉及广西14个市、15个县（市、区）、38个乡镇行政区域调整的社会稳定风险评估方案进行审核备案。二是深入开展社会矛盾排查化解。市、县、乡层层建立矛盾纠纷定期分析研判制度，落实矛盾纠纷排查调处工作协调会议纪要月报制度。总结推广各地交通事故、医疗纠纷、劳动人事争议等调处经验，成立医患纠纷人民调解指导委员会111个、医患纠纷人民调解组织90个，聘请专、兼职调解员1448人；建立劳动争议人民调解组织251个，道路交通事故纠纷人民调解委员会102个，物业纠纷人民调解委员会37个。至年底，广西有人民调解组织1.8万个，人民调解员12.08万人。组织开展对被中央通报的20件千人以上重大矛盾纠纷事（案）件化解攻坚战，化解15件，另5件严落实定责任单位、定责任领导、定责任人、定督办单位、定办理要求，包掌握情况、包解决困难、包教育转化、包稳控管理、包依法处置"五定五包"制度，督促限期化解。全年调解各类民间纠纷28.1万件，调解成功27.4万件，调处成功率达到97.5%。防止民间纠纷转化为刑事案件1441件2.06万人；防止群体性上访2007件9.8万人；防止群体性械斗1376件12万人。三是依法解决信访突出问题。自治区综治办、自治区党委维稳办、信访联席办、公安厅联合印发《关于进一步解决我区进京非正常上访突出问题的实施意见》；深入开展领导干部接访下访和联合接访活动，全区1.3万人次县处以上领导参与接访下访，解决群众反映的信访事项6607件；加强和改进初信初访办理工作，严格规范信访秩序，集中清理信访积案。自治区综治委领导先后约谈进京非正常上访较多、维稳问题突出的南宁、柳州、桂林、钦州、玉林等5市政法委书记、公安局长，南宁市青秀区等10县（市、区）党委书记；联名致信南宁、柳州、桂林、钦州、玉林等5市市委书记、市长，督促整改问题，指导做好信访维稳工作。

三、创新立体化社会治安防控体系，全面提升人民群众安全感

广西坚持把群众对平安的愿望和要求作为努力方向，加快建设立体化社会治安防控体系，不断提高新形势下驾驭社会治安局势的能力和水平。一是依法严惩各种违法犯罪活动。及时部署新一轮打黑除恶工作；依法严厉打击“两抢一盗”等严重危害人民群众生命财产安全的犯罪活动；加强城乡结合部、城中村的治安整治；完善幼儿园、学校等重点场所安全防范机制，完善铁路、公路、水路和“三电”设施及输油气管道等安全保护机制；加大平安建设宣传力度，在自治区级媒体网格上刊发政法综治类稿件3200余篇；深入开展平安县、平安乡镇、平安医院、平安校园、平安社区、平安家庭等基层平安创建活动；加快“天网工程”建设，全年完成15万个高清监控摄像头，全区累计47.2万个。2014年全区刑事、治安案件发案率同比分别下降9.1%和23.6%，盗窃、抢劫、抢夺案件分别下降6.3%、34.9%、37.5%，命案破案率达99.1%。二是加大排查整治社会治安重点地区。排查治安混乱地区618个。其中对社会治安秩序混乱、社会治安问题突出的梧州市藤县等8县(市、区)进行挂牌整治、警示，对32个突出问题督促地方挂牌警示整治，限期整改。自治区综治委领导亲自约谈社会治安问题突出以及群众安全感靠后的市、县(市、区)有关领导，并带队深入基层调研指导。经过整治，全区618个治安混乱地区整治好转589个，改好率95.3%。三是强化安全感调查结果的运用。自治区综治委印发《关于进一步加强全区人民群众安全感工作的通知》，明确从2014年开始，凡年度社会公众安全感低于80%的市、县(市、区)，取消其年度平安市、县(市、区)评选资格；年度综治(平安建设)考评综合得分排名后两位的地级市和社会安全安全感排名在第80名以后的县(市、区)，取消当年度平安建设先进市、县(市、区)评选资格，有力促进社会公众安全感提高工作。根据国家统计局民调中心调查，2014年度广西社会公众安全感为83.07%，比上年度提高2.46个百分点，为历年最高，增幅在全国各省份排名第三。

四、强化流动人口和特殊人群服务管理，增加社会和谐因素

广西通过健全工作机制，加强督查指导，推进流动人口和特殊人群服务管理工作。一是完善流动人口的服务管理工作。全面推行居住证制度，各地设立居住证受理点1197个，受理办理居住信息194.7万条，制发居住证193.2万份，其中年内制发69万份；登记暂住人口227.4万人，列管出租房屋29.7万套(间)。二是加强严重精神障碍患者救治救助工作。自治区人民政府办公厅印发《关于加强肇事肇祸等严重精神障碍患者救治救助工作的实施意见》，召开加强严重精神障碍患者救治救助工作协调会议；自治区综治办牵头开展严重精神障碍患者救治救助工作督查；组织学习考察组到浙江学习重性精神疾病管理治疗工作经验。年内，列管在册重性精神疾病患者12.29万人。三是加强对各类特殊人群的服务管理工作。推进重点少年群体服务管理和预防犯罪工作试点，试点工作由上年51个县(市、区)扩展到84个。组织2万多志愿者下乡，对近70万名农村留守儿童进行自护关爱教育；排查特困服刑人员家庭上学子女3899人，筹措帮扶资金30多万元，帮助减免学费150人，给予困难救济578户，帮扶金额28万多元。排查衔接刑满释放人员3.09万人，安置3.1万人，帮教3.13万人，刑释人员重新犯罪率0.0002%。累计接收社区矫正人员4.03万人，解除矫正2.23万人，年末有在册社区矫正人员1.81万人，社区矫正人员重新犯罪率0.18%，低于全国平均水平。

五、加快推进网格化管理、信息化建设，夯实综治基层基础

广西加快“实施网格化管理、信息化支撑、便民化服务、立体化防控”工作。一是加快推进网格化管理、信息化建设。先后在柳州、南宁等市召开7次网格化管理、信息化建设推进会议，按照“五有”(有网格、有队伍、有平台、有系统、有机制)、“五到位”(信息掌握到位、矛盾化解到位、治安防控到位、帮扶解困到位、组团服务到位)的要求扎实推进网格化管理。至年底，广西有631个乡镇(街道)、5593个村(社区)开展网格化管理试点，分别占总数的50.6%、34.6%；聘请网格员2.18万人。开通综治信息账号约2.5万个，其中电脑账号1万多个,已覆盖全部乡镇(街道);录入各类数据约1038万条;开展信息化应用培训班400场次,3万多人接受培训。12月11日,广西区综治办运用视频系统举行综治干部视频培训班,各市、县(市、区)、乡镇(街道)综治办人员近3000人参加培训。在年初实现自治区综治办与中央综治办视联网互通的基础上,加快视联网在基层的普及应用。二是积极构建综治组织"四个全覆盖"。以村(社区)党支部为核心、以群众自治组织为补充、政府行政管理与群众自治相结合的基层社会服务管理组织体系,推动基层党组织、民主自治组织、经济合作组织、综治维稳组织四个全覆盖。全区1247个乡镇(街道)、16136个村(社区)全部建立了综治组织机构,建成率达100%。三是加强基层综合服务管理平台建设。全区共建立基层社会治理综合服务工作平台17669个,其中县(市、区)285个、乡镇(街道)2057个、农村(社区)15327个,主动为人民群众提供多样化、个性化、专业化服务。

六、加强组织协调,推动社会治理工作齐抓共管

广西扎实推进综治专项工作,社会治理工作格局进一步完善。一是做好预防青少年违法犯罪工作。选送21个单位被命名为全国青少年维权岗,命名139个单位为广西青少年维权岗。落实预防工作人员1327人、工作经费3075多万元。组织"五老"(老干部、老战士、老专家、老教师、老模范)担任青少年思想的辅导员、法律政策宣传员、心理援助工作者、留守儿童看护员。51个试点县(市、区)在全国重点青少年群众工作考评中,有28个被评为优秀,优秀率在各省份中名列首位。年内,广西未成年罪犯占刑事罪犯总数的6.5%,比2013年下降0.4个百分点;25岁以下青少年罪犯占刑事罪犯总数的24.36%,比2013年下降3.34个百分点。二是推动校园周边治安综合治理。开展中小学、幼儿园应急避险安全演练3.9万场次;排查校园安全隐患3251处,整改3158处;整治学校周边市场,检查食品、文化等经营户9.59万户,查处无证经营户723户,查办非法经营案311件;开展全区学校安全管理、应急管理、网络安全等培训5次,受培训人员3500人次;继续组织"护校安园"专项行动,各级公安机关及相关部门出动人员13.2万人次,车辆4.26万辆次,破获涉校刑事案33件,查处治安案111件,查获违法犯罪嫌疑人199人。三是加强"两新组织"建设。目前广西登记或备案的各种社会组织2.04万个,其中社会团体1.24万个,民办非企业单位7949个,基金会49个。四是推动铁路护路联防工作。调处涉高铁矛盾纠纷280多件,协调督促施工单位处理高铁建设引发的各类问题960多个,协助整治影响高铁安全和民生突出问题70多件;协破各类案件57件,抓获各类违法嫌疑人115人,协助查处危害行车安全案31件,清理闲杂人员200多人,防止各类事故23件;继续在铁路沿线开展"美丽广西·清洁铁路沿线"活动,组织清运堆放垃圾260多处580多吨、清理沿线臭水沟30公里、拆除乱搭乱盖建筑物180多处;印发《全区高铁沿线危树专项整治工作方案》,年内砍伐危树2100多棵;协调开展反恐应急演练,加强线路巡防,实行路地联动;协调路地实行重点部位视频监控和技术防范"一体化",提高暴恐问题发现能力和处置能力。承办环北部湾六省区(湖南、广东、海南、贵州、云南、广西)铁路护路联防工作合作第七次会议。

广西壮族自治区综治委关于进一步加强全区人民群众安全感工作的通知

（2014 年 4 月 25 日）

各市、县（市、区）综治委，自治区综治委各成员单位：

近年来，我区各级各部门坚决贯彻落实中央、自治区部署要求，深化平安广西建设，推进社会治理创新，人民群众安全感（又称社会公众安全感，以下简称“安全感”）不断提升。2014 年第一季度，我区安全感达到 85.35%（其中崇左市达 90.53%），再创历史新高。但是按照中央综治办确定的“两个 90%”目标要求（即 2015 年全国一半省的安全感达到 90%，2020 年全国安全感平均值达到 90%），我区面临的压力仍然很大。为巩固工作成果，推动各项措施落实，力争我区安全感尽快达到全国平均水平，为全区经济社会发展提供更加平安和谐的社会环境。现就有关工作通知如下。

一、提高思想认识，进一步增强工作责任感和使命感

安全感是反映社会治安状况，衡量社会安定程度的重要指标，最能体现社会治理成效，是我们党执政能力的具体体现。各级各部门务必高度重视，充分认识安全感工作的重要性和紧迫性，切实增强责任感和使命感，不断深化平安广西建设，坚持系统治理、依法治理、综合治理、源头治理，加强研究部署，统筹推进各项工作落实，为加快实现“两个建成”奋斗目标做出新的贡献。

二、加强形势研判，进一步加大打击整治工作力度

始终保持严打高压态势，适时开展专项打击行动，依法惩治黑恶势力、严重暴力、涉枪涉爆涉恐、“两抢一盗”等严重影响人民群众安全感的违法犯罪活动。深化集贸市场、公共汽车、车站、学校周边、医院、娱乐场所、居民生活区、城乡结合部等重点地区突出治安问题的排查整治，加大督办和挂牌整治力度，限期改变面貌。

三、加强整体规划，进一步健全社会治安防控体系

按照网络化、信息化、社会化要求，加快建设以街面巡逻防控网、城乡社区防控网、单位和行业场所防控网、区域警务协作网、视频技术防控网、虚拟社会防控网、群体性事件防控网、沿边沿海防控网等“八张网”为架构的立体化社会治安防控体系，完善情报信息、实战指挥、部门联动、区域协作等工作运行机制，确保对社会面 24 小时动态管控，严防发生严重刑事案件、重大群体性事件、重大公共安全事故。

四、加强矛盾排查调处，最大限度增加社会和谐因素

健全完善社会稳定风险评估机制，深入开展“大接访、大排查、大调解、大防控”活动，充分运用人民调解、行政调解和司法调解“三调联动”等手段，维护广大群众的合法权益。加强法制宣传教育，引导群众依法信访，及时解决群众合理诉求，做好群众心理疏导工作，严防“民转刑”命案发生。

五、创新治理方式，进一步完善流动人口和特殊人群的服务管理

积极推进户籍制度改革，大力推行居住证制度，完善“以房管人、以证管人、以业管人”等工作措施，促进流动人口享受城市居民的基本公共服务。协调、推动刑满释放人员、社区矫正对象、吸毒人员、艾滋病人等特殊人群服务管理，帮助他们顺利融入社会。加强肇事肇祸等严重精神障碍患者服务管理，坚决防止严重精神障碍患者肇事肇祸重大恶性案事件发生。做好预防青少年违法犯罪工作，健全完善农村“三留守”人员关爱帮扶体系，坚决保障其合法权益。

六、发动群防群治，进一步加大基层平安创建力度

拓展创建领域，扩充创建内容，创新创建形式，延伸创建层次，提升创建水平，加大基层平安创建力度，积小安为大安，推动广西大平安建设。发挥基层综治、治保、调解、普法、安置帮教、联(巡)防队、看(守)楼护院队、保安服务队等群防群治队伍作用，加强辅警队伍建设，发动更多的群众参与基层平安创建活动，增强人民群众的认同感。

七、加强综合平台建设，进一步推进基层网格化管理

在党委、政府的领导下，发挥综治组织牵头作用，整合基层公安、司法、民政、社保、信访、法院等力量，以网格化管理、社会化服务为方向，建立健全协作配合、精干高效、便民利民的基层综合服务管理平台，实现便捷化、精细化、全面化管理服务。今年年底前，我区16个全国、全区综合试点地区、城市建成区、县城城区网格化管理覆盖率达到100%；到2015年底，全区城乡村(社区)实现网格化管理全覆盖。

八、加大宣传工作力度，进一步发挥舆论引导作用

深入开展大走访活动，借助广播、电视、报纸、互联网等媒体和中国移动、中国联通、中国电信等网络以及单位政务公开专栏，大力宣传党和政府创新社会治理、深化平安建设、提高人民群众安全感的工作部署、工作措施、工作成效和先进典型，争取人民群众的了解和认同，努力营造平安共建、和谐共享的良好氛围。

九、加强经验总结推广，进一步发挥先进典型示范带动作用

主动适应形势发展变化，积极回应人民群众新期待新要求，积极探索实践，加强治理创新，不断推动我区安全感提升。要认真学习借鉴先进市、县(市、区)的成功经验，努力创造本地本部门的好经验好做法。要充分发挥好先进典型的示范带动作用，通过以点带面，系统推进安全感各项工作。

十、完善考评机制，进一步加大责任查究工作力度

健全完善综治领导责任制、部门责任制、目标管理责任制和奖惩机制，加大督导检查力度，综合运用好诫勉谈话、黄牌警告、挂牌督办、综治考评、处分建议、一票否决等综治政策措施。健全完善综治考评指标体系，对成绩突出的单位和个人予以表彰；从今年开始，对年度安全感低于80%的，取消其年度平安市、县(市、区)评选资格；年度综治(平安建设)考评综合得分排名后两位的市和安全感在第80名以后的县(市、区)，取消当年度平安建设先进市、县(市、区)评选资格，符合“桂综委〔2013〕10号”文第十八条规定的，坚决实行“一票否决权制”。

广西壮族自治区南宁市铜墙铁壁保盛会

多年来，南宁市委、市政府紧紧围绕提升南宁首位度目标任务，着力保持首府南宁社会政治持续稳定，确保了连续11年重大活动安保工作万无一失。

一、筑牢安保大防线

在举办大型活动期间，南宁市主要设立外圈防线、内圈防线和核心防线等多重安检防线，严查严控，防止不法分子潜入南宁伺机作案，危及活动安全。一是筑牢外圈防线。在进入南宁市的路口和市区高速路进出口、主要道路设置了27个治安卡口，对入城重点车辆、危爆物品和可疑人员进行严格检查，2014年两会一节期间，查获了一批炸药、雷管、长刀等物品，缉获网上追逃人员共12名，有效地将危险物品和人员控制在城外。二是筑牢内圈防线。南宁市在机场、火车站、长途汽车客运站及航运码头设立治安检查站；在主要道路，优化“车巡、步巡”和“明查、暗查”方式巡查打击；在重点区域，组织15个维稳巡查组开展维稳巡查；在街道、社区，组织万名市民义务治安大联防活动。通过层层设防，警民联防，最大限度地从源头上预防和减少安全事件的发生。三是筑牢核心防线。在重要场所，武警官兵、消防战士、公安机关多警种开展内部安保防范，完善"人、机、犬"相互配合的全方位巡查方式，借助"警务大数据"应用平台、360 度实景技术、三维安保系统和可视化指挥调度系统等先进安保手段，实现自动抓拍、发现、跟踪、锁定可疑目标，大大提升安保效率，确保核心防线滴水不漏，最大限度消灭安全隐患。外圈防线连着内圈防线，内圈防线接着核心防线，"三道防线"编织了一张疏密有致、张弛有度，让犯罪分子"进不来、藏不住"的安保防控网。

二、强化维稳大联动

一是健全机制，加强协作。南宁市建立和完善了重大群体性事件应急处置协作机制。建立县(区)协作机制，规定每个县(区)应急处置力量不少于 300 人，一旦发生重大群体性事件，协作片区可迅速调集增援力量 1000 人跨区域协同作战，市本级出现重大预警情况，各县(区)可在一小时内驰援中心片区，联动配合开展处置工作。与贵港、崇左、来宾等地市建立维稳区域协作机制，及时发现和劝返非正常上访人员。与新疆、西藏、内蒙古、宁夏等少数民族自治区建立维稳区域协作机制，及时处置少数民族涉稳事件。二是强化处置，抓好稳控。南宁市按照"发现得早、处置得了"的工作要求，重点抓好应急预案建设和应急力量装备配备工作。建立了各类应急预案 275 个，总结了安保执勤可能出现的 13 类 217 种情况，规范了 868 项处置办法；南宁市建立了除公安专业应急处置队伍以外的应急处置力量 5988 人，其中，进行集中管理、集中训练、集中备勤的应急力量 1723 人，应急车辆 190 辆，确保一旦发生突发群体性事件，立即启动应急处置预案，多部门联动，对趁机寻衅滋事分子依法处置，确保重点人员"劝得了、控得住"。三是加强演练，防患未然。2014 年，先后在西乡塘客运站举行了多警种快速反应演练，在南宁火车站举行铁路与地方快速联动应急演练，在金湖广场进行公交车行业应急处置演练，通过演练，使预案建设更符合实战要求。

三、强化治安大防控

一是抓打击。南宁市各级综治部门坚持每季度召开治安形势分析会，及时研究严重影响群众安全感、集中多发突出治安问题，组织开展了"两抢一盗"、扫毒整治五大会战等专项行动，取得明显成效。2014 年，全市共立刑事案件 41668 起，同比下降 0.11%，破案 15319 起，同比上升 57.36%。其中，街面两抢案件 2596 起，与去年同期发案 4876 起相比下降了 46.76%。二是抓整治。各级综治部门加大对禁黄禁赌等治安案件的整治力度，加强对特种行业以及公共娱乐服务场所的监管，营造了良好的治安环境。2014 年，全市共立治安案件 117076 起，同比下降 8485 起，下降 6.76%；其中，查处涉赌案件 2634 起涉赌人员 6721 人；查处涉黄案件 305 起涉黄人员 554 人。累计整改各类火灾隐患 131 处，要求限期整改 11 家，处罚 3 家；累计检查各类公共娱乐服务场所 890 家次，提出整改意见 321 条。三是抓防控。南宁市以市区 24 个警务站为依托，加强对重点时段、重点部位和案件高发地区的巡逻防控，以近距离打击犯罪，零距离民警接触；各县区、开发区以开展"平安小区"、"平安单位"创建活动为抓手，采取一系列措施鼓励和引导广大群众有序参与平安建设，组建社区辅警队伍、义务巡逻队等群防群治组织近 3 万人，参与日常和重点时期街面社会治安防控工作。如西乡塘区组织校园联防，以大学路各大高校的内保组织、"校园 110"、护校队伍为基础，开展大学片区治安联防，形成校内有管控、周边有巡防的专群结合、警民联手学校及周边治安防控机制。由于防范力度不断加强，2014 年，全市共立入室盗窃案件 5028 起，同比下降 4.34%；盗窃机动车案件 2748 起，同比下降 21.84%。

广西壮族自治区河池市审判关口前移　工作重心下移　打通基层司法服务“最后一公里”

近年来，河池市综治委结合河池实际，在吸收和借鉴其他先进经验的基础上，从2012年开始，全面整合市、县两级法院审判资源，设立农村巡回法庭。全面开展巡回审判活动，从“坐堂问案”工作模式转变到“就地办案”，探索出适宜河池大石山区的审判工作模式，解决司法服务“最后一公里”问题，受到当地群众欢迎。2012—2014年，全市两级法院以巡回审判方式审结各类矛盾纠纷2800件，其中，以调解、撤诉等方式结案2324件，调撤率达83%。主要做法是：

一、结合大石山区实情，推动审判工作创新

结合河池大石山区的实际，大力推进审判方式改革，创新巡回法庭建设模式，把法庭搬到田间地头，就地立案、就地开庭、当庭调解、当庭结案，最大限度地方便了人民群众诉讼，降低了诉讼成本，为山区群众提供优质、便捷的司法服务，破解了基层司法服务“最后一公里”的问题。因地制宜地探索实施了“凤山县模式”、“环江县模式”、“专属巡回模式”。

（一）整合资源，联动巡回的“凤山县模式”。主要做法是：由在县城“坐堂问审”转变到乡村、老百姓身边开庭审理的巡回审判模式。一是成立大巡回法庭负责管辖区域开展巡回审判做到就地立案、就地调解、就地开庭，将矛盾纠纷及时妥善地化解在发生地。二是成立民商事办案组，就地审理解决全县较为疑难、复杂的民商事案件。三是将审判经验丰富的法官调配到审判监督庭，负责案件巡回诉前、庭前调解。四是对特困弱势群体当事人免收诉讼费。五是充分发挥调解对化解社会矛盾的作用。该县做法成为了全区先进典型。

（二）“驻村法官”，法庭设在农村一线的“环江县模式”。主要做法是：整合基层社会资源，激活基层组织活力，探索司法参与，推动农村基层矛盾调处机制创新，延伸和前移维稳防控体系。一是开展“法官驻村”，全面建立法官联系基层村组、社区机制。二是“法官驻村”做到“三个必须”，即必须保持通信畅通、必须时刻惦记村中事务、必须及时解决群众有诉求。三是“法官驻村”做到“四个确保”，即确保了解社情民意、确保及时化解矛盾，确保普法教育到位，确保年底向村两委作一次述职报告。通过上述，该县法院审判工作真正融入农村、融入群众，解决了“最后一公里”问题。

（三）专项巡回审判，把法庭设在群众身边的“专属巡回模式”。巴马县法院针对旅游纠纷日益突出的问题成立旅游景区巡回法庭。天峨县设立龙滩库区移民巡回法庭，及时审理移民群众的诉讼案件。南丹县组建“锡都女子巡回法庭”，积极参与婚姻家庭类案件办理。

二、积极探索实践，深入推进司法为民

（一）送法上门，破解了司法服务“最后一公里”的问题。通过送法上门的方式解决群众打官司远、打官司难的问题，打通了服务群众“最后一公里”，进一步强化司法为民宗旨。做到关注民生，更加注重解决群众身边的矛盾纠纷。便民诉讼，把法庭设在老百姓身边。利民诉讼，切实减轻群众诉讼负担。

（二）构筑平台，联动解决群众身边的矛盾纠纷。通过开展巡回法庭建设，推动了全市矛盾纠纷大调解联动工作机制的健全完善，形成上下联动、部门协同的大调解的工作合力。做到巡回法庭与乡镇综治信访维稳中心协调联动，与基层调解组织协调联动。

（三）促进调解，把矛盾化解在基层一线。始终坚持调解优先原则，开辟“绿色通道”，努力把矛盾化解在基层。做到注重调解方式方法，减少涉法涉诉信访事件的发生。加快案件调解进度，促进案件迅速结案，促进社会稳定和谐。

（四）宣教结合，增强群众对巡回审判的参与和支持。在解决老百姓纠纷的同时，又大力进行法制宣传，针对一些典型案件，深入到田间地头、房前屋后和学校进行巡回开庭，组织群众和学生旁听，起到了“审结一案、教育一片”的法制教育作用，增加群众对巡回审判的了解、参与和支持。

（五）强化指导，提升巡回法庭的调解能力。加强专题辅导，邀请调解经验丰富的法官给基层法官上辅导课，传授调解经验、技巧；组织培训，加强对基层法官进行轮训；实行中院民事审判法官联系基层人民法庭工作制度；实施发回重审和改判案件反馈机制。

三、主动适应新常态，实现基层审判工作新作为

紧紧围绕经济发展新常态对司法工作的新需求，充分发挥审判职能作用，努力营造安全稳定的社会环境、公平正义的法治环境、优质高效的服务环境。一是进一步规范巡回法庭审理案件的具体运行制度，形成深入化解农村矛盾的新常态。二是明确巡回法庭所审理案件的范围，依法治市、依法治县、依法治村，切实维护全市社会稳定。三是进一步明确巡回法庭所审理案件的工作地点，就地办案，化解矛盾，教育群众。四是进一步提升巡回法庭法官的能力，不断提高巡回审判工作效果。五是进一步加强与基层人民调解组织的沟通，形成基层审判调解新合力，为河池经济转型升级，提质突围发展，营造公平正义的法治环境。

河池创新做法，得到社会充分肯定，河池政法工作取得了“1234”的良好成效。“1”，即2014年河池市社会公众安全感位列全区第一，至此2012年以来，全市社会公众安全感连续十六个季度名排在全区前列。“2”，即2014年全市政法队伍满意度位列全区第二，至此2011年以来，全市政法队伍满意度连续四年排在全区前列。“3”，即2012年以来连续三年实现刑事、治安案件总量下降，全市社会治安形势明显好转。“4”，即2014年实现信访总量、集体访、重复访、进京非正常上访“四下降”，全市信访工作形势进一步好转。

广西壮族自治区及各市、县（市、区）综治委、办主任名单

地　区	综治委主任	综治办主任
自治区	温卡华	陈延国
南宁市	朱育兆（11月前） 杨维超（11月起）	谭尚武
武鸣县	黄宏伟	林金光
横　县	黄世勇	吴训赵
宾阳县	张世辉	吴宝初
上林县	陆　高	周光林
马山县	覃知国	周以魁
隆安县	蒙精群（11月起）	李洪永
兴宁区	朱财斌（7月起）	周　华
江南区	马南萍	莫有健

地　区	综治委主任	综治办主任
	黄海韬（2月起）	
青秀区	钱　健 韦敏宏（10月起）	唐　蓓
西乡塘区	谭良良 廖伟福	叶宗杰
邕宁区	邓娟娟	李贵楹
良庆区	赵永坤	张忠信
高新区	陈立枢	胡迎新
经开区	刘忠平	
东盟经开区	胡志崇	万里鹏
柳州市	张永刚	欧顺红
城中区	胡海兰	刘　挺
鱼峰区	丁　旭	曾宪智
柳南区	杨冬平	黄素文

地　区	综治委主任	综治办主任
柳北区	韦　芃	熊朝凯
柳江县	熊贤峰	曾小寒
鹿寨县	黄建秋	覃　友 （3月前） 张国胜 （3月起）
融安县	肖素清	龙先旭
融水县	潘劲涛	叶长春
三江县	潘远益 （10月前） 侯新安 （10月起）	曾彦春
柳城县	韦慰贤	彭滔滔
桂林市	蒋炳穗	刘祖军
资源县	范远明	欧佩璋
雁山区	白　峰	李家祥
平乐县	李光强 （8月前） 王秉阳 （8月起）	李荣亮
叠彩区	张治英	王玉川
兴安县	蒋世语	陈鹏徽
临桂县	雷志刚	梁承球
灵川县	骆文兵	刘晓升
全州县	张永军 （8月前） 李光强 （8月起）	唐玉兰
永福县	毛永安	张谋成
阳朔县	石长进	张发星
灌阳县	陈礼兵	袁一凡 （8月前） 陆天明 （8月起）
龙胜县	欧阳军辉	苏良松
秀峰区	谭　涛	彭永康
荔浦县	蒋战平	李建民
恭城县	陈义军 （10月前） 朱桂斌 （10月起）	赵吉华

地　区	综治委主任	综治办主任
象山区	秦　涛	李成东
七星区	聂　云	孙宏林
梧州市	张学军	雷　兵
万秀区	张　艺	刘君山
长洲区	潘达鹏	梁富昌
龙圩区	陆贵忠	冯　坚
苍梧县	何勇翔	冯惠华
岑溪市	梁达斌	陆海玲
藤　县	蒋健生	温琼伟
蒙山县	黄振国	黄国邦
北海市	伍国辉	王金吾
合浦县	张均栋	彭克斌
海城区	陈以良	朱懋斌
银海区	林炳康	陈英荣
铁山港区	陈文初	朱易清
防城港市	许　政	李三课
港口区	刘盛礼	邓钧译
防城区	方庆书	文小霞
东兴市	罗湘洲	李世统
上思县	邓玄文	甘秀雄
钦州市	寇兴广	黄寿贵
灵山县	周志东	陈光权
浦北县	钟一任	郑大军
钦南区	温光焕	黄海新
钦北区	黄祥剑	黄泉源
贵港市	李水恒	
桂平市	卢景新	蒙天全
平南县	梁　军	梁　彪
港北区	曾健清 （10月前） 黄超超 （11月起）	温国勋
港南区	何　剑	杨志舜
覃塘区	韦进伟	黄开砾
玉林市	周　彬	陈家勋 （5月前） 温　文 （5月起）
玉州区	莫荣新	陈伟波
福绵区	史习武	伍世海 （12月前）

地　区	综治委主任	综治办主任
		孙启平 (12 月起)
北流市	李家东	欧　全
容　县	朱向东	梁高运
陆川县	黄少明	龚　成
博白县	罗培球	李庆良 (7 月前) 陈　强 (7 月起)
兴业县	刘武锋	杨伟忠
百色市	周武红	张传福 (2 月前) 陆泽山 (2 月起)
右江区	黎仕兴	何作华
田阳县	李正对	梁飞龙
田东县	韦旭壮 (11 月前)	罗科银 (4 月前) 韦定标 (4 月起)
平果县	刘晓华 (2 月前) 陆最梅 (2 月起)	林庆明
德保县	陆保亿 (至 1 月) 黄旭桢 (1 月起)	陈善达
靖西县	韦富继 (1 月起)	黄其臣 (4 月前) 农永革 (4 月起)
那坡县	黄成刚	黎明金
凌云县	兰　亮	罗启盈
乐业县	农　弘 李艳花	李荣华
田林县	杨红光	许永华
隆林各族自治县	黄旭桢 (至 1 月) 罗忠胜 (1 月起)	潘荣村

地　区	综治委主任	综治办主任
西林县	黄　和	郑　彬
贺州市	唐毓流	庞姚明
八步区	潘永有	林声德
钟山县	卢成军	莫善斌
富川县	何祖后	彭绍东
昭平县	吴海初	黄成亮
平桂管理区	何运安	贺建雄
河池市	潘育伟	韦炳国
金城江区	韦亮前	覃浪先
宜州市	潘　平	何善禄
罗城县	阳大卫	谢代鹏
环江县	朱　琳	覃学敏 (12 月前) 覃环祖 (12 月起)
南丹县	梁瀚文	黄吉楠
天峨县	朱维国	李久群
东兰县	陆　胜	林国剑
巴马县	覃晗胜	王有盛
凤山县	邓贵宁	黄英德
都安县	唐毓求	石涌军
大化县	蓝如帅 (4 月前) 黄启邱 (6 月起)	陆　峰
来宾市	韦文晋	韦正春
兴宾区	黄瑞标	詹　晓
象州县	陈海寿	韦国成 (9 月前) 覃志光 (9 月起)
武宣县	韦远星	覃桂党
忻城县	罗显明	覃学刚 (4 月前) 陆定魁 (4 月起)
金秀县	赵东渐	韦荣泉 (3 月前) 廖后杰 (3 月起)

地　区	综治委主任	综治办主任
合山市	覃武仕	贾海忠 （9月前） 韦幼辉 （9月起）
崇左市	黄　克 孙大光	邓瑞卿
扶绥县	蓝大煌 罗　彪	何剑严
大新县	赵　丽 黄　巧	李有军 （5月前） 农　江 （5月起）

地　区	综治委主任	综治办主任
天等县	吴　强 黄国夫	张世积
宁明县	刘　勇 黄剑克	胡文誉
龙州县	秦　昆	农忠义
凭祥市	邱明宏	陈常斌 （6月前） 罗必友 （7月起）
江州区	黄云革 陈光恩	孙敦俐

（撰稿人：覃汇
审稿人：韦绍仕　周群泓）

海 南 省

2014 年综治工作概况

2014 年，海南省各级党委、政府和综治部门深入学习贯彻中央、省委等系列重要会议精神，紧紧抓住《深化平安海南建设五年规划纲要（2013—2017 年）》目标要求，不断深化平安海南、法治海南、和谐海南建设，创新社会治理，在维护海南社会大局稳定、促进社会公平正义、保障人民安居乐业等方面不断取得新的成效，为海南科学发展、绿色崛起提供了坚强保障。

一、全面贯彻实施《深化平安海南建设五年规划纲要（2013—2017 年）》，不断推进全省综治工作

省委省政府高度重视综治平安海南建设工作。省委书记罗保铭出席省委政法工作会议并作重要讲话，多次对禁毒、进京非正常上访等工作作出专门批示，省委常委会专题听取工作汇报，极大地推动了全省综治工作的开展。

二、加强矛盾纠纷排查调处工作，着力解决进京到省非正常上访突出问题

一是建立完善矛盾纠纷排查调处工作机制。省综治办下发《关于进一步规范矛盾纠纷排查调处工作的指导意见》等一系列文件，建立四级调处化解矛盾纠纷综合机制，全面落实矛盾纠纷排查调处工作协调会议纪要月报制度。各级综治委（办）牵头，村（居、社区）每周一次、乡镇每半月一次，市、县（区）每月一次，对重大矛盾纠纷隐患以及信访情况组织排查上报，每月定期召开矛盾纠纷排查调处工作协调会议，专题研究矛盾纠纷和信访工作，处理疑难纠纷和突发情况。省综治委副主任、综治办主任林捷坚持每月定期主持召开矛盾纠纷排查调处工作协调会议，召集相关职能部门共同分析研究全省重大矛盾纠纷。专题研究解决省农垦系统改制过程中存在的突出矛盾纠纷。

二是加强人民调解、行政调解和司法调解“三位一体”大调解工作体系建设，不断拓宽化解矛盾纠纷的渠道，探索更加有效的多元化解机制，充实大调解工作体系内涵。省综治办、省法制办、省司法厅着手在全省普遍建立法律顾问制度，提高全省运用法治思维和法治方式化解矛盾、解决突出问题的能力和水平，推进法治海南建设。推广企事业单位、行业组织建立人民调解委员会，加强对已建立的海南省医疗纠纷人民调解委员会及调解中心、海南省旅游纠纷调解委员会及调解中心，海口市、三亚市、儋州市交通事故调解委员会及调解中心等行业调解组织的指导管理，及时总结宣传成功经验。我省解决医患纠纷的做法在今年 5 月天津召开的全国医疗纠纷人民调解工作现场会上作了经验交流。

三是充分发挥综合治理体制优势和综治职能作用，着力解决进京到省非正常上访问题。下发 5 个指导性文件，坚持进京非访问题每周情况通报和到省非访问题每月排名，建立健全工作机制，加强与信访、维稳、公安等部门的协调配合，推动各市县、各相关单位形成工作合力。围绕全省重点项目建设，组织情报会商，形成风险评估报告，对西环高铁建设等省级重点项目建设中存在的劳资纠纷、土地纠纷、征地补偿矛盾纠纷等不稳定因素及时开展排查化解，密切关注敏感群体性事件，及时、妥善处置一批群体性事件。加大督察督办力度，与省信访联席会议办建立联合督办机制，及时对临高、万宁、三亚、儋州、省农垦总局、省国资委等市县、部门进京非正常上访突出问题进行督察督办。

三、全力维护社会治安稳定，不断提升群众安全感

一是严厉打击违法犯罪，牢牢把控社会治安

形势。省禁毒委成员单位认真落实习近平总书记、省委罗保铭书记对禁毒工作的批示精神，研究制定《认真贯彻落实中央领导重要批示指示精神，持之以恒做好禁毒工作的意见》，组织全省开展形式多样的禁毒宣传工作。省公安厅强化毒品堵源截流、集散打击、吸毒人员管控收戒和禁毒宣传工作，其他成员单位齐抓共管形成合力，促进禁毒工作取得明显成效。召开全省继续推进打黑除恶专项斗争（临高）现场会，对全省继续推进打黑除恶专项斗争进行再动员和再部署。在全省开展“打击团伙犯罪”、“治爆缉枪”等15个专项整治行动。全省公安机关共立八类主要刑事案件明显下降，社会治安形势持续平稳。

二是以“少发案、不发案”为目标，加大命案防控等工作。省综治办制定《进一步加强命案防控工作的指导意见》，对命案防控进行综合治理。开展命案“零发案”县（市、区）和刑事案件“零发案”社区情况调查和经验总结推广工作，有效预防和减少“民转刑”案件发生。

三是加快推进立体化治安防控体系建设，加强社会面治安防控。公安机关信息化数据整合工作取得重大进展。全面推进海岛型立体化治安防控体系“三大管控系统”建设，推进治安监控摄像头、治安卡口等安全技术防控网建设；智能卡口管控系统建设、重点港口边防治安检查执勤站点建设有序推进；建立了一批覆盖全省机场、港口、渔港码头和海岸线的毒品检查站点。加强反恐和公交安全工作，省综治办下发《关于加强综治系统反恐怖安全防范工作的意见》和《关于加强海南省会城市交通安保工作的指导意见》，以海口、三亚、儋州等市县为重点，有力推动工作落实。在博鳌亚洲论坛年会和世界旅游旅行大会安保防护期间，部署开展加强社会面治安防控、重点人员排查管控、每日安保维稳工作信息收集等各项工作，确保实现了论坛年会安保“四个不发生”的工作目标。组织开展9项交通秩序专项整治，大力查处重点路段的超载、超速、疲劳驾驶等交通违法行为，组织开展清剿火患等专项行动，提请政府挂牌督办重大火灾隐患单位，全省没有发生群死群伤的重大火灾事故；加强反偷渡和非法出（越）国境、境外非政府组织在琼活动管理工作，查处一大批外国人违反《中华人民共和国出境入境管理法》案件。组织开展集中整治传销专项行动，非法卫星地面接收设施专项整治和“扫黄打非”专项整治。开展打击走私农产品、冻品、应节应季商品等多项专项行动。开展森林防火大检查。加强对琼州海峡巡逻，加大碍航物清理，及时排除隐患。省两办等单位认真落实综治责任，协调部署重大活动机关内部安全隐患排查和安全保卫工作。

四、加强综治信息化建设，推行城乡网格化管理

一是圆满完成中央综治办部署的视联网建设任务。省综治办投入建设经费110万元，于2014年4月份完成省、市、县视联网建设，实现市县、省与中央三级视联网视频通信互联互通，在全国率先实现视联网系统全覆盖。

二是进一步加快海南省社会治理综合信息系统建设。按照中央综治办要求，目前已完成一期建设和运行工作，二期建设项目共开发个性化功能系统8个和指挥中心建设，已通过专家评审。

三是全面推进以信息化为支撑的网格化服务管理工作。下发《关于扎实推进以信息化为支撑的网格化服务管理工作的指导意见》，将海口、陵水确定为全省信息化建设首批试点市县，在海口市召开海南网格化服务管理现场会，总结推广海口市网格化服务管理方面的经验和做法。市县试点乡镇经费保障已纳入财政预算。海口市综合信息系统在主城区154个社区覆盖率达到100%。陵水县建立县、乡镇、村和网格员四级服务管理平台。

五、加强八个专项工作，进一步推进平安海南建设源头性工作

召开专项组工作会议，对2014年工作进行部署和责任分工，各专项组结合工作实际制定了年度工作要点。一是全面实施流动人口居住证制度，稳步推进户籍制度改革。4月份组织召开全省流动人口服务管理工作三亚现场会，推广三亚市月川社区、清平乐小区等地的服务管理经验。全面部署流动人口居住证发放工作，颁发一批流动人口居住证。三亚市配套出台了流动人口居住证11项民生政策。不断完善海南省流动人口服务管理信息系统。省公安厅草拟《海南省人民政府贯彻落实〈国务院关于进一步推进户籍制度改革的意见〉的实施意见》,积极稳妥地推进我省户籍制度改革工作。省综治办制定《关于做好在琼新疆少数民族群众服务管理工作的指导意见》和《海南省贯彻落实第二次中央新疆工作座谈会精神计划方案》,协调督导加强在琼新疆少数民族群众服务管理工作。

二是加强特殊人群服务管理工作。完善对社区服刑人员、刑满释放人员的救助管理,启动海南社区矫正信息管理系统,在海南现代农业展示示范园挂牌成立了省、市、区三级社区矫正和安置帮教过渡性安置帮教基地——曙光之家,全省刑释安置率、帮教率成效明显,重新违法犯罪率明显下降。加强戒毒康复工作,毛超峰、林捷同志多次深入实地推动在海口、三亚、儋州等地建成涉案病残吸毒人员专门收治场所。全省公安和司法行政机关共依法收治一大批戒毒人员。加强肇事肇祸重性精神病患者救助管理,省综治办制定《关于进一步做好肇事肇祸等严重精神障碍患者救治救助工作的意见》,各级综治部门会同卫生、公安、民政等部门,对肇事肇祸精神病人进行全面摸排、登记录入。民政、公安等部门积极配合做好救助、监管措施。

三是全面推进预防青少年违法犯罪工作。扎实开展青少年法制宣传、创新维护青少年权益试点、重点青少年帮扶工作,开展办理未成年人刑事案件专门机构专业化建设试点,做好未成年犯的法庭教育、心理辅导、跟踪帮教工作。海口市未成年人法制教育中心的经验得到司法部和团中央的充分肯定,并在全国推广其经验。在三亚市开展青少年权益工作创新试点,探索青少年权益工作走向法治化进程。在全省开展"共青团与人大代表、政协委员面对面"、"我的中国梦"、"青春美丽·禁绝毒品"、"为了明天——海南省法治文艺进校园"等系列宣传教育主题活动,营造有利于青少年成长成才的良好社会环境。加强对特殊困难青少年的帮扶救助。积极开展"接送流浪孩子回家"和"流浪孩子回校园"专项行动。

四是深化平安校园建设。综治、教育、公安等部门组织专门检查组抽查了全省 19 个市县 85 所学校(大学 10 所、中职学校 5 所、中学 33 所、小学 24 所、幼儿园 13 所),对检查出的 169 个涉校问题及时进行了通报,提出整改要求。组织开展"护校安园"专项行动。全省排查校内安全隐患 233 处,整改隐患 183 处,排查、整治、校园周边治安乱点 116 处;排查校园周边高危人员 308 人;妥善处置涉校矛盾纠纷引发的不稳定事端 5 起;进校开展法制教育 823 次;指导开展安全演练 116 次;选派法制辅导员 1293 人;在学校周边设立警务室、治安岗亭、护学岗 1841 个;破获、查处一批涉校刑事案件,抓获一批违法犯罪嫌疑人。

五是深入开展涉路涉线矛盾纠纷排查化解,分类推进路、线平安建设。重点开展了东、西环铁路建设沿线安全隐患、矛盾纠纷排查整治。组织新建西环铁路沿线 8 个市县开展社情调研、加强矛盾调处和宣传教育工作,撰写维稳风险评估报告 206 份,制定工作预案 270 份,有力推进新建西环铁路护路联防工作。全省各级护路护线组织深入开展涉路涉线矛盾纠纷排查化解,认真做好重要时期和重点区段的护路护线联防工作,严厉打击涉路涉线违法犯罪,整治涉路涉线突出问题。特别是在博鳌亚洲论坛 2014 年年会安保防护期间,省综治办先后下发《博鳌亚洲论坛年会海南东环铁路安全保卫及维稳工作方案》等文件。加强明察暗访,实行挂牌督办限期整改。组织一批综治护路联防队员执行论坛年会安保维稳任务,有力确保安全运行、不发生重大事故,受到中央铁路护路办的表扬。

六是开展"两新组织"服务管理和党建调研工作,探索"两新组织"服务管理新举措。下发了《关于加强和推进"两新组织"服务管理工作的实施意见》,省委组织部、省委统战部、省工商联、省民政厅、省总工会、团省委、省妇联积极开展形式多样的创建活动,推动"两新组织"党建和工青妇等群团组织建设,规范非公有制经济组织工会建设。省综治办、省人力资源和社会保障厅联合下发《关于将打击非法用工等违法犯罪活动纳入海南省社会管理综合治理考评工作的通知》,全面推进和谐劳动关系建设。省政府出台《海南企业失信行为联合惩戒暂行办法》,省旅游委和省质监局共同签订《关于加快推进旅游质量和标准化战略合作协议》,省工商局积极构建企业基础信息公示、流通领域商品电子网络监管、12315 消费者申诉举报远程视频调解处理等 3 个平台,推动建立健全"两新组织"诚信监管体系。省民政厅、省财政厅、省地税局、省工商局落实多项优惠政策，扶持社会组织健康发展。省民政厅、省外事侨务办、省民宗委继续开展宗教领域的“两新组织”专项摸排行动。

七是定期分析全省社会治安形势，针对治安突出问题开展专项治理。省综治办把安全生产监督纳入综治目标管理责任制，检查督导落实“党政同责，一岗双责”。省安监、公安等部门加强安全生产管理，组织在全省多个重点地区和重点单位开展安全督察活动 11 次。省综治办组织开展社会治安重点地区和突出治安问题排查整治活动，对在各市县、各成员单位排查出的社会治安突出问题进行督办，限期整改，下发督办整改通知书 32 份。

八是加强社会管理方面的立法工作，促进各级各部门切实依法履职履责。省人大制订了《海南省人大常委会 2014 年立法工作计划》，其中社会治理类法规项目共 12 件，拟批准的社会治理类法规项目 4 件，审议通过了《海南省实施〈中华人民共和国道路交通安全法〉办法》、《海南省法律援助规定(修订案)》等 6 件法规。组织人员对有关法律法规实施情况进行专项检查，有力促进了法律法规的执行落实。

六、加强综治基层基础建设，深入开展基层平安创建活动

一是深化基层综治组织建设。进一步巩固基层综治办、派出所、人民法庭、司法所、驻乡镇检察室建设、乡镇(街道)群防群治队伍建设和社会服务管理中心建设，提升了乡镇(街道)在群防群治、社区矫正、人口管理等方面维护平安、创建平安的能力。加强综治工作中心(站)建设，全面推行“四个覆盖”工作模式。加强基层综合服务管理平台建设，全省市县区综合服务平台覆盖率 100%，乡镇、村(社区)综合服务平台覆盖率逐年提升。落实社会矛盾联调、治安问题联治、邪教活动联防、社会管理联抓、便民实事联办，推行一站式服务、上门服务等多种服务相结合的公共服务体系，有效提高了基层党组织的凝聚力、战斗力和渗透力，满足辖区居民对平安建设的物质文化需求。构筑基层群防群治网络，在农村建立治安中心户长、综治协管员、治安信息员队伍；在城镇发展壮大专职治安联防、治安志愿者队伍；在社区大力发展保安服务业，明确和规范物业管理公司在治安防范中的职责任务；在企事业单位强化自身防范，落实单位内部治安保卫工作责任制。加强群众性自治组织建设，畅通群众表达利益诉求的渠道。

二是继续开展“综治干部下基层、服务管理创平安”活动，深化基层平安创建。评选平安乡镇、街道、国营农场 136 个、平安村居 139 个；活动先进单位 83 个、先进个人 84 名。部署开展第二批“综治干部下基层、服务管理创平安”活动，并将活动延期至 2016 年。省、市县两级综治委成员单位第二批联系点已全部建在了群众反映问题强烈、治安问题突出、矛盾纠纷多发地区，并与联系点所在地的基层党支部建立了结对联系，与困难群众、上访重点人员(户)建立了结对帮扶、定点服务关系。同时，开展了“调研月、驻村周、现场办公日”等活动。继续深入开展形式多样的基层平安创建活动。各类平安创建率达到 80%以上。

七、加强基层综治工作的检查监督和教育培训，不断提升综治平安建设工作的能力和水平

一是完成 2013 年综治目标管理责任书情况的检查验收工作，总结推广一批先进经验，督办整改一批突出问题。二是加强平安建设检查督办。建立市县(区)综治(平安建设)工作月报制度，按月对市县工作情况及成效进行评估，进行全省通报，并将工作绩效纳入年底的综治(平安建设)工作考评。启动群众安全感问卷调查工作，对全省 19 个市县区开展综治平安建设情况进行民意调查，进一步分析治安形势，研究加强改进工作。三是加强综治干部教育培训工作。省综治办举办全省基层综治干部培训班及委托中国法学会培训中心在海口举办社会治理能力暨推进平安建设工作专题培训班。各市县综治部门也结合本地实际，开展形式多样、内容丰富的专题学习培训活动共 25 次。

八、加强综治平安建设宣传和调研工作，推动综治平安建设工作良性开展

一是进一步加强综治宣传工作。组织开展了综治宣传月、“6·26”禁毒宣传日、“12·4”首个国家宪法日宣传教育、弘扬见义勇为精神、爱路护路宣传月等活动，大力宣传两次舍身救人的残疾青年朱江沅、抗风救灾英雄梁统安等先进人物事迹，弘扬见义勇为精神，营造平安建设人人参与的氛围。专题开展全省见义勇为生活困难伤残人员扶助活动，在社会上引起反响，得到中华见义勇为基金会和省委省政府领导的充分肯定。以深化平安中国建设（武汉）会议为契机，精心制作《海南平安建设纪实》影视宣传片，向全国宣传展示平安海南建设工作成果。

二是加强对综治工作薄弱环节和突出问题的调查研究。省综治办人员分批到基层市县、省农垦系统对综治基层基础建设、信息化建设、矛盾纠纷、预防青少年违法犯罪、社区矫正、肇事肇祸精神病人、"两新组织"服务管理、综治考核等工作开展了深入调研，形成《加强社会治理、提高社会管理水平，推进海南科学管理年建设》、《海南省西部市县综治工作调研报告》等 8 篇调研文章，并及时将调研成果运用到具体工作中，形成《关于进一步做好当前主要工作的指导意见》等指导性文件。

海南省综治委关于印发《关于扎实推进以信息化为支撑的网格化服务管理工作的指导意见》的通知

（2014 年 5 月 4 日）

各市、县、自治县、洋浦经济开发区社会管理综合治理委员会：

现将《关于扎实推进以信息化为支撑的网格化服务管理工作的指导意见》印发给你们，请结合本市县（区）的实际，认真组织实施。

关于扎实推进以信息化为支撑的网格化服务管理工作的指导意见

以信息化为支撑的网格化服务管理是认真贯彻党的十八届三中全会精神，加强和改进新形势下基层基础工作的必然要求，是创新社会治理的认识达到新境界、深化平安建设的策略达到新层次、提供公共服务的水平达到新高度的综合体现。省综治办就此对儋州、东方、乐东、澄迈、临高、昌江、白沙等我省西部市县进行了专门调研。现针对调研中发现的问题，提出以下指导意见。

一、要统一思想，深刻认识以信息化为支撑的网格化服务管理的重要意义

党的十八届三中全会提出，"要改进社会治理方式，以网格化管理、社会化服务为方向，健全基层综合服务管理平台"。深化平安中国建设会议强调，"要全面推行网格化服务管理，提高城乡社区服务群众、解决诉求、化解矛盾的能力"。社会治理、平安建设的根基在基层，重点在基层，难点也在基层。以信息化为支撑的网格化服务管理，可以有效形成创新社会治理方式、深化平安建设的基层组织载体和技术载体，是创新社会治理方式、深化平安建设的新路径。以信息化为支撑的网格化服务管理，搭建了党群干群关系的"连心桥"、"同心结"，确保了群众呼声有人听、群众疾苦有人理、群众事情有人办、群众矛盾有人解，真正体现了党密切联系群众的优良传统和独特优势，是践行党的群众路线、响应群众期盼的新要求。以信息化为支撑的网格化服务管理，始终贯穿以人为本、服务为先的理念，推动政府由过去多层次逐级受理转变为乡镇（街道）、村居（社区）、部门联动操作，既优化了流程、减少了环节，又使民意诉求直达、服务效能不断提高，有效地促进了政府行政管理和公共服务方式的变革，是推动政府职能转型、提升服务水平的新举措。以信息化为支撑的网格化服务管理，发挥现代信息技术的基础性、关键性作用，让信息在平台上多"跑路"，让群众在现实中少"跑路"，让信息社会的优势充分体现在为群众"办事"上面，为社会治理和平安建设注入新的生机活力，是实施创新驱动战略、适应科技变革的新课题。

二、要精心组织，加快构建以信息化为支撑的网格化服务管理工作体系

（一）合理划分网格。网格划分就是落实"责任田"。要坚持因地制宜、注重实效、动态调整，不拘泥于户数标准来划分，人为割裂网格管理，人为制造工作障碍。要综合考虑物业小区、单位小区、城乡结合部等多种类型以及户籍人口、流动人口和管辖面积等因素，充分听取村居（社区）、乡镇（街道）、公安、城管、民政等部门意见，确保每一个网格都容量适中、大小平衡、界限明晰、方便管理。要横向到边、纵向到底，所有主次干道、背街小巷、公共场所、居民小区、企（事）业单位都要全部纳入网格，不留空白区域，不交叉重叠。

（二）组建管理队伍。要按照"一格一人（多人）、综合履职"的要求，每个网格配备至少1名专职服务管理员。可以通过两种渠道解决：一是整合力量。将现有的部分社区干部和社区工作者直接明确为网格服务管理员。二是公开选聘。按照就地、有利工作的原则，在村（居）民小组长、治安户长、综治信息（协管）员、平安建设志愿者、公益性岗位人员或有威信、有能力、有知识基础的本地居民中，采取自主报名、统一培训、综合测试等办法，选聘符合条件的人员。

（三）明确职责任务。网格化服务管理实行"定人、定格、定责、定时"，网格服务管理员在辖区和相关部门的领导和指导下，综合履行民情信息采集、居民事务代办、矛盾纠纷排查调处、特殊人群帮教、治安维稳信息收集、政策法规宣传等六大职能。网格服务管理员要做到脑勤、腿勤、手勤、嘴勤、笔勤，成为发现、受理、处置、协调、报告的"第一人"，当好社情民意采集员、公共事务服务员、矛盾纠纷调解员、社区管理监督员、网格安全巡逻员、政策法律宣讲员、文明新风倡导员、突发事件报告员。

（四）健全工作平台。要完善市县、街道（乡镇）、社区（村居）三级管理体系，市县一级设立网格服务管理监管中心，街道（乡镇）一级设立网格服务管理中心，社区（村居）一级设立网格服务管理站，形成分级管理、梯次互动的工作平台。市县监管中心直接接受党委、政府领导，落实机构和人员编制，可与"12345"政府服务热线、政务中心整合运行。

（五）强化信息支撑。要全面推进以网格为基础的社会服务管理信息数字化，建设"数字网格"和"电子地图"，构建统一权威、动态更新、联通共享、功能齐全的社会管理综合信息平台。要密切与各地电信部门配合，准确统计党政外网建设点位，加快施工建设，确保市县（区）及其工作部门和乡镇（街道）、村居（社区）信息有效对接、协同融合。要以满足工作需要为前提，选配移动终端，合理确定机型、价格和资费套餐，尽快配发到每位网格服务管理员手中，为开展网格化服务管理工作提供便利。要围绕人、事、地、物、情、组织"六大"社会要素，组织网格服务管理员集中时间，挨家挨户摸清网格内的物业、人口和事务底子，及时分析、汇总、录入信息系统。公安、司法、人社、民政、计生、城管、食品药品、住建、卫生等现有信息资源，除涉及党和国家秘密等依照规定不宜公开以外，全部导入信息系统。

三、要健全机制，推动以信息化为支撑的网格化服务管理工作规范运行

（一）全程服务管理机制。要畅通民意诉求表达渠道，在每个网格区域醒目位置设置示意图和指示牌，公布网格服务管理员和相关工作人员的姓名、联系方式、工作内容、监督电话，向服务对象承诺"有事请找我、我为您服务"。要推行一日一巡、错时服务制度，网格服务管理员坚持每天巡查网格，保持手机 24 小时畅通，通过延时值班和节假日需约，更好地方便群众。要针对不同区域、不同群体、不同年龄的服务需求，大力推行"一站式集中受理、专业式精准办理、贴心式特殊处理"的服务方式，为群众提供"全方位、全天候、零距离"的便捷高效服务。

（二）联动协调运行机制。要打破条块分割、各自为政和"坐等上门"的传统管理模式，实行"一人多岗、一岗多能"的新型服务模式，做到"出门一把抓，回来再分家"。要推动各职能部门主动对接以信息化为支撑的网格化服务管理系统，关口前移、重心下沉，优化工作流程，跟进服务和管理，形成联动融合、齐抓共管的良好局面。要建立联席调度、分流督办、限时办结、结果反馈"四项制度"，建立事件办理快速通道，确保网格化服务管理各项工作相互衔接、高速运行、良性互动。

（三）信息资源共享机制。要建立常态化信息采集和复查机制，统筹网格服务管理员、村居（社区）干部深入网格采集人口、房屋，特别是新生人口、流入人口等基本信息，对流动人口一周一次见面复核、常住人口一月一次见面复核，把社会服务管理信息系统建成各类信息汇聚的"洼地"。要推进网格信息与部门信息融合，建立信息关联比对机制，做到"一次采集、多次使用，一家采集、多家使用"，消除信息"孤岛"、"壁垒"，实现各类信息互联共通、综合集成。要发挥信息化的综合效能，做到基础信息网上录入、办事服务网上管理、工作过程网上监督、责任目标网上考核。

（四）考核考评追究机制。要加强网格化服务管理工作的效能监管，科学确定每个服务事项的流程、时限和标准，实行"痕迹"管理，全程跟踪记录各级各部门服务流程和服务质效。要坚持"分级考核、分类考核、定量考核"并行，量化、细化、实化考核指标，明确项目、责任、时效。要加强考核结果运用，将网格服务管理员日常工作、部门服务管理事项办理等考核与人员聘用、资金拨付、部门年度考核、干部任用评价挂钩。要建立健全网格队伍管理办法，把岗位职责、工作流程、终端使用、保密纪律等事项向网格服务管理员讲深讲透，既严格约束管理，又激发工作活力，使他们内化于心、践之于行。对于不能胜任网格工作的人员，该解聘的要解聘、该转岗的要转岗。

四、要强化保障，确保以信息化为支撑的网格化服务管理工作顺利推进

（一）加强组织领导。以信息化为支撑的网格化服务管理，各市县党委、政府是责任主体，同级综治委是具体运作和执行部门。各市县各部门要高度重视，自觉把这项工作摆上重要日程，与全局工作同安排、同部署、同检查、同落实，主要领导要亲自研究、亲自协调、亲自督办工作推进中的困难和问题。要建立目标责任制，顺排工序、倒排工期，明确每个阶段的目标要求，确保网格化服务管理各项任务件件有着落、事事有人抓。

（二）强化顶层设计。落实以信息化为支撑的网格化服务管理，必须要经过调研、规划、设计、论证、建设、试运行、评估和后期改进完善等工作环节，缺一不可。在具体实施时：一要防止认识片面化，把推行以信息化为支撑的网格化管理简单地等同于基层综合服务管理平台信息化建设或视频监控网络建设，把大量资金和精力投入到了硬件建设上，而忽视了转变政府职能、行政权限的下放、出台配套保障政策和整合利用现有资源四个关键软件建设环节。二要摒弃坐等其成的思想，市县综治办要根据工作需要和目标，主动协调和会同有关部门开展前期调研，主动向市县党委政府提出建设意见，不断完善规划设计，及时向技术承包单位提出信息化建设的技术指标要求，做到软硬件建设同步，不能因无所作为，被动等待，造成目标上的短视、行为上的短期和效果上的短命。三要在开展信息化系统建设时，综合考虑与各相关职能部门现有系统的兼容性和综治工作长远发展需要的扩容性，善于整合利用现有资源，防止造成资源浪费和重复建设。四要多在长效机制上着力，多谋利长远的事情，多做打基础的工作，有重点、分步骤地持续推进，防止把网格化管理和配套的信息化建设变成了样子工程、门面和摆设。

（三）加强经费保障。要加大投入力度，完善经费保障机制，努力为网格化服务管理工作创造有利条件。要把网格服务管理员工资、电子政务外网建设、移动工作终端配备、终端月务费等费用全部纳入财政预算，按时足额拨付，专款专用，保证以信息化为支撑的网格化服务管理工作有序运行。要落实"权随责走"、"费随事转"基层保障机制,人往基层走、钱往基层用、劲往基层使、事在基层办,切实提高基层社会治理和平安建设的综合能力。

(四)加强宣传培训。要采取向居民和网格内单位发放宣传单和服务联系卡等形式,多渠道、全方位开展宣传,使以信息化为支撑的网格化服务管理家喻户晓,营造良好的工作环境和舆论氛围。要组织群众积极参与到网格化管理工作中,主动提供自身和居住地的社情、民情信息,提出服务管理需求和改进工作意见,切实履行参与社会治理的权利和义务。要结合实际,编制《网格化服务管理工作指南》,做到有关人员人手一份、随身携带。要分层次、分类别、有计划地对网格服务管理员和相关工作人员开展政策法规、业务知识、职业道德等方面的专题培训,提高队伍素质。

(五)加强考核督导。把以信息化为支撑的网格化服务管理工作纳入综治目标管理,专门组织考核验收。凡是没有按照规定要求完成工作任务的,综治工作一律不得评定为优秀,不得表彰为综治和平安建设的先进集体或个人。省和市县综治办要主动会同有关部门加强分类指导和督促检查,主动沟通同级党委、政府督查室组织开展专项督查,加大督办力度,定期通报工作进展情况。

海南省陵水黎族自治县以网格化建设为抓手开创社会管理综合治理工作新格局

陵水县委、县政府把光坡镇和三才镇作为社会管理网格化建设的试点乡镇,把本号镇和提蒙乡作为健全完善矛盾纠纷排查调处平台建设的试点乡镇。县委成立了社会管理创新试点建设工作领导小组,乡镇一级也相应成立了工作机构,加强对试点建设工作的组织领导。

一、健全完善矛盾纠纷排查调处平台建设,把问题解决在萌芽状态

统一建设标准:对社会矛盾纠纷排查调处中心进行规范化管理,由乡镇党委书记任主任,分管副书记任副主任,综治办、派出所、司法所、法庭以及辖区内国土、计生、民政、妇联等职能部门的负责人为成员,每个排查调处中心的人数在10人左右。

统一职能范围:调处中心主要担负五项工作职责:一是稳定排查。中心成员每月参加乡镇矛盾排查例会,对本辖区内不稳定因素进行综合分析和排查,并建立台账,落实报告制度。二是纠纷调处。按照职能主管和属地管辖的原则,调处本辖区内的民间矛盾纠纷。三是事件处置。建立联合接待室实行一站式服务,做好来访当事人接待工作,彻底杜绝没人管、互相推诿现象。四是普法教育。协同司法机关,组织开展法制宣传教育,推动本辖区的普法依法治理工作。五是管理指导。管理、指导村级调解委员会处理民事纠纷。

统一经费保障:调处中心所需办公经费,由乡镇财政负责。对受理的民间矛盾纠纷,实行免费调处。为激励调动基层调解员的工作积极性,县政府每年拨出15万元作为矛盾纠纷排查调处奖励金。

统一调处规程:一是规范受理范围。调处中心受理的矛盾纠纷主要为本辖区内的民商纠纷。二是规范调处人员。由派出所干警、司法助理员、综治办成员参与矛盾纠纷的调处,涉及到国土、计生等方面,明确分管领导和职能部门人员参加;重大疑难纠纷,由调处中心主任担任首席调解员。三是规范调处程序。参照诉讼模式,分为申请受理、调处准备、纠纷调解、处理决定等四个步骤,确保调处程序合法、公正、公平。四是规范调处文书。统一印制矛盾纠纷受理表、矛盾纠纷协议书等文书,每调处一起矛盾纠纷后,建立档案并由专人负责保管,做到文书规范整齐完善。

统一工作纪律:制订乡镇矛盾纠纷排查调处中心工作规定,明确工作人员履行职责时应遵守的工作纪律和要求,实行责任追究制,调处任务层层分解,落实责任到人,明确解决时限。对在办案过程中违纪违法的人和事,严格追究相关责任人的责任。

统一归口管理:乡镇矛盾纠纷排查调处中心由当地乡镇党委、政府具体负责实施;县综治委办公室负责宏观管理、协调、加强督促检查,及时解决重大疑难问题和复杂事项,彻底消除调处组织建设的空白点;县司法局着重抓业务培训,增强调处能力;县法院、县公安局、县国土局、县计生委、县民政局、县妇联等职能部门具体指导,合力共管;各村驻点单位协助处理村内事务。建立调处中心联席会议制度。

二、全力推行网格化管理模式,服务于民

在试点乡镇全力推行"乡镇—网格片区(村委会)—网格"三级网格管理模式,把2—3个村民小组(经济社)、1—2个公司等划为一个网格,网格长由责任心较强的乡镇驻点干部、村"两委"干部或企业领导担任。每个村(居)委会作为一个网格片区,片区负责人由乡镇驻点领导担任。把管理、服务、自治纳入网格中,使每一个网格真正成为社会管理与服务的基本单元和组织节点。主要做法:

(一)四网建设。

1. 基层党组织网。将组织关系在同一网格内的党员编入一个党小组,并通过双向选择的办法,确定每名党员联系10—20户普通群众,由政治性强、素质较好的联户党员来担任党小组长。逐步形成"一网格"+"一党小组"+"一服务团队"的基层党建和社会管理体系。网格党小组及其成员以普遍联系为主,每名党员每月进行3次普遍走访,具体了解联系群众的思想和生产生活情况,网格党小组每月召开1次工作例会,分析梳理群众意见建议,研究对策措施并抓好落实。

2. 民生服务网。从解决群众切身的民生问题入手,加快建立惠及辖区居民的管理和民生服务体系。

成立以乡镇机关干部、县机关联系点单位干部、村(居)干部、网格党小组组长、辖区民警为骨干,吸收回村居住的离退休老干部老教师、对乡村工作热爱的村老干部、本村学校教师、渔农科技人员、乡土实用人才、村级联防队员等参与的民生服务团队,由6—8人组成。充分利用各种党内外资源,形成合力,提高联系和服务的能力,解决群众的需求,形成"网格管理服务团队+网格党小组"的组织架构。

民生服务团队主要发挥社情民意调研员、矛盾纠纷化解员、政策法规宣传员、民主制度监督员、惠民便民服务员等"五个员"的作用,一般每年集中安排4次普遍走访,深入了解网格内各户的详细情况,有针对性地开展管理服务工作;平时根据具体情况,做到群众有困难有问题能够得到快速反应、及时加以解决,往日以条条管理的计划生育、民政救济、综治维稳、医保农保等多项工作都可在网格内一并解决,改变以往"条条为主,各自为政"为"条块结合,以块为主"的新的管理服务模式。

3. 群防群治网。建立社会治安防控网络,动员整合辖区内各网格治安力量,建立群防群治协会。由乡镇牵头,公安部门负责组织协调,聘请网格片区内企业经营者、个体投资者担任协会委员,召开委员大会选出会长。将企业安保队伍、物业保安、村(居)联防队、治安信息员等吸纳到协会,实现社会治安力量的优化组合,统一指挥、协调以及统筹开展人防、技防、物防等治安防范工作。群防群治协会重点维护委员单位所在地的治安秩序。公安机关协助协会单位治安队伍进行指导培训、督促检查和信息通报;表彰奖励维护社会治安的有功人员。

4. 民意畅达网。注重网格内社情民意的传达,搭建民意联系网络,扩大基层党员群众反映情况、表达诉求的渠道,让基层党员群众更加广泛、直接、有效地行使民主权利。建立"两代表一委员"网格化联系群众制度。各网格片区建立民意表达室,将乡镇内县级的"两代表一委员"、镇级"两代表(党代表和人大代表)"按网格分配到各网格片区民意表达室,采取包干到户,每位代表(委员)每年须联系辖区100户常住人口收集诉求,构建社情民意畅达网络。

(二)三落实。

1. 落实分层分类解决问题的工作机制。在平时对于简单的问题,由民生服务团队当场进行答复或解决，并做好政策宣传工作；对于群众提出的诸如建房、生育、就业、保障等需要相关部门来解决的事项，由民生服务团队组长负责向村（居）委会和乡镇有关部门联系落实后进行答复；对于乡镇有关部门无法协调解决的问题，由网格服务组长会同相关部门负责人向乡镇分管领导汇报后提出解决办法，并及时回复。对分管领导不能解决的或带有共性的问题，由网格服务组长会同分管领导向乡镇主要领导汇报，经乡镇班子会议研究后提出解决办法。

2. 落实建立网格民情研判制度。各级党组织定期进行网格民情研判制度，重点研究处理网格团队无法独立解决的疑难问题。村（居）党（总）支部一般每月进行一次，乡镇领导班子成员每两个月一次到村（居）集中听取网格民生服务团队的工作情况，重要情况随时研究处理。对基层和群众反映的问题，一般在乡镇范围内解决，乡镇层面无法解决的，逐级反映上报县综治办，县综治办定期组织对基层反映的问题进行专题研究，分析梳理转交相关部门办理。

3. 落实权责分明、导向清晰、标准科学的考核体系。采取检查台账、随机暗访、为群众办事的效率和质量、群众满意度测评等方式，进行考核评优，以考核机制强化网格服务团队成员的工作责任感、使命感，提高群众对管理服务的认可度、满意度。

海南省综治委、办机构情况和负责人名单

一、综治委

主　任：毛超峰　省委常委、政法委书记

副主任：许　俊　省委常委、宣传部长

毕志强　省人大常委会副主任

董治良　省高级法院院长

贾志鸿　省检察院检察长

李富林　省政府省长助理、公安厅厅长

田湘利　省委政法委副书记、秘书长

林　捷　省综治办主任

二、综治办

主　任：林　捷

副主任：庄才德

省综治办下设综治一、二、三、四处。

海南省市、县（市）综治委、办主任名单

地　区	综治委主任	综治办主任	地　区	综治委主任	综治办主任
海口市	倪　强	冯少雄	定安县	符立东	黄培峰
三亚市	黄少文	张作壮	屯昌县		符祥云
五指山市	陈振聪	王　为	澄迈县	吉兆民	蔡　基
琼海市	宁虹雯	许方前	临高县	李江华	符嘉善
儋州市	林　东	吴曼东	白沙县	陈鸿亮	刘　批
文昌市	刘春梅	王振忠	昌江县	符礼伟	官献有
万宁市	丁式江	刘定翔	乐东县	王大辉	林赐贤
东方市	邓　敏	石政奇	陵水县	杨文平	谭泽卡

地 区	综治委主任	综治办主任	地 区	综治委主任	综治办主任
保亭县	王昱正	黄宏强	洋 浦	徐学键	郭 庆
琼中县	孙 喆	赵国锋			

（撰稿人：郑德旋
审稿人：林捷 周群淞）

重　庆　市

2014 年综治工作概况

2014 年，重庆市各级各部门认真贯彻落实中央和市委、市政府深化平安建设和综治工作的部署要求，紧紧围绕平安重庆建设和“四个更加”的目标，以大平安为总抓手，统筹推进大政法、大综治、大信访、大维稳、大安全，确保了全市社会大局持续稳定。

一、加强统筹协调，深入推进平安重庆建设

重庆市委、市政府高度重视平安建设，加强统筹协调，以大平安统筹大政法、大综治、大信访、大维稳、大安全工作。市委、市政府出台了《关于深化平安重庆建设的意见》、《关于加强基层建设夯实基础工作提升基本素质的意见》、《平安重庆建设领导责任制暂行办法》等重要文件。市委常委会每季度研究一次平安建设和社会稳定工作；市综治委组建了依法防范惩治违法犯罪、切实预防化解社会矛盾、强化经济发展保障、提升安全生产水平、筑牢食品药品安全防线、加强地灾防治等 10 个平安重庆建设专项工作组具体推进。

二、坚持改革创新，有序推进社会治理体制和司法体制改革

按照中央和市委统一部署，有序推进社会治理体制和司法体制改革。成立了社会治理和司法体制改革专项小组办公室，统筹协调社会治理和司法体制改革工作。明确了社会治理和司法体制改革 15 项重点改革任务、30 项具体改革举措。出台了《关于依法处理涉法涉诉信访问题的实施意见》、《关于快速办理轻微刑事案件的意见（试行）》、《关于严格规范减刑、假释、暂予监外执行切实防止司法腐败的实施意见》、《关于进一步加强流动人口协管员队伍建设的意见》、《关于全面推行城乡社区网格化服务管理工作的指导意见》等一系列重要文件，社会治理和司法体制改革有序推进。

三、坚持依法治理，有效预防和化解社会矛盾纠纷

深入开展干部下访化积案解难题办实事专项行动和“4 + 1”信访突出问题专项治理行动，各级领导干部接待处理矛盾问题 2. 98 万件，化解率为 96. 8%，群众到市信访、群众集访及进京非访同比明显下降。制定出台了信访事项复查复核办法、依法逐级走访实施意见、初信初访办理办法、《关于依法处置堵交、校闹、医闹等突发事件切实维护社会治安秩序的通知》等文件，依法规范信访行为。全面推行社会稳定风险评估制度，全市共评估 2356 件重大决策事项，其中准予实施 2259 件、暂缓实施 89 件、不予实施 8 件。健全矛盾纠纷多元化解决机制，完善大调解工作机制，全市共调处各类矛盾纠纷 54 万余件，调处成功率 96. 4%。

四、坚持问题导向，强化社会治安防控和突出治安问题整治

进一步健全完善立体化社会治安防控体系，强化公共视频网和社区（村）防控网建设，完成一期 2. 3 万个高清视频镜头建设任务并联网，组建社区专职治安巡逻队伍 3430 支 2. 8 万余人，构建起“特警屯点、交巡警巡线、派出所控面、专业公安守站、武警联勤联动”的治安巡逻防控网络。建立社会治安形势分析研判工作机制，组织开展了以打击多发性侵财犯罪、缉枪治爆、扫黄禁赌、雷霆扫毒、打击涉众型经济犯罪等为重点的“1 + 4”夏秋社会治安专项整治行动、“护校安园”、“缉命案逃犯、破命案积案”专项行动，始终保持对严重刑事犯罪活动的高压态势。对 302 个治安问题突出的地区实施挂牌整治，治安面貌明显改善，22 个地区实现零发案。

五、着力事故防范，加强公共安全体系建设

加强公共安全监管，深入开展“压事故、保安全”百日攻坚行动，防范各类重特大事故。开展食品药品安全大检查大整治，建立行政执法和刑事司法衔接机制，严厉打击食品药品安全违法犯罪，及时查处、销毁了一批假冒食品药品。落实安全隐患常态排查治理机制、地质灾害群防群测工作机制，成功预报和处置地质灾害，紧急转移群众9.3万多人，避免经济损失5620万元。加强应急管理工作，切实做好大型节庆活动人员聚集、场地安全等风险评估，确保了各类重大活动安全。

六、着力破解难题，“三基”建设取得重大突破

把政法综治“三基”工作作为深化平安建设的战略性、先导性工作来抓，按照“做强区县、做实乡镇、覆盖村居、形成网格”的思路，抓重点、破难点，取得重大突破。全市所有村(居)配备了综治专干。恢复新建派出所187个、警务室614个，实现了“一街镇一所”目标。恢复新建基层人民法庭4个，新建派驻基层检察室15个，基本消除无人司法所问题。市综治委出台了《关于全面推行城乡社区网格化服务管理工作的指导意见》，全市城镇社区网格化管理覆盖率达85%，其中主城区及其他区县城区覆盖率达100%，配备专兼职网格员16.3万余人，形成了网格员第一时间发现问题、报告问题、协助处理问题的工作机制。

七、加强典型宣传，凝聚平安重庆建设正能量

组织开展综治集中宣传月活动、为期3个多月的“平安建设进行时”大型系列平安重庆建设主题宣传活动。在2012—2013年度全国政法综治优秀新闻作品评选活动中，首次获得一等奖，并实现一二三等奖全覆盖。2014年2月，重庆市公安消防总队特勤支队被国务院、中央军委荣记一等功。江北区观音桥街道“老马调解工作室”负责人马善祥同志被中宣部授予“时代楷模”称号。陈冰同志获评“全国公安系统一级英雄模范”、“我最喜爱的人民警察”特别奖，渝中区分局王永广、南岸区分局付敏、丰都县局白丽蓉等3名典型人物入选中宣部、中央文明办“我推荐、我评议身边好人活动·中国好人榜”。

八、突出工作重点，扎实推进市综治委各专项工作

(一)实有人口服务管理工作。一是加强流动人口服务管理规范化建设。全市1082个乡镇(街道)均规范设立了流动人口一站式综合服务办事窗口，所有村(社区)均设立了规范化服务站。出台《关于进一步加强流动人口协管员队伍建设的意见》，按标准配备了专兼职协管员。二是开展实有人口实有房屋基础信息采集专项行动。三是积极推进综治信息化建设。推进警用地理信息以房管人信息系统建设，全面完成各区县住房地理信息采集标注工作，初步构建完善了全市警用住房地理信息数据库，成功实现各区县实有人口与实有房屋“人房”关联管理。四是认真开展来渝少数民族服务管理。妥善处理涉及少数民族矛盾纠纷，将来渝少数民族流动摊贩纳入市场市容管理范畴。五是深入推进基本公共服务均等化。全市转移农村劳动力非农就业16.9万人，累计培训农村劳动力19.5万人。完善公租房保障政策措施。投入流动人口子女义务教育经费1.88亿元，新增农村寄宿制学校194所，6103所学校实现营养改善计划全覆盖。

(二)特殊人群服务管理工作。开展监管安全隐患排查整治，打击狱内各种违法违纪行为，实现了无罪犯脱逃、无重特大狱内案件、无重大安全生产事故、无流行性传染性疾病的“四无”目标。社区矫正工作全面推进，顺利完成司法部社区矫正信息管理系统的试点任务。先后出台《重庆市社区矫正实施细则》、《社区服刑人员档案管理办法》等文件。落实重点精神病人管控措施。组织开展了重精患者排查、高风险患者管理指导、应急处置、贫困病人免费服药、家庭护理教育培训。加强吸毒人员管理教育，出台了《关于进一步规范吸毒人员管控工作的意见》，大力开展吸毒人员排查管控工作，全力推进社区戒毒社区康复工作，积极推进戒毒康复人员就业安置工作。加强易感染艾滋病病毒危险行为人群的救治救助工作，全市艾滋病抗病毒治疗定点医疗机构平台基本形成，艾滋病相关抗病毒治疗、高危干预、随访检测率等指标有较大的提高。

(三)“两新组织”服务管理工作。2014年，全市非公经济和社会组织(以下简称非公组织)

党建工作取得新进展。一是注重党建引领，夯实非公组织健康持续发展基础。坚持以服务型党组织建设统揽非公组织党建工作，专门下发《关于开展"三融入三争当""双亮双争"行动的通知》，推动非公组织党组织融入管理争当政策引领者，融入生产经营争当发展推动者，融入党员职工争当和谐促进者，教育引导广大党员亮身份、亮承诺，争当诚信经营模范，争做优质服务先锋。引导非公组织积极参与社会治理和社会公益事业，不断聚集社会治安综合治理正能量。二是研究制定了《关于加强非公有制经济组织党的建设工作的意见》，全市非公经济组织党建工作进入了新的发展阶段。三是发挥成员单位职能优势，形成非公党建工作合力，实现协同作战、鼎力推进。四是狠抓基础工作，不断扩大党的组织覆盖和工作覆盖。建好用好非公组织党建信息管理系统，推进组建工作信息化、动态化、常态化。

（四）社会治安专项工作。一是加强社会治安防控体系建设。强化社会面治安巡逻防控，在全国率先实行公安、武警联勤联动，以人员密集场所和治安复杂区域为重点，屯警街面，组织开展常态巡逻，定点执行维稳任务。组建社区专职治安巡逻队，强化村（社区）治安巡逻防控。加强机关、企事业单位内部安全保卫工作。强化寄递行业安全监管，全面落实收寄验视制度。完善区域协作机制，联合开展突发事件处置和重大安保协作。加快公共安全视频监控系统和应用平台建设。二是建立社会治安形势定期分析研判工作机制。从市级层面到政法各部门、各区县都按照要求相继建立了社会治安形势分析研判机制，落实月例会、季度分析研判制度，及时掌握社会治安动态，掌握治安工作的主动权，提高预防和打击各类违法犯罪的针对性和实效性。三是依法打击各种违法犯罪活动。成立了依法惩治违法犯罪专项工作组，组织开展了一系列打击整治专项行动，破获了一大批案件，打击处理了一大批违法犯罪分子，群众安全感明显增强。

（五）预防青少年违法犯罪工作。2014 年，全市青少年涉罪率、犯罪率持续下降，预防青少年违法犯罪各项工作顺利推进。一是摸清底数。联合相关单位开展重点青少年群体排查摸底工作，分系统建立"一人一表"重点青少年群体信息档案 50 余万人，全面掌握全市重点青少年群体底数、分布和需求。二是突出重点工作。在 29 个区县推开重点青少年群体服务管理和预防犯罪工作，并纳入社会治安重点地区排查整治工作专项督查。通过教育矫治有不良行为青少年、帮助闲散青少年就学就业、帮助流浪乞讨未成年人回校园、为服刑人员未成年子女提供困难帮扶、关爱农村留守儿童等工作，服务 5 类重点青少年群体服务健康成长。三是实施重点项目。实施"为了明天——彩虹帮教"项目，累计依托城乡社区市民学校推荐、资助 246 名 14—18 周岁的未成年人入读不良行为转化率、就业率、高职升学率均达 100% 的重庆市行知职业技术学校，帮助他们学习职业技能、培树良好品行、就业融入社会，实现了从"问题少年"到"优秀少年"的转变。

（六）校园及周边治安综合治理工作。2014 年，平安校园建设全面推进，平安校园建设工程已达标 90%。全市法治教育进校园、进教材、进课堂取得初步成效，11151 所各级各类学校实现法治教育全覆盖。全市构建了三级联保、"五位一体"的工作体系和三级安稳责任体系。校园安全管理不断创新，先后建立了校园新型安保、留守儿童关爱、综治网格化管理、"莎姐"青少年维权岗等体制机制，高校安全服务平台获得国家专利，校园安全明显提升。深入开展校园及周边安全问题隐患集中整治行动，大力整治校园及周边治安秩序、交通秩序、各类商业经营秩序，排查化解校地矛盾纠纷，消除校舍安全、消防安全、校车安全、餐饮卫生等方面的隐患。严厉打击校园及周边各类违法犯罪活动，破获刑事案件 86 起，查处治安案件 56 起，校园周边环境得到有效净化。2014 年，全市教育系统安全工作总体平稳，安全形势平稳可控，未发生影响校园安全稳定的特别重大（案）事件（故），实现了涉校涉生安全事故数及伤亡数"双降"，事故数比去年同期下降 25.4%、伤亡数比去年同期下降 35.9%。

（七）护路护线联防工作。一是加强铁路护路联防工作。层层落实护路联防责任制，扎实推进涉路矛盾纠纷排查化解工作，大力整治沿线治安和突出安全问题，不断强化基层基础建设，有力维护了铁路运输安全和沿线社会稳定，连续 5 年无重特大安全事故和群体性事件。刑事案件、治安案件、危及行车安全事件同比分别下降63.9%、86.2%,71.4%,路外伤亡事故和死亡人数,同比分别下降16.4%、18.8%。二是加强公路、水路安全联防工作。加快道路交通安全设施建设进度,完成安保工程建设任务1200公里,完成危桥改造141座,危隧改造10座,渡改桥18座;进一步加大治超工作力度,创新推行网上远程办理超限运输通行证便民举措。加大车站及周边区域的治安突出问题排查整治力度,规范了车站治安秩序。强力推进道路运输、港口、船运“打非治违”专项整治工作,开展了嘉陵江航道和乌江航道整治。继续实施农村渡口安全条件改造,完成渡口改造130个。三是加强电力、电信、广播电视设施和油气田及输油气管道安全保护工作。2014年共立“三电”刑事案件1552起,同比下降44%,造成财物损失2003.8万元,同比下降27.5%,电力、联通、电信等单位实现了发案、损失“双降”的好局面。组织对油气田作业区、输油气管道、大型油气储存库安全隐患进行全面排查整治,严密内部安全保卫制度,做好输油气管道在建工程安保工作。开展安全大检查大清理大整改和以“六打六治”为重点的打非治违专项行动,及时消除安全隐患。

(八)法律政策服务管理工作。2014年,为进一步健全国家司法救助制度,保障经济困难和其他符合条件的公民享受基本法律服务的权利,维护社会公平正义,修订了《重庆市法律援助条例》,借鉴了外省市立法经验,吸收了全市法律援助工作在实践中积累的成功做法,扩大了法律援助范围、适当调整了法律援助经济困难标准,完善了法律援助概念和程序、法律援助的职责和义务、法律援助案件质量以及法律责任等内容。

中共重庆市委办公厅　市政府办公厅
关于印发《平安重庆建设领导责任制暂行办法》的通知

(2014年9月11日)

各区县(自治县)党委和人民政府,市委各部委,市级国家机关各部门,各人民团体,大型企业和高等院校:

《平安重庆建设领导责任制暂行办法》已经市委、市政府同意,现印发给你们,请认真贯彻执行。

平安重庆建设领导责任制暂行办法

第一章　总　　则

第一条　为严格执行平安建设领导责任制,使各级各部门各单位领导干部切实承担起保一方平安的政治责任,根据《中共中央办公厅、国务院办公厅关于实行党政领导干部问责的暂行规定》(中办发〔2009〕25号)、《重庆市实施〈关于实行党政领导干部问责的暂行规定〉办法》(渝委办发〔2010〕18号)和《中共重庆市委、重庆市人民政府关于深化平安重庆建设的意见》(渝委发

〔2013〕12 号)等有关规定,制定本办法。

第二条　本办法适用于各区县(自治县,以下简称区县)党委和政府、市委和市政府工作部门、市委和市政府派出机构的领导班子成员,以及区县党委和政府的工作部门、乡(镇、街道)党政领导班子成员。

各级党委、政府直属的事业单位以及国有企业领导人员的平安建设领导责任制,参照本办法执行。

第三条　平安建设领导责任问责按照干部管理权限进行。各级党委、政府是问责决定机关,负责对党政领导干部进行问责,纪检监察机关、组织人事部门根据职责权限和责任分工,具体实施问责工作。

第四条　对党政领导干部问责坚持属地管理、分级负责,谁主管谁负责,"一岗双责"和尽职免责的原则。

第二章　平安建设领导责任

第五条　党政领导干部根据在平安建设工作中所承担的责任分为第一责任人、分管责任人和其他领导班子成员"一岗双责"责任人。

第六条　各级党委、政府及其派出机构主要负责人为本地区平安建设工作第一责任人,市和区县党委、政府工作部门主要负责人为本部门、本系统平安建设工作第一责任人。其责任包括:

(一)及时认真贯彻落实各项平安建设的法律、法规、方针、政策和上级党委、政府有关平安建设的重大决策部署、决定要求;

(二)负责组织领导和检查指导本地区、本部门、本系统的平安建设工作,每季度至少主持召开一次平安建设形势分析会议,研究部署平安建设重大事项,及时解决重大和疑难问题,明确部门和专人落实会议决定事项;

(三)及时明确一名领导班子成员分管平安建设工作,负责建立健全和督查落实本级、本部门领导班子成员"一岗双责"责任制,促进领导班子成员在抓好分管业务工作的同时,认真负责抓好分管领域(行业)和单位的平安建设工作;

(四)全面实行平安建设目标管理,建立健全并严格执行责任制、问责制和考评奖惩机制,督促落实重大决策社会稳定风险评估和决策责任追究制度,督促基层切实履行好保一方平安的政治责任;

(五)按照上级党委、政府要求和本地区、本部门、本系统平安建设实际工作必需,抓好组织建设,配备基本力量,落实经费、设施、装备等工作保障,为平安建设创造良好条件;

(六)本地区、本部门、本系统发生涉及平安稳定的重特大事故、事件、案件时,加强应急处置工作的组织领导;

(七)党委、政府赋予的其他平安建设责任。

第七条　各级党委、政府及其派出机构分管政法、信访、维稳、安全监管、应急管理、食品药品监管工作的领导班子成员,及市、区县党委和政府工作部门分管安全稳定的领导班子成员为本地区、本部门、本系统平安建设工作的分管责任人。其责任包括:

(一)按照上级部署、要求和本级安排,认真组织研究本地区、本部门、本系统平安建设工作任务、具体措施和责任制,做到纵向到底、横向到边,加强检查督促,抓好工作落实,完成目标任务;

(二)负责组织领导和检查指导本地区、本部门、本系统的平安建设工作,积极筹备每季度一次平安建设形势分析会议,研究部署平安建设重大事项,及时解决重大和疑难问题,认真督促部门和专人落实会议决定事项;

(三)建立健全立体化社会治安防控体系、安全生产预防控制体系、食品药品监管体系、信息网络监管体系等,强化重点场所、部位、目标的安全防范,开展突出问题隐患专项整治和重点地区排查整治,严防发生重特大事故、事件、案件,维护政治安全、公共安全和信息网络安全;

(四)建立健全维护群众合法权益的工作机制,完善人民调解、行政调解、司法调解联动的工作体系,让群众依法有序表达诉求,依法及时就地解决问题;

(五)建立健全重大决策社会稳定风险评估机制,完善社会稳定预警机制、责任追究机制和监督制约机制,防止因决策不当引发社会矛盾;

(六)建立健全安全、稳定、治安形势定期分析研判机制,适时动态准确掌握本地区、本部门、本系统的安全稳定形势,尤其是主要问题,及时研究防范和化解的措施并组织落实;

（七）建立健全安全稳定舆情研判、工作预警、信息通报和发布制度，积极主动回应社会关切，正确导控社会舆论；

（八）抓好本地区、本部门、本系统平安建设的组织、力量建设，抓好平安建设工作所需经费、设施、装备等工作保障的落实；

（九）本地区、本部门、本系统发生涉及平安稳定的重特大事故、事件、案件时，做好统筹协调，按照有关规定要求，迅速到达现场组织或参与应急处置工作；

（十）组织抓好本级、本部门内部安全防范工作，确保部门（单位）内部不发生失泄密事件、火灾事故和数额较大的盗窃案件；

（十一）主动如实向第一责任人汇报平安建设工作；及时如实向上级平安建设主管部门汇报平安建设工作情况，提请研究解决工作中的重大困难和问题；

（十二）党委、政府赋予的其他平安建设责任。

第八条　各级党委、政府及其派出机构，市、区县党委和政府工作部门领导班子的其他成员为分管工作领域内平安建设的“一岗双责”责任人。其责任包括：

（一）坚持一手抓分管业务工作，一手抓分管领域（行业）平安建设工作，认真贯彻执行各级、各有关综合部门作出的平安建设部署，层层落实分管领域内的平安建设工作任务和责任制，做到同部署、同检查、同考核，严防发生重特大群体性事件、暴力恐怖案（事）件、个人极端案（事）件或者其他重特大事故、事件、案件；

（二）督促分管领域内部门、企事业单位落实内部安全防范工作措施；

（三）积极主动分析研判、研究解决分管领域内矛盾纠纷和安全稳定隐患，把问题解决在当地、化解在萌芽状态；

（四）落实重大决策社会稳定风险评估，做到当评则评，当否则否；

（五）认真执行分管领域内的安全稳定舆情研判、工作预警、信息通报和发布制度，及时回应社会关切，正确导控社会舆论；

（六）加强分管领域内平安建设的组织、力量建设，按照有关要求负责落实经费、设施、装备等工作保障；

（七）分管领域内发生重特大事故、事件、案件时，按照有关规定要求，第一时间到达现场组织应急处置工作；

（八）及时如实向第一责任人汇报、向分管责任人通报分管领域内的平安建设工作，提请研究解决工作中的重大困难和问题；

（九）党委、政府赋予的其他平安建设责任。

第三章　问责的情形、方式及适用

第九条　发生下列情形之一的，启动对党政领导干部问责调查：

（一）造成严重社会影响的国家安全事件；

（二）造成严重后果或社会影响的重特大刑事案件；

（三）严重暴力恐怖案（事）件；

（四）造成严重社会影响的个人极端案（事）件；

（五）重特大群体性事件；

（六）重特大安全生产事故；

（七）重特大食品安全事故；

（八）重特大药品安全事故（件）；

（九）其他造成重大损失或者严重影响的重特大事故、事件、案件。

第十条　因以下原因导致发生第九条所列情形时，对党政领导干部实行问责：

（一）本地区、本部门、本系统源头治理和防范措施不落实，矛盾纠纷不能及时排查化解，风险隐患不能及时排查整治；

（二）未建立健全社会稳定风险评估机制，或未严格执行风险评估制度，或经风险评估后仍继续实施被否政策、项目、事项；

（三）未建立健全平安建设责任制；

（四）未落实平安建设必需的经费、力量、设施、装备等基本保障；

（五）发生涉及平安稳定的重特大事故、事件、案件时，应当到场而没有到现场组织指挥，或组织指挥不力；

（六）对涉及平安稳定的群体性、突发性事件处置失当导致事态恶化；

（七）滥用职权，或者不作为；

（八）其他严重失职行为。

第十一条　党政领导干部具有本办法第十条所列情形，并具有下列情节之一的，应当从重问责：

（一）组织串供、干扰、阻碍问责调查和责任追究的；

（二）弄虚作假、隐瞒事实真相、瞒报漏报重大情况的；

（三）对检举人、控告人打击、报复、陷害的；

（四）党内法规和国家法律法规规定的其他从重情节。

第十二条　党政领导干部具有本办法第十条所列情形，但具有下列情节之一的，可以从轻问责：

（一）主动采取措施，有效避免损失或者挽回影响的；

（二）积极配合问责调查，认真查找原因，制定整改措施，并且主动承担责任的；

（三）党内法规和国家法律法规规定的其他从轻情节。

第十三条　在本地区、本部门、本系统发生涉及平安稳定的重特大事故、事件、案件时，党政领导干部具有下列情形之一的，可以免于问责：

（一）经查实，尽职尽责的；

（二）完全由第三方原因或者不可抗力造成的；

（三）党内法规和国家法律法规规定的其他免责情形。

第十四条　对党政领导干部实行问责的方式分为：责令公开道歉、停职检查、引咎辞职、责令辞职、免职。问责方式一般单独适用。责令公开道歉可以与停职检查、引咎辞职、责令辞职、免职同时适用。停职检查时限一般为3—6个月。

第十五条　受到问责的党政领导干部，取消当年年度考核评优和评选各类先进的资格；引咎辞职、责令辞职和因问责被免职的党政领导干部，一年内不安排职务，两年内不得担任高于原任职务层次的职务。同时受到党纪政纪处分的，按照影响期长的规定执行。被问责的党政领导干部重新任职，按照有关规定办理。

第四章　问责程序

第十六条　出现第九条所列情形之一的，由纪检监察机关按照法定权限和相关规定启动问责调查，负有监督管理职能的主管部门应当将问责线索移送有权限问责的纪检监察机关。

出现第九条所列情形并按相关规定应由中央相关部门调查的，市纪委（监察局）按要求配合问责调查。

第十七条　纪检监察机关应当按权限对问责线索进行调查，并在规定的时间内形成调查报告，按照干部管理权限向党委、政府提出对党政领导干部的问责建议。作出问责决定前，应当听取被问责的党政领导干部的陈述和申辩，并且记录在案；对其合理意见，应当予以采纳。

第十八条　党委、政府对问责建议进行研究，对需要实行问责的，作出问责决定；对不需要实行问责的，及时向被调查人反馈。

第十九条　对党政领导干部实行问责，应当制作《党政领导干部问责决定书》，问责决定的生效时间从党委、政府作出问责决定之日起计算。

第二十条　问责决定作出后，应于7个工作日内将《党政领导干部问责决定书》送达被问责的党政领导干部及其所在单位，同时报送市平安建设主管部门备案。

第二十一条　被问责的党政领导干部对问责决定不服的，可以从接到《党政领导干部问责决定书》之日起15日内，向问责决定机关提出书面申诉。问责决定机关可以指定纪检监察机关对申诉事项进行复核。根据复核结果，纪检监察机关应当向问责决定机关提出书面申诉处理建议。问责决定机关应当在30日内作出申诉处理决定，并以书面形式告知申诉人及其所在单位。被问责的党政领导干部申诉期间，不停止问责决定的执行。

第二十二条　党政领导干部受到问责，同时需要追究党纪政纪责任的，依照有关规定，给予党纪政纪处分；涉嫌犯罪的，移送司法机关依法处理。

第五章　附　　则

第二十三条　对调查中发现的中央在渝单位党政领导干部在平安建设工作中有应当问责的线索，向其主管部门移交处理。

第二十四条　本办法由市纪委（监察局）、市委组织部、市综治办负责解释。

第二十五条　本办法自发布之日起施行。

附件：名词解释（略）

中共重庆市委　市政府关于安全生产“党政同责、一岗双责”的意见

（2014 年 11 月 27 日）

为进一步落实安全生产责任制，加强安全生产监督和管理，切实保障人民群众生命财产安全，根据党中央、国务院关于安全生产工作的决策部署和《中华人民共和国安全生产法》有关规定，结合我市实际，制定本意见。

一、总体要求

深入贯彻落实党的十八大、十八届三中四中全会和习近平总书记关于安全生产工作系列重要讲话精神，切实把人民群众生命安全放在第一位，坚持安全第一、预防为主、综合治理，坚持“党政同责、一岗双责、齐抓共管”，坚持管行业必须管安全、管业务必须管安全、管生产经营必须管安全，建立健全安全生产责任体系，按照“严字当头、落实到位”要求，进一步明确各级党委、政府及其部门安全生产职责，促进各级领导干部牢固树立安全生产红线意识，敢于担当，积极作为，不断深化平安重庆建设，为实施五大功能区域发展战略，推动“科学发展、富民兴渝”提供有力保障。

二、基本原则

（一）坚持“党政同责、一岗双责”。各级党委、政府共同承担安全发展职责，党政主要负责人同为安全生产第一责任人，全面承担安全生产领导责任，党政领导班子其他成员在履行分管业务工作职责的同时，履行相关安全生产工作职责。

（二）坚持依法监管、履职尽责。按照职责法定、权责对等要求，严格执行“谁主管谁负责、谁审批谁负责、谁受益谁负责”，落实行业主管部门直接监管责任、安全监管部门综合监管责任、地方政府属地监管责任、生产经营单位安全生产主体责任。

（三）坚持综合治理、齐抓共管。健全完善安全生产预防控制体系，建立生产经营单位负责、职工参与、政府监管、行业自律、社会监督的机制，实施源头治理、系统治理、依法治理，构建齐抓共管的安全生产工作格局。

三、工作职责

（一）各级党委及其领导班子成员安全生产职责。

1. 各级党委安全生产职责。

（1）组织贯彻党和国家方针政策、安全生产法律法规，研究实施安全发展战略，协调解决安全生产重大问题；

（2）将安全生产工作纳入党政领导班子和领导干部考核的重要内容，严格生产安全事故责任追究；

（3）加强安全生产宣传教育、安全文化建设和舆论引导；

（4）加强安全监管机构、队伍和领导班子建设；

（5）发挥司法机关依法打击安全生产违法行为的职能作用，组织带领社会各界参与、支持、监督安全生产工作。

2. 各级党委主要负责人安全生产职责。

（1）定期听取安全生产工作汇报，研究部署重点工作，协调解决有关重大问题；

（2）组织党委领导班子成员履行相应安全生产职责，支持政府推进安全生产工作；

（3）开展安全生产调研，检查指导安全生产工作。

3. 各级党委领导班子其他成员安全生产

职责。

(1)按照职责分工履行相应安全生产职责，检查指导安全生产工作；

(2)按照党委有关安全生产工作部署，督促指导分管部门抓好贯彻落实；

(3)支持政府及其相关部门推进安全生产工作。

(二)各级政府及其领导班子成员安全生产职责。

1. 各级政府安全生产职责。

(1)贯彻执行党和国家方针政策、安全生产法律法规，制定、实施安全生产规划和年度工作计划；

(2)建立健全安全生产工作协调机制，定期研究部署工作，分析安全生产形势，协调解决重大问题；

(3)实施安全生产目标管理，严格安全生产考核奖惩；

(4)加强安全监管机构、队伍、装备建设，加大安全投入，督促政府有关部门依法履行安全监管职责，保障工作落实；

(5)督促生产经营单位依法落实安全生产主体责任；

(6)健全安全生产应急救援体系，组织指挥事故应急救援及善后处置工作，依法组织开展生产安全事故调查处理。

2. 各级政府主要负责人安全生产职责。

(1)担任同级政府安全生产委员会(以下简称安委会)主任，定期主持召开或委托分管负责人主持召开安委会会议，研究部署阶段性工作，协调解决重大问题；

(2)检查督促政府领导班子其他成员落实分管行业领域安全生产职责；

(3)开展安全生产检查调研，指导推动重点工作；

(4)按照应急预案规定，组织指挥生产安全事故抢险救援和善后处置工作。

3. 各级政府领导班子其他成员安全生产职责。

(1)及时研究部署分管行业、领域安全生产工作，督促分管部门抓好安全生产法律、法规、规章和有关决策部署的贯彻落实；

(2)督促分管部门履行安全生产直接监管责任和领导班子成员“一岗双责”，加强分管部门安全监管能力建设；

(3)组织分管行业、领域开展安全生产检查督查，推动生产经营单位安全生产标准化建设、事故隐患排查整治等重点工作；

(4)分管行业、领域发生生产安全事故时，按照专项应急预案及时赶赴现场，组织事故救援和善后处置工作。

4. 各级政府分管安全生产工作负责人安全生产职责。

(1)协助政府主要负责人贯彻落实安全生产法律法规，组织制定、落实安全生产规划和年度工作计划；

(2)负责本级政府安委会日常工作，统筹安排、组织推进安全生产工作，协调解决重大问题；

(3)组织开展安全生产综合性检查督查，督促指导政府相关部门和下级政府落实安全生产决策部署；

(4)指导督促生产安全事故应急救援体系建设，按照应急预案组织事故救援，组织事故调查处理。

(三)各级安监部门安全生产职责。

1. 贯彻落实安全生产法律、法规、规章和上级决策部署，履行安全生产综合监管职责；

2. 承担同级政府安委会办公室日常工作，牵头拟定安全生产规划、年度工作目标任务，协调有关安全生产事项；

3. 组织实施安全生产综合性检查督查，指导协调同级政府部门和下级政府安全生产工作；

4. 组织实施安全生产目标考核，提出奖惩意见；

5. 强化安全生产信用体系建设，定期发布安全生产失信生产经营单位名单，建立信用联合惩戒机制；

6. 依法组织开展生产安全事故调查，提出处理意见，实施相关行政处理事项；

7. 负责非煤矿山、危险化学品、烟花爆竹行业安全生产监督管理。

(四)各级行业主管部门安全生产职责。

1. 贯彻落实安全生产法律、法规、规章和上级决策部署，对本行业、领域安全生产工作实施监

督管理,履行直接监管职责;

2. 按照“一岗双责”要求,落实本部门(机构)领导班子成员及内设机构安全生产专项监管和直接监管责任,行业安全生产监管工作逐级落实到基层;

3. 按照有关法律、法规、规章、安全技术规范和标准规定的安全生产条件和程序,对涉及安全生产的事项进行审查批准(包括批准、核准、许可、注册、认证、颁发证照等)或验收的部门,依法负责相关事项的安全监管;

4. 依据有关法律、法规、规章,查处本行业、领域的非法违法生产经营建设行为;

5. 各级资产管理部门按照相关规定,检查、督促所管理的生产经营单位贯彻执行安全生产方针政策和有关法律法规。

(五)安全生产属地管理职责。

1. 区县(自治县,以下简称区县)人民政府对本行政区域内各类生产经营建设活动及中央、市属重点工程建设项目实施安全生产监督检查和管理,依法查处非法违法生产经营建设行为;

2. 乡镇人民政府以及街道办事处、各类开发区、工业园区管理机构等地方人民政府的派出机关应当按照职责,加强对本行政区域内生产经营单位安全生产状况的监督检查,协助上级人民政府有关部门依法履行安全生产监督管理职责;

3. 居民委员会、村民委员会发现其所在区域内的生产经营单位存在事故隐患或者安全生产违法行为时,应当劝导和制止,并向当地人民政府或者有关部门报告;

4. 区县人民政府应当与本行政区域内中央和市属生产经营单位建立安全生产工作联席会议制度,定期沟通协调,研究解决安全生产问题;

5. 区县人民政府应当参与高速公路交通及工程建设、铁路交通及工程建设、干线水上交通、民用航空等行业、领域的安全监管工作;

6. 属地政府及其有关部门负责人接到本行政区域内生产安全事故报告后,按照应急预案第一时间赶赴现场,组织抢险救援。

四、保障措施

(一)严格履职尽责。各级党委、政府要按照五大功能区域发展战略,统筹制定安全生产发展规划,建立健全安全生产责任制。制定完善工作例会、安全检查、常态督查、谈心对话、约谈警示、追责问责等制度。开展安全生产年度述职和定期评析、报告,下级政府向上级政府、安委会成员单位向安委会、安监部门向党委、政府及纪检、组织部门每季度报告一次工作。加强安全生产责任制落实情况的法律监督、舆论监督和群众监督。

(二)增强监管能力。各级党委、政府要加强安全生产工作的组织领导,健全完善安全生产监管体系,强化安全监管工作保障,增强安全生产监管能力。加强安全监管队伍培训,强化安全生产基层执法能力建设,规范乡镇(街道)安全生产委托执法。稳定基层安全监管队伍。

(三)强化目标管理。各级党委、政府要将安全生产纳入经济社会发展总体规划,狠抓目标任务落实。严格考核,实行安全生产和重大事故风险“一票否决”。对在改善安全生产条件、防止生产安全事故、参加抢险救援和安全生产工作取得显著成绩的单位和个人,给予奖励。

(四)严肃责任追究。对不履职尽责,发生生产安全事故或造成恶劣影响的,严格按照“党政同责、一岗双责”的原则,依据《中华人民共和国安全生产法》《平安重庆建设领导责任制暂行办法》等法律法规和党纪政纪有关规定,追究相关责任单位和人员的责任。对因工作范围内发生生产安全事故,经查实尽职尽责的,或因完全由第三方原因以及不可抗力发生生产安全事故的,不予追究有关人员责任。

重庆市综治委关于全面推行城乡社区网格化服务管理工作的指导意见

（2014 年 2 月 18 日）

为总结推广网格化服务管理实践经验，推动城乡社区网格化服务管理工作，提升城乡社区服务管理科学化水平，现提出以下指导意见。

一、总体要求

（一）指导思想。深入贯彻落实党的十八大、十八届三中全会和中央、市委关于创新社会治理、深化平安建设的决策部署，以增强公众安全感和群众满意度为目标，以政法综治维稳“三基”建设为抓手，全面推行“精细化管理、人性化服务、多元化参与、信息化支撑”的城乡社区网格化服务管理工作，不断提升城乡社区治理科学化水平，筑牢平安重庆建设根基，为“科学发展、富民兴渝”奠定坚实的社会基础。

（二）工作目标。创新城乡社区治理方式，充分利用现代信息技术，全面推行城乡社区网格化服务管理，建立健全“信息全掌握、管理无缝隙、服务无遗漏、责任全覆盖、问题主动解决”的精细化动态化服务管理机制，不断提升城乡社区治理能力，切实增强公众安全感和群众满意度。到 2014 年底前，主城区、区县城实现网格化管理工作全覆盖；积极推进农村地区网格化服务管理工作，力争到 2015 年底前，全市城乡社区网格化服务管理实现全覆盖。

（三）基本原则。一是坚持以人为本、服务为先原则。以群众平安需求为出发点和落脚点，寓管理于服务之中，实现管理与服务的有机统一，切实提高城乡居民安全感和城乡社区文明程度。二是坚持党政主导、统筹规划原则。在党委、政府的领导下，统一规划、分步实施，先城市城镇后农村，有力有序有效地推进城乡社区网格化服务管理工作。三是坚持资源整合、多方参与原则。整合综治、信访、政法、民政等部门和村（社区）党组织、村（居）民自治组织、社会组织、企事业单位和居民群众等资源和力量，构建条块结合、专群结合、社会协同、多方参与、共同治理的格局。四是坚持因地制宜、注重实效原则。针对城乡社区不同类型构成和村（居）民平安需求，因地制宜地划分网格、落实人员、明确职责、健全管理制度、落实工作保障，针对性地开展服务管理工作，增强服务管理效能。

二、工作任务

（一）科学划分网格。按照“地域相邻、构成相似、规模适度、方便管理”的原则，结合村（社区）的地域面积、人口数量、房屋构成、物业小区、辖区社区单位等，结合村（社区）“两委”干部配备和村（居）民小组设置情况，将区域内人、地、物、事、组织等基本要素全部纳入网格管理，因地制宜地划分村（社区）基础网格。城市城镇社区一般以 500—800 户（1500—2000 人）左右的标准，并充考虑辖区物业小区、商务商业区、企事业单位、公共场所以及治安安全状况、居民生活习惯等因素划分基础网格，做到横向到边、纵向到底、不留空白、避免重叠、避免人为分割。行政村一般以村民小组或自然村落划分基础网格。各地综治、民政、公安、司法、消防等对网格划分要加强指导和统筹。

（二）合理配置力量。统筹村（社区）“两委”干部、社区工作者，以及群防群治力量，合理配备网格服务管理力量。每个基础网格一般明确 1 名网格长、配备 1 名网格管理员。网格长一般由村（社区）“两委”干部兼任，负责网格服务管理事项统筹协调，对网格管理员进行管理和监督，是网格服务管理工作第一责任人。网格管理员是指在网格中专门从事信息采集和综合服务管理的专（兼）职人员。网格管理员由本网格居民通过推荐本网格公道正派、热心服务、有一定威信的居民担任。区县(自治县)、乡镇(街道)对网格管理员要实行统一组织管理,统一职责任务,统一劳动报酬,统一考核奖惩。网格长和网格管理员要组织物业管理人员、楼栋长、中心户长等开展群防群治,共同做好网格管理工作。社区要组建好社区治安巡逻队,有效覆盖网格,筑牢社区治安防控网。各地要整合综治、信访、公安、司法、消防、安监、市政等部门管理力量,建立社区警务、安全监管、市政管理等专门管理人员下沉网格或联系网格工作制度,明确工作任务,落实工作责任。

(三)明确工作职责。一是做好基础信息采集和综合工作。对网格内人、地、物、事、组织等基本情况做到底数清、情况明。全面准确登记辖区实有人口,重点掌握出租房屋和暂住人口的动态情况。二是做好排查社会矛盾、社会治安和安全(消防)隐患工作。定期走访群众,倾听群众意见,深入了解社情民意。做好突发事件、矛盾纠纷、群众诉求等动态信息排查、发现、上报和预警工作,协助做好处置工作。三是做好基础防范和管理工作。组织群防群治力量开展治安、安全巡查巡防工作。协助做好刑释解教人员、社区矫正对象、社会闲散青少年、邪教痴迷者等人员的教育、管理和服务工作。四是宣传发动群众参与平安创建活动。积极组织开展平安社区、平安家庭等平安创建工作。

(四)建立工作制度。

1. 建立信息采集制度。对网格内的人、地、事、物、组织等基础信息、治安安全隐患信息、矛盾纠纷信息和重点人头、重点部位、重要情况信息及时采集,及时录入,实时动态更新,并与公安、司法、民政等部门共享信息。

2. 建立信息动态报告、处理和反馈制度。涉及治安、安全、稳定等一般性问题,由网格管理员现场处理、协调处理、登记备案,向服务对象反馈;重大隐患、突发性事件,网格管理员立即上报,全程跟踪,配合处理。建立社情民情舆情分析研判制度,村(社区)党组织、居委会每月至少召集一次网格长、网格管理员参与的社情民情舆情分析会议,排查梳理影响安全稳定的突出问题,落实服务管理措施。

3. 建立走访群众制度。建立网格长、网格管理员每天走访网格群众制度,对突发事件、居民诉求、邻里矛盾纠纷即调即处,对困难家庭、出租房屋、空巢老人、社区矫正对象定期走访,对不稳定因素、安全隐患、外来人员动态、公共设施损坏等及时掌握报告。

4. 建立绩效考评制度。社区每半年对网格长、网格管理员工作绩效组织一次考核。每年组织居民(或居民代表)进行一次满意度测评,并将测评结果纳入年终考核奖惩。

三、工作保障

(一)加强组织领导。各级党委、政府要把城乡社区网格化服务管理工作作为深化平安建设和创新社会治理的基础性工作来抓,按照"党委领导、政府负责、综治民政协调、政法维稳安全部门为主、相关部门协同"的要求,完善综合治理体制机制。

区县(自治县)负责本辖区城乡社区网格化服务管理工作的整体规划、组织协调、制度建设和信息化建设;乡镇(街道)、村(社区)负责本辖区网格化服务管理工作任务的落实,责任到岗到人。各级综治、民政部门要做好牵头组织、协调推动和检查指导工作;有关职能部门要明确职责任务,各司其职、各负其责,规范服务管理事项、服务管理人员进网格工作。社区(村)党组织、村(居)委会负责网格服务管理事项的统筹协调、指挥调度、队伍管理和考核监督等工作。

(二)强化工作保障。各地要建立网格化服务管理经费统筹保障机制,并建立相应的绩效评价体系。探索建立职能部门增派行政管理事务费随事转机制。要整合和合理使用村(社区)现有资源,为网格管理人员提供必要的工作场所和工作条件。要加强网格管理队伍建设,组织、综治、民政和通信管理等部门要分级分层、分门别类地组织村(社区)"两委"干部和网格管理人员开展系统培训,不断提升管理队伍素能和服务管理水平。要把网格化服务管理工作纳入区县社会经济发展考评重要内容,加大考核力度。

(三)强化信息安全。各地各部门要建立信息安全管理和信息保密制度,做好综合信息平台的技术安全防范和信息安全监管工作。要加强对综合信息平台管理和使用人员、网格管理人员等人员的安全保密教育培训工作。建立信息使用管理实行分级授权准入制度,按不同权限分级管理、分层使用，确保各项基础信息及服务管理对象个人信息安全保密。

重庆市渝北区构建“六个一”社会治理新体系

渝北区坚持问题导向、民意引领，创新体制机制，探索构建了以“六个一”为主要内容的社会治理新体系，社会治安状况持续好转，公众安全感稳步提升，进一步夯实了社会和谐稳定基础。2014年，到市集访件次同比下降23.2%，进京非访件次同比下降34.5%；八类刑事案件同比下降17.43%，侵财性案件同比下降7.2%；命案同比下降42.8%，破案率100%。公众安全感指数由2011年的90.01%上升到2014年的90.50%。

一、建立统一的社会治理领导机制

在坚持抓好经济建设中心工作的同时，把社会治理作为党委政府“一把手”的重要职责予以强化。成立了区社会治理工作委员会，由区委书记任主任，区政府区长任副主任，负责全区社会治理工作的统筹协调，高起点、高标准统筹规划全区社会治理体系建设规划，并及时研究解决建设中的重大问题。

二、建立一个互联共享的信息化平台

按照“智慧城市”建设的要求，联合神州数码控股有限公司、重庆有线等专业公司，高起点、高标准规划建设全区统一的信息化平台网络，整合现有数十个党政部门信息系统，实现网络互联、资源共享，有效提升社会治理信息化水平。积极运用“重庆市服务群众工作信息管理系统”，并结合市民使用习惯，将QQ群、微信群等功能与之对接，实现了社区治理问题的及时收集、及时交办、及时反馈。

三、建立一支专群结合网格化治理队伍

针对基层社会问题多、管理人员少的情况，以城市（城镇）社区300户、农村社区1—2个村民小组为单元，将全区划分为2831个基础网格，并对现有的楼栋长、治安巡逻员、平安信息员、流动人口协管员、矛盾纠纷调解员等队伍进行职能整合，按照一定比例，在全区基层网格建立了一支由18877名专兼职网格管理员（其中专职网格管理员1392名）构成的常态化社会治理队伍。同时，积极推广在网格建立党支部（小组）、“家庭轮值网格长”制度，探索“领导当格员，干部当义工，群众做主力”工作法，较好发挥了群众自治的作用。

四、建立一个高效便捷的为民服务号码

针对服务群众的号码众多、不便记忆等问题，整合全区97个非紧急类呼叫的热线“96007”，作为为市民服务的统一电话号码。该号码将配合信息化平台网络中的QQ、微信、手持式终端等其他受理渠道，形成面向社会公众的统一呼叫中心，代表政府统一受理群众诉求。同时，还在每户家中安装一个带红色紧急按钮的“家事通”，直接联通到全区统一的服务电话号码中，方便居民群众在无法拨打电话时及时应对家中突发紧急情况，有效提升小区内家庭的治安防控能力和水平。

五、建立一个智能调度的社会治理联动中心

按照优化服务资源、节约服务开支的原则，整合区总值班室、区应急办、社区网格化中心、区行政服务大厅的相关职能，建设一个3000多平方米的以问题和需求为导向的智能化的社会治理联动中心。对群众反映的社会问题，由区社会治理联动中心通过系统自动分拣或者人工分拣方式统一调度、统一指挥，以此迅速响应群众诉求，提升社会服务水平。

六、建立一套综合配套的社会激励政策

为调动社会组织和城乡居民参与社会治理的积极性，我区出台了一系列配套的社会治理激励政策。目前已在维稳专项工作经费、涉稳信息举报、涉稳信息员经费、司法救助资金、环卫工人参与社会治理、人民调解等领域出台了相应的激励办法，每年投入社区网格化、社区治安巡逻防控、涉稳信息举报、人民调解、司法救助等经费1.2亿元。

重庆市南岸区“三事分流”构建社区村居治理新机制

重庆市南岸区探索实施社区“三事分流”自治机制，将社区事务依据公共属性大小，分流成“大事、小事、私事”，厘清职责边界，改变了政府在处理基层事务中大包大揽的行政化工作方式。在这一机制中，社区注重培育整合社会组织，通过“三级议事会”发动群众参与到社区自治中来，初步实现了政府治理与社会自我调节、居民自治的良性互动。

一、大事、小事、私事“三事分流”，明确责权边界

2013 年，南坪街道东路社区率先试点“三事分流”。将社区事务预先划分为大事 20 条，小事 32 条，私事 29 条，形成“三事分流”部分事项参考表，群众遇到问题可以对照表格由不同责任主体负责解决。社区又研发了“三事分流”APP（手机应用软件），群众可在手机上分类解决社区内部的大小事务。通过“三事分流”，合理界定了政府、社会和居民的职责边界，进一步明确社区职能为协助、引导居民自治，通过“三级议事会”“社区组织议事”和“一事一议”3 种议事自治制度，发动群众参与到社区事务中来，实现了政府治理与社会自我调节、村居民自治的良性互动。

二、社区职能转变，从政府触角到群众自治参谋

实施“三事分流”后，社区的职能更加明确，社区干部就是做好群众自治工作的参谋，引导群众通过“三级议事”制度解决本社区的内部事务。如花园路街道鼓楼湾社区由 50 多栋 80 年代建成的老旧楼房组成，由于四面毗邻公路，社区内没有围墙，治安隐患大，月均偷盗案件发案率超过 10 起。安装 24 小时安防摄像头成为改善治安环境的最佳手段。经估算，安防项目造价高达 28 万多元，均摊到每户需近百元。社区先后组织居民召开院坝会、居民大会 30 多次，引导居民充分讨论，80% 的居民认为在小区内安摄像头服务的是居民个人，属于社区居民自己能协商解决的事情，应“居民自筹占小头，社会筹资占大头”。随后社区居民又选举产生了居民代表，负责和热心群众一起做群众工作，每户收取 20 元钱。一个月后，社区居民出资 5.5 万元，出资率达 91%，剩余 20 多万元钱由街道联系社区内共同受益的单位出资予以解决。社区视频监控系统建成后，偷盗案件大幅下降，群众无不拍手叫好。

三、培育社会组织助力“三事分流”

南岸区在实施“三事分流”过程中，注重在社区培育、整合各类民间社会组织，使社区居民融合在集体当中，调动群众参与社区自治管理的积极性。如东路社区有群众自发组织的坝坝舞协会、棋牌会、园艺种植协会等 12 个，每一个组织的成员都不下 80 人，这些人里有退休党员、道德模范、社区名流……蕴含着很大的社会自治资源。“三事分流”后，团结培育社会组织成为社区干部的主要工作之一，社会组织成为开展各种活动，调解社会矛盾的主力军。为了保证社区三事分流后群众的合理意见都能及时解决，南岸区在社区积极培育成立具有基金会性质的“公益站”，并在区级层面成立了南岸区社区基金会，通过公司捐资的形式募集资金 800 万元，专项扶持各社区群众自治提出的公益性建设项目，调动群众参与社区自治的积极性。

重庆市综治委、办机构情况和负责人名单

一、综治委

主　任：刘学普　市委常委、政法委书记

副主任：周　旬　市人大常委会副主任、秘书长

何　挺　市政府副市长、市公安局局长

刘　强　市政府副市长

姜　平　市政协副主席

袁勤华　市委政法委常务副书记、市综治办主任

委　员：何良奎　武警重庆总队司令员

刘力新　市委副秘书长

屠　锐　市人大常委会副秘书长

徐代银　市政府副秘书长、市维稳办主任

王余果　市政府副秘书长

陈义华　市政协副秘书长

李维超　市纪委副书记、市监察局局长

李如元　市委组织部副部长

张永才　市委宣传部副部长

李丰川　市委政法委副书记

文天平　市委政法委副书记、市综治办副主任

高重秋　市委防范处理邪教办副主任

苟　鹏　市综治办副主任

李先跃　市编办副主任

刘晓年　市网信办专职副主任

刘春焱　市人大常委会法制工委主任

林蜀鲁　市高级法院党组副书记、副院长

梁　田　市检察院副检察长

邢祖元　重庆警备区政治部副主任

欧阳林　市发展改革委副主任

何志明　市财政局副局长

张光亮　市经济信息委党组成员、总经济师

赵为粮　市委教育工委书记、市教委副主任

张兴魁　市城乡建委副主任

乔　墩　市交委副主任

王廷彦　市公安局常务副局长

郭金严　市公安局副局长

王　勇　市国安局局长

张维仑　市民政局副局长

林育均　市司法局局长

刘增云　市人力社保局党组成员、局长助理

黄茂军　市国土房管局副局长

张　梅　市文化委纪委书记

尹祖海　市卫生计生委副主任

张海清　市政府外事侨务办副主任

陈　速　市工商局副局长

刘保生　市质监局党组成员、局长助理

何建平　市安监局党组成员、总工程师

刘　旗　市旅游局局长

王　波　市政府应急办副主任

陈　蓉　市食品药品监管局党组副书记、副局长

王　平　市总工会党组成员、经审会主任

周　波　团市委书记

张淑钰　市妇联副主席

宋　军　人行重庆营管部副主任

邱晓玲　重庆银监局副局长

刘　梅　重庆保监局副局长

王建元　重庆海关党组成员、缉私局局长

邢海英　市通信管理局局长

唐　践　成铁重庆办事处纪工委

书记

市综治委设立实有人口专项组、“两新组织”专项组、特殊人群专项组、社会治安专项组、预防青少年违法犯罪专项组、校园及周边治安综合治理专项组、护路护线联防专项组、法律政策专项组8个专项组。

二、综治办

主　任：袁勤华

副主任：文天平

　　　　苟　鹏

市综治办与市委政法委机关合署办公，内设综治一处、二处、三处、四处。

重庆市各区、县综治委、办主任名单

地　区	综治委主任	综治办主任
万州区	罗能平	张　浩 （12月起）
黔江区	吴　忠	张亚洲
涪陵区	李洪义	陆国创
渝中区	王　勇	张开红
大渡口区	卢建辉 方佳军 （5月前） 卢　伟 （5月起）	姚　伟
江北区	刘汉华	白伟正
沙坪坝区	何　庆	
九龙坡区	石继东	叶学峰
南岸区	赖恒红	王李毅
北碚区	何　勇	陈　文 （3月前）
渝北区	袁光灿	陈永平
巴南区	钱建超 （4月前） 杨钟馗 （4月起）	夏来华
长寿区	张　华	张　兵
江津区	周德勋	邓　波
合川区	梁亚荣	徐安众
永川区	刘义全	高良先
南川区	简支全	李红卫
綦江区	母明江	李永树 （2月前）

地　区	综治委主任	综治办主任
		肖克勤 （2月起）
大足区	艾亚军	吕伦勇
璧山区	李金泉	张中华
铜梁区	陈　勇	张仁文 （2月前） 刘　兵 （2月起）
潼南县	叶世平	敬　进 （至1月）
荣昌县	周　曦 （6月前） 程晓阳 （6月起）	江寿建
梁平县	孙代勇	汪青元
城口县	何国兵	彭成友
丰都县	向文明	朱应德 （11月前）
垫江县	粟登琳	夏　勇
武隆县	张小宁	王嘉强
忠　县	陈加义	胡永轩
开　县	夏郑峰	肖长航
云阳县	张学锋	赵明全
奉节县	李光荣	
巫山县	邓昌君	刘祥应
巫溪县	华祖军	曾宇宁
石柱县	姚庆江	毛达春
秀山县	张玉洪	龙庆明
酉阳县	陈　林	冯光宪

地　区	综治委主任	综治办主任	地　区	综治委主任	综治办主任
彭水县	余健华	王昌高	万盛经开区	肖　猛	张同忠
北部新区	谢克毅 （9月前） 段成刚 （12月起）	杨建明			

（撰稿人：莫席成
审稿人：文天平　周群淞）

四 川 省

2014 年综治工作概况

2014 年，四川省各级综治部门紧紧围绕党委政府工作大局，以推进网格化服务管理为主线提升基层治理能力，以防范化解矛盾纠纷为抓手提升源头治理能力，以加强专项打击和整体防控为着力点提升驾驭治安局势能力，确保了全省治安大局平稳和社会和谐稳定，为推动全省加快发展、促进改革全面深化创造了良好的社会环境。

一、全面推进网格化服务管理，基层治理能力进一步提升

全面推行以信息化为支撑的网格化服务管理，构建了党政主导的四级服务管理体系，以“小网格”推动“大平安”，有效提升了基层社会治理能力。

（一）坚持党政主导。将网格化服务管理融入党委、政府全局工作进行谋划和推进。网格化服务管理建设作为创新社会治理的一项重要改革任务写入省委《关于贯彻落实党的十八届三中全会精神全面深化改革的决定》。省委政法工作会议、全省社会治理现场会、全省深化平安四川建设电视电话会议进行专题部署。省委、省政府“两办”印发《关于创新社会治理方式推进全省网格化服务管理工作的意见》。各地党委、政府高度重视，多次召开党委常委会、政府常务会进行专题研究部署，16 个市（州）和 183 个县（市、区）以党委、政府或“两办”文件下发加强网格化服务管理建设的实施意见，各县（市、区）成立党政主要领导为组长的领导小组，确保了网格化服务管理工作始终在党政统一领导下快速推进。

（二）强力推进实施。省综治办先后召开 8 次全省视频调度会，指导督促网格化服务管理工作开展。组织 3 次全省性集中暗访督查和多批次的实地调研督导，确保各市（州）、县（市、区）工作整体协调推进。组织 3 次对全省 21 个市（州）、部分县（市、区）党委分管领导，市、县两级综治办主任近 400 人的专题培训，推动工作层层落实。各地结合实际全力推进网格化服务管理建设，纳入综治目标考核。目前，省、市、县三级信息化平台系统全部联网运行，网格化服务管理工作基本实现城乡全覆盖。

（三）健全工作体系。各地建立健全县、乡镇（街道）、社区（村）、网格四级服务管理体系，将人、地、事、物、组织等社会治理的基本要素纳入网格进行管理，促进了基层社会治理效能不断提高，基层基础进一步夯实。全省共划分网格 11 万余个，配备专兼职网格员 23.1 万余人，第一时间反映和协调解决群众的各种诉求。

（四）完善运行机制。健全完善发现、处置、上报、交办、办结、回访运行机制，推动职能部门工作重心下移，规范政府延伸到社区的公共服务事项，加强“电子监察”和绩效考核，提高了管理效能和服务质量。广安市制定《网格化服务管理工作规范》，在城区执行“问题协同解决、信息研判处理、畅通民意表达、考核考评追究”机制，在农村（园区、景区）建立民情收集、群众评议、激励奖惩、考评问责机制，确保网格化服务管理工作规范运行。

（五）强化作用发挥。各地充分整合资源，完善信息共享机制，发挥网格员面对面联系服务群众的优势，加强反恐涉稳、社情民意等信息收集，做好矛盾纠纷化解、流动人口和特殊人群服务管理等工作，开展民生事项服务，切实解决了联系服务基层群众“最后一公里”的问题，破解了社会治理中“看得见的管不了、管得了的看不见”的难题，夯实了社会和谐稳定的基础。

二、不断深化“大调解”体系，源头治理能力进一步提升

加强源头调解、推进专业调解、强化依法调

解、完善联动调解,全省社会治理现场会总结推广了眉山市“诉非衔接”经验,推动“大调解”工作提档升级。全省全年共排查调处矛盾纠纷42.3万余件,调解成功率96%。

(一)注重源头化解抓基层。各地把集中排查化解矛盾纠纷作为群教活动的重要抓手,下访寻问题,就近解纠纷。有效运用“随手调”软件,提升基层调解工作效能。全省一线调解组织全年化解婚姻家庭、邻里关系、财产纠纷等“传统型”民间纠纷23万余件,一半以上的矛盾纠纷在源头得到及时化解。

(二)推进专业调解破难题。围绕解决15个方面的突出疑难矛盾,推进健全专业调解组织体系,提升“攻坚破难”活动成效。加强医疗纠纷预防调处,省政府召开会议专题部署,省综治办协调卫计委、司法厅、保监局等部门,联动强力推动。加强环境污染矛盾纠纷调解,环保厅制定出台《四川省环境污染纠纷调解层级管理办法》,率先在全国探索实施,受到环保部肯定。

(三)加强依法调解促规范。坚持“大调解”工作体系在法治轨道上规范运行,推动各级调解组织和调解员自觉运用法治思维和法制方法化解矛盾纠纷。省“大调解”办在全省推广依法调解的“案例工作法”,评选并通报表扬100个优秀案例,纳入省“大调解”工作信息系统“案例指导”数据库。司法厅印发《四川省人民调解规范化建设办法(试行)》,对人民调解组织建设、调解员管理和基础台账、档案、目标考评等进行系统规范。省“大调解”办组织对市、县两级“大调解协调中心”专职副主任198人进行专题培训,全省85%的市(州)、县(市、区)通过办培训班、组织庭审观摩、对口指导等方式,分级分类开展培训教育,提升了调解队伍整体素质。

(四)坚持综合治理强机制。完善“三大调解”之间、部门之间和跨地区、跨行业衔接联动机制,提升综合治理工作实效。省综治办牵头与省委维稳办、省信联办、公安厅建立四部门解决进京非访突出疑难矛盾问题联席会议制度,实行定期联合通报、信息共享制度,切实加强了进京非访突出问题综合治理。

(五)强化跟踪督导促落实。坚持抓部署与督促检查相结合,推动“大调解”体系常态持续运行。制订全省“大调解”工作督查方案,推动各地、各部门逐级逐项督促指导工作落实;采取网上查、实地访、月动态通报等方式,重点督查各级“大调解协调中心”专职副主任配备、专项经费保障和信息系统使用等工作。

三、加强社会治安防控,驾驭治安局势能力进一步提升

坚持问题导向,不断完善政策、细化措施,夯实基层基础,提高社会治安防控水平。2014年四川省公众安全感满意度达94.42%。

(一)社会治安突出问题排查整治取得成效。一是坚持严打整治。定期分析研判治安形势,严厉打击严重刑事犯罪、多发性侵财犯罪、毒品犯罪等影响群众安全感的违法犯罪活动。公安机关组织开展打击“两抢两盗一诈骗”活动,破获了一批有影响的大要案件。二是开展专项整治。省委政法委召开电视电话会议,对全省继续推进打黑除恶专项斗争进行安排部署。省直相关部门联合出台加强公共交通安全的意见,重点整治了存在的突出问题。三是加强重点整治。继续排查整治城乡结合部、城中村等社会治安重点地区、非法出租房屋、“黑旅馆”等治安乱点和治安突出问题。省综治办制定《四川省社会治安重点地区挂牌整治工作实施办法》,有效运用挂牌整治的刚性手段督促各地限期整改治安突出问题。

(二)治安防控体系逐步健全。一是治安防控能力进一步提升。加强街面、社区(村)、单位和行业场所、区域边际、网络社会、线(路)治安防控“六张网”建设,健全立体化治安防控体系。各地加强“天网”建设和改造升级。资阳、巴中市整合社会面监控视频资源,并与公安机关联网,实现了对中心城区、重点部位的全面覆盖和有效监控。成都市深入推进“三无院落”整治,开展“万人小区”综合治理,泸州、内江、德阳市加强老旧院落整治,通过引导居民自治、完善安防设施、强化服务管理等,提升了基层防控能力。二是专群结合的巡逻防控持续加强。各地组建以公安民警为骨干、辅警为补充的专业巡防队伍,最大限度将警力摆在街面,实行全天候、全覆盖的社会面巡逻防护。德阳、泸州、乐山等地推行网格化巡逻,以每个网格为基本阵地开展巡逻,有效提高了见警率、管事率。大力实施“红袖标”工程,建立“红袖标”

队伍与网格员、志愿者队伍联动机制，广泛发动群众开展群防群治。全省140余万人的群防群治队伍在维护社会稳定中发挥了重要作用。三是确保了铁路及"三电"持续安全。以高速铁路和重点线路反恐防暴为重点，以深化平安铁路建设为载体，全面加强铁路护路联防工作。境内铁路沿线案(事)件同比下降20%，确保了全省铁路安全稳定。组织开展"三电"设施安全大检查隐患大整改活动，加强对涉"三电"治安突出问题和违法犯罪专项整治。

(三)平安创建工作深入开展。一是扎实开展基层平安创建。省委政法委、省综治委部署在全省广泛开展平安和谐网格、村(社区)、乡镇(街道)"三级联创"活动，各地结合实际抓好组织实施，推动平安建设各项措施延伸到网格。德阳市全面推进"平安中国"示范区建设初见成效，成都市将"三级联创"活动与星级平安创建、平安示范社区(村)建设相结合，达州市在主城区开展创建"幸福和谐社区"竞赛活动，泸州市开展平安示范街区创建活动，丰富了基层平安创建内涵，夯实了基层基础。二是深化行业平安创建。各地加强平安医院、平安学校、平安市场、平安边界等平安细胞创建，以行业平安推动社会面平安。三是加强平安建设督导检查。各级通过暗访、调研等方式，定期不定期开展督导检查，确保平安建设各项措施落实落地。省综治办组织了3次全省性大规模的综治暗访督查，深入120余个县(市、区)，发现并督促基层限期整改突出问题。成都市组织新闻媒体开展第三方暗访督查。其他各市(州)、县(市、区)也不断完善工作制度，针对本地实际组织开展暗访督导。四是加大平安建设宣传力度。各地采取多种方式对平安建设进行广泛宣传，提高群众知晓率和参与度，形成了平安共建共享的社会氛围。加强见义勇为宣传，弘扬社会正能量。省政府奖励了11名有突出表现的见义勇为个人和2个见义勇为群体，全省有2人被评为第十二届全国见义勇为英雄模范、1人被评为第十一届全国十大见义勇为英雄司机。

(四)综治专项工作稳步推进。一是加强特殊人群服务管理。省综治办、省综治委特殊人群专项组和省直相关部门指导推动遂宁、宜宾、眉山扎实开展特殊人群服务管理改革综合试点，探索制度机制创新。省政府办公厅转发省综治办等11部门《关于加强肇事肇祸等严重精神障碍患者救治救助工作的实施意见》，公安、卫生计生等部门综合运用法律、行政、经济等措施，切实加强对精神障碍患者的救治救助，有效预防和减少了肇事肇祸案(事)件发生。省法院、省检察院、公安厅、司法厅联合制定《社区矫正实施细则(试行)》，确立了全省社区矫正工作模式。二是创新推进流动人口服务管理。省政府出台《四川省流动人口信息登记办法》，公安厅建立全省统一的流动人口信息登记平台，初步实现了对全省流动人口的即时动态管理。加紧推进流动人口服务管理立法工作，推进居住证管理制度，完善配套服务管理政策措施。三是深化预防青少年违法犯罪工作。召开全省重点青少年服务管理工作电视电话会议，团省委组织开展"平安留守·快乐假期"活动，带动全省197家社会组织、720余个志愿团队参与，有效服务留守学生15.2万余人。遂宁市全面实施"寄宿托管、送返入学、强制收教、责任追究"四项机制，净化了重点青少年群体成长环境。四是继续强化校园及周边治安综合治理。公安厅、教育厅、省综治办联合成立四川省"护校安园"行动工作领导小组，下发《2014年全省中小学幼儿园"护校安园"行动工作方案》，进一步加强校园及周边地区安全管理和防范工作。

中共四川省委办公厅　省政府办公厅关于印发《关于创新社会治理方式推进网格化服务管理工作的意见》的通知

（2014 年 12 月 26 日）

为贯彻落实中央和省委、省政府关于深化社会体制改革的决策部署，进一步加强和改进新形势下基层基础工作，结合我省实际，现就创新社会治理方式、推进网格化服务管理工作提出如下意见。

一、指导思想和目标任务

（一）指导思想。高举中国特色社会主义伟大旗帜，坚持以邓小平理论、"三个代表"重要思想、科学发展观为指导，全面落实依法治国基本方略，在党委、政府的统一领导下，坚持源头治理，以网格化管理、社会化服务为方向，以保障和改善民生为宗旨，以提升管理效能和服务质量为核心，充分运用信息化手段，有效整合公共服务资源，健全基层综合服务管理平台，提升基层社会治理科学化、法治化水平，全面推进平安四川、法治四川建设，推动国家治理体系和治理能力现代化。

（二）目标任务。建立健全党政主导的县（市、区）、乡镇（街道）、村（社区）、网格四级服务管理体系，将人、地、物、事、组织等社会治理的基本要素纳入网格，实现城乡网格化服务管理全覆盖；及时反映和协调人民群众各方面各层次利益诉求，解决服务群众"最后一公里"问题；不断完善体制机制，提高服务管理水平，实现基层社会治理效能不断提高，基层基础进一步夯实，群众安全感和满意度切实增强，为全省经济社会健康发展创造安定有序、和谐稳定的社会环境。

二、全面推进网格化服务管理

（一）科学划分调整网格。在行政区划框架下，按照"街巷定界、规模适度、无缝覆盖、动态调整"的要求，结合实际对村（社区）划分网格。城市社区网格原则上以 300 至 500 户为标准，一般不跨社区。农村网格以现有的村组为单位进行划分，乡镇政府所在地参照城市社区进行划分。根据城乡建设变化情况，适时对已划分网格进行合理调整。符合条件的可以在网格建立党支部或党小组。

（二）加强网格员队伍建设。各县（市、区）要结合实际整合力量，组建网格员队伍。网格员主要履行社情民意收集、重大事件报告等职责，协助职能部门开展民生事项服务、矛盾纠纷化解、流动人口和特殊人群服务管理、法治宣传等工作，第一时间反映和协助解决群众诉求。网格员原则上按"一格一员"配备，城市社区、人口密集的乡镇政府所在地应由专人担任，农村可由村组干部、大学生村干部等兼任。城区网格员作为社会工作者，由社区党组织领导，社区服务站负责日常管理。各地要因地制宜制定网格员管理办法，加强网格员的日常管理和业务培训，健全考核评价和激励奖惩机制，提高队伍能力素质和工作水平，同时要加强对网格化服务管理队伍成长进步的关心，确保网格员作用得到充分发挥。

（三）健全服务管理体制机制。各县（市、区）要建立解决群众各种诉求的县（市、区）、乡镇（街道）、村（社区）、网格四级联动机制，健全网格事项的发现、处置、上报、交办、办结、回访运行机制，形成分级管理、梯次互动的工作合力。村（社区）依托服务站建立网格化服务管理站，乡镇（街道）依托便民服务中心建立网格化服务管理分中心，落实人员负责办理辖区内的服务管理事项。各县（市、区）要结合实际，明确承担网格化服务管理工作的机构，经授权组织协调管理网格化服务管理日常工作，对乡镇（街道）上报的网格事项履行分流督办考核职能；县（市、区）相关职能部门接受该机构交办任务和工作。市(州)政府所在地的区(市、县)要与市(州)明确职能衔接和工作保障。民族地区可根据实际在县城及有条件的地区开展网格化服务管理工作。

(四)整合资源形成服务管理合力。各县(市、区)政府要统筹规划,完善职能部门协作配合机制,整合相关部门服务群众的人员、资金、设施等资源,纳入网格化服务管理,健全基层综合服务管理平台,努力实现信息资源互联互通、共建共享,避免重复建设和浪费。在网格化服务管理工作中,要结合基层服务型党组织建设,充分发挥基层党组织的战斗堡垒和党员的先锋模范作用,支持引导社区自治组织、社会组织、企事业单位、志愿者等各种社会力量采取组团方式参与网格化服务管理,鼓励和支持村(居)民自治,开展互助服务等。要结合智慧城市建设,拓宽社会化服务领域,健全社会化服务准入机制,为群众提供一站式、精细化、贴心式的便捷服务,寓管理于服务之中,实现管理与服务有机统一。要结合基层平安建设,以开展平安和谐"三联创"活动为载体,积极发动群众开展群防群治,筑牢人民防线,加强网格治安防控,服务反恐维稳工作。各级政法综治组织要以问题为导向,依托网格化服务管理,加强对平安建设的统筹协调和督查考核,推动平安建设各项措施在基层落实,保障人民安居乐业。

(五)突出信息化支撑。运用大数据、云计算等手段,以信息共享、业务协同为原则,建设跨部门、跨层级的网格化服务管理信息系统,实现基础信息网上录入、办事服务网上管理、工作过程网上监督、责任目标网上考核,提升政府公共服务能力和管理水平。科学设定每个服务管理事项的流程、时限和办理要求,全程实行"痕迹化"管理,实现任务交办与跟踪督办、考核评价同步推进,确保群众诉求及时办理。综合运用网格化服务管理信息,加强分析研判,及时准确掌握基层社会动态,努力把社会风险预警在先、防范在前。加强网格化管理信息安全工作,防止失泄密等事件发生。

三、健全保障机制

(一)加强组织领导。各市(州)党委、政府要加强对本地网格化服务管理工作的组织领导。各县(市、区)党委、政府是网格化服务管理工作的责任主体,要统筹抓总,发挥主导作用,及时研究、协调、解决工作推进中的重大问题。各级政法综治组织要积极协调推动,各相关职能部门要充分发挥职能作用,确保网格化服务管理工作在基层落地。

(二)落实工作保障。县(市、区)政府要把网格化服务管理体系建设纳入经济社会发展规划,把开展网格化服务管理工作所需经费纳入同级政府预算。要因地制宜落实网格员报酬,保持网格员队伍稳定。充分利用现有资源,统筹整合安排网格化服务管理工作场所和设施,保障日常工作需要。

(三)强化宣传引导。进一步加大新闻宣传和报道力度,采取群众喜闻乐见的形式,多渠道、全方位开展宣传,不断提高社会各方对以信息化为支撑的网格化服务管理的知晓率和参与度,努力营造良好的社会环境。充分发挥网格化服务管理贴近群众、服务基层的优势,进一步加大法律法规的宣传力度,引导群众自觉学法、懂法、用法,依法理性表达诉求、维护权益,在全社会形成人人守法、办事依法、遇事找法、解决问题用法、化解矛盾靠法的舆论氛围和法治良序。

(四)加强考核督导。各地要把网格化服务管理工作纳入党委、政府的绩效目标考核,纳入对党政领导班子和领导干部的政绩考核。省和市(州)相关职能部门要加强分类指导,县(市、区)党委、政府督查部门要以群众满意为标准,加大对网格事项办理情况的督查力度,推动网格化服务管理工作取得实效。对因工作不落实、人民群众反映强烈或发生重大案(事)件,影响社会和谐稳定的,将依纪依法严肃追究有关地方和单位的责任。

四川省成都市创新社会治理　提升行政效能推进道路交通事故案件联调联动机制建设

近年来，成都市针对中心城市交通事故纠纷易发、多发且呈上升态势的实际，强力推进交通事故纠纷专业调解体系建设，着力规范联动衔接机制，提升联动联调工作效率。在先行试点并取得成功实践经验基础上，市中级人民法院、市公安局、市司法局、四川保监局联合制定了《关于建立道路交通事故损害赔偿案件联调联动处理工作机制的意见（试行）》，从整体联动机制原则要求、联调组织架构、部门职责界定、联动工作流程、工作保障等方面逐一进行了细化规范。通过"三调联动"机制，更好地破解交通事故损害赔偿纠纷调解难题，达到"低成本、高效率、社会效果好"的目的，建立了道路交通事故损害赔偿案件联调联动处理工作机制。

整合资源，面对体制改革新方向，顺时搭建"零距离"事故处理的"闭合环"。

优化流程，让群众"自主"选择调解方式。在"四位一体"联调联动过程中，对进入一般程序处理的道路交通事故，群众可在调解受理窗口自主选择申请行政调解、人民调解或司法调解，调解成功的出具调解协议，直接找保险公司理赔，调解不成功的，就地起诉，由法院开庭审理并进行判决，大大提高了交通事故处理的透明度和公正性。

贴近群众，优化职能，为群众提供"专业化"的调解服务。公安交管部门成立道路交通事故行政调解室，根据双方当事人的意愿进行行政调解；司法行政部门成立道路交通事故纠纷人民调解委员会，对不愿进行行政调解或行政调解不成功的对象，由人民调解委员会同步跟进调解；人民法院成立道路交通事故法庭，负责司法确认、调解，对调解不成功的则开庭审理裁决；由保险行业协会牵头，在保险公司承保车辆发生交通事故需要理赔时，及时派员到联调联动中心参加调解、诉讼活动和及时理赔。

"四位一体"使得各个处理环节有机衔接，不仅方便了群众，更减少了行政、司法成本，极大提高了交通事故处理效率，平均结案周期由原来的20至30天大幅缩短为7至8天。

协力攻坚，面对社会发展新形势，应时注入"零摩擦"破解难题的"润滑剂"。

调解过程更加"省心"。人民调解员第三方角色的公正性和中立性，避免了当事人和调解员的对立情绪，而交管部门则把主要精力和时间放到现场勘查、前期调查、证据收集以及事故认定上，为人民调解公平公正地解决纠纷提供充分佐证。2013年8月至2014年7月，进入人民调解的交通事故918件，调解成功753件，调解结案率达82.02%。

诉讼过程更加"暖心"。交通事故各方当事人可就达成的协议，共同就地申请进行司法确认，如遇不按协议履行赔付的，可直接就地申请人民法院强制执行，大大节约当事人时间和司法资源。2013年8月至2014年7月，法院受理722件，诉前调解受理482件，调解成功464件，调解率达96.27%；交通法庭开庭审理的仅有149件，同期案件数量下降了34.65%。

理赔过程更加"放心"。保险协会、保险公司全程介入案件调解，不仅避免了当事人在交警部门和保险公司之间来回奔波，又提升保险行业的美誉度和社会形象。

以人为本，面对人民群众新需求，及时开通"零延误"化解矛盾的"直通车"。

拓宽调解方式的"多样性"。三调联动在行政调解的基础上引入司法调解和人民调解，三种调解方式并举，大大拓宽了事故当事人解决矛盾纠纷的渠道。

提高调解服务的"便捷性"。道路交通事故联调联动中心的设立，让事故当事人不出公安交管部门，就能"一站式"办结交通事故责任认定、民事赔偿纠纷调解、诉讼审判、保险理赔等事宜，极大地方便了当事人。

固化调解监督的“参与性”。用制度保障事前公示调解程序，事中接受全面监督，事后及时回访当事人，让事故赔偿纠纷调解始终在阳光下运行。

道路交通事故联调联动中心试点运行以来，使大部分纠纷及时处理、矛盾有效化解，2013 年 8 月至 2014 年 7 月，三个试点单位共受理交通事故损害赔偿纠纷 3396 件，调解成功 2876 件，调解成功率达 84.7%，事故当事人回访满意率达 100%，无一起因交通事故调解工作而引发的信访和投诉案件。

“三调联动”建立起了党委领导、政府主导、部门联动、渠道多样、协同作战的调解机制，大幅节省了当事人在事故调解上花费的时间、精力和财力，在创新社会治理、提升行政工作效能、推进社会治理能力现代化上进行了有益尝试，及时把交通事故造成的社会不稳定因素遏制在萌芽状态，化解了社会矛盾，为推动依法治市，创建平安成都，构建和谐成都谱写下新的篇章。

四川省综治委、办机构情况和负责人名单

一、综治委

主　任	刘玉顺	省委常委、政法委书记
副主任	刘道平	省人大常委会副主任
	侍　俊	省政府副省长、省委政法委副书记、公安厅厅长
	陈明国	省委政法委常务副书记
	王　萍	省委政法委副书记、省综治办主任
委　员	田万国	省人大常委会法工委主任
	何顺洪	省政协副秘书长、办公厅主任
	罗智波	省纪委常委
	熊　焱	省高级法院副院长
	罗春梅	省检察院副检察长
	周国庆	省委组织部副部长、省委党建办主任
	李　酌	省委宣传部副部长
	孔祥贵	省委维稳办副主任
	王建明	省经济和信息化委副主任
	唐小我	省教育厅副厅长
	袁　刚	省公安厅副厅长
	朱建伟	省安全厅副厅长
	罗平恩	省民政厅副厅长
	李仲彬	省司法厅厅长
	帅　克	省财政厅副厅长
	刘光远	省人力资源社会保障厅副厅长
	谭新亚	省住房城乡建设厅副厅长
	周道平	省交通运输厅副厅长
	王志平	省文化厅副厅长
	欧力生	省卫生计生委副主任
	沈　健	省工商局副局长
	宋昌勇	省质监局副局长
	周　青	省新闻出版广电局副局长
	吴金炉	省安全监管局副局长
	陈加林	省旅游局副局长
	贾洪光	成都海关副关长
	彭　闯	省总工会副主席
	刘会英	团省委书记
	施克玲	省妇联副主席
	严思勃	人行成都分行副行长
	赵　霖	四川银监局副局长
	杨立旺	四川保监局副局长
	荆世明	成都铁路局副局长
	王卫红	省军区政治部副主任
	张启营	武警四川省总队副政委

四川省各市(州)、县(市、区)综治委、办主任名单

地　区	综治委主任	综治办主任
成都市	王忠林	苑晓华
锦江区	赵万松	张 力
青羊区	梁健民	张锡忠
金牛区	杨林兴 (11月前) 车成志 (11月起)	谭洪奎
武侯区	王高德	赵思源
成华区	何幸川	代成亮
高新区	宋志斌	樊晓峰
龙泉驿区	王贵清 (10月前) 敬正友 (10月起)	马云辉
青白江区	范 维	贾夏申
新都区	黄安军	石 军
温江区	胡开勇	杨满荣
都江堰市	谭小春	苏 钢
彭州市	韩 轶	任开志
邛崃市	杨成伟	植良军 (7月前) 赵青林 (7月起)
崇州市	高 翔	易小林
金堂县	钟思勇	肖敦毅
双流县	严宗明	张 林
郫 县	高建伦	余 伟 (8月前) 刘 兴 (8月起)
大邑县	陈扬杰	毛红雨
蒲江县	曾省安	马生将
新津县	刘显勇	周 建
自贡市	刘笑禹	陈 巍
自流井区	郭彧楚	陈秀华
贡井区	万继东	吕 兰

地　区	综治委主任	综治办主任
大安区	詹 勇	黄 麟
沿滩区	肖宇通	李 涛
高新区	邓 权	袁敦平
荣 县	冯永志	兰培海
富顺县	邹登权	廖 亮
攀枝花市	张 伟	李昌华
东 区	张华凯	梁 军
西 区	高继兵	李海燕
仁和区	毛志强	张 红
米易县	周国顺	彭富友
盐边县	刘 琳	毛春霖
泸州市	陈 文 (3月前) 李文清 (3月起)	郑 理 (8月前) 吴 伟 (8月起)
江阳区	牟正权 (3月前) 张生勇 (3月起)	王 永
龙马潭区	吴 伟 (9月前) 宋 庆 (9月起)	兰荣辉
纳溪区	雷安平 (3月前) 熊 杰 (3月起)	袁 兵
泸 县	张文杰	黄振清
合江县	王 翔	曾载驰
叙永县	王晓谦	牟太琴
古蔺县	文耀全	杨熙谋
德阳市	陈行祝	蒲 为
旌阳区	唐 平	付 勋
广汉市	唐礼忠	雷 森
什邡市	刘光乐	严朝国
绵竹市	刘 水	张光建

地　区	综治委主任	综治办主任
中江县	兰序武	邓忠富
罗江县	王大进	严崇平
经开区	胡洪立	田培桢
绵阳市	陈兴春	文　勇
涪城区	杜立端	冯清香
游仙区	莱顺利	杜　勇
江油市	龚晓钟	熊寿军
三台县	谭　谱	冯志才
北川县	赵显福	唐　文
安　县	刘胜军	杨　浩
梓潼县	敬友忠	谢伟才
盐亭县	陈朝先	陈兴春
平武县	李学义	杨代文
高新区	魏德谦	龙训树
科创区	李登科	杨仁平
仙海区	朱先凯	赵怀成
科学城	黎晓冬	张　旭
广元市	邓光志	付丕林
苍溪县	李仕军	寇含凯
旺苍县	张皓良	范明刚
剑阁县	李树林	马怀雄
青川县	陈明忠	程芙蓉
利州区	刘文武	胡连江
昭化区	石含玖	舒廷燕
朝天区	李绍兵	安正永
遂宁市	刘德福	刘　然
船山区	郑朝忠	罗　军
安居区	黄元章	谯如富
射洪县	张智勇	李　林
大英县	熊　杰	胡大春
蓬溪县	唐建军	曾　华
内江市	李发强	刘其柱
市中区	黄文勇	崔　杰
东兴区	刘洪亮	程　勇
资中县	曾祥超	叶　飞
隆昌县	杨　超	张　梅
威远县	刘德友	刘德友
经开区	赵永韦	邓　文
乐山市	童光明	舒厚超
市中区	陈有波	方晓东

地　区	综治委主任	综治办主任
五通桥区	杨　军	陈德祥 （12 月前） 胡　卫 （12 月起）
沙湾区	吉春林	陈世新
金口河区	段俊辉	张建明 （11 月前） 王兴华 （11 月起）
峨眉山市	袁仕伦	李文香
犍为县	陈建东	李　卫
井研县	杨建钊 （10 月前） 董兴燕 （10 月起）	潘　涛
夹江县	张建红	张兆新
沐川县	周明德	廖学斌
峨边县	立克幸福 （10 月前） 陈　新 （10 月起）	杨劲松
马边县	孙燕平	陈　华
宜宾市	陈　政	黄　燕 （3 月前） 刘　畅 （3 月起）
翠屏区	张　平	周　劲
南溪区	肖　敏	宋新铭
宜宾县	钟建华	胡红英
江安县	曾明全	钱志均
长宁县	李德彬	竭旭东
高　县	邓志刚	彭万强
筠连县	詹　立	
珙　县	黄家雄	蒋　懿
兴文县	朱远鹏	陈光祥 （12 月前） 曾庆红 （12 月起）
翠屏县	杨卫建 （9 月前） 唐作荣 （9 月起）	徐　强

地　区	综治委主任	综治办主任
临港区	童叔刚	雷克华
南充市	胡　斌	张晋林
嘉陵区	张学军	罗小平
高坪区	吴　斌	胡朝阳
顺庆区	伍果丽	张光祥
仪陇县	王昌文	李仕全
南部县	汪文成	梁　君
营山县	杨忠明	文利军
蓬安县	杜　勇	刘光伟
阆中市	鲜明凡	姜小芹
西充县	时春英	谢君伟
广安市	肖　雷	兰朝红
广安区	万良政	刘光程
前锋区	刘　勇	黄世勇
华蓥市	黄运江	何承猛
岳池县	谢帮勇	付正旺
武胜县	段德福	曹　贇
邻水县	唐存海	毛　玲
经开区	石国平	杨正伟
枣山物流园区	曹　晋	黄海龙
协兴生态园区	蒋登巍	
达州市	吴立岩	柏相臣
通川区	庞佑成	黄清平
达川区	李祝荣	李　涛
万源市	涂小云	钟代平
开江县	卢玲宁	顾兴斌
宣汉县	于　宏	彭美萍
大竹县	孙　忠	胡晓伟
渠　县	朱和志	熊　亮
巴中市	朱　冬	蒋贤邦
巴州区	蒋军辉	王云波
恩阳区	戴远荣	吴登军
南江县	吴开财	王晓春
平昌县	魏湘太	陈定坤
通江县	王再生 （6月前） 杨　勇 （6月起）	杨正跃

地　区	综治委主任	综治办主任
雅安市	张燕飞	赵　敏 （6月前） 毛嘉雄 （6月起）
雨城区	衡　彤 （6月前） 杨晓波 （6月起）	李　敏
名山区	何晓东	万　萍
天全县	李良平	高志伟
芦山县	肖永昌	罗增军
宝兴县	韩　冰	杨志全
荥经县	高佳秀	段平波
汉源县	高　林	张　毅
石棉县	李剑飞	羊建明
眉山市	杨　勇	徐智勇
东坡区	李明舟	邵金良
彭山县	梁　磊	张　麟
仁寿县	冉登祥	黄恪良
洪雅县	尹斗芳	谢宏志
丹棱县	陈　剑	陈光烨
青神县	胡　勇	涂兵奎
资阳市	唐永良	凌明军
雁江区	钟青勇	张　涛
简阳市	樊昌华	吴　宇
安岳县	唐永川	李青春
乐至县	李兴佐	罗文斌
阿坝州	王承先 （10月前） 赵　平 （10月起）	周全寿
马尔康县	窦孝解	张建忠
金川县	卞思发	苏萍兰
小金县	李为仁	张国兵
阿坝县	杨宏寿	李树平
若尔盖县	泽尔登	金　元
红原县	何　飚 （12月前） 廖　敏 （12月起）	黄洪林

地　区	综治委主任	综治办主任
壤塘县	拉旺健 (10 月前) 罗尔伍 (10 月起)	蹇纪元
汶川县	吴开明 (4 月前) 张永贵 (4 月起)	王福武
理　县	王　斌	王　艳
茂　县	左光磊	杨荣平
松潘县	何　强	马　勇
九寨沟县	吴光旭	王成双
黑水县	何晓兵	张凯勋
甘孜州	向　秋	
康定县	盛向东	郭绍友
泸定县	王明勇	曹世军
丹巴县	杨朋错	罗全生
九龙县	吴　斌	付忠诚
雅江县	四龙班鸠 (7 月前) 兄　兄 (7 月起)	江水蓉
理塘县	达瓦邓珠	昂汪桑登
乡城县	常　剑 (5 月前) 郑天强 (5 月起)	洛绒泽仁
稻城县	张继红	蒲登田
得荣县	张胜全	马　壮

地　区	综治委主任	综治办主任
巴塘县	李建华	曾祥云
道孚县	泽仁洛吾	王明鸿
炉霍县	孙　军	郭礼峰
甘孜县	杨文武	高茂强
新龙县	洛　绒	周继君
石渠县	尼玛西日	吴　泉
白玉县	康光友	周时华
德格县	达瓦纳布	拥忠扎西
色达县	李　强	朱　巴
海螺沟景区	高茂平	吕德刚
凉山州	杨文泉	马海车都
西昌市	彭　康	温显林
德昌县	陈家豪	董康敏
会理县	邱金华	李　华
会东县	张兴华	周晓阳
宁南县	杜刚双	陈大洪
普格县	王　平	日史拉海
布拖县	孙子史则	余友凉
昭觉县	尼莫拉哈	阿里沙格
金阳县	石洛马叶	伍洛拉支
雷波县	苦卫东	杨忠华
美姑县	陈映吉	梁永康
甘洛县	吉拖哈史	易　帆
越西县	韩光荣	李定安
喜德县	张　华	尼苦计基
冕宁县	拉一哈古	邓建华
盐源县	马方平	沈友林
木里县	甘正友	何尔呷

（撰稿人：赵举游
审稿人：王萍　周群淞）

贵　州　省

2014年综治工作概况

2014年全省社会治安综合治理工作紧紧围绕全面深化改革总目标和全面推进依法治国总要求,坚持以"四个治理"为基本遵循,以深化平安贵州建设为总载体,统筹推进严打整治、防控体系建设、特殊人群服务管理、矛盾纠纷预防化解、典型经验培育推广、基层基础建设等工作,着力完善社会治理体系和提升治理能力,不断推动平安贵州建设提质、增效、升级。

一、全面深化建设平安贵州治安整治行动

省综治委出台了深化治安整治七大行动的实施意见,连续两年部署开展了以严打犯罪"雷霆行动"为核心的治安整治工作,并结合治安形势发展变化,适时组织开展了综合治理赌博违法犯罪和命案治理专项工作,着力解决影响群众安全感的突出治安问题,侵财型犯罪案件和命案大幅下降,赌博违法犯罪得到有效治理,治安乱点整治效果明显,校园及周边治安环境持续好转,基层平安创建稳步推进。

二、精心组织八大领域公共安全排查整治攻坚战

省综治委于3月初牵头开展了社会治安、重点单位、重点场所、消防安全、基层矛盾、危爆物品、公共交通、商贸等八大领域安全隐患排查整治"百日攻坚"行动,全面加强重点领域公共安全保卫工作,确保了社会面的安全稳定。

三、统筹推进社会治安防控"六张网络"建设

按照《贵州省深入推进社会治安"织网工程"实施方案》的统一要求,全面推进街面巡逻防控网、城乡社区村寨防控网、单位行业场所防控网、区域警务协作防控网、技术视频防控网、网络管理防控网"六张网络"建设,切实提升动态条件下驾驭社会治安局势的能力。

(一)专职巡防队伍建设取得新突破。全省市(州)、县(市、区)全部建立特(巡)警支(大)队,社会面治安巡逻防控和应急处突能力明显增强。全省以义务联防队为主的城镇巡逻防控力量、农村巡逻力量进一步增强,全省共建成690个农村"集市流动警务室"。黔南州、黔西南州采取"村民选举、政府补贴、公安指导、民主评议"的方式,全面推行"一村一警务助理(治保主任)"模式,成为服务农村群众、化解邻里纠纷、维护农村治安的一支重要辅助力量。

(二)视频监控建设和应用水平明显提升。坚持高起点规划、多渠道保障,建成一批前端监控点、报警点。贵阳市、遵义市基本建成覆盖中心城区、重要路段、治安复杂场所的视频监控网络。黔西南州公安机关组建视频侦查专业队伍,专门负责视频巡查和视频侦查工作。都匀市、龙里县、遵义县、瓮安县等地依托公安指挥平台和视频监控资源,在全省率先建成犯罪实施控制机制,并在运行中取得明显效果。

(三)技防设施建设覆盖面持续扩大。采取居民出资和政府补贴相结合的方式,大力推广安装门禁系统、联网报警等各种技防设施,城市社区技防入户率、单元防盗门安装覆盖率进一步提高。农村地区积极推广"十户联防"模式和简易实用防盗报警装置,切实提升社区(村寨)和家庭自防能力。全省建成一批技防社区、技防小区、技防商铺、技防家庭和农村十户联防户,覆盖900余万人。

四、加快实施特殊人群服务管理"六项工程"建设

(一)未成年人救助保护工作成新亮点。省委办公厅、省政府办公厅印发了《关于实施重点青少年群体救助保护雨露工程的意见》和《关于实施未成年人专门教育育新工程的意见》,高位推进“两项工程”建设。全省“雨露工程”共创建“留守儿童之家”800余所,建成留守儿童自强中心74个,影响覆盖青少年7万余名。建成一批“育新工程”专门学校。

(二)精神障碍和艾滋病患者救治工作统筹推进。切实加强对肇事肇祸等严重精神障碍患者和艾滋病患者的摸底排查、救治救助、专业机构和队伍建设、经费保障和服务管理等工作,“安宁工程”排查出一批重性精神病人,随访管理一批严重精神病人障碍患者。“红丝带工程”建成多家收治患艾滋病等特殊传染疾病犯医院,收治了一批特殊病人。

(三)刑释解戒人员安置帮教率大幅提升。全省“回归工程”分别接收和解除一批社区矫正对象。依托“贵州省刑释解教人员信息系统”,全省八类重点对象接回率、列管率持续提升,刑释解戒人员安置率、帮教率进一步提高。

(四)社区戒毒社区康复“阳光工程”稳步发展。全省已建成200余家阳光企业,集中安置和多渠道分散安置一批戒毒康复人员,实现了戒毒康复人员复吸率、重新违法犯罪率、感染艾滋病比例、吸毒人员新增率下降和管控率提升“四降一升”的工作目标。

五、健全完善矛盾纠纷动态排查化解体系

(一)普遍建立人民调解奖励机制。省综治委出台了《关于加强人民调解员工作补贴奖励经费保障的意见》,在全省普遍建立人民调解激励机制,把基层矛盾纠纷化解奖励经费纳入财政预算,从经费奖励标准、适用范围、申报和审批程序等方面对经费的使用和管理进行了规范,按照“一案一档一补”的方式,严格兑现人民调解补贴经费。

(二)矛盾纠纷多领域多渠道动态化解。健全完善矛盾纠纷“三调联动”机制,充分发挥行业性、专业性、区域性调解组织的作用,构建大调解工作格局。各级调解组织排查调处大量矛盾纠纷,法院调撤一批民商事案件,公安机关调解一批治安纠纷。省级矛盾纠纷排查调处工作协调会议排查并推动化解多件涉及千人以上的重大突出矛盾。

(三)民转刑案件专项治理工作成效明显。省综治委出台专门实施意见,将预防民转刑命案的各项工作任务细化分解到各成员单位,明确牵头领导抓工作落实,各级调解组织强化矛盾纠纷排查化解,公安机关深入开展以“破现案、攻积案、抓逃犯、压发案”为主要内容的命案防控攻坚战,命案破案率首次超过全国平均水平,与命案紧密关联的杀人、伤害、绑架、抢劫案件同比均下降。

(四)社会稳定风险评估作用显现。坚持把维护群众利益放在首位,将社会稳定风险预测评估作为实施重大决策和重大项目的前置条件和必经程序,全省对一大批重大项目进行了风险评估,经评估后大部分直接准予实施和优化方案后准予实施,暂缓实施22个,不予实施11个,从源头上有效化解了一系列不稳定因素。

(五)进京非访人次同比下降50%以上。省综治办同省公安厅、省维稳办、省联席办认真落实预防进京非正常上访工作措施,省综治办对各市(州)进京非访情况进行每日通报,并抄送党政主要领导,特别是全国“两会”期间,省委常委、政法委书记、副省长秦如培同志亲自调度进京非访防控工作,有力推动工作落实。

(六)切实加强医疗纠纷专业调解组织建设。认真贯彻落实全国医疗纠纷人民调解工作会议精神,适时召开全省医疗纠纷人民调解工作现场会议,大力推广黔南州医疗纠纷调解经验,出台意见将医疗纠纷调解纳入人民调解补贴范围,推动各地加快建立医疗纠纷专业调解组织,完善运行机制,切实化解医患纠纷。

六、稳步推进社会治理二十项改革任务

按照《贵州省深化社会治理体制改革专题组2014年改革实施方案》的部署,全省二十项改革任务共36条具体改革举措已全部启动,完成25条改革措施,并取得初步成效。

(一)完善平安县(市、区)考核评价体系。出台《贵州省平安建设示范区创建实施办法》,在平安县(市、区)和平安建设先进县(市、区)之间增设平安建设示范区,并规定连续三年获得平安建设示范区称号的直接入选全省平安建设先进县(市、区),进一步丰富创建评价体系,充分调动了各地开展创建工作的积极性。全省共命名平安县(市、区)82个,创建比例达到93.18%。

(二)全面深化平安村寨等基层平安创建工作。省政府将平安村寨建设纳入全省“四在农家·美丽乡村”创建行动计划中统筹谋划，整体推进，省综治委出台《深化“平安村寨”建设实施方案》，切实加强农村矛盾纠纷源头预防和排查化解机制建设、农村公共安全体系建设、农村综治工作站点建设，着力提升平安村寨创建覆盖率和规范化水平。

（三）广泛推行网格化服务管理模式。以网格化管理和社会化服务为方向，推动服务管理资源向基层下层。全省已施行网格化服务管理的社区（村）占社区（村）总数近70%。贵阳市建立市、区、乡镇（社区）三级网格化管理指挥调度机构和综合信息平台，将全市新型社区划分网格，配备网格管理员，初步建立“网格化管理、组团式服务、片组户联系”的网格化服务管理体系，实现城市社区网格化管理全覆盖。

（四）切实加强综治信息系统联网应用。按照中央综治办的统一要求，省综治办先后召开两次推进会，切实加强综治信息系统联网应用工作，通过采取分级培训的方式，完成全省系统管理员的业务培训工作。全省市（州）、县（市、区）和乡镇（街道）全部完成信息系统联网应用，实现中央至乡镇五级互联互通。

（五）全面启动社会治安综合治理改革。省委全面深化改革领导小组印发了《贵州省深化社会治安综合治理改革总体方案》，全面启动“6567”改革计划：创新立体化治安防控、公共安全综合防控、矛盾纠纷动态预防化解、特殊人群服务管理、“平安贵州云”大数据应用、基层基础建设“六大工作体系”；构建社会治安防控运行、公共安全动态监测、矛盾纠纷多元调处平台、网格化服务管理、政法综治信息化“五大工作平台”；完善街面巡逻防控、社区村寨防控、单位行业防控、区域警务协作、技术视频监控、虚拟社会防控“六张防控网络”；健全严打整治、命案综合防控、依法决策、社会治安分析研判、群防群治、平安创建、综治责任查究“七大运行机制”。坚持以改革促发展，切实提升社会治安综合治理能力和治理水平。

七、大力推广创新社会治理典型经验

（一）注重首创经验的培育总结。及时发现和总结各地在工作实践中产生的先进做法，对一些效果明显、相对成熟的经验做法进行指导和培育。及时推出贵阳市两严一降“书记工程”、黔东南州剑河县“三化治理·温馨调解”助推平安建设、瓮安社会治理“5531”模式等典型经验。其中，“书记工程”在深化平安中国会议上作经验交流，“5531”得到党的群众路线教育实践活动中央第四督导组的高度评价。

（二）强化六大经验的推广运用。认真落实深化平安中国建设武汉会议精神，积极推广我省在创新社会治理实践中形成的好经验好做法，从强化组织实施和政策保障两个方面着手，切实加强典型经验的推广和运用。先后召开深化平安贵州建设大会、都匀现场会、瓮安现场会、贵阳现场会，观摩推广社会稳定风险评估“铜仁经验”、矛盾纠纷化解“余庆经验”、社区管理“贵阳经验”、瓮安社会治理“5531”、社区戒毒社区康复“阳光工程”、贵阳市两严一降“书记工程”等“六大经验”，目前，“余庆经验”、“铜仁经验”、“阳光工程”的推广运用已基本实现全覆盖。

（三）推动典型经验集成创新。各地在认真学习借鉴省内外一系列社会治理典型经验的过程中，充分利用后发优势，结合本地区实际，进一步解放思想，更新观念，采取综合嫁接，实施集成创新，形成了剑河“三化管理·温馨调解”、毕节市“六零六好”等一批体制更科学、机制更顺畅、内涵更丰富、效果更明显的社会治理先进经验。

八、激发社会活力建设平安贵州

（一）切实加强见义勇为人员权益保护工作。省委、省政府连续第四年将见义勇为工作平台建设和立法工作列入“十大民生工程”。2014年3月19日，省十二届人大常委会第八次会议审议通过了《贵州省见义勇为人员奖励和保护条例》，并颁布施行，为全省见义勇为人员权益保护工作提供了坚实的法制保障。2014年全省共确认并表彰见义勇为先进个人358人，先进群体27个（96人），发放奖励经费共计579.1万元。市（州）、县（市、区）均成立见义勇为基金会（协会），1602个乡（镇）街道社区成立了见义勇为工作站。全省见义勇为基金总量突破1亿元。

（二）发挥非公有制经济组织和社会组织在平安贵州建设中的积极作用。加强非公有制经济组织和社会组织的服务管理，建立加强社会组织服务管理工作厅际联席会议制度，认真开展社会组织年检工作，加强日常监督管理，严打各类经济犯罪，有效促进了经济发展和非公有制经济组织的成长壮大。加强组织领导和统筹协调，采取单独建、联合建、依托建、挂靠建等灵活形式，非公有制经济组织和社会组织的党、团组织覆盖率明显提升。制定出台了《贵州省政府向社会力量购买服务实施意见》、《政府向社会力量购买服务指导目录（第一批）》、政府购买服务资金管理办法等政策文件，2014年贵州省“扶贫日”活动，积极引导我省非公有制社会组织在平安贵州建设中发挥积极作用。将非公有制经济组织信用建设纳入社会信用体系建设，搭建企业诚信信息网（平台），推动了非公有制经济信用监管信息跨部门互联共享，组织开展了信用体系建设“宣传周”活动，推动企业诚信自律，积极构建非公有制经济组织和社会组织信用体系。

中共贵州省委办公厅　省政府办公厅印发《关于实施未成年人专门教育育新工程的意见》的通知

（2014年5月3日）

各市（自治州）党委和人民政府，贵安新区党工委和管委会，各县（市、区）党委和人民政府，省委各部委，省级国家机关各部门，省军区、省武警总队党委，各人民团体：

《关于实施未成年人专门教育育新工程的意见》已经省委、省政府领导同志同意，现印发给你们，请结合实际认真贯彻执行。

关于实施未成年人专门教育育新工程的意见

为教育、感化、挽救有严重不良行为未成年人，保障其接受义务教育的权利，加强品德、法制教育和心理、行为矫治，预防未成年人违法犯罪，保护未成年人身心健康发展，现就在全省实施未成年人专门教育育新工程（以下简称“育新工程”）提出以下意见。

一、总体要求

建设专门学校，理顺学校管理体制，完善学科设置，规范教学行为。以专门学校为载体，通过实施育新工程，加强有严重不良行为未成年人社会主义核心价值体系教育、中华优秀传统文化教育、现代法制教育，建立刑事诉讼与专门教育融合机制，健全未成年人教育矫治体系和社会化帮教预防体系，增强专门学校学生的社会责任感，促使其转变思想、矫正行为、重塑道德，健康成长。

二、工作任务

（一）加快专门学校建设。各市（自治州）分别建设一所满足当地需要的专门学校，鼓励有条件的县（市、区）建设专门学校。专门学校的建设主体为市（自治州）、县（市、区）党委和人民政府。各地区要科学规划、合理布局专门学校建设，已建有专门学校的，可以在原学校基础上实施改造，也可以根据实际，利用现有闲置资源建设专门学校。专门学校应当冠普通学校名称，加强学校信息化建设,配备专用教室、心理咨询室、警务室、卫生室、学生宿舍和食堂、运动场所等基本教学、生活设施,满足教学、生活、运动等需要。建设标准和设施配备要根据国家相关规定由省级教育行政部门会同建设、综治等部门确定。2015 年,各市(自治州)专门学校建成,并实现招生。建设任务完成较好,管理有序,教育矫治工作开展顺利的学校,省综治委将授牌育新工程省级示范学校。

(二)明确专门教育对象。年龄在十二周岁至十七周岁,有严重不良行为的未成年人、符合政府收容教养条件的未成年人、司法机关采取非羁押措施的未成年犯罪嫌疑人、人民检察院作出不起诉决定需要观护帮教的未成年人、人民检察院作出附条件不起诉决定尚在考察阶段的未成年人、人民法院判处免予刑事处罚或非监禁刑的未成年人,由其父母或其他监护人,或者原所在学校提出入学申请,由教育行政部门会同综治部门批准。临时代行监护职责的村(居)民委员会等基层组织或民政部门也可以提出入学申请。父母或其他监护人不依法履行职责,无力管教或管教无效导致未成年人实施严重不良行为,又不同意将未成年人送专门学校接受教育的,由其所在单位或者村(居)民委员会予以劝诫、制止和纠正。

(三)规范专门教育内容。专门学校对学生进行思想教育、文化教育、纪律和法制教育、劳动技术教育和职业教育、国防教育,每周授课时数不少于 24 课时。

1. 思想教育。将德育放在首位,进行爱国主义、集体主义、社会主义教育,培养爱国、敬业、诚信、友善、孝道、知耻、感恩等价值观,促使学生养成良好的行为习惯。支持专门学校依托市民学校、爱国主义教育基地、敬老院、医院、社区服务中心等建立未成年人教育培训基地和公益劳动基地,定期开展法制道德、专业知识培训和与学生年龄相适应的社会实践活动,增强学生的社会责任感,帮助学生树立正确的人生观和价值观。

2. 文化教育。根据学生实际文化程度,科学制订教育教学计划和进度安排,开齐开足国家、地方和学校三级课程,并严格执行课程方案,采用国家九年制义务教育统一教学教材和教育矫治自选自编教材。自编教材需根据国家教育方针和司法要求及课程标准编写,内容力求精简,保证质量。

3. 纪律和法制教育。通过规范日常管理和强化法律知识学习,增强学生知法、守法、用法意识。专门学校老师要密切关注学生日常行为表现,及时掌握思想动态,并针对学生个体差异,通过沟通、疏导和心理干预、治疗等方式,实行差别化教育,帮助学生矫正认知偏差,缓解或戒除不良行为。

4. 劳动技术教育和职业教育。将劳动技术教育和职业教育纳入教学计划,为学生提供必要的劳动技术和职业技能训练场所,通过开展教学引导和培训,使其至少掌握一门生产劳动技术或职业技能。加强校政、校企、校校合作,积极探索多方合办职业教育模式。接受职业学校教育、修完专业课程并通过相应考试的学生,由合作职业学校颁发毕业证书。

5. 国防教育。根据国防教育法的规定,认真组织开展国防教育,积极争取驻地军事机关的支持,协助组织学生开展军事训练,为专门学校开展国防教育活动提供帮助。

(四)合理确定专门教育期限。教育行政部门根据学生严重不良行为程度、受教育程度,合理确定 3 个月至 3 年的学习期限。学生入学后,学校可根据学生表现,提出调整学习期限的意见,报教育行政部门和综治部门批准。人民检察院、人民法院根据未成年人所犯罪行轻重、主观恶性大小和严重不良行为程度确定学生学习期限的,入学后,学校可根据学生表现,提出调整学习期限的建议,报人民检察院、人民法院确定。学生学习期满,符合条件要求转到普通学校就读的,普通学校不得拒绝接收;尚属社区矫正对象的,依法实行社区矫正;有就业愿望并符合相关就业条件的,当地人民政府要积极创造条件,帮助解决就业问题。

(五)开展社会调查。专门学校应当组织开展对学生的社会调查,根据社会调查结果制订个案矫正方案。社会调查可以邀请律师或民政、司法、关工委、共青团、妇联、学校等部门和单位的人员参加。调查内容包括学生基本情况、兴趣爱好、智力水平、身心发育成熟程度、情感类型和日常行为表现,生活环境和社会关系,对其成长产生重要影响的人和事件等。开展社会调查应当保护学生的名誉,不得向不知情人员泄露学生的违法犯罪信息。依法由司法机关开展社会调查的,社会调查报告由司法机关提供,并装入学生个人档案,为学校实施因人施教提供基础条件。

(六)加强学生管理。专门学校要建立完善各项管理制度,对就读学生实行全日制寄宿、全封闭管理,严格执行请销假制度,实行男、女学生分别编班,配备班主任,女生班应当由女教师担任班主任。除建立学生会、班委会等群众组织外,符合条件的要建立共青团组织,发挥共青团组织引导和示范作用。建立学生个人信息档案、健康档案、学业档案,记录和评估学生在校期间的思想和行为表现,学习期满由班主任作出评语,学校作出鉴定,装入学生学业档案。学校应当做好学生档案资料的保密工作,非因教学研究和司法工作需要,不得使用学生档案信息和相关资料,任何组织和个人不得披露学生的个人隐私。

(七)建立刑事诉讼与专门教育融合机制。公安机关、人民检察院、人民法院应当建立健全刑事诉讼与专门教育融合的教育矫治机制。司法机关对未成年犯罪嫌疑人严格限制使用羁押措施,将未成年犯罪嫌疑人接受专门学校教育矫治作为具备有效监护和社会帮教的情形,并将其在专门学校的现实表现和行为转化情况等悔罪表现作为办案的重要参考因素。人民检察院可以要求被附条件不起诉的未成年犯罪嫌疑人、被不起诉需要观护帮教的未成年人到专门学校接受教育矫治,并将教育转化效果作为监督考察的主要依据。被人民法院判处非监禁刑或免予刑事处罚的未成年人,有严重不良行为需要教育矫治的,应当送专门学校进行教育矫治。

(八)构建社会化帮教预防体系。建立完善学校、家庭、社会"三位一体"的教育矫治机制,有效整合教育矫治资源,形成以专门学校为主阵地、专业队伍和机构为主要力量、家庭和社会为辅助力量的社会化帮教预防体系。专门学校学生学习期满,应当由学生居住地派出所派人到学校接回,并护送至监护人处或临时代行监护职责的基层组织、民政部门;需要依靠社会力量继续进行帮教的,应当与社区安置帮教机构落实接茬教育措施。

三、保障措施

(一)加强组织领导。各级党委、政府要高度重视专门教育工作,明确一位党委或政府领导分管,适时召开会议听取育新工程实施情况汇报,及时研究解决工作中遇到的困难和问题,充分调动各有关部门和单位的积极性,引导社会力量参与教育矫治工作,形成党委、政府统一领导,各部门密切配合、齐抓共管,全社会协同参与的工作格局。各地区要成立由教育、综治、公安、法院、检察院、司法、民政、共青团等部门负责人及专门学校校长组成的专门学校管理委员会,负责对专门学校实施管理,教育行政部门和综治部门牵头负责管理委员会的日常工作。

(二)落实责任。各地区各有关单位要认真履行职责,协调配合,共同推进育新工程的实施。各地区党委、政府要全力推进专门学校建设,切实改善办学条件,为实施育新工程提供保障;综治部门要指导督促各有关单位落实各项工作任务,将育新工程纳入"平安贵州"建设考核评价体系,总结推广专门学校建设和教学经验;教育行政部门要加强对专门学校的管理,规范办学行为,提高办学质量,落实学生学籍管理,畅通学生进入专门学校和转入普通学校的渠道;公安机关要明确一名民警担任专门学校法制副校长,在专门学校设立24小时值守的警务室,负责学校周边治安巡逻;人民检察院、人民法院要积极引导、帮助违法犯罪未成年人戒除不良行为,建立健全刑事诉讼与专门教育融合机制;司法行政机关要指导专门学校开展普法教育,引导学生学法、用法、守法;发改、规划、建设、财政、安监等部门要根据本地实际做好专门学校的规划建设工作;卫生行政部门要帮助专门学校完善卫生保健设施,提供卫生保健指导,帮助专门学校与当地医疗机构建立学生就医"绿色通道";食品药品监管部门要加强专门学校食品、药品安全监管,定期组织开展食品安全检查;体育部门要帮助专门学校完善体育设施,指导开展体育教学;工会、共青团、妇联和关工委要协助开展社会调查,提供志愿服务,积极参与教育矫治工作。

(三)加大经费保障力度。专门学校建设资金、事业费以及学生在校期间的生活、学习费用等，由设置专门学校的地方政府按照相关规定予以保障。对专门学校在编正式职工，按月发给本人基本工资15%的特殊教育津贴。担任班主任的，按国家规定另发班主任津贴。

（四）强化学校队伍建设。教育行政部门、综治部门要根据国家师资配备比例要求及学科岗位设置，配齐师资队伍，依法聘任懂得教学业务和教育规律、具有一定教育矫治工作经验的干部担任校长，选聘一定数量的优秀教师作为骨干，并保持领导班子和教学骨干相对稳定；要有计划地对专门学校教师进行培训，组织学习交流教学经验，不断提升教育教学水平；建立对专门学校及教师的业务考核、考评机制，完善专门学校教师绩效工资政策、表彰激励制度、职称评审制度和教师发展性评价体系，制定以教育、转化工作为核心的考核考评指标，将考核、考评结果作为职称评定、表彰奖励的重要依据。

（五）加强督导检查。各市（自治州）党委、政府要结合本地实际，制定贯彻落实本意见的实施细则或办法，明确目标任务，落实责任，确保各项措施落实到位。各相关单位要按照职责分工，制订本单位的实施方案，出台相关配套措施，建立衔接配合的工作机制和制度，有序推进相关工作。省综治办要会同相关部门组成督查组，定期不定期对各地区各有关单位实施育新工程情况开展督导检查，并将督导检查情况报省委、省政府。

中共贵州省委办公厅　省政府办公厅转发贵州省综治委《关于实施重点青少年群体救助保护雨露工程的意见》的通知

（2014年5月3日）

各市（自治州）党委和人民政府，贵安新区党工委和管委会，各县（市、区）党委和人民政府，省委各部委，省级国家机关各部门，省军区、省武警总队党委，各人民团体：

贵州省综治委《关于实施重点青少年群体救助保护雨露工程的意见》已经省委、省政府领导同志同意，现转发给你们，请遵照执行。

关于实施重点青少年群体救助保护雨露工程的意见

为加强对流浪未成年人、农村留守儿童、闲散青少年、服刑在戒人员未成年子女、有严重不良行为未成年人等五类重点青少年群体的教育、管理和服务，切实维护重点青少年群体合法权益，有效预防未成年人违法犯罪，现就实施重点青少年群体救助保护雨露工程（以下简称“雨露工程”)提出以下意见。

一、总体要求

全面排查、摸清重点青少年群体的底数，建立完善重点青少年群体信息数据库，动态监测、分类救助，推动建立涵盖五类重点青少年群体的关爱救助服务网络，使流浪未成年人顺利回归家庭，使农村留守儿童获得更多关爱和帮助，使闲散青少年实现就学就业，使服刑在戒人员未成年子女走出心理阴影，使有严重不良行为未成年人得到教育矫治，健康成长。

二、工作措施

（一）加强对流浪未成年人的救助保护

1. 建立网格化救助体系。建立健全政府主导、民政牵头、相关部门配合、社会参与的流浪未成年人救助工作机制，建立以省、市、县三级救助管理机构和乡（镇）、街道、社区、村（居）委会救助网点为平台的网格化救助体系，实现对流浪未成年人的动态管理。30 万以上人口的县（市）要建设流浪未成年人救助保护中心。

2. 依法实施救助保护。救助管理机构要依法承担流浪未成年人临时监护责任，提供文化和法制教育、心理辅导、行为矫治、技能培训等救助保护服务。对遭受监护人性侵、虐待、遗弃等侵害离家流浪的未成年人，要立即采取救助保护措施，并由其他近亲属、基层组织或民政部门依法向法院提起诉讼，申请撤销侵害人的监护人资格，依法另行指定监护人或由民政部门监护。

3. 开展专项救助活动。深入开展“寒冬送温暖”、“流浪孩子回校园”等专项救助行动，加强对流浪未成年人的巡查救助，积极查找流浪未成年人的监护人。加强对监护人的教育，督促履行法定义务，确保流浪未成年人重回家庭，重返校园。同时，依法打击拐卖、拐骗未成年人导致其流浪、组织流浪未成年人乞讨和实施违反治安管理活动、教唆流浪未成年人犯罪、残害流浪未成年人等违法犯罪行为。

4. 落实“控辍保学”措施。完善中小学学生学籍信息管理，动态掌握学生转入、转出、休学、复学、辍学情况，形成省、市、县、学校四级联动管控机制，防止义务教育阶段学生失学或流失。加强职业技能培训、职业介绍、信息咨询等服务，拓展16 岁以上流浪未成年人的就业渠道。

5. 明确救助保护职责。各级公安、城管、民政、综治部门要按照“边排查、边处置，谁发现、谁处置”的原则落实流浪未成年人首接责任制，防止因流浪未成年人长时间滞留街面发生非正常伤亡事件。对未得到及时救助，造成流浪未成年人伤亡事件或引发重大网络舆情的，要实行责任查究。

（二）加强对农村留守儿童的帮扶

1. 开展“四在学校 · 幸福校园”活动。在农村寄宿制学校深入开展“吃在学校解食忧、住在学校受关爱、学在学校长知识、乐在学校感幸福”活动，探索建立农村留守儿童关爱长效机制。加快农村寄宿制学校标准化建设，留守儿童 50 人以上的学校建设“农村留守儿童之家”，不足 50 人的学校设立亲情视频室或语音聊天室，为留守儿童搭建与亲人的沟通平台。推广“代理家长”和“留守儿童自立自强中心”建设模式，动员社会力量以“代理家长”身份开展关爱活动，引导企事业单位、社会组织给予留守儿童更多帮助。

2. 强化留守儿童父母的监护责任。通过组织家庭教育报告团、开展远程教育、将家庭教育指导纳入劳动力转移培训内容，增强农村留守儿童父母的家庭观念和责任意识。围绕留守儿童健康状况监测、生活习惯养成、学习兴趣培养等内容，在社区开展富有特色的家庭教育指导服务。

3. 推动落实公平教育责任。坚持“以流入地政府管理为主、以全日制公办中小学为主”原则，科学规划校点布局，多渠道解决进城务工人员随迁子女入学问题，确保进城务工人员未成年子女得到有效监护，接受公平教育。

（三）拓宽闲散青少年就学就业渠道

1. 加强失学青少年管理。对于因贫困失学的，教育、民政等部门要及时救助，采取减免费用、提供贫困助学金、定期补助生活费等方式，开通绿色通道，帮助失学青少年重返学校。对于自动辍学的，学校、社区、村（居）委会要联合组建心理疏导队，深入家庭走访，摸清辍学原因，劝其重返校园。不愿返校的，学校要及时向当地教育行政部门报告，督促其监护人尽快送其返校。

2. 扶持闲散青少年就业。加强就业培训，对有就业意愿、达到就业年龄的闲散青少年开展一定期限的职业教育和技能培训，使其取得相应的职业资格并掌握一定的职业技能。通过就业援助、税费减免、贷款贴息、社会保险补贴、岗位补贴、公益性岗位安置等方式，对就业困难的闲散青少年进行重点扶持。积极为需要就业的闲散青少年提供政策、法律咨询服务，依法保障他们的劳动权益和其他经济社会权益。

3. 建立社会正面力量接触联系机制。依托县(市、区)团委建立“青少年阳光驿站”，吸收企事业单位、非公有制企业等参与闲散青少年服务工作，组织社区干部、志愿者等正面力量与闲散青少年保持长期联系，达到教育引导、救助帮扶的目的。组织闲散青少年开展公益活动，帮助树立积极向上的人生理念和正确的人生观、价值观。

(四)加强对服刑在戒人员未成年子女的关爱

1. 关注服刑在戒人员未成年子女的成长。收集掌握服刑在戒人员未成年子女的基本信息，特别是生活、学习、就医、监护等方面的情况，实行动态管理，对需要帮扶救助的，尽快落实救助措施。重点关注他们的生活和心理状态，帮助改善生活和学习环境，引导克服自卑心理，树立积极健康的生活态度，养成良好的行为习惯，使他们在平等、友爱、温暖的环境中学习、生活、成长。

2. 畅通亲情探视绿色通道。开展服刑在戒人员与未成年子女见面活动，探索网络亲情探视模式，帮助巩固亲子关系，利用亲情力量感化服刑在戒人员，促进服刑在戒人员改过自新，早日回归社会。同时，使服刑在戒人员未成年子女体会到亲情的温暖，增强克服困难和成才的信心。

(五)加强对有严重不良行为未成年人的教育矫治

1. 实行分类管理。以学校、社区、村(居)委会为单位，建立完善有严重不良行为未成年人档案信息库，摸清底数，实行分类管理。对有严重不良行为的在校生，学校要加强思想引导、道德教育、情感关怀、心理疏导和纪律约束；非在校生，由社区、村(居)委会联合综治、公安、司法、民政等部门，通过法制教育、困难救助和心理沟通等方式加强引导和转化，同时积极消除诱发未成年人违法犯罪因素，营造有利于未成年人身心健康的文化、教育和治安环境。

2. 实施专门教育。以专门学校为载体，对有严重不良行为未成年人实施专门教育。由有严重不良行为未成年人父母、其他监护人或原所在学校提出申请，经教育行政部门会同综治部门批准后入学。专门学校在保障有严重不良行为未成年人接受义务教育的同时，采取结对帮教、生活扶助、心理辅导、职业培训等方式，开展教育矫治工作。通过感化、挽救，帮助有严重不良行为未成年人转变思想、矫正行为、重塑道德，健康成长。

三、保障措施

(一)加强领导。各级党委、政府要将重点青少年群体救助保护工作纳入本级党委、政府工作部署，建立健全重点青少年群体救助保护工作联席会议机制，落实成员单位职责分工，协作配合，共同推进“雨露工程”的顺利实施。对工作推进有力、成效明显的地方，省社会管理综合治理委员会将授予“雨露工程”省级示范基地称号。

(二)强化责任。各级综治部门要加强统筹协调，督促有关单位抓好各项工作措施的落实，并将“雨露工程”的实施情况纳入社会管理综合治理考核评价体系。对工作不到位引发严重影响社会治安和社会稳定重大事件的，将严格按照《贵州省社会治安综合治理一票否决权制办法》的规定，实行一票否决，并追究相关单位和人员的责任。

(三)信息共享。牵头单位要在全面摸排的基础上，分别建立流浪未成年人、农村留守儿童、闲散青少年、服刑在戒人员未成年子女、有严重不良行为未成年人等五类重点青少年群体的信息数据库，加强信息分析研究，为实施分类救助、预防犯罪提供科学依据。完善重点青少年群体服务管理信息系统，建立信息数据动态监测和共享机制，切实提高服务管理的信息化水平，确保救助、关爱、帮教等工作科学、高效开展。

(四)加强宣传。加强对未成年人权益保护法律、法规的宣传，开展形式多样的宣传活动，在全社会牢固树立保护未成年人合法权益意识。坚持正确舆论导向，弘扬中华民族恤孤慈幼的传统美德，树立先进典型，以示范引领促进工作整体推进。通过开展慈善捐助、实施公益项目、提供志愿服务等方式，鼓励社会力量积极参与重点青少年群体救助保护工作，营造全社会关心关爱重点青少年群体的良好氛围。

各地、各有关部门要结合本地、本部门实际,制订本意见的实施方案。各牵头单位于每年12月底前将工作任务落实情况报送省综治办,由省综治办汇总后报告省委、省政府。

贵州省贵阳市探索“两严一降”新模式 打造平安贵阳升级版

近年来,贵阳市认真贯彻落实党的十八大、十八届三中全会精神和中央、省委关于平安建设的系列部署,将保卫百姓平安作为“书记工程”强力推进,开创社会治安综合治理新模式,着力打造平安贵阳升级版,取得了较好的社会反响。

一、突出问题导向,找准平安贵阳升级版的突破口

针对严峻的治安形势和复杂的深层次问题,在全市启动被称作“书记工程”的“两严一降”(严打严防“两抢一盗”、降低刑事发案率)专项斗争,倒逼各级各部门完成目标任务。所谓“书记工程”就是书记抓、抓书记。书记抓,就是市委书记把工作抓在手上,亲自安排部署、督促推动。抓书记,就是把工作责任落实到各级党委书记的肩上,加大统筹力度,改变了以往公安一家“单打独斗”的状况。

二、统筹严打严防,夯实平安贵阳升级版的着力点

精准出击打出声威。切实加强对全市刑事打击工作的管理、统揽、指导、督促、协调,在原有专班研判打击模式的基础上,整合“天网”工程视频资源,形成新的刑侦、技侦、网安、视频、情报信息“五位一体”的情报研判打击模式,并积极推进卡口、电子围栏、视频监控、车辆、手机、网络等轨迹信息,拓展“多轨合一”的技战法,实现对多发性侵财犯罪、地域性职业犯罪的体系化、规模化打击。重点整治防出效果。分类梳理治安乱点、复杂区域、治安隐患、薄弱环节,按照“一个乱点、一个领导、一个班子、一个方案、一套措施、一抓到底”的工作要求,组织开展集中清查整治、集中打击等专项整治行动。对楼群院落、停车场、集贸市场等“十大”防范重点区域,加强守护,建立完善基础治安台账。依托情报信息研判,深化进攻性盘查机制,量化了对特警、巡警、交警、社区民警每日盘查和信息采集等指标,切实做到“三定”(规定巡逻盘查量、标准动作、战果指标),使巡逻防控向专业化、职业化和精细化方向发展。

三、坚持“三管齐下”,筑牢平安贵阳升级版的安全阀

一是开展“大排查”,加强流动人口服务管理。出台了《进一步加强流动人口服务管理的实施方案》等文件,明确了“以房管人、以证管人、以业管人”的工作措施,积极探索建立流动人口登记和动态管理机制。同时,探索实行户籍制度改革,出台《贵阳市流动人口积分入户管理暂行办法》,目前流动人口居住证办证率达95%以上。二是开展“大收戒”,加强对吸毒人员的服务管理。开展吸毒人员大收戒,最大限度将吸毒人员管控到位。筹建“特殊病医院”,解决患有艾滋病等特殊吸毒人员收戒难的问题。制定《贵阳市特殊群体人员安置就业办法(试行)》,帮助吸毒人员回归社会。三是开展“大帮教”,加强特殊人群服务管理。规范刑释解戒人员接茬安置帮教工作,开展重点青少年群体救助保护“雨露工程”,建立未成年人违法和轻罪记录封存制度,建设轻微违法犯罪青少年免费职业教育和就业帮教基地,防止重新违法犯罪的道路。

四、确保四个强化,把握平安贵阳升级版的主动权

一是强化党委主责。市委、市政府主要领导带头落实平安建设“一把手”责任制,推进《贵阳市2011—2015年依法治市规划》实施。定期召开党委会议,专题研究创新社会治理和平安建设,形成“一把手负责、一揽子统筹、一竿子插到底”的工作格局。出台了群众安全感考核办法，把群众安全感作为年度目标考核和领导干部绩效考核的重要内容，实行“一票否决”。强化经费保障，将“两严一降”工作经费纳入市、区(市、县)财政预算。二是强化基层基础。深化完善城市基层管理体制改革的“贵阳经验”，加强基层基础建设。做强社区。按照“服务群众、凝聚人心、优化管理、维护稳定”的要求，强化社区对平安建设的统筹能力。做实居委会。强化居委会群防群治工作职责，赋予居委会对区域内公共户单位综治考核权及在推先评优中的综治审核权。三是强化网格管理。细分网格，配备网格管理员，着力筑牢社会治安的“网底”。四是强化社会共治。完善社会联动体系，鼓励和引导党政部门、综治成员单位、企事业单位建立对基层“点对点，一对一”联系帮扶体系，完善参与社会治理与社会公益服务机制。

五、创新五大机制，推进平安贵阳升级版的长效化

一是创新指挥调度机制。成立“两严一降”工作指挥部，整合政法各部门力量，建立和完善“两严一降”每日分析研判、工作例会、工作调度、工作通报会议及新闻通气会议制度。实行日研判、周分析、月通报、月考核、月问责和年考评，推动综治工作转型、长效发展。二是创新民意监督机制。成立贵阳市平安建设督办平台，问计于民，问需于民，广纳民意，积极回应市民反映的治安问题。三是创新联动协作机制。完善上下联动、部门联动和区域联动的立体化联动机制，实行县级领导干部包保“两严一降”、综治委成员单位联系平安社区工作制度。以居委会综治工作站为平台，整合资源，发动群众，建立以居委会为主导的联防联控组织，实现“条抓块统”。四是创新宣传发动机制。组织电视、报纸、网络等媒体，召开新闻通气会、市民恳谈会，开通“两严一降”热线电话、邮箱，开展“我为治安防范支招”有奖征集活动，营造“人人都是‘两严一降’参与者、人人都是平安建设者”的浓厚氛围。五是创新责任倒逼机制。明查暗访查找工作中存在的问题，以信函“点对点”通报辖区党政主要领导、有关部门联合整治、专项督办，督促各级各部门采取有力措施，倒逼责任落实，解决存在问题。

贵州省瓮安县探索“5531”新模式　构建社会治理新格局

瓮安县坚持“不忘教训、牢记宗旨、执政为民”的理念，坚定走以人为本、民生至上的科学发展之路，从微观方面积极探索实践县域社会治理体系和治理能力现代化，翻开了瓮安发展的新篇章。

一、增强“五位一体”的功能，推动经济社会全面、协调、可持续发展

经济发展方面，确立了“立足黔中、融入贵阳、连接成渝、面向珠三角”的发展战略，坚持“工业强县、城镇带县、文化兴县、生态立县”的发展思路，统筹推进经济社会各项事业向前发展。强化社会管理方面，县委、县政府提出“三个最大限度”(最大限度支持、最大限度解决、最大限度予以组织保障)和“三个落实”(有政策的不折不扣兑现落实，没政策的借鉴好的做法抓落实，既没政策又无经验借鉴的创新抓落实)，对政法部门在人、财、物上给予充分保障，狠抓平安创建，提高社会治理水平。夯实基层基础方面，深入实施扩权强镇工作，开展乡镇、村行政区划调整。成立基层组织局，建立城乡“双向组织生活”模式，全面加强基层党组织建设。抓党员干部作风转变，开展“党员在身边、干部在一线”活动，与困难群众结对“认亲”；推行“公章下乡”、“事务代办”、“助村警务”；探索推广“我为他人守一夜，别人为我守一月”的农村治安联防机制。建立农村事务“三议三公开”制度，让群众的事情群众议、群众定、群众干、群众管。民生保障方面，每年安排新增财力的70%以上用于改善民生，让人民享有更好的教育、医疗卫生服务、社会保障和更好的生活条件。守住生态底线方面，大力开展植树造林、封山育林，石漠化治理工作。强化环境治理，坚决不引进"三高"企业；集中饮用水水质和空气质量达标率分别保持在98%和95%以上。

二、搞好"五种力量"的整合，建立健全社会治理新格局

发挥党委的领导核心作用，党委把方向、谋全局、抓大事，创造条件支持政府履行社会治理职能，引导各方参与社会治理和服务。发挥政府的具体负责作用，强化政府的经济发展、公共建设、社会保障职能，推进服务型、高效型政府的建设，创新社会管理方式，综合运用经济调节、行政管理、道德约束、心理疏导、舆论引导等手段，规范社会行为，调节利益关系，化解社会矛盾。发挥群团组织的参谋助手作用，坚持党建带群建，建立健全了工会、妇联、团委、统战、关工委等群团组织的县乡村组"四级服务网络"，创建了"农民工子女之家"、"流动妇女平安之家"、"留守儿童之家"等10余个社会服务平台，积极开展社区服务、扶贫济困、"维权工程"等活动。发挥社会组织的协同管理作用，成立了社会组织服务中心，支持、引导广泛参与社会治理，全县各类社会组织已发展到298个。发挥志愿者队伍的补充参与作用，成立志愿者服务联合会，建立"政府推动、民间运作"的管理体系，全县现有注册志愿者24369人。

三、满足"三个层面"的需求

满足好生理这个最基础的需求。立足生存保障，发挥好政府的"兜底"作用，兜住低收入和困难群众的基本需求，确保人人都吃得起饭、穿得上衣、住得起房。立足生命安全，营造良好的社会治安环境，成立反恐处突大队，常态化开展公共安全隐患排查整治。立足身体健康。建立健全了县乡村三级医疗卫生服务体系；全县城乡居民健康档案建档率达80%，新型农村合作医疗参合率达98%以上。立足家庭和谐，每年投入3000万元鼓励扶持农民工返乡自主创业、就业，使其就近照顾家庭、关爱家庭；关爱失独家庭和计生节育手术并发症患者，将他们纳入城镇职工养老保险。满足好物质这个最根本的需求。全面落实和制定出台强农惠民政策及措施，提高群众物质生活水平。加快产业规划和环境整治，打造更加优良的人居环境和发展环境。满足好精神这个最核心的需求。深入开展社会主义核心价值体系教育，用共同理想构筑"精神高地"；建立"道德讲堂"190个，引导群众自觉履行法定义务、社会责任和家庭责任；以创建"信用瓮安"为抓手，推进诚信社会建设。

四、贯彻"一条红线"，解决好"最后一公里"问题

县成立群众工作委员会，下设"三办一中心"，即县综治办、县维稳办、县联席办、县群众工作中心。群众工作中心由县政府政务服务中心、县公共资源交易中心、县群众诉求办理中心、县人力资源市场组成。在乡镇(办事处)成立群众工作委员会，下设群众工作中心(社区综合服务中心)、综治办、维稳办、防范办。在村(居委会、社区)设立群众工作服务站，站内设立"两室八窗口"(调解室、谈心室、咨询接待窗口、综治信访窗口、人民武装窗口、党务政务窗口、计生卫生窗口、民政社保合医窗口、农业林业水利窗口、村建国土安全管理窗口)；在已撤并的自然村(社区)设立群众工作室，村居民小组设群众工作员，自然村聘请群众担任调解员。形成了"一门受理、窗口运作、统一管理、限时办结"的工作机制，为群众提供"一厅式服务、一站式受理、一揽子解决"服务，确保群众诉求事项"事事有回音，件件有着落"。

贵州省综治委、办机构情况和负责人名单

一、综治委

主　任：秦如培　省委常委、政法委书记、副省长

副主任：张群山　省人大常委会副主任

陈鸣明　省政府副省长

孙立成　省政府副省长、省公安厅厅长

彭德全　省委政法委常务副书记

杨　舟　省委政法委副书记

省综治委下设实有人口、特殊人群、"两新组织"、社会治安、法规政策、预防青少年违法犯罪、校园及周边治安综合治理、护路护线等8个专项组。

二、综治办

主　任：杨舟

副主任：方征　专职副主任

左文

省综治办下设一处、二处、三处、四处。

贵州省市(州)、县(市、区)综治委(办)主任、副主任名单

地　区	综治委主任	综治办主任	地　区	综治委主任	综治办主任
贵阳市	李再勇	田胜松	汇川区	徐光华	张晓颖
	刘文新		赤水市	况顺航	曹秀平
南明区	朱丽霞	卢云生	仁怀市	王茂才	袁帝坤
云岩区	杨　继	夏　俊	遵义县	黄国宏	宋明权
花溪区	向子琨	游廷志	桐梓县	冉贤俊	梁风华
乌当区	唐兴伦	刘荣军	绥阳县	王晓旭	赖福怀
白云区	黄昌祥	张　俊	正安县	邓兆桃	张荣模
观山湖区	张海波	游永平	道真县	向承强	马远彬
清镇市	向虹翔	张子恒	务川县	周权茂	曾永华
	李　瑞		凤冈县	廖其刚	罗　勇
开阳县	丁　振	李　军	湄潭县	杨游明	张　伟
息烽县	卓　飞	李新平	余庆县	谭　诤	蔡辅兵
修文县	蒋志伦	张科禄	习水县	陈　钊	文镱璇
六盘水市	尹志华	黄勤励	**安顺市**	曾永涛	
钟山区	王　赟	吴洪云	西秀区	张　勇	杨　洋
六枝特区	叶　圣	郭永贤	平坝县	唐永波	葛春涛
水城县	王尔彬	申沁恒	普定县	赵开运	王荣华
盘　县	邓志宏	吴有洋	镇宁县	潘登岭	罗光明
遵义市	王秉清	运　动	关岭县	黄　波	罗应华
红花岗区	钟正萌	吴　旭	紫云县	王勇胜	班正成

地　区	综治委主任	综治办主任
经济技术开发区	代　敏	
黄果树风景区	王洪勇	李盛维
毕节市	陈昌旭	何志勇
七星关区	胡敬斌	蒋家龙
大方县	顾掌权	
黔西县	杨汉华	
金沙县	卢　宏	薛永定
织金县	王　丽	杨　林
纳雍县		尚显锋
威宁县	陈　波	鄢占龙
赫章县	孙　逊	孙成军
铜仁市	夏庆丰	郑顺恩
碧江区	杨　彪	李召华
万山特区	张吉刚	姚江琴
江口县	黄　霞	曾凡彪
玉屏县	杨德振	姚红霞
石阡县	黄万清	任　刚
思南县	刘云成	廖洪亮
印江县	张浩然	黄　浩
德江县	李云德	王开贵
沿河县	何支刚	杨胜彪
松桃县	吴洋富	杨正周
黔东南州	廖　飞	黄德忠
凯里市	张　淼	王雄忠
黄平县	杨　智	瞿运海
施秉县	张双红	万双福
三穗县	付乐欣	吴寿明
镇远县	罗　杰	刘华舜
岑巩县	吴仕胜	张建明
天柱县	陆再义	周彰明
锦屏县	杨　伟	杨晓波

地　区	综治委主任	综治办主任
剑河县	肖　俊	杨汉华
台江县	成　兵	杨　岸
黎平县	唐　浩	佘定祥
榕江县	李昌钦	杨应霞
从江县	张广渊	梁　兵
雷山县	袁　刚	杨　雷
麻江县	王镇义	吴道广
丹寨县	徐刘蔚	王洪标
经济开发区	涂　刚	梁　健
黔西南州	杨永英	陈喜扩
兴义市	王天洋	李应俊
兴仁县	袁建林	陈玉彪
普安县	高振敏	
晴隆县	查世海	周　技
贞丰县	秦昌政	曾　宇
望谟县	何正祥	张　凯
册亨县	邓启鹏	周国发
安龙县	蔡　平	跃　刚
黔南州	向红琼	邹　涵
都匀市	刘胜军	喻　民
福泉市	刘华龙	李华忠
荔波县	叶　霖	
贵定县	莫春开	罗恩勇
瓮安县	尹德俊	王登华
独山县	梁嘉庚	
平塘县	高晓昀	万春兰
罗甸县	杨兴华	覃信前
长顺县	陈治松	陈大凯
	李友军	陈　忠
龙里县	罗　俊	林卫国
惠水县	王文旭	时敏勇
三都县	潘仕进	韦祝光

（撰稿人：韩俊
审稿人：方征　周群凇）

云　南　省

2014 年综治工作概况

2014 年,云南省各级各部门在省委省政府的正确领导下,紧紧围绕建设富裕文明幸福新云南决策部署,以维护广大群众的根本利益为出发点,以深化平安云南建设为着力点,坚持系统治理、依法治理、综合治理和源头治理,着力在改进社会治理方式、激发社会组织活力、创新预防和化解社会矛盾体制上下功夫,社会治理体系更加完善,综治基层基础不断夯实,全省持续呈现边疆安宁、民族团结、宗教和顺、社会和谐、人民安居乐业的良好局面。

一、统筹规划协调,推进平安建设

一是高度重视创新社会治理体制和建设平安法治云南,省委全委会、省委常委会以及省委全面深化改革领导小组和省社会体制改革专项小组等会议先后多次进行研究和部署。制定出台了《云南省社会体制改革专项小组 2014 年工作要点》,并分解成 32 项主要任务,明确牵头部门抓好落实。12 月 12 日召开视频会对深化平安法治云南建设作出部署。二是州市党委政府主要领导亲自统筹协调、研究部署和全力推进综治及平安建设,成员单位按照《云南省 2014 年综治(平安建设)工作要点》分配的任务认真履行综治工作责任。三是以“平安小区”等 23 个行业系统平安创建为着力点推进平安法治云南建设,制定行业系统平安创建工作方案和考评办法,召开平安建设会议全力推进行业系统的平安建设。省“两办”专门出台《关于推进社区治理加强平安小区建设的意见》,推进“平安小区”建设。四是采取“五级联创、四级评审、分级命名”的纵向创建和平安进家庭、进村寨等横向创建相结合的办法,全面推进平安创建,全省平安县(市、区)、平安乡(镇、街道)、平安社区(村)的命名率分别达 94%、70%、50%以上。

二、推进网格化信息化建设,提高服务管理水平

一是年初省“两办”出台了《关于在全省社区(村)推行网格化服务管理的意见》,加快推进网格化服务管理。6 月 18 日在保山召开全省网格化服务管理现场推进会,推广保山“6995”网格化服务管理经验,将全省社区(村)划分为 115221 个网格,配备兼职网格员(占 92.36%)、专职网格员(占 7.64%)。各网格员承担走访巡查、协助化解矛盾、联系群众、收集报送信息等职责任务。二是充分发挥“6995”平台在治安联防、警民互动、邻里互帮、生产互助以及农村“三留”人员救助等方面的重要作用,加快推进网格建设,全省参与“6995”网格化服务管理的群众达 600 余万户,群众累计拨打“6995”达 13 万余次,有效维护和促进平安云南建设。三是制定《关于在全省推广应用社会管理综合治理信息系统的通知》和《云南省 2014 年度综治信息化建设工作考核方案》等文件,细化目标任务、工作举措、考评奖惩;积极与通信运营商签署战略合作协议,推进手机接入平台建设;召开综治信息系统建设推进会及四片区研讨座谈会,规范架构设计和数据标准,推进综治信息平台建设。已累计投入 6000 余万元建成省州两级数据中心、“96885”短信交互平台和“综治通”手机接入平台,覆盖全省州、县及 80% 的乡(镇、街道)和 60% 的社区(村),有 5 万余用户通过计算机或手机终端接入系统,录入信息 500 余万条。

三、矛盾纠纷预防化解成效明显

一是出台贯彻中办发 2012 年 2 号文件的意见,召开全省社会稳定风险评估工作会议,研究制定评估工作责任追究制度,细化和完善评估工作关键环节,全面落实重大事项社会稳定风险评估机制。二是深入贯彻落实“杭州会议”精神，加快推进矛盾纠纷调处化解综合机制建设，完善人民、司法、行政调解联动的大排查、大调解工作机制，广泛开展矛盾纠纷排查化解工作。全年排查调解各类矛盾纠纷 54 万余件，调解成功率达 94.2%。三是出台云南省关于进一步解决进京非访突出问题的若干意见，建立京滇处置进京非访问题协作机制，着力解决进京非正常上访突出问题。同时，加强非涉法涉诉类案件复查复核，评查涉法涉诉类案件，开展进京非访集中整治清理专项行动，进京非访人次明显下降。四是通过发放预警通知书，召开研判例会，提交综合性研判材料等措施，积极做好群体性事件预防和依法处置工作。

四、建立完善公共安全体系

一是坚持专项打击与重点整治相结合，对群众反映强烈的黑恶势力、涉枪涉爆、涉众性经济犯罪、假冒伪劣食药品、电信诈骗等犯罪活动保持高压严打态势，开展“缉枪治爆”、“两抢一盗”、“扫黄禁赌”、“打四黑除四害”、“收缴管制刀具”、“扫黄打非 · 固边 2014”等专项行动，严厉打击了各类刑事犯罪。二是起草云南省立体化社会治安防控体系建设意见，按照“网络化、信息化、社会化”的要求，加强社会治安防控“六张网”建设。三是细化治安重点地区认定标准体系和程序办法，制订年度排查整治工作方案，采取明察暗访、实地督办和跟踪督办等方式，加大专项整治工作力度，最大限度地消除治安隐患和治安盲点。四是按照“遏制毒源、萎缩市场、阻断流通、巩固基础”的思路，深入推进禁毒人民战争，广泛开展禁毒宣传教育，有效减轻毒品对境内的危害。五是大力推广农村设治保员、城市设“楼栋长”、“邻里守望”等基层群防群治经验，加强基层治安防控力量建设，鼓励和支持社会各方面力量参与支持社会治安，已建成社区治保组织和护村联防队 2.5 万个。

五、积极推进综治及平安建设专项工作

一是按照《云南省流动人口服务管理条例》要求，建立了统一规范的居住登记和居住证制度，加快推进实有人口服务管理信息化建设，完善省级流动人口管理动态信息管理平台，积极稳妥推进户籍制度改革，优化完善人口基本信息资源库数据维护加载机制，组织开展户口登记整顿活动，逐步实现办理居住证人员与常住人口基本公共服务均等化。二是全面落实刑满释放人员、社区矫正对象、吸毒人员、艾滋病人等特殊人群的教育、矫治、管理以及综合干预措施，加快推进过渡性安置基地、戒毒场所、康复安置场所及艾滋病诊疗定点医院等项目的改、扩、新建步伐，逐步形成“政府、社会、家庭”三位一体关怀帮扶体系，扎实推进特殊人群服务管理工作。三是对严重精神障碍患者开展对口支援帮扶和定期筛查诊断评估，进一步完善贫困严重精神障碍患者救治救助政策，加快推进基层精神卫生服务网络建设，组织培训基层医疗机构医务人员，扎实推进肇事肇祸等严重精神障碍患者的服务管理工作。四是开展“法制在心中”、“共圆中国梦”等普法宣传活动，组织学生参加全国青少年网上普法知识大赛，召开全省青少年事务社会工作会议，出台青少年事务社会工作专业人才队伍建设意见，在全省所有城镇中小学和 90% 以上的农村中小学配备法制副校长，推动重点青少年教育基地和专门学校建设，扎实推进预防青少年违法犯罪工作。五是深入开展“平安校园”创建活动，90% 以上的学校达到“平安校园”建设标准，62 所学校被教育部评为“全国和谐校园先进学校”。坚持定期开展校园安全大检查活动，加强对涉校突出治安问题整治，推进校园“三防”建设，推动全省中小学校和幼儿园配备专职安保人员，推进校园视频监控系统安装，并将报警设施与公安机关联网运行，扎实推进校园及周边治安综合治理工作。六是扎实推进“平安交通”、“平安铁道”、“平安航道”建设，落实铁路、公路、水路和电力、广播电视设施及输油气管道安全防护措施，建立健全安全联防工作机构及运行机制，强化主管企业联防责任，定期分析研判涉路涉线情报信息，加大安全隐患排查整治，建立政企警民四位一体安保机制，推进护路护线联防工作。七是发展壮大公益慈善类、行业协会商会类、城乡社区服务类等社会组织，改革社会组织登记管理政策，开展社会组织上门年检服务，完善审计抽查制度，落实好社会组织优惠政策，加快推进非公有制经济组织和社会组织党组织建设，确保社会组织规范有序发展。八是贯彻落实《云南省奖励和保护见义勇为人员条例》，加强见义勇为工作宣传教育，扩大社会影响力；制定住房保障和医疗救治配套政策，完善见义勇为人员权益保障体系；加强见义勇为工作组织领导，换届成立云南省见义勇为基金会第三届理事会；落实各项优抚保障政策，做好2014年度见义勇为先进评选表彰工作，特别是昆明"3·1"事件见义勇为人员申报和确认工作，推荐2名全国见义勇为英雄模范和2名全国见义勇为好司机，加强见义勇为基金募集管理，组织见义勇为工作培训，推进见义勇为工作法制化规范化建设。

六、推进综治平安工作制度化、科学化

一是各级党委政府总揽协调领导核心作用有效发挥，落实综治及平安建设部门责任制，充分发挥五部门联席会议、综治委例会等平台，加快推进综治领导组织协调体系建设。二是把综治及平安建设工作完成率纳入综合考评体系，细化目标管理责任制考核细则，组织州市与省委、省政府签订综治维稳及平安建设工作目标管理责任书，年底对各地各部门完成情况进行综合考评实施奖惩。三是加强对综治重点工作的督查督办和跟踪问效，组织专题宣传、召开新闻发布会等，大力加强综治及平安建设宣传，努力营造综治及平安建设浓厚氛围，促进综治工作和平安建设目标责任制的落实。

云南省泸西县山口村"1632"网格化服务管理模式助推平安建设见成效

云南省红河州泸西县金马镇山口村民委员会山口村民小组曾经是一个让党委政府揪心、村民忧心、外人看着闹心的"后进村"，"四多三乱"（矛盾纠纷多、群众上访多、刑事案件多、村内垃圾多，人心乱、管理乱、秩序乱）几乎成了山口村的一个"标签"。在已经过去的5届村组换届选举中，有3届发生了群体性事件和流血事件，老百姓多次举着横幅、喊着口号，宣泄对村干部的不满。面对山口村的种种乱象，县、镇党委政府多次进行整治，但收效甚微，山口成了多年来党委政府的一块"心病"。2013年7月，泸西县在社会治理创新中，以深化平安建设为载体，以治理"四多三乱"为重点，在加强村"两委"基层组织建设的基础上，通过在山口村推行网格化服务管理，发动群众群防群治，半年多就实现了由乱而治，从根本上解决了山口村"领村无人"、"管理无方"、"和谐无望"的难题。他们的做法概括起来讲就是"1632"的网格化服务管理模式，即：

配强一名网格员。针对山口村"村子大（国土面积14.95平方公里）、农户散、人口多（1303户4565人）、难管理"的实际，按照"地域相邻、人员相熟、邻里相通、便于管理"的原则，以"路"为基础，将村民小组划分为7个网格，每个网格180多户600多人，每个网格配强一名网格员。在选聘网格员方面，山口村按照"可上可下"的原则，两种方式配备网格员，确保网格化服务管理工作的有效开展。一是由网格内的户代表选举产生网格员；二是由村民小组民主推荐、村民委员会考查、镇党委政府审核和聘用。网格员由镇党委、政府统一聘用并颁发聘书，任期一年，实行一年一考评和一年一聘用。网格员的报酬由基本工资、误工补贴和奖金三部分构成，基本工资由县财政安排专项资金按每月每人250元的标准支付，误工补贴由村"两委"根据网格员的工作任务完成情况和误工情况给予适当补助，奖金根据年终考核情况由镇党委政府表彰奖励。报酬分两次领取，半年召开网格员业务培训时发放一次，年终召开网格化服务管理考核总结表彰时发放一次。网格员由村"两委"成员、村民小组长、村党支部书记、社长兼任的，报酬与其履行相应职务的报酬叠加累计。

履行六项任务。一是轮流值守。由网格员将网格内的农户按照每天四户一组、每户一人的方式进行分组、排班，每个网格4人组成值守组共7

个网格 28 人,佩戴统一的执勤标识,在网格员的带领下,对网格进行巡防值守和开展安全隐患排查,督促群众看好自己的门,不让犯罪分子有可乘之机,形成"我为别人守一夜,别人为我守一月"的群防群治工作格局,积极发挥网格在社会治理、构筑和谐中的"第一道防线"作用。二是矛盾调处。网格员带领值守人员深入群众之中,收集社情民意,了解群众诉求,排查网格内的矛盾纠纷和各种不稳定因素。能解决的第一时间及时解决,不能解决的逐级上报村民小组、村委会或镇党委政府协调解决,最大限度地把矛盾纠纷化解在基层、消除在萌芽状态,实现"家庭琐事不出户、邻里纠纷不出格、重大矛盾不上交"的目标。三是惠民服务。网格轮流值守期间,网格员会及时把党委政府利民、便民、惠民的法规政策第一时间传达给网格内的村民,让群众及时了解、掌握党和政府的各项惠民政策。同时将网格内群众对村组工作的意见建议及时上报村民小组和村委会,以便村民小组或村委会决策时参考。四是文明新风。通过网格员带领值守人员开展动态巡查和监督,引导村民扭转不文明的行为和习气,培树尊老爱幼、互帮互助、文明礼貌、邻里和睦等文明新风。五是资产管理。网格员带领值守人员对村内属于村民共有的集体资产、公共设施、山林土地、水利资源进行监督管理,避免毁损和灭失。六是环境卫生。网格员和值守人员要监督网格内的群众自觉遵守卫生公约,积极参与村内环境卫生整治,以保持整洁的环境卫生和村容村貌。

建立三项机制。一是服务机制。实行网格员坐班制,每周利用街天等方便群众办事的时间,确定一天时间实行网格员集中坐班办公,全程代理代办与群众息息相关的新农合、新农保费用收缴等在网格内就能办结的事项,方便群众就近就便缴纳相关费用,避免群众多跑路;对准生证、低保等事项的办理,网格员进行调查审核,签字后再上报相关部门办理;对需要办理土地证、新生儿落户、低保申请、新农合补办等事项的群众,及时告知群众办理证件所需提供的材料和需要到什么部门、找什么人办理等相关信息,让群众尽量跑一次就能办结需要办理的事项,避免群众走饶路弯路和多花冤枉钱。同时,在村委会推行"一站式"服务,亮出 8 套为民办事服务流程,集中解决一些涉及网格内群众的相对复杂、疑难的问题和困难,通过搭建综合服务平台,让群众在家门口就能方便快捷办事。二是管理机制。对划分出来的 7 个网格,实行村"两委"班子成员一人包干督导一个网格,一名网格员负责一个网格的形式,落实网格各项工作任务,形成"领导监督、挂钩包保、督促落实"的工作机制和"网格员向村小组负责、村小组向村委会负责"的工作格局,确保网格化服务管理的科学化、规范化和流程化。同时要求网格员要通过与群众面对面、心贴心的群众工作,做到"三活"(活户籍、活档案、活地图)、"四清"(家庭情况清、人员类别清、区域设施清、矛盾隐患清)、"六必访"(困难群众、空巢老人、留守儿童、残疾家庭、流动人员、失业人员必访),真正对网格内的大事小情底数清、情况明和服务得好、管理得住。三是考评机制。将网格员在网格内开展政策法规宣传、村情民意收集、矛盾纠纷化解、特殊人群协管、资产设施管理、服务保障民生、环境卫生整治、文明新风培树、轮流巡防值守等 9 个方面的工作进行量化、细化,按照"四看四评一争星"的方式进行考核("四看",即:一看网格内矛盾纠纷的数量、二看网格内好人好事的数量、三看网格内的轮流值守率、四看网格之间的互助互动情况;"四评",即:县综治委点评、镇党委考评、网格间互评、群众满意度测评;"一争星",争做"网格之星")。考核分值 90 分以上的,评为年度"网格之星",一次性奖励 3000 元,并记入"口碑"册一次;70 分至 89 分的,为合格,下一年度继续聘用;分值 70 分以下的,为不合格,不合格的除扣除全年个人基本工资的 20% 以外,由村"两委"上报镇党委政府按相关规定解除聘用合同,并记入"逆行"册一次。同时,对网格内群众落实轮流值守、矛盾调处、惠民服务、资产管理、环境卫生、文明新风的情况,分类各评选 5 户先锋示范户,由网格员根据日常工作情况进行初评和推荐,村民小组上报村"两委"考评,镇党委政府复核。被评为先锋示范户的,由村委会授予奖牌并按每户 200 元的标准进行奖励,并记入"口碑"册一次。

突出两个抓手。一是制作"口碑"册倡导文明新风。网格员对群众提供的好人好事,实地查实并报村组审核后,由村民委员会口碑新风管理员将其登记到“口碑”册中，每天利用广播、公示栏和电子显示屏进行反复播报宣讲，通过挖掘和播报群众身边的善举好事，达到教育感化村民、激发社会正能量的目的。二是制作“逆行”册教育转化民风。山口村本着教育、感化、挽救的原则，对应“口碑”册制作了“逆行”册，把轮流值守中发现或群众举报的不文明、不道德行为，经网格员实地查实和报村组审核后，由管理员记入“逆行”册，利用广播或电子显示屏进行通报批评，并通过对其进行谈心说事，引导做出不良行为的村民自觉改邪归正，以达到“不罚款却教化了民风”的目的。为此，山口村投资了1万多元，在村文化广场修建了一块6平方米的电子显示屏，动态通报“口碑”册和“逆行”册记载的好人好事和不良行为。此外，山口村还建立了“整改销号”制度，允许村民“将功抵过”，用“口碑”册中的两件好事抵消“逆行”册中一件不良行为，引导村民自觉扭转不文明行为，形成良好的社会风气。

云南省综治委、办机构情况和负责人名单

一、综治委

主　任：孟苏铁　省委常委、政法委书记

副主任：张百如　省人大常委会副主任、省总工会主席

尹建业　省政府副省长

倪慧芳　省政协副主席、省人民检察院副检察长

乔汉荣　省委政法委常务副书记

杨光跃　省军区副司令员

杨嘉武　省长助理、省公安厅厅长

郭永东　省纪委副书记、省监察厅厅长、省预防腐败局局长

朱家美　省委政法委副书记、省综治办主任

二、综治办

主　任：朱家美

专职副主任：郭　品

云南省各市(州)、县(市、区)综治委、办主任名单

地　区	综治委主任	综治办主任
昆明市	金志伟	刘文义
五华区	彭海滨	付　航
盘龙区	蒋　波	陈　煜
官渡区	郭沫彪	徐　波
西山区	李跃武	张绍辉
东川区	余祖林	杨文春
晋宁县	杨跃东 (10月起)	段云富
呈贡区	周峰越	杨　冬
宜良县	马明良	严坤崇
石林县	谭宜波	李　勇
富民县	槐建华	段德忠
禄劝县	赵志良	黄正辉 (11月前) 郭光明 (11月起)
寻甸县	桂明兴	阮云坤
安宁市	魏　巍	李茂文
嵩明县	王秀江	张应坤 (至1月)

地　区	综治委主任	综治办主任
		李文友 （2月起）
昭通市	刘建华	罗绍江
昭阳区	江先奎	李　杰
鲁甸县	马武荣	李才华
巧家县	方宗辉 （8月前） 张华昆 （8月起）	刁维恩
大关县	陈文庄 （3月前） 王　宏 （3月起）	刘宗裕
彝良县	姚　勇	王太乾
永善县	谭德勇 （4月前） 安治强 （4月起）	吴　波
盐津县	李　疆	祝　强
镇雄县	冯学兰 （7月前） 翟玉龙 （7月起）	刘荣军
威信县	陶　勇	熊有龙
水富县	薛桂强	杨世军
绥江县	杨　淞	邓永才
曲靖市	锁　飞 （8月起）	杨学智
麒麟区	傅学斌	宋红利
会泽县	陈国宝	杜玉敏
富源县	唐开荣	万将先
陆良县	陈　锐	戚国生
宣威市	保明顺 （6月前） 朱党柱 （6月起）	张远惠
罗平县	韩开柱	李保明
马龙县	贺　勇	段培永
师宗县	孟端平	王朝刚
沾益县	毕尚鹏	王　旭

地　区	综治委主任	综治办主任
经济技术 开发区	寇　杰 （6月起）	蔡定贵
玉溪市	刘宁笙 （6月前）	李矿生
红塔区	李永忠 （5月前） 方　洪 （12月起）	朱　智
通海县	陈文存	牟鸿钧
江川县	陈珽寿	何小春
澄江县	陆永泽	朱存忠
华宁县	吴仕祥	李学聪
易门县	许绍宏	杨　森
峨山县	夏黎明 （至1月） 柴慧明 （8月起）	解忠平
新平县	自正林	戴旭东
元江县	黄文康	李雪峰
保山市	赵德光	李永伦 （10月前） 李　祥 （10月起）
隆阳区	杨赵心	王　强
施甸县	陈礼华	徐忠华
腾冲县	黄佳斌	赵国朝
昌宁县	杨开东	罗永宏
龙陵县	赵孝平	赵胜学
楚雄州	张太原 李红民	周红华
楚雄市	左荣贵 杨中华	张雨青
双柏县	张晓鸣 李长平	尹久平
牟定县	李绍文 赖有常 （5月起）	陈国彪
南华县	李云升 刘文跃	罗应荣
姚安县	冯　毅 刘建云	杨春兵

地　区	综治委主任	综治办主任
大姚县	陆积峰	李先科
	唐聆燕	
永仁县	杨仕坤	徐景荣
	李明峰	
元谋县	袁丽娟	李应刚
	李林波	（9月前）
		杨天寿
		（9月起）
武定县	黄云雁	高惠琼
	周志远	
禄丰县	柴万宏	李　慧
	杨继周	
红河州	和　建	张恒昌
个旧市	李鸿瑞	苗茂霖
	（9月前）	
	张红兵	
	（9月起）	
开远市	沈建伟	马　云
	（9月前）	
	佘建军	
	（12月起）	
蒙自县	张俊鹏	陆智晖
建水县		李兴亮
石屏县	刘红云	彭　成
弥勒市	席之湖	王孝云
	（7月起）	
泸西县	冯林春	杨红林
		（12月前）
		孔祥兴
		（12月起）
屏边县	杨国昌	李远福
		（10月前）
		骆玉伟
		（10月起）
红河县	赵健忠	郭　晖
元阳县	王树林	曹绍亮
金平县	文晓波	黄德荣
绿春县	何玉才	石然思
河口县	林国才	吕　奇
	（10月前）	
	杨　洪	
	（10月起）	

地　区	综治委主任	综治办主任
文山州	任　安	罗涌铭
文山市	李建达	冯兴德
		（9月前）
砚山县	杨宗伟	郭家祥
西畴县	尚元超	孙先友
马关县	王元勋	陈树坤
麻栗坡县	刘　扬	张　燕
丘北县	高燕文	罗明国
		（2月起）
广南县	刘东云	周卫鸿
富宁县	邵丽华	赵志远
普洱市	王　军	李佳维
思茅区	江　荣	石迎春
	（7月前）	
	颜仕鹏	
	（7月起）	
镇沅县	李英豪	黄晓东
		（11月前）
墨江县	陈　辉	李朝奎
景东县	张　瑜	张　雄
景谷县	徐春涛	李晓东
		（9月前）
		谌子兵
		（9月起）
江城县	李开福	赖培清
宁洱县	张鹤翔	杨振宇
孟连县	左应华	陈松涛
西盟县	岩　东	魏永明
澜沧县	何新华	蒋余生
		（5月前）
西双版纳州	赵　毅	阿　吴
景洪市	寇文华	段　勇
勐海县	岳滇勇	马　伟
勐腊县	倪家凯	刀彦斌
大理州	梁志敏	李　勇
	何　华	
大理市	李福安	
漾濞县	杨　瑜	靳谊清
	左学政	
祥云县	徐会良	李守国
	王正林	

地 区	综治委主任	综治办主任
宾川县	岳黎松 阿泽新	王辅元
弥渡县	沙伟风 张世伟	周美强
南涧县	吉向阳	康家勤
永平县	李 洋	杨世逊
洱源县	杨承贤 杨 瑜 （4月前） 丁洪涛 （4月起）	赵汝恭
巍山县	常于忠	左增武
云龙县	赵 基 段冬梅	肖志刚
鹤庆县	段智深 陈绍明	张光辉 （12月前）
剑川县	莽绍标 王 远	杨顺荣
德宏州	郭志德	杨守刚
芒 市	姚丽萍	尹新勇
梁河县	李学成 （8月前） 刘云江 （8月起）	车同流
盈江县	尹庆丰	刀小发
陇川县	肖 章	陆 晓
瑞丽市	杨从柱 （3月前） 查大伟 （8月起）	杨兴才

地 区	综治委主任	综治办主任
丽江市	施静春	章之尧
古城区	王平生	和春立
玉龙县	和永宏	黎建瑞
永胜县	杨学文	卢华菊
华坪县	王国忠	杨振平
宁蒗县	杨永林	周永权
怒江州	李文才 （6月前） 李文辉 （6月起）	王志怀
贡山县	李文武	迪春华
福贡县	张 枢 （10月前）	左智良
兰坪县	和嵩频	李昌城
泸水县	茶跃辉	虎 皎
迪庆州	马文龙	尼玛甲称
香格里拉市	肖 徐	殷绍生
德钦县	张永明	安 争
维西县	李 良	董顺光
临沧市	段佳美	陈清林
临翔区	李文灿	雷怀生
云 县		李相忠
凤庆县	王珠红	张廷勇
永德县	吴桂霞	杨志军
双江县	魏江腾	李天祥
镇康县	李开洪	李华定
耿马县	洪 伟	陈秀芳
沧源县	肖云强	苏源宏

（撰稿人：王毅
审稿人：朱家美　周群淞）

西藏自治区

2014 年综治工作概况

2014 年,西藏自治区社会治安综合治理工作在区党委、政府的坚强领导下,在中央综治办的有力指导下,全区各级党政组织和综治部门深入贯彻落实党的十八大和十八届三中、四中全会精神,贯彻落实习近平总书记系列重要讲话精神,贯彻落实中央政法工作会议、深化平安中国建设会议精神,紧紧围绕推进西藏跨越式发展和长治久安这个主题,全面落实中央和区党委、政府各项决策部署,深入开展反分裂斗争,全面深化"先进双联户"创建活动,大力推进平安西藏建设,积极创新社会治理方式,努力提升社会治理水平,为全区社会局势持续和谐稳定提供了有力保障。

一、大力推进平安西藏建设,人民群众安全感进一步提升

(一)大力加强基层党组织和基层政权建设。始终坚持把党组织建在农牧区村组上、建在"双联户"单位上、建在城镇社区楼院上、建在便民警务站上、建在媒体网站上、建在学校班级上、建在驻寺干部队伍上,实现基层党建工作全覆盖。始终高度重视农牧区、高校和反分裂斗争一线党员的发展工作,充分发挥党组织的战斗堡垒作用,不断夯实党在西藏的执政根基。

(二)大力加强基层政法综治组织建设。健全完善各级政法综治机构,加大乡镇派出所、人民法庭、司法所、公安检查站以及乡镇(街道)社会服务管理中心和社区综合服务管理平台建设力度,坚持把社区网格化建设纳入城乡建设和发展总体规划,整合基层服务管理资源,提高基层综合服务管理水平。

(三)大力加强基层综治队伍建设。加强基层综治、公安、司法、治保、联防、调解、帮教等基层综治工作队伍建设,重点加大乡镇(街道)综治专干配备力度,从自治区和地(市)分别争取专项编制,加大教育和培训工作力度,着力提高政治素质、业务水平和工作能力,确保基层综治工作有人抓、有人管、有人办事。

(四)大力加强信息化建设。积极推进视频监控系统建设、联网和应用,逐步实现城乡视频监控系统一体化,加快实施社会管理数据中心、视频图像数据中心、海量语音系统和监狱管理信息化建设等重点项目,重点推进政法专网、综治网、长安网建设,逐步实现对各类基础信息的实时采集、动态录入,切实提高信息互通和资源共享程度。

(五)大力加强基层平安创建活动。切实发挥社会组织协同作用、基层自治作用、人民群众主体作用和新媒体作用,充分调动社会各方面的积极性,深入开展"平安县(区)"、"平安单位"、"县域平安边界"、"平安医院"、"平安校园"和"平安家庭"等多种形式的基层平安创建活动,组织召开深化平安西藏建设推进会,对 10 个县(区)、12 家单位、7 所医院、6 个县域边界、7 所学校、30 户家庭分别予以授牌表彰,不断扩大平安建设覆盖面,以小平安积累大平安。2014 年,全区群众安全感高达 98.91%,与 2013 年相比上升了 0.24 个百分点。

二、不断深化"先进双联户"创建活动,筑牢城乡发展稳定根基

(一)健全完善机制。制定出台了《关于进一步深化"先进双联户"创建活动的意见》和《西藏自治区"双联户"户长补助办法》、《关于推荐优秀联户长、优秀双联户成员进入村(居)"两委"班子的办法(试行)》、《2014—2016 年全区"双联户"户长教育培训工作规划》等一系列激励措施,为深化"先进双联户"创建工作提供了有效保障。

(二)狠抓政策兑现。积极协调自治区财政厅及时划拨各级"先进双联户"和自治区级先进集体奖励资金 5135.37 万元，足额拨付了自治区承担的部分全区户长补助资金 9136.9 万元。对全区 300 名参加公务员考试、35 名参加全国高考、13 名报名参军和 2 名符合退伍安置政策的"先进双联户"家庭直系子女进行了资格审查、兑现了加分政策、落实了优惠待遇。

（三）扩大覆盖范围。将全区各级党政机关、企事业单位、居民小区、沿街商铺等全部纳入"双联户"服务管理范围。目前，全区共建立联户单位 91369 个，实现 80 多万户、310 多万城乡居民全覆盖，筑牢了发展稳定的群众基础。

（四）强化措施落实。认真总结经验、完善配套措施，以"十联"（矛盾纠纷联排联调、安全隐患联防联控、重点人员联管联教、困难家庭联帮联扶、环境卫生联管联治、精神文化联娱联扬、科技知识联学联教、小额信贷联保联担、致富项目联建联营、发展成果联创联享）任务为抓手，不断丰富创建内容、提高创建水平，深入开展创建评选和表彰活动，充分调动各族群众参与平安建设的积极性、主动性。

三、进一步深化寺庙管理创新，确保宗教领域绝对安全

（一）严格落实宗教信仰自由政策。全面贯彻党的宗教工作基本方针和国家管理宗教事务的法律法规，充分尊重和保障各族群众的宗教信仰自由，依法保护正常宗教活动，维护宗教团体、宗教活动场所和信教群众的合法权益。

（二）深化推进寺庙管理规范化。着力提升寺庙"六建"（建管理机构、建党组织、建领导班子、建干部队伍、建工作职能、建长效机制）工作水平，健全干部驻寺常态工作机制，履行好教育、管理、服务职能，规范管理寺庙人、财、物和佛事活动，建立起依法管理、民主管理和社会管理相结合的寺庙管理体制。

（三）切实加强宗教事务管理。健全宗教事务管理配套法规，加强活佛转世管理，办好西藏佛学院及其分院，完善编制内僧尼补充机制，依法整治流动僧尼、清理规范宗教活动，维护正常宗教秩序。

（四）切实加强对广大僧尼的关爱。坚持把寺庙基础设施纳入城乡公共服务范畴，把广大僧尼作为公民、亲人和朋友，继续深入实施好"一个联系"、"六个一"、"九有"、"一覆盖"、"一创建"、"一教育"、"一工程"、"一服务"等利寺惠僧政策措施，推进公共服务全覆盖，使广大僧尼切身感受到党和政府的关怀与温暖，自觉做到爱国爱教、遵规守法、弃恶扬善、崇尚和谐。

四、深入开展矛盾纠纷排查调处，有效化解各类社会矛盾

（一）切实抓住源头预防。始终把维护群众合法权益放在第一位，不断健全完善维护群众合法权益的政策制度，统筹协调、妥善处理好各方面利益关系，努力使改革发展成果更多惠及各族群众，从源头上预防减少社会矛盾。切实加强重大决策社会稳定风险评估机制建设，建立重大决策终身责任追究制度及责任倒查机制，把社会稳定风险评估作为决策的前置程序，做到依法、科学、民主决策，严防因决策不当引发影响社会稳定的问题。

（二）重点突出就地化解。认真学习借鉴"枫桥经验"，坚持党的群众路线，深入开展好"结对认亲交朋友"活动，把社会主义协商民主创造性地运用于社会矛盾化解中，完善人民调解、行政调解、司法调解联动工作体系，推动建立专业性、行业性调解组织，建立第三方参与的矛盾调处机制，最大限度地把矛盾纠纷解决在基层、化解在当地、消除在萌芽状态。

（三）不断规范信访秩序。坚持畅通信访渠道与维护信访秩序并重、创新机制与强化责任并举、主张权利与履行义务统一、依法办事与思想教育相结合，深入推进信访工作制度改革，建立健全阳光信访、群众依法逐级走访、领导干部下访和联合接访工作制度，扎实抓好涉法涉诉信访改革，建立依法有序表达诉求、及时就地解决问题的机制，提高了信访工作质量和效率。

（四）全面提升应急处置。按照指挥统一、反应快速、控制有效、疏导有力的要求，坚持现场处置、勘查调查与社会面整体防控、舆论引导同步部署、同步实施，确保问题在第一时间解决、事态在第一环节控制。

（五）健全完善例会制度。严格按照中央综治办的总体要求，充分结合全区工作实际，健全例会制度、组织召开例会、总结工作经验、认真分析形势、研究对策建议、全面部署任务，确保了各类矛盾得到提前预防、有效化解。2014 年，全区共受理各类矛盾纠纷4815件，成功调解4574件，调解成功率为95%。

五、不断强化流动人口服务管理，健全完善特殊人群工作机制

（一）加强流动人口服务管理。全面贯彻执行《西藏自治区流动人口服务管理条例》，坚持以业管人、以房管人、以证管人，健全完善"一卡通"管理制度，稳步推进户籍制度改革，促进流动人口更好地融入当地社会，建立完善覆盖全部实有人口的动态管理体系，做到了底数清、情况明、管理准、服务好。

（二）完善特殊人群服务管理工作机制。建立完善政府、社会、家庭三位一体的关怀帮扶体系，帮助解决就医就学就业等实际困难，落实好监管责任和措施，健全监测、预警、疏导、救助和心理危机干预机制，完善刑满释放人员衔接管理机制，做好轻微违法人员教育矫治工作，切实防范和有效降低社会风险。

（三）建立和完善出租房屋管理制度。加强对出租房屋管理工作的专题调研，研究制定了《西藏自治区出租房屋管理规定》，加大沟通协调力度，提交自治区政府专题会议审议后颁布实施。

六、切实加强"两边一线"管理，确保边境和藏区边界和谐安定

（一）加强边境地区管控。在边境地区，坚持人防物防技防相结合，军民警民边民联防联动，严格落实边境地区查控堵截措施，落实边民群众参与维稳控边奖励制度。深化对尼警务合作机制，强化边境一线封控，严密二线检查，开展打击整治边境地区非法出入境专项行动。

（二）加强藏区边界管理。在藏区边界，一方面为邻省藏区进藏人员提供方便、热情、周到的服务，一方面实施"一卡通"管理制度，严防不法人员、危险物品进入西藏。

（三）加强铁路护路联防。在铁路沿线，每公里安排护路联防队员6人、配备必要装备、实行24小时昼夜值班巡逻，确保了青藏、拉日铁路安全畅通。

七、不断加强基层基础建设，努力夯实综治工作根基

（一）继续实施干部驻村工作。深入开展创先争优强基础惠民生活动，选派2万多名干部进驻全区5465个行政村（居委会），围绕"建强基层组织、做好维稳工作、寻找致富门路、进行感恩教育、办实事解难事"五项重点任务，全面做好相关工作，并顺利实现了第三批和第四批驻村干部的交接。

（二）完善城镇网格化管理。按照"1+5+X"网格工作模式，在网格中配置6种常态工作力量，并增设市场管理员、农牧科技员等个性化工作力量，确保了社会治理工作无缝隙、无盲区、无空白点。不断将网格化管理延伸拓展到社区、寺庙、居民区和村民组，整体提升了社会服务管理水平。

（三）切实加强基层综治基础建设。按照便民利民的原则，在各乡镇（街道）建立便民服务大厅，实行集中办公，简化办事程序。整合基层综治、公安、司法、调解、治保、驻村工作队等力量，形成了矛盾联调、治安联防、问题联治、平安联创的工作格局。

（四）加快综治信息化建设步伐。初步完成了自治区综治办社会治安综合治理信息系统建设，实现与全国社会治安综合治理信息系统有效对接。充分利用各种宣传平台，深入宣传全区创新社会治理的一系列重大举措、平安建设工作取得的实际成效、深化"先进双联户"创建活动的重大意义和具体效果。

八、严格落实综治目标责任制，确保综治目标任务落到实处

（一）完善考核评价体系。切实把社会治安综合治理和维护稳定工作实绩作为领导班子和领导干部综合考核评价的重要内容，与业绩评定、职务晋升、奖励惩处挂钩，健全完善经费保障机制、综治述职评议制度，严格实行"一票否决制"，确保各项措施落到实处。

（二）认真落实目标责任。建立健全科学的社会治安综合治理考核评价体系，强化考核、兑现奖惩，区综治委严格按照自治区党委、政府与七地（市）签订的综治目标责任书要求，组织7个考评验收组分赴七地（市），对2014年全区综治工作（平安建设）进行了考评验收，根据考评验收结果，提出表彰建议，报请区党委、政府并在全区经济工作会议上对成绩突出的山南地区、昌都市和阿里地区予以了表彰奖励，并签订《2015—2017年社会治安综合治理责任书》。

中共西藏自治区党委办公厅　自治区政府办公厅关于进一步深化“先进双联户”创建活动的意见

（2014 年 5 月 9 日）

为深化“先进双联户”创建活动，进一步加强和改善乡村治理模式，不断夯实全区科学发展、和谐稳定的群众基础和社会基础，提出如下意见。

一、总体要求

高举中国特色社会主义伟大旗帜，以邓小平理论、“三个代表”重要思想、科学发展观为指导，深入贯彻落实党的十八大和十八届三中全会精神，贯彻落实习近平总书记系列重要讲话精神、特别是“治国必治边、治边先稳藏”的重要战略思想和“努力实现西藏持续稳定、长期稳定、全面稳定”、“确保西藏长治久安、确保边陲地区安全稳定”的重要指示，贯彻落实俞正声主席“依法治藏、长期建藏、争取人心、夯实基础”的指示要求，按照区党委政法工作会议和全区“先进双联户”创建活动总结表彰大会部署要求，紧紧围绕共创平安和谐、共同增收致富、共建美好家园，突出利益共享、责任共担，强化教育引导，加强组织体系建设，创新活动载体，丰富实践内容，拓展活动内涵，建立健全体制机制，充分把城乡居民组织起来、动员起来，建成稳固的联户保平安、联户促增收的利益共同体，不断把创建活动引向深入，努力开创城乡基层发展稳定的新局面，奋力推进西藏跨越式发展和长治久安。

二、主要任务

（一）矛盾纠纷联排联调。充分发挥各联户单位互联互通的优势，采取日常走访、邻里往来和常走动、拉家常等方式，全面排查了解掌握联户单位内每户家庭的生活矛盾、家庭纠纷和邻里间的各类矛盾纠纷。发现问题，采取现场调解、巡回调解、上门调解等方式，相互规劝、疏导情绪、及时调解、制止矛盾；对发现的问题自身无法解决的，在第一时间向上级部门报告，切实从源头上有效预防矛盾纠纷积累叠加、升级蔓延。定期或不定期召开联户长会议，听取工作汇报，对一些苗头性、倾向性的矛盾纠纷进行认真梳理，及时化解。

（二）安全隐患联防联控。认真组织发动本联户单位群众参与治安巡逻，搞好群防群治，搜集社情民意，及时掌握外来人员和可疑人员情况，发现问题随时上报；对联户单位内盗窃、抢劫、“黄赌毒”等违法犯罪行为，对有从事分裂破坏活动迹象的，及时发现、及时制止、及时上报；定期组织联户家庭对本联户单位内的安全隐患进行排查，发现安全隐患互相提醒、互相救助，及时消除、防止发生各类安全事故。

（三）重点人员联管联教。对联户单位内的刑释解教人员、社区矫正人员、吸毒人员、闲散青少年、危安重点人、“法会”回流人员等重点人员，实行“一对一”帮教措施，定期走访看望，加强思想教育，了解掌握思想动态，帮助解决其生产生活困难。

（四）困难家庭联帮联扶。深入开展助孤助残活动，对联户单位内的鳏寡孤独、老弱病残、空巢老人、留守儿童等弱势群体，给予关心、帮助。积极发动村“两委”班子成员、党团员与困难群众结对子，经常看望慰问困难群众，帮助他们解决生产生活中的实际困难和问题。协助村（居）委会确定扶贫对象，落实扶贫慰问物资。对好逸恶劳、“等、靠、要”思想严重的贫困户，加强教育引导，鼓励勤劳致富。各级党委、政府根据村（居）委会、联户单位的意见，组织干部职工联系贫困户，定期开展走访慰问，每年为贫困户解决 1—2 个实际问题。积极鼓励引导贫困户参与当地项目建设，增加现金收入，力争早日脱贫致富。

（五）环境卫生联管联治。充分发挥联户长作用，教育引导农牧民群众，增强环保意识，主动破除陈规陋习，改变不良生活习惯，倡导健康文明新生活。开展联户单位辖区环境卫生检查评比，并将评比结果作为年底评选“先进双联户”的重要依据，定期组织联户家庭对联户单位内脏、乱、差等卫生死角进行整治，努力营造良好的生活环境。

（六）精神文化联娱联扬。以形式多样、丰富多彩、群众喜闻乐见的方式，组织群众认真学习中央的方针政策和区党委的重大决策部署，特别是各项强农惠农政策，使各项政策家喻户晓、入脑入心。深入开展社会主义核心价值观、“中国梦”宣传、新旧西藏对比、“感党恩”和普法教育，不断增强各族群众对伟大祖国的认同、对中华民族的认同、对中华文化的认同、对中国特色社会主义的认同。充分发挥农家书屋和民间文艺队的作用，不断丰富群众精神文化生活。进一步完善村规民约等行为规范，积极引导广大群众营造维护稳定、珍视团结，崇尚科学、积极向上，诚信友爱、乐于助人，勤俭节约、艰苦奋斗的良好社会氛围。

（七）科技知识联学联教。充分利用农家书屋、党员干部远程教育网络等设施，在农闲时节组织群众学科学、用科技，不断提高劳动技能和致富能力。加强科普知识宣传，深入开展文化、科技、卫生、法律和爱国爱教宣传服务“五下乡”活动。组织农牧、科技等部门技术人员或邀请回乡务工人员，采取现场授课、实地教学等方式，加强对农牧民群众科技知识、生产经营知识和劳动技能的培训，让每户家庭成员都能掌握一定的实用技术，使其就业有技能、增收有基础、致富有门路。

（八）小额信贷联保联担。进一步完善小额信贷联保联担政策措施，深入开展农牧区“信用村”、“信用双联户”等创建活动，简化贷款程序和手续，扩大农牧区小额贷款投放范围，为有创业意愿、有项目、无资金的农牧民群众解决贷款难问题。鼓励自主创业，积极引导联户单位内的各个家庭相互扶持、相互帮助，为有门路、想致富但缺乏资金的家庭共同担保，帮助获取小额贷款。

（九）致富项目联建联营。按照“自愿结合、入退自由、责权平等、风险共担、收益共享”的原则，以利益为纽带，积极鼓励联户单位内的致富能人带领群众共同创业，发展各类经济合作组织，选上各类致富项目，形成致富增收的共同体，在政策扶持、信贷担保、科技服务、信息服务、技术培训、市场开拓等方面给予帮助和倾斜，促进增收致富。

（十）发展成果联创联享。创新群众工作，在扩大就业、社会保障、基础教育、医疗卫生、保障性住房、公共文化、公共安全等社会事业方面不断加大投入，完善基本公共服务体系，着力保障困难群众基本生活，促进城乡基本公共服务均等化，让改革发展稳定成果惠及各族群众。鼓励支持各联户单位群众发挥自身优势，拓展致富门路，发展高原特色种植养殖业、农畜产品加工业、旅游业、商贸经营、民族手工业、劳务经济等，增加现金收入、改善生活条件，加快实现共同富裕。

西藏自治区拉萨市携手
共促平安和谐　联户共谋繁荣发展

拉萨市认真贯彻落实自治区党委、政府决策部署，按照陈全国书记提出的“拉萨要充分发挥首府城市首位度作用”的总要求，高度重视、持续加力，突出重点、创新举措，着力深化创建活动，夯实基层综合服务管理基础，推动社会治理由党政主导向齐抓共管转变。全市各族各界干部群众共保平安、共促和谐、共谋发展、共同致富，干净整洁的卫生环境、联户经营的发展环境、互帮互助的生活环境、讲信修睦的人文环境日渐形成。

一、坚持问题导向，进一步理顺工作体制机制

拉萨市充分发挥党委、政府和联户群众两个积极性，上下联动，良性互动。市、县、乡三级党委、政府充分发挥引领和推动作用，既不过分干预、具体包办，又不放任自流、听之任之，积极推动群众工作群众做，集体平安集体保，自身发展自身谋。一是加强政策引领，制定出台了《关于进一步深化“双联户”工作的意见》，为“双联户”创建工作搭建政策平台。二是加强舆论引导，利用多种媒介，张贴、悬挂、播放“双联户”工作标语、横幅、视频2000余条（次），编印、发放宣传手册25000多本，中央和西藏主要新闻媒体采编、播发拉萨市“双联户”典型事例和经验做法30余条，大力营造“知联户、齐参与，建联户、促稳定，享联户、共发展”的舆论导向。三是强化综合保障，累计投入资金4000余万元，兑现补助资金、奖励政策，激发参与积极性、主动性。四是加强户长培训，积极广泛开展爱国主义、社会主义核心价值观、反分裂斗争、民族团结进步、新旧西藏对比以及中央和区市党委、政府强农惠农政策宣讲教育，让户长知晓惠从何来，增强对党和祖国的认同感、归属感、凝聚力，以个人言行感染身边人、教育身边人。

二、坚持属地联防，共同维护社会和谐稳定

始终把推进社会和谐稳定作为深化“双联户”工作的基础环节，围绕搭建平台、畅通渠道，互联互通、快速反应，常态巡逻、动态监管这一思路，有效构建起家庭和睦、邻里团结、遵纪守法、群防群治的良好局面。城关区丹杰林社区建立社区“双联户”公众微信平台，及时受理和处置群众反映的流动人口、安全隐患、矛盾纠纷、卫生死角等问题，迅速传达党的方针政策和工作措施，覆盖广、反应快、便捷高效的特点，得到社区居民的广泛认可。总结这一经验做法，以社会治理信息系统为依托，研发出“双联户”信息服务管理模块和移动终端信息采集传输软件，将软件安装在户长的手机上，户长一键就可以把相关语音、图像、文字传输到系统平台，由工作人员调度处理，实现了信息及时传输和掌握，做到了对各类问题早预防、早发现、早处置。同时加快力量整合步伐，将“双联户”与社区网格化管理、警务管理融合衔接，在城区所有社区建立警务室，按照“一格六员、一格一警”，配备网格工作人员和网格民警1100余人。户长与网格工作人员积极参与重点地区的巡逻排查和重点人员走访管控，极大提高了社会服务管理的实效性。2014年，全市联户单位共组织开展治安巡逻31200余次，排查矛盾纠纷1940起，收集社情民意6270余条，排查整治安全隐患3960多处，参与重点人员管教4230余人次，有效消除了影响社会稳定的各类隐患。

三、坚持联户发展，有力促进群众增收致富

以培育联户经营、农牧民合作组织和农牧业产业化带头企业等新型农牧业经营主体为抓手，以实施“净土健康产业”为依托，大力发展农牧民专业合作、股份合作，积极兴办多元化、多类型合作社，形成了“企业＋联户＋基地”的农牧区“双联户”合作经营模式，助推农牧区产业发展和增收致富。曲水县才纳乡“净土健康产业示范基地”建立以来，乡党委、政府组织联户群众共同参与玛咖、雪菊等高附加值农产品种植，促进农牧区产业升级，加大农村富余劳动力转移，仅2014年，全乡联户群众现金收入较2013年增加2000余万元。同时，市委、市政府制定出台《关于建立村级产业联户互助社的指导意见》和《实施方案》，积极推动联户担保、联户经营、联户发展、联户增收，构建联户增收的资金、政策、项目支持平台。针对广大农牧民文化水平低、缺乏致富专业技能的问题，全面实施以业育人、以业安人、以业管人、以业富人的“四业工程”，开办卡垫纺织、驾驶、烹饪、绘画等10余个种类的技能培训班，深入做好农牧业实用技术、专业技能和市场经营知识教育培训，为实现“联户增收”提供技能保障。

2014年，拉萨市共建立联户经济合作组织362个，吸纳4576户13000余人，提供劳动岗位2800多个。联户经营、农牧民专业合作组织的建立，既能够有效引导广大农牧民适应市场规律、降低市场风险、增加现金收入，还极大地激发了全市集体经济的内生动力，构建起了互利共赢的产业化经营新格局。

西藏自治区综治委、办机构情况和负责人名单

一、综治委

主　任：邓小刚　自治区党委副书记、自治区常务副主席、自治区党委政法委书记

副主任：董云虎　自治区党委常委、宣传部部长

王瑞连　自治区党委常委、秘书长、自治区党委政法委常务副书记

格桑次仁　自治区副主席、自治区党委政法委副书记

何文浩　自治区副主席、自治区党委政法委副书记

索　达　自治区高级法院党组书记、院长

张培中　自治区检察院党组书记、检察长

宋宝善　武警西藏总队司令员

高万海　西藏公安边防总队总队长

高雨祥　西藏公安消防总队总队长

汪留国　自治区党委政法委副书记、秘书长、自治区维稳办主任

于德斌　自治区党委政法委副秘书长、自治区综治办主任、自治区公安厅副厅长

刘　江　自治区公安厅党委书记、厅长

二、综治办

主　任：于德斌

副主任：格桑罗布

齐胜利

三、机构设置

自治区综治办下设综治协调处、综治督导处、实有人口服务管理处、社会管理处、铁路护路办。

西藏自治区各地(市)、县(区)综治委、办主任名单

地　区	综治委主任	综治办主任	地　区	综治委主任	综治办主任
拉萨市	张延清	赵铁岭	桑珠孜区	次仁顿珠	杨坤鹏
城关区	刘　亮	谢　军	亚东县	扎西次仁	达　娃
堆龙德庆县	谢公瑾	王林芝	定日县	王　珅	美多央金
尼木县	普　琼	旦　增	岗巴县	扎西旺堆	洛　桑
曲水县	格桑邓珠	米玛次仁	萨嘎县	李运生	普　多
林周县	次仁顿珠	赵跃民	白朗县	赤列朗杰	巴桑普尺
达孜县	阿努次仁	宗　吉	仁布县	次仁顿珠	普琼次仁
墨竹工卡县	旦增尼玛	加永曲培	江孜县	曲　达	尼　玛
当雄县	其美次仁	旦增贡嘎	拉孜县	欧珠罗布	索朗罗布
日喀则市	张洪波	次　旦	聂拉木县	冯鲁伟	王　权

地　区	综治委主任	综治办主任	地　区	综治委主任	综治办主任
谢通门县	王金铭		察雅县	夏　冰	赵慧芬
萨迦县	扎　多	米玛次仁	左贡县	土登尼玛	唐庆国
吉隆县	胡　红		洛隆县	群泽巴登	泽旺登巴
南木林县	王顶峰	达瓦次仁	江达县	曲　培	李洪川
昂仁县	边巴扎西	巴桑旺堆	类乌齐县	达　瓦	尼玛江村
仲巴县	多布拉	巴桑次仁	丁青县	晋　美	次仁格桑
康马县	索朗罗布	洛　桑	芒康县	齐应海	向秋卓玛
定结县	贡　嘎	白玛多吉	边坝县	欧珠达瓦	巴桑琼达
山南地区	晶　明	罗　布	贡觉县	扎　西	刘建民
乃东县	索朗格桑	索朗欧珠	八宿县	尼玛吉村	达瓦次仁
桑日县	吾　金	陆华平	**那曲地区**	龚会才	拉　加
加查县	孙红章	索朗卓嘎	那曲县	赤来塔吉	马伟力
曲松县	拉巴次仁	平措索朗	比如县	顿珠群培	格桑巴珠
扎囊县	雷　丰	赤　列	索　县	次仁龙培	尼玛群宗
贡嘎县	次　仁	尼　琼	巴青县	肖　烟	贾未存
浪卡子县	董安学	李万华	安多县	熊　川	尼玛吉
洛扎县	央中卓嘎	杨松林	聂荣县	母兴斌	东知项杰
琼结县	索朗多吉	扎西罗布	嘉黎县	五金才塔	贡　觉
措美县	巴桑欧珠	罗　布	班戈县	次仁扎西	周仕富
隆子县	刘圣育	桑　珠	申扎县	龙　措	江　铼
错那县	布　多	普布次仁	尼玛县	徐　建	尼　琼
林芝地区	多吉次仁	张一丁	双湖县	南　培	陈　勇
林芝县	折　宝		**阿里地区**	洛桑旦达	米玛多吉
米林县	扎西达杰	尼　玛	噶尔县	牛振民	伦　珠
工布江达县	甘丹平措	边巴次仁	日土县	刘立栋	罗　梅
波密县	达　瓦	阿旺朗加	札达县	次仁扎西	郭志良
朗　县	成　燕	韩大军	普兰县	曲　次	李福海
察隅县	胡文平	志　军	革吉县	扎西措姆	洪　峰
墨脱县	扎　西	白玛多吉	改则县	益西土登	许万华
昌都市	余兴宇	瞿文豪	措勤县	扎西罗布	杨志虎
卡若区	王　伟	郭　勇			

（撰稿人：谢压
审稿人：王建雷　周群淞）

陕　西　省

2014 年综治工作概况

2014 年,全省综治系统认真贯彻落实党的十八大和十八届三中、四中全会精神,按照中央政法工作会议和深化平安中国建设会议的部署要求,以深化平安建设为载体,以解决影响社会和谐稳定的突出问题为重点,认真落实综治和平安建设各项措施,人民群众安全感稳步提升,有力维护了全省社会大局和谐稳定。

一、深入开展严打整治活动,切实增强群众安全感

顺应群众对平安的期盼和要求,坚持严打、严防、严管、严控有机结合,始终保持对违法犯罪活动的高压态势,先后在全省部署开展了以“六打击五整治四防范”为主要内容的“秦安”专项行动和“2014 秦剑”行动,加大对严重刑事犯罪、黑恶势力犯罪、危害食品安全犯罪、“两抢一盗”等侵财性犯罪的打击力度。2014 年全省抢劫、抢夺、盗窃、杀人、伤害、爆炸等六类案件同比分别下降 30.4%、25.7%、1.8%、9.4%、14.5%、40%。深入推进打黑除恶专项斗争。紧紧围绕群众反映强烈的各类治安突出问题,突出重点区域场所集中整治,对城乡结合部、“城中村”、火车站及周边、出租房屋、工矿区、网吧、歌舞厅、中小旅馆、学校及周边等重点场所、部位进行了排查整治,全省挂牌督办的 294 个突出问题和重点区域(其中省级 23 个、市级 97 个、县级 174 个),整治治安乱点和突出问题 8276 个,社会治安状况明显好转。2014 年“公众安全感”调查仍然采取省综治办委托省统计信息咨询中心电话抽样调查的方式进行,共抽取 5.5 万个样本量,调查结果显示,全省公众安全感达到 92.69%,同比上升 0.32 个百分点;全省创建“平安陕西”活动知晓率达到 86.06%,同比上升 2.04 个百分点。

二、着力加强基层基础,夯实和谐稳定的根基

按照固本强基、做实基层、服务群众的原则,从去年开始在全省大力推行“三官一律”进社区(村)和社区民警专职化工作。目前,全省共建立社区警务室 1796 个,配备专职社区民警 3323 名。全省所有社区和 90% 的村都派驻了联系的法官、检察官、民警和律师,零距离服务群众,防范和减少了违法犯罪。下发了《关于进一步加强综治基层基础建设深入推进社会治理创新工作的通知》,就进一步加强基层综合服务管理平台建设、推行网格化管理进行了全面部署。着力规范基层社会服务管理平台建设和运行,全省建成县(市、区)级平台 137 个、乡镇(街道)级平台 1478 个、社区(村)平台 23880 个,县、乡、村三级基层综合服务管理平台覆盖率分别达到 100%、100%、90.3%。在全省深入推进“社区(村)网格化”服务管理模式,在社区(村)内科学划分基础网格,使每个网格真正成为社会服务管理的基本单元和组织节点。调研起草了《关于统筹推进全省城乡社区网格化管理的指导意见(征求意见稿)》,召开了统筹推进全省城乡社区网格化管理研讨座谈会,对网格化服务管理工作进行了强力推动。目前,全省实施网格化的社区(村)11815 个,覆盖率 44.67%。深入推进社会管理创新“十百千”活动,总结推广了西安市莲湖区流动人口和出租屋服务管理模式、铜川市红旗社区服务管理模式、延安市宝塔区网格化管理模式等 13 个基层社会治理和平安建设的典型经验。11 月 27 日—29 日省综治办在西安举办了市、县(市、区)综治办主任培训班,对全省各市、县(区)综治办负责同志共 131 人进行了业务培训。同时,各市、各部门广泛开展基层综治干部培训,进一步提高了基层综治领导干部搞好本职工作、履行工作职责的能力和水平。

三、学习和发扬枫桥经验，深入排查化解矛盾纠纷

认真贯彻落实纪念毛泽东同志批示“枫桥经验”50周年大会精神，创新矛盾纠纷排查调处月例会方式，每月突出一个主题、交流一些经验、研究一类矛盾、解决一批问题，注重实效，全年召开矛盾纠纷排查调处协调会12次，并按时向中央综治办上报会议纪要。在涉及医患纠纷、征地补偿、交通事故等重点、热点领域，培育专业性行业性调解组织3831个。在全省深入开展“大下访、大化解、大稳定”、“千所万人抓化解、力促三秦大和谐”和“百镇千村创双无，化解矛盾促和谐”等活动，在市(区)、县(市、区)、乡镇(街道)三级推行落实“一天一名领导接访、一周一分析研判、一月一回访排查、一季度一督查督办、年终考核实行一票否决”的“五个一”矛盾纠纷排查化解工作机制，积极化解影响社会和谐稳定的各类矛盾纠纷，千方百计把矛盾纠纷化解在基层。2014年全省共排查各类矛盾纠纷110822起，调处106419起，调处率为96.03%。全面建立推行社会稳定风险评估机制，把重大决策社会稳定风险评估工作纳入省委、省政府年度目标责任考核体系，2014年全省共评估重大事项3831件，暂缓实施63件，不予实施28件，从源头上预防了不稳定问题发生。

四、加强治安防控体系建设，提高动态社会的管控能力

制定《进一步深化全省平安建设完善立体化社会治安防控体系的意见》，推动各地把视频监控系统建设纳入城乡建设总体规划，继续实施“三警三防”进农村、技防入农户等工程，持续推进“853工程”建设，全面加强人防、物防、技防建设。目前，全省共建立网格化责任巡逻警区1187个，落实专职巡逻警力14719人(含辅警)、群防群治力量398700人，设警务岗亭437个、流动警务车187台，确保了全省社会治安秩序持续向好。制定了《关于组织动员社会各界和人民群众参与社会治理的意见》，广泛发动群众参与平安建设，强化提升治安中心户长、“红袖章”平安志愿者、十户联防等群防群治经验，组织专门群防群治队伍21118支、398700人，全省各地“红袖章”平安志愿者队伍的规模保持在50万人左右，最大限度实现了社区、街面、路面巡逻防控工作的常态化。

五、强化流动人口和特殊人群管理，提升实有人口服务管理水平

认真贯彻落实《陕西省流动人口服务管理办法》，印发了《关于进一步加强和创新流动人口服务管理工作的通知》，进一步完善“以房管人、以证管人、以业管人”办法，完善建立以流入地为主、流出地与流入地协调配合的流动人口服务管理机制，推动形成覆盖所有实有人口的动态服务管理体系。认真开展流动人口出租房屋信息采集，积极落实流动人口居住证制度，截至2014年底，全省共采集流动人口数据2965701条，制发居住证2849322张。省综治办、省公安厅表彰了62个“陕西省流动人口服务管理工作先进集体”和236名“陕西省流动人口服务管理工作先进个人”。进一步加强社区矫正和刑释人员群体安置帮教工作，制订“雨露行动”推进方案，制定了《陕西省社区矫正实施细则》，大力推行“新航驿站”、“新航之家”模式。目前，全省共建成新航驿站7个，新航之家156个，安置1523人次。累计接收社区矫正服刑人员30481人，解除矫正14936人，在矫15545人。加大精神障碍患者防治服务和救治力度，积极开展精神障碍患者排查工作，制定关爱救助措施，逐一落实监管看护人员及其责任，确保不闹事不肇祸，确保了全省录入系统的重性疾病患者未发生致人伤亡案(事)件。通过实施艾滋病“五扩大、六加强”措施，不断加强监测和检测，认真落实免费治疗政策，不断加大艾滋病防治力度。

六、大力推动各专门工作，深化平安创建活动的开展

制订了《2013—2016年陕西省重点青少年群体服务管理和预防犯罪工作计划》，继续深化“青少年维权岗”创建活动，推动12355青少年服务台建设，不断加强预防青少年违法犯罪阵地建设。目前，全省共建成青春驿站160个，11个地市和107个县市区实现全覆盖；全省建立有不良行为青少年职业技能培训学校14个，县级重点青少年群体帮教工作试点地区由31家增加到76家，覆盖范围进一步扩大。省综治办会同省军区积极推进“六个共建”、“一部一乡镇”等平安创建活动，陕西省扎实推进军地共建“平安陕西”活动的经验和做法，受到总政治部、兰州军区和省委领导同志的充分肯定。全省涉军维权工作领导小组认真开展涉军维权工作，进一步巩固和深化了涉军维权“陕西模式”。2014 年全省各级铁路护路组织以“平安铁路”建设为抓手，积极协调护路成员单位和有关部门联勤联动，确保了全省铁路治安稳定有序、运输安全舒畅，杜绝了因治安问题引发的行车事故，杜绝了因涉路矛盾纠纷引发的冲击铁路拦车断道事件，盗窃铁路运输物资案件同比下降 75.6%，盗窃旅客财物案件同比下降 19.1%，铁路交通事故同比下降 27.8%，路外伤亡人数同比下降 33.8%，妥善处置涉路群体性事件和苗头 13 起，实现郑西、西宝高铁治安问题“零发生”。陕西省综治办、陕西省高教工委、陕西省公安厅印发了《陕西省普通高校“平安校园”创建活动实施办法(修订)》的通知，修订了《陕西省普通高校“平安校园”创建评估指标体系》，对全省 85 所申报省级“平安校园”的学校进行了验收。深入中小学幼儿园进行安全大检查，广泛开展校园及周边安全问题隐患集中整治行动，有力维护了校园及周边安全稳定。

七、大力推行责任管理，推动工作措施落实

健全完善暗访督查机制，2014 年共抽调 512 名同志开展督查暗访活动，组织督查 29 次 126 天，检查部位 14984 个，发现问题和隐患 956 个。健全完善工作情况通报和责任查究机制，对政法系统领导干部深入基层情况、推进“五个重点”工作情况、社区每月发案情况、戒毒场所收戒人数等情况，实行定期通报。共发出通报 135 期，督促各地落实整改措施 3012 条，问责处理 588 人。

陕西省综治委关于组织动员社会各界和人民群众参与社会治理的意见

(2014 年 10 月 31 日)

为进一步加大组织动员社会各界和人民群众参与社会治理力度，深化平安陕西建设，营造和谐稳定的社会环境，确保人民安居乐业、社会安定有序，特制定本意见。

一、指导思想

全面贯彻落实党的十八大、十八届三中、四中全会精神，紧紧围绕推进国家治理体系和治理能力现代化的总目标，牢牢把握全面推进依法治国的总要求，以深化平安陕西建设为重点，坚持系统治理、依法治理、综合治理、源头治理，坚持人民群众在社会治理中的主体地位，按照“公众参与、协商民主，群众的事群众办、群众自己管理自己”的思路，广泛动员社会各界和人民群众参与社会治理，最大限度增加和谐因素，增强社会发展活力，促进社会大局和谐稳定，为建设富裕陕西、和谐陕西、美丽陕西营造良好的社会环境。

二、目标任务

以群众满意为标准，以群众受益为目标，以群众参与为动力，动员社会各界和人民群众参与社会治理，到 2017 年年底，基本形成党委统一领导、党政齐抓共管、部门各负其责、社会广泛参与的社会治理工作格局，有效解决影响社会稳定的源头性问题和影响人民群众安全感的突出治安问题，全省 80% 以上的市(区)公众安全感达到 90% 以上，努力实现政府治理和社会自我调节、居民自治良性互动。

三、工作原则

1. 坚持人民主体地位，实行群防群治。坚持党的群众路线，充分调动人民群众参与社会治理的主动性、积极性和创造性，构建群防群治新模式，实现自我管理和自我服务，共同维护社会治安，促进和谐稳定，让社会治理的成果惠及最广大人民群众。

2. 坚持预防为主，加强源头治理。牢固树立预防在先、源头治理的理念，前移关口，标本兼治，重在治本，及时反映和解决人民群众各种利益诉求，从源头上预防和化解社会矛盾，实现由事后治理向事前预防的转变。

3. 坚持统筹兼顾，突出依法治理。统筹做好政府治理与社会调节和群众自治的关系，坚持运用法治思维和法治方式创新社会治理，着力解决影响社会稳定的突出问题。

4. 坚持改革创新，增强治理实效。坚持解放思想、实事求是，树立问题导向，巩固和发扬已有工作经验，积极破解难题，探索具有地域特色、行业特点、符合时代要求的新举措、新方法。

四、工作措施

（一）探索建立矛盾纠纷化解新机制。继续深化社会稳定风险评估机制、专业性行业性矛盾纠纷调处组织建设、律师代理信访案件、妇女信访代理等工作。积极推广“五老义务调解”和社会贤达人士参与社会矛盾化解，依靠群众和第三方化解社会矛盾纠纷。

1. 建立信访案件提级听证评议机制。各级信联办、政法部门、信访部门要从“两代表一委员”、法律专家、群众代表中选任听证评议员并建立听证评议成员数据库，对信访事项进行“专家会诊”和听证评议。

2. 建立矛盾纠纷源头治理“五个一机制”和联合化解机制。在市、县（区）、乡镇（街道）三级推行“一天一名领导接访、一周一分析研判、一月一回访排查、一季度一督查督办、年终考核实行一票否决”的矛盾纠纷排查化解工作机制，把矛盾纠纷化解在基层、消除在萌芽。在县（区）、人民法院立案大厅内设立社会矛盾联合化解中心，在党委政法委领导下，政法和综治成员单位、民间调解力量共同参与，实现对矛盾纠纷的一站式、一揽子化解，形成依法、多元化解矛盾的合力。

3. 推行设立以个人姓名命名的工作室。鼓励支持退休老干部、退役老军人、老党员、国家机关工作人员、领导干部、“两代表一委员”等在乡镇（街道）、村（社区）组以个人姓名命名设立工作室，倾听民声，了解民意，定分止争，服务群众。

4. 建立法律援助值班律师机制。各级法律援助机构可试点在人民法院、信访接待大厅、看守所、村（社区）等派驻法律援助值班律师。信访当事人、犯罪嫌疑人、被告人、特殊人群等申请提供法律帮助的，应当为其指派法律援助值班律师。省律协要深入开展“千名律师连千所、法律服务到前沿”主题活动和“人民满意的最美律师”评选活动，积极做好法律援助工作，不断提高律师提供公共法律服务能力和水平。

（二）探索建立社会治安防范新机制。强化提升治安中心户长、“红袖章”平安志愿者、十户联防等群防群治经验，织密织牢立体化社会治安防控体系，继续深入推进基层系列平安创建活动，切实增强人民群众的安全感。

1. 建立分片联系包抓综治工作机制。各级党委、政府及政法综治部门建立分级分片联系包抓制度，负责联系指导、督促检查所包联区域的综治基层基础建设、矛盾纠纷排查化解、社会治安防范、基层平安创建等工作，形成一级抓一级、一级对一级负责，层层抓落实的良好格局。

2. 健全完善公共交通安全防范机制。把做好公共交通安保工作作为推进平安建设的重要内容，以创建平安道路、平安公交、平安铁路、平安地铁等活动为载体，推广应用公共交通安防新技术，落实治安防范责任，加大巡逻查控力度。严格落实高速公路路政交警联合巡查机制，加大道路安全巡查力度，及时制止交通违法行为，预防和减少重大道路交通事故的发生。

3. 建立影响社会平安稳定重大案事件原因分析机制。对发生重大案（事）件的地方，由所在地区党委、政府牵头负责，相关责任部门和单位参加，深刻分析原因，查找薄弱环节，依法依纪追究责任，研究落实整改措施，并形成专题报告报上级党委、政府。

（三）探索建立社会化、市场化、多元化社会治理新机制。贯彻落实陕西省人民政府办公厅《关于政府向社会力量购买服务的实施意见》文件精神，加快形成统一有效的购买服务平台和机制，到 2020 年，在全省基本建立比较完善的政府向社会力量购买社会管理服务事项制度，形成与经济社会发展相适应、高效合理的公共服务资源配置体系和供给体系。

1. 加快推动各类社会组织共同参与社会治理。各地要按照“政社分开、管办分离”的原则，培育支持一批社会组织孵化实验基地，重点培育和优先发展涉及民生、提供社会管理服务、公益慈善类、行业协会商会类、城乡社区服务类等社会组织，力争用3—5年时间初步建立起责权明确、依法自治的现代组织体制。民政部门要建立健全社会组织法人信息数据库，依法加强社会组织的登记管理，引导其依法开展活动。

2. 发展壮大各类志愿者队伍和专业社工队伍。贯彻落实《陕西志愿服务促进条例》，搭建全省性志愿服务平台，依法建立志愿者协会，“挖掘”社会新阶层力量参与社会治理，用3—5年时间，使全省志愿者人数达到150万。大力孵化和培育民办社工服务机构，重点发展壮大从事特殊人群服务管理、预防青少年违法犯罪、社区矫正等专业性社工队伍。深入推进戒毒工作，探索建立专业性戒毒社工队伍，强化社区戒毒，加大强戒力度。

3. 充分发挥统一战线和热爱公益事业人士在社会治理中的重要作用。各级统战部门要搭建好各界人士参与社会治理的平台，推出一批政府购买服务项目，引导民主党派、无党派人士参与社会治理。鼓励和支持“两代表一委员”、民族宗教界人士、热爱公益事业人士等积极参与社会公益事业和公共服务。各级工会组织要推动“帮扶、维权、服务”工作融入社会公共服务体系。各级共青团和妇联组织要承接好政府购买服务项目，组织专业力量参与青少年法制教育、预防青少年违法犯罪、关爱留守妇女儿童等工作。

（四）探索建立依法治理和法制宣传教育工作新机制。各级政府和部门要运用法治思维和法治方式推动工作，加快法治政府建设步伐，着力提升依法行政、依法治理能力。

1. 强化对干部的法制教育。各级组织、人事部门要把对党员干部特别是领导干部的法制教育作为提升干部素质的重要内容，各级党校、行政学院和有关培训机构要把法律法规学习列入干部培训计划，着力提升干部依法执政、依法行政的能力和水平。

2. 大力推进基层群众自治和城乡社区建设。贯彻落实村委会组织法，建立健全村民自治制度，强化村务公开，开展形式多样的基层民主协商，重大决策、重大事项由村（居）民会议、村居民代表会议讨论决定，做到群众的事由群众自己做主。健全村（社区）综合服务管理平台，加快推行网格化服务管理模式，最大限度方便群众办事。各级政法部门要深化“三官一律”进社区工作，进一步拓宽“三官一律”服务领域，延伸司法为民触角。

3. 开展形式多样的法制宣传教育工作。司法行政等部门要深化普法宣传工作，增强全民法治观念，引导群众自觉把法律作为指导和规范自身活动的基本行为准则。加强政法综治公共关系建设，充分运用现代传媒，开通政务电子邮箱和微博，扩大宣传渠道和途径，争取公众对政法综治工作的认同感和满意度。

4. 积极培育和践行社会主义核心价值观。大力加强社会公德、职业道德、家庭美德、个人品德教育，强化道德约束，规范社会行为，激发社会各界和人民群众主动承担社会责任。各级工会要深入开展“中国梦·劳动美”主题活动，引导职工树立主人翁精神。各级共青团组织要深入开展“我的中国梦——奋斗的青春最美丽”等活动，引导青少年践行社会主义核心价值观。各级妇联要深入开展寻找“三秦最美家庭”活动，深化“五好文明家庭”创建活动。不断深化精神文明创建活动，开展“感动陕西道德模范”评选活动，树立一批引领时代潮流的道德模范。

五、工作要求

1. 提高思想认识，加强组织领导。各级党委、政府要充分认识创新社会治理的重大意义，把组织动员社会各界和人民群众参与社会治理置于全局工作的突出位置，经常深入基层调查研究，及时研究新情况新问题，有针对性地解决推进社会治理工作中的突出问题，不断提高社会治理水平。

2. 明确职责任务，狠抓工作落实。各地要按照党委牵头、政府主导、社会多元主体共同参与的原则推进社会治理。各部门、各企事业单位、各类社会组织要充分发挥职能作用，立足本职，各司其职，密切协作，形成合力，共同推动工作落实。健全完善工作保障制度，将社会治理经费列入各级财政预算，引导社会资金投入社会治理，为创新社会治理提供必要的物质保障。

3. 精心谋划部署，整体协调推进。各地各部门要根据所承担的工作任务，抓紧研究制订实施方案，提出工作的总体目标和阶段性工作安排，明确时间进度，落实工作力量，细化政策措施。要实行责任管理，每年确定一批创新社会治理的实事，实行项目化运作，有重点、分步骤抓好落实。对重大、复杂事项，可以先行试点，树立典型，取得成熟经验后逐步推开。

4. 强化目标考核，严格责任奖惩。各级各部门要将社会治理纳入目标责任考核，与领导干部业绩评定、职务晋升、奖惩等挂钩，强化结果导向和倒查问责。各地每年树立 2～3 个创新社会治理示范典型，宣传表彰一批参与社会治理的先进单位和先进个人，营造社会各界和人民群众参与社会治理的良好氛围。

陕西省综治委关于表彰 2013 年度全省公众安全感调查满意率排名前十位县（区）的决定

（2014 年 3 月 26 日）

2013 年度，在省委、省政府坚强领导下，全省各级党委、政府和政法综治部门紧紧围绕实现“三个陕西”的总目标，全面落实平安建设工作各项措施，为陕西省经济发展和社会平安和谐稳定做出了新贡献，人民群众对社会治安的满意率达到 92.37%，较上年增长 0.51 个百分点，人民群众对平安创建知晓率达到 84.02%，较上年增长 1.24 个百分点，对政法队伍的正面评价率达到 85.84%，较上年增长 1.36 个百分点，创建“平安陕西”活动取得了明显成效。为了激励先进，弘扬典型，推动各地不断深化平安建设，进一步提升人民群众安全感和满意度，省综治委决定：对 2013 年度全省公众安全感调查中人民群众对当地社会治安状况满意率在 80 个县中排名前 7 位的黄龙、留坝、凤翔、永寿、镇安、旬阳、长武县和 29 个区（市）中排名前 3 位的宝鸡市陈仓区、铜川市耀州区、宝鸡市金台区予以通报表彰。

省综治委希望，受到表彰的县（区）要再接再厉，开拓创新，扎实工作，以深化平安建设为载体，加强和创新社会治理，进一步落实平安建设各项措施，不断增强人民群众安全感，确保当地社会大局平安和谐稳定。

省综治委要求，全省各级、各部门要以先进县（区）为榜样，深入学习贯彻党的十八大、十八届三中全会和中央、省委政法工作会议精神，进一步落实平安建设各项职责任务，着力解决影响社会治安的突出问题，确保人民群众安居乐业，努力维护全省社会大局持续和谐稳定，为建设富裕陕西、和谐陕西、美丽陕西做出新的更大贡献。

陕西省综治委关于对2013年度全省公众安全感调查满意率后十位县(区)的警示通报

(2014年3月26日)

2013年以来,全省各地坚持以"平安陕西"创建活动为载体,以服务经济社会发展为使命,以增强人民群众安全感和满意度为目标,全面落实平安建设各项措施,有力维护了全省社会治安大局持续稳定。总体上看,经过各级各部门的共同努力和人民群众广泛参与,全省社会治理和平安建设工作取得了显著成效,人民群众对社会治安的满意率、对政法队伍的满意度和对平安建设的知晓率都有了明显提升,平安陕西建设工作迈上了一个新台阶。但是,仍有一些县(区)公众对当地社会治安满意率和对政法队伍满意度不高。为进一步深化平安陕西建设,切实改变部分县(区)落后面貌,不断增强人民群众的安全感和满意度,促进全省社会大局持续和谐稳定,省综治委决定:对2013年度公众对当地社会治安满意率在全省80个县中排名后7位的甘泉、勉县、华县、吴堡、横山、绥德、蓝田县和29个区(市)中排名后3位的兴平市、西安市经开区和高新区予以黄牌警告。

省综治委要求,被黄牌警告的县(区),要认真分析人民群众对当地社会治安满意率不高的主要原因,深入查找工作中存在的突出问题和薄弱环节,制订切实有效的整改方案,着力从人民群众满意的事情做起,从人民群众不满意的问题改起,强化工作措施,加大整改力度,落实领导责任,积极进取,扎实工作,努力取得良好的整改效果,并定期向省综治办报告整改工作进展情况。

省综治委希望,全省各级政法综治部门要深入学习贯彻党的十八大、十八届三中全会和中央、省委政法工作会议精神,以被黄牌警告的县(区)为警示,发扬成绩,克服不足,努力进取,开拓创新,不断提升人民群众安全感,确保社会大局和谐稳定,为加快建设富裕陕西、和谐陕西、美丽陕西做出新的更大的贡献。

陕西省发挥五支队伍作用 预防化解社会矛盾　促进和谐陕西建设

近年来,陕西省积极创新预防和化解社会矛盾工作机制,广泛动员社会力量参与,充分发挥"五支队伍"在社会矛盾化解中的作用,及时预防和化解了大量矛盾纠纷,维护了全省社会大局和谐稳定,为建设富裕陕西、和谐陕西、美丽陕西营造了良好的社会环境。

一、充分发挥"红袖章"平安志愿者队伍的作用,及时就地发现和化解矛盾纠纷

2013年省综治委制定出台了《关于进一步健全"红袖章"平安志愿者队伍长效机制的意见》,推进了"红袖章"队伍的规范化和常态化,目前全省"红袖章"已达到50万人。一是巡查发现矛盾,当好信息员。"红袖章"深入街头巷尾、居民院落、学校企业,走村入户开展巡查,第一时间发现矛盾隐患,第一时间报告信息。二是现场制止矛盾,当好治安员。"红袖章"在巡逻中,对发现的盗窃绺窃、邻里争吵、买卖纠纷等现象,及时予以制止和劝解,维护社会面治安秩序。三是协助化解矛盾,当好调解员。"红袖章"在日常巡查中,全方位、无缝隙地收集社情民意,对发现的矛盾纠纷及时就地化解,对一时处理不了的疑难矛盾及时上报街道、社区或有关单位,协助做好矛盾纠纷化解工作。

二、充分发挥各类专业调解队伍的作用,预防化解重点领域和行业的矛盾纠纷

针对社会热点、难点矛盾纠纷,大力推进专业性、行业性调解组织建设,有效化解了一大批涉及群众切身利益的热点、难点矛盾纠纷。一是健全调解网络。在交通事故、医疗纠纷、劳动争议、物业管理等领域推动建立专业性、行业性人民调解组织,目前全省已建立各类行业性专业性人民调解委员会497个。二是增强调解效能。加大对专业调解人员的选聘和业务培训力度,形成分工合理、权责明确、优势互补的纠纷调解体系,增强矛盾纠纷化解实效。三是创新调解方式。结合开展党的群众路线教育实践活动,组织开展"千所万人抓化解、力促三秦大和谐"活动,大力推广汉中市洋县的"民情报告制度"和商洛市镇安县民情气象服务站制度,开展"串百家门、记百家事、熟百家情、办百家事"和"万名干部走基层、结对包扶暖民心"等活动,及时解决群众的困难和诉求。

三、充分发挥政法干警队伍的作用,走村入户防范化解矛盾纠纷

全省在城市推行"三官一律"(法官、检察官、警官、律师)进社区(村)、在农村推行"一村一政法干警"工作机制,探索了一条化解矛盾纠纷的新路子。一是提供便民咨询。派驻或联系社区、村的"三官一律",全部将其姓名、单位、职务、照片和电话予以公示,通过入户走访或电话向群众提供法律咨询、政策解答等便民服务。二是开展普法教育。"三官一律"深入所联系的社区和村组织开展法制宣传,选择一些典型案件进行巡回审判,引导群众学法、尊法、守法。三是化解矛盾纠纷。"三官一律"指导和帮助社区(村)健全人民调解组织,培训社区(村)民间调解员队伍,直接参与矛盾纠纷调处,引导群众理性表达诉求,依法维护自身合法权益。四是拓展服务领域。针对重点项目建设中矛盾纠纷尖锐复杂的实际,探索建立了"三官一律"进重点项目、进矿区机制,不断拓展"三官一律"服务领域,保障了重点建设项目顺利推进。

四、充分发挥专家学者等专业人才队伍的作用,化解影响社会稳定的重大疑难矛盾纠纷

积极发挥专家学者等专业人才队伍的作用,终结了一大批信访疑难案件。一是建立矛盾"会诊"专家库。从省级政法部门办案骨干、政法类院校法律专家、律师、省人大代表、政协委员,以及其他社会各界代表中选聘了39人组建了"法律专家库",选聘48人担任执法监督员。省、市两级信联办分别成立听证评议团,建立了"听证评议成员数据库",省级入库听证评议员83人,各市(区)入库听证评议员近400人,形成了一支第三方参与化解疑难信访案件的专业力量。二是健全听证评议工作机制。从"法律专家库"和"听证评议成员数据库"中抽调人员,负责对疑难复杂等信访事项,进行"专家会诊"和听证评议。对中央交办的重大疑难、"三跨三分离"和有明显争议的信访事项,采取提级或异地听证评议的办法,实现息诉罢访。三是全面开展帮扶惠民活动。对听证评议后的信访终结案件,信访当事人确有生活困难的,交由民政等部门进行社会救济或重点帮扶,保障其基本生活。省委、省政府每年把新增财力的80%和整个公共财政支出的80%用于保障和改善民生,并相继研究出台了40多项政策,有效化解了民办教师、下岗职工等特殊利益群体的诉求。

五、充分发挥"五老"等民间队伍的作用,化解发生在群众身边的矛盾纠纷

组织动员"五老"人员(老党员、老干部、老教师、老军人、老干警)等社会贤达人士参与调处涉及邻里纠纷等方面的矛盾,简便快捷,群众容易接受。一是以乡里亲情调和矛盾。"五老"熟知当地民情风俗、熟知当事人基本情况、熟知事件的前因后果,能够消除对立情绪,心平气和地使当事人达成和解。二是以说事论理化解矛盾。推广延安市富县"群众说事日"工作方法,由"五老"出面,用拉家常的方式和村民一道对村里要解决的难题、要办的实事进行说事论理，做到“畅通渠道说事、集中民智议事、整合民力办事”。三是以乡规民约规避矛盾。“五老”人员在群众当中享有一定的威望，擅长运用人情、习俗、礼仪、规矩等“乡规民约”，作为和解之策，收到了良好的效果。

陕西省西安市坚持常抓不懈重拳整治全力净化社会治安环境

近年来，随着西安城市经济社会的快速发展，西安市建筑领域、生产经营场所违法犯罪及“黄赌毒”突出治安问题不断凸现，社会危害大、治理难度大，群众意见大。市委、市政府、市综治委秉承“发展是第一要务、平安是第一责任”的理念，坚持把硬茬整治突出治安问题作为回应群众关切、助推城市发展、深化平安建设的重要抓手，强势打响系列高起点、高规格、大规模专项整治行动攻坚战，出重拳打击，下硬茬整治，动真格查究，整治行动取得明显成效，为西安国际化大都市建设营造了良好社会治安环境。

一、周密组织部署，着力筑牢整治工作根基

一是坚持高标准安排部署。市委、市政府、市综治委对治安重点地区、突出治安问题整治工作高度重视，多次做出指示。市委常委会、市委政法委全会专题研究专项整治工作，市综治办、市公安局主要领导亲自参与研究实施方案和行动计划，组织指挥打击整治战役，参加集中销毁活动。市综治委印发了《西安市“两打击、一整治”专项行动实施方案》、《西安市严厉打击“两抢一盗”及建筑领域黑恶势力违法犯罪活动专项行动实施方案》、《西安市关于集中整治娱乐场所“黄赌毒”突出治安问题专项行动实施方案》等文件，明确整治工作的组织领导、整治重点、主要措施和任务分工。各区县委书记、区县长，开发区党工委书记、管委会主任和市文广新局、工商局等部门主要领导坚持“一把手”挂帅，集中调配资源力量，为专项整治工作扎实有效开展奠定了坚实基础。二是坚持高起点组织推进。成立了由市委副书记、市综治委主任任组长，市委常委、市公安局局长任副组长，各区县委、各开发区党工委书记，市综治委有关成员单位主要领导为成员的高规格组织领导机构和七个督导检查组，统一部署、组织、指挥、协调、督查专项整治行动。跨区域、跨部门的重大打击整治战役，由市级领导亲自坐镇指挥，相关区县(开发区)、部门主要领导到场协调配合；重要线索、重点案件，由市综治委、市公安局领导亲自挂牌督办。组织区县、公安、文化、工商、消防等部门5次召开现场会、推进会。七个督导检查组定期、不定期分赴各区县、各开发区及市级有关部门，督查进度，跟踪问效，推进工作。三是坚持大规模发动群众。整治工作中，坚持依靠和发动群众，充分调动群众发现突出治安问题、检举揭发违法犯罪、参与共建“平安西安”的积极性和能动性，形成全民参与、群防群治、共筑和谐的整治工作合力，让违法犯罪、污泥浊水无处遁形。在西安日报、西安晚报、西安电视台等市级主流媒体，滚动发布专项行动通告，宣传报道专项行动战果。开通24小时群众举报电话，设立专项资金，鼓励群众检举揭发违法犯罪分子，提供破案线索。先后收到群众举报重要线索195条，检举揭发违法犯罪56人次。在群众及媒体监督下，对收缴的5000余台赌博性质游戏机、20000余张淫秽音像制品及多种毒品、吸制毒工具进行集中销毁，形成强大震慑气势。

二、突出重点问题，着力提升整治工作水平

一是重拳打击建筑领域违法犯罪，全力维护经济发展环境。近年来，针对建筑领域和生产经营场所抢占工地、强揽工程、强买强卖等违法犯罪高发势头，市综治委审时度势，及时在全市开展了严厉打击建筑领域和生产经营场所违法犯罪活动、整治市场经济秩序和严厉打击建筑领域黑恶势力违法犯罪专项行动。通过持续的严打高压，全市建筑领域和生产经营场所违法犯罪高发势头迅速得到遏制,有效维护了全市建筑领域和生产经营场所的正常生产生活秩序。二是硬茬剜除娱乐场所“黄赌毒”,全力净化社会治安环境。明确提出“四个依法从严”(依法从严查处一批群众深恶痛绝、反映强烈的案件,依法从严惩处一批涉案违法犯罪嫌疑人,依法从严整顿取缔一批问题突出的娱乐场所,依法从严处理一批对娱乐场所“黄赌毒”问题监管不力、失职渎职、不作为或乱作为人员)的总目标。做到“三个坚决不放过”:对人民群众举报揭发的案件线索坚决不放过,对新闻媒体报道曝光的事件坚决不放过,对市综治办暗访发现的问题坚决不放过。坚持“无声风暴”行动,只干不说,只打击整治不宣扬报道。全市涉“黄”类投诉同比下降73%,涉“赌”类投诉同比下降91%。三是包抓整治高发案社区,全力提升人民群众安全感。为巩固深化党的群众路线教育实践活动成果,有效降低社区发案,回应群众期待,提升人民群众安全感。坚持每月对全市社区发案情况进行排名通报,对连续3次发案总数排名前10位的社区,落实委、处领导联系包抓制度。每半月召开包抓工作汇报会,研判分析共性问题进行集体“会诊”,提出解决办法,共商整治措施,全力落实推进。

三、坚持严查严管,着力健全整治工作机制

一是狠抓督查督办。成立了由市级领导任组长的七个高规格督导检查组,由正局级领导带队,及时对专项整治工作开展情况进行督查,对重要案(事)件进行挂牌督办,限期整改(办结),上报办理落实情况。坚持每日收集汇总打击整治战况和战果,每周排名通报整治工作情况,呈送市委、市政府、市综治委主要领导,印发各区县、相关部门,推进专项整治工作。市委政法委、市综治办按照“努力向实战单位靠拢”的要求,充分发挥职能作用,变以往的组织协调为靠前指挥,亲自深入一线暗访取证,亲自参与指挥、监督打击整治工作。二是严格责任查究。成立工作组,持续深入区县、开发区和市级各职能部门,开展督导检查与明查暗访,推动专项整治工作深入开展。对整治后重新发现“黄赌毒”等问题的地区,依法依纪严肃追究公安、文化、工商等部门和相关人员责任。市综治委(办)把整治效果纳入年终目标考核之中,严格落实责任查究制度,对整治后出现反弹、再度被确定为治安重点地区、突出治安问题的地区,对相关单位、部门责任人依法统一实行顶格处理。三是健全长效机制。市综治办联合市公安局、市文化局、市工商局,不断探索建立治安重点地区、突出治安问题整治工作长效机制,制定出台了《西安市娱乐场所管理工作规范(试行)》、《西安市娱乐场所管理责任追究办法》及《西安市社会治安重点地区认定标准》等文件,建立了定期与不定期相结合、明查与暗访相结合、专项治理与集中整治相结合的常态化管理工作规范。出台“铁规”和刚性执法措施,顶格处罚涉“黄赌毒”娱乐场所,顶格处理抢占工地、强揽工程、强买强卖违法犯罪分子,从严追究、查处渎职失察、包庇纵容“黄赌毒”违法犯罪活动和为涉嫌违法犯罪人员通风报信、甚至充当“保护伞”的公职人员,全力保障社会风清气正、城市健康发展、群众安居乐业。

陕西省综治委、办机构情况和负责人名单

一、综治委

副主任:安　东　胡　悦　千军昌
阎庆文　胡太平　杜航伟

二、综治办

主　任:王永明

副主任:胡跃宏　杨建军

省综治办内设综治一处、二处、三处、四处。

陕西省各市(区)、县(市、区)综治委、办主任名单

地　区	综治委主任	综治办主任	地　区	综治委主任	综治办主任
西安市	刘春雁	高选良	凤　县	张新科	梁继科
新城区	陈立民	赵利华	麟游县	赵会祥	邢彦生
碑林区	邢宏锋	冯　亮	千阳县	王雪峰	赵炳杰
莲湖区	王　强	李佐宏	扶风县	刘军建	贾铁锁
雁塔区	刘伯雅	熊克用	陇　县	赵一键	闫凯康
未央区	王　军	何建民	高新区	卓　宁	罗万军
灞桥区	李继红	赵　江	**铜川市**	赵晓明	张栓虎
临潼区	李晓明	安　峥	宜君县	刘　冲	赵关武
长安区	王福林	孟航海	印台区	延红岩	马彦彪
阎良区	刘　强	何万荣	王益区	王春梅	
高陵县	胡建超	宋耀文	耀州区	李志强	杜建生
蓝田县	陈旭辉	周学城	**渭南市**	王春阳	贾重新
户　县	邓晓宇	刘会利	临渭区	王进文	周钢明
周至县		陈三选	华阴市	李新功	刘小平
咸阳市	乔　军	白登友	华　县	白晓林	徐卫荣
秦都区	卓鹏飞	刘健康	潼关县	张　斐	王江涛
渭城区	陈　峰	王保刚	人荔县	马荣界	何志强
三原县	张宏立	崔西利	蒲城县	陈经武	蒙志宏
泾阳县	刘前锋	高广进	合阳县	严晓慧	杨智勇
乾　县	焦志鹏	李养茂	韩城市	冀会康	王少敏
礼泉县	钟　伟	季昊若	澄城县	宋晓彤	王华民
永寿县	赵俊强	唐公彦	富平县	原晓军	刘卫东
彬　县	王宏志		白水县	贾建武	李安义
长武县	拓巍峰	李玉平	**榆林市**	高中印	王尚雄
旬邑县	来　祯	张　昭	榆阳区		高子义
淳化县	雷党社	蒲　欣	神木县	温建刚	邱文政
武功县	蒲　军	张龙昌	府谷县	刘咏康	
兴平市	郭永强	梁长江	横山县	周锦锋	张宏伟
宝鸡市	黄　超	刘拴怀	靖边县	白春阳	苏春生
渭滨区	张晓晨	夏君明	定边县	蒋亚东	薛　暄
陈仓区	王万庆	张建华	子洲县	焦延平	薛战雄
金台区	毕小平	李虎利	绥德县	王志强	韩玉亮
岐山县	高清苗	张宏军	米脂县	杨志先	王兴政
凤翔县	王继萍	娄建科	清涧县	白春田	郝维彬
眉　县	张　帆	朱林江	吴堡县	刘　伟	李秀兵
太白县	张建科	卢大安	佳　县	杨　政	侯军科

地　区	综治委主任	综治办主任	地　区	综治委主任	综治办主任
延安市	薛占海	王晓玲	留坝县	刘少海	张新安
宝塔区	白　妍	任军智	佛坪县	王俊生	李志钧
甘泉县	刘宝平	张轶燊	**安康市**	陈　勇	吴家仲
富　县	冯振东	贺延红	汉滨区	王怀中	万安家
洛川县	师晨旭	李　辉	汉阴县	刘飞霞	唐继虎
黄陵县	张拴林	牛文华	石泉县	柯昌斌	陈诗学
黄龙县	雷　炜	王朝阳	宁陕县	吴大芒	姚志宏
宜川县	赵来喜	张世平	紫阳县	谢成彦	刘明彬
延长县	杜芳华	冯志辉	岚皋县	周康成	江贤斌
延川县	高明星	郭东春	平利县	邱志华	曹修斌
子长县	雷兴平	何　翔	镇坪县	贺中原	石守强
安塞县	任建军	郭宝军	旬阳县	陈　刚	刘　俊
志丹县	徐步亮	张志清	白河县	龚晓华	余山根
吴起县	薛宏伟	尚恩江	**商洛市**	张普庆	张建军
汉中市	贺书田	李代斌	商州区	王　锋	王建勋
汉台区	李　耕		洛南县	刘丹峰	
南郑县	赵维君		商南县	崔华锋	谭简礼
洋　县	彭义成	刘文学	丹凤县	赵新华	马宏涛
城固县	孟晓东	丁　勇	山阳县	李旭光	张生年
勉　县	刘宝明	陈　飞	镇安县	马建琦	袁业主
西乡县	李永春	李　刚	柞水县	许水兆	郑安锋
宁强县	魏江云	李东升	**杨凌示范区**	郭建树	丁孝民
略阳县	混利荣	张洪敬	杨陵区	曹亚岐	许新昌
镇巴县	徐万平	周寿平			

（撰稿人：赵波
审稿人：胡跃宏　刘方保）

甘　肃　省

2014 年综治工作概况

2014 年，全省综治（平安建设）工作深入贯彻党的十八大和十八届三中、四中全会精神，学习贯彻习近平总书记系列重要讲话精神和中央、省委政法工作会议精神，以确保全省社会大局持续稳定和人民群众安居乐业为目标，以提高社会治理能力和深化平安甘肃建设为统揽，全面推进各项工作，在预防化解社会矛盾、健全社会治安防控体系、强化综治基层基础、推进社会服务管理信息化建设等方面取得了新进展、新成效，为保障促进全省经济社会发展作出了积极贡献。全省没有发生影响重大的群体性事件、极端恐怖暴力事件和公共安全案事件，刑事案件高发的势头得到有效遏制，社会治安大局平稳，群众安全感进一步增强。据省统计局调查显示，2014 年甘肃省群众安全感达 90.74%，比上年提高了 0.22 个百分点。

一、以改革创新精神加强顶层设计和谋划推动，在破解社会治理和平安建设的体制机制性障碍上有了新进展

从年初开始，在全省政法综治系统组织开展了为期半年的深化平安甘肃建设大调研活动。组织精干力量，先后深入 11 个市州、近 40 个县（市区）、100 余个乡镇（街道）、270 多个村（社区）、80 多个基层政法单位、30 多个企事业单位以及 50 余户城乡居民家庭进行实地调研，形成了具有针对性的工作思路和建议，为省委、省政府进一步深化平安甘肃建设提供了决策依据。同时，坚持以民意和问题为导向，开展了深化平安甘肃建设社会调查活动，组织部分大学生利用暑期社会实践深入 13 个市州的 70 多个县（市、区），采取进村入户走访问谈的方式获得了 5000 多个样本，进一步掌握了广大人民群众对平安甘肃建设的愿望，增强了有效回应群众期待的针对性。省综治办会同省卫生计生委、省公安厅、省司法厅等部门，开展了全省特殊人群服务管理工作调研，全面摸清了各类特殊人群、五类重点青少年群体的底数和基本情况，为改进综治（平安建设）工作薄弱环节和解决瓶颈性问题找准了方向和重点。

紧紧抓住中央和省委深化社会体制改革的战略机遇，立足于解决平安甘肃建设的体制性机制性障碍，研究起草了《全省社会治安防控体系建设的意见》、《关于在全省基层推行网格化服务管理的指导意见》，对当前和今后一个时期加强社会治安综合防控、创新基层社会治理、深化平安建设提出了总体思路和工作规划。制定了《甘肃省平安县（市、区）考核管理办法》和《甘肃省平安县（市、区）考核标准》，规范了考评命名程序和标准。联合相关主管部门出台“平安家庭”、“平安企业”、“劳动关系和谐单位”等 13 个系统平安创建活动实施意见及考评标准，靠实了系统行业主管单位和相关部门的创建责任，推动各行各业平安创建活动全面开展。同时，还会同省公安厅、省卫生计生委、省教育厅、省司法厅等部门制定了《甘肃省肇事肇祸等严重精神障碍患者救治救助办法（试行）》，完成确定的年度全面深化改革任务。制定了《关于加强公共交通安保工作的意见》、《关于加强邮件、快件寄递安全管理工作的意见》，对邮件、快件寄递安全管理工作提出了要求。省公安厅等省综治委成员单位出台了《甘肃省进一步推进户籍制度改革的实施意见》、《关于进一步加强社区矫正衔接工作的意见》、《甘肃省中小学幼儿园安全管理办法》等一系列指导性文件，省检察院出台了附条件不起诉暂行规定和开展涉罪未成年人观护教育工作指导意见，这些都有效弥补了社会治理和平安建设的制度机制空白。

二、整合资源与信息建设并重，不断推动基层基础工作上水平

一是做强基层综合服务管理平台。组织开展了“基层综合服务管理平台规范化建设达标年”活动，指导各地依托政府政务大厅、便民服务中心(站)、综治维稳中心等，整合力量资源，创新工作机制，在全省99%的县(市、区)、99%的乡镇(街道)、93%的社区(村)搭建起了基层综合服务管理平台，基本实现了“一个平台受理、一站式服务”，使各项服务民生、保障民安的措施在基层得到进一步落实。

二是积极推行网格化服务管理。组织推动基层将人、地、物、事、组织全部纳入网格管理范畴，依靠网格化管理和群防群治力量，主动发现矛盾、化解矛盾、提供服务、解决问题，使基层平台的服务触角进一步伸向社区、家庭和服务对象。目前，全省划分网格72000多个，配备网格管理员72000多名，社区(村)网格化服务管理的覆盖率已达93%，并在基层社会治理中发挥了重要作用。

三是努力推进综治信息化建设。着力构建纵向贯通、横向集成、共享共用、安全可靠的综治信息平台。目前，省综治信息系统已联通14个市州、80个县(市、区)、1100个乡镇(街道)、13992个村(社区)；全省综治信息员账号开通25185户，占应开通户的35%，信息导入工作正在积极有序进行，省综治网云计算中心已收录人口基础信息1920万余条，占全省总人口的74%。省综治办与14个市州实现了视频联通。

三、统筹区域创建和行业系统创建，着力形成平安建设的大格局

一是区域平安创建深入推进。按照新的考核标准和办法，加强全省平安县(市、区)创建活动的日常考评和动态管理，对已命名的36个平安县(市、区)和新申报命名的22个县(市、区)进行了全面考核，形成了重新确认命名的意见。推动各地逐级开展了平安乡镇(街道)、平安村(社区)等创建命名活动，全省平安乡镇(街道)覆盖率达到81%，平安村(社区)创建率达到76%。

二是行业系统平安创建全面展开。坚持“系统抓、抓系统”的原则，督促指导12个行业(系统)主管单位牵头，相关部门参与，成立了13个行业(系统)平安创建活动领导小组，推动各地深入开展了平安家庭、平安医院、平安企业、平安道路、平安边界、平安网络和“劳动关系和谐单位”等多种形式的创建活动，在促使行业系统排查治理安全隐患、化解不稳定不和谐因素等方面发挥了积极作用，推动形成了全党动手、全民参与，共创平安、共享和谐的工作格局。

三是共创平安甘肃浓厚氛围进一步形成。以“深化平安甘肃建设，守护幸福美好家园”为主题，在省级层面重点策划和组织开展了以省委政法委书记专访、综治优秀新闻评选以及“我的平安梦”征文活动等为主要内容的系列宣传活动，进一步营造平安建设的浓厚氛围。各地各部门更加重视运用新媒体深化宣传发动，充分利用《甘肃长安网》、《甘肃政法手机报》和微博、微信、微电影等新兴媒体，采取各种生动活泼、群众喜闻乐见的方式，加大平安建设宣传发动的广度和深度，有效激发和调动了社会各方面和广大群众参与平安甘肃建设的积极性和主动性。

四、以创新的举措，提升了矛盾纠纷排查调处的实际效果

一是严格落实矛盾纠纷排查调处协调会议制度。坚持和完善矛盾纠纷排查调处协调会议机制，实现研究解决重大矛盾纠纷常态化、规范化。突出重点，促进县一级协调会议制度的落实，组织了重点督查，提出了工作要求，着力提高县级协调会议解决实际问题的能力和工作成效。各级协调会议定期分析汇总研究矛盾纠纷的总体情况，对可能引发重大治安问题和群体性事件的矛盾纠纷或者隐患苗头进行个案研究，对重点矛盾纠纷明确责任单位和责任人，落实包案制度，对已交办的重点矛盾纠纷跟踪办理情况，落实督办制度。年内，全省共排查各类矛盾纠纷24.8万多件，98.6%的都得到了妥善调处。

二是集中攻坚化解突出社会矛盾纠纷。省综治办会同省维稳办、省信访联席办开展了“全省突出社会矛盾和信访问题集中排查化解活动”，推动各地各部门加大排查化解力度、集中攻坚。同时，建立突出矛盾纠纷包案化解机制，实行清单化管理。对涉及全省55个县区的175件突出矛盾纠纷，由省综治办各处与相关市州综治办负责同志，实行“双向双重”包案督办、省综治办批准销案制度。对在限期内没有化解的突出矛盾纠纷，由省综治办对县区包案责任人、市州综治办及省综治办包案督办主要负责人进行通报批评，对有关县区进行“黄牌警告”，推动责任落实、问题解决。至年底已有165件突出矛盾纠纷得以圆满化解。尚未化解的10件各地均作了专题报告，说明情况，并提出进一步化解的工作意见，作了限期化解和稳控当事人的承诺。

五、持续在解决影响社会治安的突出问题上深化工作，进一步提升了人民群众安全感

一是着力深化命案治理专项行动。召开专题会议进行了具体部署，明确了目标任务、具体要求和工作责任，并督促各地逐级加大了部署推进力度，多数命案突出的县（市、区）都由党政主要领导亲自动员，亲自过问工作进展情况，切实加强了领导。针对近年来命案犯罪呈现的新特点，积极调整思路，坚持预防为主，突出强化县、乡、村三级预防化解矛盾纠纷的责任。对命案高发的11个市州、县（市、区）发出了督办通报，责令加强整改。对发生一次致死3人以上命案的4个县区，由省综治办逐一发出督查通知，严格要求落实责任查究，各地据此均实行了“一票否决”和“黄牌警告”，并追究了12名乡镇、村干部的责任。以着力消除命案诱发因素、加强命案多发部位及行业场所防控为重点，大力强化社会面、重点部位、重点场所和重点人员管理，构建多元化命案防范体系。

二是持续推进社会治安防控体系建设。各地以创新立体化社会治安防控体系建设为目标，以加强城市大巡防体系为重点，进一步加强人防物防技防建设，加大治安资源的整合力度，健全完善防控机制，最大限度地屯警街面，提高街面见警率、管事率。狠抓单位内部、居民楼院、背街小巷防控措施的落实，增加技防设施建设投入，着力提高防控水平。在全面完成全省乡镇（街道）视频监控系统建设任务的基础上，完成了178个未联网和220个无派出所乡镇（街道）视频监控系统的升级改造和联网任务，并对甘南、武威藏区7个县、市技防系统建设进行了增建、改建。目前，全省公共领域视频监控点位近10万个，机关企事业单位技防建设覆盖面近87%，农村各种类型的技防入户率达35.4%。一些市州采取政府购买服务的方式，加强辅警力量、综治员队伍和平安志愿者队伍建设，狠抓对居民楼院、背街小巷防控措施的落实，不断提升社会治安防控水平。

三是深入开展社会治安突出问题重点整治。制定下发了《甘肃省社会治安重点地区认定标准》，对社会治安重点地区的范围、认定标准进行了界定。对各地的社会治安混乱地区和突出治安问题进行了分析比对，对整治不力、社会治安问题仍然突出、群众反映强烈的市州提出警告，督促其落实整治措施。各地因地制宜组织开展了流动暂住人口聚居区、城乡结合部、棚户区等治安混乱地区和油区、矿区的综合整治，以及盗抢机动车、危爆物品管理不规范等突出问题的集中治理活动，逐级确定重点，实行挂牌督办。兰州市40余次组织工作组，对全市流动人口聚居区、城乡结合部、火车站、长途汽车站、集贸市场和校园及周边等治安混乱区域和重点部位进行全面排查，排查突出治安问题、重点区域125批次，确定了15个重点区域和突出治安问题进行挂牌整治；张掖市部署开展了为期6个月的道路交通、医患纠纷、校车安全等专项整治行动。年内，全省累计排查确定重点地区（行业、场所）1067个，其中县一级确定重点164个、乡镇（街道）确定重点365个。省、市、县三级挂牌督办重点地区和突出治安问题144个。通过整治促进了全省社会治安大局持续稳定，刑事案件上升势头得到有效遏制，升幅明显下降。全省八类主要刑事案件发案同比下降4.8%。

四是大力推动重点领域和行业的综合治理。针对重大交通事故多发的问题，省公安厅在全省部署开展了“降事故、保安全、保畅通”百日攻坚专项行动。同时，积极推动全省交警管理体制改革，着力维护道路交通安全。针对校园安全突出问题，制订解决兰州地区校园安全突出问题任务分工方案，大力实施“校园安全保护区”建设工程，取得重要成果。全省各级加强对校园内部安全管理、“三防”建设、食品安全、校车使用、周边环境等方面的整顿治理，有效解决了涉校案事件多发等五个突出问题。年内，全省涉校事故案件同比下降26.7%，学生死亡率同比下降10%，特别是兰州市涉校刑事治安案件同比下降60%。

针对有不良行为或严重不良行为青少年帮教难的问题,在兰州市、张掖市和嘉峪关市试建专门学校,集中教育矫治,并推广"1 + 1 + X"帮教模式,招募志愿者 7730 人,建立帮教队伍 504 个,覆盖 3968 人。年内,全省 18 岁以下未成年犯罪数同比下降为 10.2%。针对刑释解教人员就业难、易重新违法犯罪的问题,加强衔接管理和过渡性安置帮教基地建设,年内全省刑释解教人员重新犯罪率为 0.15%,远远低于国家司法部控制指标。针对流动人口管理服务难的问题,开展户口登记管理专项清理整顿,并突出城乡结合部、娱乐服务场所、出租房屋等重点,开展流动人口调查摸底,全省流动人口和出租房屋登记率同比上升 10% 以上,48 小时登记率达到 100%。

六、注重典型经验培育推广,形成了一些符合甘肃实际的基层社会治理模式

高度重视社会治理经验的总结和推广,积极支持和推动各地大胆探索创新,形成了一些管用有效、便民利民的基层社会治理模式。如定西市完善推行的"八员"、"八联"、"两个全员参与"的基层社会治理机制,即乡村干部担当"八员"(矛盾纠纷调解员、社会治安防范员、实有人口管理员、特殊人群帮教员、弱势群体帮扶员、两新组织联络员、群众事务代办员、法律政策辅导员),群众互助组实行"八联"(矛盾纠纷联调、社会治安联治、实有人口联管、特殊人群联帮、弱势群体联扶、两新组织联建、群众事务联办、法律政策联学),全员互助联合发展,并通过综治信息平台举办各类活动、推行民事代办等形式,实现乡村干部与广大群众的全员互动,从而推进社会治理有序高效运行。陇南市探索推广的"五队一卡"工作模式,即在全市村一级建立乡村干部、民间调解、群防群治、便民服务、自娱自乐等五支队伍,建立科学的协调联动机制,把乡村组织管理与村民自治紧密结合起来,把政府公共服务与群众自我服务紧密衔接起来,有效提高了基层的社会事务管理能力和服务水平。兰州市全面实行的校园"安全保护区"建设,有力促进了校园及周边综合治理的组织建设、制度建设、法治文化建设、人防物防技防建设,大大改变了各级各类学校特别是中小学、幼儿园的校园面貌,实现了涉校刑事案件的大幅度下降。平凉市"五教联创"的和谐宗教创建活动取得显著成效,实现了宗教与社会、各宗教之间、宗教内部的和谐一致,宗教纠纷大为减少,各类宗教活动安全有序。天水市的综治组织延伸行动,进一步夯实了基层基础工作。庆阳市大力开展的乡村道路安全整治行动,在乡、村两级交通安全管理机构建设、农用机动车登记管理方面实现重大突破,带动了全市城乡交通安全管理工作的整体提升。此外,山丹县的"八一"、"六好"社区规范化建设,民乐县、山丹县的外出务工与"三留守"人员关爱关护行动,灵台县的平安建设"三进"与"和谐五星"创建活动,泾川县的特殊人群"五管五帮工作法",等等,这些创新性经验都为全省综治(平安建设)工作增添了活力,打造了亮点,提供了借鉴。

甘肃省综治委　省政府国资委
关于全省国有企业深化平安企业创建活动的实施意见

(2014 年 5 月 17 日)

为认真贯彻落实中央和省委关于深化平安建设的决策部署,根据《中共甘肃省委甘肃省人民政府关于深化平安甘肃建设的意见》(甘发〔2013〕7 号)、省综治委《关于深入开展系统(行业)平安创建活动的意见》(甘综治委〔2013〕9 号),现就在全省国有企业深化平安企业创建活动提出以下实施意见。

一、指导思想与目标任务

以科学发展观为指导，深入贯彻党的十八大、中央深化平安中国建设工作会议和省委、省政府深化平安甘肃建设会议精神，紧紧围绕我省与全国一道全面建成小康社会奋斗目标和企业改革发展稳定大局，以建立健全平安创建长效机制为核心，以加强基层基础建设为重点，以落实社会管理综合治理工作措施为主线，在企业内部深入开展平安企业创建活动，大力提升企业平安建设水平，确保职工群众安居乐业，确保生产经营稳定运行，为深化平安甘肃建设做出积极贡献。通过深化平安企业创建活动，努力实现“六个更加”、营造“五个环境”、确保“四个不发生”的总体目标。即：平安创建的意识更加强化、基础更加牢固、机制更加完善、措施更加得力、能力更加提升、成效更加显著；营造安全有序的生产环境、良性互动的用工环境、公平信用的法制环境、文明健康的生活环境、和谐稳定的周边环境；确保不发生重大安全生产事故、重大治安案件、刑事案件、群体性事件。

二、创建范围、组织领导及职责分工

（一）创建范围。平安企业创建范围为中央企业在甘机构、省政府国资委监管企业、省直有关部门所属企业和市（州）县（市、区）属国有企业。由省直企业主管部门、各级国资监管机构、综治部门相互配合，掌握全省所有国有企业数量并列出名单，全部纳入平安企业创建范围，做到应创尽创。

（二）组织领导。根据省综治委《关于深入开展系统（行业）平安创建活动的意见》要求，全省国有企业平安创建活动坚持“条块结合”的原则组织实施。在条条上按照“系统抓、抓系统”的原则，充分发挥全省各级国资监管部门的主导作用和职能优势，加大对国有企业平安建设的组织领导、指导协调和推动落实力度。省上由省政府国资委牵头负责，成立省政府国资委主要领导任组长，省综治办和省政府国资委主管领导任副组长，省交通运输厅、省农牧厅、省商务厅、省文化厅、省安监局、省旅游局、省供销合作社主管领导为成员的全省国有企业平安企业创建活动领导小组，全面负责全省国有企业平安企业创建活动的组织领导、部署推动等工作，并下设办公室具体负责联系协调、督促指导、检查考评等日常工作，办公室设在省政府国资委信访与维护企业稳定工作处。省直企业主管部门、各市（州）和县（市、区）国资监管机构、各国有企业成立平安企业创建活动领导小组及办公室，分别负责所属企业、辖区企业和本企业深化平安创建工作的组织实施。在块块上，按照“属地管理”原则，充分发挥地方各级党委、政府、综治委、国资监管机构对辖区企业综治工作的监督指导职能，尤其是市（州）、县（市、区）综治委和国资监管机构协作配合，共同督促指导企业落实平安建设工作措施。

（三）职责分工。省综治委（办）、全省国有企业平安企业创建活动领导小组，共同开展省级平安示范企业考核命名工作，并以省政府国资委为主，重点联系协调和监督指导省直企业主管部门及市（州）、县（市、区）国资监管机构落实平安企业创建工作部署，重点指导省政府国资委监管企业和中央企业在甘机构开展平安企业创建工作。省直企业主管部门指导所属企业开展平安创建工作。市（州）、县（市、区）综治委（办）和国资监管机构协作配合，将辖区所有国有企业（包括中央企业在甘机构和省、市、县属国有企业）全部纳入当地平安建设工作总体布局，共同加大综治执法力度，指导、协调和推动国有企业落实平安建设各项工作部署，深入开展平安创建活动，并做好检查考评、命名表彰、动态管理等工作。所有国有企业均应自觉纳入当地平安建设工作大局之中，积极主动落实创建措施，开展创建活动，自觉接受市（州）、县（市、区）综治委（办）、国资监管机构对平安建设工作的指导、监督和考核。

三、创建内容

（一）加强安全生产管理。按照“统一领导、分级管理、分类指导、全员参与”的原则，建立健全安全生产责任制。企业主要负责人为安全生产第一责任人，对安全生产工作负总责；主管安全生产工作的负责人协助主要负责人落实安全生产法律法规和标准规范，统筹协调和综合管理安全生产工作，对安全生产工作负综合管理领导责任；其他负责人按照分工抓好主管范围内的安全生产工作，对主管范围内的安全生产工作负领导责任。建立健全安全生产组织机构、管理队伍、工作制度，加大培训力度，完善安全生产条件，提高安全生产管理水平。严格落实安全生产目标管理责任制，将此纳入企业年度生产经营指标体系，统一筹划部署，同步组织实施。

（二）维护职工合法权益。全面落实劳动合同制度，规范劳动用工行为，建立平等协商和集体合同制度，按时支付职工工资，及时缴纳职工社会保险费用，依法保障职工的劳动经济权益。坚持和完善以职工代表大会为基本形式的企业民主管理制度，推进企务公开，支持职工参与企业管理，依法保障职工的知情权、参与权和监督权。充分发挥工会组织的桥梁纽带作用，建立健全工会劳动争议调解和劳动保障法律监督组织，及时化解矛盾纠纷，调解劳动争议。尊重和维护职工精神文化权益，注重提高职工队伍素质，改善职工生产生活条件，满足职工精神文化需求。依法维护女职工平等劳动、社会保障及特殊劳动保护等权利，杜绝损害女职工合法权益。注重发展成果惠及职工群众，建立职工工资正常增长机制，实现劳动报酬与劳动生产率同步提高，职工收入与企业效益同步增长，构建企业内部收入差距合理、分配关系和谐的收入分配格局。

（三）源头预防化解矛盾。坚持“预防为主、防治结合”的原则，把维护稳定工作重心从事后处理转移到事前预防上来，紧盯影响企业改革发展、职工群众反映强烈的热点难点问题，经常排查和及早发现苗头性、倾向性问题，及时制订化解方案，落实化解责任，明确化解时限，把问题解决在基层一线，把矛盾化解在萌芽状态，做到矛盾问题发现得早、化解得了、控制得住、处理得好。把社会稳定风险评估作为重大决策的刚性程序和前置环节，进一步完善评估办法，规范评估程序，细化评估措施，凡涉及职工群众切身利益的重大事项，做到“应评尽评”，防止因决策不当引发矛盾问题。广泛利用多种方式，畅通职工群众诉求表达渠道，及时了解企情民意。强化舆情预警和监测引导，加强信息收集研判，关注舆情动态，对突发的、有影响的矛盾纠纷和群体性事件，要迅速制定应对措施，及时妥善处置，将社会影响减小到最低程度，并视情主动发布信息，及时回应社会关切，牢牢把握舆论主导权。

（四）落实信访工作制度。坚持以群众工作为统揽，落实信访工作责任，建立健全来访接待、来信办理、领导接访、包案化解、督查督办等工作制度，规范信访事项登记、受理、办理、回复、报告、归档等工作流程，推进信访工作制度化、科学化。深入开展领导干部定期接访、带案下访、专题约访、包案督办等活动，广泛听取职工群众诉求，深入了解职工群众困难，及时解决矛盾纠纷，全力化解信访积案。充分调动工会和共青团等群众组织积极参与，把工作深入到车间、班组，覆盖到支部、党员，延伸到楼宇、家庭，推动信访工作由部门负责向综合施治转变，切实形成工作合力。

（五）健全应急处置机制。建立健全应急管理组织机构，配备专职或兼职工作人员，形成企业主要领导全面负责、分管领导具体负责、职能部门分工负责、群团组织协助配合、职工群众全员参与的应急管理组织体系。结合企业风险隐患特点，以事故灾难应急事件为重点，科学编制应急工作预案。根据事故易发环节和时间，组织开展应急演练，及时总结和发现问题，促进协调配合和职责落实。根据法规标准、作业条件、设备状况、人员分工等变化和演练中发现的问题，及时修订完善应急预案，增强预案的针对性和操作性，形成上下贯通、多方联动、协调有序、运转高效的企业应急管理工作机制。

（六）加强内部治安防控。建立健全企业生产区和生活区治安防控组织机构和工作制度，制定治安防控管理办法。把专防与群防、外部防范与内部防控有机结合起来，全面落实人防、物防、技防措施，提升内部治安防控效能。落实值班值勤制度，加强日常及夜间、节假日值班、巡视和检查工作，加大治安保卫人员培训，按照防抢、防盗、防火、防治安灾害事故的标准，完善基础设施建设，加强重点部位管理，定期排查和整改存在隐患，积极预防各类治安事件发生，确保企业内部治安秩序正规、治安形势良好。加强企业内部思想道德建设和法治建设，认真落实平安建设宣传、普法宣传、反邪教警示教育、禁毒宣传等宣传教育措施，积极组织干部职工开展“平安家庭”创建活动，着力提升干部职工学法、尊法、守法、用法意识，提高对平安建设的知晓率、参与率和满意度。

四、考核评定及考核结果运用

平安企业创建活动考核评定工作按照属地

管理、自下而上、分级创建的原则进行，并实行动态管理。

（一）县级考核评定。凡纳入创建范围的企业通过深入开展创建活动认为达到平安企业申报条件的，由企业向所在地县（市、区）国资监管机构平安企业创建活动领导小组申报，县（市、区）国资监管机构平安企业创建活动领导小组及时会同县（市、区）综治办进行考核验收，对达到平安企业创建标准的，由县（市、区）综治委、县（市、区）国资监管机构平安企业创建活动领导小组共同审核批准命名为县级平安企业。

（二）市级考核评定。已命名的县级平安企业保持平安企业称号在一年以上且成绩突出的，由县（市、区）国资监管机构平安企业创建活动领导小组和县（市、区）综治委共同择优推荐申报为市级平安企业评审对象，经市（州）国资监管机构平安企业创建活动领导小组和综治委考核验收后，对符合条件的，共同审核批准命名为市级平安企业。

（三）省级考核评定。已命名的市级平安企业经一段时间的考核巩固后，由市（州）国资监管机构平安企业创建活动领导小组和综治委择优推荐申报为省级平安企业评审对象，经全省国有企业平安企业创建活动领导小组和省综治委考核验收后，对符合条件的，共同审核批准命名为省级平安创建示范企业。

（四）动态管理。省、市（州）、县（市、区）国资监管机构平安企业创建活动领导小组和综治委要加强对企业平安创建活动的日常管理考核，原则上对所有企业每年考核一次，及时总结推广创建经验，加大对后进企业督促指导力度，并依据企业性质和干部管理权限将考核结果反馈到企业主管部门和组织人事部门。对创建工作不力、治安问题突出、发生重大案件或其他影响社会稳定问题的企业，视情予以通报批评、责令整改、黄牌警告或一票否决，问题严重的严格实行责任查究。对已命名平安企业出现退步滑坡或发生重大问题的限期责令整改，发生重大案事件的在实行责任查究的同时，撤销其省、市、县级平安企业称号。

（五）考核结果运用。省、市（州）、县（市、区）党委、政府和国资监管等部门，要将平安创建工作列入企业领导干部绩效考核内容，并将考核结果作为衡量企业领导干部工作实绩、晋职晋级和奖励处罚的重要依据。

五、工作要求

（一）提高思想认识，强化组织领导。各企业要正确认识当前改革发展稳定面临的形势任务，从维护职工群众根本利益、构建和谐企业与社会、提高党的执政能力的高度，深刻认识平安企业创建的重要意义，切实增强责任感和使命感。要将平安企业创建活动作为促进科学发展、确保一方平安的重大政治任务，摆上重要议事日程，与企业生产经营同筹划、同部署、同落实、同推进。主要领导要切实担负起第一责任人的责任，亲自部署，亲自过问；分管领导要切实担负起具体指挥和指导职责，具体组织，具体负责；其他领导要落实“一岗双责”，抓好分管领域的平安创建工作；各级职能部门要充分发挥组织协调作用，狠抓工作落实，形成一级抓一级、层层抓落实的良好机制，确保平安企业创建工作稳步推进。

（二）加强基础建设，打牢创建根基。把基层基础建设作为企业平安建设的根本保证，按照人防、物防、技防并重的要求，以健全组织机构、建强综治队伍、完善防控体系为重点，整合各种资源，强化基础工作。要加强组织建设，建立健全创建工作组织机构，明确创建工作职责，形成覆盖企业的创建工作组织体系。要加强制度建设，按照科学性、适用性、系统性的要求，科学总结企业平安建设的经验做法，研究探索新形势下深化平安建设的特点规律，建立和完善制度措施，使创建工作制度化、规范化、经常化。要加强队伍建设，配齐配强综治领导力量和工作人员，加大综治、维稳、信访和应急管理干部的培养使用交流力度，建设政治坚定、作风优良、素质过硬、结构优化的人才队伍。要加强设施建设，加大经费投入，加强技防与物防基础设施建设及信息化升级改造，广泛运用互联网等先进技术手段，提升企业平安建设的现代化水平。

（三）注重统筹协调，形成创建合力。围绕平安创建工作目标任务，统筹协调各种力量，有效整合各种资源，形成强大工作合力。要按照属地管理和“谁主管、谁负责”的原则，进一步厘清平安企业创建的职责任务，做到各司其职、各负其责。

要强化平安企业创建"一盘棋"的思想，增强全局观念和协作意识，调动企业各级领导、各个部门、各类组织积极参与、群策群力，把平安创建与业务工作有机结合起来，通过参与平安创建推动业务工作，以业务工作成效检验平安创建实效，形成统一领导、齐抓共管、密切协作、全面推进的平安创建工作格局。

（四）强化检查督导，提升创建质量。健全检查督导制度，创新检查督导机制，加大督导检查力度，形成平安企业创建检查督导长效机制。要建立健全平安企业创建检查督导机构，深入企业督导和推进平安创建各项工作有效落实。要建立和完善检查督导制度，省直企业主管部门、各市（州）、县（市、区）国资监管机构平安企业创建领导小组和综治委（办），每半年对所属企业检查督导一次以上，省平安企业创建领导小组每年进行一次检查督导。要建立和完善情况报告制度，各企业每月向主管部门报告平安创建情况，省直企业主管部门、各市（州）国资监管机构平安企业创建领导小组每季度向省平安企业创建领导小组报告平安创建情况。要建立和完善工作总结制度，省直企业主管部门、各市（州）国资监管机构平安企业创建领导小组每半年和年终分别对本系统平安企业创建工作进行总结，并向省平安企业创建领导小组报告。要建立和完善经验交流制度，对平安企业创建中一些好的经验做法，由省平安企业创建领导小组及时在全省进行推广和交流。

（五）强化企地联创，优化创建机制。充分发挥国有企业的影响和带动作用，主动与地方党委、政府联系，自觉服从管理，积极配合工作，争取有关部门的帮助和指导，把平安企业创建工作纳入当地平安建设的总体规划，与市、县（区）、乡镇（街道）、村（社区）及相关系统（行业）的平安创建活动紧密结合起来，积极参与平安社区、平安矿山等创建活动。认真做好预防和减少犯罪工作，加强流动人口管理，开展法制宣传教育，加大人防、物防和技防相结合的治安防控体系建设，实现治安联防、问题联治、矛盾联调、工作联动、实绩联考、平安联创，构建"资源共享、优势互补、相互促进、共同提高"的企地互助共建、联动联创机制，以平安企业创建推动地方平安建设工作深入开展。

（六）深化宣传引导，营造创建氛围。紧密结合企业实际，充分利用内部刊物、电视、广播、网络、橱窗等宣传媒介，广泛宣传平安建设的重大意义、中央和省关于深化平安建设的决策部署，以及企业平安建设的经验做法和先进典型，营造良好的舆论氛围，提高职工群众对平安建设的关注度、认知度和支持度。要加强企业文化建设，不断增强职工群众对企业的认同感、归属感和自豪感，积极引导职工群众树立平安创建、人人有责的意识，把平安企业创建作为义不容辞的责任和义务，积极主动参与其中，形成人人参与创建过程、人人共享创建成果的良好局面。

甘肃省嘉峪关市改革创新　强基固本
努力打造平安中国建设示范区

近年来，嘉峪关市委、市政府紧紧围绕打造平安中国建设示范区的目标，着眼保障民安、服务民生，着力改革创新、强基固本，不断提升平安建设的能力和水平，实现了平安与发展的互利双赢。

一、基层管理"扁平化"

撤销街道，转变管理体制。嘉峪关市围绕"优化整合资源，实行区域化管理，加强党的基层组织"的思路，以建立新型社区管理体制、运行机制和做实、做强社区为目标，一次性撤销了全市所有街道办事处，形成了"市—区—社区"三级管理架构，按照“1 万人左右，15 分钟办事服务圈”的标准，将全市 69 个城市社区整合为 30 个社区，在全市 17 个行政村进行社区化管理，实行区直管社区，社区直接面对城乡居民提供公共管理服务，有效克服和解决了层级过多、权责不清、基础薄弱、服务缺失等问题。

明确职责，充实基层力量。街道撤销后，原有街道干部在整合后的社区分流上岗，街道原有的行政管理职能上交到了各区和市直部门，街道社会服务职能则全部下沉到了社区。社区正式入编成了科级事业单位，确定了社区“一委一会一中心”的组织运行结构：“一委”即社区党委；“一会”即社区居委会或村委会，“一中心”即社区服务中心，是政府各部门向社区延伸的综合服务平台，承担 70 多项社会服务职能。

嘉峪关市通过把平安建设工作中管理服务的基本职能下放到社区，把基层基础网络下移到社区，把主要力量下沉到社区，同时有效克服新型社区“机关化”倾向，使得社区力量全面向服务管理一线倾斜，使群众找政府办事真正成了“面对面”、“零距离”，社区的组织能力也得到了显著提升。

二、基层服务“精细化”

建立新型社区，增强基层服务功能。嘉峪关市将社区建设纳入年度政府惠民实事，投资近 2 亿元新建、改建城乡社区服务中心。城市每个社区建设不少于 1500 平方米服务阵地，农村不少于 800 平方米，每个社区配备 25 名工作人员，工资待遇和工作经费纳入财政预算。各社区服务中心设立便民服务大厅、老年人日间照料中心、老年活动室、青少年第二课堂、健身室、音乐舞蹈室、农超对接便民店、爱心超市、绿色网吧、图书阅览室、书画室、居民议事厅、道德讲堂、党建活动室、心理咨询室、警务室等便民服务场所，居民不出 15 分钟便可方便获取各种便民服务，新型社区的建设真正成了居民办事解难的中心、文化娱乐的场所、幸福生活的家园。

建立综合服务平台，提升服务水平。市委、市政府投资 1.1 亿元，建成了社会管理服务中心、城乡一体化服务中心和社会矛盾大调解中心，各基层社区与三大中心搭建了集信息资源共享、应急联动指挥、社会综合服务为一体的数字化服务平台，同时政府通过“12345”民生服务热线，全天候为居民提供报警求助、政务咨询、举报投诉、居家养老、家政服务等多项服务，全面提升了基层平安建设的能力和水平。

整合优化资源，扩展服务领域。在每个社区建立日间照料中心，为全市高龄老人、空巢老人、残疾老人、优抚老人、低保或低收入老人等提供保健康复、休闲娱乐、精神慰藉、紧急援助等服务的同时，购置了 4 辆救护车和部分车载医疗设备，深入开展居家养老上门医疗服务。仅 2014 年开展上门医疗服务 1300 余次，免费接送危重病人 421 次，接受电话咨询 2000 多人次，免费为 12000 余人次进行了诊疗和检查，受到广大居民的一致好评。在全省率先启动律师进社区服务，通过结对、挂牌、定时、上门、网络等服务方式，使广大律师更多面向基层群众普及法律知识、化解矛盾纠纷、代理诉讼案件。切实加强和改进物业管理体制，推进小区物业管理信息化、规范化、制度化，为社区群众提供更加便捷、高效、优质服务。

三、基层创安“细胞化”

本着“小细胞覆盖大领域、以小平安带动大和谐”的思路，在全市深入开展在平安家庭、平安社区等“平安和谐细胞”创建，大力评选“星级社区家庭”和“星级社区居民”活动。借鉴发扬“枫桥经验”，充分发挥人民群众主体作用，成立人民调解组织 50 个，经常性深入辖区内居民家中，及时掌握和了解他们的生活工作情况，对于困难和有思想偏激的群众，耐心细致地做好思想疏导工作，尽全力帮助解决困难问题，有效预防和减少了各类矛盾纠纷。

坚持人防、物防、技防并重，将全市各社区划分为 47 个治安巡逻防控大网格、近 300 个小网格，网格内设综治专干、网格长、楼栋长；为近 400 名社区网格员配备手持终端，依托综治信息平台，及时录入、上传社区内治安等动态；累计投入 8000 多万元建成“平安嘉峪关”城市监控系统，对各社区主要道路、公共复杂场所等实行不间断全天候监控，完成了全市 90% 以上居民小区的封闭式改造。坚持专群结合，全面实施全天候、全方位、全时段、全覆盖的社会治安防控措施，各辖区实行白天由社区干部、社区治安队员、群防群治队伍、小区物业保安轮班巡逻，夜晚由公安各部门警力组成专门力量进行24小时不间断巡逻管控，有效防范控制各类刑事发案，实现了基层社会面的持续平安稳定。

甘肃省综治委、办机构情况和负责人名单

一、综治委

主　任：欧阳坚　省委副书记

副主任：罗笑虎　省委常委、常务副省长

连　辑　省委常委、宣传部部长

泽巴足　省委常委、政法委书记

孙效东　省人大常委会副主任

张景辉　省政协副主席

梁明远　省高级法院院长

路志强　省检察院检察长

省综治委下设办公室作为常设办事机构，与省委政法委机关一个机构、两块牌子。设有8个专项组，分别是：特殊人群专项组，办公室设在省司法厅；实有人口专项组，办公室设在省公安厅；“两新组织”专项组，办公室设在省综治办；社会治安专项组，办公室设在省综治办；法律政策专项组，办公室设在省人大常委会法工委；预防青少年违法犯罪专项组，办公室设在团省委；校园及周边治安综合治理专项组，办公室设在省教育厅；护路护线联防专项组，办公室设在省综治办。

省综治委有50个成员单位，分别为：省纪委、省政协办公厅、省委组织部、省委宣传部、省信访局、省网信办、省人大常委会法工委、省高级法院、省检察院、省教育厅、省工信委、省民委、省公安厅、省安全厅、省民政厅、省司法厅、省财政厅、省人社厅、省建设厅、省交通运输厅、省文化厅、省卫生计生委、省政府国资委、省工商局、省质监局、省新闻出版广电局、省安监局、省宗教局、省旅游局、省军区、武警甘肃总队、兰州海关、省银监局、省保监局、人行兰州中心支行、省总工会、团省委、省妇联。

二、综治办

主　任：牛纪南　省委政法委副书记

专职副主任：孙燕飞

李宏武

省综治办下设综治一处、二处、三处、四处，行政编制共23名。

甘肃省各市（州）、县（市、区）综治委、办主任名单

地　区	综治委主任	综治办主任
兰州市	袁占亭	张禄永
城关区	张永财	杨　吉
七里河区	石镜如	秦献民
安宁区	雒泽民	刘继英
西固区	钱承文	寿继明
红古区	武和谦	贾　梅
永登县	杨　平	蒋明瑞
榆中县	王　林	赵玉华
皋兰县	杜宁让	朱宗智
嘉峪关市	柳　鹏	焦多宏
酒钢公司	冯　杰	郭景宏
镜铁区	韩峻峰	徐剑锋
长城区	孙俨玲	景光耀
雄关区	薛　亮	刘　卫
金昌市	吴明明	赵玉甫
金川区	常家有	张玉明

地　区	综治委主任	综治办主任
永昌县	马国兴	王彦龙
白银市	张智全	李继辉
白银区	李兰宏	苏世海
平川区	高云翔	张汉儒
靖远县	郑　钰	魏烈铭
会宁县	甘孝礼	荀宝章
景泰县	任文贵	陈辅军
天水市	王　锐	陈璧田
	杨维俊	
秦州区	张明泰	王黎明
	何　东	
麦积区	张智明	李永生
	成少平	
秦安县	王东红	杨全民
	程江芬	
甘谷县	贾忠慧	黄永明
	申君明	
武山县	索鸿宾	康建平
	马勤学	
清水县	刘天波	安进禄
	马越垠	
张家川县	刘长江	陶　枫
酒泉市	都　伟	祁永峰
肃州区	杨金泉	王永德
金塔县	任晓敏	刘雪萍
瓜州县	张立东	刘　岱
玉门市	宋　诚	陈天淮
敦煌市	贾泰斌	裴顺平
肃北县	胡晓华	蒲彩霞
阿克塞县	银　雁	齐作宏
张掖市	黄泽元	周　勤
甘州区	张　健	魏国栋
	张玉林	
临泽县	陈　晰	马维东
	冯　军	
高台县	鞠　毅	郑尚勇
	杨成林	
山丹县	赵学忠	姜有琛
	刘晓云	
民乐县	杨　君	易多宽
	张学勇	

地　区	综治委主任	综治办主任
肃南县	高林俊	张登成
武威市	火荣贵	黄立新
凉州区	李世英	陈学发
民勤县	费生云	李　强
古浪县	李万岳	冯延生
天祝县	张发基	王守宽
定西市	唐晓明	罗尚慧
安定区	赵众炜	姚智谦
通渭县	邵志刚	孙永红
陇西县	陈彦吉	吉　雄
渭源县	蔺红军	王建国
临洮县	柴生芳	刘炳宏
漳　县	刘　静	申小兵
岷　县	梁德铭	郭永卫
陇南市	陈　青	尹卫东
武都区	田广慈	刘隽赟
文　县	苏彦君	毛文祥
宕昌县	李平生	张红成
成　县	李　祥	马鸿烈
徽　县	王　强	李雪峰
两当县	梁　英	胥慧军
西和县	周子强	田　强
礼　县	孙根林	宫　弘
康　县	李廷俊	高永明
平凉市	陈　伟	史录平
崆峒区	王大睿	者志平
泾川县	李全中	刘俊琪
灵台县	王学书	王显明
崇信县	吕鹏举	刘小林
华亭县	孟小金	马建英
庄浪县	陈　铎	马存生
静宁县	王晓军	刘大平
工业园区	李卫中	
庆阳市	栾克军	刘洪涛
西峰区	章志兼	
环　县	王　谦	刘炳年
华池县	赵昌军	李武锐
宁　县	马　斌	王　立
合水县	柴　春	董兴荣
庆城县	葛　宏	缪　飞
镇原县	李崇暄	张芝麟

地　区	综治委主任	综治办主任	地　区	综治委主任	综治办主任
正宁县	吴丽华	曹惠民	**甘南州**	宋占文	李志勇
临夏州	周　强	马庆华	合作市	杨　雄	李茂林
临夏市	吴国俊	黄　海	舟曲县	石煌雄	韩　田
临夏县	马正业	马永清	夏河县	唐志峰	吕晓剑
积石山县	马邦才	吴玉良	碌曲县	梁明光	旦正才旦
广河县	赵挺林	马小东	玛曲县	张正雄	李小鹏
永靖县	尹宝山	李云良	卓尼县	杨晓南	李　彬
和政县	杨昌龙	冯建业	临潭县	宋　健	刘维东
康乐县	乔跃俭	田发忠	迭部县	仁青东珠	杨玉贵
东乡县	马生荣	汪　信	**甘肃矿区**	杨燕生	侯永强

（撰稿人：王贺丰
审稿人：孙燕飞　刘方保）

青　海　省

2014 年综治工作概况

2014 年,青海省综治部门认真贯彻落实党的十八大、十八届三中、四中全会、中央政法工作会议、深化平安中国建设会议和习近平总书记系列重要讲话精神,围绕全省改革发展稳定大局,把社会稳定特别是藏区长治久安放在首位,运用法治思维和法治方式着力解决影响平安稳定的深层次问题,在新起点上推动了平安青海建设向更高层次、更宽领域迈进。

一、全力维护社会政治稳定,守住工作底线

一是扎实推进重点乡镇综合整治。2014 年 3 月,省综治办确定了第一批 44 个基层基础薄弱、维稳问题多发的重点乡镇组织开展综合整治,坚持依法治理与综合治理、源头治理相结合,干部、公安、武警等专门力量与群众力量相结合,解决突出问题与夯实基层基础、提升工作能力相结合,推进专项整治与完善长效机制相结合,有效解决了一批突出问题,查处了一批违法案件,依法打击了一批犯罪分子,教育惩戒了一批重点人员,办成了一批惠民实事,得到了群众的广泛支持和拥护,增强了党和政府在藏区的凝聚力和向心力。10 月份,在黄南州同仁县召开了重点乡镇综合整治现场会,对第一批重点乡镇综合整治工作进行了全面总结,启动实施了第二批 56 个重点乡镇综合整治工作。二是常态推进重点人员排查帮扶管控。按照"党委负责、专群结合、消灭死角、防范在先"的要求,将性格孤僻容易走上极端等 5 类人员纳入排查帮扶管控视线,使排查帮扶管控对象从 13 类扩大到 18 类,实现了重点人员排查帮扶管控全覆盖。在排查中坚持把地区排查、系统排查和单位排查有机结合起来,组织基层不定期进村入户见人开展排查,建立了分级列管工作制度,根据不同的风险等级,由省州县乡村(社区)五级层层建立登记台账,实现了动态列表管理,并采取"一对一"、"多对一"等方式。三是启动实施与川甘交界地区平安与振兴工程。2014 年 3 月,省委着眼于全省长治久安和科学发展,决定在这一地区实施平安与振兴工程。省综治办会同省发改委牵头,在深入调研的基础上,提请省委省政府印发了《关于实施我省与川甘交界地区平安与振兴工程的意见》,把维护社会稳定、实现长治久安放到更加突出的位置,把促进民生改善作为根本,计划 7 年集中安排投入 876.5 亿元,统筹用于综治维稳基层基础建设、城乡基础设施建设、特色产业发展、教育文化公共事业建设等方面,努力形成以稳定保发展、以发展促稳定的良好局面,走出一条具有青海特色的藏区长治久安和科学发展路子。

二、着力排查化解社会矛盾,推进"枫桥经验"青海化

一是健全矛盾纠纷排查化解长效机制。把近年来的一些好经验好做法上升为制度规范,研究制定了《关于加强矛盾纠纷排查化解长效机制建设的意见》,从矛盾纠纷预防、排查、管理、分流、化解、督办等各个环节健全长效工作机制,规范了矛盾纠纷排查登记、分析研判、统计报告、协调会议等 4 项运行制度和上门化解、列表交办、领导包案、引导诉讼等 8 项推进制度,推动矛盾纠纷排查化解常态开展、长效推进。二是深化矛盾纠纷大下访大排查大调处行动。发挥网格化管理的工作优势,推广应用"一线工作法",持续深化大下访大排查大调处行动,组织干部深入居民小区、田间地头、厂矿企业摸清社会矛盾纠纷的底数和情况,推动矛盾纠纷排查化解的重心下沉、关口前移,做到预防在先、发现在早、处置在小,使大量矛盾纠纷化解在基层和萌芽状态,切实提高了基层工作实效。三是严格落实矛盾纠纷协调会议制度。严格落实上级工作要求，在省州县乡四级全面建立了矛盾纠纷协调会议月报制度，坚持每月定期开展分析研判，对重大矛盾纠纷逐一制定调处解决方案，落实化解责任单位和责任人，推动联合化解。2014 年，省州县三级召开协调会议 648 次，其中省级召开 13 次，研究重大矛盾纠纷及不稳定隐患 46 件，推动化解 36 件，化解率 80%。四是积极推进社会稳定风险评估。认真落实社会稳定风险评估工作季度通报制度和报备工作制度，将风险评估纳入决策程序、纳入部门职责、纳入审批体系、纳入绩效目标管理，建立健全覆盖市、县、乡三级的重大事项社会稳定风险评估工作机制。2014 年全省共对 387 个项目开展了社会稳定风险评估，评估后风险等级确定为“绿色”准予实施的 375 件，发现问题予以解决后实施的 10 件，不予实施的 2 件，从源头上预防和减少了群体性事件的发生。五是努力遏制“民转刑”命案。坚持把预防和减少“民转刑”命案作为重要任务，对排查出来的矛盾纠纷逐一分析情况，对易引发“民转刑”案件的社会矛盾纠纷准确把握关键点，研究制定出有针对性地措施和办法，防止激化。2014 年，共防止民间纠纷引起自杀 17 件 33 人(次)，防止群体性上访 93 起 3423 人，防止群体性械斗 68 件 3968 人(次)，防止民间纠纷转化为刑事案件 58 件 951 人(次)。

三、坚持打防管控相结合，创新立体化社会治安防控体系

一是积极推进技防体系建设。认真贯彻落实省政府办公厅《关于进一步加强全省技防体系建设指导意见》，大力推动视频监控向重点寺院、重点院校、重点社区、重点乡村扩展，不断延伸覆盖面。2014 年全省各市、州、县主要街道、路口治安卡口视频探头实现全覆盖，技防乡镇覆盖率达到 64.9%，技防小区覆盖率达到 89.11%，城市技防覆盖率达到 88.7%，重点单位技防覆盖在 86% 以上。二是全面加强群防群治工作。在城镇大力发展保安、治保会、治安信息员等社会化、专业化人防力量，推动实施城乡社区警务战略；在农村广泛推行“治安中心户长制”、“十户联防”和“留守村民安保联防”等群防群治工作机制；在牧区，加强护山、护林、护草和护牧治安联防队建设，推广开展“分片联防”、“随牧联防”和“边界巡防”等治安防范活动。2014 年，全省建立治保会 5456 个、治安联防组织 5811 个，各级各类群防群治组织近 9000 个 10 万余人，实现警务室覆盖率 100%。三是着力强化公共安全管理。安排部署“六打六治”专项督查及重点行业领域的安全工作。加强道路交通安全监管，组织开展冬季交通秩序集中整治等 12 个大型专项整治行动。加强食品、药品安全监管，紧盯突出问题开展专项整治。四是持续推进治安重点地区和突出问题专项整治。按照“滚动排查、常态整治，抓住重点、集中攻坚”的思路，制定了《关于进一步加强社会治安重点地区排查整治工作的意见》，健全完善了协调会议、分析研判、挂牌督办等 6 项工作制度，先后 2 次对 26 个治安重点区域和重点问题进行挂牌督办。同时，紧紧抓住群众反映强烈、社会关注度高、公共危害性大的一些突出治安问题，先后组织开展了打击金融电信诈骗犯罪、打击涉医违法犯罪以及“扫黄打非”、寄递物流业集中治理等 13 项专项行动，取得了明显成效。五是加强特殊人群服务管理。深化流动人口服务管理，制定了青海省人民政府《关于进一步深化户籍制度改革的意见》，着力提高流动人口基本公共服务保障水平，2014 年底全省共登记暂住人口 150 余万人，出租房屋 15.8 万户。深化刑满释放人员服务管理，下发了《青海省刑释解教人员衔接工作规定》，落实“一助一”或“多助一”帮扶措施。深化社区矫正人员服务管理，制定出台《社区服刑人员考核奖惩办法》、《社区矫正突发事件处置预案》，落实社区服刑人员动态分析制度和案情分析会，成立了社区服刑教育矫治中心“曙光之家”，对社区服刑人员开展了再犯罪风险评估工作。深化易肇事肇祸精神病人服务管理，在 13 个区县建立重性精神疾病患者管理医疗机构 222 个。深化预防青少年违法犯罪工作，在全省 46 个县(区、市)分为两轮开展重点青少年群体服务管理和预防犯罪工作，第一轮工作已经结束，在中央考核验收中获得“优秀”等次。

四、全面深化基层平安创建，打牢长治久安的根基

一是深入推进“平安细胞”创建。研究起草了《关于全面深化平安青海建设的意见》，按照条块结合、系统推进的思路，深化平安县乡村等地区平安创建和平安寺院、平安校园等行业平安创建及平安家庭创建,着力打造群众身边的平安工程。2014 年,全省县(市、区)、乡镇(街道)的平安创建达 97% 以上,平安村(社区)、平安寺院、平安校园、平安商(市)场、平安企业、平安家庭等创建率达 95% 以上。二是全力打造基层平安典型。在全省组织实施了平安建设基层典型培育工程,按照帮扶指导、巩固提高和创新提升三种类型,确定了 163 个乡镇(街道)、村(社区)(其中省级 14 个,州县级 149 个)作为基层典型培育示范点,积极协调省财政 1000 万元资金补助,并带动各地党委政府投入资金 4000 余万元,形成了一批特色鲜明、务实管用的典型经验,带动了平安青海建设不断升级。三是广泛推行网格化管理。紧紧抓住省委省政府加强"三基"建设(加强基层组织、基础工作、基本能力)的重大机遇,着力推动网格化管理、一站式服务和村级事务代理代办机制向农村牧区、乡镇社区拓展覆盖。2014 年,全省已建成县(市、区)级平台 40 个,建成率 85.1%;乡镇(街道)综合服务管理平台 408 个,建成率为 97.14%;社区综合服务站、村级事务代理代办点 4503 个,建成率 98.32%。四是加快推进综治信息化建设。将基层三级服务管理平台建设和综治信息化建设有机整合起来,统筹项目、经费、人员、硬件等各方面资源配置,全力打造纵向贯通、横向集成、共享共用、安全可靠的综治(平安建设)信息化平台。2014 年,全省 8 个市(州)、46 个县(市、区),除个别边远、缺乏电力保障的县之外,基本实现了县级综治城域网、局域网全覆盖;西宁市、海西州、海北州综治信息平台建设已实现了村(社区)级网络覆盖。

五、加强综治组织建设,强化责任落实和工作保障

一是着力加强基层综治组织建设。加强县(市、区)、乡镇(街道)综治维稳机构建设,积极协调解决人员、编制、经费等方面的实际困难,严格落实综治维稳专职副书记和综治专干人员配备。在规模以上企业建立综治维稳工作室,配备专职人员负责,推进基层组织建设向末端延伸,确保基层综治维稳工作有人抓、有人管。二是常态开展基层综治干部教育培训。采取系统为主与分级培训相结合、全员培训与集中轮训相结合、理论学习与实战练兵相结合的方式加强教育培训,年内先后举办了全省综治暨平安建设基层典型培育工作培训班和四期基层综治干部及成员单位综治维稳干部培训班,切实开拓了基层综治干部的工作视野,提高了素质能力。三是加大综治工作经费保障力度。在全省财政收支面临巨大压力的情况下,各级党委政府继续加大对综治暨平安建设工作的支持力度,全年各级财政共安排资金(包含项目资金)23.855 亿元,比去年增加 19.3%,其中,下达综治经费 3.574 亿元,下达社会管理创新工作专项资金 1.3 亿元,通过省对下转移支付方式落实经费 4.86 亿元,有力保障了各项工作顺利开展。四是不断强化平安建设宣传力度。修订完善了《青海省政法综治宣传工作考评办法》,通过各类媒体常态进行平安建设的宣传,组织开展了综治暨平安建设宣传月活动,多方面展示了平安青海建设成效,进一步提高了广大群众对平安建设的知晓率、参与率。根据调查统计,2014 年群众对平安青海建设的知晓率达到了 74.22%,参与率达到了 35.34%,较往年有了较大幅度的提升。五是健全完善综治责任机制。将地区、部门综治工作情况纳入地区、部门和领导班子年度目标考核范围,全面建立领导干部抓综治维稳工作实绩档案,作为干部选拔任用、交流、培训和奖惩的重要依据,为综治工作发展提供了有力支持。各地各部门也分别制订了符合地区部门实际的综治(平安建设)年度工作计划,与各区县、各处室层层签订目标责任书,形成了一级抓一级,层层抓落实的工作责任体系。六是加强工作督导检查。坚持把督导检查作为日常工作的重要内容、推动落实的关键举措,2014 年省委、省政府领导多次带队,深入各地实地督查综治维稳重点任务推进落实情况,及时指导解决工作中的困难和问题。省委政法委班子成员分别包地区负责督导工作,年内先后组织了 4 次集中督查和 20 余次分片督查,全力推动工作落实。省综治办充分发挥协调职能,组织或协调成员单位进行专项督查,及时发现问题、改进工作,有力地促进了工作落实。

青海省综治委关于加强矛盾纠纷排查化解长效机制建设的意见

（2014 年 11 月 20 日）

为认真贯彻落实中央和省委省政府关于深化平安建设的决策部署，推动矛盾纠纷排查化解工作法治化、规范化、制度化，提升源头治理水平，夯实和谐稳定的基础，现就加强矛盾纠纷排查化解长效机制建设提出如下意见。

一、充分认识建立完善矛盾纠纷排查化解长效工作机制的重要性和必要性

预防化解社会矛盾是维护社会和谐稳定的重要基础。近年来，各地各部门持续加大矛盾纠纷排查化解工作力度，三调联动的“大调解”工作体系初步建立，排查化解的制度机制不断完善，基层调解组织和工作平台建设切实加强，各方面的资源力量得到有效整合，排查化解工作实效不断增强，形成了齐抓共管、协调推进的良好局面，为社会大局的持续和谐稳定提供了有力保障。但也要清醒地认识到，在改革攻坚期、发展机遇期、社会风险期叠加的新形势下，面对的矛盾风险挑战之多前所未有。一方面，各类社会矛盾多样多发，一般性问题与特殊性问题相互影响，现实问题和历史遗留问题相互交织，草山地界、征地拆迁、劳动社保、医疗卫生、政策安置、民族宗教、生态保护等领域的重大矛盾纠纷时有发生，社会矛盾化解的任务更重、难度更大。另一方面，矛盾纠纷的关联性、组织性、易变性趋势明显，利益冲突激烈化、表现形式群体化、引发原因复杂化的特点更加突出，处理不慎极易被网络聚焦放大，被敌对势力插手利用，造成群体性事件。同时，工作中还存在常态开展、全面覆盖不足，末梢神经没有全面激活；基层基础工作还不够牢固，工作条件和手段亟须加强；“血价”、“命价”等非法调解时有发生，“大闹大解决”、“花钱买平安”的现象依然存在；重视程度不够、整体推进不足、化解合力不强，一些长期遗留的矛盾纠纷仍未得到有效解决，等等。必须采取有效措施，切实加以解决。

加强矛盾纠纷排查化解长效机制建设，推动矛盾纠纷排查化解工作法治化、规范化、制度化，是深化平安建设、推进社会治理的重要举措，是促进和谐稳定、实现长治久安的重要前提，是维护群众利益、规范社会秩序的重要保证，关乎大局、关乎长远、关乎根本。各地各部门要从加快“三区”建设、维护和谐稳定，推进社会治理体系和治理能力现代化的高度，充分认识加强矛盾纠纷排查化解长效机制建设的重要性、必要性，进一步统一思想、提高认识，把长效机制建设摆上重要议事日程，按照“强化基层组织、整合资源力量、就地化解矛盾、保障民生民安”的总要求，围绕推进“枫桥经验”青海化，着力健全矛盾纠纷预防、排查、管理、分流、化解、督办等各个环节的长效工作机制，推动形成党政主导、依靠群众、源头预防、依法治理、综合施策的化解矛盾新格局，运用法治思维、法治方式确保矛盾纠纷排查化解工作常态、有序、有效推进。

二、健全完善矛盾纠纷源头预防排查机制

从源头上预防和化解社会矛盾是推进源头治理的重要内容。必须坚持关口前移、科学预防，坚持抓早抓小、就地解决，防止各类矛盾碰头叠加、蔓延升级，努力把矛盾纠纷化解在基层和萌芽状态。

（一）严格落实社会稳定风险评估制度。必须把社会稳定风险评估作为重大工程实施、重大政策出台前的必经程序和刚性要求，按照“谁立项、谁实施、谁评估、谁负责”的原则，严格落实决策主体单位和地方政府的“双评估”责任，做到“两个全面覆盖”，实现“两个全面落实”（重大决策、重大项目、重大事项全覆盖，容易引发不稳定问题的重点领域全覆盖；应评尽评全面落实，评深评透全面落实）。进一步完善评估报告机制、等级预警机制和监督制约机制，切实解决评估不深、不细、不准、不严的问题。建立重大决策终身责任追究制度，对未经评估或无视风险作出决策，造成重大损失、恶劣影响的，要严格追究责任。

（二）健全完善矛盾纠纷排查登记制度。按照属地管理和“谁主管、谁负责”的原则，常态化开展矛盾纠纷排查工作。加强社会排查。充分发挥乡镇综治维稳工作中心、村（社区）综治维稳工作站和基层治保员、网格员、信息员的作用，通过各种渠道及时排查化解辖区矛盾纠纷和苗头隐患。加强内部排查。各部门要指导、督促所属行业、系统、企业、单位切实加强内部矛盾纠纷的排查化解，层层建立工作组织机构和常态推进的工作制度，“管好自己的人、办好自己的事”。加强动态排查。将随时排查、定期排查和敏感期集中排查结合起来，县级每月集中排查梳理、乡镇每半月集中排查梳理、敏感期每日排查分析，村（社区）和部门行业随时进行排查。规范台账登记。建立规范化的登记台账，对排查出的矛盾纠纷要梳理归类、逐一登记，实行动态管理，确保矛盾纠纷底数清、情况明。

（三）健全完善矛盾纠纷分析研判制度。严格落实省州县乡四级矛盾纠纷排查调处协调会议制度，市州、县（市、区）每月召开一次、乡镇（街道）每半月召开一次，矛盾纠纷比较集中的地区和单位根据需要随时召开，研究解决重大矛盾纠纷和可能引发群体性事件的重大隐患。协调会议要形成会议纪要，向同级党委、政府和上级综治部门、行业主管部门进行报备。征地拆迁、劳动社保、生态保护等重点领域，要在重大工程实施前、周期性时段到来前加强矛盾纠纷形势分析研判，有针对性地做好预防和排查化解工作。

三、着力提高基层排查化解工作实效

推动矛盾纠纷排查化解工作规范化、制度化，关键是做实基础工作。必须以“枫桥经验”青海化为指引，认真总结近年来行之有效的经验做法，紧紧抓住加强“三基”建设的重大机遇，进一步健全工作体系、完善组织网络、规范工作制度，切实提高基层排查化解工作实效，做到小事不出村、大事不出乡（镇），矛盾不上交，努力把矛盾纠纷化解在基层、把隐患消除在萌芽状态。

（四）健全工作体系。主要任务是规范矛盾纠纷排查化解工作运行，加强社会、地区、部门之间的衔接配合，形成预防、化解矛盾纠纷的合力。健全“大调解”工作体系，发挥人民调解的基础作用、行政调解的职能作用、司法调解的主导作用，完善人民调解层级流转机制和与行政调解、司法调解协调联动、信息沟通、效力衔接机制，推动“大调解”工作体系规范高效运行。完善多元化的矛盾纠纷解决机制，尊重当事人的矛盾化解选择权利，畅通调解工作与司法裁判、形成裁决、信访工作对接渠道，推进调解、仲裁、行政裁决、行政复议、诉讼等有机衔接、相互协调，提高矛盾纠纷化解的综合效能。充分发挥人民群众主体作用、社会组织协同作用和基层村（社区）组织自治作用，依靠基层组织和广大群众推进矛盾纠纷排查化解，引导群众运用公序良俗、村规民约、道德手段来调节利益关系、解决矛盾问题，预防和减少社会矛盾。建立人大代表、政协委员、社会组织等第三方参与的矛盾纠纷化解工作机制，提高化解效果。建立矛盾纠纷排查化解监督机制，确保调解工作公平、公正、公开进行，增强调解的公信力。

（五）完善组织网络。主要任务是将排查化解工作纵向延伸到网格单元，横向拓展到各行业领域，实现排查化解工作全覆盖。进一步加强人民调解组织建设，健全州县乡村四级人民调解委员会，在机关、学校、企事业单位等人员比较集中和与人民群众生产、生活联系密切的单位和机构普遍建立人民调解组织，通过政府购买服务等方式配备专兼职人民调解员，形成上下对接、横向联动、布局合理、全面覆盖的排查调处工作网络。积极推进行业性、专业性人民调解组织和人民调解员队伍建设，在环境保护、医疗卫生、劳动社保、交通事故、物业管理等涉及民生的矛盾纠纷集中多发行业领域设立人民调解委员会或人民调解工作室，提高调解效率和质量。依托乡镇（街道）、村（社区）综治维稳工作中心（站）建立矛盾纠纷排查调处工作中心，整合各方面资源和力量，排查矛盾纠纷、收集工作信息、整合调解力量、协调解决重大矛盾纠纷。推进信息化建设，突出排查受理、分流转办、反馈结案、分析研判等重点应用，建立社会矛盾纠纷信息管理系统，提升矛盾纠纷预防、排查、化解工作的信息化水平。

（六）规范工作制度。主要任务是将实践证明行之有效的做法上升为制度规范，更好地指导工作开展，提高化解矛盾、解决问题的实效。完善列表交办制度，对重大、复杂、疑难矛盾纠纷，由省州两级综治办进行列表交办，实行党政主要领导包案负责，按照“一个问题、一名领导、一套班子、一个方案、一抓到底”的要求，限期推动解决。完善接访化解制度，持续开展领导干部接访、机关干部下访工作，及时了解群众诉求，积极化解矛盾纠纷，做到事事有人管、件件有着落。完善包点化解制度，推进领导干部包村联点工作，与村、社区干部共同做好矛盾纠纷的排查化解，努力做到“小事不出村、大事不出乡”。完善上门化解制度，组织村（居）委会、治保会、调委会等基层工作力量入户进行访问，主动开展访谈，发现初始矛盾萌芽，及时调处化解。完善部门化解制度，各单位负责本系统、本单位矛盾纠纷的排查化解，做到系统内、单位内的矛盾纠纷不上交、不推脱、不激化。完善和解解决制度，对一般治安案件、轻微刑事案件、刑事附带民事案件的民事部分、行政诉讼案件等，在相关部门的主导下，通过和解协商解决矛盾。完善引导诉讼制度，尊重当事人的诉讼权利，对调解不成的矛盾纠纷，积极引导群众依法按程序进行诉讼。完善跟踪化解制度，对经调处可能反复的矛盾纠纷，跟踪进行回访，防止反弹，确保矛盾纠纷得到彻底解决。

四、依法规范矛盾纠纷化解工作

依法化解社会矛盾纠纷是建设法治社会的基本要求。必须秉持法律理念，运用法治思维和法治方式化解矛盾，强化法治在维护群众权益、化解社会矛盾中的权威地位，做到维权与维稳统一。

（七）引导群众依法诉求表达。强化法治宣传教育，畅通群众利益协调、诉求表达法律渠道，引导群众自觉在法律的框架内主张权利、确定义务，树立正确维权导向，积极营造办事依法、遇事找法、解决问题用法、化解矛盾靠法的良好法治环境。坚持维护群众权益与维护社会秩序相统一，对于“以访谋利益、以闹求解决”的，要按照“保护合法、制止非法”要求，严格依法处置。

（八）依法规范调解组织及调解行为。贯彻落实《人民调解法》，依法规范人民调解委员会的选举，严把调解员选聘关，加强岗位技能培训，提高调解员法律政策水平和调解工作技能。推进人民调解组织规范化建设，按照统一管理、统一制度、统一工作标准、统一规范调解文书“四统一”要求，确保基层调解工作规范运行。坚决依法打击“命价”、“血价”、“出兵费”等非法调解和以调解谋取私利、侵犯他人利益的组织和个人，对非法调解问题突出地区开展专项整治，确保人民调解工作依法依规进行。

（九）依法维护信访秩序。坚持用法治思维和法治方式做好信访工作，依法维护正常信访秩序。全面推行“阳光信访”，积极建立信访信息综合平台，把网上信访打造成群众信访的主渠道。深入推进群众依法逐级走访，加强和改进初信初访办理，着力化解信访积案，推动信访问题在基层解决。深入推进领导干部接访下访和联合接访工作，着力解决重大疑难复杂信访问题。建立信访代理制度，变被动调处矛盾为主动解决问题，提高化解实效。

五、切实强化责任落实和工作保障

矛盾纠纷排查化解是一项长期的系统性工作，涉及面广、关联性强，必须加强组织领导、统筹资源、形成合力、整体推进。

（十）落实工作责任。各地各部门要把矛盾纠纷排查化解作为地区、行业深化平安建设的重要内容，纳入地区、部门综治目标责任和领导干部抓综治维稳工作实绩档案，严格落实属地责任和行业部门主管责任，加强日常工作督导和年度目标考核，形成一级抓一级、层层抓落实的责任体系和工作推进机制。

（十一）强化组织协调。认真落实矛盾纠纷协调会议制度，建立跨区域、跨部门的重大矛盾纠纷联合化解工作机制，强化地区之间、地区与部门之间的协调协作，形成工作合力，推动重大、疑难、复杂矛盾纠纷有效解决。

（十二）建立奖补机制。严格落实财政、司法部门关于人民调解委员会和人民调解员“两补”经费政策，积极争取财政支持，建立矛盾纠纷化解奖补工作机制，通过“以奖代补”、“一案一补”等多种方式，提高各类调解组织经费保障和人民调解员职业报酬水平，调动激发基层工作的积极性、主动性、创造性。

青海省探索预防化解社会矛盾有效途径
全力维护社会大局持续稳定

近年来,青海省围绕创建民族团结进步先进区这一主线,把排查化解矛盾纠纷、整治解决突出问题作为基础性、关键性工作,坚持依靠群众、发动群众,下移重心、前移关口,改进社会治理方式,创新有效预防和化解矛盾纠纷机制,着力推动矛盾在基层化解、问题在当地解决,确保了全省社会大局持续安全稳定。

一、实行"一把手"负总责,加强组织领导

着力强化地方党委政府特别是党政"一把手"排查化解矛盾纠纷职责任务,为进一步做实、做细、做深、做好工作提供了坚强的组织保障。一是顶层带动推动落实。省委、省政府将矛盾纠纷排查化解作为全省民族团结进步先进区创建的8项重点内容之一,上升到全省工作总体布局的高度,省委书记、省长等主要领导亲自抓,与经济社会建设同部署、同推进、同考核。二是列表交办突出问题。对各地排查出的涉及草山地界、劳动保障、征地拆迁、涉法涉诉78件重大矛盾纠纷,采取列表交办的办法,把化解任务分解落实到每一个县委书记、县长人头上,提高包案化解责任主体的层级,限期推动解决。为推动解决矛盾问题提供了保障和支撑。三是健全责任机制。省委、省政府把化解矛盾纠纷、维护稳定作为首要任务,纳入地区部门领导班子特别是党政"一把手"目标考核,细化措施、量化指标,进一步激发了地方党委、政府抓综治维稳工作的责任心、主动性和执行力。

二、突出"有形抓手",丰富工作载体

在矛盾纠纷排查化解的具体实践中,青海省抓住集中排查化解、建立完善制度、基层工作指导等一些务实管用的"有形抓手",进一步丰富工作载体,有力推动了矛盾纠纷排查调处工作深入开展、取得实效。一是从7月份开始至年底,分4个阶段,在全省组织开展了矛盾纠纷大下访、大排查、大调处专项行动,切实从源头上预防和解决了一批影响民族团结、社会稳定、群众安全的重大矛盾和突出问题。二是在省、州、县、乡四级全面建立了社会矛盾纠纷排查调处情况统计报告制度和协调会议月报制度,每月定期开展重大矛盾纠纷情况通报、分析研判,制订调处解决方案,落实化解责任单位和责任人,推动重大矛盾纠纷和突出问题的联合化解整治。三是针对多发性矛盾纠纷,编印了《青海省矛盾纠纷调解案例选编》,首次以案例形式展示推广基层矛盾纠纷排查化解的好做法好经验,为各地各部门综合运用多种调解形式,推动矛盾纠纷的圆满解决起到了指导示范作用。四是按照重在落实、重在解决的要求,把工作的着力点放在定纷止争和息访罢访上面,坚持人民调解、行政调解、司法调解相结合,使大量矛盾纠纷得以在基层化解、问题得以在当地解决。

三、坚持"一盘棋"布局,形成整体合力

青海省牢固树立"一盘棋"的工作理念,把矛盾纠纷排查化解放到政法综治维稳工作的全局当中统筹谋划,既立足当前、又着眼长远,不断提升矛盾纠纷排查化解的规范化、实效性,促进了各项工作由被动应急处置向主动预防、常态开展、长效推进转变。一是完善四项机制。完善矛盾纠纷排查机制,努力做到发现在早;完善矛盾纠纷预警机制,努力做到防范在先;完善矛盾纠纷化解机制,努力做到处置在小;完善矛盾纠纷处置机制,努力做到管用长效。二是坚持依法治理。坚持运用法治思维和法治方式预防化解矛盾纠纷,一方面,依法维护群众的合法权益,在法律允许的范围内,什么办法管用就采取什么办法,全力化解解决。另一方面,坚守法律底线,绝不无原则地迁就不合法的诉求,进一步提高预防化解矛盾纠纷的权威性、有效性、稳定性。三是推动形成合力。省州县三级联合出手,组织万名机关干部到乡镇、村(社区)挂职,蹲点包村开展工作,把排查、管控、整治的触角延伸到神经末梢,做到防患于未然、消祸于未行。同时,坚持专群结合,发动群众自己组织起来解决问题,使大量社会矛盾通过政治优势、组织优势和群众优势得到有效化解,确保不积累、不激化。

四、开展"实打实"督导,推动措施落实

坚持严字当头,改进督查工作方法,提高督查工作实效,确保了各项工作部署落到实处、取得实效。一是省委组织了 398 名省州县三级党委常委蹲点驻村,联点包片开展矛盾纠纷化解、重点问题整治、维护社会稳定调研督导。二是对工作力量薄弱、问题比较突出的果洛州班玛县,省州县三级联合派出工作组,由一名省委常委和果洛州委书记带队,驻县、驻乡、驻村、驻寺开展为期半年的集中整改整治。三是省综治办先后 3 次派出 14 个督导组,深入各地区、各成员单位重点部位、场所、进行巡回检查和蹲点指导,通过明察暗访,掌握一线工作进展和实效,反映基层实际工作状态,督促指导当地及时改进工作。

青海省坚持典型引领　示范带动
着力提升平安青海建设整体水平

近年来,在中央综治办指导和省委省政府大力支持下,青海省坚持把培育典型、示范引领作为促进工作开展、提升工作水平的有力抓手,连续多年组织实施基层亮点培育,形成了一批理念新、方法实、可推广、有创新的典型经验,有效推动了平安青海建设不断深化。2014 年,青海省进一步加大力度,在全省组织实施"基层亮点培育工程",省州县三级联动打造,基层村(社区)具体实施,为打造平安青海建设"升级版"提供驱动力。

一、着眼于整体全局,找准切入点

一是突出基层。把基层作为典型培育的主阵地,充分发挥基层紧密联系实际的工作优势和基层的创造活力,把项目、经费、政策、精力往基层倾斜,着力抓好乡镇(街道)、村(社区)两级,不仅进一步巩固基层基础,同时也为亮点培育工作提供养分充足的"土壤"。二是务求实效。把培育打造可复制、可转化、可推广的亮点作为基本出发点,坚持脱离地区实际的项目不上、示范意义不大的项目不上,严格筛选、周密论证,不搞花架子、不搞形象工程,切实把有限的资源和力量集中到帮助基层、服务基层、指导基层、提高基层上面,保证亮点培育工作取得实实在在的效果。三是问题导向。把解决基层工作当中的突出问题作为亮点培育工作的主攻方向,坚持什么问题突出、哪个环节薄弱就在哪方面下功夫,有的放矢地开展工作,推广已有的好经验、探索新的好做法,把亮点培育的过程作为解决问题、提升水平、推动发展的过程,发挥好典型示范作用,带动区域工作能力水平的整体提升。四是分类指导。坚持分级分类、因地制宜,结合各地经济社会发育程度和总体工作情况,将亮点项目按照城区、农区、牧区不同情况,划分为帮扶指导类、巩固提高类和创新提升类三种类型,制定不同培育重点和目标要求,做到各有侧重、相互兼顾、统筹推进,切实增强工作的针对性和操作性。

二、着眼于实际实效,把握关键点

一是周密论证。年初,根据中央综治委和省综治委工作要点,结合各地不同实际,提出年度亮点培育工作计划,同时组织各地进行项目申报。在各地申报的基础上,省综治办区分不同类型确定培育项目,并会同各地综治办及发改、财政等部门进行调研论证,进一步搞准功能定位和工作重点,明确工作内容、工作目标、资金使用计划和完成时限,为有序推进工作打好基础。二是项目带动。坚持把项目支持作为重要保障,积极争取各级党委政府和财政、发改等部门的支持,把亮点培育积极纳入地方建设规划,既保障了亮点培育工作的顺利实施,也在很大程度解决了基层的实际困难。2014年,省财政680万元资金支持,对各地亮点项目进行补助,并多方协调落实14个亮点项目的地方配套资金1095万元,极大地激发了各地的工作热情,保证了工作的顺利实施。三是加强指导。在亮点培育的各个时期,省、州、县三级综治办都由领导带队,不定期深入点上蹲点进行帮扶指导,与基层干部一道理清思路、谋划工作、查找问题、总结经验,并积极协调解决基层的实际困难。2014年,青海省还建立了结对帮扶工作机制,由西宁市的各个区对口帮扶青南地区亮点培育的各个县,选派能力强、水平高、经验丰富的街道、社区干部到牧区去传经送宝,现场演示、精心指导,帮助培育打造,深受基层干部欢迎,取得了良好的成效。四是严格考评验收。在年度项目确定后,省州县乡各级层层签订了《项目目标责任书》,明确亮点培育的目标任务和时限要求。在资金使用管理上分期拨付、强化监管,每个培育地区先期拨付70%的省级补助资金,培育工作完成后,省、州、县三级联合考评验收,验收合格的,拨付剩余30%的补助资金;验收不合格的,取消剩余资金补助,责令限期进行整改,并取消该市州下一年度的亮点培育申报资格。把亮点培育工作纳入各级综治目标考核内容,实行"一进一出"式的考评办法,即工作好的加分、工作差的扣分,设立综治考评单项奖,对工作成绩突出的地区再进行奖励,切实发挥好综治考评的杠杆作用。五是逐年推进。省、州、县三级每年各自选择一些基层地区进行培育打造,并作为一项制度化的工作长期推进,通过点上的量变,带动面的质变,不断积少成多,形成规模,实现一年一个样、五年大变样,最终达到整体提升。

三、着眼于作用发挥,强化落脚点

一要善于提炼总结。在基层亮点培育过程中,要牢固树立提炼总结的工作意识,善于找特点、挖亮点,把"点"上的实践结晶,及时进行综合总结,提炼成系统的、"面"上的推广经验,用制度、规范的形式固定下来、推广开展。比如,2010年省综治办下发了《关于学习推广格尔木市郭勒木德镇村级事务代办制经验做法的通知》,去年下发了《关于推广游牧民定居社会管理"刚察经验"的通知》,使得这些好经验在农村、牧区切实得到了推广和运用,一些地区的做法有了进一步创新,更加符合当地实际。二要相互观摩交流。近几年,省综治委多次组织召开不同形式、内容的观摩现场会,积极搭建学习交流的平台,地区内部、市州之间也相互组织观摩学习和工作交流,积极推广好经验、好做法,各地基层干部在实地观摩中,结合地区实际,带着问题学、带着思考学、带着兴趣学,学习热情和工作主动性明显提高,真正达到了入心入脑、学以致用。三要推动本地化。在认真领会典型经验的理念、内涵、基本模式的基础上,结合地区实际加以改良,提出了"枫桥经验"青海化等目标和方向,确保典型成果的运用更加贴合实际。比如"一站式"服务在城区普遍实行,但在地域广阔、居住分散、交通不便的牧区实行起来就缺乏基础,因此,青海省在"一站式"服务的基础上,培育打造了"村级事务代理代办机制"的典型经验,更加有效解决了优质、高效服务牧民群众的问题。

青海省综治委、办机构情况和负责人名单

一、综治委

主　任:王建军　省委副书记

副主任:张光荣　省委常委、政法委书记

　　　　沈　何　省人大常委会副主任

　　　　刘志强　省政府副省长

二、综治办

主　任:张爱军　省委政法委常务副书记

副主任:赵学章　专职副主任

青海省各市(州)、县(市、区)综治委、办主任名单

地　区	综治委主任	综治办主任	地　区	综治委主任	综治办主任
西宁市	苏　荣	何　平	贵南县	张　峰	杨应民
大通县	冯　明	刁玉粱	同德县	兰生峰	秦海成
湟中县	巨正科	张文豪	兴海县	哇　多	申　好
湟源县	葛海滨	张　栋	**海北州**	王振昌	卫振良
城东区	何明星	范铜斌	门源县	马应寿	李生彪
城西区	马志祥	任全邦	祁连县	龙永胜	马　忠
城中区	李承庆	张海红	海晏县	车　云	马艳萍
城北区	韩向晖	李幸荣	刚察县	晁世海	胡绍军
海东市	张晓容	张宪国	**玉树州**	才让太	七　一
平安区	汪源来	顾　炜	玉树市	扎西才让	仁青尖措
乐都区	曾水清	徐有瑛	杂多县	才旦周	诺巳加
互助县	李青川	秦　全	称多县	艾尼阿更	普布扎西
民和县	沙德林	李世忠	治多县	南　阳	五　一
化隆县	马金星	韩　伟	囊谦县	欧　格	王永岬
循化县	韩兴斌	马道宏	曲麻莱县	尼玛扎西	伊礼平
海西州	诺卫星	方　轶	**果洛州**	查书冰	刘克义
格尔木市	罗保卫	何均龙	玛沁县	达成刚	钟　斌
德令哈市	梁彦国	顾建岚	班玛县	穆才让	姬长河
乌兰县	钱国庆	路　通	甘德县	索南多	王桂香
都兰县	马永安	鲍海霞	达日县	闫行宇	祁东曲
天俊县	杨有智	海　兰	久治县	何向阳	桑灵吉
大柴旦行委	娄海龙	刘瑞俊	玛多县	周　吉	刘志波
冷湖行委	赵永寿	苏晓威	**黄南州**	李　忠	扎德加
芒崖行委	孔祥辉	段贤毅	同仁县	罗富贵	叶　洛
海南州	索南东智	李爱民	尖扎县	李　加	何万义
共和县	华　旦	李秉福	泽库县	桑德合	多日杰
贵德县	安木拉	余　林	河南县	郑立新	才让三智

（撰稿人：聂森
审稿人：张爱军　刘宗园　刘方保）

宁夏回族自治区

2014 年综治工作概况

2014 年，在自治区党委、政府的坚强领导下，各地、各部门认真学习贯彻落实党的十八大、十八届三中、四中全会精神和习近平总书记关于平安中国建设的重要指示及全国平安中国建设会议精神，以区情为基础，以民意为导向，以问题为抓手，坚持系统治理、依法治理、综合治理、源头治理，加强顶层设计，强化领导责任，发挥法治的引领和保障作用，推动平安宁夏建设深入发展，着力解决了一批影响社会和谐稳定的突出问题，有效预防和减少了严重刑事案件、重大群体性事件、重大公共安全事故的发生，人民群众安全感和满意度不断提升，为建设开放富裕和谐美丽宁夏，确保人民安居乐业、社会安定有序、国家长治久安提供了坚强、有力的法治保障。

一、以基层服务型党组织建设为重点，平安建设的根基进一步夯实

农村以基层党组织建设为总揽，推广灵武等地农村服务型党组织建设经验。通过“培育特色产业”等 5 项服务发展项目、“三化一满意”等 8 项服务群众项目、“三建四关心”等 3 项服务党员项目，搭建“16 + X”农村治理结构，实现基层党组织、公共服务组织的全覆盖，强化了服务功能，转变了服务作风。城市推广兴庆区“以服务型基层党组织建设为统揽，以提升网格管理的信息化水平为支撑，以街道市民服务中心为主阵地优化政务服务，以社区服务站为主阵地强化便民服务，以物业管理为重点促进居民物业自治”经验。通过开展社区管理体制改革，形成党组织领导，居委会主导，公共服务机构、社会组织、业主组织、驻区单位和居民多元参与、共同治理的格局。

二、以健全完善矛盾纠纷排查化解机制为重点，群众利益诉求表达机制进一步畅通健全

建立了重大决策社会稳定风险评估制度，从源头上预防因决策失误引发的矛盾纠纷。进一步完善“两代表一委员”、工资集体协商等工作机制，畅通了群众诉求表达渠道，建立了专业性、行业性调解组织和第三方调解组织，健全了各级组织定期排查、分析、预防矛盾等措施，化解了大量的矛盾纠纷。2014 年，全区共排查矛盾纠纷 64274 件，调解成功率 97.4%，同比上升 1.7 个百分点。加强了医疗纠纷、交通事故纠纷、征地拆迁纠纷、劳动合同纠纷等专业性、行业性调解组织建设，全区建立各类专业性调委会 262 个，专职调解员 3461 名。推行了信访问题依法处理，发挥律师、公证员等法律服务专业工作者参与信访的作用，推动涉法涉诉信访改革，建立涉法涉诉信访依法终结制度，使信访工作步入良性轨道，信访形势进一步好转。

三、以完善服务管理措施为重点，重点人群服务管理进一步加强

推动社区流动人口综合服务站建设，全区建成社区流动人口综合服务站 410 个，配备协管员 2300 名。实施“以房管人、以业管人、以证管人”，进一步规范了流动人口服务管理工作。加强特殊人群服务管理工作，健全了政府、社会、家庭帮教体系，开展了多种形式的社会志愿服务，解决就业、生活中的实际困难，帮助特殊人群融入社会。加强青少年关爱帮扶工作，建立帮扶工作机制，进行“一对一”、“一对多”的帮扶，帮助其就学就业，预防和减少了青少年违法犯罪。加强了对肇事肇祸等严重精神障碍患者救治救助工作，建立了区、市、县、乡、村五级精神病防治网络，积极开展重性精神病筛查、确诊、评估、治疗、管理工作。开展了“和谐家庭”创建活动，帮助解决经济困难家庭、“零就业”家庭和闲散青少年就学就业，关爱帮扶单亲家庭妇女儿童、安置帮教刑满释放人员等，促进了社会和谐稳定。

四、以开展专项整治为重点，社会治安形势进一步好转

依法打击各类犯罪活动，打掉全国挂牌的 2 起涉黑犯罪组织，摧毁了 4 个恶势力犯罪团伙。2014 年，全区刑事案件同比下降 9.3%，八类主要刑事案件同比下降 6.6%，盗窃等侵财类案件同比下降 15.8%。灵武、盐池、宁东地区开展土炼油整治行动，销毁土炼油窝点 224 座。开展“打黄赌铲源头”等扫黄打非专项行动及“大收戒”行动。

五、以技防建设为重点，科技应用水平进一步提高

推进基层综合信息服务平台、领导“电子信箱”、政府“微博问政”、“电视问政”等工作。通过“电视问政”，解决“慵懒散软拖”问题 2072 个，问责处理 332 人。通过智能图控系统、智能交通系统、住宅小区技防设施建设，在公共治安复杂等区域安装高清视频探头 6454 个，建成综合多功能电子警察系统 117 套，超速检测系统 35 套。更新改造 340 个规范化物业小区和 291 个老旧小区技防设施，新建小区技防建设纳入工程建设规划，同步投入使用。

六、以落实四项约束指标为重点，强化领导责任制的落实

各级党委、政府及其党政领导干部，加强对平安建设的指导，自治区将平安建设考核列为全区效能考核和自治区督查重点，出台《关于加大考评考核力度推进平安宁夏建设的意见》，建立四项约束性指标，对年度内超出约束指标任何一项的市、县（市、区），不能命名为年度平安县（市、区）。每月通报命案发生数等 9 项指标，对存在问题的市、县（市、区）发出警示提醒，督促其强化工作，解决问题。为推动平安建设重点任务的落实，自治区综治办在 3 月份，对各市、县（市、区）平安建设启动工作进行专门督查，在中宁县举办了专题研讨班、召开了自治区各牵头单位专题研讨会。6 月份，自治区党办、政办、综治办组成 22 个督查组进行半年重点督查，并进行量化通报。自治区综治委领导对禁毒工作排名靠后，以及全区智能图控建设地方配套经费落实不到位、建设进展相对缓慢的金凤区、贺兰县、青铜峡市的主要领导和固原市的分管领导进行了约谈，要求工作滞后的市、县（市、区）要高度重视，克服困难，统筹协调，强化推进重点工作的力度和措施，切实增强工作成效。12 月份，自治区综治办又组织开展了平安建设综合考评通过强化对平安宁夏建设的考评，使各地各牵头部门推动工作有了抓手，督查考核有了目标，确保了平安宁夏建设重点任务的落实。2014 年，各地各有关部门通过加强顶层设计，强化领导责任，创新工作载体，健全工作机制，建立四项约束性指标，强化平安建设考评，推动了平安宁夏建设深入发展，取得了明显成效。

宁夏回族自治区政府办公厅
关于做好校园安全防范工作的通知

（2014 年 2 月 24 日）

为进一步加强全区各级各类学校、幼儿园校园安全管理工作，保障广大学生和幼儿的生命安全和健康成长，促进教育事业健康科学发展，现就做好校园安全防范工作的有关事项通知如下。

一、统一思想，提高认识

做好校园安全防范工作，维护学生生命安全，关系到教育事业的改革发展和社会的和谐稳定，也是深入贯彻落实党的十八届三中全会和自治区党委十一届三次全会精神的具体体现。各级政府、各有关部门和各级各类学校、幼儿园要牢固树立“生命至上、安全第一”的理念，把抓好校园安全防范、保障学生生命安全作为党的群众路线教育实践活动的重要任务，强化组织领导，突出防范重点，健全安全管理制度，加大安全基础投入，推进全员、全过程、全方位的安全防范，夯实安全基础，提升防范能力，做好学校安全防范管理，严防各类安全事故的发生，为广大师生营造安全、和谐的工作、学习、生活环境。

二、突出重点，加强防范

（一）强化学校门卫管理。各级各类学校、幼儿园要强化门卫管理，严格落实外来人员、车辆、物品进出校园询问登记制度和学生外出登记、销假制度，禁止无业人员、精神病患者、闲杂人员、不明身份人员进入校园，严禁学生将非教学用的易燃易爆物品、有毒有害物品、动物、管理刀具、棍棒及其他可能危及校园安全的物品带入学校，严防学生擅自离校外出。学校要加强对门卫和安保人员的监管与考核，对不能履行岗位职责的。要及时予以解聘或反馈给保安管理机构予以调换。

（二）提高校园安防水平。各市、县（区）人民政府要落实专项安全经费，支持教育部门和学校建立健全校园安全保卫机构，通过政府购买社会服务等方式配齐配全安全保卫人员及必要的安保装备。要积极推进技防建设，在学校门口、学生宿舍楼的出入口、围墙周界以及重点部位安装监控系统和报警设备，有条件的学校要与属地公安机关联网，发挥技术防范优势，增强安保威慑力。各级公安机关要经常性地加强对学校安保、护校人员的岗前和在岗培训，提高安保人员的安保能力。各地、各有关部门和各级各类学校要按照《宁夏回族自治区中小学校、幼儿园安全管理工作规范化实施方案》，全面开展校园安全隐患排查，发现问题及时整改，消除隐患、不留死角。

（三）做好应急值守工作。各级教育行政部门和中小学、幼儿园要严格执行24小时值班和领导带班制度，安排专人在岗值班，保证联络畅通。在上学、放学时段要安排当日值班领导、教师和安保人员到校门口值守，在明确学生到校时间的前提下，值班人员要提前到位，保证学生随到随进。要加强校园值班巡逻，增加校园内外的巡视频次，及时劝说无正当理由滞留校园的学生离校，尤其对隐秘、敏感区域要逐点巡查，并建立值班巡逻台账。值班人员要尽职尽责，遇有突发事件，按相关规定立即启动应急预案，及时进行妥善处置，并按照规定及时如实逐级上报，不得隐瞒、迟报和漏报。

（四）完善应急处置机制。各级教育行政部门和中小学、幼儿园要制定完善校园安全应急处置预案，经常性开展内容广泛的安全演练，将其纳入学校常规管理，做到制度化、常态化、规范化。学校尤其是寄宿制学校应当针对地震、火灾等灾害事故开展应急疏散演练，使师生掌握夜间避险、逃生、自救的方法。要按照教育部《中小学校岗位安全工作指南》要求，明确学校全体教职员工的岗位安全职责，逐岗逐人落实安全管理责任，并定期组织教职员工进行安全教育和培训，确保发生突发事件时，教职员工能够正确应对并及时处置。

（五）加强学校安全教育。各地、各有关部门和各级各类学校要认真上好“开学第一课”，利用开学典礼、国旗下讲话、班会、讲座等途径，在广大师生中组织开展一次安全教育活动，并告知学生家长履行监护人职责，积极配合学校各项工作，加强对学生的安全教育和监护，做好学生校外安全工作。各中小学校要充分发挥课堂主渠道作用，落实教师安全教育职责，进一步做好安全知识进教材、进课堂、进头脑，提高学生自我安全防范的能力。各级教育行政部门和各中小学校要结合第十九个全国中小学生安全教育日，开展主题为“强化安全意识，提升安全素养”安全教育和演练活动，积极组织参加2014年全国中小学生安全知识网络竞赛公益活动。要深刻汲取“西吉踩踏事故”的教训，加强学生管理，教育学生在节假日和放学以后，不得参加类似社会活动或到人员密集的场所，以保障学生生命安全。

三、加强领导，严格责任

各市、县（区）人民政府要按照“属地管理、分级负责”的原则，加强对学校安全防范工作的领导，落实校园安防经费，健全教育安全监管机构，配齐、配全安全防范装备和人员，全力抓好各项工作落实，确保安全防范工作扎实有效。要按照“谁主管、谁负责”的工作要求，严格落实责任制，各级政府分管领导负有保障辖区校园安全防范之责,要亲自抓、具体抓;各级教育行政部门要加强监督检查,会同有关部门建立经常性的督导检查制度,加大巡查暗访力度,及时发现问题,强制整改落实;各级各类学校、幼儿园要严格落实校长、园长安全管理责任,健全安全管理制度,加强安全防范,形成一级抓一级、层层抓落实的工作机制。要严格执行责任追究制,对因重视不够、监管不力、管理不善、排查不严、整改不到位造成安全责任事故的,逐级严肃追究相关责任人的责任。

宁夏回族自治区银川市部门联动　综合治理　全面构筑校园环境安全防线

为确保全市472所中小学、幼儿园的33万余名学生安全安心的学习和生活,银川市委、市政府以及市综治委结合党的群众路线教育实践活动,创新监管,狠抓校园及周边环境安全,积极构建起“党委政府领导,综治协调,专项组牵头,部门联动,社会力量参与”的综合治理机制,全力打造安全有序的校园环境和社会环境。

一、完善校园管理,夯实工作基础

(一)强化制度建设。全市各级各类学校以“安全管理工作规范化示范学校”创建活动为契机,制定《银川市教育系统突发事件应急总体预案》、《银川市教育系统综治工作规程》等一系列制度规范,建立了“月报告、季例会、年考核”等校园安全管理制度,规定每月学校向教育局、县(市)区教育局向市教育局书面报告一次安全管理和安全教育情况,定期对全市学校安全工作进行分析通报和考核,督促落实各项安全制度,及时了解和掌握全市校园安全动态管理情况,提高安全管理效能。

(二)强化三防建设。各县(市)区以“校安工程”建设为载体,依托各中小学、幼儿园门房,建设了“校园安全工作室”、学校治安室,配备了专职保安人员和钢叉、警棍、辣椒水等警务工具,安装了视频监控、一键式报警器和警灯等设施设备,经费统一由财政予以保障,并加强对校园治安的巡逻,做到人防、物防、技防全面到位。金凤区将各个学校的监控视屏通过网络与教育局主控室连接,在教育局就能够实时监控各个学校校门口的情况。通过加强“三防”建设,全面提高学校安全防范能力。

(三)强化安全教育。建立了学校安全教育“每月”一主题制度,各县(市)区、各学校根据不同时令的特点,确定每月宣传教育主题,还有针对性地确定了主题教育时段,例如将每年4月的第一周、11月的最后一周确定为预防溺水教育周等,每学期至少安排一次防震、火灾等安全应急训练,培养学生自救自护的技能,提高学校应急处置能力。通过《致家长的一封信》和召开家长会等形式,集中开展针对家长的教育活动,使他们切实担负起学生在校外的安全教育和监管责任。在《银川晚报》、《新消息报》和银川电视台,通过倡议书、公开信和新闻稿,呼吁全社会都来关注学生安全问题,共同参与,保护学生安全,引起社会各方对学生及校园安全的广泛关注和支持。

二、注重规范治理,解决突出问题

(一)出台规范意见。根据群众反映比较强烈的部分校园周边流动小摊小贩多,交通秩序混乱,存在食品安全和交通隐患等问题,市综治委出台了《关于进一步加强校园及周边环境安全综合治理的意见》,明确了教育、公安、城管、工商、卫生、食品药品监督管理、建设、交通、文广、安监10个职能部门的职责,提出既要解决困扰校园及周边环境安全治理的顽疾问题,又要考虑学生群体的实际需求问题,变堵为疏、规范管理,使全市的校园及周边环境安全综合治理更具规范性、联动性、长期性和可操作性。

(二)整治食品安全隐患。按照“部门协同,综合治理,疏堵结合,立足治本,长效管理”的原则，对校园周边流动食品摊贩采取“划定区域，统一标识，限制数量，规范经营”的方式，为校园周边的食品流动摊贩确定固定场所，政府统一购买配发校园周边食品流动车，确保校园周边食品监管的追根溯源。前期先对中小学校门口100米范围进行摸排，结合地段的分布，允许在学校周边100米范围内设置4个以内的食品经营户，确定共设置142个统一管理的食品摊贩，覆盖银川市三区所有中小学校。经营户招标取得经营权，相关部门加强对食品摊贩的食品原料来源、加工制作过程、从业人员资质和环境卫生等方面的监督管理，严防把不符合食品安全标准的食品销售给学生。金凤区首批24辆食品摊点车已到位，15辆车投入试运营，兴庆区正在招标采购中。食品药品监督管理部门收集整理全市学生“小饭桌”行政许可工作信息，在银川市二十一小、博文小学、六小等共计12所学校门口张贴《银川市小学周边“小饭桌”餐饮服务许可情况公示牌》，向学生家长反馈153家“小饭桌”许可、监管工作信息。

（三）整治校园周边交通秩序。交警部门在全市范围内组织开展“护卫天使”行动，在校园周边设立“助学岗”和“学生安全通道”，重点时段值勤疏导交通。加强巡逻防控，实现学校、幼儿园周边在上学放学时段校园门口“见警察、见警车、见警灯”，在重点路段设立了46个护学岗和执勤点。在校园周边安装了交通安全标志牌、报警提示信号牌等交通设施。并据实际，取缔原有的各学校门口100米以内划分的停车位，解决家长接送学生导致的校园周边交通秩序混乱问题；查处各级学校，尤其是农村学校车辆超员接送学生的问题；在城乡各类学校门口道路设置减速带，建立教师义务护校联防队伍，坚持学生上下学期间教师护送学生制度，确保师生安全。城管部门在重点学校实行城管队员错时立岗制度，与学校轮流排班值守，维护秩序。

（四）整治校园周边治安隐患。市公安局将三区133所中小学校、178所幼儿园全部纳入重点治安单位管理，制订了突发应急事件处置预案，签订治安责任书613份，加强对校园周边地区的治安巡逻防控，特别是对重点时段、重点路段和重点部位的治安巡逻，严密防范打架、斗殴、敲诈钱财等治安问题的发生。并深入开展校园及周边矛盾纠纷大排查，全面摸清周边区域不稳定因素。市教育局在校园内进行安全隐患拉网式排查，对排查出的28处安全隐患进行认真梳理，督促、配合相关单位进行解决。对地处偏僻安全管理薄弱和管理不规范的学校幼儿园进行整改，对达不到标准的幼儿园进行撤并、关闭。

三、社会力量协同，联动治理常态

（一）形成部门联动长效机制。在日常各责任监管单位按照职责履职外，校园及周边治安综合治理专项组组长单位市教育局牵头，落实安全隐患排查制度，组织召开部门联席会议，将存在的安全隐患通报给责任监管部门，由责任部门进行整治。需要多部门配合整治的，专项组牵头进行联合整治。整治中遇到解决不了的问题，由市综治委协调推进。例如：根据教育部门的通报，卫生部门对全市中小学、托幼机构春季传染病、生活饮用水、托幼机构是否存在集中服药及校园周边非法行医集整治等情况进行督导；安委办组织相关成员单位，针对兴庆区4所学校的教育教学和食堂卫生设施方面存在的隐患，包括食堂厨师未持健康证上岗、食堂未取得食品卫生许可证、消防通道安全设施未粘贴醒目标识等问题，提出整改措施和意见；工商部门检查校园周边食品经营户1234户次，食品摊贩207户次，取缔无任何手续的食品摊贩48家，对15家索取进货台账不规范的经营单位进行了现场规范；文化部门重点对学校200米范围内的203家文化娱乐经营场所进行检查，依法严肃查处违法违规经营问题。

（二）实行校园周边区域化治理。在一些比较偏远，校园周边没有重要单位的学校，发挥学生、家长、社区作用，组建校园志愿服务小分队、社区义务巡防队和学生家长义务护校队，维护校园及周边治安安全；在有条件的校门口的商铺中设立“爱心商铺”报警点，学生遇到安全威胁时可庇护、可救助、可报警；以永宁县医院区域为试点，由街道牵头，公安派出所配合，建设了社区新社会组织联合会，承揽县医院安保项目工程，并扩大监管范围，对医院周边的小学进行区域治安巡逻，以购买服务、社会化运作，实现了“社区、派出所、医院、学校”多方共驻共建共赢的区域群防群治新模式。

（三）引入群众和媒体参与监督治理。在三个市辖区的中小学、幼儿园门口，统一制作了监管部门公示牌，公布了治安、城管、工商、卫生、食品药品监督管理等部门联系该学校的责任人姓名、联系电话和举报电话，由家长和市民群众参与到校园及周边环境安全综合治理中来，对发现的安全隐患问题，及时根据公示牌举报给相应的监管单位责任人，责任单位及时组织整改堵塞漏洞。市综治委不定期组织新闻媒体对校园及周边环境安全综合治理工作进行暗访，将发现的突出问题拍摄成视频进行报道，对学校周边环境治理不负责、不到位的单位，跟踪报道治理动态，营造浓厚的治理氛围。同时，市综治办召集相关责任部门召开专题会议，观看暗访短片，限期进行整改。对整改不到位的责任部门，及时下发了6份综治建议书，要求责任单位进行“回头看”，市综治办跟进督办。

宁夏回族自治区民政厅激发社区活力　提升自治水平 创新推动和谐社区建设试点工作

一、认真履职，发挥牵头部门作用

在自治区领导的高度重视和指导下，宁夏回族自治区民政厅积极协调自治区党委组织部、综治办、公安厅、司法厅、人社厅、团委、妇联等部门，在认真调研和讨论的基础上，制订试点工作方案。坚持试点工作动态管理，通过召开联席会议、推进会议，通报工作进展情况，整合部门资源，研究解决试点工作中的困难和问题。两个试点区成立相应的协调工作机构，明确领导责任和部门分工，制订实施计划和工作方案，完善政策措施，加大资金投入，加强工作力量，创造工作条件，强化监督检查，确保试点工作有序推进。

二、制度先行，创新社区治理模式

指导试点区按照“党建引领、政社分离、服务优先、增强自治”的原则开展试点工作。合理设置居委会，实行“一社一居”、“一社多居”模式；建立社区网格服务体制，理顺社区居委会与政府职能部门、街道办事处、业主委员会之间的关系，实施人随事配、权随责走、费随事转，减轻社区居委会负担，增强了社区自治功能；推进居委会依法民主选举，健全完善社区管理制度；积极探索“党支部＋居委会＋业主委员会＋物业公司”的“四位一体”工作模式，形成社区党组织领导、社区居委会主导、社区公共服务机构、社区社会组织、业主组织、驻区单位和社区居民多元参与、共同治理的格局。

三、提升服务，打造社区网格化管理

指导兴庆区成立网格管理指挥中心，将每个社区划分为若干个网格，探索实行了“3＋X”网格化服务管理模式，推行社区管理、社区服务、社区治理网格化管理，做到“两活四清”，即网格的“活档案、活地图”和“家庭情况清、人员类别清、居民诉求清、隐患矛盾清”。同时，设立街道市民服务站，将居委会以前承担的行政职能全部剥离，有效实现了政社分离。指导大武口区深化“1＋4＋X”网格化管理模式，每个网格下设网格督导员、网格助理员、网格警员、网格消防员等，形成了“横向到边、纵向到底、管理到位、责任到人”的社区管理体系。

四、措施跟进，构建社区共建新格局

建立对驻社区单位、个体私营业主参与社区服务、开展和谐创建考评及向其上级主管部门反馈机制，形成驻社区单位和居民广泛参与的和谐社区创建新格局；建立派出所、街道办事处、居委会社会治安共建机制，加强社区社会治安及综合治理；建立驻区单位参与社区服务监督评估体系，扩大驻区单位参与社区服务的功能；建立问题反馈解决机制，把在社区收集到的涉及民生等方面的问题梳理归类，分送相关部门受理；建立矛盾化解机制，做到“早发现，早预防，早处理”。

自治区公安厅、司法厅、人社厅、妇联、团委等部门开展了“和谐家庭”创建活动、“康乃馨”关爱单亲母亲行动，实施“青春护航”行动，完善“零就业”就业援助制度，深化社区警务工作，为社区特殊人群提供服务，共同推动试点工作深入开展。

宁夏回族自治区综治委、办机构情况和负责人名单

一、综治委

主　任：崔　波　自治区党委副书记

副主任：马三刚　自治区党委常委、统战部部长

王雁飞　自治区党委常委、政法委书记、自治区公安厅厅长

刘慧芳　自治区人大常委会副主任

李　锐　自治区副主席

张学武　自治区政协副主席

委　员：李刚军　自治区党委副秘书长

李建功　自治区政府副秘书长

蒋元德　自治区政府副秘书长、信访局局长

陶　进　自治区纪委副书记

王少林　自治区党委组织部副部长

贾捷频　自治区党委宣传部副部长

沈　凡　自治区党委统战部副部长

田云鹏　自治区党委政法委副书记、秘书长

利爱国　自治区综治办专职副主任

蔡　珺　自治区党委政研室副主任

李秋玲　自治区教育工委副书记

齐健民　自治区防邪办副主任

陈　刚　自治区高级法院副院长

汪　敬　自治区检察院副检察长

马忠林　自治区经济和信息化委员会副巡视员

陈建龙　自治区民委（宗教局）副主任（副局长）

王正升　自治区公安厅党委书记、第一副厅长

李振国　自治区司法厅厅长

王　勇　自治区国家安全厅副厅长

高万金　自治区民政厅副厅长

郑建国　自治区人力资源和社会保障厅副厅长

马　鑫　自治区国土资源厅副厅长

蔡　琦　自治区环保厅纪检组长

张吉胜　自治区住房和城乡建设厅副厅长

蒋文斌　自治区交通运输厅副厅长

行小卫　自治区文化厅副巡视员

崔学光　自治区卫生厅副厅长

张业兴　自治区外事办副主任

王　峰　自治区工商局副局长

潘多俊　自治区质监局局长

黄洪乾　自治区新闻出版局副局长

万东刚　自治区安监局副局长

董　忠　自治区食品药监局副局长

拓兆功　自治区总工会副主席

范淑琳　自治区妇联副主席

汤　瑞　自治区团委党组成员

郭建繁　自治区扶贫办（移民局）副主任（副局长）

二、综治办

主　任：田云鹏

专职副主任：利爱国

自治区综治办内设综治督导室、综治协调室。

宁夏回族自治区各市、县(市、区)综治委、办主任名单

地　区	综治委主任	综治办主任	地　区	综治委主任	综治办主任
银川市	杜银杰	田文艺	盐池县	杨晓军	汪光孝
兴庆区	孔令杰	任福东	同心县	侯永林	白少清
金凤区	马金龙	许　杰	红寺堡区	徐　军	马海鹏
西夏区	闫树革	马　燕	**固原市**	赵旭煇	马学明
永宁县	杨宝文	李玉新	原州区	马天峡	蔡东学
贺兰县	刘甲锋	张德全	彭阳县	王　萍	杨正海
灵武市	亢　晟	韩育才	西吉县	袁秉和	宋兆璐
石嘴山市		邵珠宝	泾源县	许正清	李春生
大武口区	牛志军	封家麒	隆德县		杨志胜
惠农区	李彦炜	张淑钦	**中卫市**	陈加光	田仲锋
平罗县	毛精明	王宗贵	沙坡头区	张隽华	马立生
吴忠市	贾红邦	张吉贺	海原县	王兴文	马建荣
利通区	樊华峰	贺永彪	中宁县	张建兵	宋朝勇
青铜峡市	张铁缨	周学军			

（撰稿人：郭祥
审稿人：田云鹏　刘方保）

新疆维吾尔自治区

2014 年综治工作概况

2014 年，新疆维吾尔自治区全面贯彻党的十八大、十八届三中、四中全会和第二次中央新疆工作座谈会精神，认真落实中央政法工作会议和自治区党委八届七次、八次全委（扩大）会议部署，紧紧围绕社会稳定和长治久安总目标，坚持系统治理、依法治理、综合治理、源头治理，强化基层基础建设，加强督促指导，狠抓工作落实，全面深化平安新疆建设，经受住严峻复杂形势的考验，有力维护了社会大局稳定。

一、组织推进严打专项斗争，为维护稳定和社会治理打出空间、赢得时间

自治区党委始终把严打作为维护稳定的首要任务，按照中央统一部署，全区深入推进严打专项行动，以打促防、以打促稳，打出了声威和效果。保持严打高压态势，继续加大集中整治力度。自治区党委以三年为期，分批组织区地县三级 8 万余名机关干部住村，开展以维稳为重点的“访惠聚”活动，进一步巩固稳定基础，一些地方正不压邪的现象得到扭转。各级政法、宣传部门通力配合，把新闻宣传和舆论引导作为严打专项行动第二战场，形成强大宣传舆论攻势。

二、坚持问题导向抓防范，驾驭复杂维稳形势的能力得到明显提升

自治区及各地围绕总目标、查找薄弱点、案件汲教训、工作抓落实，突出防范重点。一是完善城镇社会面“网格化”巡控工作体系。为实现常态化防控，有效解决维稳力量疲惫懈怠问题，全区推进建立以民警为骨干、协警为主体的县市专业巡控队伍。二是健全人员密集场所和基层应急联动、联防自保体系。自治区先后制定《关于加强全疆客运火车站安全防范工作的意见》、《关于建立健全基层组织应急联动机制的指导意见》等文件，动态完善应急预案和处置联动机制，将基层安全防范工作纳入规范化轨道。三是积极推进视频监控系统建设。按照《新疆公共安全视频图像信息系统建设三年规划》，在中央划拨资金支持下，推进社会面视频监控资源整合，增布视频监控摄像头，加强视频监控联网、治安卡口联网工程和全区三级公安机关视频信息综合应用平台建设，大大增强了基层治安防范和维稳能力，在应急处突和案件侦破中发挥了重要作用。四是严格管控重点物品。加强对危爆物品产运销储用环节的管理，开展缉枪治爆、危爆物品和烟花爆竹整治专项行动，严格各类交易市场、物流行业管控。

三、强化流动人口和重点人群动态管理，预防减少社会公共安全问题

针对近年来流动人口和重点人员底数不清、情况不明、管理缺失的问题，自治区及各地认真落实《自治区流动人口服务管理办法》等文件规定，并将“流动人口服务管理”等工作纳入重点民生工程。一是强化流动人口管理服务措施。自 2014 年 5 月起，自治区全面实行流动人口“便民联系卡”制度，严格落实流出信息登记上网、核查反馈制度，并在全区推行客运实名制。强化流动人口落脚点管理，全区统一开展对小宾馆、小旅社、群租房以及出租房屋较多、社会治安复杂区域排查专项行动，对发现存在问题和隐患的小宾馆和小旅社予以整改处理。二是以信息化提升动态化管理能力。2014 年对自治区流动人口服务管理综合信息平台进行改造升级，基本实现了流动人口信息平台与“警综平台”互联互通、信息共用、资源共享，为流动人口常态化、动态化管理奠定坚实基础。三是建立考核奖惩和责任追究制度。自治区制定出台《流动人口服务管理及重点人员、特殊群体帮教管理工作考核暂行办法》，将其纳入年度绩效考核和综治维稳、平安建设考核验收体系;印发责任倒查追究工作的通知,对有关领导和责任人进行追责,确保各项管理措施落到实处,取得实效。

四、坚持和发展“枫桥经验”,社会矛盾预防化解工作更加扎实

全区各级党委、政府和各相关部门把预防化解社会矛盾置于维护社会稳定和长治久安的重要位置,紧紧抓住影响社会和谐稳定的源头性、根本性、基础性问题,坚持和发展“枫桥经验”,加强和创新群众工作,深入推进社会矛盾排查化解。一是强化源头治理。自治区党委统筹经济发展和民生建设,连续五年开展“民生建设年”活动,自治区财政用于民生支出占公共财政总支出的70%以上,改善了民生,凝聚了人心,从根本上预防和减少了社会矛盾的产生。二是着力解决发展中的突出矛盾。按照自治区《重大事项社会稳定风险评估工作意见(试行)》,各地(州、市)和32个区直部门制定规范性文件,把稳定风险评估作为出台重大决策的前置程序。三是注重前端治理。各地、各有关部门认真落实自治区《关于进一步健全完善“大调解”工作体系切实加强矛盾纠纷预防化解工作的意见》、《关于构建人民调解、行政调解、司法调解衔接联动工作机制的实施意见》等文件,进一步完善覆盖全区各层级的“大调解”工作体系。为有效防范“民转刑”案件发生,自治区综治办会同司法厅就充分发挥人民调解“第一道防线”作用,提出可行性对策建议;自治区公安厅主动开展调研,起草了《全区“民转刑”命案特点分析及预防对策》,下发各地学习借鉴。四是加强排查化解常态化机制建设。深入开展领导干部大下访、大排查、大调处活动,坚持落实区、地、县、乡四级矛盾纠纷排查调处月例会制度,同时针对重大复杂矛盾纠纷排查调处工作建立重点发言制度,定期分析形势,明确责任主体,定期通报进展,强化督办考核,推动各级层层建立矛盾纠纷排查、研判、调处的常态化工作机制。

五、全面加强基层基础建设,筑牢维护社会稳定、促进长治久安的第一道防线

自治区党委高度重视抓基层、打基础工作,突出重点、标本兼治,全面加强基层基础工作,为维护社会稳定提供有力支撑。一是加强乡镇(街道)综治工作中心建设。各地认真贯彻《关于进一步加强和完善乡镇(街道)社会管理综合治理工作中心建设的意见》,推进实体化、规范化建设,并同步实施乡镇站所体制改革,综治工作中心的综合治理平台、服务群众窗口和处置突发事件指挥部的作用开始显现。阿克苏地区沙雅县积极推行乡镇站所管理权下放,人员、经费、编制全部划归乡镇管理,由综治工作中心指挥协调,实行“一站式”集中办公,有效整合了乡镇各站所力量,被自治区党委改革办列入了乡镇综治工作中心改革试点项目。二是全面加强农村(社区)警务室建设。自治区党委下发《关于进一步加强农村(社区)警务室工作的意见》,明确警务室定位与管理责任,落实民警进村(社区)“两委”班子、民警驻村(社区)工作制,建立警务室快速反应联动和民警教育、培训、管理、监督、保障等各项制度,警务室在强化基层政权建设、维护社会和谐稳定、服务经济社会发展、保障群众安居乐业的职能作用进一步发挥。同时,重点解决村党支部、警务室、住村工作组协同配合问题,“三位一体”、“四位一体”工作机制初步形成。三是强化基层组织建设,壮大基层专业维稳力量。各地在乡镇建立专职治安联防队,村(社区)建立“十户联防”组织,社区每100户配备1名社区工作人员,村委会配备专职治保主任,提高村“十户长”待遇。

六、深入开展平安创建工作,夯实社会平安基础

各级党委、政府把平安建设作为维护新疆社会稳定和长治久安的基础性工作,作为落实各项维稳措施的重要载体,扎扎实实开展平安创建活动,有效防范化解影响社会稳定的各种问题。一是以人民满意为导向,推动平安建设社会调查工作。自治区综治办会同国家统计局新疆调查总队多次研究,制订了《2014年公众安全感及对政法综治工作满意度抽样调查方案》和《调查问卷》,进一步完善调查内容,改进调查方式,强化调查纪律,加大监督力度,提高社会调查的公信力,确保“平安不平安,群众说了算”。二是认真做好2014年平安创建命名工作。在各地层层推荐申报的基础上,经自治区平安办、综治办严格考核,自治区党委、自治区人民政府表彰命名了1个“自治区平安地州市”、6 个“自治区优秀平安县市区”，自治区平安建设领导小组、自治区综治委命名了 6 个“自治区平安县市”、21 个“自治区优秀平安乡镇街道”。三是强化综治和平安建设宣传。部署开展了以“深化平安新疆建设，维护社会和谐稳定”为主题的第 24 个综治宣传月活动，通过在新疆法制报、新疆平安网开辟专版、专栏，组织开展有奖知识竞赛、平安新疆建设主题报告会等形式，大力宣传中央和自治区关于综治维稳和平安建设工作的一系列决策部署，以及各地平安建设典型事迹，掀起了宣传高潮。四是积极探索深化平安创建。和田地区分别召开地区平安建设动员大会和平安建设现场会，地委书记亲自动员部署；拜城县、沙雅县实施平安村、平安细胞“零基启动工程”，对已创建的平安细胞进行重新自查、重新申请、重新审核、重新命名，并开展“平安示范户”创建工作，提升平安创建成效；巴州夯实“平安细胞”基础工作，推行“十星级和谐文明家庭”创建活动，提高“星级家庭”含金量，扩大创建覆盖面，营造了人人得“星”、户户争“星”的良好局面。五是积极推进见义勇为奖励保护工作。隆重召开自治区第七次见义勇为英模表彰大会，对 6 名英模个人、7 个英模群体、7 个自治区见义勇为事业突出贡献模范单位和个人进行表彰奖励。积极推荐申报全国见义勇为英模，组织开展见义勇为英模典型事迹展播和有奖竞推活动，并在持续开展“每月一元钱”见义勇为爱心捐赠活动的基础上，增设见义勇为专项基金，创新启动“我为新疆代言”一人一张明信片见义勇为公益营销活动，在全区聚集起了见义勇为的强大正能量。

新疆维吾尔自治区公共安全视频信息系统管理办法

第一条　为了规范公共安全视频信息系统建设和管理，维护公共安全，提高公共服务和管理水平，保障公民、法人和其他组织的合法权益，根据国家有关法律、法规，结合自治区实际，制定本办法。

第二条　自治区行政区域内公共安全视频信息系统的规划、建设、应用、维护和管理，适用本办法。

第三条　本办法所称公共安全视频信息系统（以下简称公共视频系统），是指利用图像采集设备和其他相关设备，对涉及公共安全的区域进行信息记录的视频系统。

第四条　公共视频系统建设和应用应当遵循政府主导、社会参与、统一规划、统一标准、资源共享、合法利用的原则；不得泄露国家秘密和商业秘密，不得侵犯公民个人隐私及其他合法权益。

第五条　县级以上人民政府应当加强对公共视频系统管理工作的领导。公共视频系统建设和管理工作应当纳入社会管理综合治理目标。

县（市）以上公安机关负责编制本行政区域公共视频系统建设规划，对公共视频系统的建设、管理、应用进行指导和监督。发展和改革、经济和信息化、住房和城乡建设、财政、教育、交通运输、安全生产监督、质量技术监督、通信管理等行政主管部门依法履行公共视频系统建设、管理等方面相关工作职责。

供电、电信等单位应当配合做好公共视频系统的电力、通信保障等相关工作。

第六条　下列场所、区域的出入口、重要路段、重要部位，实行当地政府投资、自治区财政视情况适当补贴的方式建设公共视频系统，由公安机关负责管理、使用和维护：

（一）广场、公园；

（二）人行天桥、地下人行通道、隧道；

（三）城市道路（巷道）、中心城镇；

（四）法律、法规、规章规定的其他重要场所、区域。

第七条　下列单位、场所、区域的出入口、主要通道、重要部位，实行本单位投资、有条件的地区可以采取财政补贴的方式建设公共视频系统，由本单位管理、使用和维护：

（一）实验、保藏传染性菌种、毒种的单位，生产、存放或者经营民用爆炸物品以及易燃、易爆、剧毒、放射性物品、易制毒化学品的场所；

（二）国家机关和广播电台、电视台、报社、电信、邮政等单位；

（三）幼儿园、学校和科研、医疗机构，博物馆、纪念馆、展览馆和重点文物保护单位；

（四）金库以及货币、有价证券、票据的集中存放场所，票据、货币押运车辆，金融机构营业和金融信息运行、储存场所；

（五）供水、供电、供气、供热、加油（气）站；

（六）机场、大型车站等重要交通枢纽，城市公共交通、客运车辆等公共交通工具；

（七）大型商贸、物流、物资储备中心，旅馆、宾馆、停车场、旅游景区，文化娱乐、体育健身、网吧及宗教活动场所，住宅小区；

（八）堤防、水库、人工湖、饮用水源地、重点防洪排涝区域和重要水利工程设施；

（九）法律、法规、规章规定的其他重要场所、区域。

第八条　禁止在下列涉及个人隐私的场所、区域安装公共视频系统：

（一）旅馆、宾馆的客房，娱乐场所包房；

（二）员工宿舍、公共浴室、公共卫生间、试衣间、更衣室、哺乳室；

（三）金融、保险（放心保）、证券机构内可能泄露客户信息的操作部位；

（四）选举箱、举报箱、投票点等可能观察到个人意愿表达或者行为的区域；

（五）其他涉及个人隐私的场所、区域。任何单位和个人不得擅自在本办法第六条规定的范围内设置、安装公共视频系统。

第九条　公安机关应当按照合法、安全和规范的要求，对公共视频系统进行资源整合，实现视频信息共享。

第十条　新建、改建、扩建的建设项目，应当按照本办法规定建设公共视频系统，并与项目主体工程同时设计、同时施工、同时投入使用。

建设单位应当选择符合国家标准和技术规范的公共视频系统产品。

第十一条　建设公共视频系统，应当委托具有安全技术防范资质的单位，按照国家标准和技术规范进行设计、施工。

公共视频系统工程项目的竣工验收，依照国家有关规定执行。

第十二条　公共视频系统应当自投入使用之日起 30 日内，向当地县（市）公安机关备案；本办法施行前已经建成的，应当自本办法施行之日起 60 日内备案。

因客观条件变化，拆除公共视频系统或者有关设施、设备的，应当在拆除后 30 日内向当地县（市）公安机关备案。

第十三条　设置户外广告、架设管线、植树或者设置其他设施，不得遮挡公共视频系统信息采集设备。

第十四条　建设、使用公共视频系统的单位，应当遵守下列规定：

（一）建立健全运行维护、安全检查、应急处理制度；

（二）对监看和管理人员进行岗位技能和保密知识培训；

（三）对录制人员、调取人员、调取时间、调取用途以及去向等情况进行登记；

（四）发现涉及公共安全的可疑信息，及时向公安机关报告；

（五）信息资料的有效存储期不少于 30 日，涉及公共安全的重要信息资料有效存储期不少于 2 年。

第十八条　违反本办法第七条规定的，由县（市）以上公安机关责令限期建设；逾期仍未建设的，处 3 万元以下罚款。

第十九条　违反本办法第八条、第十二条、第十三条规定的，由县（市）以上公安机关责令改正；逾期不改正的，处 200 元以上 1000 元以下罚款。

第二十条　违反本办法第十四条、第十五条、第十七条第二款规定的，由县（市）以上公安机关责令改正，并处 200 元以上 2 万元以下罚款。

第二十一条　违反本办法规定，应当承担法

律责任的其他行为,依照有关法律、法规执行。

第二十二条　有关管理部门工作人员违反本办法规定,玩忽职守、滥用职权、徇私舞弊的,由本部门或者行政监察机关依法给予行政处分;构成犯罪的,依法追究刑事责任。

第二十三条　本办法自2014年7月1日起施行。

新疆维吾尔自治区加强乡镇(街道)综治工作中心建设夯实综治维稳基层基础

近年来,为贯彻落实中央关于加强综治基层基础建设和深化平安中国建设的决策部署,新疆维吾尔自治区党委、政府出台文件,从完善领导体制、健全运行机制、强化综合保障入手,深入推进乡镇(街道)综治工作中心标准化、规范化、实体化建设,中心统筹协调和整合联动能力明显提升,基层社会管理资源和维稳力量得到整合,有效推动了综治维稳各项措施的落实。

一、理顺体制、强化领导

乡镇(街道)综治工作中心建设的核心是整合资源,捏成拳头,形成合力,干大事、解难事。一是在中心定位和职责上,明确中心是基层社会管理和维护稳定的综合工作平台,不改变基层站所的隶属关系,不干预其一般性业务工作,通过建立一系列工作制度和运行机制,组织协调和指挥调度基层维稳力量和社会管理资源,开展好涉及综治维稳的综合性强、牵涉面广的重点工作,使中心成为基层维稳工作的实体、社会管理综合治理的平台、服务群众的窗口和处置突发事件的指挥部。二是在中心领导体制上,明确乡镇(街道)党(工)委书记是综治维稳工作的第一责任人,由党(工)委副书记、政法书记兼任中心主任,派出所、武装部、统战干事等兼任副主任。对人口规模较大、敌社情复杂和维稳任务较重的重点乡镇(街道),由党(工)委书记兼任中心主任,政法委书记兼任中心常务副主任,并增配一名专职副主任。同时,赋予综治工作中心对各成员单位的任务分流协调权、工作人员指挥调度权、工作进展检查督办权、工作责任倒查问责权和年度考核评价定等权,提高组织协调和推动工作能力。三是在站所工作体制上,要求凡是下放乡镇(街道)管理的站所,上级主管部门只下达工作任务,提出目标要求,加强业务指导,不直接干预基层组织对业务工作的具体实施,由中心按上级主管部门的要求和乡镇(街道)党(工)委、政府的统一部署,发挥综治体制机制优势,指挥协调各维稳力量完成综治维稳各项工作。2014年,自治区党委又将乡镇站所管理体制改革列为全区社会治理体制改革的重点内容,并确定阿克苏地区沙雅县为试点,探索改革管理体制机制,总结推广试点经验,为做实做强综治工作中心提供体制保障。同时,自治区公安厅、司法厅、高级人民法院、民委(宗教局)、信访局和新疆军区,出台了基层站所与中心工作对接的意见,积极支持中心建设,做到同心同向同力。

二、完善机制、规范管理

加强乡镇(街道)综治工作中心建设,重在完善各项机制,推动各站所与中心形成合力。自治区要求乡镇(街道)综治工作中心要建立并落实工作例会、首问责任、情况报告、督查督办、协作配合和考核奖惩"六项制度"。综治工作中心每周召开调度会、每月要召开联席会议,通报综治维稳工作情况,分析辖区矛盾纠纷和社会治安形势,并根据上级工作部署和辖区实际,协调督促各成员单位共同调处重大矛盾纠纷,加强流动人口服务管理,落实重点人员和特殊群体教育管控措施,集中整治突出治安问题,组织开展好社会治安巡控。自治区突出抓好考核奖惩机制的顶层设计,出台《中心规范化建设与运行考核标准》,明确规定把综治工作中心的考核,纳入乡镇(街道)绩效考核和综治工作年度考核体系，并作为重要内容。中心各组成单位的成绩，按20%的分值计入县（市、区）对应综治委成员单位综治年度考核成绩；垂直管理的站所及其工作人员，其参与综治维稳综合性工作的业绩，由乡镇（街道）党（工）委实行捆绑考核，并占被考核单位和个人年度考核30%的分值。有的地方在落实考核奖惩制度时，还将乡镇站所干部基层一线补贴、年终绩效资金发放与各站所支持配合中心工作情况挂钩，对不服从中心指挥调度的扣发相应补贴。这种考核奖励机制和做法，促使各站所主动融入综治工作中心工作，避免了产生“两张皮”现象，确保中心政令畅通。

三、落实政策、强化保障

加强乡镇（街道）综治工作中心建设，落实人财物保障是关键。新疆相对于内地来说，经济发展比较缓慢，很多地方的财政自给率低，主要依靠自治区财政补助和支持。2010年以来，自治区党委、政府高度重视基层基础建设，持续加大财政保障力度，实行乡镇干部基层补贴、村干部包括十户长维稳工作奖补政策，保障乡镇（街道）综合治理等专项工作经费，解决乡镇（街道）专职联防队、村治保主任、“十户长”（社区楼栋长）和警务室民警、协警报酬补贴，提高村级组织工作经费最低标准、村干部基本报酬和“四老”人员生活补助标准。2012年，自治区在全疆全面实施农村（社区）警务战略，实行警力下沉，大大加强了基层警力。同时，积极推动南疆各地州乡镇（街道）综治专干配备计划，配齐配强了乡镇（街道）综治工作中心力量。2013年，自治区党委在《关于进一步加强和完善乡镇（街道）社会管理综合治理工作中心建设的意见》中，明确要求各地要进一步强化综治工作中心的保障力度，配备2—5名专、兼职综治干部，逐步提高长期在乡镇工作的综治干部职级待遇。这些措施，极大地解决了基层维稳力量不足、工作经费紧张和干部待遇偏低的问题，为推进综治工作中心规范化建设、充分发挥职能作用提供了有力保障。

新疆维吾尔自治区沙雅县加强基层站所管理体制改革　做实做强乡（镇）综治工作中心

一、改革工作体制，强化综治工作中心保障力度

针对基层站所“乡镇想管管不了、垂管部门想管管不好”的状况，为适应日益复杂的新形势新情况，沙雅县根据自治区党委《关于进一步加强和完善乡镇（街道）社会管理综合治理工作中心建设的意见》精神，积极探索改革乡镇站所现有管理体制，研究出台了《乡镇站所管理与考核办法》，提出了“一收一放一统”的总体思路。即：把农业综合服务中心、文化广播电视中心、财政所、司法所、卫生院、水管站等站所“收”为乡镇管理；把乡镇中小学、法庭、公安派出所、国土资源所、工商所、税务所等站所“放”给县直业务部门主管，形成垂管站所；“统”是指直管类和垂管类站所都接受乡镇日常监管，特别是在执行维稳等“急难险”任务时，统一服从乡镇综治中心安排部署。采取“三定三管”的举措，进一步强化综治中心综合保障力度。明确“三定”职责：即确定县直业务部门的职责，业务主管不再直接下达工作任务给站所，由乡镇综治中心统筹部署，保证站所业务工作有序推进；确定乡镇的职责，督促站所落实和完成县、乡两级部门安排的工作和下达的指标任务；确定站所的职责，负责完成乡镇安排的各项工作任务，落实工作双向报告制度，定期向乡镇和县直业务主管部门汇报。实现“三管”效果：即业务由上级部门指导“协管”，党务、行政由乡镇党委、政府“直管”，综治稳定工作由乡镇综治工作中心“统管”相结合的管理机制。站所下放，改变了以往综治维稳工作就是乡镇党委政府承担，与站所无关的思想，形成了乡镇综治维稳工作“综治重任人人担，维稳铁壁人人筑”的良好局面。

二、创新管理机制，完善综治工作中心运行模式

为提高乡镇综治工作中心的统筹协调能力，沙雅县把落实五项权力（指挥调度权、协调分流权、督查督办权、责任追究权、考核定等权）作为提升基层综治维稳工作管理水平的基础性任务来抓，充分发挥综治中心承上启下、左联右通、牵头协调、整合发力和指挥平台作用。一是明确指挥主体，实化指挥调度权。由乡镇党委书记任综治中心主任、政法委书记任常务副主任，综治中心主任为第一责任人，抓中心全盘工作，使综治中心指挥调度更加有力。二是理顺工作关系，细化协调分流权。凡上级下达的各项综治维稳工作任务，均由综治中心根据主任批示，按照工作要求分流至成员单位和相关站所（科室），明确工作内容、完成时限、责任领导和具体承办人，确保任务有人领，责任有人担，使综治中心各项政令更加畅通。三是建立规章制度，深化督查督办权。综治中心对各项工作任务进展情况适时进行督办，对工作进展缓慢，方向有偏差的及时提出督办意见，下发督办通知书，限期整改。每项工作任务完成后，由综治中心牵头，联合乡镇考核办按照未完成、基本完成、完成、完成较好四个层次进行事毕督查。建立督查督办台账，作为年终考核定等依据之一，提高了综治中心督查督办权威和效果。四是进行小惩大戒，强化责任追究权。对未完成工作任务或效果差的，由综治中心联合纪检、组织进行严格责任倒查，最大限度杜绝推诿、扯皮、延误工作现象。五是实行双向管理，优化考核定等权。年终考核时，综治中心根据《沙雅县乡镇站所目标绩效考评细则》和日常工作督查督办结果，对中心工作人员、各成员单位综治维稳工作进行考核定等评价。将乡（镇）站所干部基层一线补贴、年终奖金发放与各站所支持配合“中心”工作挂钩，对不服从“中心”指挥调度的，扣除相应工作绩效。通过落实“五权”，乡镇综治工作中心实现了指挥调度更加权威，协调分流更加顺畅，督查督办效果更加明显，责任追究更加有力，考核定等更加有理有据，有力地促进了综治维稳各项工作措施在基层的有效落实。

三、构建运行平台，形成大综治格局

沙雅县以“六联”为核心（矛盾纠纷联调、社会治安联防、重点工作联动、突出问题联治、社会管理联抓、平安建设联创），全力打造“七中心一基地”，逐步形成大综治工作格局。一是打造维稳指挥协调中心。各乡（镇）在综治中心设立维稳处突指挥部，加强对专业武装、群众联防自保力量、视频监控系统的管理，特别是遇到突发事件，立刻启动紧急预案，协调各方资源，形成集团作战优势，确保各项维稳工作任务齐动齐发、迅速高效。二是打造情报信息分析研判中心。综治中心每日对各站所报送的情报信息及时汇总，并逐条下发《社会稳定情报信息分流核查单》至责任站所。对重要情报，责任站所当日即向综治中心反馈核查、落实、办理情况，有效预防化解了各类矛盾纠纷。三是打造流动人口管理服务中心。综治中心充分发挥各站所协调配合作用，积极解决辖区农民工就业问题，杜绝拖欠农民工工资，建立流动人口在工伤、疾病、养老等方面的保障制度。保障流动人口在经济、文化、卫生、教育等方面享有与本地人口同等的权利。四是打造宗教事务管理中心。以“宗教人士之家”为载体，组织爱国宗教人士集中开展党的宗教政策研讨、培训、议事、学习和交流，引导宗教信仰与社会主义社会发展相适应搭建平台，实现爱国宗教人士的自我管理、自我教育、自我约束和自我提高。五是打造矛盾纠纷调解中心。综治中心每日安排坐班领导进行接访，定期组织综治中心成员站所开展矛盾纠纷拉网式排查活动，综合运用“三三调解制”方式进行疏导化解，做到“小事不出村、大事不出乡（镇）、矛盾不上交”。六是打造关注群体帮教中心。综治中心指导、协调各部门按照责任范围，根据不同群体特点，进行教育、技能培训和就业指导，深入推行“两分两换”，最大限度减少关注群体数量。七是打造便民服务中心。在综治中心设立“一站式”服务大厅，为各族群众办理计生、社保、劳保等各类事项，把方便留给群众，寓服务于管理，寓管理于服务。八是打造警示教育基地。综治中心建立警示教育基地，分设“七厅、两室、一屋、一廊、一舞台”，即：社会主义核心价值观展厅、民族团结教育厅、“三非”物品展厅等，通过不同形式、不同载体，加强现代文化教育，使广大群众崇尚现代文化。

通过乡镇站所管理体制改革，使乡镇综治工作中心服务群众、维护稳定的能力进一步提高，形成了管理力量大整合、社会服务大集中、维稳执法大联动的“大综治”格局。

新疆维吾尔自治区综治委、办机构情况和负责人名单

一、综治委

（一）2014 年 1—11 月

主　任：努尔·白克力　自治区党委副书记、自治区政府主席

副主任：韩　勇　自治区党委副书记

熊选国　自治区党委常委、政法委书记（常务副主任）

马明成　自治区人大常委会副主任

朱昌杰　自治区副主席、自治区党委政法委副书记，自治区公安厅党委书记、厅长

王全生　新疆军区副政委、政法委书记

（二）2014 年 11—12 月

主　任：熊选国　自治区党委常委、政法委书记

副主任：马明成　自治区人大常委会副主任

朱昌杰　自治区副主席、自治区党委政法委副书记，自治区公安厅党委书记、厅长

吉尔拉·依木沙丁　自治区副主席、自治区党委政法委副书记

巴　代　自治区政协副主席

杜永耀　新疆军区副政委、政法委书记

杨福林　新疆生产建设兵团党委常委、政法委书记

新疆维吾尔自治区综治委下设 10 个专项组，分别是：实有人口专项组、特殊人群专项组、“两新”组织专项组、社会治安专项组、法律政策专项组、预防青少年违法犯罪专项组、校园及周边治安综合治理专项组、护路护线联防专项组、宗教事务管理专项组、新兴媒体管理专项组。

二、综治办

主　任：刘克勤　自治区党委政法委副书记

副主任：王立文　自治区党委政法委秘书长

巴哈提·夏尔西别克

杨云召

自治区综治办内设综治一处（综合业务指导处）、综治二处（基层基础指导处）、综治三处（人口管理指导处）和综治四处（业务协调指导处）4 个处。

新疆维吾尔自治区各地(州、市)、县(市、区)综治委、办主任名单

地　区	综治委主任	综治办主任
乌鲁木齐市	焦亦民	孙志义
天山区	安征宇	马彦昭
沙依巴克区	艾克拜尔·吐尔洪	牛　泉
高新区	邱树华	张天虎
水磨沟区	王国和	李立民
头屯河区	魏　毅	董至善
达坂城区	卢柏然	王　剑
米东区	苗成德	熊辉刚
乌鲁木齐县	李　伟	李　军
克拉玛依市	陈新发	张　辉
独山子区	付德新	樊拥军
克拉玛依区	王　军	吕卫国
白碱滩区	王　荣	孔志俊
乌尔禾区	魏天峰	张　强
吐鲁番地区	伊力汗·奥斯曼	姜培林 (2月前) 凌爱征 (2月起)
吐鲁番市	艾合买提·吾甫尔	李　伟
鄯善县	艾尼瓦尔·吐尔逊	王新强
托克逊县	阿迪力·艾力	刘传柱
哈密地区	芒力克·斯依提	武建国
哈密市	莫合买提·尼亚孜	蔡宏成
巴里坤县	叶尔江·胡斯满	李国强
伊吾县	艾尼瓦尔·阿不列孜	宋诚堂
昌吉回族自治州	马雄成	张世民
昌吉市	马红军	韩胜利
阜康市	张晓文	涂贵匀
呼图壁县	郝拥军	张　骥
玛纳斯县	苏建国	谢彦德
奇台县	孟凡刚	张继光
吉木萨尔县	王　燕	周为人

地　区	综治委主任	综治办主任
木垒县	海拉提	王兴元 博尔塔拉
博尔塔拉蒙古自治州	奥曲尔	朱同增
博乐市	莎　茹	高　勇
阿拉山口市	尤力瓦斯·巴吐尔	赵　勇
精河县	乌玛尔江·努合曼	张民军
温泉县	阿里	孙再江
巴音郭楞蒙古自治州	史建勇	王　浩 (8月前) 许世海 (8月起)
库尔勒市	居来提·吐尔地	张玉忠
轮台县	刘福林	完志强
尉犁县	马文郁	王　平
若羌县	库来西·玉素甫	陈宏炬
且末县	艾山江·吾布里哈斯木	李耀江
焉耆县	席文海	李增润 (8月前) 尹清勇 (9月起)
和静县	其米格	徐建良
和硕县	坎·巴太	王军生
博湖县	那生巴图	李　挺
阿克苏地区	刘新利	颜　画
阿克苏市	何天平	
温宿县	杜海涛	赵安刚
库车县	许　亮	
沙雅县	薛建强	常正海
新和县	张晓明	毛　宏
拜城县	张耘收	吴多敏
乌什县	王先福	马永红
阿瓦提县	戴胜军	陈　辉
柯坪县	阿不都卡德尔·毛尼牙孜	吴学文

地　区	综治委主任	综治办主任
克孜勒苏柯尔克孜自治州	帕尔哈提·吐尔地	宋成刚
阿图什市	亚力坤·吐尔地（5月前） 阿巴白克力·买买提明（7月起）	杨　明
阿克陶县	吾肉孜阿力·西哈尔巴依	阿不拉江·艾力木
阿合奇县	扎曼·沙坎（12月前） 努尔夏提·铁来西（12月起）	苏云·朱马洪
乌恰县	司亚尔·哈兰	黄　岩（3月前）
喀什地区	张　健	阿卜力米提·伊达耶提 李　军
喀什市	刘　忠	张军武
疏附县	刘志成	刘　凯
疏勒县	刘　贺	普拉提·马木提
英吉沙县	米日姑·玉买尔	米吉提·沙吾提
泽普县	黄绍炜	阿不来提·依布拉音
莎车县	徐晓明	刘胜鹏
叶城县	阿迪力·尤努斯	李志武
麦盖提县	阿布都艾尼·居买	库尔班·吐地
岳普湖县	王栋新	孟祥路
伽师县	苑　宇	王进国
巴楚县	张永刚	魏建谊
塔什库尔干县	刘德勇	
和田地区	艾则孜·木沙	文思峰
和田市	陈远华	程　毅
和田县	王　林	杜新胜
墨玉县	麦麦提敏·阿卜都拉	孙瑞波
皮山县	吐尔洪·阿帕尔	李军宏

地　区	综治委主任	综治办主任
洛浦县	艾克拜尔·吐拉洪	郭　宝
策勒县	阿布都喀迪尔·艾海提	张树敏
于田县	艾热提·尤努斯	杨宇林
民丰县	阿依努尔·阿不都拉	石全成
伊犁哈萨克自治州	马宁·再尼勒	贺俊辉
奎屯市	海依拉提·阿西克	田小平
伊宁市	阿布力克木·努兰别克	安志皓
伊宁县	阿布都克尤木·吐达洪	唐和平
察布查尔县	王春光	阿不力克木·阿布都克力木
霍城县	热夏提·木沙汗	田　军
巩留县	托里坤·阿孜尔拜	谭飞雄
新源县	多里坤·堆山拜	曹鲁明
昭苏县	华西太·哈孜别克	黄　斌
特克斯县	江尔生·努尔阿西	张红兵
尼勒克县	努尔卡·卡那甫	李　斌
塔城地区	沙尔合提·阿汗	杨将华
塔城市	若曼·塔吾汗	杨柱文
乌苏市	马依山·扎合帕尔	闫　龙
额敏县	叶尔多斯·巴孜肯	张兆聪
沙湾县	木合塔尔·卡里木别克	高　磊
托里县	贾林·托乎达哈孜	宋燕敏
裕民县	玛依努尔	张鹏宇
和布克赛尔县	才布格加甫	韩慧贤
阿勒泰地区	塔里哈提·吾逊	高　明
阿勒泰市	木拉提·卡开	张文成
布尔津县	木合亚提·努尔木哈买提	常　江
富蕴县	沙比提·哈再孜	张孝扬
福海县	赛力克·哈布肯	程炳祥
哈巴河县	阿依丁·托留汗	朱金鹏
青河县	马尔兰·加合斯汗	徐　辉
吉木乃县	贾林·努尔哈米提	王成军

（撰稿人：李小平
审稿人：刘克勤　刘方保）

新疆生产建设兵团

2014 年综治工作概况

2014 年，兵团各级综治委及各成员单位认真贯彻落实兵团党委决策部署，扎实推进社会治安综合治理各项工作，取得了较好成绩。一年来，兵团辖区社会治安形势总体平稳、可控，实现了兵团党委提出的“三个坚决防止”的目标。职工群众安全感达到 98.78%，职工群众对政法部门工作满意度达到 97.61%。

一、打击整治专项行动成效明显

通过深入开展基础摸排、情报导侦，全面掌握各类涉稳因素，深入开展整治专项行动，收到明显成效。

二、社会治安领域突出问题专项治理工作扎实有效

围绕第四届亚欧博览会、党的十八届四中全会和 APEC 会议期间的安全保卫工作，部署开展了社会治安重点地区排查整治、流动人口出租屋“大排查、大清查”、危爆物品查缴整治、涉路涉线纠纷及安全隐患排查整治、重大不稳定因素排查等系列专项治理活动，基本实现了各敏感期、国家重大活动期间兵团辖区大事不出、小事可控的目标。

三、预防和化解各类社会矛盾的能力进一步提升

全年兵团共排查矛盾纠纷 13829 件，调处 13539 件，调处率 97.9%。一年来，兵团各级综治部门积极协调做好处置进京非正常上访相关工作。通过落实重大事项社会稳定风险评估制度，确保了各项重大决策事项合法、合理、可行、可控。通过主动开展排查化解工作，及时发现和成功化解了一大批矛盾纠纷，有效防止了一批群体性上访、群体性械斗事件。推动出台了《加强兵团行政调解工作的意见》，明确了行政调解的原则、主体、范围、程序和制度机制，完善“大调解”体系，加强“三调联动”，大大提升了处理各类纠纷的能力。

四、对各类社会主体的服务管理更加规范

全面推行了流动人口便民联系卡和特定居住证工作，全面落实了兵团公路客运实名制售检票工作。安置帮教和社区矫正工作有序推进。对重性精神病人、吸毒人员、易感染艾滋病人群和流浪未成年人的摸排、救助、救治工作加强。

五、综治工作的基层基础建设得到进一步加强

基层综治工作规范化建设整体推进，一线维稳力量建设得到加强。十户联防、邻里守望等群防群治工作更加扎实，兵团综治干部岗位补贴标准得到提高。各师(市)完成了“十三五”视频监控建设投资计划并向有关部门报送了视频监控建设可研报告。

新疆生产建设兵团综治委
兵团人力资源和社会保障局
关于调整基层综治干部岗位补贴标准的通知

（2014 年 2 月 21 日）

为认真贯彻落实《新疆生产建设兵团委员会、新疆生产建设兵团关于加强和创新社会管理的意见》文件精神，现对基层社会管理综合治理干部岗位补贴标准予以调整。

从 2014 年 1 月 1 日起，农牧团场和连队社会管理综合治理干部岗位补贴标准由每人每月不超过 90 元，调整到每人每月不超过 230 元。

发放岗位补贴的范围等相关事宜仍然按照新兵社综字〔2001〕1 号文件执行。

新疆生产建设兵团综治委关于印发《关于加强兵团社区社会治安综合治理工作的意见》的通知

（2014 年 11 月 18 日）

各师（市）社会治安综合治理委员会，兵团社会治安综合治理委员会各成员单位：

《关于加强兵团社区社会治安综合治理工作的意见》已经兵团综治委领导同志同意，现印发给你们，请结合实际，认真贯彻执行。

关于加强兵团社区社会治安综合治理工作的意见

为认真贯彻党的十八大和十八届三中、四中全会精神，加强兵团团场、城镇社区社会治安综合治理工作，建设平安文明和谐社区，根据兵团党委、兵团加强社会治安综合治理工作有关决策部署和兵团社区建设和管理有关文件精神，结合兵团实际，提出如下意见。

一、加强社区社会治安综合治理工作的重要意义

近几年，随着兵团经济社会的发展，城镇化建设加快推进，团场、城镇社区建设得到较快发展。

但是，兵团团场、城镇社区社会治安综合治理工作还比较薄弱，一些社区还没有将社会治安综合治理纳入社区工作范畴，普遍存在综治组织机构不健全、综治力量配备不到位、综治工作制度不完善、社会治安综合治理各项决策部署和工作措施不落实等问题。团场、城镇社区维护社会治安和社会稳定工作任务日趋繁重。加强团场、城镇社区社会治安综合治理工作，是适应兵团城镇化建设进程的客观要求，是加强社会治理基层基础工作的重要举措，对提升团场、城镇社会治理水平、深化法治兵团和平安兵团建设、实现兵团社会稳定和长治久安具有重要意义。

二、社区社会治安综合治理工作总体目标

在各级党政领导下，认真贯彻落实党的十八届三中、四中全会精神，大力加强团场、城镇社区社会治安综合治理组织建设、力量建设和制度建设，全面落实社会治安综合治理各项工作措施，不断提升社会治安综合治理工作水平，及时发现、消除不安定因素，有效预防和减少治安、刑事案件，确保辖区治安秩序良好、居民有安全感、社会和谐稳定，实现社区居民和睦相处、安居乐业。

三、社区社会治安综合治理工作的主要任务

（一）开展法治宣传教育。广泛宣传党的路线方针政策和国家法律法规，不断增强居民法治观念，教育引导社区居民自觉守法、遇事找法、解决问题靠法。要把党的路线方针政策和国家法律法规作为培训和学习的重点，把法治宣传教育纳入精神文明创建和平安建设内容，开展多种形式的法治教育、文化活动，营造良好的社区法治环境。

（二）组织开展社区治安防范。全面推行社区网格化管理，按照“因地制宜、便于管理、规模适度、无缝覆盖”的原则，科学划分社区内网格，每个网格配1名专兼职网格管理员，人口较多、治安复杂的网格配专职网格管理员，依托网格内片区长、楼栋长、单元长、看家护院队等群防群治力量，经常性开展治安安全检查，依法盘查可疑人员，最大限度地预防和减少治安、刑事案件发案。加强治安视频监控系统建设，实现社区区域视频监控全覆盖。组织发动社区住户、商户等安装经济适用的防盗报警装置。普遍推行“平安电话”联防、商户联防，落实邻里守望、商户互助和一家出事报警求助、大家响应的联动联保机制。

（三）协助管理重点人员，做好特殊群体帮教管理工作。配合有关部门落实对重点人员、社区矫正人员、刑满释放人员的帮教、管理措施，做好对易肇事肇祸精神病人救治、管理工作，杜绝漏管失控。开展对闲散青少年、服刑人员未成年子女、留守儿童等特殊群体的教育管理和关怀帮扶工作，有效预防和减少青少年违法犯罪。

（四）依法管理流动人口和出租房屋。组织开展流动人口和出租房屋清查排查，做好基础信息采集和服务管理工作，动态掌握流动人口和出租房屋底数和具体情况。社区流动人口登记率达到100%，出租房屋登记备案率达到100%，落实出租人、承租人的治安责任。

（五）开展矛盾纠纷排查化解工作。畅通社区居民利益诉求表达渠道，引导和支持社区居民理性表达诉求、依法维护权益。加强社区人民调解工作，提升矛盾纠纷发现能力、预警能力和化解处置能力。建立健全矛盾纠纷排查调处制度，组织开展矛盾纠纷排查活动，发现问题及时介入，依法化解处置，把矛盾纠纷和问题隐患解决在社区，化解在萌芽状态。

（六）开展社区平安创建活动。深入开展平安家庭、平安商户、平安片区、平安楼栋等平安创建活动，把社区管理、社区教育、社区服务和社区防范紧密结合起来，不断丰富平安建设的内容，创新平安建设的载体，不断提升社区平安创建工作水平。

四、加强社区社会治安综合治理组织和力量建设

（一）成立社区社会治安综合治理领导小组。社区社会治安综合治理领导小组组长由社区党组织书记或居委会主任担任，小组成员由社区干部及警务室民警等人员组成。社会治安综合治理领导小组在社区党组织和社区居委会领导下，组织开展本社区社会治安综合治理工作。

（二）配齐社区社会治安综合治理专兼职工作人员。社区党组织和居委会中设综治工作委员，负责社区社会治安综合治理工作。社区设专职治安员，一般社区设专职治安员1名以上，人口较多、治安复杂的社区设专职治安员2名以上，具体承担社区人口管理、安全检查、治安巡逻、信息情报收集上报等日常综治工作。

（三）成立社区治安保卫委员会。社区治安保卫委员会（简称“治保会”）设主任、副主任各1名，委员3至11名。治保会主任由社区主任担任，副主任由专职治安员担任，委员由居民选举或推荐产生。主要职责是：

（1）组织发动社区居民开展治安联防、群防群治工作。

（2）组织开展社区安全检查和治安隐患排查整改工作，及时发现处置不安全问题。

（3）预防和制止违法犯罪，保护案发现场，检举揭发违法犯罪嫌疑人，协助公安机关侦查破案。

（4）完成其他维护社会治安的工作。

（四）成立社区人民调解委员会。社区人民调解委员会（简称“调委会”）设主任、副主任各1名，委员3至9名。调委会主任由社区书记担任，副主任由社区综治工作委员担任，委员由居民选举或推荐产生。主要职责是：

（1）宣传国家有关法律法规，教育居民遵纪守法、遵守社会公道，促进邻里和睦。

（2）开展矛盾纠纷排查化解工作，预防减少矛盾纠纷，依法调解各类民间纠纷，防止矛盾激化。

（3）积极向居委会及有关部门报告民间纠纷排查调处情况和重大复杂矛盾纠纷隐患苗头，协助做好有关工作。

（4）完成其他与预防和化解矛盾纠纷有关的工作。

（五）设立看家护院队、片区长、楼栋长。看家护院队设队长1名、队员若干名，由在社区内居住的老党员、老干部、老职工、复退军人等组成，负责社区日常巡逻工作。平房居民区按片划区，设片区长。每栋楼、单元设楼栋长、单元长。片区长、楼栋长、单元长由居民从退休干部、劳动模范、共产党员、复退军人、治安积极分子中推举产生，负责对本片区、楼栋、单元居民进行法治宣传和防火防盗防事故宣传，开展治安安全检查，收集治安信息，发现盘查可疑情况，做好各项防范工作。

五、加强社区社会治安综合治理工作制度建设

（一）建立综治工作领导责任制。社区党组织书记、社区居委会主任是第一责任人，对本社区社会治安综合治理工作负总责；社区综治工作委员是直接责任人，对本社区社会治安综合治理工作具体负责；社区其他干部实行“一岗双责”。社区党组织、居委会要将社会治安综合治理工作纳入社区整体工作之中，摆在重要位置，建立综治工作长效机制，统筹协调社区各方面资源和力量，推动社区社会治安综合治理工作深入开展。

（二）建立社区综治工作会议制度。社区综治领导小组适时召开工作会议，分析研判社区治安形势，检查综治工作落实情况，总结工作成绩和经验，查找存在的问题，研究制定针对性工作措施。治保会、调委会每月召开工作例会，通报月工作开展情况，安排下月工作。

（三）建立综治工作考评奖惩制度。社区每季度对社区综治工作情况进行一次检查，年终进行考评，对成绩突出的片区、楼栋和综治工作人员进行表彰奖励，对存在问题的进行通报批评。团场（单位）、街道每半年对社区进行一次检查，年终进行检查考核，对成绩突出的社区给予表彰奖励，对问题突出的进行通报批评，对发生重大治安问题或影响社会稳定案事件的依法实行“一票否决”，并严肃追究责任人责任。

（四）建立综治工作记录。建立社区综治工作各项记录，形成工作台账，主要包括：社区概况，年度综治工作计划，综治会议记录，综治工作半年、全年总结；警务室、治保会、调委会、治安员、看家护院队和片区长、楼栋长、单元长等组织和力量建设情况；平安社区创建情况；流动人口登记簿、出租房屋档案、法治宣传教育情况；重点人员及特殊群体底数及帮教管理情况；矛盾纠纷排查调处情况；重点部位安全防范情况等。

六、加强社区社会治安综合治理工作领导

师团要加强对社区社会治安综合治理工作的领导，对社区社会治安综合治理工作进行统一研究部署。团场（单位）党政主要领导每年与社区主要领导签订社会治安综合治理责任书，落实领导责任制。落实人财物各方面保障，确保社区有综治工作人员、有办公场所和必要工作经费。加强社区综治干部和群防群治力量培训，不断提升其整体素质、业务能力和工作水平，及时研究解决社区社会治安综合治理工作中存在的困难和问题。要深化平安社区创建活动，明确创建标准，实行动态管理。团场（单位）每年对社区平安创建活动进行验收，对达标的及时命名为“平安社区”（或保留“平安社区”称号），对不达标的及时取消命名并责令限期整改，不断提升平安社区创建工作水平。

师团综治部门要加强对社区社会治安综合治理工作的指导，建立检查考核工作机制，按照社会治安综合治理责任书的规定，严格检查考核，及时兑现奖惩，激励先进，鞭策后进。要及时总结推广先进典型经验，落实社区社会治安综合治理各项措施，提升社区社会治安综合治理工作水平。

各师（市）、团场（单位）综治委根据本《意见》，结合实际研究制定具体实施意见或办法。

新疆生产建设兵团第四师六十二团
编织立体防控网络　打造平安稳定团场

2014 年，团党委以“人防物防技防联防，群防群治，综合施治”十六字方针为指导，扎实开展各类“平安团场”创建活动，建设、防范、打击并举，着力构筑社会治安立体化防控体系，积极预防和减少违法犯罪行为及矛盾纠纷发生，确保了团场社会大局持续稳定。

一、打牢人防基础，构筑平安根基

一是抓好基层基础建设。团场建立社会治安综合治理工作中心 1 个，基层单位综治工作服务站 16 个，28 个基层单位治保会 200 人，调委会 200 人，平安创建领导小组 195 人，安全生产领导小组 204 人，普法领导小组 195 人，安置帮教领导小组 191 人，19 支“三老队”186 人，23 个义务联防队 183 人，从而在全团上下形成了党政工团齐抓共管，职工群众积极参与配合的良好格局。二是加强政法综治力量建设。保证政法队伍足编足额，保障经费设备，提供比较良好的待遇。全团聘任治安员 23 名（其中连队治安员 11 名，社区警务室协警 12 名），治安联防队员 15 名。今年，在团党委的大力支持下，联防队员和社区警务室协警工资由 1800 元/月提升到 2900 元/月，同时，每月还享受护边信息员补助及驻勤补助。2014 年团场用于各阶段维稳执勤补助款共 104 余万元，团场政法综治队伍稳定，能积极完成各级领导交办的治安维稳工作任务，是团场治安防控、社会维稳的中坚力量。三是基层单位（社区）发挥群防群治作用。组织“三老队”、“十户长”、“楼栋长”、信息员等治安志愿队伍看家护院，配合治安员对辖区进行巡逻，开展群防群治工作。通过多种力量的叠加，形成了纵向到底、横向到边的治安防控队伍网络。

二、强化物防保障，铸造平安之盾

团政法办为学校、医院等重要部位、重点区域和人员密集场所制作了阻车钉、安装防护设施，确保了场所安全。为各基层单位制作钢叉 150 个，为联防队员配齐防刺服、单警装备、警棍、盾牌等警用器械，费用合计达 9.3 万余元，有效保障了维稳值班备勤人员的人身安全。团直所有重点要害部位的门窗全部配备“三铁”，自我防范意识得到显著提升。

三、监控探头站岗，构筑技防支撑

一是加大视频监控系统建设。2014 年四师“天眼工程”为团场新建 14 个点位，共 15 个摄像头，现能正常使用 6 个探头，团场治安管理、防范水平有所提升。10 月初，团政法办按照兵师要求，在“天眼工程”基础上，结合团场社区、火车站等重点部位和维稳工作实际情况，对团场技防设施视频监控点位进行进一步规划踩点，共踩点 35 处，并请有资质的视频监控安装公司出具预算，为团场重点部位防范、流动人口管理、边防管控等工作的开展带来更多便利。二是开展街面商铺“智能语音防盗报警器”系统安装工程。2014 年 10

月，团政法办联合电信公司，召集街面商铺业主召开了“智能语音防盗报警器”系统专题介绍会议，通过对各店铺走访宣传，除小部分安装了视频监控系统的店铺外，全团436户商铺登记安装智能语音防盗报警器，截至12月底，为110户商铺安装了报警系统。由于各类技防设施的不断完善和覆盖，辖区实现了“实时严查人员、实时监控指挥、实时联动报警”的三个功能。

四、深化源头防治，夯实治安环境

一是深入开展专项行动。2014年，结合团场实际，组织开展了“治安重点区域排查整治”、“娱乐服务场所专项整治”、“旅馆业专项综治”、“出租房屋专项整治”等多项行动，以防为先，以打促防。全年开展集中排查整治专项行动6次，启动工作组18组，工作人员720人次；共走访摸排商业网点589个，整治烟花爆竹经营店防火隐患2起；摸排出租房屋478次，整治无租赁合同出租房75户；对3个网吧，2个KTV，4个废品收购站，10个建筑工地，8个宾馆、旅社进行常态专项摸排，确保了辖区治安重点区域和重点场所、人员密集场所的安全稳定。二是做好基本信息登记。政法办、司法所和霍尔果斯边防派出所对刑事解教、社区矫正、重点人员等群体做好摸排，进行分类管理，无脱管、漏管和失控情况发生，无重复犯罪现象发生。同时，按照《六十二团流动人口管理办法》，加大对流动人口清查登记。2014年，团政法办组织派出所、联防队、社区警务室等单位联合对辖区流动人口、出租房屋进行全面清查登记8次，共计清查登记核查流动人口21717人次，要求无证人员办理居住证353张，人员情况信息明，动态去向清，消除了社会治安隐患。三是加强矛盾纠纷排查调解。抓实矛盾排调，严格落实“日排查、周调度、月汇总、季分析”工作制度，并坚持和发展“枫桥经验”，创新有效预防和化解社会矛盾体制，完善人民调解和司法调解联动工作体系，努力把矛盾纠纷解决在基层、解决在萌芽状态。2014年，全团调解民事纠纷137起，调解成功136起，调处率99.2%，实现了“大事不出团，小事不出连”的工作目标，起到平安建设“减压阀”作用，促进了社会和谐。

五、加大网格防控，实现联防目标

团场在建立和完善“技防”建设防控体系的基础上，严格落实“网格化”巡逻防控工作任务，以6个社区警务室为治安巡逻防控点，以16个连队、社区作为治安巡逻维稳基本单元格，扎实开展巡逻防控工作。各社区警务室白天开展入户走访、法律宣传、矛盾纠纷化解以及流动人口、出租房屋的清查登记工作，夜间加大辖区治安维稳巡逻工作，为开展好“网格”巡逻工作打实“点位”基础。同时，警务室民警、协警或连队治安员与单位群防群治力量在指定网格内对主要路段、重点区域、复杂场所、人员聚集场所实行24小时治安巡逻，确保了辖区的安全稳定。今年8月团场发生多起摩托车盗窃案件和砸汽车玻璃盗窃车内财物、偷盗汽油案件，团治安联防队和社区警务室加大对发案辖区的巡逻力度和重点区域蹲守力度，强力推行网格化防控联勤机制，在一个月时间内破获3起盗窃案件，抓获7名犯罪嫌疑人。

新疆生产建设兵团六师五家渠市创新社会治理 推进平安创建　确保师市长治久安

一、强化“一把手”工程，狠抓平安建设保障体系

一是健全组织体系。各级党政坚持把社会管理综合治理和平安建设作为“一把手”工程来抓，纳入本单位经济社会发展总体规划，与经济建设同规划、同研究、同部署、同落实。师、团、连“三级”成立平安建设组织机构261个，专（兼）职工作人员297人，师市综治成员单位从29个增加至50个。师团主要领导每年都认真研究部署综治和平安建设工作，亲自解决问题，年终进行专题述职，为平安建设深入开展提供了坚强的领导和有力的保障。二是健全制度体系。着力健全成员单位挂钩联系点、述职报告、综治委成员单位例会和五部委联席会议制度的落实，层层建立领导责任制、部门责任制和单位责任制，年签订社会管理责任书261份。三是健全考核奖惩体系。进一步完善了社会管理综合治理和平安创建考评体系，加强了对责任书落实情况的检查考核，严格执行"一票否决制"等责任追究制度，强力推进了社会管理综合治理领导责任制和各项措施的有效落实。师、团两级综治委对综合治理工作和平安创建活动检查以及考评情况进行定期通报，适时总结和奖励，考核结果纳入师市团级领导班子年度目标管理考核中，有效提高了社会管理综合治理水平。四是健全经费保障体系。各级党政随着经济的发展逐步增加对社会治安综合治理和平安建设经费的保障力度，将工作经费列入同级财务预算，师本级综治保障经费为年30万元，团级保障经费达1079万元。五是健全统筹协调体系。师团两级综治委紧紧围绕重点工作，进一步加强对平安建设、社会管理综合治理工作的统筹谋划和组织协调，制订工作方案和推进计划，分解任务、细化措施、明确责任，充分调动各级各部门的工作积极性和创造性。

二、健全"八项机制"，确保平安建设措施的有效落实

一是健全综治维稳工作机制。按照"露头就打，主动进攻"的维稳要求，积极防范、妥善应对，师市未发生一起危害国家安全及政治稳定的事件。建成了师、团两级维稳指挥、应急处置、日常管理、情报信息搜集研判和风险评估等综治维稳机制。二是健全矛盾纠纷化解机制。建成29个治安调解室，2个诉前调解窗口，4个矛盾纠纷排查调处中心，225个人民调解室，335个调委会。充分运用人民调解、行政调解、司法调解联动的"大调解"工作体系，自平安建设活动开展以来，各级调解组织调解各类矛盾纠纷13218件，调成12816件，调成率97%以上，年均调解1600余件，未发生一起群体性突发事件，有效维护了社会和谐稳定。三是健全社会治安防控机制。深化军、警、兵、民"四位一体"联防和义务巡逻队、"三老看家护院队"等行之有效的群防群治队伍建设。按照兵师党委有关加强综治维稳工作要求，中心团场落实了20—30人，一般团场落实了10—20人的专职治安联防队伍，连队落实了治安员，并配备了装备器材。建成综治维稳工作中心34个，工作站295个，警务室96个，维稳治安卡点34个，专(兼)职治安联防队136个1847人，群防群治队伍719支9705人，情报信息员1316人。投资2300万元的五家渠市道路和治安视频电子监控系统建成并投入使用，以110指挥中心为平台，开通60个交通监控点、50个治安监控点、10套治安卡口、17套闯红灯检测、9套超速检测和2套微波检测系统，13个团场视频监控系统成功并入110指挥系统，实现"三网合一"，师市基本形成电子防控"一张网"。四是健全"严打"整治工作机制。政法机关因地制宜开展各类专项行动，严厉打击各类刑事犯罪，刑事犯罪活动得到有效遏制，刑事案件发案稳中有降。五是健全社区矫正和安置帮教工作机制。严格落实刑释解教人员无缝对接和安置帮教工作机制，刑释解教人员帮教率达100%，安置率达85%，社区矫正对象衔接率100%，两类重点人员无一人重新违法犯罪；青少年犯罪案件同比下降27.59%；协调医疗部门对易肇事肇祸精神病人进行救治，无一人肇事肇祸。六是健全流动人口管理服务机制。积极探索"以房管人"、"以业控人"、"以证管人"的服务管理新模式，坚持"日清、周结、月报"和"流出流入双向管"制度，流动人口、出租房屋实现信息采录率、列管率100%。加大居住证和便民联系卡推进力度，积极开展"多卡合一、一证多能"试点工作。辖区流动人口办证率达到95%以上，流出人口衔接率达到90%以上，对长期居住的流动人口实现100%办理居住证，对外出人员按规定发放便民联系卡，落实流动人口"两头抓，双向管"工作目标。七是健全社会稳定风险评估机制。制定出台了师市重大事项社会稳定风险评估实施意见、细则等指导性文件，全面推行社会稳定风险评估工作，并纳入综治年度考核范畴。2014年以来对师市265个重大工程建设项目开展社会稳定风险评估专项督查，及时消除不稳定风险隐患。八是健全公共安全监管机制。每年由政法委牵头，组织公安、安监、发改、建设、工商等部门联合组成督查组定期、不定期对矿山、易爆易燃物品和高危行业进行督查;每年组织开展2次以上交通安全集中整治活动,重点打击"黑车非驾"、"酒后驾车"等违法行为,有效消除了重大安全事故和重大交通事故隐患。

三、实现"五项创新",推进平安建设不断向纵深发展

一是创新居民区治安防范工作新机制。积极推行由社区警务室牵头,综治参与、物业配合、居委会协助的"四位一体"治安防范工作新机制。二是创新平安创建工作新模式。在连队(社区)积极创建以"连队零发案、职工零犯罪、矛盾零激化、事故零发生"为标准的"四零"平安创建新模式。三是创新矛盾纠纷化解新举措。在健全完善"三位一体"调解工作体系的基础上,充分发挥老党员、老干部、老教师、老劳模、老军垦等"五老"人员作用,大力开展亲情、友情和微笑调解工作,增添调解和谐因素。四是创新立体化社会管理网络体系。在师市积极推进以视频监控网为支撑,以"网格化"巡逻防控网为重点,以群防群治网为补充,以媒体普法宣传网为阵地,以综治维稳情报信息网为基础的"五网"社会管理体系建设,确保社会管理工作不留空隙、不留死角。五是创新源头治理社会矛盾新理念。大力推行社会稳定风险评估体系建设,实现由"经验决策"向"科学决策"转变,由"事后维权"向"事先预防"转变,由"渐进发展"向"跨越发展"转变,由"被动维稳"向"主动维稳"转变的新理念、新格局。

四、依靠"四支队伍",着力提升见警率、知晓率、参与率和满意率,提升平安建设社会效果

一是依靠政法综治队伍。师市党委、综治委充分发挥政法部门在平安建设中的主力军作用,整合社会资源,广泛开展活动。每年组织政法干警开展"赴基层、大走访、送平安、送服务"和"法制六进"等主题实践活动,广泛宣传综治平安建设,促进平安建设创建率和知晓率的提升。二是依靠群防群治队伍。以综治维稳中心为平台,建立维稳信息员、网络舆情引导员、人民调解员、治安联防队等维稳队伍,积极发动广大职工群众参与综治平安建设。三是依靠教师学生队伍。每年组织师市所属学校开展"小手拉大手,校园连家园,共创平安师市"活动,以学生的小手拉动家长的大手,以校园连接千家万户,凝聚共创平安的巨大力量。四是依靠干部职工队伍。每年组织1000名师团机关干部、7000名职工和2000名民兵参加冬季军事训练,并进行综治平安建设授课,增强"兵"的意识和能力,有效宣传综治平安建设。

新疆生产建设兵团三级综治委、办主任名单

单 位	综治委主任	综治办主任
新疆兵团	杨福林	苗塔河
第一师	邹跃斌 王新民	顾 军
1团	魏新元 闫志顺	闫 明
2团	张利平 柳旭明	张宏亮
3团	应 辉 宋全伟	吕广喜
4团	康小平 王天昊	罗新平
5团	李秋生 张海生	刘金明
6团	王兴东 刘文国	周程海
7团	文 刚 李春生	张克林
8团	翟保江 徐建疆	教 平
10团	赵卫东 马金武	杨建国

单　位	综治委主任	综治办主任
11 团	孙玉良 宁根成	陈建疆
12 团	周文昌 雷长春	赵意强
13 团	汤建军 王河江	李殿军
14 团	蒋　欣 周　琼	黄　新
16 团	张建华 蒋国辉	刘　罡
第二师	黄金忠 任茂林	孟晓红
21 团	索　伟 郭　飞	梁伯熙
22 团	梅述江 任　斌	谢江林
24 团	韩如江 张立建	唐玉林
25 团	魏鸿彬 梁　伟	朱文革
27 团	尤益民 辛建华	曲新江
223 团	桑茂德 杨建琪	李恩云
29 团	张永平 黄学东	
30 团	韩　珉 王春瑞	许建松
31 团	孙志敏 夏元利	李振翔
33 团	刘期国 孙泽斌	郭海军
34 团	陈恒山 陈建华	朱保新
36 团	丰正林 李红英	郑晓兰
37 团	宁　丰 陈志杰	王旭东
38 团	熊学海 周成军	马红池
第三师	姜晓龙 程广田	李　杰

单　位	综治委主任	综治办主任
41 团	马　良 刘忠元	张海燕
42 团	任润林 闻　华	李建军
44 团	陈贺强 马新宝	余开礼
45 团	曹开军 刘　军	党国功
46 团	刘凤英 徐辉胜	王　飞
48 团	胡　斌 李　博	谭人玮
49 团	郑胜学 王健虎	王禄平
50 团	杨明超 毛　军	龙义兵
51 团	努尔买买提·买海提 苏建明	李　军
53 团	陈　刚 曾宁江	宋保江
伽师总场	王　剑 付习文	库尔班·热西提
红旗农场	刘　勇	海力力·麦苏木
叶城二牧场	赵　江	石桂林
东风农场	李　明	顾建军
托云牧场	漆瑞锋	买买提依沙
第四师	王建民	鞠建林
61 团	李新如	杨　新
62 团	程　锋	水西红
63 团	钱存斌	李生红
64 团	赵新成	李振江
66 团	蒙立明	邢新江
67 团	高文生	李　全
68 团	张世礼	余山江
69 团	魏裴民	徐科荣
70 团	温明海	高爱军
71 团	丁高峰	李　强
72 团	刘　杰	王永海
73 团	冷畅勤	周明祥
74 团	唐献杰	刘仁国
75 团	魏新平	蔡玉胜

单　位	综治委主任	综治办主任
76 团	陈　辉	周江生
77 团	陈历湘	于安国
78 团	黄新江	薛春疆
79 团	齐福聚	韩振翔
第五师	李立平	刘振东
	徐秀芝	
81 团	张恪军	田治军
83 团	曹立军	薛红林
84 团	哈拉海	杨太原
86 团	杨建国	赵建平
87 团	张成鑫	何永贵
88 团	麻　林	褚烈云
89 团	侯　飞	左昌明
90 团	李富强	姜卫东
91 团	陈万平	马　军
	邓小军	
第六师	吕　清	边　勇
芳草湖农场	王晓明	陶玉军
	董现荣	
新湖农场	甘润明	王　东
	王永信	
红旗农场	王永福	姜有常
	王万里	
奇台农场	吴国丰	白学军
共青团农场	胡晓江	王朝宗
北塔山牧场	杨科生	夏国富
	巴合提拜	
六运湖农场	边丽娟	马金忠
	李发泰	
军户农场	郑新华	闫友辉
土墩子农场	张希勇	左恩远
	闫长春	
101 团	张　静	刘养儒
	戴春智	
102 团	甘应枝	吴　健
	刘金栋	
103 团	陈治权	妥文东
	闫河江	
105 团	王明生	王金刚
	孙孝宝	
106 团	杨建玲	匡　明
	李继军	
第七师	赵轶平	李建军
	王光强	
123 团	赵丽静	单永智
	李新昌	
124 团	刘　孟	夏海毅
	杨　建	
125 团	孙洪波	李屹山
	王永安	
126 团	田中华	张黎明
	郭建国	
127 团	徐灿湘	郭　峰
	侯江华	
128 团	易传江	李国旗
	徐新洲	
129 团	何新平	薛立秋
	张　勇	
130 团	李新平	陈邦学
	杨宝玉	
131 团	包建刚	张功平
	李儒平	
137 团	程灵芝	董继军
	马永彪	
第八师	母　隽	张　兵
121 团	赵　军	李建峰
	赵新民	
133 团	缪　军	曹雪源
	侯　刚	
134 团	何富强	刘　枫
	张彩英	
136 团	董志华	宋　生
	乔国庆	
141 团	张新城	孙继鸿
	古广峰	
142 团	任　晖	张志泉
	徐建国	
143 团	王彩龙	吴　刚
	张新宁	
144 团	马荣华	任志明
	高　斌	

单　位	综治委主任	综治办主任
145 团	孟宪峰	赵　峰
	张贤军	
147 团	谢映周	王志林
	高　杨	
148 团	向炬光	朱书峰
	王东升	
149 团	樊新文	夏建刚
	孙建新	
150 团	王建彬	夏新辉
	蒋世义	
152 团	李　鹏	赵瑞荣
	贺星洪	
石河子镇	魏义慧	贾效周
	温利征	
玛管处	黄宗胜	汪绍江
	毛国荣	
第九师	何建明	陈德明
	赵亚忠	
161 团	鲁　刚	张天石
	唐景忠	
162 团	周求新	柳云志
163 团	何忠明	陈文江
	贾　斌	
164 团	徐　刚	赵晓阁
	魏　华	
165 团	姜淑霞	张新立
	沈云利	
166 团	方福强	王　军
	马儒军	
167 团	王庚起	张忠富
	王　辉	
168 团	种广虎	成立兵
	孟　坤	
170 团	李新平	韩发勇
	周　磊	
团结农场	李　升	沈国春
	曹文化	
第十师	曲　敏	杨发勇
	于　林	
181 团	李新建	赵万明
	周黎明	

单　位	综治委主任	综治办主任
182 团	田秋礼	何金泉
	李巨昌	
183 团	晏忠诚	王钟响
	徐群英	
184 团	吴晓斌	王敬华
	楚德江	
185 团	刘　辉	王志业
	张远明	
186 团	王德刚	姜学庆
	潘民强	
187 团	王建江	董林忠
	王新忠	
188 团	张新华	陵金秀
	李卫国	
建工师	王春全	李凤琴
建工集团	王志明	杨奎崇
兵团一建	马　建	张献标
兵团四建	卢新武	牛　笃
兵团五建	陈建国	韩俊昭
兵团六建	周　龙	何武岐
兵团八建	高　杰	余明理
十二师	鲁旭平	闫　剑
	宋　骏	
104 团	秦筱枫	冯建江
	任志宇	
五一农场	李华斌	李新林
	刘少君	
三坪农场	李新军	耿　勇
	刘玉龙	
头屯河农场	吴春云	田国军
	张营波	
西山农场	张友海	罗会文
	王　雷	
221 团	黎焰明	王　军
	于永飞	
222 团	王　军	陈川江
	杨顺利	
十三师	黄志刚	刘新海
	齐新平	
红星一场	陆　珊	白　罡
	王忠明	

单　位	综治委主任	综治办主任	单　位	综治委主任	综治办主任
红星二场	海东升 王学斌	张　维	**十四师**	赵建东 王建新	胡湘秦
红星四场	吴江京 马德胜	王建江	224 团	郭耀峰 刘惠明	舒万新
火箭农场	赵来疆 于旭东	任振泽	47 团	金文杰 陈　力	唐新忠
黄田农场	张世全 艾尼瓦尔·伊力牙孜	董玉山	皮山农场	蒙忠战 阿卜杜力拜尔·约麦尔	艾尔肯·托乎提瓦克
柳树泉农场	阿迪力·卡德尔 刘晏森	毕名强	一牧场	施永学 田玉山	麦麦江
红山农场	曹　萍 龚安家	曹　军			
淖毛湖农场	孙丽霞 崔永锋	李　珉			

（撰稿人：丁筱玲
审稿人：苗塔河　刘方保）